D1918748

Kohlhammer

Beiträge zur Wissenschaft vom Alten und Neuen Testament

Herausgegeben von

Walter Dietrich
Ruth Scoralick
Reinhard von Bendemann
Marlis Gielen

Band 239

Malte Cramer

Paulus und die Schriften Israels

Methodologie – Analysen – Kontextualisierung

Verlag W. Kohlhammer

1. Auflage 2023

Gesamtherstellung: W. Kohlhammer GmbH, Stuttgart

Print:
ISBN 978-3-17-042584-2

E-Book-Format:
pdf: ISBN 978-3-17-042585-9

Vorwort

Bei der vorliegenden Studie handelt es sich um die geringfügig überarbeitete Fassung meiner Dissertationsschrift, die ich im Dezember 2021 eingereicht habe und die im April 2022 durch die Evangelisch-Theologische Fakultät der Ruhr-Universität Bochum angenommen wurde.

Für die Unterstützung auf dem Weg zur Fertigstellung dieses Buches habe ich einer Vielzahl von Menschen zu danken:

Mein erster und besonderer Dank gilt meinem Doktorvater Prof. Dr. Peter Wick. Seit meinem Studienbeginn hat er mich als Mentor begleitet und gefördert. Als Lehrer hat er maßgeblich meine Begeisterung für die Theologie im Allgemeinen und für die Exegese biblischer Texte im Speziellen geweckt und geprägt. Während meiner Promotion hat er mir in vielen Gesprächen mit Rat und Tat zur Seite gestanden und stets ein offenes Ohr für mich gehabt. Ohne seine Unterstützung und seine Förderung wäre die vorliegende Arbeit in dieser Form nicht entstanden.

Darüber hinaus gilt mein ausdrücklicher Dank Prof. Dr. Reinhard von Bendemann, der mich auf dem Weg meiner Promotion begleitet und gefördert und überdies das Zweitgutachten der Dissertation erstellt hat. Ihm sei zudem ganz herzlich für die Aufnahme dieses Buches in die Reihe der Beiträge zur Wissenschaft vom Alten und Neuen Testament (BWANT) gedankt.

An dieser Stelle möchte ich mich außerdem bei allen weiteren theologischen Lehrern und Wegbegleitern bedanken, die mich während der unterschiedlichen Phasen und Stationen meines Studiums sowie meiner Promotion gefördert und unterstützt haben. Hervorheben möchte ich im Besonderen Rabbiner Michel Birnbaum-Monheit, Prof. Dr. Beate Ego, Prof. Dr. Christian Frevel, Prof. Dr. Katharina Greschat, Prof. Dr. Claudia Jahnel, Prof. Dr. Matthias Konradt und Prof. Dr. Thomas Söding.

Mein Dank geht zudem an die Studienstiftung des deutschen Volkes, die mich sowohl während meines Studiums als auch während meiner Promotion mit Stipendien gefördert und mir dadurch viele Freiräume und Gestaltungsmöglichkeiten eröffnet hat. Der Studienstiftung des deutschen Volkes und der Dr. Papenhoff-Meyenburg Stiftung danke ich außerdem für die großzügige Unterstützung meiner Promotion durch ein Publikationsstipendium.

Bedanken möchte ich mich mit Blick auf den Publikationsprozess und die Drucklegung des Buches auch bei Dr. Sebastian Weigert und Florian Specker vom Kohlhammer-Verlag für die stets professionelle und freundliche Zusammenarbeit.

Ein ganz besonderer Dank geht an alle, mit denen ich mich regelmäßig über die Fortschritte sowie über die inhaltlichen und methodischen Herausforderungen meiner Dissertation austauschen konnte und die sich auf vielfältige Weise an den Korrekturarbeiten des Manuskripts beteiligt haben. Zu danken habe ich insbesondere Niels Kindl, Alena Höfer, Dr. Daniel Klinkmann, PD Dr. Jens-Christian Maschmeier, Christian Boerger und Carolin Schaefer.

Ganz herzlich bedanken möchte ich mich darüber hinaus bei meinen Eltern Regine und Eckhard Cramer, die mich auf meinem Weg durch Studium und Promotion immer unterstützt und mir stets zur Seite gestanden haben.

Mein abschließender und größter Dank gilt meiner Ehefrau Katrin, die mich während des Studiums und der Promotion sowie weit darüber hinaus bedingungslos unterstützt und begleitet hat. Ich danke ihr für die Motivation und die Liebe, die sie mir Tag für Tag schenkt. Ihr widme ich dieses Buch!

Recklinghausen, im Advent 2022

Inhaltsverzeichnis

§ I *Einführung und Forschungsstand*

§ I Einführung und Forschungsstand

1. Einleitung

1.1 Hinführung

Die Lektüre der paulinischen Briefe führt in kürzester Zeit zahlreiche Bezüge auf die Schriften Israels[1] vor Augen.[2] Zählungen reichen – abhängig von der jeweiligen Definition – von etwas unter hundert bis hin zu mehreren hundert Schriftbezügen in den orthonymen Paulusbriefen.[3] Bereits diese hohe Konzentration

---

1 Mit Blick auf Paulus soll in der vorliegenden Studie primär die Bezeichnung *Schriften Israels* verwendet werden. Dem Ausdruck wird hier i. d. R. der Vorzug gegenüber einer Reihe alternativer Termini eingeräumt, denn er verdeutlicht u. a., dass kein feststehendes oder gar kanonisches Korpus von Schriften für die paulinische Zeit vorausgesetzt wird, wie es Bezeichnungen wie (Hebräische) Bibel, Tanach, Masoretischer Text (MT) oder Septuaginta (LXX) suggerieren resp. voraussetzen. Diesen Bezeichnungen sind mitunter zugleich weitere Schwierigkeiten inne, wie z. B. die Frage nach der Sprache, in welcher sie verfasst wurden. Darüber hinaus sollen Begriffe wie Altes Testament oder Erstes Testament mit Blick auf Paulus weitestgehend vermieden werden, da sie für die paulinische Zeit anachronistisch sind. Sie finden nur dort ihre Verwendung, wo dezidiert der erste Teil der christlichen Bibel gemeint ist. Die Bezeichnung *Schriften Israels* verdeutlicht überdies, dass es sich um die paulinische Rezeption von religiösen Schriften aus den Traditionen Israels handelt, die im Folgenden betrachtet werden soll. Die Bezeichnung bietet somit auch eine Abgrenzung gegenüber paganen Schriften der hellenistisch-römischen Umwelt, die hier bewusst nicht miteinbezogen werden. Vgl. zur Rede von den *Schriften Israels* auch die Ausführungen bei CAROLIN ZIETHE, Auf seinen Namen werden die Völker hoffen. Die matthäische Rezeption der Schriften Israels zur Begründung des universalen Heils (BZNW 233) 2018, 14f. Einen geeigneten Alternativbegriff zu *Schriften Israels* kann mit Blick auf Paulus die singularische Bezeichnung *(die) Schrift* sein. Denn insofern Paulus in seinen Briefen auf die Schriften Israels als Quelle seiner Gedanken oder Worte verweist, tut er dies u. a. mit dem Ausdruck ἡ γραφή (Röm 4,3; 9,17; 10,11; 11,2; 1Kor 6,16; Gal 3,8; 3,22; 4,30).

2 Dies gilt allzumal insofern die Lektüre in einer deutschsprachigen Bibelausgabe erfolgt, in welcher z. B. Schriftzitate als solche durch Anführungszeichen, Kursivdruck, Anmerkungen o. ä. ausgewiesen werden oder gar – wie es in der Lutherbibel die Regel ist – unmittelbar im Text mit der dazugehörigen Stellenangabe versehen sind.

3 Vgl. CHRISTOPHER D. STANLEY, Paul and the Language of Scripture. Citation Technique in the Pauline Epistles and Contemporary Literature (SNTSMS 74), Cambridge 1992, 5. Der Appendix III. des NA[28] der *Loci citati vel allegati* z. B. zählt weniger als hundert direkte Schriftzitate, zeichnet *in summa* aber mehr als 250 Schriftbezüge in den Paulusbriefen aus. Mitinbegriffen in diese Zählung sind ausschließlich die unumstritten authentischen Paulusbriefe: 1Thess, 1Kor, 2Kor, Phil, Phlm, Gal, Röm. Weitere (durchaus voneinander

von Schriftbezügen im Werk des Paulus bringt einerseits die ausgeprägte Schriftkenntnis des Heidenapostels zum Ausdruck und lässt andererseits erkennen, dass Pauli Evangeliumsverkündigung wesentlich in Korrelation zu seinem Schriftgebrauch steht. Liest man die Paulusbriefe in kanonischer Reihenfolge, begegnet bereits im allerersten Satz der Verweis auf die fundamentale hermeneutische Bedeutung der γραφῶν ἁγίων für die paulinische Theologie (Röm 1,2): Paulus versteht die Heiligen Schriften Israels als Quelle der Verheißung des Evangeliums Gottes, zu dem er berufen ist, es zu verkündigen (Röm 1,1ff). Doch die autoritativen Schriften Israels sind für Paulus nicht nur Zeuginnen des Evangeliums Jesu Christi,[4] sondern auch die grundlegende Kategorie, durch welche er „seine Berufung, seinen Glauben und sein ‚In-Christus-Sein' wirkmächtig gedeutet hat."[5] Paulus interpretiert nicht nur das Christusgeschehen ganz vor dem Hintergrund der Schriften Israels, sondern auch seine Biographie. Paulus deutet sein gesamtes „Leben, seine Berufung und das Wirken Jesu ganz mit jüdischen Kategorien, die er aus der Tora und von den Propheten gewonnen hat."[6] *Kurzum*: Will man Paulus, sein Wirken, sein Leben und seine Theologie adäquat verstehen und angemessen bewerten, ist die Auseinandersetzung mit seinem Schriftgebrauch und seiner Schrifthermeneutik unerlässlich. Der Gebrauch der Schriften Israels ist für die gesamte Theologie und das gesamte Leben des Völkerapostels konstitutiv. Die Schriften Israels dienen Paulus in entscheidenden Aspekten seines (literarischen) Wirkens als maßgeblicher Ausgangs- und Bezugspunkt.

---

abweichende) Auflistungen der paulinischen Schriftbezüge finden sich z. B. bei E. E. Ellis, Paul's Use of the Old Testament, Edinburgh 1957; Richard N. Longenecker, Biblical Exegesis in the Apostolic Period, Grand Rapids, MI 1974; D. M. Smith, The Pauline Literature, in: Donald A. Carson/Hugh G. M. Williamson (Hg.), It is Written: Scripture Citing Scripture. Essays in Honour of Barnabas Lindars, Cambridge 1988; Dietrich-Alex Koch, Die Schrift als Zeuge des Evangeliums. Untersuchungen zur Verwendung und zum Verständnis der Schrift bei Paulus (BHTh 69), Tübingen 1986; Markus Tiwald, Hebräer von Hebräern. Paulus auf dem Hintergrund frühjüdischer Argumentation und biblischer Interpretation (HBS 52), Freiburg im Breisgau 2008; Steve Moyise, The Old Testament in the New. An Introduction, London ^{2}2015. Nach Michael Tilly, Paulus und die antike jüdische Schriftauslegung, in: KD 63 (2017), 165, „finden sich bei Paulus über 600 direkte und indirekte Bezugnahmen auf die jüdischen heiligen Schriften."

4 Vgl. den Titel der Arbeit von D. A. Koch zum paulinischen Schriftgebrauch: Koch, Die Schrift als Zeuge des Evangeliums.

5 Peter Wick, Paulus (UTB 2858), Göttingen 2006, 58.

6 Peter Wick, Antikes Judentum, in: Lukas Bormann (Hg.), Neues Testament. Zentrale Themen, Neukirchen-Vluyn 2014, 23. Durch seinen Umgang mit der Schrift sieht Paulus sowohl seine Person und seine Identität als auch „das von ihm verkündigte Evangelium und den Christus-Glauben selbstverständlich und ohne jede Einschränkung in einer elementaren und ungebrochenen Kontinuität mit den theologischen Grundlagen und Traditionen Israels." Michael Wolter, Paulus. Ein Grundriss seiner Theologie, Neukirchen-Vluyn 2011, 446. Daher plädiert Wolter dafür, in Fragen der Kontinuität und Diskontinuität des Paulus zu seinem jüdischen Erbe „mit dem paulinischen Gebrauch der *Schrift* zu beginnen, denn sie ist es, die ihm den Zugang zum theologischen Grundwissen Israels vermittelt." Wolter, Paulus, 446.

1.2 *Fragestellung*

Der paulinische Schriftgebrauch und die Frage, auf welche Weise Paulus die Schriften Israels „verwendet und gedeutet hat, ist zumal in den letzten 150 Jahren intensiv erforscht worden.“[7] Insbesondere die Forschung der vergangenen drei Jahrzehnte bezeugt ein „flowering interest in Paul's use of Scripture.“[8] Doch trotz umfassender Forschungsbemühungen stellt „eine Gesamtdarstellung der paulinischen Schriftauslegung, die sowohl aus seinen Texten das gesamte Spektrum der von Paulus verwendeten Methodik erhebt als auch deren Einordnung in die zeitgenössische Auslegungspraxis leistet, [...] derzeit ein Desiderat“ dar.[9] Es ist evident, dass eine solche Gesamtdarstellung den Rahmen einer Dissertationsschrift weit überschreitet. Nichtsdestoweniger besteht das Bestreben der vorliegen Studie darin, einen Beitrag zur Erfüllung des genannten Desiderats zu leisten. Ziel der Untersuchung ist es, sowohl die Erforschung der Methodik des paulinischen Schriftgebrauchs als auch ihre zeitgenössische Kontextualisierung voranzutreiben. Die vorliegende Arbeit möchte ein Teilstück auf dem Weg zu einer möglichst umfassenden Erforschung und detaillierten Analyse der paulinischen Schriftverwendung, ihrer methodologischen und historischen Präsumtionen, ihrer Formen und Verfahren sowie ihrer zeitgenössischen Kontextualisierung sein.

In der Erforschung des paulinischen Schriftgebrauchs kann provisorisch differenziert werden zwischen Untersuchungen zum paulinischen Schrift*gebrauch* einerseits und Studien zur Schrift*hermeneutik* bzw. der Schrift*prägung* der paulinischen Theologie andererseits (vgl. ausführlich 2.3.1).[10] Während die einen primär danach fragen, *wie* Paulus die Schriften Israels rezipiert und in seinen Briefen verarbeitet hat, blicken die anderen stärker auf die inhaltliche Ebene der paulinischen Schriftrezeption, d. h. sie fragen vordergründig nach dem *Was* und dem *Warum* des paulinischen Schriftgebrauchs.[11] Angesichts dessen wird

---

7 WILK, Schriftbezüge im Werk des Paulus, 2013, 479. Ähnlich HARMON, She Must and Shall Go Free, 2010, 3: „The academic study of Paul's use of the OT has a long and respectable pedigree that stretches back at least one hundred years.“

8 CHRISTOPHER D. STANLEY, Paul and Scripture. Charting the Course, in: Stanley E. Porter (Hg.), As it is Written. Studying Paul's Use of Scripture (SBLSymS 50), Atlanta Ga. 2008, 7. Vgl. ähnlich MATTHEW S. HARMON, She Must and Shall Go Free. Paul's Isaianic Gospel in Galatians (BZNW 168), Berlin, New York 2010, 3f.

9 LANZINGER, Ein „unerträgliches philologisches Possenspiel“?, 2016, 317.

10 Wohlwissend, dass beides unvermeidlich miteinander korrespondiert, kann diese Unterscheidung heuristische Hilfestellung leisten. Vgl. zu dieser Differenzierung FLORIAN WILK, Schriftbezüge im Werk des Paulus, in: Friedrich W. Horn (Hg.), Paulus Handbuch, Tübingen 2013, sowie DAVID M. ALLEN, Introduction. The Study of the Use of the Old Testament in the New, in: JSNT 38 (2015), 12.

11 Vgl. ALLEN, Introduction, 9. Etwaige Studien untersuchen primär, inwiefern die Evangeliumsverkündigung des Völkerapostels inhaltlich-theologisch durch den paulinischen

ersichtlich, dass die vorliegende Studie der ersten der beiden Gruppen von Untersuchungen zur Erforschung des paulinischen Schriftgebrauchs zugeordnet werden kann. Denn im Fokus der Studie steht ebenfalls die Frage nach dem *Wie* des paulinischen Schriftgebrauchs. Das zentrale Interesse dieser Arbeit gilt der Analyse der Methodik, d. h. der Art und Weise, Formen, Verfahren und Techniken der paulinischen Schriftrezeption.[12] Die vorliegende Untersuchung konzentriert sich auf die Identifikation, Beschreibung und Auswertung der *exegetical* und *interpretative techniques*,[13] die Paulus in seinen Briefen verwendet resp. anwendet. Die Intention der vorliegenden Arbeit liegt darin, durch den Blick auf die Methoden (μέθοδος, gr. Weg), d. h. die *Wege* des paulinischen Schriftgebrauchs, detaillierte *Weg*-Beschreibungen zu liefern und das *Vorgehen* zu eruieren, das Paulus auf formal-hermeneutischer Ebene in der Rezeption der Schriften Israel in seinen Briefen erkennen lässt.

Das Forschungsinteresse der vorliegenden Untersuchung konkretisiert sich wie folgt: Ein *Kernanliegen* der Arbeit besteht in der detaillierten Analyse der Methodik, d. h. der Formen und Verfahren des paulinischen Schriftgebrauchs in zwei exemplarisch ausgewählten Paulustexten (Röm 4, Gal 3,6–14).[14] Anhand dieser zwei Beispieltexte sollen die Konturen und Muster der Verwendung und Verarbeitung der Schriften Israels im Werk des Paulus beobachtet und nachgezeichnet werden. Um diesem Anliegen nachzukommen, bedarf es eines geeigneten und darauf ausgerichteten Analyseinstrumentariums. Ein weiteres *Kernanliegen* der Studie besteht deshalb in der Reflexion und Entwicklung einer validen, multiperspektivischen und transparenten Methodologie zur Analyse der Formen und Verfahren des paulinischen Schriftgebrauchs. Darüber hinaus sollen die historischen und biographischen Vorbedingungen reflektiert und transparent gemacht werden, die es hinsichtlich der Analyse und Bewertung des paulinischen Schriftgebrauchs zu berücksichtigen gilt. Dieser Aspekt stellt zugleich die Grundlage für eine zeitgenössische Kontextualisierung der Formen und Verfahren des paulinischen Schriftgebrauchs dar, die im abschließenden Teil dieser Arbeit vorgenommen werden soll. Denn selbstverständlich war Paulus nicht der einzige Autor des Frühjudentums[15], der die Schriften Israels las, interpretierte

---

Gebrauch der Schriften Israels geprägt ist. Anliegen solcher Studien ist es mitunter ein schrifthermeneutisches Konzept der paulinischen Theologie insgesamt oder eines einzelnen Briefes zu eruieren.

12 Vgl. FLORIAN WILK, Alles neu!? Schriftgebrauch und Christusglaube im Neuen Testament, in: Peter Gemeinhardt (Hg.), Zwischen Exegese und religiöser Praxis. Heilige Texte von der Spätantike bis zum klassischen Islam, Tübingen 2016, 44ff.

13 Vgl. ALLEN, Introduction, 9; SUSAN E. DOCHERTY, ‚Do you Understand what you Are Reading?' (Acts 8.30). Current Trends and Future Perspectives in the Study of the Use of the Old Testament in the New, in: JSNT 38 (2015), 118.

14 Zur Textauswahl vgl. § III.

15 Wenngleich der Terminus „Frühjudentum" in der wissenschaftlichen Literatur umstritten ist, soll er hier in dem Bewusstsein verwendet werden, dass er sich einerseits bereits

und nutzte[16], sondern er tat „dies im Anschluss an eine unter den jüdischen Zeitgenossen ebenso verbreitete wie differenzierte Praxis der Schriftverwendung und -auslegung."[17] Der paulinische Schriftgebrauch ist daher stets vor dem Hintergrund frühjüdischer Schriftauslegung und ihrer Konventionen zu betrachten. Deshalb besteht ein – gegenüber den Kernanliegen der methodologischen Reflexion und der exemplarischen Analyse sekundäres – Anliegen der vorliegenden Arbeit in der phänomenologischen Kontextualisierung der Methodik des paulinischen Schriftgebrauchs im Horizont frühjüdischer Formen und Verfahren der Schriftauslegung.[18]

1.3 *Gliederung*

Aufgrund der skizzierten Anliegen und Fragestellungen der vorliegenden Studie gliedert sich die Arbeit in fünf Hauptteile: *§ I Einführung und Forschungsstand, § II Methodologische Reflexionen und historische Präsumtionen, § III Exemplarische Analyse, § IV Phänomenologische Kontextualisierung, § V Konklusion und Ausblick.*

Der erste Teil der Arbeit (*§ I Einführung und Forschungsstand*) enthält neben der Einleitung in das Thema und die Fragestellung der Untersuchung (1.) einen Überblick zur Erforschung des paulinischen Schriftgebrauchs (2.), in dem sowohl die Anfänge und grundlegenden Diskussionen (2.1) als auch die moderne und gegenwärtige Erforschung des paulinischen Schriftgebrauchs (2.2) in den Blick genommen werden sollen, bevor in einer Auswertung des Forschungsüberblicks eine Verortung der eigenen Studie im Forschungsdiskurs vorgenommen wird (2.3).

---

fest im wissenschaftlichen Diskurs etabliert hat und andererseits wohl als „the least problematic label available" gelten kann, um das Judentum der Zeit zwischen dem 3. Jh. v. Chr. und dem 2. Jh. n. Chr. zu benennen. JOHN J. COLLINS, Early Judaism in Modern Scolarship, in: Ders. (Hg.), The Eerdmans Dictionary of Early Judaism, Grand Rapids, MI 2010, 2. Für ausführlichere Diskussionen zum Thema siehe u. a. GABRIELE BOCCACCINI, Middle Judaism. Jewish thought, 300 BCE to 200 CE, Minneapolis, MN 1991, 20f. JOHANN M. SCHMIDT, Art. Frühjudentum, in: TRE 11 (1983), 688–689; HUBERT FRANKEMÖLLE, Frühjudentum und Urchristentum. Vorgeschichte – Verlauf – Auswirkungen (4. Jahrhundert v. Chr. bis 4. Jahrhundert n. Chr.), Stuttgart 2006; MARKUS TIWALD, Das Frühjudentum und die Anfänge des Christentums. Ein Studienbuch (BWANT 208), Stuttgart 2016, 25f.

16 Vgl. zur Verwendung dieser Trias FLORIAN WILK, Paulus als Nutzer, Interpret und Leser des Jesajabuches, in: Stefan Alkier/Richard B. Hays (Hg.), Die Bibel im Dialog der Schriften. Konzepte intertextueller Bibellektüre (NET 10), Tübingen 2005, 94.

17 WILK, Schriftbezüge im Werk des Paulus, 480.

18 Zur ausführlichen Darstellung der Kern- und Nebenanliegen der vorliegenden Arbeit vgl. 2.3.3.

Im Zentrum des zweiten Teils der Arbeit (*§ II Methodologische Reflexionen und historische Präsumtionen*) steht die methodologische Reflexion einer Analyse der Formen und Verfahren des paulinischen Schriftgebrauchs (3.). Ein erster Schritt besteht hierbei in der Reflexion des texttheoretischen Paradigmas der Intertextualität (3.1), bevor in einem zweiten Schritt (3.2) sechs Analyseperspektiven (3.2.1–6) skizziert und diskutiert werden, anhand derer im weiteren Verlauf der Arbeit der paulinische Schriftgebrauch analysiert werden soll (3.3). Da der paulinische Umgang mit der Schrift und seine Evangeliumsverkündigung unlöslich mit der Person des Paulus, seiner Biographie, seinem soziokulturellen und sozioreligiösen Kontext verbunden sind, findet sich im zweiten Teil dieser Arbeit ebenfalls eine kurze Darstellung der historischen Präsumtionen (4.), d. h. der soziokulturellen (4.1) und der biographischen (4.2) Vorbedingungen, die es hinsichtlich der Analyse der paulinischen Schriftrezeption zu berücksichtigen gilt (4.3).

Der dritte Teil der Untersuchung (§ *III Exemplarische Analyse*) widmet sich der exemplarischen Analyse der Methodik des paulinischen Schriftgebrauchs in Röm 4 (5.) und Gal 3,6–14 (6.). Nach einer kurzen exegetischen Betrachtung der beiden Beispieltexte (5.1 u. 6.1) werden diese detailliert anhand der in Kapitel drei (vgl. 3.3) eruierten Analyseperspektiven hinsichtlich ihres Schriftgebrauchs untersucht (5.2 u. 6.2). Zum Abschluss dieses dritten Teils der Arbeit findet sich eine Zusammenfassung (7.), in der die wichtigsten Ergebnisse der Analysen zu Röm 4 (7.1) und Gal 3,6–14 (7.2) gebündelt präsentiert werden (7.3).

Im vierten Teil der Arbeit (§ *IV Phänomenologische Kontextualisierung*) werden die zuvor erzielten Analyseergebnisse zur Methodik des paulinischen Schriftgebrauchs im Horizont frühjüdischer Schriftrezeption kontextualisiert (8.). Nach einigen methodologischen Vorbemerkungen (8.1) hinsichtlich einer solchen phänomenologischen Kontextualisierung soll sowohl auf die wichtigsten Formen und Verfahren frühjüdischer Schriftrezeption (8.2) als auch auf einige Formen und Verfahren rabbinischer Schriftrezeption (8.3) geblickt werden, bevor ein Resümee das Kapitel abschließt (8.4).

Der fünfte und letzte Teil der Arbeit (§ *V Konklusion und Ausblick*) enthält ein Fazit (9.), in dem die wichtigsten Erträge der Arbeit (9.1) zusammengetragen und präsentiert (9.1) sowie offene Desiderate (9.2) benannt werden sollen.[19] Abschließend soll ein kurzer Epilog (10.) auf mögliche Anknüpfungspunkte der erzielten Forschungsergebnisse hinsichtlich der Frage nach der hermeneutischen Relevanz des paulinischen Schriftgebrauchs in Exegese, Theologie und kirchlicher Praxis hinweisen.

---

[19] Zwischenresümees zu den einzelnen Kapiteln sollen bereits während des Arbeitsverlaufs die wichtigsten Ergebnisse und Erträge der Arbeit sichern (vgl. 2.3, 3.3, 4.3, 7.3, 8.4). Dies dient ebenfalls der Entlastung des Fazits dieser Untersuchung, eine umfassende Ergebnissicherung aller Kapitel leisten zu müssen. Darüber hinaus sollen die Zwischenresümees der besseren Lesbarkeit und Verständlichkeit der Arbeit dienen.

2. Forschungsüberblick – Zur Erforschung des paulinischen Schriftgebrauchs

Der vorliegende Forschungsüberblick dient zum einen der Dokumentation und Bewertung des aktuellen Forschungsstandes zum Thema *Paulus und die Schriften Israels*. Zum anderen dient er der Verortung der vorliegenden Studie im wissenschaftlichen Diskurs zur Erforschung des paulinischen Schriftgebrauchs. Die Relevanz und Notwendigkeit einer solchen Darstellung der Forschung leitet sich u. a. aus der Tatsache ab, dass derzeit kein aktueller deutschsprachiger Überblick zur Forschungsgeschichte des Themenfeldes *Paulus und die Schriften Israels* vorliegt.[1] Anhand zentraler Publikationen soll im Folgenden skizziert werden,

---

1 Wenngleich der Fokus seiner Arbeit nicht auf der Analyse des Schriftgebrauchs des Paulus liegt, kann der Forschungsrückblick zum Thema *Paulus und das Judentum* in der Arbeit von Markus Tiwald aus dem Jahr 2008 in Teilaspekten als aktuellste deutschsprachige Darstellung gelten. Vgl. TIWALD, Hebräer von Hebräern, 3–17. In der englischsprachigen Literatur kann das erste Kapitel der Monographie von MATTHEW W. BATES, The Hermeneutics of the Apostolic Proclamation. The Center of Paul's Method of Scriptural Interpretation, Waco, TX 2012, 9–57, als aktuellste Darstellung gelten sowie in Teilen, jedoch nicht in selber Ausführlichkeit die Ausführungen bei KATJA KUJANPÄÄ, The Rhetorical Functions of Scriptural Quotations in Romans. Paul's Argumentation by Quotations (NT.S 172), Leiden, Boston 2019, 3–18. Ältere Übersichten, die in den vergangenen Jahrzehnten entweder als Teil einer Monographie oder als eigens zu diesem Zweck konzipierter Einzelbeitrag den jeweils aktuellen Stand der Forschung abbilden, finden sich u. a. bei: ELLIS, Paul's Use of the Old Testament, 2–5, neben einer Auflistung der zentralen Forschungsarbeiten des 19. Jh. und einem kurzen Verweis auf die wichtigsten Arbeiten des 20. Jh. macht Ellis in seinem *historical Survey* auch auf die maßgeblichen Entwicklungen seit der Reformation aufmerksam; KOCH, Die Schrift als Zeuge des Evangeliums, 1–10; I. H. MARSHALL, An Assessment of Recent Developments, in: Donald A. Carson/Hugh G. M. Williamson (Hg.), It is Written: Scripture Citing Scripture. Essays in Honour of Barnabas Lindars, Cambridge 1988; RICHARD B. HAYS, Echoes of Scripture in the Letters of Paul, New Haven 1989, 5–21; STANLEY, Paul and the Language of Scripture, 8–28; KENNETH D. LITWAK, Echoes of Scripture? A Critical Survey of Recent Works on Paul's Use of the Old Testament, in: CR.BS 6 (1998); FLORIAN WILK, Die Bedeutung des Jesajabuches für Paulus (FRLANT 179), Göttingen 1998, 2–7, Wilks Forschungsrückblick konzentriert sich im Kern auf Untersuchungen, die sich ebenfalls mit der Rezeption des Jesajabuches bei Paulus auseinandergesetzt haben; J. R. WAGNER, Heralds of the Good News. Isaiah and Paul „in Concert" in the Letter to the Romans (NT.S 101), Leiden 2002, 5–13, Wagners Blick richtet sich ebenfalls primär auf Werke, die sich dezidiert der Erforschung der Verwendung des Jesajabuches durch Paulus gewidmet haben; STANLEY, Paul and Scripture. Forschungsüberblicke aus der Zeit vor dem Zweiten Weltkrieg sowie aus dem 19. Jh., die ebenfalls den jeweiligen Stand der Forschung abbilden, sind enthalten in AUGUST THOLUCK, Das Alte Testament im Neuen Testament. Ueber die Citate Alten Testaments im Neuen Testament und Ueber den Opfer- und Priesterbegriff im Alten und im Neuen Testamente,

aus welchen Perspektiven und unter welchen Paradigmen die Frage nach der Methodik, d. h. der Analyse von Formen und Verfahren paulinischer Schriftverwendung sowie der paulinischen Schrifthermeneutik insgesamt bisher bearbeitet und welche Ergebnisse dabei erzielt wurden. Bekanntermaßen verhält es sich „mit der Literatur im Bereich der neutestamentlichen Wissenschaft [...] wie mit einem prall gefüllten Sack Getreidekörner, der im unteren Teil aufgeschlitzt wird: Es fließt und fließt."[2] Für die Literatur zum paulinischen Schriftgebrauch gilt diese Beobachtung uneingeschränkt. Der vorliegende Forschungsüberblick erhebt deshalb keinerlei Anspruch auf Vollständigkeit im Sinne einer Literaturschau. Wenngleich eine möglichst umfassende Darstellung geboten werden soll, ist eine Gewichtung und Eingrenzung des Stoffes unumgänglich. Einzelne Phasen der Forschung können nur exemplarisch abgedeckt und die besprochenen Forschungsbeiträge jeweils nur in Grundzügen und Kernpunkten dargestellt werden. Das Primärziel des Forschungsüberblicks liegt darin, anhand der gesichteten Literatur die maßgeblichen Bewegungen der Erforschung des paulinischen Schriftgebrauchs nachzuzeichnen und eine Skizze resp. einen Referenzrahmen zu entwerfen, in dem sich die vorliegende Untersuchung verorten lässt.

Der Ausgangspunkt des vorliegenden Forschungsüberblicks liegt im 19. Jhd (vgl. 2.1). Die wichtigsten seitdem erschienenen Forschungsbeiträge sollen im Folgenden berücksichtigt werden. Aufgrund der hohen Dichte an Studien und Untersuchungen zum paulinischen Schriftgebrauch in den vergangenen dreißig Jahren, liegt ein Schwerpunkt des Forschungsüberblicks auf diesem Zeitraum (vgl. 2.2).[3] Im Fokus des Forschungsüberblicks stehen Monographien. Wichtige Einzelbeiträge sollen *en passant* mit einbezogen werden oder zumindest in den Anmerkungen Erwähnung finden.[4]

Der Forschungsdiskurs zum paulinischen Umgang mit den Schriften Israels stand insbesondere ab dem 20. Jh. in enger Relation zu dem Themenkomplex *Paulus und das Judentum*, zu Fragen folglich der Kontinuität und Diskontinuität der paulinischen Identität und Theologie zu seinem jüdischen Erbe.[5] Dieser

---

Gotha 1836; AUGUST CLEMEN, Der Gebrauch des Alten Testaments in den neutestamentlichen Schriften, Gütersloh 1895; HANS A. VOLLMER, Die alttestamentlichen Citate bei Paulus, Freiburg im Breisgau 1895, sowie in OTTO MICHEL, Paulus und seine Bibel, Gütersloh 1929.

2 PETER von der OSTEN-SACKEN, Der Brief an die Gemeinden in Galatien (ThKNT 9), Stuttgart 2019, 45.

3 Dies ist nicht zuletzt sinnvoll, da ältere Forschungsbeiträge bereits in mehreren der o. g. Darstellungen der Forschungsgeschichte zum Thema in unterschiedlichem Maße aufgearbeitet wurden, wohingegen es zu den neueren und neusten Beiträgen keine Zusammenschau gibt.

4 Es wird sich zeigen, dass dies für die ältere Forschung durchaus einfacher zu handhaben ist als für die jüngere und jüngste Forschung, welche neben ausführlichen Einzelstudien zum Thema inzwischen eine Vielzahl an Zeitschriftenartikeln und Sammelbandbeiträgen hervorgebracht hat.

5 Dies belegt auch der bereits erwähnte Forschungsüberblick von TIWALD, Hebräer von Hebräern, 3–19, zum Thema *Paulus und das Judentum*, in dem mehrere Arbeiten verhandelt

thematische Konnex liegt nahe, denn „die Schriftrezeption und -theologie der neutestamentlichen Autoren ist ein locus classicus für die jeweilige Bestimmung und Deutung des Nahverhältnisses zwischen christlichen Glaubensüberzeugungen einerseits und ihrem jüdischen Mutterboden andererseits."[6] Bei der Betrachtung des Forschungsstandes sollen daher ebenfalls solche Beiträge mitberücksichtigt werden, die zwar primär dem Thema *Paulus und das Judentum* nachgegangen sind, hierbei aber zugleich die Frage nach dem paulinischen Schriftgebrauch mitbehandelt haben.[7]

Neben dem angrenzenden Themenbereich *Paulus und das Judentum* gliedert sich das Thema *Paulus und die Schriften Israels* in das übergeordnete Forschungsfeld zum Gebrauch des Alten Testaments im Neuen Testament ein, welches sich insbesondere in der anglophonen Forschung als selbstständiger Forschungszweig und Subdisziplin der neutestamentlichen Wissenschaft etabliert hat und dort zumeist als *Study of the OT in the NT* begegnet.[8] Wenngleich die Materialgrundlage der Untersuchungen in dieser neutestamentlichen Subdisziplin nicht

---

werden, die dezidiert den paulinischen Schriftgebrauch untersucht haben und die auch im Folgenden mehrfach begegnen werden. So z. B. MICHEL, Paulus und seine Bibel; JOSEPH BONSIRVEN, Exégèse Rabbinique et Exégèse Paulinienne, Paris 1939; ELLIS, Paul's Use of the Old Testament; KOCH, Die Schrift als Zeuge des Evangeliums.

6 KLAUS SCHOLTISSEK, „Die unauflösbare Schrift" (Joh 10,35). Zur Auslegung und Theologie der Schrift Israels im Johannesevangelium, in: Thomas Söding (Hg.), Das Johannesevangelium – Mitte oder Rand des Kanons? Neue Standortbestimmungen (QD 203), Freiburg im Breisgau, Wien u.a. 2003, 147.

7 Selbstverständlich kann dies aufgrund der Fülle an Beiträgen nur äußerst selektiv geschehen. Es sei daher diesbezüglich ausdrücklich auf die weiterführenden Literaturhinweise in den Anmerkungen verwiesen.

8 „The scope of publication in OT/NT-related matters has grown extensively in recent years, and scholarship has witnessed a veritable expansion in monographs, articles and studies, all seeking to offer a focused analysis of various OT/NT matters." ALLEN, Introduction, 4. Siehe zum Thema einführend MOYISE, The Old Testament in the New. Maßgebliche Impulse für die Entwicklung und Etablierung dieses Forschungszweiges innerhalb der neutestamentlichen Wissenschaft entstanden insbesondere in den 1970er und 1980er Jahren. Siehe dazu u. a. CHARLES K. BARRETT, The Interpretation of the Old Testament in the New, in: Peter R. Ackroyd/Christopher F. Evans (Hg.), The Cambridge History of the Bible. Volume 1: From the Beginnings to Jerome, Cambridge 1970; D. M. SMITH, The Use of the Old Testamant in the New, in: William F. Stinespring/James M. Efird (Hg.), The Use of the Old Testament in the New and other Essays. Studies in Honor of William Franklin Stinespring, Durham, NC 1972; HENRY M. SHIRES, Finding the Old Testament in the New, Philadelphia, PA 1974; E. E. ELLIS, How the New Testament Uses the Old, in: I. H. Marshall (Hg.), New Testament Interpretation. Essays on Principles and Methods, Grand Rapids, MI 1977; MAX WILCOX, On Investigating the Use of the Old Testament in the New Testament, in: Ernest Best/Robert M. Wilson (Hg.), Text and Interpretation, Cambridge 1979; JAMES L. KUGEL/ROWAN A. GREER, Early Biblical Interpretation (LEC 3), Philadelphia, PA 1986; DONALD A. CARSON/HUGH G. M. WILLIAMSON (Hg.), It is Written: Scripture Citing Scripture. Essays in Honour of Barnabas Lindars, Cambridge 1988; CRAIG A. EVANS, The Function of the Old Testament in the New, in: Scot McKnight (Hg.), Introducing New Testament Interpretation (GNTE 1), Grand Rapids, MI 1989.

zwingend dieselbe ist, gibt es gewichtige Schnittmengen zu zahlreichen Untersuchungen und Studien der Erforschung des paulinischen Schriftgebrauchs. Zum einen, da sowohl der Ausgangspunkt der Fragestellungen häufig ein ähnlicher ist, indem nach Form, Funktion, Methodik oder Hermeneutik des Schriftgebrauchs des Neuen Testament insgesamt[9], einzelner neutestamentlicher Schriften[10] resp. Autoren oder umgekehrt nach dem Gebrauch einzelner alttestamentlicher Schriften im Neuen Testament[11] bzw. in spezifischen Schriften des Neuen Testaments gefragt wird.[12] Und zum anderen, da der zeitgeschichtliche und soziokulturelle Kontext, in dem der jeweilige Schriftgebrauch verortet wird, der selbe ist: das antike Frühjudentum resp. das frühe Christentum.[13] Den Ertrag von Arbeiten aus dem Bereich der *Studies of the OT in the NT* gilt es daher ebenfalls im Blick zu behalten und für die Rückfrage nach den Formen und Verfahren des paulinischen Schriftgebrauchs fruchtbar zu machen. Dies gilt insbesondere hinsichtlich ihrer methodologischen Erkenntnisse.

---

9 Vgl. z. B. STEVE MOYISE, Evoking Scripture. Seeing the Old Testament in the New, London 2008.; GREGORY K. BEALE, Handbook on the New Testament Use of the Old Testament. Exegesis and Interpretation, Grand Rapids, MI 2013.

10 Vgl. z. B. ROY E. CIAMPA, The Presence and Function of Scripture in Galatians 1 and 2 (WUNT 102), Tübingen 1998; GREGORY K. BEALE, John's Use of the Old Testament in Revelation (JSNTS 166), Sheffield 1998; CHRISTOPHER A. BEETHAM, Echoes of Scripture in the Letter of Paul to the Colossians (BiInS 96), Leiden, Boston 2008; SUSAN E. DOCHERTY, The Use of the Old Testament in Hebrews. A Case Study in early Jewish Bible Interpretation (WUNT 260), Tübingen 2009; LUKAS BORMANN, Schriftgebrauch im Kolosser- und im Epheserbrief. Zur Praxis frühchristlicher Text- und Interpretationsgemeinschaft, in: Florian Wilk/Markus Öhler (Hg.), Paulinische Schriftrezeption. Grundlagen – Ausprägungen – Wirkungen – Wertungen (FRLANT 268), Göttingen, Bristol, CT, U.S.A. 2017; MARKUS LANG, Nützlich in den richtigen Händen. Schriftrezeption in den Pastoralbriefen, in: Florian Wilk/Markus Öhler (Hg.), Paulinische Schriftrezeption. Grundlagen – Ausprägungen – Wirkungen – Wertungen (FRLANT 268), Göttingen, Bristol, CT, U.S.A. 2017.

11 Vgl. z. B. MAARTEN J. J. MENKEN/STEVE MOYISE (Hg.), The Psalms in the New Testament, London 2004; MAARTEN J. J. MENKEN/STEVE MOYISE, Isaiah in the New Testament, London 2005; MAARTEN J. J. MENKEN/STEVE MOYISE (Hg.), Deuteronomy in the New Testament (LNTS 358), London 2008; MAARTEN J. J. MENKEN/STEVE MOYISE (Hg.), The Minor Prophets in the New Testament (LNTS 377), London 2009; MAARTEN J. J. MENKEN/STEVE MOYISE (Hg.), Genesis in the New Testament (LNTS 466), London 2013.

12 Vgl. z. B. MICHAEL KNOWLES, Jeremiah in Matthew's Gospel. The Rejected Prophet Motif in Matthean Redaction (JSNTS 68), Sheffield 1993; OTFRIED HOFIUS, Der Psalter als Zeuge des Evangeliums. Die Verwendung der Septuaginta-Psalmen in den ersten beiden Hauptteilen des Römerbriefes, in: Henning Graf Reventlow (Hg.), Theologische Probleme der Septuaginta und der hellenistischen Hermeneutik (VWGTh 11), Gütersloh 1997, BEATE KOWALSKI, Die Rezeption des Propheten Ezechiel in der Offenbarung des Johannes (SBB 52), Stuttgart 2004; PETER MALLEN, The Reading and Transformation of Isaiah in Luke-Acts (LNTS 367), New York, NY 2008.

13 Vgl. PAUL HAN, Swimming in the Sea of Scripture. Paul's Use of the Old Testament in 2 Corinthians 4.7–13.13 (LNTS 519), London, New York 2014, 1.

2.1 *Anfänge und grundlegende Diskussionen der Erforschung des paulinischen Schriftgebrauchs*

2.1.1 Die Erforschung des paulinischen Schriftgebrauchs im 19. Jh.

2.1.1.1 *Emil Kautzsch (1869)*

Der Beginn der Erforschung des paulinischen Schriftgebrauchs liegt im 19. Jh.[14] Als ein Ausgangspunkt kann die grundlegende Arbeit von Emil Kautzsch gelten.[15] In seiner Habilitationsschrift untersucht der Alttestamentler und Orientalist die paulinischen Schriftzitate auf ihre Herkunft. Ihm kommt in seiner Arbeit u. a. das Verdienst zu, die Forschungsposition etabliert zu haben, dass Paulus primär aus der Septuaginta (LXX) zitiert. Er knüpft mit dieser These an die Untersuchung von Georg Reinhard Roepe an und führt dessen Ergebnisse fort.[16] Diese

---

14 Neben den im Folgenden skizzierten Untersuchungen von EMIL F. KAUTZSCH, De Veteris Testamenti locis a Paulo Apostolo allegatis, Leipzig 1869; VOLLMER, Die alttestamentlichen Citate bei Paulus, und der Arbeit von GEORG R. ROEPE, De locis veteris testamenti in novo testamento allegatis, Halle 1827, zeigen weitere Forschungsbeiträge, dass die grundsätzliche Erforschung des neutestamentlichen – nicht nur des paulinischen – Schriftgebrauchs im 19. Jh. auf eine breitere Basis gestellt wurde. Vgl. THOLUCK, Das Alte Testament im Neuen Testament; HENRY GOUGH, The New Testament Quotations Collated with the Scriptures of the Old Testament, London 1855; DAVID M. TURPIE, The Old Testament in the New, London 1868; EDUARD BÖHL, Die alttestamentlichen Citate im Neuen Testament, Wien 1878; CRAWFORD H. TOY, Quotations in the New Testament, New York 1884; CLEMEN, Der Gebrauch des Alten Testaments in den neutestamentlichen Schriften; FRANKLIN JOHNSON, The Quotations of the New Testament from the Old, London 1896; EUGEN HÜHN, Die alttestamentlichen Citate und Reminiscenzen im Neuen Testamente, Tübingen 1900; WILHELM DITTMAR, Vetus Testamentum in Novo. Die alttestamentlichen Parallelen des Neuen Testaments im Wortlaut der Urtexte der Septuaginta, Göttingen 1903. Vielen Arbeiten dieser Zeit, wie u. a. denen von Turpie, Toy, Böhl und Dittmar, ist dabei gemein, dass sie sich primär auf Fragen der Klassifikation von Schriftbezügen sowie auf den Vergleich der neutestamentlichen Zitate mit ihren Vorlagentexten der LXX und des hebräischen Textes fokussieren. Vgl. ELLIS, Paul's Use of the Old Testament, 4.

15 Vgl. KAUTZSCH, De Veteris Testamenti locis a Paulo Apostolo allegatis. Vgl. MARKUS ÖHLER/FLORIAN WILK, Einführung, in: Dies. (Hg.), Paulinische Schriftrezeption. Grundlagen – Ausprägungen – Wirkungen – Wertungen (FRLANT 268), Göttingen, Bristol, CT, U.S.A. 2017:, 1; SMITH, The Pauline Literature, 267.

16 Vgl. ROEPE, De locis veteris testamenti in novo testamento allegatis. Neben der These, dass Paulus sich in seiner Schriftverwendung nahezu ausschließlich auf die LXX bezieht, vertritt Roepe auch den Standpunkt, dass Paulus dies zudem meistens aus dem Gedächtnis tat.

Beobachtung ist von großer Relevanz, da bis dato für Paulus zumeist der Gebrauch hebräischer Vorlagentexte vorausgesetzt wurde. Eine Position, die in der Folgezeit zunehmend an Bedeutung verlor und heute kaum noch vertreten wird.

2.1.1.2 Hans Vollmer (1895)

Hans Vollmer folgt drei Jahrzehnte später Kautzsch und Roepe in der grundlegenden These, dass Pauli Zitate primär der LXX entstammen und fragt weiterführend nach dem Gebrauch divergierender LXX-Handschriften durch Paulus.[17] Er unterstreicht zudem, dass für Paulus nicht nur die „Autorität der Uebersetzung etwas Selbstverständliches" war, sondern dass Paulus „selbst ganz in und mit dem griechischen Text" gelebt hat.[18] Vollmer belegt dies anhand sprachlicher Untersuchungen in der LXX und bei Paulus.[19] Darüber hinaus plädiert er als einer der ersten dafür, den paulinischen Schriftgebrauch in seinem zeitgenössischen Kontext zu untersuchen. Er selbst setzt dies um, indem er die paulinische Schriftauslegung mit der Philos von Alexandrien in Beziehung setzt. Hinsichtlich dieser Zusammenschau paulinischen und philonischen Schriftgebrauchs konkludiert er: „Wir bemerkten schon im Verlauf unserer Untersuchung, wie innig sich die paulinische Schriftauslegung mit der Philo's berührt."[20]

---

17 Vgl. VOLLMER, Die alttestamentlichen Citate bei Paulus. Ähnlich bereits zuvor HENRI MONNET, Les Citations de l'ancien testament dans les épitres de St Paul, Lusanne 1874. Monnet widmet sich darüber hinaus noch weiteren Aspekten der paulinischen Hermeneutik und seiner methodischen Verwendung der Schriften Israels.

18 VOLLMER, Die alttestamentlichen Citate bei Paulus, 10.

19 Grundlage seiner Untersuchung bilden die sog. Hauptbriefe.

20 VOLLMER, Die alttestamentlichen Citate bei Paulus, 84. Nachdem lange Zeit Berührungspunkte zwischen Paulus und seinem jüdischen Umfeld unbeachtet blieben oder nivelliert wurden, zeigen Untersuchungen wie die von Vollmer, dass es gegen Ende des 19. Jh. zu ersten Neubestimmungen im Verhältnis Pauli und seines Schriftgebrauchs zur Schriftrezeption im damaligen Judentum und der zeitgenössischen Schriftauslegung kam. Vgl. TIWALD, Hebräer von Hebräern, 4. Ein weiteres Zeugnis für diesen Trend bietet neben Vollmer z. B. die Arbeit von HENRY THACKEREY, St. John. The Relation of St Paul to Contemporary Jewish Thought, London 1900. Thackerey untersucht und reflektiert den Einfluss rabbinischen Gedankenguts auf die paulinische Theologie. Für Thackeray steht fest: „There is perhaps no aspect of the Pauline theology in which the influence of the Apostle's Rabbinic training is so clearly marked as the use which is made of the Old Testament." THACKEREY, St. John, 180. Mitverantwortlich für die gesteigerte Wahrnehmung des zeitgenössischen jüdischen Schriftgebrauchs sind nicht zuletzt die Arbeiten der religionsgeschichtlichen Schule, z. B. OTTO PFLEIDERER, Der Paulinismus, Berlin 1873; HERMANN GUNKEL, Die Wirkungen des Heiligen Geistes nach der populären Anschauung der apostolischen Zeit und der Lehre des Apostels Paulus, Göttingen 1888; WILLIAM WREDE, Über Aufgabe und Methode sogenannter neutestamentlicher Theologie, Göttingen 1897; WILLIAM WREDE, Paulus, Halle 1904. Ihre Arbeiten begannen im ausgehenden 19. Jh. und zu Beginn des 20. Jh. die Kluft zwischen Paulus und dem Judentum langsam zu überbrücken. Vgl. hierzu REINHARD von BENDEMANN, Die Religionsgeschichtliche Schule, in: Friedrich W. Horn (Hg.), Paulus Handbuch, Tübingen

2.1.2 Die Erforschung des paulinischen Schriftgebrauchs von 1900–1950

2.1.2.1 *Adolf von Harnack (1928)*

Einen kontrovers diskutierten und vielfach kritisierten Beitrag zur Erforschung des paulinischen Schriftgebrauch leistete 1928 Adolf von Harnack.[21] Harnack stellt in seinem Beitrag die Beobachtung in den Fokus, dass sich Paulus in seinen Briefen unterschiedlich stark auf die Schriften des Alten Testaments bezieht und zuweilen Briefe ganz ohne Schriftzitate auskommen (1Thess, 2Thess, Kol, Phil).[22] Einzig in den sog. Hauptbriefen (Röm, 1Kor, 2Kor, Gal) verwende Paulus explizit die autoritativen Schriften Israels und weist ausdrücklich auf die Herkunft einzelner Textpassagen aus dem Alten Testament hin. Harnack zieht daraus den Schluss, dass die Beweggründe für den paulinischen Schriftgebrauch nicht in der Schriftgelehrtheit des Apostels oder in seiner festen Verankerung in den Traditionen Israels liegen, sondern in all diesen Fällen verwende Paulus Schriftzitate ausschließlich aufgrund äußerer Umstände wie den judaisierenden Gegnern (Gal), den judenchristlichen Empfängern (Röm) oder den fragwürdigen Neigungen der Gemeindemitglieder (1Kor, 2Kor).[23] Kurzum: Nach Harnack ist Paulus in seinem Schriftgebrauch „fundamentally unhermeneutical" und bezieht sich lediglich aufgrund externer Notwendigkeiten auf die Schriften Israels.[24]

Harnack verweist in seinem Beitrag zudem auf die Tatsache, dass die alttestamentlichen Schriftzitate innerhalb der einzelnen Abschnitte der jeweiligen Paulusbriefe in unterschiedlicher Konzentration vorkommen. Anhand dieser Beobachtung zieht er den Schluss, dass „Paulus das A.T. nicht als das christliche Quellen- und Erbauungsbuch von vornherein den jungen Gemeinden gegeben, sondern dass er Mission und Lehre zunächst ganz und gar auf das Evangelium selbst gegründet [...] hat."[25] Harnack lässt für Paulus zwar eine gewisse Bedeutung der Heiligen Schriften in der persönlichen Frömmigkeit zu, plädiert aber

---

2013. Durch ihre Bemühungen wurden in der Folge auch Türen für die Rückfrage nach den Einflüssen jüdischer Exegese auf die paulinische Schriftrezeption aufgestoßen. Vgl. zum Thema EKKEHARD W. STEGEMANN, Der Jude Paulus und seine antijüdische Auslegung, in: Rolf Rendtorff/Ekkehard W. Stegemann (Hg.), Auschwitz – Krise der christlichen Theologie. Eine Vortragsreihe (ACJD 10), München 1980.

21 ADOLF V. HARNACK, Das Alte Testament in den Paulinischen Briefen und in den Paulinischen Gemeinden, in: SPAW.PH (1928).

22 Vgl. a. a. O., 125. Harnack hielt auch Kol, Eph und 2Thess für authentisch.

23 Vgl. KOCH, Die Schrift als Zeuge des Evangeliums, 4.

24 BATES, The Hermeneutics of the Apostolic Proclamation., 12.

25 HARNACK, Das Alte Testament in den Paulinischen Briefen und in den Paulinischen Gemeinden, 137. Demnach berief sich Paulus nicht auf die Schriften Israels, um seine noch jungen Gemeinden zu lehren, zu ermahnen und zu erbauen, sondern Paulus baute – nach Harnack – seine Verkündigung und seine Lehre vollkommen auf dem Evangelium auf und

vehement dafür, dass sie für seine Lehre und seine Verkündigung lediglich eine untergeordnete Rolle spielten.[26]

2.1.2.2 *Otto Michel (1929)*

Die wohl wichtigste Monographie der ersten Hälfte des 20. Jh., die sich grundsätzlich mit der Methodik des paulinischen Schriftgebrauchs auseinandersetzte, entstand 1929 durch Otto Michel.[27] In seinem Werk wendet sich Michel der technischen Verfahrensweise Pauli mit den Schriften Israels zu.[28] Durch diese Untersuchungsperspektive hebt er sich von den bisherigen Arbeiten zum Thema *Paulus und die Schriften Israels* ab. Unter anderem geht Michel auf die Verwendung von *Middot* bei Paulus ein und setzt ihn in enge Relation zur rabbinischen Schriftauslegung.[29] In Bezug auf die Methodik des Schriftgebrauchs und die paulinische

---

vertraute darauf, dass dieses durch den Geist Erbauung und Ermahnung bringt. Vgl. BATES, The Hermeneutics of the Apostolic Proclamation, 12. Zurecht wurde Harnack hierfür kritisiert, denn freilich „wird seine Bestreitung jeder Bedeutsamkeit der Schrift für die missionarische Arbeit des Apostels dem Textbefund schwerlich gerecht." ÖHLER/WILK, Einführung, 3.

26 Vgl. KOCH, Die Schrift als Zeuge des Evangeliums, 5. Eine ähnlich gelagerte Sichtweise vertritt noch deutlich später PHILIPP VIELHAUER, Paulus und das Alte Testament, in: Luise Abramowski/J. F. G. Goeters (Hg.), Studien zur Geschichte und Theologie der Reformation. Festschrift für Ernst Bizer, Neukirchen-Vluyn 1969. Ebenso wie Harnack betrachtet auch Vielhauer „Paul's use of the OT as something less than germinal or central to the interests and substance of his thought." SMITH, The Pauline Literature, 267.

27 Vgl. MICHEL, Paulus und seine Bibel. Die Dissertationsschrift von Michel kann ohne Zweifel bis zur Veröffentlichung der Habilitationsschrift von KOCH, Die Schrift als Zeuge des Evangeliums, als *das* Standardwerk des 20. Jh. hinsichtlich der Frage nach dem paulinischen Schriftgebrauch gelten.

28 Vgl. TIWALD, Hebräer von Hebräern, 6.

29 Kleinere Einzelstudien, die bereits vor Michel die Anstöße der Erforschung des paulinischen Schriftgebrauchs und die Ergebnisse der religionsgeschichtlichen Arbeiten des ausgehenden 19. Jh. rezipierten und dezidiert die jüdisch-rabbinische Schriftgelehrsamkeit bei Paulus zum Thema machten, stammen z. B. von ERNST von DOBSCHÜTZ, Zum paulinischen Schriftbeweis, in: ZNW 24 (1923), oder WALTER WINDFUHR, Der Apostel Paulus als Haggadist, in: ZNW 26 (1926). „Daß er ein pharisäischer, sei es von Jerusalem, sei es von Tarsus her durchaus mit jüdischer, theologisch-juristischer Gelehrsamkeit erfüllter Mann war, läßt seine schriftliche Hinterlassenschaft an vielen Punkten auf das Deutlichste erkennen." WINDFUHR, Der Apostel Paulus als Haggadist, 327. Auch die wenige Jahre nach Michel erschienene Monographie von HANS WINDISCH, Paulus und das Judentum, Stuttgart 1935, gliedert sich in das Anliegen ein, Pauli jüdische Herkunft und seine damit verbundene pharisäisch-rabbinische Schriftgelehrsamkeit hervorzuheben. Vgl. hierzu MARTIN MCNAMARA, Targum and New Testament. Collected Essays (WUNT 279), Tübingen 2012, 74f. Nicht gänzlich unerwähnt bleiben darf für die Zeit vor dem Zweiten Weltkrieg der *Kommentar zum Neuen Testament aus Talmud und Midrasch* von Hermann L. Strack und Paul Billerbeck. 1926 wurde der dritte Band der Kommentarreihe zu den neutestamentlichen Briefen und der Johannesoffenbarung veröffentlicht. Vgl. HERMANN L. STRACK/PAUL BILLERBECK, Kommentar zum Neuen Testament aus Talmud und Midrasch. Dritter Band. Die

Argumentation anhand der Schriften Israels zieht Michel das Fazit: „Die paulinische Beweisführung ist zum großen Teil einfach aus dem Rabbinentum zu erklären."[30] Trotz dieser Schlussfolgerung und der Beobachtung grundsätzlicher Parallelen im Umgang mit den Heiligen Schriften Israels bei Paulus und in den rabbinischen Schriften betont Michel ausdrücklich, dass „die paulinische Beweisführung von der der Rabbinen im Ziel verschieden" sei, da „der Rabbine nicht aus dem Text heraus-, sondern in den Text hineinliest", denn „der Rabbine erweist in seiner Schriftbenutzung seine Gelehrsamkeit, Paulus sein Prophetentum."[31] Nach Michel versteht Paulus die Schriften des Alten Testaments als ein geschlossenes Buch, dessen wahre Bedeutung sich nur denjenigen erschließt, die über das entsprechende χάρισμα der Auslegung verfügen.[32] Michel gesteht Paulus demnach zwar eine formal-hermeneutische Nähe zum rabbinischen Judentum und dessen Techniken, Formen und Verfahren der Schriftrezeption zu, will jedoch ganz bewusst eine inhaltlich-theologische Distanz zwischen beidem wahren.[33] Für Michel ist die paulinische Interpretation der Schriften Israels vollkommen geistgewirkt und nicht durch rationale, konventionelle Untersuchungsmethoden erreichbar.[34]

Briefe des Neuen Testaments und die Offenbarung Johannis, München 1926. Insbesondere für die paulinischen Episteln zeigen die Autoren auf, dass sich zahlreiche Zusammenhänge zu der rabbinischen Literatur, ihrem Gedankengut und ihrer Theologie finden lassen. Doch trotz der Parallelen zur frühjüdischen und rabbinischen Literatur, die herausgearbeitet werden, ist den Auslegungen des Bandes die Grundintention zu eigen, dass – ähnlich wie u. a. bei Michel – letztlich eine gänzliche Andersartigkeit zwischen dem paulinischen und dem jüdischen Schriftgebrauch proklamiert wird. Eine Argumentationsfigur, die sich – nicht zuletzt durch die Wirkungsgeschichte des Kommentares zum Neuen Testament aus Talmud und Midrasch – in den folgenden Jahrzehnten noch häufiger finden lässt. Vgl. hierzu BERNDT SCHALLER, Paul Billerbecks „Kommentar zum Neuen Testament aus Talmud und Midrasch", in: Lutz Doering/Hans-Günther Waubke/Florian Wilk (Hg.), Judaistik und neutestamentliche Wissenschaft. Standorte – Grenzen – Beziehungen (FRLANT 226), Göttingen 2014.

30 MICHEL, Paulus und seine Bibel, 102.

31 Ebd.

32 Vgl. a. a. O., 115: „Aber praktisch war es so, daß die Auslegung des A.T.s zunächst eine Art χάρισμα war." Vgl. STANLEY, Paul and the Language of Scripture., 18f.

33 „Der Paulus hier attribuierte fundamentale Unterschied zwischen seiner Exegese und der des Judentums, ist wissenschaftlich allerdings nirgendwo festzumachen, obwohl dieses Argument noch bis zum heutigen Tag in wissenschaftlichen Abhandlungen immer wieder auftaucht und dazu dient, das paulinische Schriftargument gegen die jüdische Exegese zu profilieren." TIWALD, Hebräer von Hebräern, 7.

34 Vgl. BATES, The Hermeneutics of the Apostolic Proclamation, 15.

2.1.2.3 *Joseph Bonsirven (1939)*

Zehn Jahre nach der grundlegenden Arbeit von Michel veröffentlichte Joseph Bonsirven seine Untersuchung zur *Exegese Rabbinique et Exegese Paulinienne.*[35] Er folgt Michel und anderen in der Zwischenzeit entstandenen Studien in der Grundannahme einer methodischen Wesensgleichheit paulinischer und rabbinischer Schriftauslegung und widmet sein gesamtes Werk dem Vergleich rabbinischer und paulinischer Exegese.[36] Dabei kommt er abschließend zu einem ähnlichen Ergebnis wie zuvor Michel oder auch Strack-Billerbeck:[37] In der äußeren Form habe „Paulus zwar die rabbinische Methodik weitergeführt, ihr allerdings eine völlig neue Seele gegeben."[38] Trotz der Übereinstimmungen in Methodik und Technik der Schriftrezeption ist es Bonsirven somit ebenfalls daran gelegen, die grundsätzliche Verschiedenheit paulinischer und rabbinischer Schriftrezeption und somit eine Distanz zwischen Paulus und dem zeitgenössischen Judentum zu wahren.[39]

---

35 Vgl. BONSIRVEN, Exégèse Rabbinique et Exégèse Paulinienne.

36 Vgl. MCNAMARA, Targum and New Testament, 74. In eine ähnliche Richtung wie Michel oder Bonsirven geht auch einige Jahre später WILLIAM D. DAVIES, Paul and Rabbinic Judaism. Some Elements in Pauline Theology, London 1948. Davies versucht in seiner Studie den pharisäisch-rabbinischen Hintergrund zentraler Topoi der paulinischen Theologie aufzuzeigen. Der Ausgangspunkt seiner Untersuchung liegt hierbei in der These, „that in the central points of his interpretation of the Christian dispensation Paul is grounded in an essentially Rabbinic world of thought, that the Apostle was, in short, a Rabbi become Christian and was therefore primarily governed in both in life and thought by Pharasaic concepts, which he had baptized ‚unto Christ'." DAVIES, Paul and Rabbinic Judaism, 16. Davies' Werk entwickelte sich im englischsprachigen Raum schnell zu einem Standardwerk und wurde in der Folge noch mehrfach aufgelegt – und dass obwohl es noch vor der Entdeckung und Auswertung der Schriftrollen aus Qumran geschrieben wurde und Davies deren Texte nicht miteinbezog. In der deutschsprachigen Forschung wurde Davies' Studie nur zurückhaltend rezipiert.

37 Vgl. BONSIRVEN, Exégèse Rabbinique et Exégèse Paulinienne, 348f.

38 TIWALD, Hebräer von Hebräern, 7.

39 Zeitgleich zu Bonsirven veröffentlicht 1939 Leonhard Goppelt seine wirkungsgeschichtlich bedeutsame Dissertationsschrift zur typologischen Deutung des Alten Testaments. Vgl. LEONHARD GOPPELT, Typos. Die typologische Deutung des Alten Testaments im Neuen, Gütersloh 1939. Mittels einer umfassenden Bestimmung des Begriffs *Typologie* „als einer heilsgeschichtlich orientierten Verstehensweise der Schrift versucht *L. Goppelt*, die Bedeutung der Schrift für Paulus zu erfassen."[39] KOCH, Die Schrift als Zeuge des Evangeliums, 5. Das von Goppelt als *Typologie* bezeichnete Konzept der Auslegung des Alten Testaments sieht er im Kontrast zu allegorischen Deutungen. Vgl. GOPPELT, Typos, 271. Siehe hierzu die grundsätzliche Kritik bei DANIEL LANZINGER, Ein „unerträgliches philologisches Possenspiel"? Paulinische Schriftverwendung im Kontext antiker Allegorese (NTOA/StUNT 112), Göttingen 2016, 19f. Goppelt kommt hinsichtlich der Methodik des paulinischen Schriftgebrauchs zu dem Schluss, dass Typologien für den gesamten Schriftgebrauch des Paulus charakteristisch sind und Paulus „die ganze Schrift in einem von diesen Typologien gegebenen Rahmen" sieht und auslegt.[39] GOPPELT, Typos, 280. Die Bedeutsamkeit von Goppelts

Exkurs: Qumran und die Erforschung des paulinischen Schriftgebrauchs

Der Beginn der zweiten Hälfte des 20. Jh. markiert in der bibelwissenschaftlichen Forschung nicht nur aufgrund der weltpolitischen Geschehnisse, sondern insbesondere durch die Entdeckung der Schriftrollen in der Nähe von Khirbet Qumran am Toten Meer ab dem Jahr 1946 und ihrer sukzessiven Veröffentlichungen seit 1950 *cum grano salis* den Eintritt in eine neue Forschungsepoche. Nach und nach standen zahlreiche bisher unbekannte Texte oder weitaus ältere Textzeugen bereits bekannter Schriften zur Verfügung. Diese eröffneten einerseits neue Forschungsfelder und erforderten andererseits Neubestimmungen zahlreicher bestehender Forschungspositionen.[40] Dieser Aufbruch in ein *neues Zeitalter* bibelwissenschaftlicher Forschung gilt nicht nur für die alttestamentliche Wissenschaft, sondern auch für zahlreiche Felder der neutestamentliche Forschung,[41]

Studie erweist sich nicht zuletzt darin, dass noch 1990 eine unveränderte Neuauflage seiner Arbeit erschien. Auch die politische Dimension seiner Arbeit darf nicht vergessen werden, die insbesondere darin liegt, dass sich Goppelt mit seinen Thesen in seiner Zeit darum bemüht hat, einer Abwertung des Alten Testaments entgegenzuwirken. Vgl. hierzu LANZINGER, Ein „unerträgliches philologisches Possenspiel"?, 19f.

40 Für eine ausführliche Darstellungen zur grundsätzlichen Bedeutung der Qumranfunde, ihrer Entdeckungs- und Forschungsgeschichte siehe u. a. GÉZA VERMÈS, The Story of the Scrolls. The Miraculous Discovery and True Significance of the Dead Sea Scrolls, London 2010; DEVORAH DIMANT (Hg.), The Dead Sea Scrolls in Scholarly Perspective (StTDJ 99), Leiden 2012. Ein kompakter Überblick zu den verschiedenen Phasen der Qumranforschung findet sich auch bei JÖRG FREY, The Impact of the Dead Sea Scrolls on New Testament Interpretation. Proposals, Problems and Firther Perspectives, in: James H. Charlesworth (Hg.), The Bible and the Dead Sea scrolls. The Second Princeton Symposium on Judaism and Christian Origins, Waco, TX 2006.

41 Siehe für die Anfangszeit ausführlich HERBERT BRAUN, Qumran und das Neue Testament. Ein Bericht über 10 Jahre Forschung (1950–1959), in: ThR 28 (1962); HERBERT BRAUN, Qumran und das Neue Testament. Ein Bericht über 10 Jahre Forschung (1950–1959) (Fortsetzung), in: ThR 29 (1963). Vgl. darüber hinaus z. B. GÉZA VERMÈS, The Impact of the Dead Sea Scrolls on the Study of the New Testament, in: JJS 27 (1976); GEORGE J. BROOKE, The Scrolls and the Study of the New Testament, in: Robert A. Kugler/Eileen M. Schuller (Hg.), The Dead Sea Scrolls at Fifty. Proceedings of the 1997 Society of Biblical Literature Qumran Section Meetings (EJIL 15), Atlanta, GA 1999; FLORENTINO GARCÍA MARTÍNEZ (Hg.), Echoes from the Caves. Qumran and the New Testament (StTDJ 85), Leiden, Boston 2009; JÖRG FREY, Critical Issues in the Investigation of the Scrolls and the New Testament, in: Timothy H. Lim (Hg.), The Oxford Handbook of the Dead Sea Scrolls, Oxford 2010. „Although the relationship between the scrolls and the New Testament writings has been a hot topic for scholarly research since the first discoveries of the scrolls were made in 1947, a new phase in research began in 1991 when scholars were afforded unlimited access to the photographs of the scrolls." JAMES E. HARDING, Paul and first-century Judaism. Contributions from the Qumran Scrolls, in: Theof 35 (2004), 141f.

darunter auch die Erforschung des Schriftgebrauchs im Neuen Testament im Allgemeinen[42] und die Erforschung des paulinischen Schriftgebrauchs im Speziellen.[43] Insbesondere die Paulusforschung entwickelte im Laufe der Jahrzehnte

---

[42] „The discovery of the Dead Sea Scrolls has revolutionized the study of the Old Testament in the New." MOYISE, The Old Testament in the New, 25.

[43] Einige wichtige Beiträge hinsichtlich der Erforschung sowie der Verhältnisbestimmung der Methodik des Schriftgebrauchs bei Paulus und in den Qumranschriften stammen von Timothy Lim. Vgl. u. a. TIMOTHY H. LIM, Holy Scripture in the Qumran Commentaries and Pauline Letters, Oxford 1997; TIMOTHY H. LIM, Studying the Qumran Scrolls and Paul in Their Historical Context, in: James R. Davila (Hg.), The Dead Sea Scrolls as Background to Postbiblical Judaism and Early Christianity (StTDJ 46), Leiden 2003. Siehe darüber hinaus einige Monographien zum Thema wie z. B. MICHAEL NEWTON, The Concept of Purity at Qumran and in the Letters of Paul (SNTSMS 53), Cambridge 1985; J. D. STARK, Sacred Texts and Paradigmatic Revolutions. The Hermeneutical Worlds of the Qumran Sectarian Manuscripts and the Letter to the Romans, London 2014; CHRISTIANE BÖHM, Die Rezeption der Psalmen in den Qumranschriften, bei Philo von Alexandrien und im Corpus Paulinum (WUNT 437), Tübingen 2017. Siehe überdies einige Sammelbände, die sich dem Thema *Paulus und Qumran* gewidmet haben: Vgl. MURPHY J. O'CONNOR (Hg.), Paul and Qumran. Studies in New Testament Exegesis, Chicago 1968; JEAN-SÉBASTIEN REY (Hg.), The Dead Sea Scrolls and Pauline Literature (StTDJ 102), Leiden, Boston 2014; JÖRG FREY/ENNO E. POPKES (Hg.), Jesus, Paulus und die Texte von Qumran (WUNT 390), Tübingen 2015. Verwiesen sei überdies auf die zahlreichen Beiträge des Münchner Neutestamentlers H.-W. Kuhn sowie auf das Münchner Qumran-Projekt. Vgl. u. a. HEINZ-WOLFGANG KUHN, Die Bedeutung der Qumrantexte für das Verständnis des Ersten Thessalonicherbriefes. Vorstellung des Münchener Projekts: Qumran und das Neue Testament — The Impact of the Qumran Scrolls on the Understanding of Paul's First Letter to the Thessalonians, in: Julio C. Trebolle Barrera (Hg.), The Madrid Qumran Congress. Proceedings of the International Congress on the Dead Sea Scrolls, Madrid, 18–21 March, 1991 (StTDJ 11), Madrid, Leiden 1992; HEINZ-WOLFGANG KUHN, The Impact of the Qumran Scrolls on the Understanding of Paul, in: Devorah Dimant (Hg.), The Dead Sea Scrolls. Forty Years of Research (StTDJ 10), Leiden 1992; HEINZ-WOLFGANG KUHN, Die drei wichtigsten Qumranparallelen zum Galaterbrief. Unbekannte Wege der Tradition, in: Rüdiger Bartelmus/Bartelmus-Krüger-Utzschneider (Hg.), Konsequente Traditionsgeschichte. Festschrift für Klaus Baltzer zum 65. Geburtstag (OBO 126), Freiburg, Schweiz, Göttingen 1993; HEINZ-WOLFGANG KUHN, Die Bedeutung der Qumrantexte für das Verständnis des Galaterbriefes. Aus dem Münchener Projekt: Qumran und das Neue Testament, in: George J. Brooke/F. G. Martínez (Hg.), New Qumran Texts and Studies. Proceedings of the First Meeting of the International Qrganization for Qumran Studies, Paris 1992 (StTDJ 15), Leiden u. a. 1994; HEINZ-WOLFGANG KUHN, A Legal Issue in 1 Corinthians 5 and in Qumran, in: Moshe J. Bernstein/F. G. Martínez/J. Kampen (Hg.), Legal Texts and Legal Issues. Proceedings of the Second Meeting of the International Organization for Qumran Studies, Cambridge 1995, FS Joseph M. Baumgarten (StTDJ 23), Leiden u. a. 1997; HEINZ-WOLFGANG KUHN, Qumran und Paulus. Unter traditionsgeschichtlichem Aspekt ausgewählte Parallelen, in: Ulrich B. Müller/Ulrich Mell (Hg.), Das Urchristentum in seiner literarischen Geschichte. Festschrift für Jürgen Becker zum 65. Geburtstag (BZNW 100), Berlin, Boston 1999; HEINZ-WOLFGANG KUHN, The Qumran Meal and the Lord's Supper in Paul in the Context of the Graeco-Roman World, in: Alf Christophersen/Carsten Claussen/Jörg Frey/Bruce W. Longenecker (Hg.), Paul, Luke and the Graeco-Roman World. Essays in Honour of Alexander J. M. Wedderburn (LNTS 217), London 2003;

nach der Entdeckung der Texte in der judäischen Wüste ein stetig wachsendes Interesse am Gespräch mit der Qumranforschung und ihren Ergebnissen.[44] Daniel Stökl Ben Ezra reflektiert diesen zunehmenden Einfluss und die Relevanz der Qumranforschung auf die Entwicklung der Paulusforschung in den vergangenen Jahrzehnten wie folgt: „Vor der Entdeckung der Qumranrollen wurde Paulus in erster Linie vor hellenistischem Hintergrund interpretiert, d. h. jüdisch-hellenistischem und nicht-jüdisch hellenistischem Hintergrund. Zu vielen Termini und Ideen fehlten palästinische Parallelen in der Hebräischen Bibel und in der anderen Literatur aus der Zeit des Zweiten Tempels. [...] Die Qumranrollen ermöglichen für viele zentrale paulinische Ausdrucksformeln eine neue Sicht und heute weitgehend eine Neuinterpretation von Paulus' Vorstellungswelt auf dem Hintergrund des palästinischen Judentums."[45]

Heinz-Wolfgang Kuhn, „Gemeinde Gottes" in den Qumrantexten und bei Paulus unter Berücksichtigung des Toraverständnisses, in: Dieter Sänger (Hg.), Das Gesetz im frühen Judentum und im Neuen Testament. Festschrift für Christoph Burchard zum 75. Geburtstag (NTOA 57), Göttingen 2006; Heinz-Wolfgang Kuhn, The Impact of Selected Qumran Texts on the Understanding of Pauline Theology, in: James H. Charlesworth (Hg.), The Bible and the Dead Sea scrolls. The Second Princeton Symposium on Judaism and Christian Origins, Waco, TX 2006; Heinz-Wolfgang Kuhn, Zum 2. Korintherbrief. Drei wichtige Parallelen zur Qumrangemeinde (Gemeinde Gottes, neuer Bund und Neuschöpfung), in: ZNW 120 (2019). Zu guter Letzt sei auf die inzwischen kaum überschaubare Menge an Einzelbeiträgen und Zeitschriftenaufsätzen hingewiesen, die sich dem Themenfeld *Paulus und Qumran* widmen und von denen an dieser Stelle nur wenige Beiträge exemplarisch genannt werden können: Vgl. James A. Sanders, Habakkuk in Qumran, Paul and the Old Testament, in: Craig A. Evans/James A. Sanders (Hg.), Paul and the Scriptures of Israel, Sheffield 1993; Heikki Räisänen, Paul's and Qumran'Judaism, in: Alan Alvery-Peck/Jacob Neusner/Bruce D. Chilton (Hg.), Judaism in Late Antiquity 5. The Judaism of Qumran: A Systemic Reading of the Dead Sea Scrolls, Leiden u. a. 2000; Christian Metzenthin, Abraham in der Damaskusschrift und im Galaterbrief, in: BN 134 (2007); Markus Öhler, Wasser in der Wüste. Ex 17 und Num 20f. in den Texten von Qumran und bei Paulus, in: Hermann Lichtenberger (Hg.), Biblical Figures in Deuterocanonical and Cognate Literature (DCLS 2008), Berlin 2009; Karl P. Donfried, Paul the Jew and the Dead Sea Scrolls, in: Armin Lange/Emanuel Tov/Matthias Weigold (Hg.), The Dead Sea Scrolls in Context. Integrating the Dead Sea Scrolls in the Study of Ancient Texts, Languages, and Cultures (VT.S 140), Leiden, Boston 2011; David Lincicum, Paul and the Temple Scroll. Reflections on a Shared Engagement with Deutoronomy, in: Craig A. Evans/H. D. Zacharias (Hg.), ‚What does the Scripture Say?'. Studies in the Function of Scripture in Early Judaism and Christianity (SSEJC 17), London u. a. 2012, u. v. a.

44 F. G. Martínez, Galatians 3:10–14 in the Light of Qumran, in: Jean-Sébastien Rey (Hg.), The Dead Sea Scrolls and Pauline Literature (StTDJ 102), Leiden, Boston 2014, 51, formuliert pointiert: „If I am not completely mistaken, the greatest achievement of the research on Paul of the last thirty years has been a better understanding of Paul's Jewish identity thanks to the Dead Sea Scrolls."

45 Daniel Stökl Ben Ezra, Qumran. Die Texte vom Toten Meer und das antike Judentum (UTB 4681), Tübingen 2016., 333. Wie der weitere Forschungsüberblick zeigen wird, konnte sich diese Ansicht jedoch erst seit den neunziger Jahren des 20. Jh. und dem Beginn des 21. Jh. fest in der Paulusforschung etablieren.

2.1.3 Die Erforschung des paulinischen Schriftgebrauchs von 1950–1980

2.1.3.1 *Charles H. Dodd (1952)*

Ein wichtiger Beitrag zur Erforschung des paulinischen Schriftgebrauchs stammt von Charles H. Dodd.[46] Im Anschluss an die *Florilegien-* bzw. *Testimonienbuch-Hypothese* von John R. Harris[47], die insbesondere in der englischsprachigen Forschung stark rezipiert wurde, entwickelt Dodd die These, dass nicht eine schriftlich fixierte Zusammenstellung von einzelnen Schriftzitaten im frühen Christentum in Gebrauch gewesen sei und damit als Vorlage für den paulinischen Schriftgebrauch zur Verfügung stand – wie Harris es noch annimmt –, sondern dass man sich auf eine Auswahl von längeren Textpassagen aus den autoritativen Schriften Israels bezogen habe, primär den Propheten und den Psalmen (z. B. Jes 53, Dan 7, Ps 69).[48] Dodd bezeichnet diese Zusammenstellung sogar als „the bible of the early church."[49] Nicht nur hinsichtlich der Rückfrage nach den Textvorlagen neutestamentlicher resp. paulinischer Schriftrezeption, sondern insbesondere bezüglich der vielfach kontrovers diskutierten Frage nach der Berücksichtigung des ursprünglichen Kontextes der neutestamentlichen resp. paulinischen Prätexte markiert die von Harris ausgehende und von Dodd transformierte These bis heute einen wichtigen Diskussionspunkt. Anders als Harris nimmt Dodd zudem an, dass die betreffenden Textabschnitte nicht zwingend als verschriftlichtes Kompendium vorlagen, sondern primär mündliche Traditionen darstellen.[50] Hieraus leitet Dodd ab, dass demnach auch die Schrift-

46 Vgl. CHARLES H. DODD, According to the Scriptures. The Sub-Structure of New Testament Theology, London 1952.

47 Vgl. JOHN R. HARRIS, Testimonies I, Cambridge 1916; JOHN R. HARRIS, Testimonies II, Cambridge 1920. Harris geht von einer christlichen Anthologie alttestamentlicher Zitate aus, die in schriftlicher Form sowohl Paulus als auch Justin sowie dem Autor des Barnabasbriefs vorlag.

48 Vgl. KOCH, Die Schrift als Zeuge des Evangeliums, 3. Dodd kommt zu diesem Schluss, da nach seiner Auffassung die alttestamentlichen Zitate und Allusionen nicht nur für sich stehen, sondern als „pointers to the whole context" fungieren, aus dem sie enstammen. DODD, According to the Scriptures, 126. „Furthermore, he concludes that this was a *unique hermeneutical phenomenon* of the day, in contrast to Jewish exegesis." BEALE, Handbook on the New Testament Use of the Old Testament, 5.

49 DODD, According to the Scriptures, 61ff. Eine Auflistung der Zusammenstellung findet sich a. a. O., 107. Die Thesen von Dodd, welche grundlegende Fragen zu den Voraussetzungen und der Kontextgemäßheit paulinischer Schriftrezeption behandeln, werden bis heute diskutiert. Einiges an seinen Ausführungen blieb jedoch von Beginn an vage und weiterführende Fragen unbeantwortet, sodass seine Thesen schon bald nach ihrer Veröffentlichung kritisiert wurden. Vgl. als einer der Ersten ALBERT C. SUNDBERG JR., On Testimonies, in: NT 3 (1959), 268–281.

50 Vgl. hierzu MOYISE, The Old Testament in the New, 15.

zitation des Paulus primär aus dem Gedächtnis heraus geschehen sei. Eine These, die in der Forschung des Öfteren vertreten wurde.

2.1.3.2 E. Earle Ellis (1957)

Einen einflussreichen Forschungsbeitrag lieferte 1957 E. Earle Ellis.[51] Die Arbeit von Ellis ist die erste englischsprachige Monographie, die sich ausführlich der Methodik des paulinischen Schriftgebrauchs widmet.[52] In seiner Untersuchung stimmt Ellis hinsichtlich der Rückfrage nach den Vorlagen der paulinischen Schriftverwendung sowohl der Annahme Dodds zu, dass die exegetischen Bemühungen der frühen Kirche primär mündlicher Natur waren und Paulus demnach in seinem Schriftgebrauch der Gewohnheit nach aus dem Gedächtnis zitierte als auch der Annahme, dass sich in den paulinischen Briefen die von Dodd ausgemachten Textblöcke fänden.[53]

Im Zentrum seiner Untersuchung vergleicht Ellis – ähnlich wie vor ihm Michel oder Bonsirven – die paulinische Schriftauslegung mit rabbinischen Auslegungsmethoden sowie mit solchen aus der hellenistisch-jüdischen Diaspora. Hinsichtlich der Schrifthermeneutik und der Methodik des paulinischen Schriftgebrauchs hält Ellis fest: „Reading habits, methodology and hermeneutical norms were firmly implanted by his parents, his synagogue and, most of all, his teacher in rabbinics – Gamaliel."[54] Jedoch markiere – so Ellis – das Damaskusereignis einen tiefen Einschnitt in die Hermeneutik und das Schriftverständnis des Heidenapostels.[55] Auch wenn der Einfluss des paulinischen kulturellen Milieus und seiner rabbinischen Ausbildung weiterhin in seinem Schriftgebrauch erkennbar sind,[56] wurde das Alte Testament – so Ellis weiter – für Paulus nach seiner Bekehrung „a new book [...]; all that went before now stood only as a prelude."[57] Die Schriften Israels seien von nun an lediglich Zeuginnen des Christusgeschehens für Paulus gewesen und beziehen ihren Wert nicht aus sich

---

51 Vgl. ELLIS, Paul's Use of the Old Testament. Ellis beteiligte sich auch darüber hinaus mit weiteren Studien an diesem Forschungsdiskurs. Vgl. u. a. E. E. ELLIS, Midrash, Targum and New Testament Quotations, in: E. E. Ellis/Max Wilcox (Hg.), Neotestamentica et Semitica. Studies in Honour of Matthew Black, Edinburgh 1969, E. E. ELLIS, Prophecy and Hermeneutic in Early Christianity. New Testament Essays, Grand Rapids, MI 1978, E. E. ELLIS, The Old Testament in Early Christianity. Canon and Interpretation in the Light of Modern Research (WUNT 54), Tübingen 1991.

52 Vgl. BATES, The Hermeneutics of the Apostolic Proclamation, 19.

53 Vgl. a. a. O., 83.

54 ELLIS, Paul's Use of the Old Testament, 38.

55 Vgl. a. a. O., 39.

56 Vgl. a. a. O., 54. TIWALD, Hebräer von Hebräern, 8: „Dennoch sei Paulus nun von der vermeintlichen Engstirnigkeit und exegetischen Willkürlichkeit zu einer klaren und allgemein einsichtigen Exegese durchgestoßen."

57 ELLIS, Paul's Use of the Old Testament, 84.

selbst, sondern nur durch ihre auf Christus ausgerichtete Auslegung.[58] Ellis prägt dafür den Begriff der *New Covenant Exegesis* und knüpft darin an das Typologie-Modell von Goppelt an.[59] In seiner inhaltlichen Bewertung des paulinischen Schriftgebrauchs – zu welcher er m. E. jedoch keineswegs alleine aufgrund der Auswertung der Ergebnisse seiner Studie gelangt, sondern die vielmehr eine Bestätigung seiner zu Beginn der Arbeit geschilderten Präsuppositionen darstellt[60] – kommt Ellis somit zu einem ähnlichen Ergebnis wie vor ihm Michel oder Bonsirven: „For Ellis, Paul is a distinctively Christian interpreter."[61] Er steht durch seinen typologisch geprägten Schriftgebrauch in Opposition zur Schriftauslegung im zeitgenössischen Judentum. Doch trotz dieses inhaltlich-theologischen Dissenses findet Ellis hinsichtlich der Methodik des Schriftgebrauchs deutlich sichtbare Züge gemeinsamer Konzeptionen paulinischer und zeitgenössischer Auslegungsverfahren. Diese sieht Ellis in Anlehnung an die Exegese einzelner Qumranschriften insbesondere im Stil des *Midrasch-Pescher*[62], den er als „an interpretive moulding of the text within an apocalyptic framework"[63] definiert.

2.1.3.3 *Weitere Arbeiten der 1950er, 1960er und 1970er*

Als erster deutscher Exeget der Nachkriegszeit entdeckt Hans-Joachim Schoeps (1950/1959) die auch durch Michel, Bonsirven oder Ellis eingeschlagenen Wege wieder, die paulinische Schrifthermeneutik im Kontext jüdischer Auslegungsmethodik zu verorten.[64] Er kommt dabei jedoch anders als viele vor ihm – und zahlreiche Exegetinnen und Exegeten nach ihm – zu dem Schluss, dass Pauli rabbinische Gelehrsamkeit sowohl vor als auch nach seiner Berufung unabdingbar zur theologischen Identität und zum Schriftverständnis des Apostels gehörten,

---

58 Vgl. a. a. O., 115.

59 Vgl. a. a. O., 135.

60 Vgl. die dargestellten Präsuppositionen in der Einleitung seiner Studie. Z. B.: „While rabbinic Judaism has influenced the mechanics of Pauline citation, one must look to the apostolic Church and to Christ Himself to find the primary source of the apostle's understanding and use of the OT. The emphases, applications and hermeneutics of Paul's quotations mark him as one with the apostolic Church in contrast to his rabbinic background." A. a. O., 1.

61 Bates, The Hermeneutics of the Apostolic Proclamation, 19.

62 Ellis übernimmt diesen Begriff von Krister Stendahl, The School of St. Matthew (ASNU 20), Kopenhagen 1954, der damit den Auslegungsstil des Habakuk-Peshers (1QpHab) zu beschreiben versucht. Schon vor Stendahl verwendet William H. Brownlee, Bible Interpretation among the Sectaries of the Dead Sea Scrolls, in: BA 14 (1951), den Begriff.

63 Ellis, Paul's Use of the Old Testament, 147. Vgl. zu diesem Aspekt ausführlich Ellis, Prophecy and Hermeneutic in Early Christianity, 173–181.

64 Vgl. Hans-Joachim Schoeps, Paulus als rabbinischer Exeget, in: Ders. (Hg.), Aus frühchristlicher Zeit, Tübingen 1950; Hans-Joachim Schoeps, Paulus. Die Theologie des Apostels im Lichte der jüdischen Religionsgeschichte (WUNT 12), Tübingen 1959.

formal-hermeneutisch ebenso wie inhaltlich-theologisch.[65] Ein ähnliches Urteil fällt auch Willem C. van Unnik (1952/1962) in seiner zunächst auf Niederländisch und später auch auf Englisch publizierten Abhandlung *Tarsus or Jerusalem*.[66] Die Gedanken von Schoeps und auch von van Unnik nimmt kurze Zeit später Joachim Jeremias auf und führt sie mit Blick auf die exegetischen Verfahrensweisen Pauli fort.[67] Er versteht Paulus sowohl in seiner gesamten Biographie als auch in seinem Schriftgebrauch vor dem Hintergrund des palästinischen bzw. des rabbinischen Judentums und hält diesbezüglich fest: „Seine geistige Heimat ist die palästinische Exegese."[68] Diese Prägung durch die pharisäisch-palästinische Exegese und ihre Methoden fixiert Jeremias jedoch noch genauer und proklamiert, „*dass Paulus Hillelit war*."[69] Anhand seiner Analysen stellt Jeremias fest: „Der Verfasser der Paulusbriefe verfügte in der Tat über die theologische Bildung seiner Zeit und gehörte der hillelitischen Schule an."[70] Jeremias' These wurde in der Folge vielfach rezipiert und zuweilen scharf kritisiert.[71]

---

65 Vgl. SCHOEPS, Paulus als rabbinischer Exeget, 126f.

66 Vgl. WILLEM C. VAN UNNIK, Tarsus or Jerusalem. The City of Paul's Youth, London 1962. Dort wird Paulus „als hundertprozentiger palästinischer Jude, Rabbinenschüler und Gefolgsmann Gamaliels vor Augen geführt." TIWALD, Hebräer von Hebräern, 10. Einen inhaltlichen Gegenpol zu den Untersuchungen von Schoeps oder van Unnik bietet kurze Zeit später wiederum die Arbeit von HERBERT ULONSKA, Paulus und das Alte Testament, Brackwede 1964. Anschluss nehmend an Harnack betont er die Situationsbezogenheit des paulinischen Schriftgebrauchs und wertet diese dahingehend aus, dass Paulus sich lediglich aufgrund der jeweiligen Adressatinnen und Adressaten auf die Schriften Israels bezogen habe. Vgl. ULONSKA, Paulus und das Alte Testament, 207. „Da Paulus ganz von der Parusieerwartung bestimmt sei und sich völlig an der Situation der Briefempfänger orientiere, fehle bei Paulus jegliche Reflexion über seinen Schriftgebrauch." So KOCH, Die Schrift als Zeuge des Evangeliums, 7, mit Blick auf Ulonska. Die Möglichkeit einer grundlegenden hermeneutischen Relevanz der Schriften Israels für die paulinische Theologie verneint Ulonska ausdrücklich. In seiner zeitgleich zu Ulonska erschienenen Habilitationsschrift fragt Ulrich Luz nach dem Geschichtsverständnis des Paulus und behandelt dabei u. a. die Frage nach der Schriftverwendung und -hermeneutik des Paulus. Vgl. ULRICH LUZ, Das Geschichtsverständnis des Paulus (BEvTh 49), München 1968, insbesondere 41–135. Das leitende Paradigma für die Schriftauslegung des Paulus sieht Luz in dem Verständnis des Alten Testaments als Wort Gottes, welches in die eschatologische Gegenwart des Paulus hineinspricht. Eine bestimmte Hermeneutik, der Paulus in seiner Schriftauslegung folgt, sieht Luz dabei jedoch nicht. Vgl. LUZ, Das Geschichtsverständnis des Paulus, 135. Vgl. zu Luz auch KOCH, Die Schrift als Zeuge des Evangeliums, 7.

67 Vgl. JOACHIM JEREMIAS, Paulus als Hillelit, in: E. E. Ellis/Max Wilcox (Hg.), Neotestamentica et Semitica. Studies in Honour of Matthew Black, Edinburgh 1969.

68 A. a. O., 89.

69 Ebd. „Der Verfasser der Paulusbriefe verfügte in der Tat über die theologische Bildung seiner Zeit und gehörte der hillelitischen Schule an." JEREMIAS, Paulus als Hillelit, 94.

70 JEREMIAS, Paulus als Hillelit, 94.

71 Vgl. TIWALD, Hebräer von Hebräern, 10f. Weitere nennenswerte Beitrag zur Erforschung des paulinischen Schriftgebrauchs aus dem betrachteten Zeitraum (1950–1980) stammen von BARNABAS LINDARS, New Testament Apologetic. The Doctrinal Significance of the Old Testament Quotations, London 1961, LONGENECKER, Biblical Exegesis in the Apostolic

Exkurs: Die New Perspective on Paul und die Erforschung des paulinischen Schriftgebrauchs

Eine Entwicklung mit tiefgreifender Bedeutung für die gesamte Paulusforschung ist die bereits in den 1970er aufkommende *New Perspective on Paul.*[72] Grundintention dieses sich zunächst im englischsprachigen Raum entwickelnden Forschungsparadigmas ist die kritische Auseinandersetzung mit der traditionellen, reformatorisch-lutherisch geprägten Paulusinterpretation.[73] Im Zentrum dieser Auseinandersetzung steht die Rückfrage nach „Status und Funktion der sog. Rechtfertigungslehre innerhalb der paulinischen Theologie."[74] Während die reformatorische Theologie der Rechtfertigungslehre klassischerweise eine christologisch-soteriologische Funktion zuschrieb, verlagerte die New Perspective die Rechtfertigungslehre des Paulus in die Ekklesiologie. Als wegweisend für die New Perspective sind insbesondere die Beiträge von Krister Stendahl[75], Ed Parish Sanders[76], Nicholas T. Wright[77] und James D. G. Dunn[78] anzusehen.[79]

Period; ANTHONY T. HANSON, Studies in Paul's Technique and Theology, London 1974, und IVAN DUGANDZIC, Das „Ja" Gottes in Christus. Eine Studie zur Bedeutung des Alten Testaments für das Christusverständnis des Paulus (FzB 26), Würzburg 1977.

72 Die Bezeichnung *New Perspective on Paul* etablierte sich in Anschluss an den gleichnamigen Aufsatz von JAMES D. G. DUNN, The New Perspective on Paul, in: BJRL 65 (1983). Insbesondere in den 80er und 90er Jahren brachte dieser neue Forschungsansatz zahlreiche Beiträge hervor.

73 Als deren prominenteste Vertreter in der deutschsprachigen neutestamentlichen Forschung des 20. Jahrhunderts können u. a. Rudolf Bultmann, Günter Klein und Ernst Käsemann gelten.

74 MICHAEL WOLTER, Eine neue paulinische Perspektive, in: ZNT 14 (2004).

75 Vgl. KRISTER STENDAHL, Paul among Jews and Gentiles, Philadelphia 1976; KRISTER STENDAHL, Der Jude Paulus und wir Heiden. Anfragen an das abendländische Christentum (KT 36), München 1978.

76 Vgl. ED P. SANDERS, Paul and Palestinian Judaism. A Comparison of Patterns of Religion, London 1977; ED P. SANDERS, Paulus und das palästinische Judentum. Ein Vergleich zweier Religionsstrukturen (StUNT 17), Göttingen 1985; ED P. SANDERS, Paul, the law, and the Jewish people, Philadelphia, PA 1983.

77 Eine Zusammenschau seiner wichtigsten Arbeiten zum Thema findet sich in NICHOLAS T. WRIGHT, Rechtfertigung. Gottes Plan und Sicht des Paulus, hg. von Barbara Hallensleben, Münster 2015.

78 Eine Sammlung seiner wichtigsten Beiträge zur New Perspective findet sich in JAMES D. G. DUNN, The New Perspective on Paul. Collected Essays (WUNT 185), Tübingen 2005.

79 Für eine ausführliche und detaillierte Auseinandersetzung und Bewertung der New Perspective und ihrer einzelnen Positionen siehe u. a. CHRISTIAN STRECKER, Paulus aus einer neuen Perspektive. Der Paradigmenwechsel in der jüngeren Paulusforschung, in: KuI 11 (1996); KLAUS HAACKER, Verdienste und Grenzen der „neuen Perspektive" der Paulus-Auslegung, in: Michael Bachmann/Johannes Woyke (Hg.), Lutherische und neue Paulusperspektive. Beiträge zu einem Schlüsselproblem der gegenwärtigen exegetischen Diskussion (WUNT 182), Tübingen 2005; IVANA BENDIK, Paulus in neuer Sicht? Eine kritische

Mit einem zeitlich noch relativ geringen Abstand zu den Aufbrüchen der New Perspective fällt Christian Strecker das grundlegende Urteil: „Wie immer man zu den Entwürfen der ‚neuen Perspektive' im Einzelnen stehen mag, eines dürfte klar sein […] Eine ernstgemeinte Beschäftigung mit der Theologie der paulinischen Briefe wird daran nicht länger vorbeigehen dürfen."[80] Und er führt fort: „Dies trifft insbesondere auf das umstrittene Problem zu, wie stark die paulinische Theologie im zeitgenössischen jüdischen Kontext verankert ist und an welcher Stelle ihr ganz spezifisches Proprium zutage trifft."[81] Die Einschätzung Streckers sollte sich in der Folge als zutreffend erweisen. Und so bewirkten die Impulse der New Perspective nicht zuletzt auch eine erneuerte Sensibilisierung für die Rückfrage nach hermeneutischen Einflüssen und Parallelen frühjüdischer Exegese zu Paulus.[82]

2.2 Die moderne und gegenwärtige Erforschung des paulinischen Schriftgebrauchs

2.2.1 Die Erforschung des paulinischen Schriftgebrauchs von 1980–2000

2.2.1.1 Dietrich-Alex Koch (1986)

Die 1986 veröffentlichte Habilitation von Dietrich-Alex Koch[83] stellt bis heute *die* wegweisende Publikation hinsichtlich des paulinischen Schriftgebrauchs dar und ist ohne jeden Zweifel „the most comprehensive synthesis of all facets related to Paul's use of scriptures produced to date."[84] Koch arbeitet in seiner Unter-

Einführung in die „New perspective on Paul" (JuChr 18), Stuttgart 2010; JENS-CHRISTIAN MASCHMEIER, Rechtfertigung bei Paulus. Eine Kritik alter und neuer Paulusperspektiven (BWANT 189), Stuttgart 2010; SIMON J. GATHERCOLE, Deutsche Erwiderungen auf die „New Perspective". Eine anglophone Sicht, in: Jörg Frey/Stefan Alkier (Hg.), Die Theologie des Paulus in der Diskussion. Reflexionen im Anschluss an Michael Wolters Grundriss (BThSt 140), Neukirchen-Vluyn 2013.

80 STRECKER, Paulus aus einer neuen Perspektive.

81 Ebd.

82 Vgl. STANLEY, Paul and Scripture, 7. Eine Erforschung der Methodik des paulinischen Schriftgebrauchs muss folglich auch die Erkenntnisse und Einflüsse der New Perspective wahrnehmen.

83 KOCH, Die Schrift als Zeuge des Evangeliums.

84 BATES, The Hermeneutics of the Apostolic Proclamation, 22. „It is now almost three decades since the study of Paul and Scripture was put on entirely new footing with the pub-

suchung in umfassender und detaillierter Weise die Verwendung alttestamentlicher Zitate bei Paulus heraus. Er untersucht den paulinischen Schriftgebrauch in seiner ganzen Breite und geht sowohl auf die Zitationspraxis des Paulus ein, d. h. auf die Rückfrage nach den Vorlagentexten und auf das Verhältnis der paulinischen Zitation gegenüber diesen als auch auf die Frage nach der theologischen Funktion der Zitate und ihrer thematischen Zuordnung sowie auf das Gesamtverständnis der Schrift bei Paulus.[85] Die Kernthese seiner Arbeit besteht darin, dass das Evangelium Jesu Christi für Paulus die Grundvoraussetzung darstelle, um die Worte der Schrift verstehen zu können. Schrift und Evangelium sind somit zwei Größen, die sich notwendig bedingen und gegenseitig erhellen. Schriftzitate sind aus diesem Grund konstitutives Element der paulinischen Argumentation und dienen ihm als *Zeuge des Evangeliums*.[86]

Koch ist auch der erste Forscher, der sich umfänglich um methodologische Reflexionen in der Erforschung des paulinischen Schriftgebrauchs bemüht. Dies betrifft in seinem Fall vor allem die Rückfrage nach der Zitationspraxis des Paulus. Koch entwickelt in seiner Arbeit eine ausführliche Taxonomie, um die Modifikationen der paulinischen Schriftzitate gegenüber ihren Vorlagentexten beschreiben und auswerten zu können.

Außerdem vergleicht Koch in seiner umfänglichen Studie den paulinischen Schriftgebrauch mit den Formen und Verfahren zeitgenössischer Schriftrezeption. In dieser Gegenüberstellung kommt er zu dem Schluss, dass sich der paulinische Schriftgebrauch sowohl in inhaltlich-theologischer als auch in formal-hermeneutischer Hinsicht grundlegend zur frühjüdischen Exegese unterscheidet.[87] Er gesteht Paulus lediglich Parallelen zur hellenistischen Rhetorik zu, aber keinesfalls eine jüdisch-pharisäische oder jüdisch-palästinische Prägung seiner Exegese.[88]

---

lication of Dietrich-Alex Koch's groundbreaking monograph." DAVID LINCICUM, Intertextuality, Effective History, and Memory. Conceptualizing Paul's Use of Scripture, in: Florian Wilk/Markus Öhler (Hg.), Paulinische Schriftrezeption. Grundlagen – Ausprägungen – Wirkungen – Wertungen (FRLANT 268), Göttingen, Bristol, CT, U.S.A. 2017, 10. Bereits 1988 prognostizierte H. Hübner in seiner Rezension des Werkes: „K. hat ein Standardwerk vorgelegt, an dem keiner vorbeikommt, dem es um das Schriftverständnis des Paulus (P.) geht. Wo man früher Otto Michels Dissertation ‚P. und seine Bibel' (Gütersloh 1929; Darmstadt 1972) zitierte, wird man dies nun mit K.s Monographie tun." HANS HÜBNER, Koch, Dietrich-Alex: Die Schrift als Zeuge des Evangeliums, in: ThLZ 113 (1988), 350. Hübner sollte mit seiner Einschätzung Recht behalten.

85 „Koch's study remains one of the most significant attempts to grapple with Paul's practices with regard to his ancestral Scripture at the holistic level, and still repays close attention today." LINCICUM, Intertextuality, Effective History, and Memory, 10.

86 Vgl. STANLEY, Paul and the Language of Scripture, 19.

87 Vgl. KOCH, Die Schrift als Zeuge des Evangeliums, 199–232 und 341f. Dies betrifft nach Koch sowohl die „jüdisch-hellenistische" als auch die „rabbinische" Schriftauslegung.

88 Vgl. a. a. O., 230. Angesichts dieser negativen Ergebnisse überrascht es nicht, dass Koch das Herz und den Mittelpunkt der paulinischen Schrifthermeneutik in dessen Tendenz verortet, in allen Schriften Israels ein positives Zeugnis für die Gerechtigkeit Gottes zu

2.2.1.2 Richard B. Hays (1989)

Hat sich die Erforschung des paulinischen Schriftgebrauchs lange Zeit nahezu ausschließlich auf die Verwendung von direkten Schriftzitaten in den Paulusbriefen fokussiert,[89] legt Richard B. Hays 1989 mit seiner wegweisenden Studie *Echoes of Scripture in the Letters of Paul*[90] das methodologische Fundament für eine Analyse von impliziten intertextuellen Referenzen wie Allusionen und Echos.[91] Die zugrundeliegende Annahme, die Hays in dieser methodologischen Neuorientierung leitet, besteht darin, dass „certain approaches to intertextuality that have developed within literary criticism prove illuminating when applied to Paul's letters."[92] Die explizite Hinzunahme und Aufarbeitung literaturwissenschaftlicher Theorien und Ansätze und ihre Fruchtbarmachung für und Applikation auf die Erforschung des paulinischen Schriftgebrauchs ist zu diesem Zeitpunkt hoch innovativ, besitzt nachhaltige Prägkraft und ist in höchstem Maße zu würdigen.[93] Hays' Arbeit wurde seither – insbesondere in der englischspra-

---

finden, die im Evangelium offenbar wird. Vgl. BATES, The Hermeneutics of the Apostolic Proclamation, 23.

89 So z. B. SMITH, The Pauline Literature, 265: „Our attention will be directed primarily to Paul's explicit quotation of the OT." Auch in jüngster Zeit geschieht dies zuweilen noch. Vgl. z. B. das Vorgehen bei KUJANPÄÄ, The Rhetorical Functions of Scriptural Quotations in Romans.

90 Vgl. HAYS, Echoes of Scripture in the Letters of Paul.

91 Vgl. BATES, The Hermeneutics of the Apostolic Proclamation, 27. Interessant ist, dass bereits Exegeten wie Vollmer und Michel darauf aufmerksam machen, dass auch der implizite Schriftgebrauch des Paulus miteinbezogen werden müsse, um den paulinischen Umgang mit den Schriften Israels umfänglich verstehen und bewerten zu können. Dieser Forderung kommen sie selbst jedoch nicht nach. Vgl. STANLEY, Paul and Scripture.

92 HAYS, Echoes of Scripture in the Letters of Paul. RICHARD B. HAYS, Echoes of Scripture in the Letters of Paul. Abstract, in: Craig A. Evans/James A. Sanders (Hg.), Paul and the Scriptures of Israel, Sheffield 1993b, 15. Hays bezieht seine Grundgedanken dabei v. a. von JOHN HOLLANDER, The Figure of Echo. A Mode of Allusion in Milton and after, Berkeley 1981.

93 Verwiesen sei auch auf die weiteren Arbeiten von Hays zum Thema. Vgl. u. a. HAYS, Echoes of Scripture in the Letters of Paul; RICHARD B. HAYS, The Role of Scripture in Paul's Ethics, in: Eugene H. Lovering (Hg.), Theology and Ethics in Paul and his Interpreters. Essays in Honor of Victor Paul Furnish, Nashville 1996; RICHARD B. HAYS, Schriftverständnis und Intertextualität bei Paulus, in: ZNT 14 (2004). 2005 veröffentlichte Hays ein zweites Buch zum paulinischen Schriftgebrauch: RICHARD B. HAYS, The Conversion of the Imagination. Paul as Interpreter of Israel's Scripture, Grand Rapids, MI 2005. Hierbei handelt es sich um eine Sammlung von zehn Aufsätzen, die über einen längeren Zeitraum entstanden sind und die sich sowohl inhaltlich als auch methodisch an sein Hauptwerk *Echoes of Scripture in the Letters of Paul* angliedern und dieses aus verschiedenen Perspektiven ergänzen. Hays will in seinen Aufsätzen insgesamt darstellen „what Scripture looks like from within Paul's imaginative narrative world." HAYS, The Conversion of the Imagination, X. Hays' Aufsätze zeigen auf, in wie enger Verbundenheit mit den Schriften Israels Paulus seine grundlegenden theologischen Positionen und Argumentationen entwickelt und zur Sprache gebracht hat. Erwähnenswert ist nicht zuletzt Hays' Studie zum Schriftgebrauch der Evangelien RICHARD B. HAYS, Echoes of Scripture in the Gospels, Waco, TX 2016.

chigen Forschung – vielfach rezipiert[94] und hat, speziell hinsichtlich seiner methodologischen Neuausrichtung,[95] neben der Arbeit von Koch als Standardwerk in der Frage nach dem paulinischen Schriftgebrauch zu gelten.[96]

In der Frage nach einer Methodik, d. h. nach wahrnehmbaren Formen und Verfahren des paulinischen Schriftgebrauch gelangt Hays mit seinem Zugriff weitestgehend zu einem negativen Ergebnis: „Our account of Paul's interpretive activity has discovered no systematic exegetical procedures at work in his reading of Scripture."[97] Dies ist für Hays ein wesentlicher Unterschied zwischen Paulus und anderen zeitgenössischen jüdischen Auslegern der Heiligen Schriften Israels: „In short, there is no evidence in the letters that Paul – in contrast to other ancient authors such as Philo – ever sat down with the biblical text and tried to figure out what it might mean by applying an exegetical procedure."[98] Trotz dieses Urteils hinsichtlich der Methodik des paulinischen Schrift-

---

94 So etwa BEETHAM, Echoes of Scripture in the Letter of Paul to the Colossians; WAGNER, Heralds of the Good News; CIAMPA, The Presence and Function of Scripture in Galatians 1 and 2; BRIAN J. ABASCIANO, Paul's Use of the Old Testament in Romans 9:1–9. An Intertextual and Theological Exegesis (LNTS 301), London, New York 2005; BENJAMIN L. GLADD, Revealing the Mysterion. The Use of Mystery in Daniel and Second Temple Judaism with its Bearing on First Corinthians (BZNW 160), Berlin, New York 2008. Einen Beleg aus der deutschsprachigen Forschung hierfür bietet jüngst die Studie von ZIETHE, Auf seinen Namen werden die Völker hoffen. Ziehte nimmt methodologisch Anschluss an Hays und rezipiert – ebenso wie viele Studien im englischsprachigen Raum – Hays' *seven criteria* zur Bestimmung eines Echos oder einer Allusion: *availability*, *volume*, *recurrence*, *thematic coherence*, *historical plausibility*, *history of interpretation* und *satisfaction*. Vgl. HAYS, Echoes of Scripture in the Letters of Paul, 29–33.

95 Ähnlich CHRISTOPHER D. STANLEY, Paul's „Use" of Scripture. Why the Audience Matters, in: Stanley E. Porter (Hg.), As it is Written. Studying Paul's Use of Scripture (SBLSymS 50), Atlanta Ga. 2008, 127: „ One of the principal reasons for the success of Richard Hays's acclaimed book, *Echoes of Scripture in the Letters of Paul*, lies in his thoughtful attention to questions of methodology." Siehe auch LINCICUM, Intertextuality, Effective History, and Memory, 13: „Since the publication of *Echoes*, intertextuality has been one of the dominant *modi operandi* in the study of Paul's use of Scripture."

96 Bereits kurze Zeit nach seiner Veröffentlichung wurde Hays' Werk ausführlich diskutiert. Siehe hierzu u. a. die Beiträge von CRAIG A. EVANS, Listening for Echoes of Interpreted Scripture, in: Craig A. Evans/James A. Sanders (Hg.), Paul and the Scriptures of Israel, Sheffield 1993; JAMES A. SANDERS, Paul and Theological History, in: Craig A. Evans/James A. Sanders (Hg.), Paul and the Scriptures of Israel, Sheffield 1993; WILLIAM S. GREEN, Doing the Text's Work for It. Richard Hays on Paul's Use of Scripture, in: Craig A. Evans/James A. Sanders (Hg.), Paul and the Scriptures of Israel, Sheffield 1993; J. C. BEKER, Echoes of Intertextuality. On the Role of Scripture in Paul's Theology, in: Craig A. Evans/James A. Sanders (Hg.), Paul and the Scriptures of Israel, Sheffield 1993, sowie die Response auf diese Beiträge bei RICHARD B. HAYS, On the Rebound. A Response to Critiques of Echoes of Scripture in the Letters of Pauls, in: Craig A. Evans/James A. Sanders (Hg.), Paul and the Scriptures of Israel, Sheffield 1993.

97 HAYS, Echoes of Scripture in the Letters of Paul, 160.

98 Ebd.

gebrauchs arbeitet Hays für Paulus drei grundlegende hermeneutische Paradigmen heraus, die seinen Schriftgebrauch kennzeichnen: 1. *Ecclesiocentric hermeneutics;* 2. *New covenant hermeneutics*[99]; 3. *Eschatological hermeneutics of the immanent word.*[100] Diese drei Leitgedanken greifen nach Hays ineinander und bedingen sich wechselseitig, denn für Paulus kann – so Hays – eine angemessene Auslegung der Schriften Israels nur 1. in der durch den Heiligen Geist erfüllten Gemeinschaft stattfinden, die sich 2. des neuen Bundes in Jesus Christus gewiss ist und 3. die Worte der Schrift aktualisierend und in einem eschatologischen Horizont liest.[101]

2.2.1.3 Christopher D. Stanley (1992)

Anfang der 1990er Jahre veröffentlicht Christopher D. Stanley eine Studie zum paulinischen Schriftgebrauch, die sich in ihrem Anliegen in vielen Gesichtspunkten an die Untersuchung von Koch angliedert und sich im Kontrast zu Hays wieder ausschließlich den expliziten Schriftzitaten zuwendet.[102] Stanley fragt in seiner Studie methodologisch reflektiert danach, wie sich Zitate von anderen Verwendungsweisen der Schrift abgrenzen lassen, welche Gründe dafür oder dagegen sprechen, dass ein antiker Autor aus dem Gedächtnis zitiert oder auf einem ihm zugänglichen Text zurückgreift, welche Vorlagen unter Umständen verwendet wurden und wie Standard-Vorlagen dabei eine Rolle spielen, welche Formen des Schriftgebrauchs in der zeitgenössischen Exegese geläufig waren und welche eher ungewöhnlich oder für bestimmte Autoren(gemeinschaften) spezifisch.[103] Stanley tut dies insbesondere mit Blick auf die zeitgenössische Literatur differenzierter als Koch oder andere Studien vor ihm und widmet zwei Kapitel seiner detaillierten Studie der Analyse griechisch-römischer[104] und frühjüdischer[105] Zitationstechniken. In einem Vergleich mit der paulinischen Methodik der Schriftzitation kommt Stanley – anders als vor ihm Koch – zu dem Ergebnis, dass die interpretative, adaptive Verfahrensweise, in der Paulus die Schriften Israels zitiert, in der zeitgenössischen griechisch-römischen und frühjüdischen Literatur weit verbreitet war.[106] Dies gilt – so Stanley – nicht nur für die technische Verarbeitung der Zitate, sondern auch hinsichtlich der „frequency

---

99 Er knüpft damit an Ellis an (s. o.). Vgl. ELLIS, Paul's Use of the Old Testament, 135.

100 Vgl. BATES, The Hermeneutics of the Apostolic Proclamation, 28.

101 Vgl. HAYS, Echoes of Scripture in the Letters of Paul, 154–178.

102 Vgl. STANLEY, Paul and the Language of Scripture.

103 Vgl. a. a. O., 8.

104 A. a. O., 267–291.

105 A. a. O., 292–337. Stanley nimmt dabei sowohl palästinisch-jüdische Schriften als auch Philo von Alexandrien als Vergleichspunkte auf.

106 Exakt in diesem Aspekt hat Koch noch einen markanten Unterschied gesehen. Vgl. BATES, The Hermeneutics of the Apostolic Proclamation, 24.

and diffusion of quotations within the Pauline epistles“[107] sowie ihrer intentionalen Modifikation gegenüber der Vorlage zwecks einer gezielten interpretativen Funktion.[108]

2.2.1.4 *Florian Wilk (1998)*

Mit der Dissertationsschrift von Florian Wilk wird 1998 der nach Koch wohl wichtigste deutschsprachige Beitrag zur Erforschung des paulinischen Schriftgebrauchs veröffentlicht.[109] Wilk konzentriert sich in seiner Untersuchung auf die Rezeption des Jesajabuches durch Paulus. Dies tut er sowohl hinsichtlich des Schriftgebrauchs innerhalb der Briefe des Paulus als auch „für die generelle Ausformung seines apostolischen Selbstverständnisses und seiner spezifischen, primär an Heidenchristen gerichteten Christusverkündigung.“[110] Wilk untersucht sowohl die direkten[111] als auch die indirekten[112] Schriftbezüge des Paulus auf den Propheten Jesaja und arbeitet neben den Funktionen der einzelnen Zitate[113] auch ein Gesamtverständnis[114] des Jesajabuches für die Theologie des Paulus sowie seine hervorgehobene Bedeutung für die Identität des Apostels heraus.[115] Wilks Nachweis und detaillierte Analyse der Benutzung des Jesajabuches durch Paulus

---

[107] STANLEY, Paul and the Language of Scripture, 339.

[108] Vgl. a. a. O., 344. Übergeordnete hermeneutische Paradigmen, wie sie Hays herausarbeitet, stehen für Stanley fernerhin nicht im Fokus des Interesses.

[109] Vgl. WILK, Die Bedeutung des Jesajabuches für Paulus. Über seine Dissertationsschrift hinaus hat sich Wilk in den vergangenen zwanzig Jahren vielfach zum paulinischen Schriftgebrauch geäußert und kann zur Zeit wohl als der wichtigste deutschsprachige Experte zum Thema gelten. Vgl. u. a. WILK, Paulus als Nutzer, Interpret und Leser des Jesajabuches; FLORIAN WILK, Gottes Wort und Gottes Verheißungen. Zur Eigenart der Schriftverwendung in 2Kor 6,14–7,1, in: Martin Karrer/Wolfgang Kraus (Hg.), Die Septuaginta – Texte, Kontexte, Lebenswelten (WUNT 219), Tübingen 2008; WILK, Schriftbezüge im Werk des Paulus; FLORIAN WILK, „Die Schriften“ bei Markus und Paulus, in: Oda Wischmeyer (Hg.), Paul and Mark. Comparative Essays Part I: Two Authors at the Beginning of Christianity (BZNW 198), Berlin, Boston 2014; WILK, Alles neu!?; FLORIAN WILK, Bezüge auf „die Schriften“ in den Korintherbriefen, in: Florian Wilk/Markus Öhler (Hg.), Paulinische Schriftrezeption. Grundlagen – Ausprägungen – Wirkungen – Wertungen (FRLANT 268), Göttingen, Bristol, CT, U.S.A. 2017.; FLORIAN WILK, Schriftauslegung als Bildungsvorgang im ersten Korintherbrief des Paulus – untersucht ausgehend von 1Kor 4,6, in: Ders. (Hg.), Scriptural Interpretation at the Interface Between Education and Religion. In Memory of Hans Conzelmann, Boston 2018; FLORIAN WILK, Durch Schriftkenntnis zur Vollkommenheit: Zur Funktion des vielgestaltigen Schriftgebrauchs in 1Kor 2,6–16 und 14,20–25, in: ZNW 110 (2019).

[110] WILK, Die Bedeutung des Jesajabuches für Paulus, 13.

[111] A. a. O., 16–58.

[112] A. a. O., 266–339.

[113] A. a. O., 59–159.

[114] A. a. O., 340–378.

[115] A. a. O., 381–399.

sowohl für seine theologischen Argumentationen als auch hinsichtlich der Bedeutung für seine Identität unterstreichen *par exellence* in wie enger Verbundenheit Paulus gleich in mehrfacher Hinsicht zu den Schriften Israels stand.

Wilk geht in seiner Studie u. a. auch der seit C. H. Dodd vielfach und kontrovers diskutierten Frage nach, ob und inwiefern Paulus den Kontext seiner Schriftbezüge mitbedenkt, wenn er diese in seine Texte einbaut.[116] Gerade in diesem Punkt geht er über vorherige Untersuchungen zum Thema hinaus und kommt zu dem Ergebnis: „Paulus führt Jesajazitate niemals ohne gleichzeitige Bezüge auf den jeweiligen Kontext an; in aller Regel spiegelt das paulinische Umfeld diesen Kontext wieder."[117]

2.2.2 Die Erforschung des paulinischen Schriftgebrauchs von 2000–2020

2.2.2.1 J. Ross Wagner (2002)

Gleich mehrere Parallelen zur Untersuchung von Wilk besitzt die Dissertation von J. Ross Wagner aus dem Jahr 2002.[118] Er befasst sich ebenfalls mit der Jesajarezeption des Völkerapostels, jedoch liegt der Fokus seiner Studie auf dem Gebrauch des Jesajabuches im Römerbrief.[119] Diese Ausgangsperspektive ist einerseits in der exponierten Stellung des Propheten Jesaja innerhalb der

---

116 A. a. O., 207–265.

117 A. a. O., 265. Weitere Beiträge, die in den 1990er Jahren entstanden sind und sich der Erforschung des paulinischen Schriftgebrauchs widmen, sind u. a.: PETER J. TOMSON, Paul and the Jewish law. Halakha in the Letters of the Apostle to the Gentiles (CRINT 1), Assen u.a. 1990; HANS HÜBNER, Intertextualität – die hermeneutische Strategie des Paulus? Zu einem neuen Versuch der theologischen Rezeption des Alten Testaments im Neuen, in: ThLZ 116 (1991), CRAIG A. EVANS/JAMES A. SANDERS (Hg.), Paul and the Scriptures of Israel, Sheffield 1993. Überdies entstehen in der betrachteten Zeit – z. T. angestoßen durch Impulse der New Perspective on Paul – einige Studien zur Identität des Paulus und zu seinem jüdischen Hintergrund. Vgl. u. a. MARTIN HENGEL, Der vorchristliche Paulus, in: Martin Hengel/Ulrich Heckel (Hg.), Paulus und das antike Judentum (WUNT 58), Tübingen 1991; KARL-WILHELM NIEBUHR, Heidenapostel aus Israel. Die jüdische Identität des Paulus nach ihrer Darstellung in seinen Briefen (WUNT 62), Tübingen 1992; MARTIN HENGEL, The pre-Christian Paul, London 1996; EDUARD LOHSE, Paulus. Eine Biographie, München 1996; KLAUS HAACKER, Paulus. Der Werdegang eines Apostels (SBS 171), Stuttgart 1997. Außerdem entstehen in dieser Zeit grundlegende Studien zur Schriftauslegung im antiken Judentum und frühen Christentum insgesamt. Siehe u. a. DAVID INSTONE-BREWER, Techniques and Assumptions in Jewish Exegesis before 70 CE (TSAJ 30), Tübingen 1992; MARTIN HENGEL (Hg.), Schriftauslegung im antiken Judentum und im Urchristentum (WUNT 73), Tübingen 1994.

118 Vgl. WAGNER, Heralds of the Good News.

119 Der Schwerpunkt seiner detaillierten Analyse liegt auf der Rezeption des Propheten Jesaja in Röm 9–11. Vgl. a. a. O., 43–305.

schrifttheologischen Argumentation des Römerbriefes begründet und „at the same time, the letter to the Romans reveals, perhaps more clearly than any other of Paul's letters, the deep and pervasive influence that Israel's scriptures exert on the shape of his thought and on the contours of his apostolic ministry."[120] In vielen Punkten kann die Arbeit als Ergänzung zu derjenigen von Wilk gelesen werden, indem sie u. a. die englischsprachige Forschung zum Thema stärker aufarbeitet und die intertextuellen Dimensionen des paulinischen Schriftgebrauchs stärker berücksichtigt als Wilk.[121] Ebenso wie für Wilk steht für Wagner die Analyse der Zitiertechnik des Apostels im Vordergrund. Er fragt, welche Textvorlagen des Jesajabuches Paulus vorlagen und wie dieser die ihm vorliegenden Quellen bei der Einbindung in seine Briefe verändert hat. Ähnlich wie Wilk behandelt Wagner auch die Frage der Kontextgemäßheit der paulinischen Jesajarezeption. Noch stärker als Wilk geht Wagner hinsichtlich der Frage, inwieweit Paulus das Umfeld der Schriftzitate und Allusionen aus dem Text des Propheten Jesaja mitbedacht hat, davon aus, dass Paulus sich des Kontextes der von ihm gebrauchten Schriftstellen nicht nur bewusst war, sondern er diesen in seiner Rezeption maßgeblich mitbedacht hat und widerspiegelt. Insgesamt zeigt Wagner auf, dass sich Paulus intensiv mit dem Jesajabuch auseinandergesetzt hat und dessen Texte auf vielfältige Weise rezipiert und verarbeitet hat, „in order to depict his ministry of the gospel as the proclamation of Israel's long-awaited release and restoration."[122]

2.2.2.2 Christopher D. Stanley (2004)

An seine erste ausführliche Untersuchung anknüpfend veröffentlicht 2004 Chr. D. Stanley eine zweite Monographie zum paulinischen Schriftgebrauch.[123] Anders als in seinem ersten Buch, das sich vor allem der technischen Handhabung

---

[120] A. a. O., 356f.

[121] Vgl. hierzu auch die Rezension von Wilk: FLORIAN WILK, Wagner, J. Ross: Heralds of the Good News. Isaiah and Paul „In Concert" in the Letter to the Romans, in: ThLZ 130 (2005).

[122] WAGNER, Heralds of the Good News, 356f. In eine ähnliche Zeit wie die Untersuchung von Wagner fällt auch die Studie von ANDREW H. WAKEFIELD, Where to Live. The Hermeneutical Significance of Paul's Citations from Scripture in Galatians 3:1–14 (AcBib 14), Atlanta 2003, auf die an dieser Stelle jedoch nur hingewiesen und nicht näher eingegangen werden kann.

[123] Vgl. CHRISTOPHER D. STANLEY, Arguing with Scripture. The Rhetoric of Quotations in the Letters of Paul, New York, NY 2004. Sowohl in der Zeit zwischen seinen beiden Monographien als auch nach 2004 veröffentlichte Stanley zahlreiche weitere Beiträge zum Thema *Study of the OT in the NT* generell und zum Thema *Paulus und die Schriften Israels* im Speziellen. Siehe u. a. CHRISTOPHER D. STANLEY, Rhetoric of Quotations. An Essay on Method, in: Craig A. Evans/James A. Sanders (Hg.), Early Christian Interpretation of the Scriptures of Israel. Investigations and Proposals (LNTS 148), London 1997; CHRISTOPHER D. STANLEY, The Social Environment of ‚Free' Biblical Quotations in the New Testament, in: Craig A. Ev-

der Heiligen Schriften Israels durch Paulus widmete, konzentriert sich Stanley in seinem zweiten Werk auf die rhetorische und argumentative Funktion der Schriftzitate bei Paulus.[124] Dies ist für ihn zwingend erforderlich, denn „to quote from an outside text in order to lend support to an argument is a rhetorical act, and it should be studied as such."[125] Stanleys Interesse gilt deshalb insbesondere den Rezipierenden der paulinischen Briefe. In seinem Fokus steht die Frage, wie Paulus Schriftzitate einsetzt, um sein Publikum zu beeinflussen, und der Frage, in welchem Maße Paulus bei diesem die nötige Schriftkenntnis vorausgesetzt hat resp. überhaupt voraussetzen konnte. Dies betrachtet er als notwendig, denn „quotations are meant to affect an audience; otherwise, there is no reason to include them in a literary work."[126] Er kommt in seiner Analyse einerseits zu dem Schluss, dass „quotations from the sacred and authoritive Jewish Scriptures were an important weapon in Paul's rhetorical arsenal."[127] Andererseits betont er jedoch aufgrund sozialgeschichtlicher Beobachtungen, dass Paulus sicherlich nicht davon ausging, dass ein großer Teil der Rezipierenden seiner Briefe auch die notwendigen Kenntnisse besaß, um die rhetorische Verwendung von Schriftzitaten überhaupt aktiv wahrnehmen zu können.[128] Stanley fragt in seiner Studie darüber hinaus auch nach der Kontextgemäßheit paulinischer Schriftzitation. Nachdem zuvor Wilk und Wagner diesen Aspekt positiv bewertet haben, kommt Stanley hingegen zu einem negativen Urteil.[129] Laut Stanley finden sich

---

ans/James A. Sanders (Hg.), Early Christian Interpretation of the Scriptures of Israel. Investigations and Proposals (LNTS 148), London 1997; CHRISTOPHER D. STANLEY, Biblical Quotations as Rhetorical Devices in Paul's Letter to the Galatians, in: SBLPap 37 (1998); CHRISTOPHER D. STANLEY, Pearls Before Swine. Did Paul's Audience Understand His Biblical Quotations?, in: NT 41 (1999); STANLEY, Paul and Scripture; STANLEY, Paul's „Use" of Scripture; CHRISTOPHER D. STANLEY, What We Learned – and What We Didn't, in: Ders. (Hg.), Paul and Scripture. Extending the Conversation, Atlanta 2012; CHRISTOPHER D. STANLEY, Rhetoric of Quotations, in: Brisio J. Oropeza/Steve Moyise (Hg.), Exploring Intertextuality. Diverse Strategies for New Testament Interpretation of Texts, Eugene, OR 2016.

124 Eine Stärke seiner Untersuchung liegt in der Hinzunahme rhetorischer Theorien für die Analyse der paulinischen Briefe. Ungeachtet seiner inhaltlichen Ausführungen besteht ein Gewinn der Arbeit somit in einer methodologischen Ausweitung der Erforschung des paulinischen Schriftgebrauchs. Siehe zum Thema in neuerer Zeit verschiedene Beiträge in STANLEY E. PORTER/BRYAN DYER (Hg.), Paul and ancient Rhetoric. Theory and Practice in the Hellenistic Context, Grand Rapids, MI 2016. Zur grundsätzlichen methodologischen Rückfrage hinsichtlich der Hinzunahme rhetorischer Theorien vgl. auch CARL J. CLASSEN, Kann die rhetorische Theorie helfen, das Neue Testament, vor allem die Briefe des Paulus, besser zu verstehen?, in: ZNW 100 (2009).

125 STANLEY, Arguing with Scripture, 3. Diese Forderung stellt Stanley auch bereits zu einem früheren Zeitpunkt. Vgl. STANLEY, Rhetoric of Quotations, 44.

126 STANLEY, Arguing with Scripture, 3.

127 A. a. O., 183.

128 Vgl. a. a.O., 41–61.

129 Vgl. a. a.O., 171–175.

im paulinischen Schriftgebrauch keine Anhaltspunkte dafür, dass sich der Völkerapostel des Kontextes seiner Referenztexte bewusst war und er diesen folglich auch nicht einheitlich ‚respektiert'.[130]

2.2.2.3 Francis Watson (2004)

Mit seinem Werk *Paul and the Hermeneutics of Faith* schaltet sich 2004 Francis Watson in den Diskurs um den paulinischen Schriftgebrauch ein.[131] Indem er die Ergebnisse und Impulse der *New Perspective on Paul* aufnimmt und weiterverarbeitet, besteht der zentrale Ausgangspunkt seiner Untersuchung darin, dass Paulus Jude war[132] und er daher – ebenso wie der Großteil der frühchristlichen Autoren – erstens in seinem ganzen Denken und theologischen Wirken als Jude verstanden werden muss, und zweitens nie losgelöst von dem vorherrschenden schrifttheologischen Diskurs des Frühjudentums betrachtet werden darf.[133] Watson versucht diese Tatsache hermeneutisch bedeutsam zu machen, indem er Paulus mit anderen frühjüdischen Auslegern ins Gespräch bringt.[134] Für ihn steht außer Frage, dass „the dynamic of Pauline scriptural interpretation comes most clearly to light within the context of other contemporary readings of the same scriptural texts."[135] Dies soll in seiner Studie zu einer *Three-way Conversation* führen zwischen 1. den paulinischen Briefen, 2. den Schrifttexten, auf die Paulus sich in ihnen bezieht, und 3. weiteren nicht-christlichen frühjüdischen Schriften, welche sich auf die gleichen Referenztexte beziehen.[136] Eine zentrale These der Studie besteht darin, dass Pauli „‚theology of justification' is a scriptual hermeneutic, antithetical in form and itself constructed from selected scriptural texts, which aim to show how the true meaning of scripture is its testimony of God's unconditional saving action, now realized in Christ."[137] Diese theologische

---

130 Vgl. BATES, The Hermeneutics of the Apostolic Proclamation, 37. Dies ist insofern nicht verwunderlich, als dass Stanley davon ausgeht, dass Paulus wahrscheinlich eigene Exzerpte der biblischen Schriften oder Testimonien vorlagen, die als Quellen für seine Schriftpraxis dienten. Vgl. STANLEY, Arguing with Scripture, 41ff.

131 Vgl. FRANCIS WATSON, Paul and the Hermeneutics of Faith, London 2004.

132 Paradigmatisch lautet der erste Satz seiner Untersuchung: „Paul was a Jew." A. a. O., 1.

133 „If Paul's Jewishness is hermeneutically significant, and if Paul is a reader of scriptural texts alongside other readers, then it is no longer possible to read his own texts as monologues. Instead, they come to represent one voice within a three-sided conversation. As a Jew, Paul is engaged in animated and sometimes contentious debate *about* the scriptural texts, and *with* the scriptural texts." A. a. O., 2.

134 Vgl. BATES, The Hermeneutics of the Apostolic Proclamation, 39.

135 WATSON, Paul and the Hermeneutics of Faith, 514.

136 Vgl. a. a.O., 2

137 A. a. O., 514.

Erkenntnis beruht nach Watson maßgeblich auf der fortlaufenden – und zugleich selektiven – Lektüre des Pentateuch durch Paulus als kohärentes Narrativ.[138]

2.2.2.4 *Gregory K. Beale / Donald A. Carson (2007)*

Herausgegeben von Gregory K. Beale und Donald A. Carson erschien 2007 der *Commentary on the New Testament Use of the Old Testament.*[139] Dieses Buchprojekt beinhaltet Untersuchungen fast aller Schriftzitate und Allusionen im Neuen Testament. Die einzelnen Kapitel widmen sich jeweils einer neutestamentlichen Schrift. Sie verfahren in ihrer Analyse äußerst textnah und befassen sich weniger mit grundlegenden hermeneutischen Diskussionen. Hierin besteht eine Stärke des Sammelwerks. In der Untersuchung der einzelnen Schriftbezüge wird in einem Sechsschritt vorgegangen: Neben dem neutestamentlichen und dem alttestamentlichen Kontext, in dem die Zitate stehen bzw. aus dem sie entstammen, wird nach der Rezeption der Referenztexte in weiteren jüdischen Schriften

---

[138] Vgl. a. a.O., 514. „In summary for Watson, Paul's hermeneutic is on the first level a consecutive reading of the Pentateuch, in which Paul finds an antithesis between promise and legal demand. [...] The Christ event is an extrascriptural point of reference for Paul. The scriptures cast light on the Christ event, and the Christ event simultaneously illumines the scriptures, although the emphasis for Watson is decidedly on the former in the dialectic." BATES, The Hermeneutics of the Apostolic Proclamation, 41.

[139] Vgl. GREGORY K. BEALE (Hg.), Commentary on the New Testament Use of the Old Testament, Grand Rapids, MI 2007. Insbesondere in der englischsprachigen Forschung hat sich die Erforschung des Gebrauchs des Alten Testaments im Neuen Testament in den vergangenen Jahrzehnten zu einer eigenständigen Subdisziplin der neutestamentlichen Exegese entwickelt. Dies belegen nicht zuletzt zahlreiche Publikationen. Neben den bereits genannten Literaturhinweisen (s. o.) vgl. u. a. STANLEY E. PORTER, The Use of the Old Testament in the New Testament. A Brief Comment on Method and Terminology, in: Craig A. Evans/James A. Sanders (Hg.), Early Christian Interpretation of the Scriptures of Israel. Investigations and Proposals (LNTS 148), London 1997; SUSAN E. DOCHERTY, The Use of the Old Testament in the New, in: ScripBull 34 (2004); KENNETH BERDING/JONATHAN LUNDE, Three Views on the New Testament Use of the Old Testament, Grand Rapids, MI 2009; RICHARD B. HAYS, The Use of the Old Testament by New Testament Writers, in: Joel B. Green (Hg.), Hearing the New Testament. Strategies for Interpretation, Grand Rapids, MI ^{2}2010; BEALE, Handbook on the New Testament Use of the Old Testament. Siehe auch die Beiträge im eigens diesem Thema gewidmeten Heft des JSNT (28/2015): DOCHERTY, ‚Do you Understand what you Are Reading?' (Acts 8.30); CRAIG A. EVANS, Why Did the New Testament Writers Appeal to the Old Testament?, in: JSNT 38 (2015); LEROY A. HUIZENGA, The Old Testament in the New, Intertextuality and Allegory, in: JSNT 38 (2015); TIMOTHY H. LIM, Qumran Scholarship and the Study of the Old Testament in the New Testament, in: JSNT 38 (2015). Ein nennenswertes Instrument dieser Forschungsdisziplin ist auch das Annual Hawarden Seminar on the Old Testament in the New Testament. „The annual British OT/ NT seminar has been a significant voice in such matters in producing both the figures and many publications that have come to be influential in the discipline" ALLEN, Introduction, 5.

gefragt, nach ihrer Vorlage sowie nach der hermeneutischen Verarbeitung und der theologischen Verwendung.[140] Mit dieser Vorlage eines festgelegten Schemas zur Analyse neutestamentlicher Schriftbezüge bietet der Commentary on the New Testament Use of the Old Testament – primär in der Person von G. K. Beale und seinen dahinter liegenden Vorarbeiten[141] – einen der wenigen systematischen, reflektierten und methodologisch transparenten Entwürfe für ein kontrolliertes Vorgehen in der Untersuchung von Schriftbezügen im Neuen Testament.

2.2.2.5 Markus Tiwald (2008)

Die umfangreichste deutschsprachige Monographie der neueren Forschung, die sowohl die Person des Paulus als auch sein (schrift)theologisches Wirken konsequent vor dem Hintergrund des Frühjudentums untersucht, stammt von Markus Tiwald.[142] Der Kern seiner Studie liegt in der inhaltlich-theologischen Verortung des paulinischen Schriftverständnisses. Tiwald bezieht hierzu sowohl den neusten Forschungsstand der neutestamentlichen Wissenschaft als auch die aktuellsten Ergebnisse der judaistischen Forschung mit ein.[143] Dieser konsequent interdisziplinäre Zugang wird in umfassender Weise sowohl auf die Rückfrage nach der Person des Paulus und ihrer religionsgeschichtlichen Einordnung angewandt,[144] als auch auf den zentralen Vergleichspunkt zwischen frühjüdischer und paulinischer Schriftinterpretation in Tiwalds Untersuchung: Das paulinische Gesetzesverständnis und seine Predigt von der Rechtfertigung des Sünders.[145] Im abschließenden Teil seiner Studie nimmt Tiwald hermeneutische Deutemuster der biblischen Argumentation des Frühjudentums in den Blick und

---

140 Fragen nach dem Verhältnis neutestamentlicher und weiterer frühjüdischer Auslegungsmethoden und -techniken werden durch das Analyseschema des *Commentary on the New Testament Use of the Old Testament* wenig berücksichtigt und durch die Beitragenden nur am Rande behandelt.

141 Vgl. zu seinen methodologischen Reflexionen ausführlich BEALE, Handbook on the New Testament Use of the Old Testament.

142 Vgl. TIWALD, Hebräer von Hebräern.

143 Zur Synergie neutestamentlicher Wissenschaft und Judaistik vgl. LUTZ DOERING/HANS-GÜNTHER WAUBKE/FLORIAN WILK (Hg.), Judaistik und neutestamentliche Wissenschaft. Standorte – Grenzen – Beziehungen (FRLANT 226), Göttingen 2014. Siehe insbesondere die Beiträge von GÜNTER STEMBERGER, Judaistik und neutestamentliche Wissenschaft, in: Lutz Doering/Hans-Günther Waubke/Florian Wilk (Hg.), Judaistik und neutestamentliche Wissenschaft. Standorte – Grenzen – Beziehungen (FRLANT 226), Göttingen 2014, und KARL-HEINZ MÜLLER, Neutestamentliche Wissenschaft und Judaistik, in: Lutz Doering/Hans-Günther Waubke/Florian Wilk (Hg.), Judaistik und neutestamentliche Wissenschaft. Standorte – Grenzen – Beziehungen (FRLANT 226), Göttingen 2014.

144 Vgl. TIWALD, Hebräer von Hebräern, 35–183.

145 Vgl. a. a.O., 184–415.

fragt nach formal-hermeneutischen Parallelen und Differenzen zur paulinischen Methodik des Schriftgebrauchs.[146] Er gelangt hierbei abschließend zu der Einschätzung, dass Paulus „auch in formaler Weise mit den Argumentationsmustern des damaligen Judentums vertraut war"[147] und seinen Mutterboden frühjüdischer Schriftinterpretation sowohl inhaltlich als auch formal nie verlassen hat.

2.2.2.6 *Steve Moyise (2010)*

Steve Moyise, seit zahlreichen Jahren einer der führenden Experten in der Forschungsdisziplin der *Study of the OT in the NT*[148], präsentierte 2010 mit seinem Buch *Paul and Scripture* eine kompakte und solide Einführung in die wichtigsten Fragen und Inhalte der Erforschung des paulinischen Schriftgebrauchs.[149] Das als Lehrbuch konzipierte Werk bietet im Kern einen Überblick zu zentralen Inhalten und Themen der paulinischen Schriftverwendung wie z. B. dem paulinischen

---

146 A. a. O., 416–448.

147 A. a. O., 447.

148 Moyise hat sich sowohl als Autor mehrerer Monographien als auch durch die Herausgabe zahlreicher Sammelbände sowie einer Vielzahl von Einzelstudien zum Thema verdient gemacht. Siehe u. a. STEVE MOYISE, Old Testament in the New Testament, Essays in Honour of J.L. North (LNTS 189), London 2000; MENKEN/MOYISE, The Psalms in the New Testament; STEVE MOYISE, Intertextualität und historische Zugänge zum Schriftgebrauch im Neuen Testament, in: Stefan Alkier/Richard B. Hays (Hg.), Die Bibel im Dialog der Schriften. Konzepte intertextueller Bibellektüre (NET 10), Tübingen 2005; MENKEN/MOYISE, Isaiah in the New Testament; MENKEN/MOYISE, Deuteronomy in the New Testament; MOYISE, Evoking Scripture; STEVE MOYISE, Scripture in the New Testament. Literary and Theological Perspectives, in: Neotest. 42 (2008); MENKEN/MOYISE, The Minor Prophets in the New Testament; STEVE MOYISE, The Later New Testament Writings and Scripture. The Old Testament in Acts, Hebrews, the Catholic Epistles and Revelation, Grand Rapids, MI 2012; STEVE MOYISE, How Does Paul Read Scripture?, in: Craig A. Evans/H. D. Zacharias (Hg.), Early Christian Literature and Intertextuality. Volume 1: Thematic Studies (LNTS 392), London 2009; STEVE MOYISE, Quotations, in: Stanley E. Porter (Hg.), As it is Written. Studying Paul's Use of Scripture (SBLSymS 50), Atlanta Ga. 2008; STEVE MOYISE, Does Paul Respect the Context of His Quotations?, in: Christopher D. Stanley (Hg.), Paul and Scripture. Extending the Conversation, Atlanta 2012; STEVE MOYISE, Latency and Respect for Context. A Response to Mitchell Kim, in: Christopher D. Stanley (Hg.), Paul and Scripture. Extending the Conversation, Atlanta 2012; MENKEN/MOYISE, Genesis in the New Testament; MOYISE, The Old Testament in the New; BRISIO J. OROPEZA/STEVE MOYISE (Hg.), Exploring Intertextuality. Diverse Strategies for New Testament Interpretation of Texts, Eugene, OR 2016; STEVE MOYISE, Concluding Reflection, in: David M. Allen/Steve Smith (Hg.), Methodology in the Use of the Old Testament in the New. Context and Criteria (LNTS 579) 2019.

149 Vgl. STEVE MOYISE, Paul and Scripture. Studying the New Testament Use of the Old Testament, Grand Rapids, MI 2010.

Umgang mit der Schöpfungsgeschichte, die paulinische Rezeption der Abrahamgeschichte oder die Verwendung der prophetischen Schriften durch Paulus.[150] Gerahmt ist diese Einführung in unterschiedliche Themenkomplexe durch eine grundlegende Einleitung ins Thema sowie durch eine zusammenfassende Skizze gängiger Ansätze der Erforschung paulinischer Schriftverwendung.[151]

2.2.2.7 Michael Schneider (2011)

Mit seiner Dissertationsschrift aus dem Jahr 2011 bringt Michael Schneider eine Studie in die Diskussion um die Erforschung des paulinischen Schriftgebrauchs ein, die sich dem Thema durch einen intertextuellen Zugang nähert.[152] Ziel seiner Arbeit ist es, „die paulinische Rede von Gott am Beispiel des 1Kor in intertextueller Perspektive zu untersuchen."[153] Hierzu reflektiert und diskutiert Schneider in einem ersten Hauptteil seiner Studie zunächst ausführlich den Ertrag literaturwissenschaftlicher sowie biberwissenschaftlicher Intertextualitätsforschung,[154] bevor er in einem zweiten Hauptteil mittels eines intertextuellen Zugriffs die Rede von Gott in ausgewählten Texten des 1Kor untersucht.[155] Schneider kommt dabei zu dem Fazit, dass „die paulinische Rede von Gott im 1Kor [...] sich adäquat nur als Geschichte Gottes beschreiben" lässt, „die sich aus vielen Einzelerzählungen, auf die mit Hilfe narrativer Abbreviaturen rekurriert wird, zusammensetzt."[156] Den intertextuellen Rekurs auf die Schriften Israels hält er daher als konstitutives Element für die paulinische Rede von Gott fest.[157]

---

150 Vgl. a. a.O., Kap. 1–7.

151 Wenngleich Moyise mit den inhaltlichen Ausführungen seines Buches nur in geringem Maße einen substanziellen Beitrag zur Weiterentwicklung der Erforschung des paulinischen Schriftgebrauchs leistet, ist das Buch dahingehend sehr zu würdigen, dass es das *erste* Lehrbuch ist, das eine für Studierende geeignete Einführung in das Thema darstellt und somit eine Grundlage für die Auseinandersetzung mit dem paulinischen Schriftgebrauch in Seminaren und Kursen bietet. Ein Lehrbuch ähnlichen Formats wäre auch für die deutschsprachige Forschung wünschenswert. Neben diesem Lehrbuch von Moyise eignen sich als einführende Literatur zum Thema für Studierende insbesondere die Überblicksartikel von J. R. WAGNER, Paul and Scripture, in: Stephen Westerholm (Hg.), The Blackwell Companion to Paul, Chichester, West Sussex, Malden 2011, und WILK, Schriftbezüge im Werk des Paulus.

152 Vgl. MICHAEL SCHNEIDER, Gottes Gegenwart in der Schrift. Intertextuelle Lektüren zur Geschichte Gottes in 1 Kor (NET 17), Tübingen/Basel 2011.

153 Vgl. a. a.O., 21. Konkret führt Schneider dies an den Texten 1Kor 8, 1Kor 10 und 1Kor 15 durch.

154 A. a. O., 45–129.

155 Nach einem Blick auf das Proömium widmet sich Schneider den Texten 1Kor 8,1–6; 1Kor 10,1–15; 1Kor 15.

156 SCHNEIDER, Gottes Gegenwart in der Schrift, 298.

157 Wenngleich Schneider diesbezüglich noch einmal zugespitzt formuliert: „Schließlich ist zu betonen, dass *der Bezug zu außerpaulinischen Schriften* somit von essenzieller Bedeutung für die paulinische Geschichte Gottes ist. Diese Bedeutung ergibt sich vorrangig jedoch

2.2.2.8 *Matthew Bates (2012)*

Eine englischsprachige Monographie aus jüngerer Zeit, die sich ausführlich mit grundlegenden Fragen der paulinischen Schrifthermeneutik auseinandersetzt, stammt von Matthew Bates.[158] Bates versucht in seiner Studie die hermeneutischen Leitlinien der paulinischen Schriftinterpretation herauszuarbeiten. Er nimmt dabei die Erkenntnisse der bisherigen Forschung wertschätzend zur Kenntnis, distanziert sich jedoch bewusst von der Herangehensweise, Paulus zunächst in das zeitgenössische Judentum einzuzeichnen, um von dort aus seine hermeneutischen Leitlinien zu bestimmen.[159] Als Kontext und Vergleichspunkt der paulinischen Schriftauslegung sieht er vielmehr den Schriftgebrauch der zeitgenössischen *christlichen* Autoren: „In terms of hermeneutics, the closest comparison for Paul is with other ancient Christians, not with Paul's fellow Jews who do not share his convictions regarding Jesus as Messiah as Lord."[160] Ein weiteres zentrales Anliegen seiner Untersuchung besteht darin, das Konzept der Intertextualität und seine Verwendung in der Erforschung des paulinischen Schriftgebrauchs zu überprüfen und methodologisch in seine Arbeit zu integrieren.[161] Anschluss nehmend sowohl an in der Exegese etablierte Konzepte von Intertextualität wie dem von R. B. Hays als auch an einzelne Aspekte des poststrukturalistischen Intertextualitätskonzepts von J. Kristeva[162] folgt Bates dem Konzept einer „diachronic intertextuality".[163] Das hermeneutische Zentrum der paulinischen Schriftinterpretation bestimmt Bates in seiner Studie letztendlich in der *Hermeneutic of the Apostolic Proclamation* und meint damit, „that Paul received, utilized, and extended an apostolic, kerygmatic narrative tradition centered on certain key events in the Christ story as his primary interpretive lens."[164] Diese Hermeneutik führt dazu, dass die Texte der autoritativen Schriften Israels aus der Perspektive des Christusgeschehens ihre historische Distanz verlieren und

---

weder durch eine Vielzahl expliziter Zitate im Zusammenhang mit der Gottesfrage noch lässt sich mit Hilfe der Intertextualitätstheorie die besondere Beeinflussung des 1Kor durch bestimmte Schriften herausarbeiten. Die paulinische Gottesrede ist insofern hochgradig intertextuell, als sie über den Verweis auf andere Texte selbst einen neuen Text generiert – die paulinische Geschichte Gottes." A. a. O., 299.

158 BATES, The Hermeneutics of the Apostolic Proclamation.

159 Konkret wendet sich Bates damit gegen den Ansatz von Francis Watson (s. o.).

160 BATES, The Hermeneutics of the Apostolic Proclamation, 47.

161 Vgl. a. a.O., 47–53.

162 Siehe grundlegend JULIA KRISTEVA, Bachtin, das Wort, der Dialog und der Roman, in: Jens Ihwe (Hg.), Literaturwissenschaft und Linguistik. Ergebnisse und Perspektiven, Band 3: Zur linguistischen Basis der Literaturwissenschaft, Frankfurt am Main 1972.

163 BATES, The Hermeneutics of the Apostolic Proclamation, 53. Andernorts von ihm dargestellt in MATTHEW W. BATES, Beyond Hays's Echoes of Scripture in the Letters of Paul. A Proposed Diachronic Intertextuality with Romans 10:16 as a Test Case, in: Christopher D. Stanley (Hg.), Paul and Scripture. Extending the Conversation, Atlanta 2012, 271ff.

164 BATES, The Hermeneutics of the Apostolic Proclamation, 56.

mittels einer *prosopologischen Exegese* einer aktualisierenden Lektüre unterzogen werden.[165]

2.2.2.9 Daniel Lanzinger (2016)

Einen Beitrag zur Erforschung der Methodik des paulinischen Schriftgebrauchs bietet in jüngerer Zeit die Arbeit von Daniel Lanzinger zur paulinischen Schriftverwendung im Kontext antiker Allegorese.[166] Das Anliegen der Arbeit besteht darin, „das Phänomen der allegorischen Auslegung bei Paulus gründlich zu beleuchten"[167] und „die allegorische Schriftauslegung des Paulus an den Standards seiner Zeit zu messen."[168] Hierzu untersucht Lanzinger zunächst zeitgenössische Texte daraufhin, „wie dort genau vorgegangen wird und wie die jeweiligen Autoren ihr Vorgehen verstehen"[169], bevor er die allegorische Auslegung bei Paulus genauer in den Blick nimmt.[170] Lanzinger kommt im Anschluss an seine Analysen zu dem Ergebnis, dass Paulus mit dem in der Antike weit verbreiteten Verfahren der allegorischen Schriftauslegung gut vertraut war und an vier Stellen (Gal 4,21–31; 1Kor 9,8–12a; 1Kor 10,1–14; Gal 3,16) in seinen Briefen Allegorese anwendet.[171] Im Gegenüber zu den untersuchten antiken Quellen, in denen Allegorese begegnet, hält er jedoch fest, „dass Paulus im Gegensatz zu den herangezogenen Vergleichstexten keine fortlaufende Auslegung betreibt, sondern die Schrift innerhalb eines argumentativen Kontextes situativ heranzieht, um die Adressaten durch ein Autoritätsargument von seinem Standpunkt zu überzeugen."[172]

2.2.2.10 Katja Kujanpää (2019)

Katja Kujanpää untersucht in ihrer 2019 erschienen Dissertationsschrift die rhetorische und argumentative Funktion von Schriftzitaten im Brief des Paulus an die Gemeinden in Rom.[173] Kujanpää nähert sich dem Thema des paulinischen Schriftgebrauchs aus der Perspektive moderner rhetorischer Theorien.[174] Sie

---

165 Vgl. hierzu insbesondere das Kapitel drei „Introducing Proopological Exegesis" (183–221) und Kapitel vier „Prosopological Exegesis in Paul's Letters" (223–328).

166 LANZINGER, Ein „unerträgliches philologisches Possenspiel"?

167 A. a. O., 317.

168 A. a. O., 16.

169 Ebd.

170 Vgl. a. a.O., 194–308.

171 Vgl. a. a.O., 309.

172 A. a. O., 309.

173 Vgl. KUJANPÄÄ, The Rhetorical Functions of Scriptural Quotations in Romans.

174 Maßgeblich bezieht sich Kujanpää in ihrer Studie auf die Ansätze von HERBERT CLARK/RICHARD GERRIG, Quotations as Demonstrations, in: Language 66 (1990), und MEIR STERNBERG, Proteus in Quotation-Lad. Mimesis and the Form of Reported Discourse, in: Poetics Today 3 (1982). Kujanpää knüpft mit ihrem Forschungsinteresse in mehrfacher

betrachtet den Römerbrief als „a letter composed to persuade its audience."[175] Deswegen liegt ihr Forschungsinteresse darin, zu eruieren, „how quotations may help Paul to articulate his views, to anchor them in scriptures, to increase the credibility of his argumentation, and to underline his authority as a scriptural interpreter."[176] Um dies bewerten zu können geht Kujanpää in ihrer Analyse der paulinischen Schriftzitate vier Leitfragen nach: 1. Welche Funktionen haben Schriftzitate in der paulinischen Argumentation? 2. Modifiziert Paulus seine Vorlagentexte bei der Übernahme in den eigenen Text? 3. In welchem Verhältnis stehen die Funktion eines Schriftzitats im Römerbrief einerseits und in seinem ursprünglichen Kontext andererseits? 4. Welche Schriftkenntnis ist notwendig, um der paulinischen (Schrift)Argumentation zu folgen?[177] Ein Stärke der Studie liegt in ihrer reflektierten Methodologie, die darum bemüht ist, historisch-kritische mit modernen, literaturwissenschaftlichen Zugängen zu kombinieren und dadurch neue Perspektiven zur bisherigen Erforschung des paulinischen Schriftgebrauchs hinzuzufügen.[178] Hierdurch hebt sie sich von zahlreichen vorangegangenen Studien ab. Zum Abschluss ihrer Studie konkludiert Kujanpää, dass die rhetorische Funktionalisierung sowie der Umgang mit den Schriftzitaten bei Paulus geprägt ist durch *Diversität*.[179]

2.2.2.11 *Wichtige Sammelbände (2008–2019)*

Für die Publikation zahlreicher Einzelbeiträge zur Erforschung des paulinischen Schriftgebrauchs sind in den vergangenen Jahren maßgeblich vier Sammelbände mitverantwortlich gewesen, die im Folgenden kurz betrachtet werden sollen.

Hinsicht an die Arbeit von Christopher D. Stanley zur rhetorischen Dimension von Schriftzitaten in den Paulusbriefen an (s. o.). Vgl. STANLEY, Arguing with Scripture.

175 KUJANPÄÄ, The Rhetorical Functions of Scriptural Quotations in Romans, 1.

176 Ebd. Die Arbeit bleibt auf die Analyse von expliziten Zitaten beschränkt. Dies markiert m. E. einen Kritikpunkt der Untersuchung. Denn indirekte Formen der Schriftrezeption (Allusionen, Echos) werden nicht berücksichtigt

177 In ihren Kapiteln 2–7 untersucht Kujanpää anhand dieser Leitfragen folgende Texte des Römerbriefes: Röm 3,1–20; 4,1–25; 9,6–29; 9,30–10,21; 11,1–36; 14,1–15,21. In ihrem achten Kapitel betrachtet sie wichtige alleinstehende Schriftzitate wie z. B. Hab 2,1 in Röm 1,17. Insgesamt untersucht sie 51 Schriftzitate im Römerbrief.

178 In ihrer Studie setzt sich Kujanpää u. a. kritisch mit den Ansätzen von HAYS, Echoes of Scripture in the Letters of Paul, WAGNER, Heralds of the Good News, und ABASCIANO, Paul's Use of the Old Testament in Romans 9:1–9; BRIAN J. ABASCIANO, Paul's Use of the Old Testament in Romans 9:10–18. An Intertextual and Theological Exegesis (LNTS 317), London 2011, auseinander.

179 „The one-word answer to the question how Paul uses quotations is: diversely." KUJANPÄÄ, The Rhetorical Functions of Scriptural Quotations in Romans, 332. Dies betrifft die argumentative Funktion von Zitaten, den paulinische Umgang mit Vorlagentexten, das Verhältnis von Zitaten zum ursprünglichen Kontext sowie die Erwartungshaltung gegenüber der Schriftkenntnis der Rezipierenden.

As it is written: Studying Paul's Use of Scripture (2008)[180]

Ein erster Schwerpunkt dieser Zusammenstellung von Tagungsbeiträgen[181] liegt auf den grundlegenden methodologischen Fragen der Abgrenzung und Definition von Referenztypen: Zitaten[182], Allusionen, Echos[183], biblischer Sprache bzw. Motiven[184] und biblischen Narrativen.[185] Sodann liegt ein weiterer Fokus auf der Rückfrage nach der Relevanz der paulinischen Adressatinnen und Adressaten[186] und dem Hintergrund der paulinischen Schriftkenntnis.[187] Darüber hinaus wird ein Blick auf die intertextuellen Hintergründe und Bezüge einzelner theologischer Sachverhalte geworfen,[188] bevor abschließend weiterführende Anfragen an die Erforschung des paulinischen Schriftgebrauchs gestellt werden.[189] Mit seinem Fokus auf methodologische und theoretische Fragen im ersten Abschnitt

---

180 STANLEY E. PORTER (Hg.), As it is Written. Studying Paul's Use of Scripture (SBLSymS 50), Atlanta Ga. 2008.

181 Der Band ist das Produkt des 2005 ins Leben gerufenen Seminars *Paul and Scripture* der Society of Biblical Literature, dessen Ziel es war, die Erforschung des paulinischen Schriftgebrauchs sowohl auf methodologischer Ebene als auch auf materieller Ebene voranzutreiben. Grundlage des Seminars waren zu Beginn insbesondere sechs Leitfragen: *a) What do we mean by Paul's „use" of Scripture? b) What kinds of data yield the best understanding of Paul's engagement with the text of Scripture? c) How does one recognize references to Scripture in Paul's letters? d) How do Paul's references to the Jewish Scriptures relate to their original context? e) What can we presume about the biblical literacy of Paul's audiences? f) What role does Scripture play in Paul's theology and rhetoric?* Vgl. STANLEY, Paul and Scripture, 8ff. Der Tagungsband präsentiert die Ergebnisse der ersten drei Jahre des Seminars.

182 Vgl. MOYISE, Quotations.

183 Vgl. STANLEY E. PORTER, Allusions and Echoes, in: Ders. (Hg.), As it is Written. Studying Paul's Use of Scripture (SBLSymS 50), Atlanta Ga. 2008.

184 Vgl. ROY E. CIAMPA, Scriptural Language and Ideas, in: Stanley E. Porter (Hg.), As it is Written. Studying Paul's Use of Scripture (SBLSymS 50), Atlanta Ga. 2008.

185 Vgl. STEVEN DIMATTEI, Biblical Narratives, in: Stanley E. Porter (Hg.), As it is Written. Studying Paul's Use of Scripture (SBLSymS 50), Atlanta Ga. 2008.

186 Vgl. STANLEY, Paul's „Use" of Scripture; BRUCE N. FISK, Synagogue Influence and Scriptural Knowledge among the Christians of Rome, in: Stanley E. Porter (Hg.), As it is Written. Studying Paul's Use of Scripture (SBLSymS 50), Atlanta Ga. 2008.

187 Vgl. STANLEY E. PORTER, Paul and His Bible. His Education and Acces to the Scriptures of Israel, in: Ders. (Hg.), As it is Written. Studying Paul's Use of Scripture (SBLSymS 50), Atlanta Ga. 2008.

188 Vgl. DOUGLAS A. CAMPBELL, The Meaning of δικαιοσύνη Θεοῦ in Romans. An Intertextual Suggestion, in: Stanley E. Porter (Hg.), As it is Written. Studying Paul's Use of Scripture (SBLSymS 50), Atlanta Ga. 2008; NEIL ELLIOTT, „Blasphemed Among the Nations". Pursuing an Anti-Imperial „Intertextuality" in Romans, in: Stanley E. Porter (Hg.), As it is Written. Studying Paul's Use of Scripture (SBLSymS 50), Atlanta Ga. 2008.

189 Vgl. MARK D. GIVEN, Paul and Writing, in: Stanley E. Porter (Hg.), As it is Written. Studying Paul's Use of Scripture (SBLSymS 50), Atlanta Ga. 2008; JEREMY PUNT, Paul and Postcolonial Hermeneutics. Marginality and/in Early Biblical Interpretation, in: Stanley E. Porter (Hg.), As it is Written. Studying Paul's Use of Scripture (SBLSymS 50), Atlanta Ga. 2008; KATHY EHRENSPERGER, Paul and the Authority of Scripture. A Feminist Perception, in: Stanley E.

des Buches liefert der Sammelband wichtige methodologische Reflexionen, die in vielen vorangegangenen (monographischen) Studien fehlen. Die Aufarbeitung dieser Aspekte zeigt einen gewissen blinden Fleck in der bisherigen Erforschung des paulinischen Schriftgebrauchs auf. Insbesondere die methodologischen Erkenntnisse und Ergebnisse sind folglich von besonderem Interesse auch für die vorliegende Studie.

Paul and Scripture: Extending the Conversation (2012)[190]

Ähnlich wie der Sammelband aus 2008 widmet diese Zusammenstellung von Beiträgen einen eigenen Abschnitt der Frage nach den methodologischen Grundlagen für die Erforschung des paulinischen Schriftgebrauchs.[191] Ebenso wird der Frage nach dem historischen Kontext und den sozialgeschichtlichen Bedingungen des paulinischen Umgangs mit den Schriften Israels nachgegangen.[192] Darüber hinaus blicken einzelne Beiträge auf den Schriftgebrauch *beyond the Hauptbriefe*[193] und auf die Relevanz der Schriften Israels für ein Gesamtverständnis der paulinischen Theologie.[194] Ähnlich wie bei dem Sammelband aus 2008 sind es

---

Porter (Hg.), As it is Written. Studying Paul's Use of Scripture (SBLSymS 50), Atlanta Ga. 2008.

190 Christopher D. Stanley (Hg.), Paul and Scripture. Extending the Conversation, Atlanta 2012. Der Band vereinigt die Ergebnisse der Jahre 2008–2010 des Seminars *Paul and Scripture* der Society of Biblical Literature und bildet den Abschluss dieses Projekts.

191 Vgl. Moyise, Does Paul Respect the Context of His Quotations?; Mitchell Kim, Respect for Context and Authorial Intention. Setting the Epistemological Bar, in: Christopher D. Stanley (Hg.), Paul and Scripture. Extending the Conversation, Atlanta 2012.

192 Vgl. Leonard Greenspoon, By the Letter? Word for Word? Scriptural Citation in Paul, in: Christopher D. Stanley (Hg.), Paul and Scripture. Extending the Conversation, Atlanta 2012; Jeremy Punt, Identity, Memory, and Scriptural Warrant. Arguiung Paul's Case, in: Christopher D. Stanley (Hg.), Paul and Scripture. Extending the Conversation, Atlanta 2012; Bruce N. Fisk, Paul among the Storytellers. Reading Romans 11 in the Context of Rewritten Bible, in: Christopher D. Stanley (Hg.), Paul and Scripture. Extending the Conversation, Atlanta 2012.

193 Vgl. E. E. Johnson, Paul's Reliance on Scripture in 1 Thessalonians, in: Christopher D. Stanley (Hg.), Paul and Scripture. Extending the Conversation, Atlanta 2012; Stephan Fowl, The Use of Scripture in Philippians, in: Christopher D. Stanley (Hg.), Paul and Scripture. Extending the Conversation, Atlanta 2012; Jerry L. Sumney, Writing „in the Image" of Scripture. The Form and Function of References to Scripture in Colossians, in: Christopher D. Stanley (Hg.), Paul and Scripture. Extending the Conversation, Atlanta 2012. Insbesondere der Blick *beyond the Hauptbriefe* ist innovativ und widmet sich der seit der Beobachtung Harnacks bestehenden Diskussion um die paulinische Schriftverwendung im Brief an die Thessalonicher, die Philipper und an Philemon.

194 Vgl. Linda L. Belleville, Scripture and other Voices in Paul's Theology, in: Christopher D. Stanley (Hg.), Paul and Scripture. Extending the Conversation, Atlanta 2012; Bates, Beyond Hays's Echoes of Scripture in the Letters of Paul; Roy E. Ciampa, Approaching Paul's Use of Scripture in Light of Translation Studies, in: Christopher D. Stanley (Hg.), Paul and

auch bei diesem Sammelband aus dem Jahr 2012 die methodologischen Reflexionen, die wichtige Impulse für die Erforschung des paulinischen Schriftgebrauchs und somit auch für die vorliegende Studie beinhalten. Diese methodologischen Impulse und Erkenntnisse gilt es noch stärker als bislang aufzuarbeiten.

Paulinische Schriftrezeption: Grundlagen - Ausprägungen - Wirkungen - Wertungen (2017)[195]

Ebenso wie die beiden zuvor skizzierten Sammelbände finden sich auch in diesem Sammelband, der auf eine Tagung in Wien 2014 zurückgeht, eine Reihe grundsätzlicher Bestimmungen zu Fragen methodologischer, biographischer und sozialgeschichtlicher Provenienz.[196] Der Fokus des Bandes liegt jedoch auf der nach wie vor unbeantworteten Frage, warum Paulus in seinen Briefen anscheinend unterschiedlich intensiv mit der Schrift umgeht und „die Schrift innerhalb der Briefe des Paulus (und seiner Schüler) in je anderer Form und Intensität zur Geltung kommt."[197] Neben den darauffolgenden Untersuchungen einzelner Aspekte des Schriftgebrauchs in den paulinischen Homolegumena[198] fin-

---

Scripture. Extending the Conversation, Atlanta 2012. Resümierend fasst Stanley hinsichtlich der Diskussionen des SBL-Seminars und der in den Sammelbänden präsentierten Ergebnisse zusammen: „During the course of its six-year term, the Paul and Scripture Seminar of the Society of Biblical Literature represented the cutting edge of scholarship on the apostle Paul's interaction with his ancestral Scriptures. By grappling tenaciously with age-old methodological problems and opening the door to new methodological approaches, the seminar has helped to bring fresh air to a discussion that has at times grown stale due to the limited nature of the evidence upon which it is based." STANLEY, What We Learned - and What We Didn't, 330.

195 FLORIAN WILK/MARKUS ÖHLER (Hg.), Paulinische Schriftrezeption. Grundlagen – Ausprägungen – Wirkungen – Wertungen (FRLANT 268), Göttingen, Bristol, CT, U.S.A. 2017.

196 Vgl. LINCICUM, Intertextuality, Effective History, and Memory; STANLEY E. PORTER, Pauline Techniques of Interweaving Scripture into His Letters, in: Florian Wilk/Markus Öhler (Hg.), Paulinische Schriftrezeption. Grundlagen – Ausprägungen – Wirkungen – Wertungen (FRLANT 268), Göttingen, Bristol, CT, U.S.A. 2017; JAN DOCHHORN, „Denn der Nichtigkeit ist die Schöpfung untergeordnet worden" (Röm 8,20). Eine kosmologische Aussage des Paulus und ihre exegetischen Hintergründe, in: Florian Wilk/Markus Öhler (Hg.), Paulinische Schriftrezeption. Grundlagen – Ausprägungen – Wirkungen – Wertungen (FRLANT 268), Göttingen, Bristol, CT, U.S.A. 2017; JÖRG FREY, Paulus als Pharisäer und Antiochener. Biographische Grundlagen seiner Schriftrezeption, in: Florian Wilk/Markus Öhler (Hg.), Paulinische Schriftrezeption. Grundlagen – Ausprägungen – Wirkungen – Wertungen (FRLANT 268), Göttingen, Bristol, CT, U.S.A. 2017.

197 ÖHLER/WILK, Einführung, 4.

198 Vgl. MARKUS ÖHLER, Rezeption des Alten Testaments im 1.Thessalonicherbrief und im Philipperbrief?, in: Florian Wilk/Markus Öhler (Hg.), Paulinische Schriftrezeption. Grundlagen – Ausprägungen – Wirkungen – Wertungen (FRLANT 268), Göttingen, Bristol, CT, U.S.A. 2017; RICHARD B. HAYS, Scripture Proclaimed the Gospel Beforehand. Apocalyptic Hermeneutics in Paul's Letter of Galatians, in: Florian Wilk/Markus Öhler (Hg.), Paulinische Schriftrezeption. Grundlagen – Ausprägungen – Wirkungen – Wertungen (FRLANT

den sich daher mehrere Beiträge zur Analyse des Schriftgebrauchs abseits der orthonymen Paulusbriefe.[199]

Paul and Scripture (2019)[200]

Dieser jüngste Sammelband zum Thema stammt aus der von Stanley E. Porter initiierten und verantworteten Reihe *Pauline Studies* und folgt weniger einer systematischen Konzeption oder thematischen Sektionen – wie dies bei den drei zuvor dargestellten Sammelbänden jeweils der Fall ist –, sondern bietet vielmehr „a range of viewpoints and a broad selection of issues and passages"[201], die sich in vier Abschnitten zunächst mit generellen Fragen rund um den paulinischen Schriftgebrauch befassen,[202] anschließend mit Untersuchungen zum Schriftgebrauch im Römerbrief[203] und mit Studien zum paulinischen Umgang mit den Schriften Israels in den Korintherbriefen[204] und abschließend mit Beiträgen zum

268), Göttingen, Bristol, CT, U.S.A. 2017; WILK, Bezüge auf „die Schriften" in den Korintherbriefen; MARK A. SEIFRID, Answered Lament. Paul's Gospel, Israel, and the Scriptures in Romans, in: Florian Wilk/Markus Öhler (Hg.), Paulinische Schriftrezeption. Grundlagen – Ausprägungen – Wirkungen – Wertungen (FRLANT 268), Göttingen, Bristol, CT, U.S.A. 2017.

199 Vgl. BORMANN, Schriftgebrauch im Kolosser- und im Epheserbrief; LANG, Nützlich in den richtigen Händen; BART J. KOET, Paul, a Light for the Gentiles. Paul as Interpreter of Scripture in Galatians 1:13–16 and in the Acts of the Apostles, in: Florian Wilk/Markus Öhler (Hg.), Paulinische Schriftrezeption. Grundlagen – Ausprägungen – Wirkungen – Wertungen (FRLANT 268), Göttingen, Bristol, CT, U.S.A. 2017. Der Sammelband ist außerdem das erste ausführliche Buchprojekt, in dem sowohl englischsprachige als auch deutschsprachige Experten für den paulinischen Schriftgebrauch gemeinsam publizieren und sticht daher nicht nur inhaltlich, sondern auch konzeptionell hervor.

200 STANLEY E. PORTER/CHRISTOPHER D. LAND (Hg.), Paul and Scripture (PAST 10), Leiden, Boston 2019.

201 STANLEY E. PORTER/CHRISTOPHER D. LAND, Introduction to Paul and Scripture, in: Dies. (Hg.), Paul and Scripture (PAST 10), Leiden, Boston 2019, 1.

202 Vgl. STANLEY E. PORTER, Paul and His Use of Scripture. Further Considerations, in: Stanley E. Porter/Christopher D. Land (Hg.), Paul and Scripture (PAST 10), Leiden, Boston 2019; RYDER A. WISHART, Paul's Use of Νόμος. Torah, Law, or Custom?, in: Stanley E. Porter/Christopher D. Land (Hg.), Paul and Scripture (PAST 10), Leiden, Boston 2019; GERBERN S. OEGEMA, The Reception of 1 and 2 Maccabees in the Letters of Paul, in: Stanley E. Porter/Christopher D. Land (Hg.), Paul and Scripture (PAST 10), Leiden, Boston 2019.

203 Vgl. COLIN G. KRUSE, Paul's Use of Scripture in Romans, in: Stanley E. Porter/Christopher D. Land (Hg.), Paul and Scripture (PAST 10), Leiden, Boston 2019; TOM HOLMÉN, Obedience in Covenant and in Christ. Paul's Theodicean Solution, in: Stanley E. Porter/Christopher D. Land (Hg.), Paul and Scripture (PAST 10), Leiden, Boston 2019; JEY J. KANAGARAJ, The Centrality of Jewish Scripture in Paul's Theology. Romans 3 as a Case in Point, in: Stanley E. Porter/Christopher D. Land (Hg.), Paul and Scripture (PAST 10), Leiden, Boston 2019.

204 Vgl. H. H. D. WILLIAMS, From the Perspective of the Writer or the Perspective of the Reader. Coming to Grips with a Starting Point for Analyzing the Use of Scripture in 1 Corinthians,

Schriftgebrauch in den weiteren paulinischen Briefen.[205] Durch ihre Vielfalt bieten die Beiträge spannende Perspektiven auf einzelne, durchaus sehr verschiedene Aspekte des paulinischen Schriftgebrauchs.

2.3 *Auswertung des Forschungsrückblicks und Verortung der eigenen Studie im Forschungsdiskurs*

2.3.1 *Status quaestionis* – Zum aktuellen Stand der Erforschung des paulinischen Schriftgebrauchs

Der vorliegende Forschungsrückblick hat vor Augen geführt: πολλοὶ ἐπεχείρησαν (Lk 1,1). Die Frage, wie Paulus die Heiligen Schriften Israels „verwendet und gedeutet hat, ist zumal in den letzten 150 Jahren intensiv erforscht worden."[206] Insbesondere die vergangenen drei Jahrzehnte zeigen ein „flowering interest in Paul's use of Scripture", welches „has made this a highly fruitful

---

in: Stanley E. Porter/Christopher D. Land (Hg.), Paul and Scripture (PAST 10), Leiden, Boston 2019; PANAYOTIS COUTSOUMPOS, Paul's View of Ἀδιάφορα in 1 Corinthians 8–10, in: Stanley E. Porter/Christopher D. Land (Hg.), Paul and Scripture (PAST 10), Leiden, Boston 2019; JOHN G. COOK, Raised on the Third Day According to the Scriptures. Hosea 6:2 in Jewish Tradition, in: Stanley E. Porter/Christopher D. Land (Hg.), Paul and Scripture (PAST 10), Leiden, Boston 2019; ILARIA RAMELLI, Paul on Apokatastasis. 1 Corinthians 15:24–28 and the Use of Scripture, in: Stanley E. Porter/Christopher D. Land (Hg.), Paul and Scripture (PAST 10), Leiden, Boston 2019; JAMES R. HARRISON, The Rhetoric of „Consolation" in 2 Corinthians 1:3–11/7:4–13 in the Context of the Jewish and Graeco-Roman Consolatory Literature, in: Stanley E. Porter/Christopher D. Land (Hg.), Paul and Scripture (PAST 10), Leiden, Boston 2019; CHRISTOPHER D. LAND, It's Not Like Moses Veiled So That the Israelites Didn't Stare. A Hypothesis Regarding Paul's Understanding of Exodus 34, in: Stanley E. Porter/Christopher D. Land (Hg.), Paul and Scripture (PAST 10), Leiden, Boston 2019; CRAIG L. BLOMBERG, The Centrality of Scripture in 2 Corinthians 8–9, in: Stanley E. Porter/Christopher D. Land (Hg.), Paul and Scripture (PAST 10), Leiden, Boston 2019.

[205] Vgl. LINDA L. BELLEVILLE, The Sinai-Μεσίτης Tradition in Galatians 3:19–20, in: Stanley E. Porter/Christopher D. Land (Hg.), Paul and Scripture (PAST 10), Leiden, Boston 2019; LAU C. HING, The Use of Job 13:16 in Philippians 1:19. Direct Quotation or Allusion?, in: Stanley E. Porter/Christopher D. Land (Hg.), Paul and Scripture (PAST 10), Leiden, Boston 2019; MARKUS ÖHLER, Reception of the Old Testament in 1 Thessalonians and in Philippians?, in: Stanley E. Porter/Christopher D. Land (Hg.), Paul and Scripture (PAST 10), Leiden, Boston 2019; ARLAND J. HULTGREN, The Pastoral Epistles and the Scriptures of Israel, in: Stanley E. Porter/Christopher D. Land (Hg.), Paul and Scripture (PAST 10), Leiden, Boston 2019.

[206] WILK, Schriftbezüge im Werk des Paulus, 479. Ähnlich HARMON, She Must and Shall Go Free, 3: „The academic study of Paul's use of the OT has a long and respectable pedigree that stretches back at least one hundred years."

period for scholarly investigation."[207] Dabei haben nicht nur Beiträge, die sich explizit dem Thema *Paulus und die Schriften Israels* widmeten, plausible Lösungsansätze für verschiedene Problemstellungen und Diskussionspunkte gefunden, sondern auch solche Beiträge aus den übergeordneten Themenfeldern *Paulus und das Judentum* und der *Study of the OT in the NT* haben implizit oder als Teilthema den Schriftgebrauch des Paulus behandelt und aus unterschiedlichsten Perspektiven zu seiner Erforschung beigetragen. Im Folgenden soll der Versuch unternommen werden, die vorliegenden Studien zur Erforschung des paulinischen Schriftgebrauchs ein Stück weit zu systematisieren.

Eine Grundunterscheidung in vielen der (betrachteten) Arbeiten zur Erforschung des paulinischen Schriftgebrauchs lässt sich oftmals bereits anhand der Definition des Untersuchungsgegenstandes resp. der grundlegenden Ausrichtung der jeweiligen Studie vornehmen. Vage können die Untersuchungen zum paulinischen Schriftgebrauch in zwei Gruppen unterteilt werden:[208]

1. Das Anliegen einiger Studien besteht darin, den paulinischen Schriftgebrauch primär auf inhaltlicher Ebene zu beleuchten, d. h. sie stellen vor allem die Frage nach dem *was* oder dem *warum* des Schriftgebrauchs. Diese Studien untersuchen, inwiefern die Evangeliumsverkündigung des Heidenapostels inhaltlich durch die Schriften Israels geprägt ist. Anliegen dieser Studien ist es mitunter auch, ein schrifthermeneutisches Konzept der paulinischen Theologie insgesamt oder für einzelne Paulusbriefe zu entwerfen.
2. Andere Untersuchungen wenden sich hingegen primär dem Schrift*gebrauch* des Paulus zu, d. h. der Frage, *wie* Paulus die Schriften Israels rezipiert hat. Sie blicken auf die Methodik, die Formen und Verfahren seiner Schriftrezeption. Sie versuchen auf diese Weise seinen technischen, formal-hermeneutischen Umgang – oder bestimmte Aspekte dessen – zu eruieren.[209]

Freilich bewegen sich einige Studien auch zwischen diesen beiden genannten Ausrichtungen und versuchen beide Aspekte zu berücksichtigen oder zu kombinieren.[210] Die vorliegende Studie ist aufgrund ihrer Fragestellungen und ihrer grundsätzlichen Ausrichtung und Orientierung eindeutig der zweiten der bei-

---

207 STANLEY, Paul and Scripture, 7. Ähnlich HARMON, She Must and Shall Go Free, 3f.: „Yet the last thirty years in particular have seen a number of significant studies that have altered the landscape."

208 Diese vage Zweiteilung betrifft den gesamten Bereich von Arbeiten aus dem Feld der Studies of the OT in the NT. „In sum, one might speak of two high-level perspectives or foci in OT/NT matters, namely the ‚sources' and the ‚methods' (or the ‚what' and the ‚how'). These perspectives, of course, are somewhat interconnected, perhaps even two sides of the same coin." ALLEN, Introduction, 12.

209 „Such discussion within OT/NT scholarship becomes less about the ‚why' and more about the ‚how', and has involved wider comparative debates as to the way in which scripture is used, interpreted and applied." A. a. O., 9.

210 Vgl. WILK, Schriftbezüge im Werk des Paulus, 479.

den genannten Gruppen zuzuordnen. Denn die vorliegende Arbeit ist vordergründig an der „identification of the exegetical techniques" interessiert, die Paulus zur Anwendung bringt.[211]

Ein hilfreiches Instrumentarium, um die zahlreichen Beiträge zur Erforschung des paulinischen Schriftgebrauch differenzieren und systematisieren zu können, bietet überdies ein Schema von Christopher D. Stanley.[212] Er schlägt vor, die Untersuchungen zur Erforschung des paulinischen Schriftgebrauchs grundsätzlich in vier Gruppen zu kategorisieren, je nach dem welchen Zugang zum Thema sie primär wählen: a) *Theologisch*; b) *Historisch*; c) *Literaturwissenschaftlich*; d) *Rhetorisch* oder *sozialgeschichtlich*.[213]

a) *Theologisch*: Arbeiten, die sich primär unter einer theologischen Perspektive dem Thema nähern, lassen sich einerseits in Studien aufteilen, die insbesondere nach dem Stellenwert und der Bedeutsamkeit des paulinischen Schriftgebrauchs und seiner daraus abgeleiteten Lehren für den christlichen Glauben und die christliche Tradition fragen.[214] Und andererseits umfasst die

---

211 DOCHERTY, ‚Do you Understand what you Are Reading?' (Acts 8.30), 118.

212 Vgl. STANLEY, Paul and Scripture, 4–7. Ein alternatives Modell der Kategorisierung insbesondere neuerer Zugänge zur Erforschung des paulinischen Schriftgebrauchs findet sich bei MOYISE, Paul and Scripture, 111–125. Er kategorisiert die Arbeiten anhand des primär gewählten Zugriffs in *intertextuelle, narrative* und *rhetorische* Untersuchungen. Zu den *intertextuell* arbeitenden Studien zählt er neben der grundlegenden Arbeit von HAYS, Echoes of Scripture in the Letters of Paul, auch die Arbeit von TIMOTHY BERKLEY, From a Broken Covenant to Circumcision of the Heart. Pauline Intertextual Exegesis in Romans 2:17–29 (SBLDS 175), Atlanta 2000. *Narrative* Zugänge entsprechen nach Moyise den intertextuellen insofern, dass sie gleiche Prinzipien teilen und die Beziehung zwischen zwei Texten untersuchen, sich dabei jedoch – so Moyise – nicht so sehr auf den „*local* context", sondern auf „the *narrative* framework" des Prätextes konzentrieren. „For example, the quotation of Genesis 15.6 [...] might well evoke Abraham's life story, but necessarily the particulars of surrounding verses." Zu dieser zweiten Gruppe gehören u. a. die Arbeiten von SYLVIA C. KEESMAAT, Paul and his Story. (Re)Interpreting the Exodus Tradition (JSNTS 181), Sheffield 1999; WAGNER, Heralds of the Good News, und WATSON, Paul and the Hermeneutics of Faith. Zur dritten Gruppe von Untersuchungen, die primär einen *rhetorischen* Zugriff wählen, zählt Moyise neben der Arbeit von STANLEY, Arguing with Scripture, z. B. die Studie von JOHN P. HEIL, The Rhetorical Role of Scripture in 1 Corinthians (SBLit 15), Atlanta 2005. Auch die Arbeit von KUJANPÄÄ, The Rhetorical Functions of Scriptural Quotations in Romans, ließe sich m. E. gut dieser Gruppe zuordnen.

213 Stanley ist sich bewusst, dass diese Differenzierung nur schematischen Charakter trägt und dass insbesondere neuere Arbeiten häufig eine Kombination mehrerer dieser Zugänge bieten und somit eine eindeutige Zuordnung äußerst schwer ist. „Many scholars now seek to combine two or more of these methodologies. Still, a rough typology of approaches can be discerned within the field." STANLEY, Paul and Scripture., 4.

214 Vgl. a. a.O., 4. Zu dieser Gruppe lassen sich insbesondere Arbeiten zählen, die neben dem paulinischen Schriftgebrauch auch die Schriftverwendung weiterer neutestamentlicher Autoren betrachten. So u. a. THOLUCK, Das Alte Testament im Neuen Testament; TURPIE, The Old Testament in the New; ROGER NICOLE, The New Testament Use of the Old Testament, in: Carl F. H. Henry (Hg.), Revelation and the Bible, Grand Rapids 1958; GLEASON L.

Gruppe von theologisch ausgerichteten Studien solche Arbeiten, deren vorrangige Intention darin besteht, die prinzipielle Funktion und Relevanz zu erörtern, welche die Schriften Israels für die Entwicklung und den Inhalt des paulinischen Denkens besaß.[215]

b) *Historisch*: Das Kernanliegen der zweiten Gruppierung von Arbeiten besteht darin, den historischen Kontext der paulinischen Schriftverwendung näher zu beleuchten.[216] Im Fokus stehen hierbei klassischerweise Vergleiche zur hellenistischen, frühjüdischen oder rabbinischen Schriftrezeption. Auch die Aufarbeitung des Schriftgebrauchs in den Texten von Qumran und ihre Verhältnisbestimmung zur paulinischen Exegese gehört in dieses Feld von Studien.[217]

c) *Literaturwissenschaftlich*: Den Ausgangs- und Bezugspunkt moderner, literaturwissenschaftlich ausgerichteter Arbeiten bietet die Studie von Hays.[218] Durch Hays wurde das Paradigma der Intertextualität in die Erforschung des paulinischen Schriftgebrauchs integriert und mehrere Studien nahmen diesen Impulse auf.[219] Nahezu alle folgenden literaturwissenschaftlich geprägten Untersuchungen zum paulinischen Schriftgebrauch nehmen bei ihm Anschluss oder setzen sich kritisch mit ihm auseinander.[220] Literaturwissenschaftliche Zugänge lassen sich darüber hinaus bei Studien finden, die sich insbesondere mit der Rückfrage nach der Rezeption narrativer Elemente aus den Schriften Israels in den paulinischen Briefen auseinandersetzen.[221]

ARCHER/GREGORY CHIRICHIGNO, Old Testament Quotations in the New Testament, Chicago 1983; WALTER C. KAISER, The Uses of the Old Testament in the New, Chicago ²1986.

215 Vgl. STANLEY, Paul and Scripture. Der Großteil der Untersuchungen der vergangenen drei Jahrzehnte gehört in diese Kategorie. So u. a. KOCH, Die Schrift als Zeuge des Evangeliums; SMITH, The Pauline Literature; WILK, Die Bedeutung des Jesajabuches für Paulus; WAGNER, Heralds of the Good News; WATSON, Paul and the Hermeneutics of Faith. Auch die Studie von BATES, The Hermeneutics of the Apostolic Proclamation, kann zu diesen Arbeiten hinzugezählt werden.

216 Vgl. STANLEY, Paul and Scripture., 5f.

217 Von den oben genannten Arbeiten zählen zu dieser Gruppe u. a. die Studien von MICHEL, Paulus und seine Bibel; BONSIRVEN, Exégèse Rabbinique et Exégèse Paulinienne; ELLIS, Paul's Use of the Old Testament; LONGENECKER, Biblical Exegesis in the Apostolic Period; HANSON, Studies in Paul's Technique and Theology; STANLEY, Paul and the Language of Scripture.; TIWALD, Hebräer von Hebräern; LANZINGER, Ein „unerträgliches philologisches Possenspiel"?. Spätestens an dieser Stelle zeigt sich, dass die Zuordnung einzelner Arbeiten zu einer bestimmten Kategorie von Untersuchungen nur schematischen Charakter haben kann. Denn freilich könnte man z. B. die Arbeiten von Michel und Stanley auch der Gruppe theologisch ausgerichteter Studien zuordnen oder die Untersuchung von Koch zur Gruppe historisch ausgerichteter Arbeiten zählen.

218 Vgl. HAYS, Echoes of Scripture in the Letters of Paul.

219 Vgl. z. B. SCHNEIDER, Gottes Gegenwart in der Schrift.

220 Vgl. STANLEY, Paul and Scripture, 6.

221 Vgl. ebd. Siehe z. B. KEESMAAT, Paul and his Story. Bislang kaum betrachtet wurde hingegen, „whether other modes of literary study, such as (post)structuralism, reader-

d) *Rhetorisch oder sozialgeschichtlich*: Eine noch überschaubare Menge an Forschungsbeiträgen liegt für die vierte von Stanley ausgemachte Kategorie von Arbeiten vor, die sich primär mittels rhetorischer oder sozialgeschichtlicher Zugänge der Erforschung der paulinischen Schriftrezeption nähern.[222] Dies hängt u. a. damit zusammen, dass diese Zugänge forschungsgeschichtlich die jüngsten sind. Vor allem die Zahl an Untersuchungen, welche die rhetorische Dimension des paulinischen Schriftgebrauchs untersuchen, ist in den vergangenen zehn bis fünfzehn Jahren deutlich angestiegen.[223]

Anhand der Verteilung der oben genannten Untersuchungen zum Thema in die vier Kategorien, lässt sich beobachten, dass ein Großteil der Studien zu den theologischen oder historischen Arbeiten zu zählen ist und dass auf diesen Aspekten klassischerweise der Fokus der Erforschung des paulinischen Schriftgebrauchs lag – und nach wie vor liegt.[224] In der Betrachtung der Kategorisierung von Stanley wird jedoch ebenfalls schnell ersichtlich, dass nur wenige Arbeiten monolithisch sind. Zumeist handelt es sich um ‚hybride' Studien, die – freilich jeweils mit je eigener Gewichtung – mehrere Aspekte behandeln. Auch die vorliegende Studie lässt sich nicht ausschließlich einer der vier von Stanley ausgemachten Kategorien zuordnen. Nichtsdestoweniger sind ihre inhaltlichen Schwerpunkte vornehmlich der *historischen* sowie der *literaturwissenschaftlichen* Kategorie zuzuordnen.

---

response, and deconstruction, might shed any light on the use of Scripture in Paul's letters." STANLEY, Paul and Scripture, 6. Ansätze bietet z. B. PUNT, Paul and Postcolonial Hermeneutics.

[222] Vgl. STANLEY, Paul and Scripture, 6.

[223] Siehe insbesondere STANLEY, Arguing with Scripture, und HEIL, The Rhetorical Role of Scripture in 1 Corinthians. Siehe darüber hinaus die Beiträge in J. P. SAMPLEY (Hg.), Paul and Rhetoric, New York u. a. 2010 und PORTER/DYER, Paul and ancient Rhetoric. Ein jüngstes Zeugnis für eine Arbeit aus diesem Bereich bietet die Studie von KUJANPÄÄ, The Rhetorical Functions of Scriptural Quotations in Romans. Nach wie vor sehr wenig Aufmerksamkeit „has been given to the kinds of questions typically raised by social scientists, such as the effects of power imbalances and the role of class and gender differences in shaping the production and reception of Paul's repeated references to Scripture." STANLEY, Paul and Scripture, 6f. Ansätze hierzu ließen sich u. a. ausmachen in BEN WITHERINGTON, Paul's Letter to the Romans. A socio-rhetorical Commentary, Grand Rapids, MI 2004. Siehe auch EHRENSPERGER, Paul and the Authority of Scripture.

[224] In gewisser Weise bilden die vier von Stanley ausgemachten Kategorien in der präsentierten Reihenfolge ebenfalls eine Art Chronologie der Erforschung des paulinischen Schriftgebrauchs ab, indem sie in weiten Teilen die jeweiligen Paradigmen aufzeigen, die in den verschiedenen Jahrzehnten der letzten ca. 150 Jahre für die Suchbewegungen in der Erforschung des paulinischen Schriftgebrauchs maßgeblich und – von einzelnen Ausnahmen abgesehen – leitend waren.

2.3.2 *Quo vadis?* – Gegenwärtige Desiderate in der Erforschung des paulinischen Schriftgebrauchs

Die Ausführungen des Forschungsüberblicks haben deutlich vor Augen geführt, dass die Fragen – und allzumal die Antwortversuche – in Bezug auf das Thema *Paulus und die Schriften Israels*, λεγιών (Mk 5,9) sind. „Doch noch immer bietet das Thema Anlass zu Auseinandersetzungen.“[225] Denn „Paul's use of Scripture remains a vibrant area of study today, whatever the particular standpoint of the scholar, new books and articles emerge all the time.“[226] Dies hat auch der Forschungsüberblick belegt, indem er aufgezeigt hat, dass trotz der zahl- und facettenreichen Forschungsbeiträge nach wie vor viele Fragestellungen umstritten sind, kontrovers bewertet werden, Neuansätze fordern oder tiefergehend als bislang im Forschungsdiskurs Raum erhalten sollten.[227] All dies legt dar, dass „despite the consistent return by scholars to the topic of Paul and his use of the Jewish Scriptures, we appear to be far from having exhausted the topic.“[228] An die Ausführungen des Forschungsüberblicks anschließend sollen daher vier wesentliche Diskussionsfelder hervorgehoben werden, an denen eine gegenwärtige und zukünftige Erforschung des paulinischen Schriftgebrauchs weiterzuarbeiten hat:[229]

---

225 WILK, Schriftbezüge im Werk des Paulus, 479.

226 MOYISE, Paul and Scripture, 125.

227 Stanley fasst einige der zentralen Punkte vorherrschender Forschungsdifferenzen wie folgt zusammen: „In previous generations, scholars shared many common ideas about which questions mattered and how one might go about resolving them, even when they disagreed in their conclusions. In recent years, however, scholarship on Paul's use of Scripture has grown increasingly fragmented. Scholars not only use different methods but ground their studies on different presuppositions. Some are convinced that Paul's explicit quotations provide the best insights into his engagement with the ideas and language of Scripture, while others find it more beneficial to study his allusions and echoes or his use of biblical narratives. Some assert that Paul expected his audiences to know and supply the context of his quotations, allusions, and echoes, while others reject this presumption as unhistorical. Some insist that Paul's frequent references to Scripture reveal how profoundly his ideas were shaped by the biblical tradition, while others argue that Paul cited Scripture primarily for rhetorical effect.“ CHRISTOPHER D. STANLEY, Introduction, in: Ders. (Hg.), Paul and Scripture. Extending the Conversation, Atlanta 2012, 1f.

228 PORTER/LAND, Introduction to Paul and Scripture, 1.

229 Vgl. zu diesen vier Aspekten auch J. R. WAGNER, Epilogue, in: Florian Wilk/Markus Öhler (Hg.), Paulinische Schriftrezeption. Grundlagen – Ausprägungen – Wirkungen – Wertungen (FRLANT 268), Göttingen, Bristol, CT, U.S.A. 2017. Freilich ließen sich die folgenden vier Punkte um weitere Einzelaspekte ergänzen und sind in sich, dies hat bereits der Forschungsüberblick dargelegt, ausdifferenziert und mit zahlreichen Einzelfragen verknüpft. Sie können dennoch als maßgebliche Orientierungspunkte dienen.

a) *Methodologie:* Trotz der zahlreichen Untersuchungen und Studien zu Schriftbezügen im Neuen Testament insgesamt und in den paulinischen Homolegumena speziell liegt vielen Studien keine ausgearbeitete und transparente Methodologie zu Grunde, mit welcher der Schriftgebrauch des Paulus resp. die einzelnen Schriftbezüge analysiert werden.[230] Viele Arbeiten bemühen sich nicht darum, methodologische Reflexionen zu leisten oder ihre Präsuppositionen transparent zu machen. „In any study pursuing the influence of the OT in the NT, methodological questions are extremely important. Despite this, however, a number of studies either ignore or effectively gloss over such concerns. Failure to define the terms and criteria used has produced divergent conclusions and made comparing the results of different scholars difficult. As a result, broad consensus on the extent to which Paul used the OT, not to mention the significance of the OT for Paul's understanding and presentation of the gospel, remains elusive."[231] Wenngleich ein Konsens im methodischen Zugriff für Untersuchungen des paulinischen Schriftgebrauchs kaum realistisch erscheint, da die unterschiedlichen Fragestellungen oder Zugänge zum Thema zu divers sind, so sollte es allerdings der wissenschaftliche Anspruch gebieten, immerhin hinsichtlich des jeweiligen Zugangs eine möglichst weitgehende methodologische Transparenz zu wahren.[232]
b) *Soziokultureller und biographischer Kontext:* Ein detaillierteres und adäquateres Gesamtbild des Apostel Paulus als Ausleger und Interpreten der Schrift zu erhalten „will require closer attention to the various social and cultural contexts of the apostle's life and work" als dies in zahlreichen Studien der Fall ist.[233] Angefangen mit der (Aus)Bildung des Paulus gilt dies insbesondere für die jüdische Identität des Paulus, seinen frühjüdischen Kontext, in dem er sich sprachlich, theologisch und gedanklich bewegt hat und die dort vorfindlichen Traditionen und Techniken der Schriftauslegung. Wiederum gilt es auch hier, transparent zu machen, welche Voraussetzungen zugrunde liegen und inwiefern der soziokulturelle und der biographische Kontext Einfluss nimmt auf die Bewertung des paulinischen Schriftgebrauchs.

---

[230] Dabei macht bereits 1992 Stanley auf den Aspekt aufmerksam, dass insbesondere die methodologische Rückfrage von entscheidender Bedeutung sei und besondere Aufmerksamkeit verlange: „Perhaps the most pressing need is for a careful examination of the thorny methodological problems that confront any attempt to analyze the way Paul handled wording of his biblical quotations." STANLEY, Paul and the Language of Scripture, 28f.

[231] HARMON, She Must and Shall Go Free, 26f.

[232] Dies gilt sowohl für die Untersuchung der jeweiligen Schriftbezüge des Paulus als auch für die methodologischen Aspekte hinsichtlich komparatistischer Studien und Fragestellungen, in denen der paulinische Schriftgebrauch zu zeitgenössischer Schriftauslegung ins Verhältnis gesetzt wird. Eine maßgebliche Herausforderung stellt diesbezüglich nach wie vor speziell das Verhältnis paulinischer und rabbinischer Texte dar.

[233] WAGNER, Epilogue, 298.

c) *(Rhetorische) Funktion der Schriftbezüge*: Der Forschungsüberblick hat vor Augen geführt, dass die Analyse der (rhetorischen) Funktion von Schriftbezügen im Werk des Paulus noch auf eine verhältnismäßig junge Forschungshistorie zurückblickt. Insbesondere diese Analyseperspektive gilt jedoch als vielversprechend und sollte daher zukünftig stärker als bislang mit einbezogen werden, wenn der paulinische Schriftgebrauch analysiert wird. „Questions about rhetorical, pedagogical and psychagogical functions of appeals to scripture in the Pauline letters will continue to occupy interpreters for a long time to come."[234]
d) *Kommunikationssituation der Briefe*: Insbesondere die Untersuchung der (rhetorischen) Funktion von Schrift und Schriftbezügen im Corpus Paulinum verlangt nach einer hohen Aufmerksamkeit hinsichtlich der jeweiligen Umstände und Rahmenbedingungen, die für die Entstehung der einzelnen Paulusbriefe entscheidend war.[235] „Offenbar vollzog sich die wechselseitige Erschließung von Christusbekenntnis und Schrift in jeder der Beziehungen, die der Apostel zu den von ihm angeschriebenen Gemeinden unterhielt, auf eigene Weise und [...] in jeder geschichtlichen Situation, veranlasst durch neue Erfahrungen, aufs Neue."[236] Es steht somit außer Frage, dass auch die jeweilige Kommunikationssituation der Briefe des Paulus zu berücksichtigen ist, um den paulinischen Umgang mit den Schriften Israels adäquat zu analysieren und zu deuten.[237]

---

234 A. a. O., 301. Wagner nennt diesbezüglich u. a. drei Fragen, die besondere Aufmerksamkeit verdienen: 1) „Are there perceptible correlations between the mode in which an author refers to scripture (explicit quotation, allusion, etc.) and the function(s) of reference in the letter?" 2) „Why are appeals to scripture concentrated in particular sections of a letter yet virtually absent from others? Moreover, why are some modes of reference absent altogether from certain letters in the corpus?" 3) „In what respects do the Pauline letters appear distinctive when viewed within the wider stream of the effective history of the biblical texts?" WAGNER, Epilogue, 302.

235 Vgl. WAGNER, Epilogue, 302.

236 WILK, Bezüge auf „die Schriften" in den Korintherbriefen, 169. Wilk führt fort: „Welche Bedeutung der Schrift in den Briefen des Paulus zukommt und wie sie dort genutzt und gedeutet wird, diese Frage muss daher künftig eingehender, als es bisher in der Forschung geschehen ist, für jeden Brief gesondert vor dem Horizont seiner jeweiligen Abfassungsverhältnisse bearbeitet werden." WILK, Bezüge auf „die Schriften" in den Korintherbriefen, 169. Zu einem ähnlichen Resümee gelangt auch Öhler in seiner Untersuchung zu Schriftbezügen in 1Thess und im Phil: „Insgesamt ergibt sich aus diesem Befund für die weitere Forschung zur Schriftrezeption bei Paulus die Aufgabe, das historische Umfeld von Abfassung und Erstlektüre noch spezifischer ins Auge zu fassen und generelle Lösungen zu meiden. Abfassungs- und jeweilige Gemeindesituation sind ein wesentlicher Faktor für die Verwendung der Schrift, nicht nur theologische Anliegen. ÖHLER, Rezeption des Alten Testaments im 1.Thessalonicherbrief und im Philipperbrief?, 135.

237 So auch ÖHLER/WILK, Einführung, 8: „Offenbar bedarf es für jeden paulinischen (und deutero-paulinischen) Text einer gesonderten Untersuchung, aus welchen Gründen, in wel-

Unter den genannten vier Punkten versammeln sich zahlreiche Aspekte, die in der Erforschung des paulinischen Schriftgebrauchs weiterer und tiefergehender Untersuchung oder breiterer Aufmerksamkeit bedürfen.[238] Die ausgemachten Forschungsbereiche besitzen daher auch für die Ausrichtung und die Verortung der vorliegenden Arbeit leitenden Charakter.

2.3.3 *Locatio* und *intentio* – Zum wissenschaftlichen Ort und zur Intention der vorliegenden Studie

Die bisherige Auswertung des Forschungsüberblicks hat zum einen zusammengefasst, wie der derzeitige Stand der Forschung zum Thema *Paulus und die Schriften Israels* ist und Möglichkeiten präsentiert, wie sich die Untersuchungen zu diesem Thema kategorisieren lassen (vgl. 2.3.1). Zum anderen wurde aufgezeigt, wohin sich die gegenwärtige Erforschung des paulinischen Schriftgebrauchs aktuell bewegt resp. zukünftig bewegen sollte, um das Thema in der Wissenschaft möglichst produktiv voranzutreiben (vgl. 2.2.2). Die dort genannten Aspekte und Kategorien sollen nun dazu dienen, den Ort, das Anliegen und den zu erwartenden Forschungsbeitrag der vorliegenden Untersuchung genauer zu definieren. Hierzu soll auf folgende Fragen eingegangen werden: In welchem Verhältnis steht die vorliegende Arbeit von ihrem Ansatz her zu bestehenden Studien? Mit welchen Kategorien lassen sich die Anliegen dieser Untersuchung des paulinischen Schriftgebrauchs beschreiben? Was sind Haupt- und Nebenziele der

---

cher Intensität und auf welche Weise a) der Völkerapostel aus Israel in der Kommunikation mit der jeweiligen, stets aber vielfältigen Gemeinschaft von Christusgläubigen unterschiedlicher Provenienz als Ausleger der Heiligen Schriften agiert und b) sein Wirken sowie seine Theologie von seinen Adressaten und seinen späteren Schülern im Horizont dieser Schriften wahrgenommen werden. Erst auf der Grundlage derartiger multiperspektivischer Analysen werden sich die markanten Unterschiede zwischen jenen Texten in der Ausprägung des Schriftbezugs erklären lassen."

238 Diese vier in Anschluss an WAGNER, Epilogue, formulierten Desiderate der Erforschung des paulinischen Schriftgebrauchs decken sich mit dem Fazit von Christopher D. Stanley, der zum Abschluss des sechsjährigen Seminars *Paul and Scripture* der Society of Biblical Literature (2005–2010) formuliert: „Too often, investigations of Paul's ‚use' of Scripture have focused on explicating the way Paul read and interpreted the biblical text without regard to the historical, social, and rhetorical contexts in which he composed his letters. [...] A full-orbed understanding of what Paul was doing with the text of Scripture must include all of these perspectives, and possibly others as well." STANLEY, What We Learned – and What We Didn't, 322. Auffällig ist, dass alle vier benannten Aspekte primär in den Bereich der *Prolegomena* einer Beschäftigung mit dem paulinischen Schriftgebrauch zu verorten sind. Klärungsbedürftig erscheinen vielfach die Vorbedingungen, unter denen die Erforschung des paulinischen Schriftgebrauchs erfolgt. Sie besitzen entscheidenden Charakter für die eigentliche Analyse und Bewertung der Schriftverwendung des Paulus.

vorliegenden Arbeit? Was will und kann diese Studie zur Erforschung des paulinischen Schriftgebrauchs beitragen und was will und kann sie nicht beitragen?

a) Ein erstes Desiderat, das Fehlen einer aktuellen deutschsprachigen Darstellung der Forschung zum Thema, wurde bereits durch den vorliegenden Forschungsüberblick erfüllt (vgl. Kap. 2). Anhand ausgewählter Publikationen wurden die maßgeblichen Suchbewegungen, Perspektiven und Paradigmen sowie die wichtigsten Ergebnisse und Erkenntnisse skizziert, welche für die Erforschung der Methodik des paulinischen Schriftgebrauchs in den vergangenen ca. 150 Jahren bestimmend waren oder gegenwärtig sind. Anhand dieser Übersicht kann nun aufgezeigt werden, wo sich der *locus* der vorliegenden Studie im Forschungsfeld befindet.
b) Der Forschungsüberblick hat mehrfach die methodologischen Defizite oder die fehlende methodologische Transparenz zahlreicher Studien zum Thema aufgezeigt und daher den Aspekt der *Methodologie* als einen der wichtigsten Punkte festgehalten, den es zukünftig tiefergehend zu bearbeiten gilt, um die Erforschung des paulinischen Schriftgebrauchs produktiv voranzutreiben (vgl. 2.3.2). Dem soll in der vorliegenden Studie Rechnung getragen werden, indem ein *Kernanliegen* darin besteht, eine *valide, multiperspektivische und transparente Methodologie* zu bieten, die als Grundlage und Voraussetzung der Analyse der verschiedenen Formen und Verfahren paulinischer Schriftverwendung dient (vgl. Kap. 3). In diesem Aspekt soll die vorliegende Arbeit über bestehende Konzeptionen hinausgehen und insbesondere literaturwissenschaftliche Ansätze der Erforschung von intertextuellen Referenzen für die Analyse von Schriftbezügen im Werk des Paulus fruchtbar machen.[239]
c) Ein weiteres Diskussionsfeld, in dem wichtige Grundvoraussetzungen hinsichtlich der Analyse des paulinischen Schriftgebrauchs geschaffen werden, ist die Bewertung des soziokulturellen und des biographischen Kontextes des Völkerapostels. Auch dieser Aspekt wurde als einer von vier Forschungsbereichen festgehalten, die es hinsichtlich der Erforschung des paulinischen Schriftgebrauchs tiefergehend als bislang zu bearbeiten gilt (vgl. 2.3.2). In der vorliegenden Arbeit soll diesem Umstand Rechnung getragen werden, indem die religionsgeschichtlichen und biographischen Präsumtionen, von denen ausgegangen wird und die für die weitere Gedankenführung der Arbeit konstitutiv sind, benannt und transparent gemacht werden

---

[239] Am Rande sollen Fragen nach der (rhetorischen) Funktionalisierung intertextueller Bezugnahmen sowie die Betrachtung der Kommunikationssituation der Briefe in die methodologische Reflexion der vorliegenden miteinbezogen werden, die ebenfalls als zunehmend wichtige Aspekte für die Erforschung des paulinischen Schriftgebrauchs festgehalten wurden (vgl. 2.3.2). Da in der exemplarischen Analyse der paulinischer Schriftverwendung in der vorliegenden Arbeit jedoch kein einzelner Brief im Fokus steht, sondern exemplarische Texte verschiedener Paulusbriefe betrachtet werden, sind dies im Folgenden nur Nebenaspekte.

(vgl. Kap. 4). Gegenüber dem Aspekt der Methodologie besitzt dieser Diskussionspunkt jedoch in der vorliegenden Arbeit einen *sekundären* Rang innerhalb der Prolegomena resp. der methodologischen Reflexion einer Beschäftigung mit der paulinischen Schriftrezeption.

d) Ein *Kernanliegen* der vorliegenden Arbeit besteht in der *exemplarischen Anwendung* des zuvor entwickelten Instrumentariums zur Analyse des paulinischen Schriftgebrauchs, d. h. in der detaillierten Analyse der paulinischen Schriftverwendung in ausgewählten Texten des Corpus Paulinum (vgl. Kap. 5–7). Mittels der entwickelten Analysetools soll die Methodik, d. h. die Formen, Techniken und Verfahrensweisen der paulinischen Schriftrezeption in den gewählten Beispieltexten (Röm 4; Gal 3,6–14) anhand ausgewählter Analyseperspektiven betrachtet, beschrieben und ausgewertet werden. Neben dem formal-hermeneutischen Primärziel, anhand der ausgewählten Texte und durch die Anwendung der gewählten Analyseschritte wichtige Konturen der Verarbeitung intertextueller Referenzen im Werk des Paulus nachzuzeichnen, besteht ein Nebenziel der Studie darin, mittels dieser Analyse der Schriftbezüge zugleich einen Beitrag zum tieferen inhaltlich-theologischen Verständnis der Texte zu leisten. Anhand wichtiger Einzeltexte soll die Erforschung des paulinischen Schriftgebrauchs somit ein Stück weit vorangetrieben werden.

e) Ein weiteres – gegenüber den Kernanliegen der *methodologischen Reflexion* und der *exemplarischen Analyse* sekundäres – Interesse und somit Nebenziel der vorliegenden Studie besteht in der differenzierten und sorgfältigen Kontextualisierung der anhand der ausgewählten Texte (Röm 4; Gal 3,6–14) exemplarisch herausgearbeiteten Methodik des paulinischen Schriftgebrauchs im Horizont frühjüdischer Auslegungstechniken (vgl. Kap 8). Durch den phänomenologischen Vergleich frühjüdischer und paulinischer Methoden der Schriftauslegung soll nach formal-hermeneutischen Parallelen und Divergenzen gefragt werden, um den paulinischen Schriftgebrauch in seinem zeitgenössischen Kontext zu verorten.

Anhand des oben beschriebenen Schemas von Stanley zur Kategorisierung von Studien zum paulinischen Schriftgebrauch lässt sich das Profil der vorliegenden Arbeiten wie folgt bestimmen: Mit dem Fokus auf die genannten Kernanliegen, die transparente Reflexion methodologischer Gesichtspunkte einerseits und die detaillierte Analyse intertextueller Bezugnahmen in exemplarischen Texten andererseits sowie durch das Nebenanliegen, die Kontextualisierung der Formen und Verfahren des paulinischen Schriftgebrauchs in seinem frühjüdischen Umfeld, gliedert sich die vorliegende Untersuchung ein:

a) *erstens*, durch ihren intensiven Blick auf methodologische Fragestellungen und Neubestimmungen und das damit verbundene Anliegen, eine größtmögliche methodologische Transparenz zu bieten, in die Reihe von Arbeiten, die geprägt sind durch eine *literaturwissenschaftliche* Perspektivierung der Formen und Verfahren des paulinischen Schriftgebrauchs;

b) *zweitens*, durch ihre detaillierte Analyse der Einzeltexte, in das Spektrum von Arbeiten, welche die *theologische* Dimension des paulinischen Schriftgebrauchs und die (rhetorische) Funktion und Relevanz zu erörtern versuchen, welche die Schriften Israels für Paulus insgesamt resp. in diesem konkreten Einzeltext/Brief für seine theologische Argumentation besitzt;
c) *drittens*, durch ihren Vergleich paulinischer und frühjüdischer Formen und Verfahren der Schriftrezeption im letzten Teil der Arbeit, in die Gruppe von Studien, deren Untersuchungsgegenstand der *historischen* Dimension der Erforschung des paulinischen Schriftgebrauchs zuzuordnen ist.[240]

Für die vorliegende Arbeit lassen sich folglich *zwei Kern- und ein Nebenanliegen* festhalten. Der zu erwartenden Forschungsbeitrag und der potentielle Mehrwert der vorliegenden Arbeit gegenüber bestehenden Studien liegt 1. im Bereich der Methodologie der Erforschung des paulinischen Schriftgebrauchs (*Kernanliegen*), 2. in dem tiefergehenden Verständnis des paulinischen Schriftgebrauchs, seiner theologischen Argumentation und rhetorischen Verwendung der Schriften Israels in ausgewählten Einzeltexten (*Kernanliegen*), sowie 3. in dem tieferen Verständnis und der genaueren Verortung des Paulus als Schriftausleger und der Methodik seiner Schriftverwendung im zeitgenössischen Frühjudentum (*Nebenanliegen*).

[240] Wie bei der Beschreibung der von Stanley ausgemachten Kategorien bereits erläutert, sind nur wenige Studien monolithisch einer Kategorie zuzuordnen, sondern sind geprägt durch jeweilige Haupt- und Nebenanliegen. Und so trägt auch die vorliegende Studie durch den jeweiligen Fokus ihrer verschiedenen Abschnitte einen hybriden Charakter hinsichtlich der von Stanley ausgemachten Kategorien.

§ II *Methodologische Reflexionen und historische Präsumtionen*

3. Methodologische Reflexionen – Analyseperspektiven zur Untersuchung des paulinischen Schriftgebrauchs

In seiner Untersuchung aus dem Jahr 1992 wies Christopher D. Stanley bereits darauf hin, dass insbesondere die *methodologischen* Rückfragen und Bedingungen von entscheidender Bedeutung sind und hohe Aufmerksamkeit verlangen, um den Schriftgebrauch des Paulus sachgerecht zu erforschen: „Perhaps the most pressing need is for a careful examination of the thorny methodological problems that confront any attempt to analyze the way Paul handled the wording of his biblical quotations.“[1] Dieser Forderung wurde in der Forschung der folgenden Jahre allerdings nicht immer in gebührendem Umfang nachgegangen. Der Forschungsüberblick (vgl. Kap. 2) hat aufgezeigt, dass zahlreiche Beiträge und Studien zur Schriftverwendung im Neuen Testament im Allgemeinen und zu den Paulusbriefen im Speziellen eine transparente Methodologie vermissen lassen oder methodologischen Klärungen zu wenig Platz einräumen. Stanley selbst urteilt daher zwanzig Jahre nach seinem oben erwähnten Diktum hinsichtlich des Fehlens methodologischer Reflexionen in vielen Studien: „Because of these and other fundamental differences over questions of method, dialogue among scholars working in this area has become increasingly difficult. Instead of examining the relative strengths and weaknesses of various modes of analysis, scholars more often simply talk past one another. Papers are presented and books and articles written with little or no effort to justify the methods and presumptions that are used.“[2] Den methodologischen Fragestellungen einer Analyse der paulinischen Schriftbezüge kommt aus diesen Gründen besonderes Gewicht zu. Die

---

1 CHRISTOPHER D. STANLEY, Paul and the Language of Scripture. Citation Technique in the Pauline Epistles and Contemporary Literature (SNTSMS 74), Cambridge 1992, 28f.

2 CHRISTOPHER D. STANLEY, Introduction, in: Ders. (Hg.), Paul and Scripture. Extending the Conversation, Atlanta 2012, 2. Ein ähnliches Urteil fällt MATTHEW S. HARMON, She Must and Shall Go Free. Paul's Isaianic Gospel in Galatians (BZNW 168), Berlin, New York 2010, 26f. Erst in den letzten Jahren sind Fragen methodologischer Provenienz und ein Bemühen um methodologische Klärungen wieder vermehrt in den Fokus der Erforschung des paulinischen Schriftgebrauchs gerückt. Vgl. hierzu insbesondere die Sammelbände STANLEY E. PORTER (Hg.), As it is Written. Studying Paul's Use of Scripture (SBLSymS 50), Atlanta Ga.

Vorbedingungen und das analytische Vorgehen einer Untersuchung zum paulinischen Schriftgebrauch sollten möglichst reflektiert, nachvollziehbar und transparent sein. Diese Beobachtung soll im Folgenden ernst genommen und bestmöglich umgesetzt werden.

Bevor im folgenden Kapitel (vgl. Kap 4) die wichtigsten religionsgeschichtlichen, soziokulturellen und biographischen Vorbedingungen des paulinischen Schriftgebrauchs in ihren Grundzügen skizziert und diskutiert werden, blickt das vorliegende Kapitel auf die von Stanley so bezeichneten „thorny methodological problems" der Erforschung des paulinischen Schriftgebrauchs.[3] Das Anliegen des Kapitels besteht darin, einen detaillierten Blick auf die methodologischen Aspekte und Grundfragen einer Analyse der Formen und Verfahren des paulinischen Schriftgebrauchs zu werfen. Zum einen soll hierdurch eine möglichst weitgehende *methodologische Transparenz* der vorliegenden Studie gewährleisten werden. Zum anderen soll in dem vorliegenden Kapitel ein möglichst multiperspektivisches Vorgehen entwickelt und erläutert werden, das die „relative strengths and weaknesses of various modes of analysis" des paulinischen Schriftgebrauchs prüft,[4] auswertet und so den Rahmen und die Grundlage für die Analyse der paulinischen Schriftrezeption im weiteren Verlauf der Arbeit festlegt (vgl. Kap. 5 u. Kap. 6). Sowohl bestehende exegetische Ansätze zur Analyse von Schriftbezügen sollen dabei berücksichtigt werden als auch literaturwissenschaftliche Zugänge der Intertextualitäts- und Rezeptionsforschung produktiv in die Diskussion integriert werden.

Ein erster Schritt wird deshalb darin bestehen, das Anliegen der vorliegenden Studie in den Intertextualitätsdiskurs einzubinden (3.1): Grundlegende literaturwissenschaftliche intertextuelle Theorien werden zunächst exemplarisch und in Grundzügen erläutert (3.1.1), bevor die exegetische Rezeption intertex-

---

2008; Christopher D. Stanley (Hg.), Paul and Scripture. Extending the Conversation, Atlanta 2012; Florian Wilk/Markus Öhler (Hg.), Paulinische Schriftrezeption. Grundlagen – Ausprägungen – Wirkungen – Wertungen (FRLANT 268), Göttingen, Bristol, CT, U.S.A. 2017, sowie aus dem übergeordneten Forschungsbereich der Study of the OT in the NT die Arbeit von Gregory K. Beale, Handbook on the New Testament Use of the Old Testament. Exegesis and Interpretation, Grand Rapids, MI 2013, und den Tagungsband zur Annual Hawarden Conference 2018 von David M. Allen/Steve Smith (Hg.), Methodology in the Use of the Old Testament in the New. Context and Criteria (LNTS 579) 2019. Vorangegangene methodologische Reflexionen siehe u. a. bei Craig A. Evans, The Function of the Old Testament in the New, in: Scot McKnight (Hg.), Introducing New Testament Interpretation (GNTE 1), Grand Rapids, MI 1989; Klyne Snodgrass, The Use of the Old Testament in the New, in: David A. Black/David S. Dockery (Hg.), Interpreting the New Testament. Essays on Methods and Issues, Nashville, TN 2001.

3 Vgl. Stanley, Paul and the Language of Scripture, 28f.

4 Stanley, Introduction, 2.

tueller Ansätze betrachtet (3.1.2) und die vorliegende Studie im Feld intertextueller Zugänge verortet wird (3.1.3).[5] Anschließend wird eine Auswahl von *Analyseperspektiven* (3.2) diskutiert, aus denen heraus im weiteren Verlauf der Arbeit die paulinischen Schriftbezüge betrachtet und untersucht werden. Ein erster Blick gilt dabei der *Zitationspraxis* des Paulus, d. h. Fragen nach der *Identifikation und Markierung* (3.2.1) von intertextuellen Referenzen, der Kategorisierung von *Referenztypen* (3.2.2) paulinischer Schriftbezüge sowie der Rückfrage nach den jeweiligen *Vorlagen* (3.2.3) der paulinischen Schriftzitate. Darüber hinaus wird der *Kontext* (3.2.4) der rezipierten Referenztexte in den Blick genommen, die *intratextuelle Relationierung* (3.2.5) und schließlich die *Funktionen* (3.2.6) der paulinischen Schriftbezüge betrachtet. In einem *Exkurs* wird kurz auf die *Bedeutung der Rezipierenden* eingegangen, bevor abschließend noch einmal die Kernpunkte der methodologischen Reflexion zusammengefasst dargestellt werden (3.3).

Die ausgewählten Analyseperspektiven sollen in ihrer Anwendung auf die paulinischen Texte ein möglichst umfassendes Bild seines Schriftgebrauchs entwerfen. Da sich die paulinische Schriftrezeption einerseits in den unterschiedlichen Briefen in vielfältigen Formen äußert „und andererseits ein Brief als Mittel der Kommunikation von unterschiedlichen Gesichtspunkten aus betrachtet werden kann und muss, bedarf es diverser, einander ergänzender Verfahren der Analyse und Evaluation brieflicher Schriftbezüge."[6] Multiperspektivität ist daher ein maßgebliches Element in der Analyse der Methodik des paulinischen Schriftgebrauchs. „Paul's use of quotations is both complex and diverse, and his practice is best understood by analyzing them from different points of view."[7] Deshalb wird im Folgenden ein kompilatives Vorgehen gewählt, das durch die Fokussierung einer Mehrzahl von Blickwinkeln und die Bestimmung verschiedener Parameter ein möglichst differenziertes Bild des paulinischen Schriftgebrauchs zu vermitteln vermag. Insbesondere die Kombination aus exegetischen und literaturwissenschaftlichen Beschreibungsschemata und Analyseinstrumentarien soll neue Perspektiven eröffnen und einen methodologischen und heuristischen Mehrwert gegenüber bestehenden Zugängen zur Analyse der Formen und Verfahren der paulinischen Schriftrezeption leisten.

---

5 Ein ähnliches Vorgehen bietet die Arbeit von MICHAEL SCHNEIDER, Gottes Gegenwart in der Schrift. Intertextuelle Lektüren zur Geschichte Gottes in 1 Kor (NET 17), Tübingen/Basel 2011.

6 MARKUS ÖHLER/FLORIAN WILK, Einführung, in: Dies. (Hg.), Paulinische Schriftrezeption. Grundlagen – Ausprägungen – Wirkungen – Wertungen (FRLANT 268), Göttingen, Bristol, CT, U.S.A. 2017, 4.

7 STEVE MOYISE, Quotations, in: Stanley E. Porter (Hg.), As it is Written. Studying Paul's Use of Scripture (SBLSymS 50), Atlanta Ga. 2008, 28. Moyise fährt fort: „ However, this does not necessarily mean that in particular instances some approaches might not prove more illuminating than others. It is nonetheless important that we not rule some approaches ‚out of court' from the outset." MOYISE, Quotations, 28.

3.1 *Intertextualität – Reflexion eines texttheoretischen Paradigmas*

Seit der grundlegenden Arbeit von Richard Hays[8] ist der Begriff der *Intertextualität* fest in der Erforschung des paulinischen Schriftgebrauchs verankert. Von Hays ausgehend wurde er vielfach in der neutestamentlichen Wissenschaft rezipiert und auf weitere neutestamentliche (nicht-paulinische) Texte angewandt. Zunehmend hat sich der Ausdruck *Intertextualität* zu einem in den Bibelwissenschaften geläufigen Terminus entwickelt, um das (methodische) Vorgehen zu beschreiben, wenn der Umgang des Neuen Testaments mit Texten des Alten Testaments untersucht wird – oder auch wenn inner-alttestamentliche bzw. inner-neutestamentliche Bezüge unteruscht werden.[9] Der Begriff begegnet deshalb inzwischen in zahlreichen exegetischen Arbeiten.[10] Das texttheoretische Paradigma der Intertextualität soll deshalb im Folgenden näher betrachtet und auf seine Leistungsfähigkeit hinsichtlich der Untersuchung und der Analyse der Methodik des paulinischen Schriftgebrauchs befragt und ausgewertet werden.[11]

3.1.1 Intertextualitätstheorien in den Literaturwissenschaften

Zu Beginn ist ausdrücklich festzuhalten, dass es sich *in senso proprio* bei *Intertextualität* nicht um eine Methode handelt, sondern um eine Theorie bzw. eine Gruppe von Theorien, die sich unter diesem Theorem versammeln.[12] Ganz grundlegend bezeichnet der Terminus Intertextualität zunächst das Phänomen

---

8 RICHARD B. HAYS, Echoes of Scripture in the Letters of Paul, New Haven 1989.

9 Zur Frage der Intertextualität im Alten Testament vgl. u. a. KIRSTEN NIELSEN, Intertextuality and Hebrew Bible, in: Andre Lemaire/Magne Saebø (Hg.), Congress Volume 1998 (VT.S 80), Leiden, Boston 2000.

10 Vgl. MARKUS TIWALD, Hebräer von Hebräern. Paulus auf dem Hintergrund frühjüdischer Argumentation und biblischer Interpretation (HBS 52), Freiburg im Breisgau 2008, 88. Siehe zum Thema auch DAVID M. CARR, The Many Uses of Intertextuality in Biblical Studies. Actual and Potential, in: Martti Nissinen (Hg.), Congress Volume Helsinki 2010 (VT.S 148), Leiden, Boston 2012.

11 Die Bezugnahme auf den Intertextualitätsdiskurs ergibt sich einerseits *eo ipso* aus dem Forschungsdiskurs selbst. Andererseits ist sie ähnlich wie bei SCHNEIDER, Gottes Gegenwart in der Schrift, 43, durch die Überzeugung bestimmt, „dass eine ausführliche Diskussion des Paradigmas Intertextualität hermeneutische Impulse, aber auch konkrete Perspektiven für die exegetische Arbeit bieten kann."

12 Vgl. STEVE MOYISE, Intertextualität und historische Zugänge zum Schriftgebrauch im Neuen Testament, in: Stefan Alkier/Richard B. Hays (Hg.), Die Bibel im Dialog der Schriften. Konzepte intertextueller Bibellektüre (NET 10), Tübingen 2005, 23.

der Beziehung zwischen Texten untereinander und aufeinander.[13] Das Phänomen der Intertextualität ist demzufolge kein modernes, sondern „seit es Textproduktion gibt, setzen sich literarische Texte mit bereits vorhandenen Texten auseinander."[14] Und auch die Erforschung von Textbeziehungen ist kein modernes Phänomen. Denn Rückfragen nach „Relationen zwischen Texten werden nicht erst seit der Geburt des Terminus Intertextualität gestellt, noch werden sie erst seither beantwortet."[15] In Disziplinen und Forschungsrichtungen wie der Einfluss- und Rezeptionsforschung, der Themen- und Motivforschung, der Forschung zum Zitat, zur Parodie, zum Plagiat o. ä. befassen sich die Literaturwissenschaften schon lange und intensiv mit intertextuellen Zusammenhängen.[16] Maßgeblich geprägt und wirkungsgeschichtlich bedeutsam wurde der Terminus und das Paradigma der Intertextualität erst in den späten 1960er Jahren durch die poststrukturalistische Literaturwissenschaftlerin, Psychoanalytikerin und Philosophin Julia Kristeva.

3.1.1.1 Universale Intertextualität

Ihren Ursprung nimmt die moderne Intertextualitätstheorie in Kristevas Rezeption von Michail Bachtins Modell der *Dialogizität*.[17] Kristeva versteht Intertextualität im Anschluss an Bachtin grundsätzlich als „Überlagerung von Text-

---

13 „Was Referenzen von außertextuellen Realitäten – materielle wie immaterielle – prinzipiell mit einschließt. Allerdings wird die Frage, um welche Textbeziehungen es näherhin geht und nach welchen Kriterien sie untersucht werden sollen, sehr unterschiedlich beantwortet." DIETER SÄNGER, Intertextualität. II. Neutestamentlich, in: Oda Wischmeyer (Hg.), Lexikon der Bibelhermeneutik. Begriffe – Methoden – Theorien – Konzepte, Berlin 2013, 301.

14 STEPHANIE WALDOW, Intertextualität. VII. Literaturwissenschaftlich, in: Oda Wischmeyer (Hg.), Lexikon der Bibelhermeneutik. Begriffe – Methoden – Theorien – Konzepte, Berlin 2013. Ähnlich ANABEL TERNÈS, Theorien von Intertextualität, in: Dies. (Hg.), Intertextualität, Wiesbaden 2016, 14: „Genauso wenig, wie Intertextualitätskonzepte völlig neue Methoden zur Erfassung von Beziehungen zwischen Texten entwickeln, so wenig rekurrieren sie dabei auf ein bisher unbekanntes Phänomen." Siehe auch MANFRED PFISTER, Konzepte der Intertextualität, in: Ulrich Broich/Manfred Pfister (Hg.), Intertextualität. Formen, Funktionen, anglistische Fallstudien (Konzepte der Sprach- und Literaturwissenschaft 35), Tübingen 1985, 1: „Der Terminus ‚Intertextualität' ist jünger als die verschiedenen traditionellen Begriffe für den Bezug von Texten auf Texte, die er neu und pointiert zusammenfassend beschreibt, und wesentlich jünger als die Sache selbst."

15 TERNÈS, Theorien von Intertextualität, 11.

16 Vgl. ebd.

17 Vgl. JULIA KRISTEVA, Bakhtine, le mot, le dialogue et le roman, in: Critique 23 (1967); Dt.: JULIA KRISTEVA, Bachtin, das Wort, der Dialog und der Roman, in: Jens Ihwe (Hg.), Literaturwissenschaft und Linguistik. Ergebnisse und Perspektiven, Band 3: Zur linguistischen Basis der Literaturwissenschaft, Frankfurt am Main 1972. Bachtin entwickelt seine Theorie der Dialogizität im Anschluss an seine Untersuchungen der Werke von Fyodor M. Dostojewski und Francois Rabelais. Vgl. PFISTER, Konzepte der Intertextualität, 1. Zu

Ebenen, als Dialog verschiedener Schreibweisen."[18] Nach ihr rezipiert, absorbiert und transformiert jeder Text andere Texte und bewirkt somit einen intertextuellen Dialog.[19] Hervorgehobene Bedeutung besitzt für diese Dialogizität von Texten nach Bachtins Theorie das Subjekt, d. h. die Autorinnen und Autoren resp. Sprecherinnen und Sprecher eines Textes. Kristeva hingegen führt das Dialogizitäts-Modell Bachtins nun insbesondere dahingehend weiter, dass nach ihr jeder Text bereits *per se* ein Intertext ist, ein Mosaik von Zitaten, ein „Durchgangspunkt, ein semantischer Schnittpunkt einer Vielzahl von Texten."[20] Jeder Text ist nach Kristeva – verstanden als System von Zeichen[21] – bis in all seine Einzelelemente hinein bereits intertextuell konstituiert. Dies bedarf in Kontrast zum Konzept Bachtins keiner Intersubjektivität.[22] „Jeder Gegenstand, auf den

---

Bachtin siehe einführend SYLVIA SASSE, Michail Bachtin zur Einführung, Hamburg 2010. Sammlungen seiner ins Deutsche übertragenen Werke finden sich bei MICHAIL BACHTIN, Literatur und Karneval. Zur Romantheorie und Lachkultur, hg. von Alexander Kaempfe, München 1969, und MICHAIL BACHTIN, Die Ästhetik des Wortes, hg. von Rainer Georg Grübel, Frankfurt am Main 1979.

18 KRISTEVA, Bachtin, das Wort, der Dialog und der Roman, 346. Bereits an diesem Punkt geht Kristeva über Bachtin hinaus, der sein Konzept der Dialogizität primär hinsichtlich der Polyphonie innerhalb eines einzelnen Textes verstanden wissen will. Bachtins Ansatz ist somit viemehr *intra*textuell als *inter*textuell. Vgl. PFISTER, Konzepte der Intertextualität, 4f.

19 Vgl. KRISTEVA, Bachtin, das Wort, der Dialog und der Roman, 348. Vgl. zudem WALDOW, Intertextualität, 305, sowie TERNÈS, Theorien von Intertextualität, 14.

20 SUSANNE GILLMAYR-BUCHER, Art. Intertextualität, in: https://www.bibelwissenschaft.de/stichwort/21850/ (20.11.2019).

21 Zur Transformation und Generalisierung des Textbegriffs bei Kristeva siehe ausführlich PFISTER, Konzepte der Intertextualität 6f. „Es gibt für Kristeva keine extratextuellen Bezüge, also keine Bezüge zwischen Text und textexterner Welt. Was wir üblicherweise die Bedeutung eines Textes oder auch seine referentiellen Beziehungen nennen, ist bei Kristeva selbst ein textuelles Phänomen. Der erweiterte Textbegriff Kristevas besagt, dass Texte Symbolstrukturen sind; Symbolstrukturen aber verweisen nicht etwa auf wirkliche Dinge, sondern auf andere Symbole und Symbolstrukturen. In der Konsequenz ist es unmöglich, Texte zu individuieren; kein Text ist verständlich ohne das Universum der Texte, das man Kultur nennt." HENNING TEGTMEYER, Der Begriff Intertextualität und seine Fassungen. Eine Kritik der Intertextualitätskonzepte Julia Kristevas und Susanne Holthuis, in: Josef Klein/Ulla Fix (Hg.), Textbeziehungen. Linguistische und literaturwissenschaftliche Beiträge zur Intertextualität, Tübingen 1997, 52f.

22 Vgl. KRISTEVA, Bachtin, das Wort, der Dialog und der Roman, 348. Vgl. PFISTER, Konzepte der Intertextualität, 8f.;SCHNEIDER, Gottes Gegenwart in der Schrift, 49f.; WALDOW, Intertextualität, 305. Mit der Verabschiedung der Autorenzentriertheit überschneidet sich die Intertextualitätskonzeption Kristevas u. a. mit zentralen Überlegungen des poststrukturalistischen Dekonstruktivismus und der Rezeptionsästhetik. Vgl. dazu STEFAN ALKIER, Intertextualität, in: Kurt Erlemann (Hg.), Neues Testament und antike Kultur, Neukirchen-Vluyn ^{2}2004, 61. Programmatisch wird dieser Zusammenhang bei dem Poststrukturalisten, Semiotiker und Lehrer von Kristeva Roland Barthes und seinem wirkungsgeschichtlich bedeutsamen, 1968 erstmals veröffentlichten und in viele Sprachen übersetzten Essay *La mort de l'auteur* (ROLAND BARTHES, Der Tod des Autors, in: Fotis Jannidis (Hg.), Texte zur Theorie der Autorschaft (RUB 18058), Stuttgart 2009). „Intertextualität ist somit für

sich ein Text beziehen kann, ist immer schon ein besprochener oder beschriebener, und jedes seiner Strukturelemente, von den Wörtern über die Syntax bis hin zu bestimmten Textsortenmustern und allgemeinen Texteigenschaften, gehört ihm nicht allein, sondern er teilt sie mit anderen, in mancher Hinsicht mit allen anderen Texten."[23] Diese Konzeption von Intertextualität geht davon aus, dass „es in der Kommunikation keine *tabula rasa* gibt, daß der Raum, in den ein einzelner Text sich einschreibt, immer bereits beschrieben ist. Jeder Text ist Reaktion auf vorausgegangene Texte, und diese wiederum sind Reaktionen auf andere und so fort in einem *regressus ad infinitum*."[24] Auf diese Weise wird der klassische Blick auf die *intentio auctoris* eines Textes verabschiedet und das Augenmerk gilt vielmehr seiner Prozessualität, seiner intertextuell variablen Intention und seiner Sinndynamisierung.[25] „Jedem Schreiben ist nach dieser Vorstellung ein produktives Lesen vorausgegangen, jedes Lesen ist ein produktives (Neu) Schreiben des Textes."[26] Die Bedeutung eines Textes ist somit dynamisch, permanent in Bewegung und nie endgültig festzuhalten.[27]

Kristeva und Barthes ein anonymer und nicht-personaler Prozeß von Überlagerung, Überschneidung, Zusammenstößen, Aufeinandertreffen von Texten, nicht von Menschen als Autoren bzw. Autorinnen oder Lesern bzw. Leserinnen. Die Entgrenzung des Textbegriffs, die Anonymisierung der textuell Handelnden, des schreibenden und lesenden Subjekts, die Vorstellung der Transposition von einem Zeichensystem in ein anderes bilden den theoretischen Ausgangspunkt des Konzeptes Intertextualität, gleichzeitig sind diese Überlegungen Teil einer allgemeinen poststrukturalistischen Kritik an den konventionellen Themen des westlichen Humanismus und Existentialismus." SUSANNE GILLMAYR-BUCHER, Intertextualität, in: PZB 8 (1999), 10.

23 PFISTER, Konzepte der Intertextualität, 12. Jeder Text steht nach dieser Theorie in Bezug mit einem universalen und uneinholbarem Intertext. Die poststrukturalistische Intertextualitätstheorie spricht diesbezüglich von dem sog. *texte général.*

24 A. a. O., 11f.

25 Rückfragen nach dem Wissen der Autorinnen und Autoren, ihrer Intention, sowie der *intentio operis* „und nach den Informationsvorgaben beim Rezipienten und der Rezeptionssteuerung durch den Text selbst, [...] bleiben angesichts der Dezentrierung der Subjekte und der Entgrenzung der Texte belanglos." A. a. O., 22. „Die Stelle des/der Autors/in wird zugunsten eines Projektionsraumes im intertextuellen Spiel aufgegeben." GILLMAYR-BUCHER, Art. Intertextualität.

26 TERNÈS, Theorien von Intertextualität, 14. Ähnlich SCHNEIDER, Gottes Gegenwart in der Schrift, 50: „Der Verfasser eines Textes wird zuallererst gedacht als ein Leser des allgemeinen kulturellen Textes; die Vorstellung eines Autors als eines historisch zu verortenden personalen Subjekts wird zugunsten eines Modells aufgegeben, das den Autor zugleich als Leser und den Leser gleichsam als Autor begreift. Beide jedoch verlieren sich im intertextuellen Spiel innerhalb des Textes, so dass letztlich alle Vorstellung von Produktivität bzw. Kreativität auf den Text übertragen wird." Und er fährt a. a. O. konkludierend fort: „Schon diese kurzen Ausführungen lassen erkennen, dass sich Kristevas Begriffsbildung zwar als Ausgangspunkt einer ausufernden Debatte zum Stichwort Intertextualität beschreiben lässt, ihr Ansatz sich aber einer Anwendung in der konkreten Textanalyse wie einer wissenschaftlichen Methodisierbarkeit überhaupt entzieht – ja entziehen soll."

27 „Einige Kritiker glauben, dass dieses impliziere, dass Bedeutung endlos aufgeschoben werde und man daher nie etwas über einen einzelnen Text sagen könne. Das folgt jedoch

3.1.1.2 *Begrenzte Intertextualität*

Die oben beschriebene poststrukturalistische Intertextualitätstheorie im Anschluss an Kristeva wird als *universale, globale, ontologische* oder *unbegrenzte* bzw. *entgrenzende* Intertextualität bezeichnet.[28] Ihr gegenüber steht die als *spezifische, begrenzte* bzw. *eingrenzende, materielle, hermeneutische* oder *deskriptive* bezeichnete Intertextualität.[29] Während Intertextualität in der ersteren Form „in einem umfassenden ontologischen Sinn zur qualitativen Bezugnahme auf sämtliche Arten von bedeutungstragenden Äußerungen verwendet" wird,[30] versteht sich die begrenzte Intertextualität als „Oberbegriff für jene Verfahren eines mehr oder weniger bewußten und im Text selbst auch in irgendeiner Weise konkret greifbaren Bezugs auf einzelne Prätexte, Gruppen von Prätexten oder diesen zugrundeliegenden Codes und Sinnsystemen."[31] Diese *anwendungsorientierte* Kon-

---

nicht daraus. Wenn man alle die Produktion einer musikalischen Symphonie beeinflussenden Faktoren nachzeichnen würde, wäre es klar, dass zwei Aufführungen nie gleich sind. Trotzdem meint das nicht, dass Beethovens fünfte Symphonie mit seiner sechsten Symphonie jemals verwechselt werden kann." MOYISE, Intertextualität und historische Zugänge zum Schriftgebrauch im Neuen Testament, 23.

28 Neben den oben erwähnten Theorien von Kristeva und Barthes kann Harold Blooms Konzeption des *Misreading* als ein weiterer, populärer Entwurf einer poststrukturalistischen Intertextualitätstheorie gewertet werden, wenngleich bei ihm bereits eine vermittelnde Position hin zu traditionellen und stärker produktionsorientierten Zugängen sichtbar wird. Vgl. u. a. HAROLD BLOOM, The Anxiety of Influence. A Theory of Poetry, New York NY 1973, sowie HAROLD BLOOM, A Map of Misreading, New York NY 1975.

29 „Intertextualitätsforschung divergiert in der Folgezeit daher in zwei Richtungen: Während das eine Lager – im Gefolge Kristevas – am Postulat des sich selbst reproduzierenden ‚offenen Textes' festhält, versucht das andere Lager – eher dem Strukturalismus denn dem Poststrukturalismus verpflichtet – Intertextualität nicht als allgemeine, sondern als spezifische Eigenschaft von Texten festzulegen und im Text als spezifische Strategie zu verorten." SUSANNE HOLTHUIS, Intertextualität. Aspekte einer rezeptionsorientierten Konzeption (Stauffenburg Colloquium 28), Tübingen 1993, 16.

30 RICHARD ACZEL, Intertextualität und Intertextualitätstheorien, in: Ansgar Nünning (Hg.), Metzler Lexikon Literatur- und Kulturtheorie. Ansätze – Personen – Grundbegriffe, Stuttgart, Weimar [5]2013, 349.

31 PFISTER, Konzepte der Intertextualität, 15. RENATE LACHMANN, Ebenen des Intertextualitätsbegriffs, in: Karlheinz Stierle/Rainer Warning (Hg.), Das Gespräch (PuH 11), München 1984, 134, spricht diesbezüglich von der textanalytischen/textdeskriptiven Ebene von Intertextualität in Abgrenzung zur texttheoretischen und zur literatur- bzw. kulturkritischen Ebene. Vgl. zu diesen drei Kategorien Lachmanns SCHNEIDER, Gottes Gegenwart in der Schrift, 53f. „Die Kategorisierung Renate Lachmanns erlaubt es, verschiedene Arbeiten zur Intertextualität einzuordnen und in ein angemessenes Verhältnis zu setzen; andererseits wird auch eine Konzentration auf einen Aspekt (z.B. auf den textanalytischen) von Intertextualität möglich. Sie nötigt aber auch dazu, die Aspekthaftigkeit der eigenen Arbeit zu bedenken: Intertextualität erstreckt sich immer auf die genannten *drei* Ebenen, Konzentration auf eine Dimension ist zwar in der Praxis notwendig bzw. methodisch

zeption von Intertextualität widmet sich der Analyse von Texten aus einer Perspektive, die in den Literaturwissenschaften allgemein der Einfluss- und Rezeptionsforschung zuzuordnen ist und das Phänomen von Text-Text- oder Text-Textsorten-Beziehungen klassisch unter Begriffen wie Zitat, Anspielung, Parodie, Plagiat, Imitation, Travestie oder Adaption untersucht hat „und wie sie nun innerhalb des neuen systematischen Rahmens prägnanter und stringenter definiert und kategorisiert werden sollen."[32] Im Folgenden sollen zwei dieser anwendungsorientierten Konzeptionen (Genette, Broich/Pfister) exemplarisch und in Grundzügen skizziert sowie auf wichtige weitere Entwürfe verwiesen werden.

Ein populäres und vielfach rezipiertes Modell begrenzter Intertextualität entwickelte Gérard Genette.[33] Genette verabschiedet zunächst den Begriff *Intertextualität* aufgrund seiner vermeintlichen Unschärfe als Oberbegriff und ersetzt diesen durch den Terminus der *Transtextualität.* Transtextualität lässt sich nach Genette in fünf Kategorien untergliedern.[34] 1. *Intertextualität*[35]; 2. *Paratextualität*[36]; 3. *Metatextualität*[37]; 4. *Hypertextualität*[38]; 5. *Architextualität*[39]. Anhand der Kategorisierung transtextueller Bezüge, die Genette vornimmt, wird deutlich, dass „die von ihm Transtextualität benannte Intertextualität auf Bezüge zwischen literarischen Texten beschränkt bleibt."[40] Eine universale Konzeption von Bezügen, wie sie Kristeva und weitere Mitglieder der *Tel Quel*-Gruppe mit ihrer poststrukturalistischen Intertextualitätstheorie vertreten, wird verabschiedet und in ein

geboten, bleibt aber *per definitionem* aspekthaft und unabgeschlossen." SCHNEIDER, Gottes Gegenwart in der Schrift, 54.

32 PFISTER, Konzepte der Intertextualität, 15. Die grundlegende Kritik der Vertreter einer begrenzten Intertextualität an Konzeptionen einer universalen Intertextualität findet sich pointiert bei ULRICH BROICH, Bezugsfelder der Intertextualität. Zur Einzeltextreferenz, in: Ulrich Broich/Manfred Pfister (Hg.), Intertextualität. Formen, Funktionen, anglistische Fallstudien (Konzepte der Sprach- und Literaturwissenschaft 35), Tübingen 1985, 48: „Wenn man den Begriff der Intertextualität in einem so weiten Sinn verwendet, daß jeder Text in all seinen Elementen intertextuell ist, verliert der Begriff seine Trennschärfe und damit seine wissenschaftliche Brauchbarkeit zumindest für die Analyse einzelner Texte."

33 Vgl. GÉRARD GENETTE, Palimpsestes. La littérature au second degré (Collection "Poétique", Paris 1982 Dt. GÉRARD GENETTE, Palimpseste. Die Literatur auf zweiter Stufe, Frankfurt am Main 1993.

34 Vgl. zu den fünf Kategorien kompakt PFISTER, Konzepte der Intertextualität, 16f.

35 Als *Intertextualität* versteht Genette ausschließlich die explizit nachweisbare Präsenz eines Textes in einem anderen. Dies sind für ihn insbesondere das Zitat, die Anspielung und das Plagiat.

36 *Paratextualität* bezeichnet die Beziehung eines Textes zu den ihn (materiell) unmittelbar umgebenden Texten (Titel, Vorwort, Nachwort, Überschrift, Fußnote, u. v. m.).

37 Unter *Metatextualität* ist nach Genette jede Form der Kommentierung eines Textes zu verstehen (z. B. Rezensionen).

38 Als *Hypertextualität* versteht Genette die Verbindung von Ausgangstext (*Hypotext*) und bezugnehmendem Text (*Hypertext*) im Sinne von Parodie, Pastiche, Travestie, Persiflage, Transposition oder Nachbildung.

39 In der *Architextualität* geht es um die Beziehungen von Textgattungen.

40 PFISTER, Konzepte der Intertextualität, 17.

textanalytisches Verfahren transformiert.[41] Wenngleich Genette mit seinem Modell eine Ausdifferenzierung von Intertextualität leistet, trägt er nur begrenzt zu einer Methodosierbarkeit ihrer Analyse bei.

Eine inhaltlich und terminologisch differenzierte Theorie deskriptiver Intertextualität stammt von Ulrich Broich und Manfred Pfister.[42] Ihr vorrangiges Interesse besteht in der Methodisierbarkeit von Intertextualität bzw. in der Entwicklung eines Verfahrens zur intertextuellen Textanalyse.[43] Sie unterscheiden hinsichtlich intertextueller Referenzen zunächst zwischen *Einzeltextreferenz*[44] und *Systemreferenz*.[45] Zudem differenzieren sie zwischen einer *horizontalen* Ebene von Intertextualität, welche die Beziehung von Autorinnen und Autoren und Rezipierenden im Blick hat und einer *vertikalen* Ebene von Intertextualität, die das Verhältnis von Text und Prätext fokussiert. Darüber hinaus bieten Broich und Pfister ein Modell der sechsfachen Skalierung von Intertextualität. Jedes der sechs Kriterien bestimmt dabei den Grad der Intensität eines intertextuellen Bezugs. In ein Bild übertragen stellt sich ihr Modell „als ein System konzentrischer Kreise oder Schalen dar, dessen Mittelpunkt die höchstmögliche Intensität und Verdichtung der Intertextualität markiert."[46] Ihre Kriterien der Skalierung sind: 1. *Referentialität*; 2. *Kommunikativität*; 3. *Autoreflexivität*; 4. *Strukturalität*; 5. *Selektivität*; 6. *Dialogizität*.

1. Das Kriterium der *Referentialität* bestimmt nach Broich und Pfister, „daß eine Beziehung zwischen Texten umso intensiver intertextuell ist, je mehr der

41 Charakteristisch ist für Genette darüber hinaus, dass der Begriff der Transtextualität für ihn „sowohl die Bezüge eines Textes auf individuelle Prätexte als auch die auf übergreifende Systeme, auf Texten zugrundeliegende Muster und Codes" impliziert. A. a. O., 17. Der Blick auf Genette führt vor Augen, „wie stark sich die Geschichte der Intertextualitätsforschung in weiten Teilen als eine Forschung zu Klassifikationen, Terminologien, Taxonomien und Kategorisierungen beschreiben lässt. [...] Sein Entwurf beschreibt so im Vergleich zu Lachmann einen engeren Ausschnitt des Themas, kann aber als Beispiel für Ausdifferenzierung des Intertextualitätskonzeptes auf der Basis spezifischer Terminologien gelten." SCHNEIDER, Gottes Gegenwart in der Schrift, 54f.

42 Umfassend dargestellt in ULRICH BROICH/MANFRED PFISTER (Hg.), Intertextualität. Formen, Funktionen, anglistische Fallstudien (Konzepte der Sprach- und Literaturwissenschaft 35), Tübingen 1985.

43 Vgl. SCHNEIDER, Gottes Gegenwart in der Schrift, 74.

44 Vgl. BROICH, Bezugsfelder der Intertextualität.

45 Vgl. MANFRED PFISTER, Bezugsfelder der Intertextualität. Zur Systemreferenz, in: Ulrich Broich/Manfred Pfister (Hg.), Intertextualität. Formen, Funktionen, anglistische Fallstudien (Konzepte der Sprach- und Literaturwissenschaft 35), Tübingen 1985. Diese Sichtweise ist unter Vertretenden einer begrenzten Intertextualität durchaus umstritten. Broich selbst plädiert daher dafür, in der Untersuchung der Intertextualität eines Textes „Einzeltext- und Systemreferenz zwar als grundsätzlich voneinander trennbare Phänomene anzusehen, trotzdem aber ihr Zusammenwirken bei der Konstitution des Textes deutlich zu machen." BROICH, Bezugsfelder der Intertextualität, 52. Um die Unterscheidung von Einzeltext- und Systemreferenz begrifflich zu erfassen, kann auch von *referentieller* und *typologischer* Intertextualität gesprochen werden.

46 PFISTER, Konzepte der Intertextualität, 25.

eine Text den anderen thematisiert, indem er seine Eigenart [...] ‚bloß-legt'."[47] Wird ein Zitat in einen Metatext eingebaut, so steigt die Intensität des intertextuellen Bezugs bspw. in dem Maße an, in dem das Zitat als solches gekennzeichnet, hervorgehoben oder sogar auf seinen Ursprungsort verwiesen wird.

2. Das Kriterium der *Kommunikativität* bestimmt den „Grad der Bewußtheit des intertextuellen Bezugs beim Autor wie beim Leser."[48] Der innerste Kern maximaler intertextueller Intensität läge hier in dem bewussten intertextuellen Bezug von Autorinnen und Autoren auf einen Prätext, bei dem davon ausgegangen wird, dass dieser den Leserinnen und Lesern vertraut ist und bei dem mittels einer bewussten Markierung im Text eindeutig darauf verwiesen wird.[49]
3. Das Kriterium der *Autoreflexivität* fragt nach dem Grad der Metakommunikation über die Intertextualität, die ein Text aufweist. Inwiefern folglich eine Autorin oder ein Autor selbst die Intertextualität des Metatextes resp. einzelner Referenzen „thematisiert, ihre Voraussetzungen und Leistungen rechtfertigt oder problematisiert."[50]
4. Die *Strukturalität* als Kriterium von Intertextualität bestimmt die Intensität intertextueller Verwobenheit hinsichtlich der syntagmatischen Integration eines Prätextes in einen Metatext. „Nach diesem Kriterium ergibt das bloß punktuelle und beiläufige Anzitieren von Prätexten einen nur geringen Intensitätsgrad der Intertextualität, während wir uns in dem Maße dem Zentrum maximaler Intensität nähern, in dem ein Prätext zur strukturellen Folie eines ganzen Textes wird."[51]
5. Mit dem Kriterium der *Selektivität* wird der Grad der Prägnanz intertextueller Bezüge beschrieben. Es geht dabei um die Frage, „wie pointiert ein bestimmtes Element aus einem Prätext als Bezugsfolie ausgewählt und hervorgehoben wird."[52] So ist die intertextuelle Prägnanz eines Zitats um ein Vielfaches intensiver als ein impliziter Bezug auf die Textgattung oder z. B. ein abstrakter Bezug auf die Textualität eines Textes.
6. Mit dem Kriterium der *Dialogizität* beziehen sich Broich und Pfister zurück auf Michael Bachtin. Nach diesem Kriterium ist der Bezug auf einen Prätext „von umso höherer intertextueller Intensität [...], je stärker der ursprüngliche und der neue Zusammenhang in semantischer und ideologischer Spannung zueinander stehen."[53] Während demnach beispielsweise die Überset-

47 A. a. O., 26.
48 A. a. O., 27.
49 Ebd.
50 Vgl. ebd.
51 A. a. O., 28.
52 Ebd.
53 A. a. O., 29.

zung eines Textes eine geringe Dialogizität aufweist, ist die bewusste Anknüpfung oder Distanzierung zum Prätext in einer Parodie oder Ironie von hoher Dialogizität geprägt.

Alle sechs Möglichkeiten der Skalierung sind als qualitative Kriterien zu verstehen und sollen als solche in das hier zu entwickelnde Instrumentarium aufgenommen werden.[54] Um die Intertextualität eines Textes oder eines gesamten Werkes adäquat zu bestimmen, müssen noch quantitative Kriterien hinzutreten – „zum einen die Dichte und Häufigkeit der intertextuellen Bezüge, zum anderen die Zahl und Streubreite der ins Spiel gebrachten Prätexte."[55] Auch diese Kriterien sollen in das analytische Vorgehen dieser Arbeit integriert werden.

Neben Genette und Broich/Pfister, deren exemplarische Darstellung hier ausreichen soll, haben sich weitere Vertreterinnen und Vertreter einer begrenzten Intertextualität intensiv mit textanalytischen Fragen wie der Identifikation, der Markierung, der Beschreibung und der Interpretation bzw. der Funktionalisierung intertextueller Bezüge auseinandergesetzt. Beispielhaft hierfür können die Arbeiten von Udo Hebel[56] und Jörg Helbig[57] genannt werden.[58] Über diese Modelle hinaus finden sich weitere Entwürfe begrenzter Intertextualität, z. B. rezeptionsorientierte Ansätze wie der von Susanne Holthuis[59] oder semiotische Ansätze wie die von Umberto Eco[60] oder Magdolna Orosz[61], auf die an dieser Stelle nur verwiesen sei.[62]

Anhand der Vielzahl der unterschiedlichen intertextuellen Ansätze zeigt sich, dass das gemeinsame Anliegen der begrenzten Intertextualitätstheorien darin besteht, die äußerst abstrakte und theorielastige Konzeption von Intertextualität, wie sie von Kristeva und weiteren in die literaturwissenschaftliche Diskussion eingebracht wurde, in operationalisierbare Verfahren zur Analyse und

---

54 Vgl. ausführlich a. a. O., 26–30.

55 A. a. O., 30.

56 Vgl. UDO J. HEBEL, Romaninterpretation als Textarchäologie. Untersuchungen zur Intertextualität am Beispiel von F. Scott Fitzgeralds This side of paradise (Mainzer Studien zur Amerikanistik 23), Frankfurt am Main, Bern, New York, Paris 1989.

57 Vgl. JÖRG HELBIG, Intertextualität und Markierung. Untersuchungen zur Systematik und Funktion der Signalisierung von Intertextualität (Beiträge zur neueren Literaturgeschichte Folge 3, 141, Heidelberg 1996.

58 Auf diese beiden Arbeiten wird im weiteren Verlauf der methodologischen Reflexion von Analyseperspektiven noch mehrfach Bezug genommen (vgl. 3.2).

59 Vgl. HOLTHUIS, Intertextualität.

60 Vgl. UMBERTO ECO, Lector in Fabula. Die Mitarbeit in der Interpretation in erzählenden Texten, München 1987.

61 Vgl. MADOLNA OROSZ, Intertextualität in der Textanalyse, Wien 1987.

62 Für eine kompakte Reflexion zu Holthuis, Eco und Orosz vgl. SCHNEIDER, Gottes Gegenwart in der Schrift, 56–74.80–82.

Interpretation von Text-Text- oder Text-Textgruppen-Beziehungen zu überführen.[63] Da in der vorliegenden Arbeit das Interesse der Analyse der Formen und

---

63 „Es ist dies das Konzept von Intertextualität, das den meisten der detaillierteren Studien zur Intertextualität zugrundeliegt – ja, man kann sagen, daß es in dem Maße dominant wird, in welchem sich der einzelne Theoretiker und Kritiker auf konkrete Textanalyse einläßt." PFISTER, Konzepte der Intertextualität, 15. „So bleiben die zwei Richtungen innerhalb der IT. nicht nur praktisch sondern auch theoretisch unvereinbar. Während die IT. in ihrer textanalytischen Anwendung die Bezüge zwischen einzelnen Texten ermittelt und analysiert, stellt sie in ihrer sprachontologischen Anwendung gerade die Grundlage einer solchen Auswahl in Frage." ACZEL, Intertextualität und Intertextualitätstheorien, 350. Aufgrund der zahlreichen Unternehmungen, die durch Kristeva in den literaturtheoretischen Diskurs eingebrachte universale Intertextualitätstheorie, in ein stärker textanalytisch orientiertes Verfahren zu überführen, hat sich Kristeva bereits 1974 in *La révolution du language poétique* wieder von dem Begriff „Intertextualität" verabschiedet und ihn durch die Bezeichnung „Transposition" ersetzt. Vgl. JULIA KRISTEVA, Die Revolution der poetischen Sprache (ES 949), Frankfurt 1978, hier 60. Titel der Originalausgabe: JULIA KRISTEVA, La révolution du language poétique, Paris 1974. *Zur Rezeption der Intertextualitätstheorien in den deutschsprachigen Literaturwissenschaften*: Da die grundlegenden Theorien zur Intertextualität vor allem in der russischen, französischen und anglo-amerikanischen Forschung entstanden sind, fand der deutschsprachige Diskurs zum Thema zunächst in der Slavistik, der Romanistik und der Anglistik statt. Den ersten deutschsprachigen Sammelband zum Thema veröffentlichte 1982 die Slavistin RENATE LACHMANN (Hg.), Dialogizität (Theorie und Geschichte der Literatur und der schönen Künste Reihe A, Hermeneutik, Semiotik, Rhetorik 1), München 1982. Ein Jahr später folgt ein weiterer aus der Slavistik stammender Sammelband von WOLF SCHMID/WOLF-DIETER STEMPEL (Hg.), Dialog der Texte. Hamburger Kolloquium zur Intertextualität, Wien 1983. Als wegweisend für die deutschsprachige Intertextualitätsforschung kann darüber hinaus der aus der Anglistik stammende Sammelband von BROICH/PFISTER, Intertextualität, gelten. Vgl. zur Forschungsgeschichte ausführlich ANABEL TERNÈS, Forschungsüberblick, in: Dies. (Hg.), Intertextualität, Wiesbaden 2016. Von diesen Entwürfen ausgehend wurde der Diskurs erst allmählich in der Germanistik und der Linguistik rezipiert. „Der germanistische Diskurs über das Thema Intertextualität setzt verspätet ein. Kaum eine der neueren Einführungen diskutiert die grundlegenden Konzepte. Dennoch erfreut sich das Intertextualitätskonzept als Theorie-Rahmen für germanistische Arbeiten zunehmender Beliebtheit: seit Anfang der 90er Jahre wurden nicht nur zahlreiche Dissertationen veröffentlicht, die versuchen, das Konzept der Intertextualität in die germanistische Praxis umzusetzen. Das bibliographische Fachorgan Germanistik verzeichnet auch seither einen enormen Anstieg der Einträge zum Stichwort Intertextualität. [...] Auffällig an den deutschen Beiträgen, seien sie nun slawistischer, anglistischer oder germanistischer Provenienz, ist ein restriktiver Zugang zum Thema Intertextualität." TERNÈS, Forschungsüberblick, 18. Anders als die französischen oder anglo-amerikanischen Beiträge, welche sich gegenüber den ideologiekritischen Denkanstößen der Intertextualitätstheorie vielfach offen zeigten, „haben in der deutschen Forschung poststrukturalistische Theorieangebote ihre Wirkung nur bedingt entfalten können." TERNÈS, Forschungsüberblick, 18. Vielmehr wurde versucht – die genannten Vertreterinnen und Vertreter einer begrenzten Intertextualität (Broich/Pfister, Hebel, Helbig, Holthuis) belegen dies – die Intertextualitätstheorie „in die hermeneutischen oder strukturalistischen Literaturtheorien zu integrieren und daraus eine vermeintlich präzisere Methode zur Beschreibung von Textbeziehungen zu deduzieren." TERNÈS, Forschungsüberblick, 18. Vgl. zur Forschungsgeschichte ähnlich ALKIER, Intertextualität, 61.

Verfahren der paulinischen Schriftrezeption gilt, können ebenjene Zugänge begrenzter Intertextualität wertvolle Impulse liefern und sollen im weiteren Verlauf in die Reflexion von Analyseperspektiven (vgl. 3.2) integriert werden. Dies betrifft insbesondere die Arbeiten von Broich/Pfister, Hebel und Helbig.

3.1.2 Intertextualitätstheorien in der Exegese

Nachdem die Intertextualitätsforschung zunächst auf die Literaturwissenschaften begrenzt blieb, wurden Intertextualitätstheorien mit der Zeit auch in den an die Literaturwissenschaften angrenzenden Wissenschaftsdisziplinen rezipiert und diskutiert.[64] Einzug in die Bibelwissenschaften erhielt der Begriff und das Konzept der Intertextualität Ende der 1980er und zu Beginn der 1990er Jahre. Einen Fixpunkt in der exegetischen Rezeption bietet hierbei die grundlegende Arbeit von Richard Hays[65] zum paulinischen Schriftgebrauch.[66] Hays fragt darin

---

64 Z. B. in der Altphilologie. Vgl. THOMAS SCHMITZ, Intertextualität. VI. Altphilologisch, in: Oda Wischmeyer (Hg.), Lexikon der Bibelhermeneutik. Begriffe – Methoden – Theorien – Konzepte, Berlin 2013, 304. „Methodisch anregend war hierbei weniger J. Kristevas ursprüngliches, eher sprachphilosophisch als genuin hermeneutisch orientiertes Intertextualitätskonzept als vielmehr dessen Weiterentwicklung bei G. Genette." SCHMITZ, Intertextualität, 305. Durch die Rezeption der Modelle von Genette und weiteren ist es in der Altphilologie heute *communis opinio*, dass „Phänomene intertextueller Beziehungen von antiken Autoren bewusst eingesetzt werden und vom intendierten Leser bewusst wahrgenommen werden sollten." SCHMITZ, Intertextualität, 304f.

65 HAYS, Echoes of Scripture in the Letters of Paul.

66 Etwa zeitgleich zu Hays erscheint ein international verantworteter Sammelband zur Intertextualität in der Exegese unter der Herausgabe von SIPKE DRAISMA (Hg.), Intertextuality in Biblical Writings. Essays in Honour of Bas van Iersel, Kampen 1989. Dieser beschränkt sich nicht ausschließlich auf die paulinischen Texte, sondern bietet neben theoretischen Reflektionen zu Intertextualitätstheorien in der Exegese (siehe u. a. WILLEM VORSTER, Intertextuality and Redaktionsgeschichte, in: Sipke Draisma (Hg.), Intertextuality in Biblical Writings. Essays in Honour of Bas van Iersel, Kampen 1989; JAMES VOELZ, Multiple Signs and Double Texts. Elements of Intertextuality, in: Sipke Draisma (Hg.), Intertextuality in Biblical Writings. Essays in Honour of Bas van Iersel, Kampen 1989; ELLEN von WOLDE, Trendy Intertextuality?, in: Sipke Draisma (Hg.), Intertextuality in Biblical Writings. Essays in Honour of Bas van Iersel, Kampen 1989) auch Einzelstudien zu sowohl alttestamentlichen als auch neutestamentlichen Texten (siehe u. a. WIM BEUKEN, Does Trito-Isaiah Reject the Temple? An Intertextual Inquiry into Isa. 66.1-6, in: Sipke Draisma (Hg.), Intertextuality in Biblical Writings. Essays in Honour of Bas van Iersel, Kampen 1989; SEÁN FREYNE, Reading Hebrews and Revelation Intertextually, in: Sipke Draisma (Hg.), Intertextuality in Biblical Writings. Essays in Honour of Bas van Iersel, Kampen 1989; BERNARD LATEGAN, Intertextuality and Social Transformation. Some Implications of the Family Concept in New Testament Texts, in: Sipke Draisma (Hg.), Intertextuality in Biblical Writings. Essays in Honour of Bas van Iersel, Kampen 1989; SJEF VAN TILBORG, Matthew 27.3–10: An Intertextual Reading, in: Sipke Draisma (Hg.), Intertextuality in Biblical Writings. Essays in Honour of Bas van Iersel, Kampen 1989; WIM WEREN, Psalm 2 in Luke-Acts: An Intertextual Study, in: Sipke Draisma (Hg.), Intertextuality in Biblical Writings. Essays in Honour of Bas van Iersel, Kampen 1989).

insbesondere nach den von ihm im Gefolge John Hollanders[67] so bezeichneten *Echos*, impliziten Schriftbezügen, die nach Hays eine Form der Allusion bzw. Anspielung darstellen. Seit der Veröffentlichung von Hays' Studie „intertextuality has been one of the dominant *modi operandi* in the study of Paul's use of Scripture."[68] Ähnlich wie eine Vielzahl der Ansätze einer begrenzten Intertextualitätstheorie (s. o.) entwickelte auch Hays Kriterien zur Analyse intertextueller Bezüge bzw. in seinem Fall in erster Linie für die Identifikation von Echos bei Paulus.[69] Hierbei versuchte Hays eine Synthese aus literaturwissenschaftlichen und historisch-kritischen Perspektiven herzustellen. Hays stellt folgende sieben Kriterien auf:[70] 1. Availability[71], 2. Volume[72], 3. Recurrence[73], 4. Thematic Coherence[74], 5. Historical Plausibility[75], 6. History of Interpretation[76], 7. Satisfac-

---

67 Hays schließt in seiner Arbeit insbesondere an die Ausführungen John Hollanders zu Allusionen im Werk von John Milton an. Siehe JOHN HOLLANDER, The Figure of Echo. A Mode of Allusion in Milton and after, Berkeley 1981.

68 DAVID LINCICUM, Intertextuality, Effective History, and Memory. Conceptualizing Paul's Use of Scripture, in: Florian Wilk/Markus Öhler (Hg.), Paulinische Schriftrezeption. Grundlagen – Ausprägungen – Wirkungen – Wertungen (FRLANT 268), Göttingen, Bristol, CT, U.S.A. 2017, 13.

69 Dass er sich bewusst von dem Konzept einer universalen Intertextualität abwendet, macht Hays bereits zu Beginn seiner Studie deutlich: „Without denying the value or intrinsic interest of such investigations (sc. of Julia Kristeva and Roland Barthes), I propose instead to discuss the phenomenon of intertextuality in Paul's letters in a more limited sense, focusing on his actual citations of and allusions to specific texts. This approach to Paul is both possible and fruitful because Paul repeatedly situates his discourse within the symbolic field created by a single great textual precursor: Israel's Scripture." HAYS, Echoes of Scripture in the Letters of Paul, 15.

70 Vgl. a. a. O., 29–32.

71 Das Kriterium der *Availability* fragt danach, ob die Quelle des jeweiligen Schriftbezugs für den Autor und/oder den intendierten Leser zugänglich war. „Dadurch wird Richard B. Hays' Verständnis von Intertextualität diachron, da nur ältere Texte als potentielle Intertexte gelten." CAROLIN ZIETHE, Auf seinen Namen werden die Völker hoffen. Die matthäische Rezeption der Schriften Israels zur Begründung des universalen Heils (BZNW 233) 2018, 24.

72 Das Kriterium *Volume* blickt auf „the degree of explicit repetition of words or syntactical patterns." HAYS, Echoes of Scripture in the Letters of Paul, 30. Doch auch der Bekanntheitsgrad einzelner Texte oder ihr Stellenwert innerhalb des Kanons spielen eine Rolle, sodass manchmal kein großer Umfang notwendig ist, um einen Schriftbezug herzustellen.

73 Das Kriterium der *Recurrence* fragt: Wie oft wird eine Schriftstelle oder -passage woanders zitiert oder alludiert?

74 Die *Thematic Coherence* untersucht, wie gut sich das Echo in den neuen Argumentationsgang eingliedert.

75 Die *Historical Plausibility* fragt danach, inwiefern die Autorin oder der Autor die durch den Schriftbezug evozierte Bedeutung intendiert haben könnte und ob die Lesenden imstande waren, diese zu verstehen.

76 Die *History of Interpretation* blickt auf die Rezeptionsgeschichte des Prätextes und darauf, ob weitere Autoren ebenfalls das gleiche Echo „gehört" haben.

tion[77]. Hays' *seven criteria* bzw. *hearing tests* sind – insbesondere in der anglo-amerikanischen Forschung – vielfach rezipiert worden.[78] Und auch wenn einzelne der Kriterien, z. B. das der *Satisfaction*, diskutabel sind und in der Vergangenheit verschiedentlich kritisiert wurden,[79] bieten Hay's Kriterien „eine Möglichkeit, über die starre Klassifikation ‚quantitativ' und ‚qualitativ' hinaus, die Bezüge biblischer Texte zu analysieren und nehmen historisch plausible Produktions- und Rezeptionsbedingungen in den Blick."[80] Hays kommt zweifelsfrei das Verdienst zu, mit seinem Werk *Echoes* die neutestamentliche Exegese und die Paulusforschung im Speziellen für intertextuelle Analyseperspektiven sensibilisiert zu haben.[81]

---

77 Das Kriterium der *Satisfaction* überprüft, inwiefern die vorgeschlagene Lesart des Prätextes Sinn ergibt und für den Leser einen zufrieden stellenden Mehrwert erbringt.

78 „‚Hays's seven' categories for identifying the existence of an echo, whilst challenged by a number of scholars, still remains one of the standard ‚tests' for such matters." DAVID M. ALLEN, Introduction. The Study of the Use of the Old Testament in the New, in: JSNT 38 (2015), 11. „Perhabs no part of this book has affected scholarship more than his criteria for the detection of allusions." DAVID M. ALLEN/STEVE SMITH, Introduction, in: Dies. (Hg.), Methodology in the Use of the Old Testament in the New. Context and Criteria (LNTS 579) 2019, 5. Eine konstruktive Weiterentwicklung der sieben Kriterien von Hays findet sich u. a. bei LEROY A. HUIZENGA, The New Isaac. Tradition and Intertextuality in the Gospel of Matthew, Leiden, Boston 2009, 63–65. Während Hays als potentielle Prätexte ausschließlich die biblischen Schriften betrachtet, erweitert Huizenga dieses Korpus an möglichen Referenztexten um interpretierende resp. interpretierte Schriften („*interpreted* Scripture", HUIZENGA, The New Isaac, 25), und somit um eine Vielzahl frühjüdischer Schriften der *Second Temple Period*, und den darin enthaltenen Traditionen und Auslegungen. Vgl. zu den *revised criteria* von Huizenga kompakt ZIETHE, Auf seinen Namen werden die Völker hoffen, 25–28. Eine aktuelle kritische Auseinandersetzung mit Hays' *criteria* findet sich bei DAVID M. ALLEN, The Use of Criteria. The State of the Question, in: David M. Allen/Steve Smith (Hg.), Methodology in the Use of the Old Testament in the New. Context and Criteria (LNTS 579) 2019.

79 Hays selbst kommentiert diesbezüglich: „This criterion is difficult to articulate precisely without falling into the affective fallacy." HAYS, Echoes of Scripture in the Letters of Paul, 31.

80 Michael Schneider, Art. Intertextualität (NT) (2018), 20.11.2019. https://www.bibelwissenschaft.de/stichwort/50046/. Eine kritische Analyse der *seven criteria* findet sich auch bei STANLEY E. PORTER, Allusions and Echoes, in: Ders. (Hg.), As it is Written. Studying Paul's Use of Scripture (SBLSymS 50), Atlanta Ga. 2008.

81 Vgl. SCHNEIDER, Art. Intertextualität (NT). Daher ist auch Stanley zuzustimmen, wenn er urteilt: „One of the principal reasons for the success of Richard Hays's acclaimed book, Echoes of Scripture in the Letters of Paul, lies in his thoughtful attention to questions of methodology." CHRISTOPHER D. STANLEY, Paul's „Use" of Scripture. Why the Audience Matters, in: Stanley E. Porter (Hg.), As it is Written. Studying Paul's Use of Scripture (SBLSymS 50), Atlanta Ga. 2008, 127. Hays steuerte bis in die Gegenwart hinein zahlreiche Beiträge zum Thema bei. Unter diesen hervorzuheben sind insbesondere RICHARD B. HAYS, The Conversion of the Imagination. Paul as Interpreter of Israel's Scripture, Grand Rapids, MI 2005, sowie RICHARD B. HAYS, Echoes of Scripture in the Gospels, Waco, TX 2016.

Einzug in die deutschsprachige Exegese erhielt die Intertextualitätstheorie zunächst vor allem durch einen Aufsatz von Hans Hübner.[82] Bereits anhand der ersten Worte Hübners in seinem Beitrag aus dem Jahr 1991 lässt sich ablesen, dass man sich zu diesem Zeitpunkt noch in den *Kinderschuhen* der Rezeption intertextueller Theorien in der (deutschsprachigen) Exegese befand: „Da gibt es seit einiger Zeit in der Literaturwissenschaft einen neuen Begriff. Sein Name: *Intertextualität.* In den exegetischen Wissenschaften ist er kaum, weithin noch gar nicht zur Kenntnis genommen worden — und das, obwohl, was mit diesem Begriff zum Ausdruck gebracht werden soll, ein Grundfaktum dessen ist, womit sich Exegeten, vor allem Neutestamentler, beschäftigen müssen, nämlich die *Beziehung von Texten aufeinander.*“[83] Hübner verdeutlicht in der Folge, wie unumgänglich die Auseinandersetzung mit literaturwissenschaftlichen Konzepten der Intertextualität für die neutestamentliche Exegese sei.[84]

Seitdem hat sich vieles weiterentwickelt und Intertextualität ist für die Bibelwissenschaften längst keine *terra nova* mehr, als die sie Hübner noch beschreibt. In den vergangenen drei Jahrzehnten hat sich der Begriff der Intertextualität nicht nur international, sondern auch in der deutschsprachigen bibelwissenschaftlichen Forschung fest etabliert. Unterschiedliche Intertextualitätstheorien wurden rezipiert und es entstand seit den 1990er Jahren eine Fülle an Publikationen zum Thema, auf die hier nur exemplarisch verwiesen werden kann: Mit Blick auf das Johannesevangelium (und dessen Verhältnis zu den Synoptikern) hat Hartwig Thyen mehrere Studien vorgelegt, in denen er explizit auf rezeptionsorientierte Ansätze der Intertextualitätsforschung zurückgreift.[85]

---

82 Hans Hübner, Intertextualität – die hermeneutische Strategie des Paulus? Zu einem neuen Versuch der theologischen Rezeption des Alten Testaments im Neuen, in: ThLZ 116 (1991). Hübners Beitrag ist in erster Linie eine ausführliche Zusammenfassung und kritische Auseinandersetzung mit Hays' Entwurf.

83 A. a. O., 881. Ähnlich Annette Merz, Die fiktive Selbstauslegung des Paulus. Intertextuelle Studien zur Intention und Rezeption der Pastoralbriefe (NTOA/StUNT 52), Göttingen 2004, 1: „Die wissenschaftliche Erforschung des Alten und Neuen Testaments beschäftigt sich schon immer mit dem Phänomen der Intertextualität.“

84 Fast zehn Jahre nach Hübners Aufsatz weist Marianne Grohmann, Aneignung der Schrift. Wege einer christlichen Rezeption jüdischer Hermeneutik, Neukirchen-Vluyn 2000, 54, in ähnlicher Weise auf das nach wie vor bestehende Desiderat der Rezeption intertextueller Ansätze in der deutschsprachigen Exegese hin: „Literaturwissenschaftliche Konzepte von Intertextualität sind zur Zeit im englischsprachigen Raum beliebt, werden in der deutschsprachigen Exegese aber wenig rezipiert, obwohl Intertextualität eigentlich genau das beschreibt, womit sich theologische Exegese seit jeher beschäftigt: Beziehungen von bestimmten alttestamentlichen Texten zu neutestamentlichen Texten, die diese alttestamentlichen rezipiert haben.“

85 Siehe z. B. Hartwig Thyen, Vom Tode zum Leben. Intertextualität in der Erzählung von der Auferweckung des Lazarus (Joh 11,1–12,19), in: DBAT 27 (1991); Hartwig Thyen, Johannes und die Synoptiker, in: Ders. (Hg.), Studien zum Corpus Iohanneum (WUNT 214), Tübingen 2007 Vgl. die Darstellung von Thyens intertextuellem Ansatz bei Schneider, Gottes Gegenwart in der Schrift, 106ff.

Ein aus der Judaistik stammender Entwurf, der auch in den Bibelwissenschaften verschiedentlich rezipiert wurde, stammt von Daniel Boyarin.[86] Marianne Grohmann reflektiert in ihrem Blick auf *Wege einer christlichen Rezeption jüdischer Hermeneutik* ausführlich den Zusammenhang von Intertextualität und jüdischer Bibelhermeneutik.[87] In ihrer Arbeit zur *Intention und Rezeption der Pastoralbriefe* nimmt Annette Merz explizit Bezug auf Ansätze einer anwendungsorientierten Intertextualität.[88] Gleich mehrere kanonisch-exegetische Entwürfe haben (rezeptionsorientiere) Intertextualitätskonzepte aufgearbeitet,[89] so z. B. Georg Steins[90] oder Thomas Hieke und Tobias Nicklas.[91] Eine umfassende Aufarbeitung des Paradigmas der Intertextualität bietet die Arbeit von Michael Schneider zur paulinischen Rede von Gott im 1Kor, auf die bereits im Forschungsüberblick hingewiesen (vgl. 2.2.2) und die hier bereits mehrfach zitiert wurde.[92] Über diese Studien hinaus gibt es sowohl weitere alttestamentliche und neutestamentliche Monographien[93] als auch

---

86 Vgl. DANIEL BOYARIN, Intertextuality and the Reading of Midrash, Bloomington 1994.

87 Vgl. GROHMANN, Aneignung der Schrift. Ziel ihrer Untersuchung „ist es, Ansätze zu einer alttestamentlichen Hermeneutik und protestantischen Skriptologie zu entwerfen, die den jüdischen Ursprung des Alten Testaments bzw. des Tanach ernstnimmt und das Gegenüber zeitgenössischer jüdischer Hermeneutik berücksichtigt.“ GROHMANN, Aneignung der Schrift, 21. Ansätze der Rezeptionsästhetik und der Intertextualitätsforschung sollen ihr hierbei „ein Instrumentarium zur Verfügung stellen, das für eine Vermittlung zwischen jüdischer und christlicher Hermeneutik hilfreich sein könnte, für eine Aneignung ohne Enteignung, eine Rezeption jüdischer Hermeneutik in christlicher Theologie, die bei den vorhandenen gemeinsamen Anliegen auch die bleibenden Differenzen anerkennt.“ GROHMANN, Aneignung der Schrift, 21.

88 Vgl. MERZ, Die fiktive Selbstauslegung des Paulus Zu Merz vgl. die Darstellung bei SCHNEIDER, Gottes Gegenwart in der Schrift, 108f.

89 Vgl. für eine kompakte Darstellung dieser biblisch-kanonischen Arbeiten SCHNEIDER, Gottes Gegenwart in der Schrift, 101–104. Darüber hinaus nehmen diese Arbeiten natürlich Anschluss an Studien aus dem Feld der kanonischen Exegese wie z. B. BREVARD S. CHILDS, Biblical Theology in Crisis, Philadelphia, PA 1970; BREVARD S. CHILDS, Introduction to the Old Testament as Scripture, Philadelphia, PA 1979 u. W.

90 Vgl. GEORG STEINS, Die „Bindung Isaaks“ im Kanon (Gen 22). Grundlagen und Programme einer kanonisch-intertextuellen Lektüre, Freiburg 1999.

91 Vgl. THOMAS HIEKE/TOBIAS NICKLAS, „Die Worte der Prophetie dieses Buches“. Offenbarung 22,6–21 als Schlussstein der christlichen Bibel Alten und Neuen Testaments gelesen, Neukirchen-Vluyn 2003.

92 Vgl. SCHNEIDER, Gottes Gegenwart in der Schrift, siehe insbesondere 45–129. Schneider selbst nimmt Anschluss an die texttheoretische Konzeption Umberto Ecos und bringt diese ins Gespräch mit exegetisch-intertextuellen Perspektiven. Vgl. SCHNEIDER, Gottes Gegenwart in der Schrift, 115–129.

93 Vgl. u. a. GEORGE AICHELE, Sign, Text, Scripture. Semiotics and the Bible (Interventions 1), Sheffield 1997; GEORGE AICHELE, The Control of Biblical Meaning. Canon as Semiotic Mechanism, Harrisburg 2001; ULRIKE BAIL, Gegen das Schweigen. Eine intertextuelle Studie zu den Klagepsalmen Ps 6 und Ps 55 und der Erzählvorgang von der Vergewaltigung, Gütersloh 1998; JOHANNES C. de MOOR, Intertextuality in Ugarit and Israel, Leiden u. a. 1998; DETLEF DIECKMANN, Segen für Isaak. Eine rezeptionsästhetische Auslegung von Gen 26 und Kontexten (BZAW 329), Berlin 2003; SANDRA HÜBENTHAL, Transformation und

Sammelbände[94] sowie eine *Legion* von Einzelstudien in Aufsatzform, die sich in unterschiedlicher Weise mit der Intertextualität der Bibel befassen.[95] Maßgeblich für den exegetischen Intertextualitätsdiskurs im deutschsprachigen Raum sind u. a. die Arbeiten von Stefan Alkier geworden, der sich intensiv mit der Rezeption intertextueller Theorien in der Exegese und der biblischen Theologie auseinandergesetzt hat.[96] Zur Differenzierung intertextueller Zugänge in der

---

Aktualisierung. Zur Rezeption von Sach 9–14 im Neuen Testament (SBB 57), Stuttgart 2006; HUIZENGA, The New Isaac; MATTHEW SCOTT, The Hermeneutics of Christological Psalmody in Paul. An intertextual Enquiry (SNTSMS 158), New York, NY 2014; YONGBOM LEE, Paul, Scribe of Old and New. Intertextual Insights for the Jesus-Paul Debate (LNTS 512), London 2015; BEN WITHERINGTON, Isaiah Old and New. Exegesis, Intertextuality, and Hermeneutics, Minneapolis, MN 2017; BEN WITHERINGTON, Psalms Old and New. Exegesis, Intertextuality, and Hermeneutics, Minneapolis, MN 2017.

94 Vgl. u. a. DRAISMA, Intertextuality in Biblical Writings; GEORGE AICHELE/GARY A. PHILLIPS (Hg.), Intertextuality in the Bible (Semeia 69/70, Atlanta 1995; CRAIG A. EVANS/SHEMARYAHU ṬALMÔN (Hg.), The Quest for Context and Meaning. Studies in Biblical Intertextuality in Honor of James A. Sanders (BiInS 28), Leiden 1997; DIETER SÄNGER (Hg.), Heiligkeit und Herrschaft. Intertextuelle Studien zu Heiligkeitsvorstellungen und zu Psalm 110 (BThSt 55), Neukirchen-Vluyn 2003; DIETER SÄNGER (Hg.), Gottessohn und Menschensohn. Exegetische Studien zu zwei Paradigmen biblischer Intertextualität (BThSt 67), Neukirchen-Vluyn 2004; THOMAS L. BRODIE/DENNIS R. MACDONALD/STANLEY E. PORTER (Hg.), The Intertextuality of the Epistles. Explorations of Theory and Practice (NTM 16), Sheffield 2006; CRAIG A. EVANS/H. D. ZACHARIAS (Hg.), Early Christian Literature and Intertextuality. Volume 1: Thematic Studies (LNTS 392), London 2009; RICHARD B. HAYS/STEFAN ALKIER/LEROY A. HUIZENGA (Hg.), Reading the Bible Intertextually, Waco, TX 2009; STEVE MOYISE/BRISIO J. OROPEZA (Hg.), Exploring Intertextuality. Diverse Strategies for the New Testament Use of Texts, Eugene, OR 2016.

95 Hinsichtlich der Differenzierung und Systematisierung der zahlreichen Studien schlägt SCHNEIDER, Gottes Gegenwart in der Schrift, 105, folgendes Schema vor: „Im Wesentlichen lassen sich vier Forschungstendenzen identifizieren: A. Arbeiten, die mit Hilfe des Intertextualitätsparadigmas das Gespräch mit solchen Hermeneutiken suchen, die von der Exegese nur wenig beachtet wurden bzw. die sich mit einem historisch-kritischen Paradigma nur schwer vereinbaren ließen; B. Religionsgeschichtliche Untersuchungen, die intertextuelle Modelle zur genaueren Beschreibung von Bezügen biblischer Texte zu zeitgenössischen Texten verwenden; C. Studien, die das Intertextualitätsparadigma zur Überwindung überkommener Grenzen theologischer Interpretation verwenden; D. kategorisierende Modelle, die eine Strukturierung und Klassifizierung der unterschiedlichen Ansätze anstreben."

96 Alkier hat sich durch zahlreiche Beiträge und Herausgaben in die Diskussion eingebracht. Siehe u. a. STEFAN ALKIER, Intertextualität – Annäherungen an ein texttheoretisches Paradigma, in: Dieter Sänger (Hg.), Heiligkeit und Herrschaft. Intertextuelle Studien zu Heiligkeitsvorstellungen und zu Psalm 110 (BThSt 55), Neukirchen-Vluyn 2003; ALKIER, Intertextualität; STEFAN ALKIER/RICHARD B. HAYS (Hg.), Die Bibel im Dialog der Schriften. Konzepte intertextueller Bibellektüre (NET 10), Tübingen 2005; HAYS/ALKIER/HUIZENGA, Reading the Bible Intertextually; STEFAN ALKIER/RICHARD B. HAYS/JENS HERZER, Kanon und Intertextualität (Kleine Schriften des Fachbereichs Evangelische Theologie der Goethe-Universität Frankfurt 1), Frankfurt am Main 2010; STEFAN ALKIER, Paulus erzählt. Narrativität, Inter-

Exegese schlägt Alkier eine dreifache Perspektivierung von 1. *produktionsorientierter*, 2. *rezeptionsorientierter* und 3. *generativer* Intertextualität vor.[97]

1. „Die *produktionsorientierte* Perspektive fragt im Sinne des begrenzten Intertextualitätskonzept nach der Verarbeitung benennbarer Texte im zu interpretierenden Text."[98] Dabei blickt sie nicht nur auf die Text*vorlagen* des Metatextes, sondern insbesondere auch auf die *Methoden* und *Techniken* der Rezeption.[99]
2. Die *rezeptionsorientierte* Perspektive, welche ebenfalls primär ein begrenztes Intertextualitätskonzept voraussetzt, „fragt nach den Vernetzungen mindestens zweier Texte in historisch nachweisbaren Lektüren."[100] Darüber hinaus kann eine *rezeptionsorientierte* Perspektive auch im Sinne einer unbegrenzten Intertextualitätstheorie danach fragen, welche Lektüren historisch möglich gewesen wären, auch wenn diese nicht belegt sind.[101]
3. Die *generative* oder *textorientierte* Perspektive fragt schließlich im Sinne einer unbegrenzten Intertextualität „nach Sinneffekten, die sich aus dem Zusammenlesen zweier oder mehrere Texte ergeben, auch wenn dies nicht genealogisch, analogisch oder rezeptionsgeschichtlich begründet wird."[102]

---

textualität und Rezeptionsästhetik, in: ZPT 63 (2011); STEFAN ALKIER, Konzeptionen, Beobachtungen und Überlegungen zur intertextuellen Schreibweise des Matthäusevangelium, in: ZNT 36 (2015); STEFAN ALKIER, Intertextuality. New Testament, in: Christine Helmer (Hg.), Integrity – Jesuit Order (EBR 13), Berlin, Boston 2016; STEFAN ALKIER, Intertextuallity Based on Categorial Semiotics, in: Steve Moyise/Brisio J. Oropeza (Hg.), Exploring Intertextuality. Diverse Strategies for the New Testament Use of Texts, Eugene, OR 2016. Alkier wird auch international als Experte innerhalb des exegetischen Intertextualitätsdisksurses wahrgenommen. So etwa bei LEROY A. HUIZENGA, The Old Testament in the New, Intertextuality and Allegory, in: JSNT 38 (2015), 26: „I wish here to present perhaps the best example of such in the work of Stefan Alkier, a contemporary German scholar breaking real ground as he moves the discussion forward. Alkier's work is particularly interesting and valuable because of his multidimensional interests in and coherent vision of biblical scholarship, critical theory, theology and ecclesial praxis." Für eine kompakte Darstellung des stark durch die Semiotik beeinflussten Zugangs zur exegetischen Intertextualität von Alkier vgl. SCHNEIDER, Gottes Gegenwart in der Schrift, 93–97.

97 Vgl. ALKIER, Intertextualität, 62f.

98 A. a. O., 62.

99 Vgl. a. a. O., 63. Als Beispiel einer solchen produktionsorientierten Perspektive nennt Alkier die Arbeit von FLORIAN WILK, Die Bedeutung des Jesajabuches für Paulus (FRLANT 179), Göttingen 1998.

100 ALKIER, Intertextualität, 63. Als Beispiel nennt Alkier hier die Arbeit von BRUCE N. FISK, Do You Not Remember? Scripture, Story and Exegesis in the Rewritten Bible of Pseudo-Philo (JSPES 37), Sheffield 2001.

101 ALKIER, Intertextualität, 63. Z. B. die Frage, wie Josephus die Briefe des Paulus gelesen hätte. Diese Frageperspektive „wird freilich immer mit einem hohen Maß an Hypothesen belastet sein, setzt aber anderweitig die viel zu sehr vernachlässigte historische Phantasie in ihr begrenztes Recht." ALKIER, Intertextualität, 63.

102 ALKIER, Intertextualität, 63. „Die Frage dabei lautet etwa, welche Sinneffekte sich z. B. aus dem Zusammenlesen von Ovids Metamorphosen oder Vergils Aeneis und z. B. den Briefen

Insgesamt ergibt sich durch diese dreifache Differenzierung biblischer Intertextualitätsforschung ein Schema, mit dem die unterschiedlichen Studien aufeinander bezogen und im Gesamtzusammenhang der Intertextualitätsdebatte verortet werden können.[103] Daher sollen die Kategorien Alkiers im Folgenden auch dazu genutzt werden, um das Anliegen der vorliegenden Studie innerhalb des Intertextualitätsdiskurses zu verorten.

3.1.3 Auswertung und eigene Verortung

Das Schlagwort *Intertextualität* hat sich in den exegetischen Studien der letzten Jahre fest etabliert.[104] Doch was sich hinter diesem Terminus verbirgt, liegt nicht immer auf der Hand.[105] Verantwortlich dafür ist zum Teil auch eine fehlende methodologische Reflexion resp. Transparenz der jeweiligen exegetischen Studie. Maßgeblich ist jedoch die komplexe Begriffs- und Forschungsgeschichte der Intertextualität selbst, aus welcher der Terminus schwerlich extrahiert werden kann.[106]

Insofern notwendige Differenzierungen fehlen, trägt das texttheoretische Paradigma der Intertextualität nicht selten den Charakter einer *Blackbox* und ist

---

des Apostels Paulus ergeben, unabhängig davon, ob ein antiker oder auch ein späterer Leser einen Zusammenhang zwischen diesen Texten hergestellt hat.“ ALKIER, Intertextualität., 63.

103 Vgl. SCHNEIDER, Art. Intertextualität (NT). Darüber hinaus verweist Alkier auf das Potenzial einer intertextuellen biblischen Theologie, die ihren Blick nicht auf die Suche nach einer Mitte der Schrift richtet, sondern offen ist für die Sinnpluralisierung, welche das Zusammenlesen biblischen Texte evoziert. Vgl. ALKIER, Intertextualität, 63f. An anderer Stelle spricht Alkier von einer „Dezentrierung der Sinnfindung“ mittels intertextueller Zugänge. ALKIER, Paulus erzählt, 45.

104 Vgl. MICHAELA BAUKS, Intratextualität, Intertextualität und Rezeptionsgeschichte. Was tragen „transpositional techniques“ und „empirical evidences“ zur literarischen Genese der Urgeschichte aus?, in: Michaela Bauks/Ulrich Berges/Daniel Krochmalnik (Hg.), Neue Wege der Schriftauslegung (ATM 24), Münster 2019, 15.

105 „Das Konzept Intertextualität beinhaltet dabei offensichtlich schon mit seiner ersten Definition eine Pluralität möglicher Aspekte bzw. Dimensionen.“ SCHNEIDER, Gottes Gegenwart in der Schrift, 83.

106 Nachvollziehbarer Weise urteilt Renate Lachmann daher 1984 hinsichtlich der damals aktuellen literaturwissenschaftlichen Debatte um Intertextualität: „Der Begriff erscheint vorerst nicht disziplinierbar, seine Polyvalenz irreduzibel.“ LACHMANN, Ebenen des Intertextualitätsbegriffs, 134. Ähnlich in jüngerer Zeit aus exegetischer Perspektive BEALE, Handbook on the New Testament Use of the Old Testament, 30.: „The term ‚intertextuality‘, is fuzzy.“

daher verschiedentlich – durchaus zu Recht – hinsichtlich seiner Leistungsfähigkeit für die Exegese in Frage gestellt worden.[107] Doch trotz kritischer Stimmen ist nicht von der Hand zu weisen, dass die Intertextualitätsdebatte in der Exegese hinsichtlich der Erforschung des neutestamentlichen Schriftgebrauchs bereits vielfältig Früchte getragen hat. Ein Verdienst kommt ihr insbesondere darin zu, dass sie „has moved the OT/NT debate beyond historical-critical matters"[108] und neue Analyseperspektiven auf den Schriftgebrauch im Neuen Testament eröffnet hat. Intertextuelle Exegese hat sich darin für die Erforschung des neutestamentlichen Schriftgebrauchs somit als sinnvolle Ergänzung zu historisch-kritischen Zugängen erwiesen.[109] Zu bedenken ist dabei stets: „In ihren extremen Formulierungen sind weder historische Kritik noch Intertextualitäts-Theorien geeignet, um der Aufgabe der Erforschung des Schriftgebrauchs im Neuen Testament gerecht zu werden. Aber gemeinsam können sie sich ergänzen."[110] Die historisch-kritische Erforschung des neutestamentlichen Schriftgebrauchs wird durch die Intertextualität für die Multidimensionalität von Schriftrezeption – ihrer Formen, Verfahren und Techniken, sowie ihrer Funktionen, Bedeutungen und Wirkungen – sensibilisiert. Gleichzeitig benötigt Intertextualität eine Einschränkung auf einen begrenzten Sinn des Begriffs sowie eine primär diachrone[111] Perspektivierung, um für die Analyse der Methodik des neutestamentlichen Schriftgebrauchs, seiner Formen und Verfahren Ertrag zu bringen.[112] Daher ist es zwar erklärungsbedürftig, doch keinesfalls unzulässig, dass Intertextualität „has come to function as a convenient shorthand for the

---

107 Vgl. u. a. Stanley E. Porter, Pauline Techniques of Interweaving Scripture into His Letters, in: Florian Wilk/Markus Öhler (Hg.), Paulinische Schriftrezeption. Grundlagen – Ausprägungen – Wirkungen – Wertungen (FRLANT 268), Göttingen, Bristol, CT, U.S.A. 2017, 24f. „Allerdings sollte man auch die Grenzen dessen, was in letzter Zeit unter dem Stichwort ‚Intertextualität' subsummiert wurde, klar erkennen." Tiwald, Hebräer von Hebräern, 89.

108 Allen, Introduction, 90. Und Allen fährt fort: „And even if it is a potentially slippery phrase, one might suggest that its own ‚slipperiness' offers a veritable lens onto the accompanying slipperiness that accompanies OT/NT discourse." Allen, Introduction, 90.

109 So konnte z. B. Richard Hays „nachhaltig zeigen, dass die Heiligen Schriften Israels Paulus nicht bloß als Zitatenreservoir dienten, das dann mittels Einflussforschung oder Traditionsgeschichte literaturgeschichtlich zu ermitteln wäre. Vielmehr stellen die Heiligen Schriften Israels über das feststellbare Zitat hinaus einen Resonanzraum dar, dessen Wahrnehmung als Ganzer notwendig ist, um die Sinneffekte paulinischer Theologie in ihrer Bedeutungsweite erfassen zu können." Alkier, Paulus erzählt, 42f.

110 Moyise, Intertextualität und historische Zugänge zum Schriftgebrauch im Neuen Testament, 33.

111 *Diachron* in diesem Fall als Opposition zu *universal*, nicht zu *synchron*.

112 Vgl. ähnlich Moyise, Intertextualität und historische Zugänge zum Schriftgebrauch im Neuen Testament, 34.: „Intertextualität benötigt solche historische Einschränkungen, um die ansonsten unbegrenzte Menge der möglichen Einflüsse zu begrenzen, aber erinnert daran, dass Bedeutung kein isoliertes Phänomen ist."

analytic description of the interplay of two texts, normally understood in diachronic terms"[113], unter der sich in den Bibelwissenschaften Phänomene wie Glosse, Interpolation, Quelle, Zitat, Paraphrase und Allusion subsumieren, die allesamt verschiedene Formen der Textrezeption darstellen.[114] Darüber hinaus leisten die Impulse, die aus der Intertextualitätsdebatte in die Exegese eingegangen sind, heuristische Hilfestellung, um eine Sprache resp. ein begriffliches Instrumentarium zur differenzierten Beobachtung, Erfassung, Beschreibung, Auswertung und Analyse des Phänomens von Text-Text- bzw. Text-Textgruppen-Beziehungen im Neuen Testament zu entwickeln. Dieser heuristische Ertrag darf nicht geringgeschätzt werden, sondern sollte als methodologischer Gewinn für die Erforschung des paulinischen Schriftgebrauchs gewertet werden, der auch für die vorliegende Arbeit von zentraler Bedeutung ist.

Es ist hinreichend deutlich geworden: Will man intertextuelle Zugänge gewinnbringend rezipieren, gebietet es sich, transparent zu machen, welches Grundverständnis von Intertextualität vorliegt:[115] Für das in dieser Arbeit zugrunde liegende Vorhaben einer Analyse, Bestimmung und Kontextualisierung der Formen und Verfahren paulinischer Schriftverwendung erscheint ein *begrenztes* und primär *produktionsorientiertes* Verständnis von Intertextualität angebracht, in dem die Beziehungen von Prä- und Metatext „methodisch kontrolliert untersucht werden, d. h. die Weisen des Zitierens, Markierens, An- und Einspielens anderer Texte im zu untersuchenden Text sollen textwissenschaftlich ausdifferenziert und hermeneutisch fruchtbar gemacht werden."[116] Paulus als Autor, seine Methodik des Schriftgebrauchs, d. h. seine Formen, Verfahren und sein Vorgehen in der intertextueller Verarbeitung gilt das primäre Interesse.[117]

Integriert und verbindet man literaturwissenschaftliche und exegetische Ansätze einer auf Textanalyse angelegten Intertextualitätstheorie, lassen sich

---

113 LINCICUM, Intertextuality, Effective History, and Memory, 15.

114 Vgl. STEFAN SEILER, Intertextualität. I. Alttestamentlich, in: Oda Wischmeyer (Hg.), Lexikon der Bibelhermeneutik. Begriffe – Methoden – Theorien – Konzepte, Berlin 2013, 300.

115 Ähnlich ANDREW H. WAKEFIELD, Where to Live. The Hermeneutical Significance of Paul's Citations from Scripture in Galatians 3:1–14 (AcBib 14), Atlanta 2003, 120: „Any practical intertextual investigation must set some limits on the intertextual scope."

116 ALKIER, Intertextualität, 60. Als literaturwissenschaftliches Beispiel, welches in seiner Verortung im intertextuellen Diskurs ähnlich verfährt, sei auf die Studie von HELBIG, Intertextualität und Markierung, verwiesen. Auch er nimmt in ähnlicher Form eine Begrenzung auf eine strukturalistische Zugriffsweise vor, die sich im produktionsästhetischen Sinn primär auf Einzeltextreferenzen und sekundär auf Systemreferenzen fokussiert. Vgl. HELBIG, Intertextualität und Markierung, 58f.

117 Freilich darf die Einbindung der intertextuellen Beschaffenheit seiner Briefe in einen konkreten Kommunikationsprozess dabei nicht gänzlich aus dem Blick geraten. Denn die vier grundsätzlichen Ebenen intertextueller Kommunikation 1) Autor/in, 2) Prätext, 3) Metatext und 4) Rezipient/in bedingen sich stets wechselseitig. Am Rande der Untersuchung soll daher auch die Rolle der Rezipierenden mitberücksichtigt werden. Doch in der vorliegenden Studie soll die Analyse der Formen, Verfahren und Funktionen paulinischer Schriftbezüge primär aus einer produktionsästhetischen Perspektive erfolgen.

gewinnbringende Differenzierungen und neue Analyseperspektiven in die Erforschung des paulinischen Schriftgebrauchs einführen. Dies gilt zum einen hinsichtlich einiger Grundsatzfragen zur Identifikation und Markierung sowie der Kategorisierung einzelner Schriftbezüge im Werk des Paulus.[118] Zum anderen gilt dies hinsichtlich der Frage nach der Funktion von Schriftbezügen, die sowohl im rhetorischen Bereich, nach literaturwissenschaftlichem Verständnis aber ebenfalls z. B. im Bereich der Strukturalität liegen kann. Intertextuelle Ansätze und Zugänge können auf diese Weise zu wertvollen Adjuvanten werden, um die Formen und Verfahren des paulinischen Schriftgebrauchs möglichst präzise und multiperspektivisch zu erfassen und zu analysieren.

3.2 *Analyseperspektiven - Auswahl und Reflexion*

Im Folgenden werden verschiedene *Analyseperspektiven* aufgezeigt, diskutiert und in ihren Zusammenhängen dargestellt, unter denen in den folgenden Kapiteln (vgl. Kap. 5 u. Kap. 6) die paulinischen Schriftbezüge in den Blick genommen werden. Ohne einen Anspruch auf Vollständigkeit zu deklarieren, soll diese Auswahl an Analyseperspektiven ein valides und facettenreiches Instrumentarium darstellen, welches den paulinischen Schriftgebrauch möglichst umfassend und multiperspektivisch zu untersuchen vermag.[119]

Die gewählten Aspekte und ihre inhaltlichen Ausführungen leiten sich zum einen aus den Forschungsperspektiven und Diskussionsfeldern ab, die in der Analyse von Schriftbezügen im Neuen Testament im Allgemeinen bzw. in der Untersuchung des paulinischen Schriftgebrauchs im Speziellen bestimmend waren resp. sind.[120] Zum anderen sollen in ihnen Impulse verarbeitet werden, welche durch die Intertextualitätsforschung in die Debatte um den Schriftgebrauch

---

[118] So sind Erkenntnisse der Intertextualitätsforschung bspw. insbesondere hinsichtlich der Identifikation, Differenzierung und Auswertung von impliziten intertextuellen Referenzen hinzuzuziehen, da sie – aus der Literaturwissenschaft und speziell der Romananalyse stammend – weniger direkte Zitationen im Blick haben als Allusionen und Anspielungen. Vgl. ähnlich SUSAN E. DOCHERTY, ‚Do you Understand what you Are Reading?' (Acts 8.30). Current Trends and Future Perspectives in the Study of the Use of the Old Testament in the New, in: JSNT 38 (2015), 117.

[119] „A multi-perspective approach to intertextual relationships between texts is absolutely appropriate. Mono-causal explanations of textual relationships however, are not suitable at all." BEATE KOWALSKI, Selective Versus Contextual Allusions. Reconsidering Technical Terms of Intertextuality, in: David M. Allen/Steve Smith (Hg.), Methodology in the Use of the Old Testament in the New. Context and Criteria (LNTS 579) 2019, 101.

[120] Die gewählten Analyseperspektiven decken sich in ihrem Grundbestand mit denjenigen, die auch Arthur Keefer als gemeinsame Aspekte der methodologischen Zugriffe von Evans, Snodgras und Beale ausmacht: „Craig Evans and Klyne Sondgrass both present a sevenfold process for determining how the NT uses the OT, while Gregory Beale offers nine

im Neuen Testament eingebracht wurden – oder hier neu eingebracht werden – und als sinnvolle Ergänzung zu bisherigen Analyseperspektiven zu betrachten sind.[121]

Die im Folgenden gewählten Blickwinkel können einerseits unterschieden werden in Analyseperspektiven, die *primär formale Aspekte* (3.2.1–3) des Schriftgebrauchs fokussieren und andererseits in solche, die *primär inhaltliche Aspekte* (3.2.4–6) des Schriftgebrauchs in den Blick nehmen. Diese Unterscheidung ist zunächst eine heuristische und kann selbstverständlich nicht trennscharf durchgeführt werden, da formale und inhaltliche Aspekte von Schriftbezügen sich wechselseitig beeinflussen oder überlappen.[122] Erstere können jedoch als die primär auf die „mechanics of the citation process itself"[123] ausgerichteten Aspekte betrachtet werden und sollen hier unter dem Oberbegriff der *Zitationspraxis*

---

steps. These scholars order their steps differently, and not all of the steps correspond preciley with the steps of other methodologies. However, the stages from each of these methods organize into four broader categories: identifying the citation or allusion and its textual version, accounting for the OT context, tracing the quotation's history of interpretation and exploring its use by the NT authors." ARTHUR KEEFER, The Meaning and Place of Old Testament Context in OT/NT Methodology, in: David M. Allen/Steve Smith (Hg.), Methodology in the Use of the Old Testament in the New. Context and Criteria (LNTS 579) 2019, 74. Die vier von Keefer genannten Aspekte sind auch für die im Folgenden dargestellte Methodologie prägend. Einen Aspekt, der hier noch ergänzt wird und welcher sich so in keiner der anderen methodologischen Reflexionen zum Thema findet, ist die Perspektivierung der intratextuellen Verknüpfung und des Zusammenspiels von Schriftbezügen im Metatext. Ein Aspekt, auf den in dieser Arbeit hingegen nicht eigens eingegangenen werden soll, ist die Rezeptionsgeschichte der einzelnen Prätexte.

121 So stellt z. B. die Markierungstheorie von Jörg Helbig „ein heuristisches Hilfsmittel der Textdeskription und -analyse bereit", welches auch hinsichtlich der paulinischen Texte gewinnbringend angewendet werden kann und daher im Folgenden mit einbezogen wird. HELBIG, Intertextualität und Markierung, 15. Maßgebliches Ziel seiner Markierungstheorie besteht in der „Bereitstellung eines begrifflichen Instrumentariums, welches geeignet ist, das zu beschreibende Phänomen als solches wie auch die übrigen am intertextuellen Kommunikationsprozeß beteiligten Faktoren terminologisch zu erfassen." HELBIG, Intertextualität und Markierung, 56. Ähnlich verhält es sich mit dem Konzept einer *Textarchäologie* von Udo Hebel, das ein weiteres Beispiel methodologischer Reflexion für die Analyse von Intertextualität ist und sich „um die methodische Weiterentwicklung und Präzisierung intertextualistischer Interpretationsansätze" bemüht. HEBEL, Romaninterpretation als Textarchäologie, 3. Mit seinem *intertextuellen Allusionsparadigma* widmet er sich der umfassenden Beschreibung „von Intertextualität unter Berücksichtigung texttheoretischer, allusionstheoretischer, kommunikationstheoretischer und rezeptionsästhetischer Gesichtspunkte." HEBEL, Romaninterpretation als Textarchäologie, 108.

122 So kann z. B. die Art der Markierung einer intertextuellen Referenz einwirken auf ihre Aussagekraft und eine bestimmte Funktion evozieren oder umgekehrt kann z. B. die Zusammenstellung von Schriftbezügen in einer Passage sowohl hinsichtlich der formalen Verknüpfung als auch hinsichtlich der inhaltlichen Kompilation analysiert werden.

123 STANLEY, Paul and the Language of Scripture, 3.

verhandelt werden,[124] während zweitere stärker hermeneutische, rhetorische und funktionale Dimensionen und Implikationen des Schriftgebrauchs behandeln. Die gewählten Analyseperspektiven betrachten die primär formalen Aspekte der *Identifikation, Markierung* (3.2.1) und der Bestimmung der *Referenztypen* (3.2.2) von im Text befindlichen Schriftbezügen sowie der Rückfrage hinsichtlich der *Vorlage* (3.2.3) des jeweiligen Schriftbezugs und der Frage nach etwaigen *composite citations*. Als primär inhaltliche Aspekte werden die Frage nach dem *Kontext* (3.2.4), den *intratextuelle Relationierungen* (3.2.5) der im Metatext vorfindlichen Schriftbezüge sowie nach den *Funktionen* (3.2.6) der Schriftbezüge in den Blick genommen.[125]

3.2.1 Identifikation und Markierung

„One must start somewhere in studying the use of the OT in the NT. The obvious starting point is first to identify the NT quotes and alludes to the OT."[126] Diese Aufgabe obliegt freilich den Rezipierenden eines neutestamentlichen Textes,[127]

---

124 Der Gegenstandsbereich der *Zitationspraxis* „refers to a relatively narrow and technical aspect of this broader phenomen of ‚quotation.'" A. a. O., 3.

125 Ergänzend sei noch einmal darauf hingewiesen, dass sich alle genannten Aspekte primär auf die Analyse von *Einzeltextreferenzen* beziehen, auf Formen folglich *referentieller* Intertextualität. Die Analyse von *Systemreferenzen* hingegen, die in der klassischen Exegese wohl am ehesten mit gattungskritischen Analyseverfahren verglichen werden kann, ist dem in der vorliegenden Studie nachgeordnet, wenngleich sie freilich nie ganz aus dem Blick gerät und z. B. hinsichtlich der Analyseperspektive auf die Verknüpfung von Schriftbezügen in einem Text von Interesse sein kann.

126 BEALE, Handbook on the New Testament Use of the Old Testament, 29. Ähnlich GILLMAYR-BUCHER, Art. Intertextualität: „Jede Interpretation von intertextuellen Beziehungen zwischen Texten beginnt mit dem Erkennen eines Bezugs zwischen den Texten. Grundsätzlich kann jedes Element eines Textes einen intertextuellen Leseprozess auslösen, unabhängig davon, ob es von dem/der Autor/in intendiert war. Welche Elemente im Leseprozess von den Lesern/innen als Verweise auf andere Texte wahrgenommen werden (z.B. Zitat, Allusion, Echo), hängt sowohl von der Art der Markierung der Verweise als auch vom Repertoire an bereits gelesenen Texten ab, das die Leser/innen mitbringen." Zum Diskurs um die Erkennbarkeit und die Markierung inner-alttestamentlicher Referenzen vgl. u. a. JOACHIM J. KRAUSE, Citations, Allusions, and Marking Them in the Hebrew Bible. A Theoretical Introduction with Some Examples, in: BibInt 30 (2022); HERMANN-JOSEF STIPP, Die Erkennbarkeit intentionaler innerbiblischer Intertextualität am Beispiel von Jeremia 26 und 36, in: Joachim J. Krause/Kristin Weingart (Hg.), Exegetik des Alten Testaments. Bausteine für eine Theorie der Exegese (FAT 127), Tübingen 2021; KRISTIN WEINGART, Erkennst du auch, was du liest? Zur Markierung von Zitaten im Alten Testament, in: Raik Heckl (Hg.), Methodik im Diskurs. Neue Perpsektiven für die Alttestamentliche Exegese (BThSt 156), Neukirchen-Vluyn 2015; ZIONY ZEVIT (Hg.), Subtle Citation, Allusion, and Translation in the Hebrew Bible, Sheffield, Bristol 2017.

127 Vgl. hierzu den *Exkurs* zur Bedeutung der Rezipierenden im Folgenden. „Rezeptionsästhetisch ist das Allusionssignal somit ein Impuls im Rezeptionsangebot des Textes, dessen

doch insofern eine Autorin oder ein Autor bei der Verwendung intertextueller Bezugnahmen intendiert, dass solche durch die Rezipierenden wahrgenommen werden (können), da sie eine (rhetorische, literarische, o. ä.) Funktion für den Text selbst oder den Kommunikationsprozess zwischen Autor oder Autorin und Rezipierenden haben und eine bestimmte Leselenkung bewirken sollen, stehen mehrere „spezifische Intertextualitätssignale als Hilfsmittel und Garanten eines erfolgreichen Kommunikationsprozesses zur Verfügung."[128] Diese lassen sich unter dem aus den Literaturwissenschaften entlehnten Begriff der *Markierung* subsumieren.[129]

3.2.1.1 Qualität der Markierung

Grundsätzlich kann eine Differenzierung zwischen *unmarkierten*, *implizit markierten* und *explizit markierten* intertextuellen Einschreibungen aufgestellt werden.[130] Eine unmarkierte intertextuelle Bezugnahme liegt dann vor, „wenn neben einem notwendigen Verzicht auf linguistische und/oder graphemische Signale eine sprachlich-stilistische Kongruenz von Zitatsegment und Kontext vorliegt – eine Art literarischer Mimikry."[131] Darüber hinaus kann eine intertextuelle Referenz als unmarkiert eingestuft werden, wenn die Referenz an sich indirekten Charakter trägt und den Rezipierenden keine eindeutigen Signale für die Identifikation eines Schriftbezugs gegeben werden. Insofern eine Autorin oder ein Autor das Erkennen der intertextuellen Bezugnahmen intendiert und sich hierzu verschiedener Intertextualitätssignale bedient, „lassen sich a priori eine eher esoterische (= implizite) und eine eher exoterische (= explizite) Markierungsart als grundlegende Verfahrensweisen unterscheiden."[132] Insbesondere die Signale

---

Wirkung zumeist von der textarchäologischen Aktivität des Rezipienten abhängt." HEBEL, Romaninterpretation als Textarchäologie, 65.

128 HELBIG, Intertextualität und Markierung, 15. Daher versteht auch Udo Hebel „die Markierung des intertextuellen Bezugs als Manifestation einer im Produktionsprozeß wirksamen Absicht des Autors." HEBEL, Romaninterpretation als Textarchäologie, 31.

129 Unter einer Markierung versteht Jörb Helbig „spezifische sprachliche oder graphemisch-visuelle Signale [...], die eine intertextuelle Einschreibung erst als solche kennzeichnen (eben: ‚markieren') sollen – sei es, indem sie zu dieser hinzutreten, sei es, daß sie der Einschreibung inhärent sind und durch deren Kontextualisierung Markierungscharakter erhalten." HELBIG, Intertextualität und Markierung, 54. Mit Blick auf die Kategorien zur Skalierung von Intertextualität von Broich/Pfister ist die Markierung einer intertextuellen Bezugnahme demnach maßgeblich für den Grad ihrer *Referentialität* von Bedeutung.

130 Vgl. a. a. O., 55.

131 A. a. O., 88. Insofern dabei intendiert wird, dass die intertextuelle Referenz nicht als solche erkannt wird, sondern diese als eigenes Gedankengut dargestellt werden soll, wäre auch vom *Plagiat* zu sprechen.

132 A. a. O., 92.

einer impliziten Markierung können stark divergieren und gestalten sich facettenreich.[133] Daher können implizite Markierungen „trotz einer möglicherweise stark ausgeprägten Konventionalisierung immer nur als Indiz für Intertextualität fungieren, niemals jedoch als eindeutiger Beweis."[134] Implizit markierte intertextuelle Einschreibungen beinhalten stets eine gewisse Ambiguität. Sie legen zum einen nicht eindeutig ihre Intertextualität offen und zum anderen verweisen sie nicht eindeutig auf den Referenztext. Implizite Markierungen können u. a. in der Störung der Kohäsion oder der Kohärenz eines Textes ausgemacht werden, z. B. in sprachlich-syntaktischen oder semantischen Brüchen. Jörg Helbig geht davon aus, dass die Anwendung impliziter Markierungen primär dann vorliegt, wenn „ein kompetentes Publikum mit adäquatem literarischen Vorwissen unaufdringlich auf das Vorhandensein eines intertextuellen Bezugs aufmerksam" gemacht werden soll.[135] Als maßgebliches Kriterium einer Abgrenzung von impliziter und expliziter Markierung ist demnach zum einen eine „Tendenz zur Monosemierung, die es einem Rezipienten auch ohne hinreichende literarische Vorkenntnisse erleichtern soll, einen intertextuellen Verweis als solchen zu erkennen"[136], festzustellen. Und zum anderen bewirkt eine explizit markierte intertextuelle Einschreibung „einen mehr oder weniger deutlichen Bruch in der Rezeption und macht es dem Rezipienten dadurch unmöglich, die Markierung zu übersehen."[137] Als Verfahren einer expliziten Markierung nennt Helbig: 1. Onomastische Signale (re-used figures; re-used authors); 2. Linguistische Codewechsel; und 3. Graphemische Interferenzen.[138] Während linguistische Codewechsel und graphemische Interferenzen hinsichtlich der Untersuchung von Schriftbezügen im Werk des Paulus nicht so sehr von Interesse sind, so gilt dies hingegen für onomastische Signale,[139] die als wichtige Formen

---

[133] Vgl. a. a. O., 95. Helbig spricht von einer „polyvalenten Natur" impliziter Markierungen.

[134] Ebd.

[135] Ebd. Ob dieser Kommunikationsprozess im Einzelfall gelingt, hängt laut Helbig allerdings von drei Faktoren ab: 1. „Vom Bekanntheitsgrad des alludierten Referenztextes und vom Bekanntheitsgrad der jeweils übernommenen Spur"; 2. „Vom Grad der Veränderung dieser Spur"; 3. „Vom flankierenden Gebrauch intensivierender Maßnahmen." HELBIG, Intertextualität und Markierung, 95.

[136] HELBIG, Intertextualität und Markierung, 112.

[137] Ebd.

[138] Vgl. ebd.

[139] Ähnlich ULRICH BROICH, Formen der Markierung von Intertextualität, in: Ulrich Broich/Manfred Pfister (Hg.), Intertextualität. Formen, Funktionen, anglistische Fallstudien (Konzepte der Sprach- und Literaturwissenschaft 35), Tübingen 1985, 40: „Eine besonders extreme Form von Markierung eines intertextuellen Bezugs im werkimmanenten Kommunikationssystem liegt schließlich vor, wenn ein Autor Figuren aus anderen literarischen Texten in seinem Text leibhaftig auftreten läßt."

der expliziten Markierung einer intertextuellen Bezugnahme hervorgehoben werden können.[140]

Zu den drei Grundtypen tritt als besondere Form intertextueller Markierung die thematisierte Intertextualität hinzu. Thematisierte Intertextualität lässt sich ebenfalls als explizit markierte Intertextualität bezeichnen. Doch sticht sie in ihrem Grad der Explizitheit dadurch hervor, dass im Text selbst z. B. eine literarische oder intertextuelle Handlung (Textproduktion o. Textrezeption) beschrieben oder sprachlich vorausgesetzt wird. Diese kann u. a. durch den Gebrauch entsprechender Verben der Kommunikation (sagen, sprechen, nennen o. ä.) oder Meta-Kommunikation (schreiben, lesen, zitieren o. ä.) als solche offen gelegt werden. In seiner Extremform liegt thematisierte Intertextualität dann vor, wenn im Metatext explizit auf den entsprechenden Referenztext verwiesen wird.

In der Exegese wird klassischerweise nach „Einleitungsformeln" für Schriftzitate gefragt. Aus der Perspektive der beschriebenen, aus den Literaturwissenschaften entliehenen Analyseparametern lassen sich solche formelhaften Einleitungen, wie sie in den biblischen Schriften und seiner Umwelt zu finden sind i. d. R. als explizite Markierungen intertextueller Einschreibungen verstehen, die zudem häufig durch die Verwendung von Verben der Kommunikation oder gewissen Signalwörtern geprägt sind und dadurch in gewisser Weise sogar als Thematisierung von Intertextualität gewertet werden können.

3.2.1.2 Quantität der Markierung

Zur Erfassung der qualitativen Charakteristik als unmarkierte, implizit oder explizit markierte intertextuelle Einschreibung, treten weitere Faktoren hinzu, die den Grad der Intensität eines intertextuellen Bezugs beeinflussen. Ob ein gewisser Referenztext emphatisch markiert wird, lässt sich neben den genannten qualitativen Aspekten auch anhand der Quantität seiner Markierung ablesen. Denn nur selten sind intertextuelle Markierungen isolierte Erscheinungen. Viel häufiger begegnet das Phänomen einer Kombination von Intertextualitätssignalen und somit eine *mehrfachmarkierte Intertextualität.*[141] Diese erschließt sich u. a. aus den Faktoren der *Frequenz*, der *Proportion* sowie der *Distribution* von Markierungen.[142]

Insofern man das Erkennen einer intertextuellen Referenz durch die Rezipierenden garantieren möchte, wird dieser im Metatext „oft auf verschiedenen

---

140 Hinsichtlich der Verwendung von re-used figures und re-used authors ließe sich in bestimmten Fällen auch von dem Phänomen der *Interfiguaralität* sprechen.

141 Vgl. HELBIG, Intertextualität und Markierung, 126.

142 Vgl. a. a. O., 97f.

Ebenen und durch verschiedene Verfahren gleichzeitig markiert."[143] Diese Steigerung der *Frequenz* der Einspielung ein und derselben intertextuellen Bezugnahme kann „als klassischer *intensifier* betrachtet werden, da durch den eintretenden Konditionierungseffekt der Aufmerksamkeitswert der gelegten intertextuellen Spuren steigt."[144] Dass die Intensität einer intertextuellen Spur darüber hinaus mit der *Proportion* seiner Einschreibung in den Metatext steigt, liegt auf der Hand. Doch die Proportionierung einer intertextuellen Bezugnahme kann im Verlauf eines Textes auch divergieren und eine „dynamische Komponente haben, das heißt, die Bezüge auf ein und denselben Prätext können im Verlauf eines Textes von wachsender oder von abnehmender Deutlichkeit sein."[145] Schließlich gilt es auch die *Distribution* intertextueller Referenzen und ihre *Exponiertheit* zu betrachten,[146] d. h. ihre Positionierung und Stellung innerhalb des Metatextes. Als Orte der Emphase sind dabei insbesondere formale Zäsuren im Text, z. B. der Textanfang[147] und der Textschluss zu berücksichtigen.[148]

---

143 BROICH, Formen der Markierung von Intertextualität, 44.

144 HELBIG, Intertextualität und Markierung, 100.

145 BROICH, Formen der Markierung von Intertextualität, 45. „In manchen Fällen erfolgt der Verweis auf einen Prätext beim ersten Mal noch mit relativ großer Offensichtlichkeit, um dann im weiteren Verlauf, wenn der Autor sicher sein kann, daß der Leser den intertextuellen Bezug hergestellt hat, immer weniger klar markiert zu werden." BROICH, Formen der Markierung von Intertextualität, 45.

146 Aus der Verwendung der Mehrfachmarkierung einer einzelnen intertextuellen Spur einerseits und der Distribution verschiedener Markierungsarten andererseits ergeben sich unterschiedliche Möglichkeiten der Rezeptionslenkung. „Das Hinzutreten einer expliziten Markierung zu ansonsten unmarkierten oder implizit markierten Einschreibungen gleicher Verweisrichtung ist zweifellos geeignet, einen spezifischen intertextuellen Bezug im Bewußtsein des Rezipienten zu motivieren. Je nachdem, ob dabei eine Progression oder Degression der Markierungsdeutlichkeit erkennbar wird, können u. U. Rückschlüsse auf die jeweils zugrunde liegende Wirkungsabsicht gezogen werden. Das frühe Auftreten einer expliziten Markierung signalisiert autoritativ die Präsenz des Referenztextes und veranlaßt den Leser aufgrund einer ostentativen Störung der Textisotopie, eine intertextuelle Bezugnahme bewußter wahrzunehmen und daher auch stärker zu memorieren." HELBIG, Intertextualität und Markierung, 129. Und er fährt fort:„Ist eine starke explizite Markierung den schwächer markierten Einschreibungen hingegen nachgestellt, werden dem Rezipienten bedeutungsrelevante Informationen erst retrospektiv zugänglich gemacht, so daß eine entsprechende Neubewertung des manifesten Textes oder gar dessen Re-Lektüre erforderlich werden kann." HELBIG, Intertextualität und Markierung, 130.

147 „Insbesondere dient dabei der Textanfang als Aufmerksamkeitsfokus, und zwar für alludierte und alludierende Texte gleichermaßen: Der Textanfang besitzt erstens einen vergleichsweise hohen Bekanntheitsgrad, der ihn als emphatisches Referenzobjekt ausweist, zweitens kann der Anfang des manifesten Textes mit einem gesteigerten Aufmerksamkeitswert rechnen, da sich der Rezipient aufgrund des kataphorischen Charakters von Textanfängen zunächst konzentriert in die Darstellung einlesen muß." HELBIG, Intertextualität und Markierung, 105.

148 Vgl. ebd.

3.2.1.3 *Progressionsskala intertextueller Markierung*

Um die verschiedenen Formen und Verfahren intertextueller Markierung und ihre intertextuelle Intensität auszumachen, entwickelt Helbig als Ergebnis seiner Markierungstheorie eine *Progressionsskala.*[149] Diese soll als heuristische Hilfskonstruktion dienen, um die „Grade unterschiedlicher Markierungsdeutlichkeit“ zu lokalisieren.[150] Neben der Beschreibung der Form intertextueller Einschreibungen als unmarkierte, implizit oder explizit markierte Intertextualität wird in dieser Progressionsskala sowohl die *Markierungsdeutlichkeit* als auch die *Wahrscheinlichkeit intertextuellen Missverstehens* erfasst, die einer intertextuellen Einschreibung inhärent sind. Die Progressionsskala ist in vier Bereiche unterteilt: Die *Nullstufe*, die *Reduktionsstufe*, die *Vollstufe* und die *Potenzierungsstufe* intertextueller Markierung.

1. Bei der *Nullstufe* handelt es sich um unmarkierte intertextuelle Referenzen, die dementsprechend keine oder nur eine äußerst geringe Markierungsdeutlichkeit enthalten und eine hohe Wahrscheinlichkeit eines intertextuellen Missverstehens beinhalten. Dies ist wohlmöglich intendiert, insofern nicht gewollt ist, dass die intertextuelle Referenz als solche erkannt wird. Oder aber es wird nicht für notwendig erachtet eine Markierung zu setzen, da von einem gemeinsamen intertextuellen Wissen zwischen Schreibenden und Rezipierenden ausgegangen wird, die Bezugnahme für eindeutig gehalten wird oder aber unbeabsichtigt einspielt wurde.
2. Bei der *Reduktionsstufe* handelt es sich um implizite Einschreibungen, bei denen die Intertextualität einer Referenz nicht dezidiert aufgedeckt, aber mittels der Emphase durch Position und Quantität, Faktoren folglich der Frequenz, Proportion und Distribution, eine Dechiffrierung als eine solche begünstigt werden. Mit dem Maß der Emphase steigt hierbei einerseits die Markierungsdeutlichkeit und andererseits sinkt die Wahrscheinlichkeit intertextuellen Missverstehens, wenngleich sie auf dieser Stufe noch relativ ausgeprägt ist.
3. Bei der *Vollstufe* intertextueller Markierung handelt es sich um explizit markierte Einschreibungen, bei denen durch das Auftreten von Interferenzen im Text (linguistische Codewechsel, onomastische Markierungen o. ä.) die Intertextualität der Referenz nachdrücklich offengelegt wird. Die Markierungsdeutlichkeit steigt somit, während der Grad der Wahrscheinlichkeit eines intertextuellen Missverstehens abnimmt. „Im Rahmen dieser Vollstufe intertextueller Markierung wird im Gegensatz zu Null- und Reduktionsstufe nicht nur die Deutlichkeit einer Referenz, sondern auch ihre

---

[149] Zur Rezeption der Proressionsskala von Jörg Helbig in der Exegese vgl. STEFAN SEILER, Text-Beziehungen. Zur intertextuellen Interpretation alttestamentlicher Texte am Beispiel ausgewählter Psalmen (BWANT 202), Stuttgart 2013, 26–29.

[150] HELBIG, Intertextualität und Markierung, 83.

Transparenz verstärkt. Ganz im Sinne des von der Intertextualitätsforschung vielzitierten Palimpsests wird im Zuge expliziter Markierung, bildlich gesprochen, die Textoberfläche durchlässig gemacht."[151]

4. Die höchste Ebene intertextueller Markierung wird nach der Progressionsskala mit der *Potenzierungsstufe* erreicht. Diese ist erreicht, insofern die intertextuelle Relation eines Textes aufgedeckt wird, indem diese sprachlich thematisiert oder eine Intertextualitätshandlung beschrieben wird.[152] „Hierzu gehören beispielsweise meta-kommunikative Verben zur Bezeichnung der Rezeption von Texten wie: lesen, vorlesen, verlesen, ablesen, rezipieren, zitieren, rezitieren, deklarieren, etc."[153] Dieser Gipfelpunkt intertextueller Markierung ist der Ort der geringsten Wahrscheinlichkeit intertextuellen Missverstehens und der höchstmöglichen Markierungsdeutlichkeit.[154] „Dieser Punkt wird mit der konsequent durchgeführten Extremlösung expliziter Markierung erreicht, nämlich mit der Identifizierung eines Referenztextes *expressis verbis,* die eine normative intertextuelle Bezugsfolie präskribiert."[155]

3.2.2 Referenztypen

Während der dargestellte Aspekt der *Markierung* als solcher sowohl terminologisch als auch thematisch den Literaturwissenschaften entstammt und in dieser Ausführlichkeit bislang nicht in der Erforschung der Schriftrezeption im Neuen Testament und des paulinischen Schriftgebrauchs miteinbezogen wurde, bestanden und bestehen vorliegende exegetische Forschungsinteressen häufig in der Erörterung von Kriterien zur Identifikation und Klassifikation der neutestamentlichen resp. paulinischen Schriftbezüge.[156] Doch hinsichtlich „der formalen

---

151 A. a. O., 111. Intertextuelle Referenzen der Vollstufe besitzen somit ein hohes Maß an Kommunikativität.

152 Diese oberste Ebene der Progressionsskala ist mit dem innersten Kreis des Grades der Autoreflexivität vergleichbar, wie er von Broich/Pfister beschrieben wird (s o.).

153 Helbig, Intertextualität und Markierung, 131.

154 Vgl. a. a. O., 135.

155 Ebd. Bezüge, die auf der Potenzierungsstufe eingeordnet werden, sind somit durch eine starke Referentialität geprägt.

156 „The formulation of agreed criteria for identifying both citations and allusions is a further key methodological focus of OT/NT research." Susan E. Docherty, Crossing Testamentary Borders. Methdological Insights for OT/NT Study from Contemporary Hebrew Bible Scholarship, in: David M. Allen/Steve Smith (Hg.), Methodology in the Use of the Old Testament in the New. Context and Criteria (LNTS 579) 2019, 15. Eine Differenzierung von Referenztypen intertextuellen Einschreibungen mit Blick auf die frühjüdische Literatur abseits des Neuen Testaments findet sich bei Armin Lange/Matthias Weigold, Biblical Quotations and Allusions in Second Temple Jewish Literature (JAJSup 5), Göttingen 2011, 23–29.

Kennzeichnung der ‚Pauline techniques of interweaving Scripture into his letters' besteht in der Forschung ebenso wenig ein Konsens wie bei der Definition von Kriterien zu ihrer Erfassung."[157] Die oben erläuterten Beschreibungsschemata zur Erfassung und Einordnung intertextueller Markierung können daher auch gewinnbringend in diesen Aspekt der Erforschung des paulinischen Schriftgebrauchs eingebracht werden. Nichtsdestoweniger sollen im Folgenden diesbezüglich die in der Exegese gängigen, klassischen Kriterien und Begrifflichkeiten zur Bestimmung von Referenztypen neutestamentlichen Schriftgebrauchs diskutiert werden.[158] Sie sollen durch solche aus den Literaturwissenschaften ergänzt und so in geeigneter Weise in die vorliegende Untersuchung integriert werden.[159] Bezugnehmend auf bereits bestehende Forschungsansätze

---

157 FLORIAN WILK, Bezüge auf „die Schriften" in den Korintherbriefen, in: Florian Wilk/Markus Öhler (Hg.), Paulinische Schriftrezeption. Grundlagen – Ausprägungen – Wirkungen – Wertungen (FRLANT 268), Göttingen, Bristol, CT, U.S.A. 2017, 150f. Vgl. PORTER, Pauline Techniques of Interweaving Scripture into His Letters. Ähnlich MARKUS ÖHLER, Rezeption des Alten Testaments im 1.Thessalonicherbrief und im Philipperbrief?, in: Florian Wilk/Markus Öhler (Hg.), Paulinische Schriftrezeption. Grundlagen – Ausprägungen – Wirkungen – Wertungen (FRLANT 268), Göttingen, Bristol, CT, U.S.A. 2017, 113: „Ansätze, Schriftrezeption bei Paulus zu kategorisieren, entweder im Kontext der Antike oder mittels moderner Modelle (‚Intertextualität'), gibt es daher zahlreiche." Vgl. aus jüngster Zeit z. B. STEVE SMITH, The Use of Criteria. A Proposal from Relevance Theory, in: David M. Allen/Steve Smith (Hg.), Methodology in the Use of the Old Testament in the New. Context and Criteria (LNTS 579) 2019. Für eine kompakte Diskussion der gängigen Klassifikationen siehe STANLEY E. PORTER, Further Comments on the Use of the Old Testament in the New Testament, in: Thomas L. Brodie/Dennis R. MacDonald/Stanley E. Porter (Hg.), The Intertextuality of the Epistles. Explorations of Theory and Practice (NTM 16), Sheffield 2006.

158 „The traditional categories of quotation, allusion and echo remain part of the sub-disciplinary vocabulary, but work continues as to whether they are appropriate terms and how one best defines them." ALLEN/SMITH, Introduction, 10.

159 „On the one hand, many simply do not define their terms, and most attempts to do so fail to provide the kind of definitions necessary. On the other hand, research continues unabated, occasionally with a passing nod to the idea that there is a problem, but certainly not one that impedes the discussion." STANLEY E. PORTER, The Use of the Old Testament in the New Testament. A Brief Comment on Method and Terminology, in: Craig A. Evans/James A. Sanders (Hg.), Early Christian Interpretation of the Scriptures of Israel. Investigations and Proposals (LNTS 148), London 1997, 88. Angesichts der Einschätzung, dass die Forschung auch heute noch weit von einer standardisierten und von allen Seiten anerkannten Festlegung von Kriterien zur Identifikation und Klassifikation entfernt ist, fordert Porter zurecht: „In order to undertake any such investigation it is imperative that one define the categories under discussion, and then apply them rigorously. Ideally, a common language would be found that all could willingly use, but this is an unreasonable expectation. Therefore, short of a common language, interpreters should be clear in their own terminology and the application thereof. This would allow categories of usage to be compared and discussed." PORTER, The Use of the Old Testament in the New Testament, 94f.

wird im Folgenden eine vierfach unterteilte Klassifikation intertextueller Referenztypen vorgenommen: 1) *Zitat*; 2) *Paraphrase*; 3) *Allusion*; 4) *Echo*.[160]

3.2.2.1 *Zitat*

„The question of what constitutes a ‚citation' is one of the most controverted issues in the modern study of ancient quotations."[161] In seinem forschungsgeschichtlich wirksam gewordenen Werk zum *Zitat in der Erzählkunst*, definiert Hermann Meyer ein Zitat als *wortlautliche Anführung*. „Diese braucht nicht wörtlich genau zu sein; sie kann, aus welchen Gründen auch immer, mehr oder weniger stark vom Originaltext abweichen, und es wird sich zeigen, daß diese Gründe oft recht interessant sind. Der springende Punkt bei unserer Abgrenzung ist aber der, daß nicht bloß der Inhalt, sondern auch und vor allem der Wortlaut von literarischen Stellen gemeint und bis zu einem gewissen Grade getreu wiedergegeben ist."[162] Dieser *Grad*, von dem Meyer spricht, ist in der Forschung kontrovers diskutiert und unterschiedlich bestimmt worden. Eine relativ gängige Festlegung auf die Übereinstimmung eines Minimums von drei aufeinanderfolgenden Lexemen, die auch in dieser Studie als Orientierung dienen soll, findet sich mit Blick auf Schriftbezüge im Neue Testament und deren Kategorisierung z. B. bei Stanley E. Porter: „If one uses a criterion of length of citation, I think that three words is still a useful minimum."[163]

Im Anschluss an die Arbeit von Dietrich-Alex Koch, der als einer der ersten Bibelwissenschaftler eine ausführliche Diskussion hinsichtlich angebrachter Kriterien zur Bestimmung von Schriftbezügen in die Paulusforschung einbrachte,[164] und die Studie von Christopher D. Stanley, der in seiner Untersu-

---

160 Eine ähnliche Einteilung findet sich u. a. bei ÖHLER, Rezeption des Alten Testaments im 1.Thessalonicherbrief und im Philipperbrief?, oder bei PORTER, Allusions and Echoes. Eine leicht abweichende Kategorisierungen findet sich z. B. bei WILK, Bezüge auf „die Schriften" in den Korintherbriefen, 151f., der sechs übergeordnete Modi der Schriftrezeption unterteilt.

161 STANLEY, Paul and the Language of Scripture, 4. Ähnlich Porter: „What constitutes a direct quotation? For the most part, one might think that this would be relatively easy to identify. It is not, apparently." PORTER, Pauline Techniques of Interweaving Scripture into His Letters, 29. Siehe zum Thema ausführlich MOYISE, Quotations.

162 HERMANN MEYER, Das Zitat in der Erzählkunst. Zur Geschichte und Poetik des europäischen Romans, Stuttgart [2]1960, 15.

163 PORTER, Pauline Techniques of Interweaving Scripture into His Letters, 31.

164 So stellt er u. a. einen Katalog von sechs Kriterien auf, mit dem bestimmt werden kann, ob ein Zitat durch die Rezipierenden eines Textes als solches erfasst werde konnte, obwohl jenes nicht explizit durch eine Einleitungsformulierung gekennzeichnet ist: 1) Das gleiche Zitat wurde „im engeren Kontext bereits ausdrücklich zitiert"; 2) Auf den Schriftbezug folgt eine erklärende Glosse, welche deutlich auf den Zitatcharakter des Vorange-

chung ebenfalls als einer der ersten eine Definition von Schrift*zitaten* für die Untersuchung von Schriftbezügen im Neuen Testament vorlegte,[165] formulierten in jüngerer Zeit Sean Adams und Seth Ehorn folgende Kriterien zur Definition eines Zitats: „The text must be marked as a citation in some manner, either with: (1) an explicit attribution to an author or speaker; (2) the use of an introductory formula; (3) a noticeable break in syntax between the citation and its new literary context; or, (4) if the citation is well-known in antiquity or cited elsewhere by the same author it can reasonably be considered a citation."[166]

Bezugnehmend auf die skizzierten Definitionsversuche werden Zitate in der hiesigen Studie als intertextuelle Referenzen verstanden, die i. d. R. explizit als solche markiert sind und eine wörtliche Wiedergabe des Prätextes von mindestens drei Lexemen enthalten.[167] Eingeordnet in Jörg Helbigs Progressionsskala intertextueller Markierung kann ein Zitat als intertextuelle Einschreibung ver-

---

gangenen verweist; 3) Der Wortlaut des Schriftbezugs ist „syntaktisch nicht in den Kontext integriert"; 4) Der Wortlaut hebt sich „stilistisch deutlich vom jetzigen Kontext" ab; 5) Der Schriftbezug wurde durch den Autor mit einer indirekten Markierung versehen „z. B. mit μενοῦνγε, ὅτι, ἀλλὰ oder einem eingefügten γὰρ oder δὲ"; 6) Bei dem betreffenden Wortlaut handelt es sich um einen Ausspruch aus dem „gemeinsamen Bildungs- und Überlieferungsgut von Verfasser und Lesern". Dabei ist ihm bewusst: „Entscheidungen über den Zitatcharakter eines übernommenen Wortlauts aufgrund der beiden zuletzt genannten Kriterien sind naturgemäß unsicher." DIETRICH-ALEX KOCH, Die Schrift als Zeuge des Evangeliums. Untersuchungen zur Verwendung und zum Verständnis der Schrift bei Paulus (BHTh 69), Tübingen 1986, 13ff. Für eine ausführliche Auseinandersetzung mit den Kriterien von Koch vgl. STANLEY, Paul and the Language of Scripture, 34–37.

165 Um das zu untersuchende Material eindeutig abgrenzen und auf solche Schriftbezüge reduzieren zu können, die zweifelsfrei von den Rezipierenden als Zitate wahrgenommen werden konnten (vgl. STANLEY, Paul and the Language of Scripture, 56), nimmt Stanley eine enger gefasste Definition von Zitaten vor als Koch: „Three criteria will be used to determine which verses count as ‚citations' under this narrow definitions: (1) those introduced by an explicit quotation formula (‚as it is written', etc. – the bulk of the texts; (2) those accompanied by a clear interpretive gloss (e.g. 1 Cor 15.27); and (3) those that stand in demonstrable syntactical tension with their present Pauline surroundings." STANLEY, Paul and the Language of Scripture, 37. Dieser Definition folgt u. a. J. R. WAGNER, Paul and Scripture, in: Stephen Westerholm (Hg.), The Blackwell Companion to Paul, Chichester, West Sussex, Malden 2011, siehe insbesondere 155ff.

166 SEAN A. ADAMS/SETH M. EHORN, What is Composite Citation? An Introduction, in: Dies. (Hg.), Composite Citations in Antiquity. Volume One: Jewish, Graeco-Roman, and Early Christian Uses (LNTS 525), London 2016, 3. Das vierte Kriterium von Adams und Ehorn ist gegenüber den drei vorherigen stärker textextern und besitzt daher gegenüber diesen einen nachgeordneten Charakter. Eine kritische Auseinandersetzung mit den Kriterien von Koch und Stanley findet sich zudem bei PORTER, The Use of the Old Testament in the New Testament, 82, sowie PORTER, Pauline Techniques of Interweaving Scripture into His Letters, 30.

167 Einen Ausnahmefall stellen lediglich solche Zitate dar, die intentional unmarkiert in einen Metatext integriert wurden.

standen werden, bei der durch erkennbare Interferenzen im Text die Intertextualität nachdrücklich transparent gemacht wird.[168] Zitaten ist dabei ein hoher Grad an Markierungsdeutlichkeit inhärent, während die Wahrscheinlichkeit eines intertextuellen Missverstehens relativ gering ist. Gemessen an den Skalierungen von Broich/Pfister besitzen direkte Zitate typischerweise sowohl eine starke Referentialität als auch eine hohe Selektivität, sowie eine ausgeprägte Kommunikativität.

3.2.2.2 Paraphrase

Die Klassifikation einer intertextuellen Einschreibung als Paraphrase wird nicht in allen methodologischen Reflexionen auf Schriftbezüge im Neuen Testament vorgenommen.[169] Dies liegt u. a. an ihrem hybriden Charakter. Einerseits besitzt sie einen verhältnismäßig expliziten Charakter, andererseits rückt sie durch ihre – gegenüber einem Zitat – freien, punktuellen oder umschreibenden Wiedergabe eines Prätextes in die Nähe einer Allusion. Im Folgenden sollen Paraphrasen im Anschluss an Koch[170], Wilk[171] und Öhler[172] als intertextuelle Referenzen verstanden werden, die den Sinn, den Wortlaut oder die Struktur ihres Prätextes – i. d. R. Erzähltexte – übernehmen und frei, d. h. in verkürzter Form oder in eigenen Worten wiedergeben.

Mit Blick auf die Progressionsskala von Jörg Helbig lassen sich Paraphrasen in ihrem Grad der Markierungsdeutlichkeit somit im unteren Bereich der Vollstufe ansiedeln, insofern sie linguistisch oder onomastisch markiert sind oder im oberen Bereich der Reduktionsstufe, insofern sie lediglich implizit – dann jedoch mit gewisser Emphase – markiert sind.[173]

---

168 Vgl. HELBIG, Intertextualität und Markierung, 111.

169 „Paraphrase has a problematic history in literary-critical discussion of the last nearly one-hundred years, for a number of reasons. This may be one of the reasons that paraphrase is not included in discussion of Old Testament citation by all scholars involved, but is often included within the category of allusion by many scholars.“ PORTER, Pauline Techniques of Interweaving Scripture into His Letters, 31.

170 Vgl. KOCH, Die Schrift als Zeuge des Evangeliums, 15.

171 Vgl. WILK, Bezüge auf „die Schriften“ in den Korintherbriefen, 151.

172 Vgl. ÖHLER, Rezeption des Alten Testaments im 1.Thessalonicherbrief und im Philipperbrief?, 113.

173 Zitate und Paraphrasen lassen sich demnach als *explizite Schriftbezüge* bezeichnen, wohingegen Allusionen und Echos i. d. R *implizite Schriftbezüge* darstellen. Vgl. zu dieser terminologischen Differenzierung u. a. FLORIAN WILK, Schriftbezüge im Werk des Paulus, in: Friedrich W. Horn (Hg.), Paulus Handbuch, Tübingen 2013, 482–487.

3.2.2.3 *Allusion*

Die Definition einer intertextuellen Bezugnahme als Allusion oder Anspielung (lat. *alludere*: [auf etwas] anspielen, [etwas] andeuten) „has been one of the most difficult terms to define in literary criticism, and hence also in biblical studies.“[174] Im Anschluss an die Literaturwissenschaftler Clarence H. Holman und William F. Thrall[175] arbeitet Stanley Porter fünf Kriterien heraus, die zur Definition einer Allusion herangezogen werden können: 1) Die betreffende Referenz kann sich auf historische oder literarische Entitäten beziehen, sowohl Personen und Ereignisse als auch auf Objekte; 2) Die Referenz ist in Opposition zu Zitaten oder Paraphrasen indirekt;[176] 3) Allusionen sind seitens der Autorinnen oder Autoren intendiert; 4) Allusionen können ohne das Wissen der Rezipierenden auftreten;[177] 5) Allusionen besitzen funktional die größte Effektivität, insofern ein gemeinsames Wissens- und Lektürerepertoire von Schreibenden und Lesenden vorliegt.[178] *Summa summarum*: „Allusion is a figure used by the author to reference specific types of material for a functional purpose.“[179]

Gegenüber den bereits skizzierten direkten Bezugsformen des Zitats und der Paraphrase ist erstens festzuhalten, dass Allusionen einen indirekteren Charakter und u. a. eine deutlich geringere Selektivität haben. Ein zweites Charakteristikum, welches es festzuhalten gilt, ist die Intentionalität von Allusionen.[180] Als Arbeitsdefinition lassen sich Allusionen daher als intertextuelle Bezugnahmen verstehen, die i. d. R. ausgewählte Elemente[181] eines Prätextes (intentional) in den eigenen Text aufnehmen und von einer Wahrnehmung durch die Rezipierenden ausgehen.[182]

---

174 PORTER, Pauline Techniques of Interweaving Scripture into His Letters, 32.

175 CLARENCE H. HOLMAN/WILLIAM F. THRALL, A Handbook to Literature, Indianapolis [4]1980, hier 12f.

176 Eine Paraphrase besitzt somit zumeist eine geringere Referentialität.

177 Der Grad der Kommunikativität seitens der Rezipierenden ist deutlich geringer als dies bei direkten Bezugnahmen der Fall ist.

178 Vgl. PORTER, Allusions and Echoes, 30f.

179 A. a. O., 31.

180 „Some form of intentionality is required to establish an allusion.“ A. a. O., 35. Freilich können weder der indirekte noch der intentionale Charakter als hinreichende Kriterien für eine Allusion gelten, jedoch als notwendige.

181 Dabei kann es sich sowohl um ausgewählte Formulierungen und Ausdrücke, Motive, markante Wortverbindungen oder einen bestimmten Sachverhalt als auch um Namen, Personen und Geschehnisse sowie um weitere Elemente handeln.

182 Vgl. ÖHLER, Rezeption des Alten Testaments im 1.Thessalonicherbrief und im Philipperbrief?, 113. Ähnlich Beale, der mit Blick auf die Schriftbezüge im Neuen Testament eine Allusion wie folgt definiert: „An ‚allusion‘ may simply be defined as a brief expression consciously intended by an author to be dependent on an OT passage.“ BEALE, Handbook on the New Testament Use of the Old Testament, 31. Ähnlich auch Wilk, der mit Blick auf den Schriftgebrauch des Paulus äußert: „Bei einer Anspielung hat Paulus eine Formulierung der Schrift unter Beachtung ihres (kontextuell bedingten) Sinngehalts in die eigenen

Innerhalb der Progressionsskala von Jörg Helbig können Allusionen abhängig von ihrer Emphase und ihrer Markierungsdeutlichkeit durch onomastische Interferenzen sowohl im untersten Bereich der Vollstufe als auch innerhalb der gesamten Reduktionsstufe verortet werden. Sie können demnach eine Spanne von einem relativ geringen bis zu hin zu einem relativ deutlichen Grad intertextueller Markiertheit umfassen. Der deutlich implizitere Charakter gegenüber Zitaten und Paraphrasen ist Allusionen innerhalb der Progressionsskala u. a. hinsichtlich der geringeren Selektivität und der potenziell höheren Wahrscheinlichkeit intertextuellen Missverstehens inne.

3.2.2.4 Echo

Die Bezeichnung einer intertextuellen Referenz als Echo ist durch Richard Hays und seine Rezeption des Literaturwissenschaftlers John Hollander[183] in die Diskussion um Schriftbezüge im Neuen Testament eingebracht worden.[184] Insbesondere die Differenzierung zwischen Allusionen einerseits und Echos andererseits liegt jedoch nicht unmittelbar auf der Hand. Hays selbst, der den Begriff in das Forschungsfeld eingeführt hat, differenziert in seinem Hauptwerk *Echoes* nur vage und benutzt die Begriffe teilweise synonym.[185] Aufgrund seiner Unschärfe ist der Terminus verschiedentlich kritisiert worden.[186] Dennoch hat er sich seit seiner Einführung durch Hays fest in der Forschung etabliert.

Ausführungen integriert." WILK, Schriftbezüge im Werk des Paulus, 485. Hinsichtlich des Stellenwerts von Allusionen in der Erforschung der Schriftrezeption im Neuen Testament mahnt Lukas Bormann mit Recht: „Dabei ist zu beachten, dass Allusionen für die Konstitution des Textsinns oftmals eine größere Bedeutung haben als Zitate und deswegen nicht als reduzierte Form des Schriftgebrauchs betrachtet werden sollten, wie das oft in der exegetischen Diskussion um Zitate und Anspielungen geschieht." LUKAS BORMANN, Schriftgebrauch im Kolosser- und im Epheserbrief. Zur Praxis frühchristlicher Text- und Interpretationsgemeinschaft, in: Florian Wilk/Markus Öhler (Hg.), Paulinische Schriftrezeption. Grundlagen – Ausprägungen – Wirkungen – Wertungen (FRLANT 268), Göttingen, Bristol, CT, U.S.A. 2017, 229.

183 Vgl. HAYS, Echoes of Scripture in the Letters of Paul, insbesondere 15ff. und 21. „The concept of allusion depends both on the notion of authorial intention and on the assumption that the reader will share with the author the requisite ‚portable library' to recognize the source of the allusion; the notion of echo, however, finesses such questions: ‚echo is a metaphor of and for, alluding, and does not depend on conscious intention.'" HAYS, Echoes of Scripture in the Letters of Paul, 29, Zitat im Zitat aus HOLLANDER, The Figure of Echo, 64.

184 „The term echo is the newest term to be introduced to the citational pantheon of interpretive terms. In some ways it is so new that it is not found in many literary-critical dictionaries." PORTER, Pauline Techniques of Interweaving Scripture into His Letters, 34.

185 Eine relativ unscharfe Differenzierung, die Hays vornimmt, lautet: „*Allusion* is used of obvious intertextual references, *echo* subtler ones." HAYS, Echoes of Scripture in the Letters of Paul, 29. In ähnlicher Weise differenziert Beale: „Thus the echo is merely a subtle reference to the OT that is not as clear a reference as an allusion."

186 Vgl. u. a. PORTER, Allusions and Echoes, 39.

Während eine Allusion auf eine bestimmte Person, einen bestimmten Ort, Sachverhalt, Gegenstand oder ein ähnliches Element eines Prätextes Bezug nimmt, kann der Begriff Echo für die Bezugnahme mittels thematisch verwandter Sprache, allgemeinerer Begriffe oder Konzepte verwendet werden.[187] Darüber hinaus ist für ein Echo die Intentionalität nicht konstitutiv,[188] wenngleich sie freilich nicht kategorisch auszuschließen ist.[189] Im Folgenden werden Echos daher verstanden als intertextuelle Einschreibungen, die durch wenige (unspezifische) sprachliche Elemente auf einen Prätext oder den Kontext eines Prätextes Bezug nehmen, ohne explizit intendiert sein zu müssen.[190]

Mit Blick auf die Progressionsskala intertextueller Markierung besitzt ein Echo ein hohes Potential intertextuellen Missverstehens sowie eine äußerst geringe oder keine wahrnehmbare Markierungsdeutlichkeit. Ein Echo ist somit eine unmarkierte oder nur schwach implizit markierte intertextuelle Einschreibung und auf der Progressionsskala von Jörg Helbig auf der Nullstufe oder maximal im unteren Bereich der Reduktionsstufe zu verorten.

3.2.2.5 Resümee

Die Zuordnung von intertextuellen Referenzen zu den vier skizzierten Referenztypen *Zitat*, *Paraphrase*, *Allusion* und *Echo* kann im Einzelfall freilich höchst diffizil sein. Insbesondere, da sich die Grenzen der Kategorien gelegentlich überlagern.[191] Nichtsdestoweniger eröffnet die vorgenommene vierfache Differenzierung in Verbindung mit den vorangegangenen Ausführungen zur Beschreibung

---

187 Vgl. a. a. O., 39f. Ähnlich WILK, Schriftbezüge im Werk des Paulus, 486: „Von einem Echo sollte man sprechen, wenn der Kontext eines Schriftworts sich sprachlich und/oder sachlich im Umfeld der betreffenden paulinischen Anführung widerspiegelt."

188 Ähnlich HARMON, She Must and Shall Go Free, 29: „Drawing upon insights from the study of intertextuality, an additional difference between allusion and echo is intentionality; allusions (along with citations) are intentional references by the author, while echoes are such subtle appropriations of scripture that intentionality is often extremely difficult to determine."

189 Diesen Aspekt der Differenzierung zwischen Allusion und Echo hebt besonders Wilk hervor: „Solch eine Unterscheidung erscheint mir aber hilfreich, und sie legt sich vom deutschen Sprachgebrauch her auch durchaus nahe. Eine ‚Anspielung' impliziert die Aktivität des neutestamentlichen Autors; er ist es, der einen alttestamentlichen Text ‚ins Spiel bringt', in der Regel beabsichtigt, auf jeden Fall aber bewusst. Ein Echo hingegen wird vom alttestamentlichen Text erzeugt; dieser Text ruft einen ‚Widerhall' im Neuen Testament hervor, und zwar ohne entsprechende Absicht des Autors." FLORIAN WILK, Paulus als Nutzer, Interpret und Leser des Jesajabuches, in: Stefan Alkier/Richard B. Hays (Hg.), Die Bibel im Dialog der Schriften. Konzepte intertextueller Bibellektüre (NET 10), Tübingen 2005, 100.

190 Vgl. ÖHLER, Rezeption des Alten Testaments im 1.Thessalonicherbrief und im Philipperbrief?, 113.

191 Die oben dargestellten Diskussionen um die Abgrenzung und Definition der einzelnen Referenztypen mag dies ausreichend belegt haben. Daher ist Stanley zuzustimmen, wenn er

und Erfassung der Markierung intertextueller Einschreibungen – als unmarkiert, implizit oder explizit markiert sowie ihrer Verortung auf der Progressionsskala und ihrer Skalierung – ein leistungsfähiges Instrumentarium und Vokabular. Durch die terminologisch relativ klassische, inhaltlich jedoch erweiterte und teils neu gefasste vierfache Differenzierung von Referenztypen kann im Folgenden immer wieder eine bedachte und transparente Zuordnung der Schriftbezüge der paulinischen Homolegumena gewährleistet werden.[192]

Ein zentraler Aspekt, der bei allen Diskussionen um etwaige Kriterien und Klassifikationen nicht aus dem Blick geraten darf, „is the importance of the biblical author's, in some way conscious, intention to invoke extra-textual material in aid of his authorial argument. In other words, there is a functional use by the author of extra-biblical material."[193] Dies gilt völlig ungeachtet dessen, wie eine intertextuelle Einschreibung formal beschrieben oder kategorisiert wird.[194]

---

ausdrücklich den subjektiven Charakter solcher Definitionen betont: „Recent efforts to develop a set of criteria for resolving this problem have been helpful, but their application remains highly subjective." STANLEY, Paul's „Use" of Scripture, 126.

192 Ähnlich Öhler, der in seinem Aufsatz die gleiche Unterteilung vornimmt: „Selbstverständlich muss bedacht werden, dass es zwischen diesen Kategorien fließende Übergänge gibt und nicht alle Schriftreferenzen klar einem der vier Punkte zugeordnet werden können. Da sie trotzdem das nötige Vokabular bieten, um verschiedene Arten der Schriftrezeption zu benennen und zu unterscheiden, werden sie im Folgenden immer wieder aufgegriffen." ÖHLER, Rezeption des Alten Testaments im 1.Thessalonicherbrief und im Philipperbrief?, 113.

193 PORTER, Pauline Techniques of Interweaving Scripture into His Letters, 36 Siehe hierzu weiter unten 4.2.5.

194 Vgl. a. a. O., 38. Auch Jörg Helbig macht darauf aufmerksam, dass die umfänglichsten Ergebnisse in seinem Forschungsfeld „bislang zu den unterschiedlichen Typen und Ausprägungsformen intertextueller Markierung" vorliegen, andere Aspekte der Markierung, „etwa funktionaler oder literarhistorischer Art", hingegen kaum beleuchtet wurden. HELBIG, Intertextualität und Markierung, 17. Diese Beobachtung, die Helbig dem Forschungsbericht seiner Studie voranstellt, deckt sich – wie oben dargestellt – mit dem, was (bis heute) für die Untersuchung von Schriftbezügen im Neuen Testament festzustellen ist. Insofern über das Thema der Identifikation und Markierung von Schriftbezügen gesprochen wird, so beschränkt sich die Diskussion im exegetischen Bereich häufig auf die Nomenklatur und Klassifikation der einzelnen Rezeptionstypen. Dies ist zweifelsohne ein höchst interessanter und überdies sehr wichtiger Aspekt. Weitere – insbesondere funktionale Aspekte – dürfen jedoch nicht aus dem Blick geraten, sondern müssen hinzugenommen werden. An anderer Stelle merkt Helbig daher an: „Eine besonders gravierende Forschungslücke offenbart sich im Bereich der möglichen Funktionen von Markierung. Mit Ausnahme einiger weniger Darlegungen zu den Funktionen von Intertextualität als solcher lassen sich für eine Durchleuchtung des Funktionspotentials intertextueller Markierung keine nennenswerten Forschungsergebnisse heranziehen, obwohl eine Funktionalisierung von Intertextualität doch gerade dort aktuell und sinnvoll wird, wo diese markiert in Erscheinung tritt." HELBIG, Intertextualität und Markierung, 55.

3.2.3 Vorlage

Die Rückfrage nach der jeweiligen Textvorlage eines Schriftbezugs kann traditionell als historisch-kritische Ausgangsfrage in der Untersuchung des neutestamentlichen Schriftgebrauchs betrachtet werden. Insbesondere die ältere Forschung war (teils ausschließlich) daran interessiert, die literarischen (oder mündlichen) Vorlagen für die paulinische Schriftrezeption zu eruieren und hat diesbezüglich wichtige Forschungsergebnisse produziert. Die Rückfrage nach den Vorlagen paulinischer Schriftverwendung steht angesichts vielfältig vorliegender Forschungen zum Thema *nicht* im Vordergrund des Erkenntnisinteresses dieser Studie. Dennoch ist David Allen darin zuzustimmen, wenn er festhält: „Almost all OT/NT work has, in some fashion, to consider *Vorlage* questions."[195] Daher gilt es, diesen Aspekt – auch wenn er in der Analyse nicht im Zentrum stehen soll – (in gebotener Kürze) zu behandeln, ihn als eine *weitere* (nicht als maßgebliche) Analyseperspektive aufzunehmen und im Folgenden einige Kernpunkte der Diskussion kurz zu skizzieren.

Während ältere Forschungsbeiträge hinsichtlich der Suche und Bestimmung der paulinischen *Vorlage* einerseits häufig mit einer Dichotomie von hebräischem Text und LXX operierten und andererseits Textvarianten i. d. R. auf die Kreativität des Autors zurückführten, haben neuere Forschungsansätze mit Blick auf die potentiellen Textvorlagen nuanciert herausgearbeitet, dass die zu beobachtenden Textvarianten in der Schriftrezeption häufig auf divergierende, im 1. Jh. n. Chr. verbreitete Rezensionen und Revisionen der LXX und des hebräischen Textes zurückzuführen sind.[196]

Die wohl ausführlichste Taxonomie, um die Veränderungen der paulinischen Schriftbezüge gegenüber ihren Vorlagentexten zu beschreiben, die auch im Folgenden als Orientierung dienen soll, stammt von Dietrich-Alex Koch. Er hält sieben Modi fest, in denen sich Veränderungen eines Prätextes im Metatext darstellen können: 1) Abänderungen der Wortfolge; 2) Abänderungen von Person, Numerus, Genus, Tempus und Modus; 3) Auslassungen; 4) Zufügungen; 5)

---

195 ALLEN, Introduction, 10.

196 Vgl. a. a. O., 10. Ein Beispiel hierfür bietet die Studie von STANLEY, Paul and the Language of Scripture. „It is now becoming more widely recognized, therefore, that proper investigation of an author's scriptural source(s) requires detailed analysis of each individual citation, because it is no longer possible to rely on general premises about either his use of a standard and settled LXX text or his freedom to adapt his Vorlage." DOCHERTY, ‚Do you Understand what you Are Reading?' (Acts 8.30), 116. Siegfried Kreuzer macht darauf aufmerksam, dass „especially in view of the quotations in the New Testament, there is an additional problem. In most cases, the quotations are older than the oldest manuscripts of the Septuagint." SIEGFRIED KREUZER, New Testament Quotations and the Textual History of the Septuagint, in: Jesper Høgenhaven/Jesper T. Nielsen/Heike Omerzu (Hg.), Rewriting and Reception in and of the Bible (WUNT 396), Tübingen 2018, 66.

Austausch von Zitatteilen durch eigene Formulierungen; 6) Austausch von Zitatteilen durch Formulierungen aus anderen Schriftstellen (Mischzitate); 7) Zusammenfügung mehrere Schriftworte (Zitatkombinationen).[197]

In seinem Entwurf einer Textarchäologie bestimmt der Literaturwissenschaftler Udo Hebel im Wesentlichen vier Teilkategorien, um die Modifikation und Transformation eines Prätextes gegenüber seiner Rezeption im Metatext zu beschreiben: a) *Addition*; b) *Deletion*; c) *Substitution*; d) *Permutation*.[198] Unter diese vier Aspekte lassen sich auch die ersten sechs Modi subsumieren, die Koch ausmacht: a) *Addition*: Zufügungen (4); b) *Deletion*: Auslassungen (3); c) *Substitution*: (Austausch von Zitatteilen durch eigene Formulierungen (6) oder durch Formulierungen aus anderen Schriftstellen (7); d) *Permutation*: Abänderung der Wortfolge (1) oder Abänderung von Person, Numerus, Genus, Tempus und Modus (2).

Kochs Modi *sechs* (Mischzitation) und *sieben* (Zitatkombination) wurden und werden in der jüngeren und gegenwärtigen Forschung unter dem Begriff der *composite citation*[199] vermehrt tiefergehend untersucht.[200] Als Arbeitsdefinition lassen sich *composite citations* dabei wie folgt bestimmen: „A text may be considered a composite citation when literary borrowing occurs in a manner that includes two or more passages (from the same or different authors) fused together and conveyed as though they are only one."[201] Der zusammengesetzte, kompositionelle Charakter eines Zitats äußerst sich demnach durch die Verschmelzung

---

197 Vgl. KOCH, Die Schrift als Zeuge des Evangeliums, 102–86. Eine kritische Diskussion der Taxonomie Kochs findet sich bei STANLEY, Paul and the Language of Scripture, 51–56.

198 Vgl. HEBEL, Romaninterpretation als Textarchäologie, 85.

199 „The term ‚composite citation' includes two distinct modes of engagement with a source text. ‚Combined citations' occur when two or more excerpts are joined back-to-back under a single citation formula or other explicit marker to form a verbal unit that an uninformed audience would take as coming from a single source. ‚Conflated citations' are characterized by the insertion of a word or phrase from one passage into a quotation from another passage with no signal to the audience that such a commingling of texts has taken place." CHRISTOPHER D. STANLEY, Composite Citations. Retrospect and Prospect, in: Sean A. Adams/Seth M. Ehorn (Hg.), Composite Citations in Antiquity. Volume One: Jewish, Graeco-Roman, and Early Christian Uses (LNTS 525), London 2016, 204.

200 Siehe zum Thema ausführlich die beiden Bände von Adams und Ehorn und die darin enthaltenen Beiträge: SEAN A. ADAMS/SETH M. EHORN (Hg.), Composite Citations in Antiquity. Volume One: Jewish, Graeco-Roman, and Early Christian Uses (LNTS 525), London 2016; SEAN A. ADAMS/SETH M. EHORN (Hg.), Composite Citations in Antiquity. Volume Two: New Testament Uses (LNTS 593), London 2018 Die beiden Bände widmen sich u. a. folgenden Fragen: „In what ways can a definition of composite citations be refined? What does a wider consideration of composite citations have to offer New Testament scholarship? How do an author's sources contribute to a consideration of composite citations? Is it possible to distinguish unintentional conflations of texts from intentional merging of texts that share common themes and/or terms? Finally, how do composite citations function within an author's composition?" ADAMS/EHORN, What is Composite Citation?, 13.

201 ADAMS/EHORN, What is Composite Citation?, 4.

zweier oder mehrere Prätexte in der im Metatext vorfindlichen intertextuellen Referenz.[202]

3.2.4 Kontext

Spätestens seit der Arbeit von Charles H. Dodd[203] besteht eine der Kernfragen in der Erforschung neutestamentlicher Schriftrezeption darin, inwiefern die neutestamentlichen Metatexte durch die jeweilige intertextuelle Einschreibung ebenfalls Bezug nehmen auf den Kontext des Prätextes und ob die ursprüngliche Aussageabsicht des alttestamentlichen Bezugstextes resp. des Textzusammenhangs, dem er entstammt, miteinbezogen wird in die Rezeption.[204] Zahlreiche Forscherinnen und Forscher der vergangenen Jahrzehnte „have grappled with the degree to which the original ‚context' – however defined – is transferred along with the cited OT text."[205] Dies gilt insbesondere für den paulinischen Schriftgebrauch. Die Frage, inwiefern Paulus das unmittelbare Umfeld seiner Prätexte im Blick hat und *respektiert*, „continues to evoke widely different answers."[206] Doch obgleich unterschiedlicher Positionen besteht weitgehende Einigkeit darüber, dass die Diskussion, „whether Paul uses scripture according to its original context is a critical issue in his method of argumentation."[207]

Zu Recht hat Arthur Keefer jüngst darauf hingewiesen, dass der Begriff „Kontext" nur in wenigen Beiträgen zum Thema näher hinsichtlich seines semantischen Gehalts bestimmt wird.[208] Dies erschwert in vielen Fällen die Frage, ob die neutestamentlichen Autoren den alttestamentlichen Kontext berücksichtigen bzw. *respektieren*.[209] „Therefore clarity about what is meant by ‚context' to

---

202 „This fusing together must not include conjunctions that break between the two fused texts." A. a. O., 4. Im Einzelfall gilt es jedoch zu prüfen, inwiefern die Präsenz einer Konjunktion im jeweiligen Zitat tatsächlich die Syntax bricht oder nicht. Vgl. ADAMS/EHORN, What is Composite Citation?, 4.

203 CHARLES H. DODD, According to the Scriptures. The Sub-Structure of New Testament Theology, London 1952.

204 Vgl. ALLEN, Introduction, 7. „Broadly speaking, some OT/NT scholars have surmised that the context is preserved when placed within its new (NT) milieu; others have seen the OT lemma change, at times somewhat dramatically, or given a very different sense or function when cited in the NT context." ALLEN, Introduction, 7f.

205 ALLEN/SMITH, Introduction, 4.

206 MOYISE, Quotations, 22.

207 DEBBIE HUNN, Habakkuk 2.4b in its Context. How Far Off Was Paul?, in: JSOT 34 (2010), 219.

208 Vgl. KEEFER, The Meaning and Place of Old Testament Context in OT/NT Methodology, 85.

209 „Since the early and mid-twentieth century, within studies of how the NT uses the OT, the meaning of ‚OT context' has been largely assumed, often unspecified, and used in a plurality of senses. The term continues to be employed with a variety of meanings, and because its distinctions are unstated, it often facilitates disagreement as to how the NT uses the OT, especially in the debate over whether or not the NT ‚respects' the OT text."

a great extent helps to resolve some disputes over the NT's use of the OT, and yet such delineation does not reconcile all disagreement."[210] Bezugnehmend auf die Ausführungen von Steve Moyise[211] benennt Keefer daher zur Differenzierung einen Katalog von *acht* Auffassungen, wie der Begriff *Kontext* verstanden resp. semantisch gefüllt werden kann. Kontext kann demnach verstanden werden als: „(a) The language of the original (linguistic/grammatical); (b) the surrounding verses of the quotations; (c) similar texts elsewhere in the OT; (d) major section(s) of the OT (esp. a single book) (e) OT theme(s); (f) God's redemtiv-historical action (salvation history/theology); (g) the historical situation of the original author; (h) the meaning within the mind of the original authors."[212] Angefangen bei eher *literarischen* Sichtweisen, reichen die von Keefer geschilderten Auffassungen über *thematische* Aspekte bis hin zu *historischen* Verständnissen. Diese inhaltliche Spannweite des Begriffs zeigt an, wie wichtig es ist, sich des jeweils intendierten semantischen Gehalts bewusst zu sein und diesen transparent zu machen, insofern man Aussagen zum Umgang von Autorinnen und Autoren mit dem Kontext intertextueller Referenzen treffen möchte.

Im Fokus der vorliegenden Untersuchung steht einerseits der Kontext der paulinischen Schriftbezüge im Sinne der umliegenden Verse (b) bzw. des umliegenden Textabschnitts (d) und andererseits die etwaige paulinische Berücksichtigung dieser Parameter, d. h. der Grad an kontextgemäßer Aufnahme (*respect*) und die Rückbindung und Verzahnung der intertextuellen Referenzen im Metatext an den Kontext des Prätextes sowie die Berücksichtigung der etwaigen ursprünglichen Aussageabsicht (h).[213]

Mit Blick auf die oben geschilderten Skalierungen von Intertextualität von Broich/Pfister ermittelt die Rückfrage nach dem Kontext somit insbesondere

A. a. O., 85. Diese Ausgangsbeobachtung zu Grunde legend, geht er nicht nur auf die verschiedenen Definitionsmöglichkeiten ein und versucht diese differenziert darzustellen, sondern fragt auch nach der grundsätzlichen Bedeutung der Rückfrage nach dem Kontext für die Methodologie einer Untersuchung von Schriftbezügen im Neuen Testament allgemein.

210 Ebd.

211 Vgl. Steve Moyise, Does Paul Respect the Context of His Quotations?, in: Christopher D. Stanley (Hg.), Paul and Scripture. Extending the Conversation, Atlanta 2012, 112f. Siehe auch die Kritik von Moyise bei Mitchell Kim, Respect for Context and Authorial Intention. Setting the Epistemological Bar, in: Christopher D. Stanley (Hg.), Paul and Scripture. Extending the Conversation, Atlanta 2012, sowie die Response von Steve Moyise, Latency and Respect for Context. A Response to Mitchell Kim, in: Christopher D. Stanley (Hg.), Paul and Scripture. Extending the Conversation, Atlanta 2012.

212 Keefer, The Meaning and Place of Old Testament Context in OT/NT Methodology, 84. Keefer zeigt zudem auf, dass die meisten Studien, die gegen eine Kohärenz zwischen dem alttestamentlichen und dem neutestamentlichen Gebrauch votieren, sich häufig auf Aspekte (a) oder (g) beziehen, wohingegen die positiv votierenden Stimmen sich zumeist auf die Aspekte (c), (d), (e) oder (f) stützen.

213 Vgl. Brian J. Abasciano, Paul's Use of the Old Testament in Romans 9:1–9. An Intertextual and Theological Exegesis (LNTS 301), London, New York 2005, 7.

den Grad der quantitativen und inhaltlichen Selektivität sowie der Strukturalität intertextueller Bezugnahmen. Insbesondere hinsichtlich der beiden zuerst genannten Aspekte (b) und (d), die für das *Kontext*-Verständnis der hiesigen Studie leitend sein sollen, können in der vorliegenden Studie freilich nur grundlegende Aspekte herausgearbeitet und benannt werden, denn um eine wirklich tiefgehende und detaillierte Untersuchung des Kontextes jedes einzelnen paulinischen Schriftbezugs zu leisten, „it would require a separate article for each verse that he cites.“[214]

3.2.5 Intratextuelle Relationierung

In den Paulusbriefen begegnet nicht nur eine hohe absolute Anzahl von Schriftbezügen, sondern regelmäßig trifft man auf Textpassagen, in denen eine besonders hohe Dichte intertextueller Einschreibungen vorzufinden ist. Während demnach gelegentlich einzelne intertextuelle Referenzen in gewisser Isolation auftreten, werden andernorts mehrere Prätexte in einer Form von kompositionellen Einheiten oder Clustern verarbeitet.[215] Es mag daher überraschen, dass Fragen nach der intratextuellen Zusammenstellung und Kombination intertextueller Referenzen bei Paulus in der Forschung bislang äußerst selten im Fokus standen.[216] Damit der Aspekt der intratextuellen Relationierung untersucht werden kann, sollen in der exemplarischen Analyse (vgl. Kap. 5 u. Kap. 6) Texte im Fokus stehen (Röm 4, Gal 3,6–14), in denen dieser Aspekt adäquat zur Geltung kommt.

Für die Analyseperspektive auf die intratextuelle Relationierung intertextueller Referenzen können wiederum Impulse der Literaturwissenschaften produktiv aufgenommen werden. Udo Hebel spricht bezüglich der intratextuellen Verwobenheit von intertextuellen Referenzen, wie wir sie in vielen Textpassagen der paulinischen Briefe finden, von einer bestimmten Form der *Kotextualisierung*:[217] „Es handelt sich hier um Fälle, in denen mehrere Lexien nebeneinander auftreten und sich gegenseitig kotextualisieren.“[218] Die Kotextualisierung intertextueller Einschreibungen stellt in Hebels Entwurf einer Textarchäologie

---

[214] DEBBIE HUNN, Galatians 3.10–12. Assumptions and Argumentation, in: JSNT 37 (2015).

[215] Vgl. STANLEY, Paul and the Language of Scripture, 5.

[216] So taucht dieser Aspekt bspw. in keinem der methodologischen Reflexionen von Evans, Snodgras oder Beale auf. Auch WAKEFIELD, Where to Live, 132, macht auf dieses Desiderat aufmerksam: „Investigations concerned with the form of citation have tended to deal with one citation at a time [...]. Only rarely have they looked at the form of citations *as a group*, in order to see if any anomalies or intertextuel clues may lurk in the overall structure and arrangement of the citations within Paul's argument.“

[217] Vgl. HEBEL, Romaninterpretation als Textarchäologie, 90–94.

[218] A. a. O., 93.

zur Analyse von Intertextualität einen wesentlichen Aspekt dar.[219] Hinsichtlich intratextueller Verknüpfungen intertextueller Referenzen spricht Hebel von der vertikal-intertextuellen Dimension der Kotextualisierung von Lexien resp. von der *Lexierelationierung*.[220]

Im Folgenden soll ebenfalls nach der Kotextualisierung bzw. Lexierelationierung, d. h. der intratextuellen Relationierung intertextueller Referenzen in den paulinischen Texten gefragt werden und somit die intratextuelle Verwobenheit der paulinischen Schriftbezüge im jeweiligen Textpassus in den Blick genommen werden. Wie verknüpft und kombiniert Paulus intertextuelle Einschreibungen? Welche Formen und Verfahren lassen sich beschreiben und festhalten, mit denen Paulus Schriftbezüge zusammenstellt, in Verbindung setzt und miteinander ins Gespräch bringt?[221]

3.2.6 Funktion

Alle bislang geschilderten Aspekte, primär formale ebenso wie stärker inhaltliche, beziehen sich aus unterschiedlichen Perspektiven auf den Schriftgebrauch und leisten jeweils einen aufschlussreichen und nützlichen Beitrag, um die verschiedenen Facetten, Formen und Verfahren intertextueller Verarbeitung zu erfassen, zu beschreiben und zu bewerten. Nichtsdestoweniger darf nicht die Rückfrage nach der *Funktion* und dem wirkungsintendierten Charakter intertextueller Einschreibungen aus dem Blick geraten.[222] „Die verstärkte Hervorhebung des wirkungsintendierten Charakters richtet sich gegen Ansätze, die Allusionen eher als zufällige Anklänge verstehen, und gegen Interpreten, die sich zwar den philologischen Identifikationen von Anspielungen widmen, deren Funktionalisierungen als sinnkonstitutive Textelemente jedoch vernachlässigen."[223] Bereits der Forschungsüberblick hatte herausgestellt, dass die Frage nach der Funktion der paulinischen Schriftbezüge eingehender und genauerer Betrachtung bedarf als dies teilweise in vorangegangenen Studien der Fall war.[224] Die Frage nach der

---

219 „Die Beschreibung der Koextualisierung von Lexien bildet eine wichtige Vorstufe zur Interpretation der Metatextualität eines Textes." A. a. O., 94.

220 Vgl. ebd.

221 Die Rückfrage nach der Kotextualisierung intertextueller Einschreibungen beleuchtet demnach auch den Aspekt der Dialogizität von Prä- und Metatext.

222 Vgl. CHRISTOPHER D. STANLEY, Rhetoric of Quotations, in: Brisio J. Oropeza/Steve Moyise (Hg.), Exploring Intertextuality. Diverse Strategies for New Testament Interpretation of Texts, Eugene, OR 2016, 44.

223 HEBEL, Romaninterpretation als Textarchäologie, 46. Zum besseren Verständnis sei angemerkt, dass Hebel unter dem Begriff der Allusion nahezu alle Referenztypen intertextueller Bezugnahmen subsumiert.

224 Zu denken ist hier z. B. an Christopher D. Stanleys Forderung, insbesondere die rhetorische Dimension der paulinischen Schriftbezüge eingehender als bislang in den Blick zu nehmen: „Certainly there are places in the literature where a Jewish or Christian author

Funktion bzw. Funktionalisierung von Schriftbezügen ist zentral und darf nicht vernachlässigt werden.[225]

3.2.6.1 *Literaturwissenschaftliche Perspektiven*

Hinsichtlich der Frage nach der Funktion intertextueller Referenzen finden sich literaturwissenschaftliche Ansätze, die fruchtbar in ein Analyseinstrumentarium der neutestamentlichen/paulinischen Schriftbezüge integriert werden können. So nennt Bernd Schulte-Middelich *acht grundsätzliche Aspekte*, die es bei der Bestimmung von Funktionen intertextueller Einschreibungen allgemein zu berücksichtigen gilt:

1. Intertextuelle Einschreibungen können durch eine Autorin oder einen Autor bewusst irreführend oder rein spielerisch verwendet werden.
2. Die *intentio auctoris*, die Textintention und die Rezeption sollten im Idealfall übereinstimmen. Eine Garantie hierfür kann jedoch nie gewährleistet und unbewusste Fehlleistungen können nicht gänzlich ausgeschlossen werden.
3. Intertextualität kann sowohl im intertextuellen als auch im metatextuellen Kommunikationssystem von Bedeutung sein.[226]
4. Intertextuelle Einschreibungen können funktional polyvalent sein und sind nicht immer auf eine einzige Funktion begrenzt.[227]
5. Die Funktion einer intertextuellen Bezugnahme kann sich sowohl auf einen begrenzten Textteil als auch auf den Gesamttext beziehen.

---

shows a concern to understand the biblical text for its own sake. In most cases, however, the ancient author quotes a passage from Scripture as part of a broader argument designed to convince others to believe or act in a certain way. This is a *rhetorical* act, and it should be investigated as such." CHRISTOPHER D. STANLEY, Rhetoric of Quotations. An Essay on Method, in: Craig A. Evans/James A. Sanders (Hg.), Early Christian Interpretation of the Scriptures of Israel. Investigations and Proposals (LNTS 148), London 1997, 44. Vgl. ähnlich STANLEY, Rhetoric of Quotations, 42f.

225 Daher steht auch für Udo Hebel die Rückfrage nach der Funktionalisierung von Intertextualität im Fokus seiner Textarchäologie, mit der er darauf abzielt, das den Einschreibungen inhärente, „assoziativ evozierbare Potential sichtbar zu dokumentieren und einer auf die Deutung der intra- und intertextuellen Funktionalisierung von Allusionen abzielenden Interpretation zur Verfügung zu stellen." HEBEL, Romaninterpretation als Textarchäologie, 62.

226 Udo Hebel unterscheidet ebenfalls in intratextuelle und metatextuelle Funktionalisierungen. Vgl. a. a. O., 98–106. Intratextuelle Funktionalisierungen können u. a. in dem Bereich der Figurencharakterisierung, der Themenillustration oder der Struktur und Komposition eines Metatextes liegen. „Die metatextuelle Dimension der Lexiefunktionalisierung rückte vor allem vor dem Hintergrund von Bachtins Schriften und besonders seiner Vorstellung einer Doppelgerichtetheit des Wortes [...] in den Blickpunkt." HEBEL, Romaninterpretation als Textarchäologie, 104.

227 Ähnlich HEBEL, Romaninterpretation als Textarchäologie, 103f: Intertextuelle Referenzen können „oft verschiedene intratextuelle Funktionen gleichzeitig erfüllen."

6. Es besteht die Möglichkeit, dass sich eine intertextuelle Funktion innerhalb des Textes verändert.
7. Insofern mehrere intertextuelle Funktionen vorliegen, so muss hinsichtlich ihrer Bedeutung für einzelne Textteile und das Textganze gewichtet werden.
8. Obgleich intertextuelle Funktionen zwar grundsätzlich an die Verwendung von Formen und Verfahren intertextueller Verarbeitung gebunden sind, so sind einzelne Funktionen oder Wirkabsichten nicht zwangsweise automatisch mit einzelnen Formen oder Verfahren gekoppelt.[228]

Der intertextuelle Kommunikationsprozess kann – wie weiter oben bereits erläutert – grundsätzlich auf vier Ebenen betrachtet werden: 1) Autor/in, 2) Prätext, 3) Metatext 4) Rezipient/in. Insofern die Funktion von Intertextualität bestimmt werden soll, gilt es freilich, alle vier Ebenen intertextueller Kommunikation im Blick zu behalten. Die „Tatsache, daß *in praxi* häufig alle vier Aspekte gleichzeitig involviert sind und diese sich wechselseitig bedingen können," unterstreicht noch einmal den „polyfunktionalen Charakter [...], der einer präzisen Trennung einzelner funktionaler Kategorien entgegensteht."[229] Dennoch erscheint es plausibel – insofern man den wirkungsintendierten Charakter intertextueller Einschreibungen hervorhebt[230] – mit Jörg Helbig die Rezipierendenorientiertheit als Grundfunktion (insbesondere markierter) Intertextualität festzuhalten.[231] Darüber hinaus bestimmt Helbig drei *dezentrale* Funktionen von

[228] Vgl. BERND SCHULTE-MIDDELICH, Funktionen intertextueller Textkonstitution, in: Ulrich Broich/Manfred Pfister (Hg.), Intertextualität. Formen, Funktionen, anglistische Fallstudien (Konzepte der Sprach- und Literaturwissenschaft 35), Tübingen 1985, 241.

[229] HELBIG, Intertextualität und Markierung, 154. Zur Korrelation unterschiedlicher Arten intertextueller Funktionen siehe HELBIG, Intertextualität und Markierung, 182–187.

[230] „Die Frage nach der Funktionalisierung intertextueller Verfahren und Bezüge gewinnt vor allem dann an Gewicht, wenn der Interpret explizite Allusionslexien als wirkungsintendierte Manifestationen von Intertextualität betrachtet." HEBEL, Romaninterpretation als Textarchäologie, 99.

[231] „Ihre ‚natürliche' Funktion scheint die Markierung von Intertextualität dann wahrzunehmen, wenn sie als kommunikatives Bindeglied zwischen Autor und Leser den präsenten Text sinnstützend oder sinnerweiternd beleuchtet, um so eine adäquate Rezeption zumindest zu begünstigen." HELBIG, Intertextualität und Markierung, 161. Doch auch unmarkierte Intertextualität kann aus produktionsästhetischer Perspektive unterschiedliche Funktionen innehaben: „Aus produktionsästhetischer Sicht ergeben sich drei funktionale Felder der Nichtmarkierung, je nachdem, ob eine unmarkierte Einschreibung tendenziell (1) allen, (2) nur einigen oder aber (3) keinem Rezipienten verborgen bleiben soll." HELBIG, Intertextualität und Markierung, 156. 1) Eine Autorin oder ein Autor intendiert die Intertextualität zu verschleiern. 2) Die Intertextualität des Textes ist einem elitären Kreis vorbehalten oder lediglich ein literarisches Spiel. 3) Bei der Einschreibung handelt es sich um ein geflügeltes Wort oder eine Redewendung und eine Markierung wird daher nicht als notwendig erachtet.

Intertextualität, die sich auch auf die anderen Ebenen intertextueller Kommunikation ausweiten. Diese bestehen für ihn in: 1) *Referenztextorientierten* Funktionen; 2) *(Meta)Textorientierten* Funktionen; 3) *Produktionsorientierten* Funktionen.[232]

1. *Referenztextorientierte* Funktionen intertextueller Kommunikation äußern sich durch gewisse Re- oder Zusatz-Codierungen, die durch bestimmte Formen und Verfahren intertextueller Verarbeitungen am Prätext vorgenommen werden.[233] Diese können sich „in ihren Extremfällen als explizit affirmative Bedeutungsbestätigung oder als radikale Destruktion von dessen ursprünglicher Aussageintention niederschlagen, wobei im letzteren Fall treffender von ‚Neucodierung' zu sprechen wäre."[234] Der Modus der Relation zum Referenztext kann demnach eine affirmativ-rekonstruierende, eine neutrale oder eine kritisch-distanzierende Funktion besitzen, „wobei Konsens und Dissens sowohl totaler als auch partieller Art sein können."[235] Den genannten Relationsmodi kann zur weiteren Differenzierung noch ein transformativer Funktionstypus hinzugefügt werden.
2. Der Bezug auf den Referenztext – wenngleich freilich vorhanden – tritt beim Typus *textorientierter* Funktionen in den Hintergrund. Die Aufmerksamkeit wird hierbei durch die intertextuelle Relation vielmehr auf den Metatext, seine Konstitution, Strukturalität oder Pragmatik gelenkt.[236] Dies kann u. a. stilistische oder rhetorische Gründe haben.[237]
3. Intertextuelle Einschreibungen kann eine Autorin oder ein Autor auch *pro domo* einsetzen. Die Funktion dieser *produktionsorientierten* Intertextualität liegt u. a. darin, die Aufmerksamkeit der Rezipierenden weniger auf den verarbeiteten Prä- oder den vorhanden Metatext zu steuern, sondern vielmehr auf die Schreibenden eines Textes selbst zu projizieren, „dessen

232 Eine ähnliche Aufteilung wie Helbig nimmt Susanne Holthuis im Anschluss an Umberto Eco vor, indem sie in eine textbezogene, eine auf die Lesenden und eine auf die Schreibenden bezogene Zielsetzung der Intertextualität unterscheidet. HOLTHUIS, Intertextualität, 185. Ihr fehlt gegenüber der Einteilung von Helbig somit die referenztextorientierte Funktion.

233 Vgl. HELBIG, Intertextualität und Markierung, 169.

234 Ebd.

235 Ebd.

236 „Allusions even can have a structural influence on a NT writing as it is discussed by G. K. Beale (Daniel) and B. Kowalski (Ezekiel) in regard to the Revelation of John." KOWALSKI, Selective Versus Contextual Allusions, 102.

237 Vgl. HELBIG, Intertextualität und Markierung, 177. Diese Dimension intertextueller Verarbeitung gilt es auch mit Blick auf Paulus zu beachten: „I believe that there are a number of places where Paul explicitly draws upon citations to help him create and shape the texture of his letters. That is, the intertextual elements serve a structural purpose, besides a semantic or relational one." PORTER, Pauline Techniques of Interweaving Scripture into His Letters, 52.

Bestreben es dann ist, zu renommieren, sich mitzuteilen, sich zu rechtfertigen, o. ä."[238]

3.2.6.2 *Theologische Perspektiven*

Neben der dargestellten Auswahl literaturwissenschaftlicher Ansätze zur Untersuchung und Bestimmung intertextueller Funktionen gibt es auch exegetische Versuche, die verschiedenen Funktionen intertextueller Einschreibungen im Neuen Testament zu differenzieren und zu systematisieren. Der wohl detaillierteste Vorschlag diesbezüglich stammt von Gregory K. Beale. In seinem Handbuch zum Gebrauch des Neuen Testaments im Alten Testament stellt Beale insgesamt zwölf *primary ways* dar, wie das Neue Testament Texte des Alten Testament rezipiert und funktionalisiert.[239] Die Schriftbezüge im Neuen Testament können nach Beale folgende Funktionen besitzen bzw. sind aus folgenden Gründen in den neutestamentlichen Text eingeflossen:[240]

1. Um aufzuzeigen, dass etwas, das in dem Leben Jesu, seiner Jüngerinnen und Jünger, der Apostel oder der Kirche geschieht, die Erfüllung einer „direct verbal prophecy from an OT passage" ist;[241]
2. Um die indirekte Erfüllung alttestamentlicher typologischer Prophezeiungen anzuzeigen;[242]
3. Als Bekräftigung, dass bisher unerfüllte Verheißungen und Prophezeiungen der Schriften Israels in Zukunft erfüllt werden;[243]
4. Zur Illustration einer Analogie (oder einer Kontrastierung) zwischen dem Alttestamentlichen und dem Neutestamentlichen;[244]

---

[238] HELBIG, Intertextualität und Markierung, 181.

[239] Vgl. BEALE, Handbook on the New Testament Use of the Old Testament.

[240] Vgl. zu den zwölf *primary ways* ausführlich a. a. O., 55–93.

[241] A. a. O., 56. Ein prominentes Beispiel wäre hier u. a. die Antrittspredigt Jesu in Nazareth (Lk 4,17–21).

[242] Der zentrale Unterschied von 1. zu 2. liegt für Beale darin, dass die explizite Erfüllung „fulfills what was explicitely predicted by the words of a prophet, while the indirect fulfills what was implicitely foreshadowed by historical events." A. a. O., 58. Während das Zitat aus Jes 53,4 in Mt 8,17 bspw. dazu dient, eine direkte Erfüllung zum Ausdruck zu bringen, drückt das Zitat aus Hos 11,1 in Mt 2,15 eine indirekte Erfüllung aus. Bei beiden handelt es sich jedoch klassischer Weise um sog. *Erfüllungszitate*, die ein wichtiges Charakteristikum des ersten Evangeliums sind.

[243] Z. B. der Bezug auf Jes 65,17 in 2Petr 3,13.

[244] Da die Abgrenzung zu typologischen Aussagen an dieser Stelle schwierig sein kann, expliziert Beale u. a. am Beispiel des Gebrauchs von Dtn 25,4 in 1Kor 9,9–10 den Unterschied. „Paul sees that the statement from Deuteronomy 25:4 in its context had reference to the moral principle of justice and equity, and he applies this to labores in the gospel." BEALE, Handbook on the New Testament Use of the Old Testament, 68.

5. Um den symbolischen Gebrauch einer alttestamentlichen Aussage anzuzeigen;[245]
6. Um auf eine aus den Schriften Israels bleibende Autorität zu verweisen;[246]
7. Als sprichwörtliche Verwendung;[247]
8. Als rhetorisches Mittel;[248]
9. Um die Verwendung eines alttestamentlichen Textes/Textsegments als Blaupause oder Prototyp für den neuen Text anzuzeigen;[249]
10. Um eine alternierende Textform zu etablieren;[250]
11. Da die biblische Sprache in den natürlichen Sprachgebrauch von Autoren eingeflossen ist;[251]
12. Um eine ironische oder antithetische Verwendung anzuzeigen.[252]

Beale ist sich bewusst, dass seine Aufzählung von typischen Verwendungsweisen alttestamentlicher Texte durch neutestamentliche Autoren keinen Anspruch auf Vollständigkeit erheben kann[253] und betont darüber hinaus, dass sich die jeweiligen Aspekte gelegentlich nicht trennscharf voneinander unterscheiden lassen, weswegen eine klare Zuordnung im Einzelfall strittig und diffizil sein kann: „*Sometimes more than one category may be applicable in a use of an OT text in the NT and that some uses may even be subcategories of other uses.*“[254] Gleichwohl bietet Beale durch seine differenzierte, primär *theologische* Betrachtung ein kon-

---

245 Im Unterschied zur Analogie handelt es sich bei einem Symbol um ein Element, welches bereits in den Schriften Israels selbst schon als solches Bestandteil eines Vergleichs oder einer Analogie war.

246 Einleitungsformulierungen (καθὼς γέγραπται o. ä.) können dabei ein unterstützendes Element darstellen, sind jedoch nicht konstitutiv für eine derartige Intention.

247 „[A] biblical Author may use an OT word or phrase that has already been often repeated, widely known, and applied to different situations in the OT and Judaism. It comes to be used so much that it has taken on a common proverbial meaning.“ BEALE, Handbook on the New Testament Use of the Old Testament, 74.

248 Beale unterscheidet zwischen einem rhetorischen Gebrauch, der den ursprünglichen Kontext nicht mitbedenkt und einem Gebrauch, der dies tut und demnach in seiner rhetorischen Einflussnahme noch wirkungsvoller ist. Vgl. a. a. O., 79.

249 Dies kann geschehen, 1. indem eine thematische Gliederung zu Grunde gelegt wird, welche so nur in einem einzigen alttestamentlichen Text vorkommt; oder 2. eine Vielzahl von Schriftbezügen aus ein und demselben Korpus, Kapitel oder Passus verwendet werden, ein Autor also darum bemüht ist, es hohes Maß an Strukturalität zu bewirken.

250 „An author may choose one text form or translation of a phrase among others known to him to bring out more clearly what he sees as the intended meaning of the original OT passage.“ BEALE, Handbook on the New Testament Use of the Old Testament, 89.

251 Hierbei ist keine Intentionalität der Autoren zu vermuten.

252 Ein Beispiel sieht Beale u. a. in der Anspielung auf Ex 15,11 in Off 13,4.

253 Vgl. BEALE, Handbook on the New Testament Use of the Old Testament, 93.

254 A. a. O., 56. Als Funktion, die am prominentesten vertreten ist, sieht Beale „the employments that indicate direct fulfillment of prophecy, typology, analogy, an abiding authority“ und eine alternierende Textform zu etablieren. BEALE, Handbook on the New Testament Use of the Old Testament, 93.

struktives Schema, mit dem sich eine Vielzahl neutestamentlicher intertextueller Bezugnahmen zuordnen und hinsichtlich ihrer *theologischen* Funktionalisierung erfassen und auswerten lassen.[255]

Betrachtet man die von Beale vorgeschlagenen theologisch orientierten Bestimmungen der potenziellen Funktionen von Intertextualität im Neuen Testament und bringt sie zusammen mit den dargestellten, aus den Literaturwissenschaften stammenden Aspekten und Differenzierungen, werden einige Überschneidungen sichtbar. Es zeigt sich aber auch, dass durchaus unterschiedliche Blickwinkel eingenommen werden. In der Analyse der paulinischen Schriftrezeption gilt es daher, möglichst multiperspektivisch auf die Funktionen der intertextuellen Einschreibungen zu blicken und die durch die Literaturwissenschaften bereitgestellten Beschreibungsschemata und Parameter mit den theologischen Perspektiven zu verbinden, um ein möglichst umfassendes Bild der Formen und Verfahren intertextueller Funktionalisierungen paulinischer Schriftbezüge zu erhalten. Die Termini, die Helbig dabei einführt, um die Grundfunktion sowie die dezentralen Funktionen intertextueller Einschreibungen zu erfassen, können dabei als Überbegriffe stehen, unter denen die theologischen, von Beale eingebrachten Funktionstypen subsumiert werden können.

Exkurs: Die Bedeutung der Rezipierenden

In der bisherigen Schilderung der unterschiedlichen Analyseperspektiven ist deutlich geworden, dass – trotz einer primär produktionsorientierten Perspektive auf Intertextualität – die Rezipierenden eine hervorgehobene Bedeutung besitzen, um bestimmte Parameter intertextueller Verarbeitung adäquat zu bestimmen. Spätestens für die Analyse der Funktion und der Wirkungsintention einer intertextuellen Einschreibung ist die Berücksichtigung der horizontalen Ebene von Intertextualität konstitutiv.[256] Dies gilt insbesondere, insofern die Rezipierendenorientiertheit als Grundfunktion von Intertextualität angesehen

---

255 Eine weitere exegetische Differenzierung von möglichen Funktionsweisen in der Rezeption alttestamentlicher Texte im Neuen nimmt z. B. Carolin Ziethe vor, wenn sie hinsichtlich ihrer Untersuchung zur Schriftrezeption im MtEv zwischen 1) *autorisierender/legitimierender*; 2) *reakzentuierender*; 3) *transformativer*; 4) *negierender* Rezeption unterscheidet. Ziethe, Auf seinen Namen werden die Völker hoffen, 28ff. Gegenüber der Differenzierung von Beale zeigt sich zwar, dass es sich hierbei um eine deutlich vereinfachtere Zuordnung handelt. Dennoch liegt hiermit ein weiteres Beispiel vor, dass es gelingen kann, aus der Literaturwissenschaft stammende Beschreibungsschemata und Parameter zur Bestimmung der (theologischen) Funktion von Intertextualität fruchtbar in die Exegese zu integrieren.

256 „Die Interpretation intertextueller Allusionslexien muß in besonderer Weise die Rolle des Rezipienten und seiner intertextuellen Kompetenz reflektieren, da die Ergebnisse einer Interpretation, die die Aufarbeitung von im Text gespeichertem Sinnpotential im Prozess der Allusionsaktualisierung anstrebt, wesentlich von der Aktivität des Rezipienten und

wird, der weitere, dezentrale Funktionen unter- bzw. beigeordnet werden.[257] Doch auch während der Darstellung der primär vertikal orientierten Analyseperspektiven auf intertextuelle Bezugnahmen – z. B. ihrer Identifikation, Markierung[258] und Beschreibung, ihr Verhältnis zum Prätext und dem ursprünglichen Kontext sowie ihre intratextuellen Verwobenheit – ist an verschiedenen Punkten deutlich geworden, dass die Perspektive auf die Rezipierenden der paulinischen Schriftbezüge und ihre „Allusionskompetenz“[259], obgleich sie nicht im Vordergrund steht, elementar sein kann und nicht ausgelassen werden darf.[260] „Auch hier muß davon ausgegangen werden, daß intertextuelle Qualitäten zwar vom Text motiviert werden können, aber vollzogen werden in der Interaktion zwischen Text und Leser, seinen Kenntnismengen und Rezeptionserwartungen.“[261]

Auf die Analyse der paulinischen Schriftbezüge übertragen, gilt es daher, die spezifische Verfasstheit der Paulusbriefe, ihre konkrete Kommunikationssituation und demnach die primären Rezipierenden zu berücksichtigen. Denn offensichtlich „vollzog sich die wechselseitige Erschließung von Christusbekenntnis und Schrift in jeder der Beziehungen, die der Apostel zu den von ihm angeschriebenen Gemeinden unterhielt, auf eigene Weise und [...] in jeder geschichtlichen Situation, veranlasst durch neue Erfahrungen, aufs Neue.“[262] Paulus sieht sich

---

von seinem (Vor)Wissen abhängig ist.“ HEBEL, Romaninterpretation als Textarchäologie, 55.

[257] „Letzter Zielpunkt und Adressat intertextueller Markierung ist stets der Rezipient.“ HELBIG, Intertextualität und Markierung, 149.

[258] „Rezeptionsästhetisch ist das Allusionssignal somit ein Impuls im Rezeptionsangebot des Textes, dessen Wirkung zumeist von der textarchäologischen Aktivität des Rezipienten abhängt.“ HEBEL, Romaninterpretation als Textarchäologie, 65.

[259] So bezeichnet Udo Hebel die Fähigkeit des Erkennens und produktiven Aufarbeitens von Intertextualität bei den Rezipierenden. Er unterscheidet hinsichtlich des Verhältnisses von Allusionskompetenz und Wirksamkeit von intertextuellen Einschreibungen zwischen einer *sinnkonstitutiven*, einer *sinnbereichernden* und einer *entbehrlichen* Allusionskompetenz der Rezipierenden. Vgl. a. a. O., 94–98.

[260] „The whole purpose of introducing a quotation into a piece of discourse is to affect an audience in some way. To analyze quotations without taking the audience into account is to neglect the author‘s primary purpose in adducing an outside text.“ CHRISTOPHER D. STANLEY, Pearls Before Swine. Did Paul’s Audience Understand His Biblical Quotations?, in: NT 41 (1999), 142.

[261] HOLTHUIS, Intertextualität, 31. Die Rolle der Rezipierenden muss natürlich auch deshalb mitberücksichtigt werden, da es auch intertextuelle Referenzen gibt, die nicht durch die Schreibenden intendiert sind, sondern erst durch die Rezipierenden hergestellt werden. Dies ist gerade mit Blick auf implizite Schriftbezüge zu berücksichtigen. Denn letztlich muss man sich eingestehen, dass eine letztgültige Bestimmung, ob Paulus sich hier oder dort auf Schrift bezieht und diese gezielt rezipiert oder ganz bewusst einsetzt, im Einzelfall äußerst diskutabel sein kann. Am Ende bleiben es die Exegetinnen und Exegeten, die meinen, in dem von Paulus geschriebenen Text, einen Schriftbezug ausfindig zu machen.

[262] WILK, Bezüge auf „die Schriften“ in den Korintherbriefen, 169.

aufgrund bestimmter Faktoren immer wieder neu veranlasst, Briefe in konkreten Situationen an bestimmte Adressatinnen und Adressaten zu schreiben und setzt dementsprechend intertextuelle Bezugnahmen innerhalb seiner Argumentationen ein.[263] Daher soll im Folgenden auch eine Situationsanalyse des jeweiligen Briefes und seiner Kommunikationssituation vorgenommen werden, dem die zu untersuchenden Texte (Röm 4 u. Gal 3,6–14) entnommen sind.

3.3 *Zusammenfassung der methodologischen Reflexionen*

Der Forschungsüberblick hat aufgezeigt, dass Studien zur paulinischen Schriftrezeption vielfach eine methodologische Transparenz vermissen lassen. Ziel des vorliegenden Kapitels war es daher, eine ebensolche Transparenz zu wahren und eine detaillierte Reflexion zentraler methodologischer Gesichtspunkte vorzunehmen, die es zu berücksichtigen gilt, wenn die Formen und Verfahren des paulinischen Schriftgebrauchs adäquat und methodisch kontrolliert untersucht werden sollen.

Hierbei wurde zunächst die Einordnung des Themas in der Intertextualitätsforschung (3.1) diskutiert und die wichtigsten intertextuellen Theorien wurden in ihren Grundzügen skizziert (3.1.1). Darüber hinaus wurde die Rezeption intertextueller Theorien in der Exegese betrachtet (3.1.2) und eine eigene Verortung

[263] Freilich muss gefragt werden, ob und inwiefern die primären Adressatinnen und Adressaten der paulinischen Briefe überhaupt in der Lage waren, die den Briefen inhärenten intertextuellen Referenzen zu erkennen und ihr Sinnpotential – zumindest teilweise – in ihr Textverständnis zu integrieren. Ähnlich STANLEY, Pearls Before Swine, 144: „Any analysis of Paul's quotations that seek to uncover their ‚meaning' for a first-century audience must take seriously the diverse literary capabilities and backgrounds of the members of Paul's congregations." Stanley macht an anderer Stelle zurecht darauf aufmerksam, dass dabei stets die Möglichkeit berücksichtigt werden muss, „that Paul underestimated or overestimated the amount of biblical knowledge that his audiences possessed, thereby limiting the effectiveness of his biblical rhetoric. From what we know of Paul, he was not always a good judge of how people would understand his letters." STANLEY, Paul's „Use" of Scripture, 136. Dies mag insbesondere hinsichtlich der implizit markierten Schriftbezüge der Fall sein, bei denen ein höheres Potential intertextuellen Missverstehens vorhanden ist. Dennoch – und dies ist insbesondere aus produktionsorientierter Perspektive von Belang – darf man nicht aus den Augen verlieren, dass die in den Paulusbriefen befindlichen Schriftbezüge mehr über die Schriftkenntnis und die Formen und Verfahren paulinischer Schriftrezeption aussagen als über die Allusionskompetenz der Rezipierenden. „Their presence reveals the literary capabilities not of the audience but of Paul himself, whose engagement with the Jewish Scriptures was such that his thinking and mode of expression were shaped and reshaped by the symbolic universe of the Bible and the language of specific passages." STANLEY, Pearls Before Swine, 133.

der vorliegenden Studie im Intertextualitätsdiskurs vorgenommen (3.1.3). Intertextuelle Kommunikation setzt sich prinzipiell zusammen aus einer vertikalen und einer horizontalen Ebene. Auf diese Weise verbinden sich die vier konstitutiven Elemente intertextueller Kommunikation: 1) Autor/in; 2) präsenter Text; 3) Referenztext; 4) Rezipient/in. Hinsichtlich des Anliegens der vorliegenden Untersuchung liegt der Fokus im Sinne eines *begrenzten* und primär *produktionsorientierten* Verständnisses von Intertextualität hauptsächlich auf dem Autor, Paulus, und der Analyse seiner Methodik, d. h. den Formen und Verfahren intertextueller Verarbeitung von alttestamentlichen Referenztexten im präsenten neutestamentlichen Text. Diesem Anliegen entsprechend wurde eine Auswahl an Analyseperspektiven getroffen und begründet.[264] Die einzelnen Aspekte wurden hinsichtlich ihrer zentralen Diskussionspunkte skizziert und mittels der Verbindung von exegetischen und literaturwissenschaftlichen Beschreibungsschemata und Analyseinstrumentarien aufgearbeitet (3.2). Zunächst soll in der Analyse die *Zitationspraxis* des Paulus untersucht werden, d. h. Fragen nach seinem Gebrauch von *Markierungen* und Intertextualitätssignalen (3.2.1), die Einordnung seiner Schriftbezüge in verschiedene Kategorien von *Referenztypen* (3.2.2) sowie die Rückfrage nach den Vorlagen seiner intertextuellen Bezugnahmen (3.2.3). Darüber hinaus richtet sich der Blick auf das Verhältnis der einzelnen Referenzen zu ihrem ursprünglichen Kontext (3.2.4) sowie auf die intratextuelle Verknüpfung der intertextuellen Einschreibungen im paulinischen Brieftext (3.2.5) und schließlich auf die Funktionalisierung der intertextuellen Referenzen (3.2.6). Bei all dem müssen natürlich die Rezipierenden als essenzielles Element intertextueller Kommunikation und die konkrete Abfassungssituation des paulinischen Textes mitbedacht werden – obgleich ihre Rolle nicht im Zentrum des Erkenntnisinteresses dieser Studie steht.

Die dargestellten Analyseperspektiven, aus denen heraus im Folgenden die paulinischen Textpassagen und die ihnen inhärenten Schriftbezüge analysiert werden, bieten durch ihre Zusammensetzung einen multiperspektivischen Zugriff, der es vermag, möglichst viele Facetten der Methodik, d. h. der unterschiedlichen Formen und Verfahren des paulinischen Schriftgebrauchs aufzudecken, zu erfassen, zu beschreiben und auszuwerten. Der folgende Katalog von Leitfragen soll abschließend die wichtigsten Differenzierungen und Beschreibungsschemata der gewählten Analyseperspektiven aufführen und kompakt darstellen:

---

264 Diese Auswahl an Analyseperspektiven beansprucht freilich keine Vollständigkeit und könnte durch weitere Blickwinkel ergänzt werden. Nichtsdestoweniger bieten die ausgewählten Aspekte in ihrer Zusammenstellung ein valides, leistungsfähiges und methodologisch transparentes Instrumentarium zur Analyse des paulinischen Schriftgebrauchs.

1. Identifikation und Markierung
    1.1. Lassen sich im paulinischen Metatext intertextuelle Referenzen identifizieren?
        1.1.1. Welche Prätexte liegen den intertextuellen Referenzen (primär) zugrunde?
    1.2. Weisen die intertextuellen Referenzen Markierungen auf?
        1.2.1. Welche Qualität besitzt die jeweilige intertextuelle Markierung?
            1.2.1.1. Handelt es sich bei den intertextuellen Einschreibungen um eine unmarkierte, implizit markierte, explizit markierte oder sogar um thematisierte Intertextualität?
            1.2.1.2. Welche Intertextualitätssignale verwendet Paulus? (z. B. syntaktische Brüche, Verben der Meta-/Kommunikation, onomastische Signale)
            1.2.1.3. Liegen Mehrfachmarkierungen vor, z. B. durch die Kombination unterschiedlicher Intertextualitätssignale?
        1.2.2. Welche Beobachtungen können bzgl. der Quantität der Markierungen gemacht werden?
            1.2.2.1. Liegen Auffälligkeiten hinsichtlich der Frequenz, der Proportion oder der Positionierung, d. h. der Distribution resp. Exponiertheit der intertextuellen Bezüge vor?
2. Referenztypen
    2.1. Handelt es sich bei der jeweiligen intertextuellen Einschreibung um einen direkten Schriftbezug, d. h. ein Zitat oder eine Paraphrase oder um einen indirekten Schriftbezug, d. h. eine Allusion oder ein Echo?
        2.1.1. Welche Kriterien können jeweils für eine Zuordnung zu einem bestimmten Referenztyp geltend gemacht werden? (z. B. Übereinstimmung im Wortlaut von Prä- und Metatext, Transparenz der intertextuellen Referenz, Intentionalität der Referenz)
3. Vorlage
    3.1. Wie verhält sich die paulinische Einschreibung gegenüber seinem (mutmaßlichen) Vorlagentext?
        3.1.1. Inwiefern stimmen Prä- und Metatext überein und inwiefern liegen Modifikationen vor?
            3.1.1.1. Handelt es sich bei einer etwaigen Modifikation um eine Addition, Deletion, Substitution oder Permutation?
        3.1.2. Liegen im paulinischen Text sog. *composite citations* vor?
4. Kontext
    4.1. Inwiefern bezieht Paulus den Kontext, d. h. die umliegenden Verse, den umliegenden Textpassus oder die ursprüngliche Aussageabsicht des jeweiligen Prätextes in seine Verarbeitung der intertextuellen Referenz im Metatext mit ein?
        4.1.1. Welcher Grad an intertextueller Selektivität liegt vor?

        4.1.2. Inwiefern verwendet Paulus den jeweiligen Schriftbezug kontextgemäß? Inwiefern *respektiert* Paulus den Kontext?
5. Intratextuelle Relationierung
    5.1. Liegen intratextuelle Verknüpfungen der intertextuellen Referenzen im paulinischen Text vor?
        5.1.1. Welche Verfahren und Formen intratextueller Relationierung lassen sich festhalten?
        5.1.2. Relationiert Paulus die intertextuellen Referenzen direkt oder indirekt miteinander?
6. Funktion
    6.1. Welche Funktion(en) besitzen die jeweiligen Schriftbezüge?
    6.2. Auf welcher Kommunikationsebene ist die jeweilige Funktion primär anzusiedeln?
        6.2.1. Besitzt die intertextuelle Referenz die Grundfunktion einer Rezipierendenorientiertheit?
        6.2.2. Besitzt die intertextuelle Referenz eine dezentrale Funktion? (referenztextorientiert, textorientiert, produzentenorientiert)
    6.3. Wie lässt sich die theologische Funktion der intertextuellen Referenz näher beschreiben?

Bevor im Folgenden (vgl. Kap 5 u. Kap. 6) ausgewählte Textpassagen (Röm 4, Gal 3,6–14) der Paulusbriefe aus den skizzierten Analyseperspektiven heraus und mittels der aufgeführten Leitfragen in den Blick genommen werden, um die dortigen intertextuellen Referenzen *en detail* zu analysieren, sollen die Texte für sich genommen und in ihrem brieflichen Zusammenhang einer *kurzen exegetischen Betrachtung* unterzogen und in ihren Kernpunkten analysiert werden;[265] und zwar zunächst ohne eine spezifische Fokussierung auf die den Texten inhärenten Schriftbezüge, gleichwohl mittels einer Auswahl an Analyseschritten, welche auf die darauffolgende Untersuchung und die detaillierte Betrachtung der Schriftbezüge abgestimmt ist und Aspekte beleuchtet, die diesbezüglich eine hervorgehobene Rolle spielen.

Folgende Aspekte sollen in der exegetischen Betrachtung in den Blick genommen werden: Neben einer *Situationsanalyse*, die – wie oben bereits erläutert – aufgrund der konstitutiven Bedeutung der jeweiligen Kommunikationssituation eines Textes unumgänglich ist, soll insbesondere hinsichtlich potenzieller Auswirkungen auf die funktionale und rhetorische Dimension der Schriftbezüge eine *Kontextanalyse* vorgenommen werden, um mehr über die Stellung, Einbindung und Funktion der Textpassage im Briefganzen zu erfahren. Auch eine *Gattungsanalyse* des jeweiligen Textes soll vorgenommen werden, um im weiteren

[265] Vgl. die Vorgehensweise von Beale, Evans und Snodgras, die in ihren methodologischen Entwürfen ebenfalls eine kurze exegetische Betrachtung voranstellen. Ähnlich fordert auch Alkier ein solches Vorgehen. Vgl. ALKIER, Intertextualität, 62.

Verlauf der Arbeit Aussagen zu etwaigen Systemreferenzen bzw. Text-Textgruppen-Beziehungen oder Aspekten der Strukturalität der paulinischen Schriftbezüge treffen zu können. Schließlich soll eine kurze *Auslegung*, welche die sprachlich-syntaktische und sprachlich-semantische Gestalt des Textes mitberücksichtigt, die Grundaussagen und zentralen theologischen Diskussionspunkte und Problemstellungen des Textes gebündelt präsentieren. Insgesamt ergibt sich aus den vorgenommenen methodologischen Reflexionen folgendes Analyseschema:

1. Exegetische Betrachtung des jeweiligen Textes in Grundzügen
    - 1.1. Situationsanalyse
    - 1.2. Arbeitsübersetzung
    - 1.3. Kontextanalyse
    - 1.4. Gattungsanalyse
    - 1.5. Auslegung
2. Analyse der Methodik des paulinischen Schriftgebrauchs im jeweiligen Text
    - 2.1. Identifikation und Markierung
    - 2.2. Referenztypen
    - 2.3. Vorlage
    - 2.4. Kontext
    - 2.5. Intratextuelle Relationierung
    - 2.6. Funktion

4. Historische Präsumtionen – Soziokulturelle und biographische Vorbedingungen des paulinischen Schriftgebrauchs

Der paulinische Umgang mit den Schriften Israels, sein frühjüdischer Kontext, seine Person und seine Evangeliumsverkündigung sind untrennbar miteinander verbunden.[1] Im Folgenden sollen daher die zentralen soziokulturellen und biographischen Vorbedingungen diskutiert werden, unter denen Paulus die autoritativen Schriften Israels gelesen und rezipiert hat, bevor in Kap. 5 und Kap. 6 die exemplarische Anwendung der in Kap. 3 entworfenen Methodologie folgt.[2] Denn

---

[1] Vgl. KARL-WILHELM NIEBUHR, Heidenapostel aus Israel. Die jüdische Identität des Paulus nach ihrer Darstellung in seinen Briefen (WUNT 62), Tübingen 1992, 179. Ähnlich urteilt mit Blick auf die Rückfrage nach dem paulinischen Schriftgebrauch LINCICUM, Intertextuality, Effective History, and Memory, 10: „These questions are necessarily bound up with studies of the apostle's education and background, and his means of accessing the scriptural text." Nicht zuletzt deswegen wurde im Resümee des Forschungsüberblicks festgehalten (vgl. 2.3.2), dass ein detaillierteres und adäquateres Gesamtbild des Apostels als Ausleger und Interpreten der Schriften Israels „will require closer attention to the various social and cultural contexts of the apostle's life and work" als dies in vielen Studien zum Thema der Fall ist. J. R. WAGNER, Epilogue, in: Florian Wilk/Markus Öhler (Hg.), Paulinische Schriftrezeption. Grundlagen – Ausprägungen – Wirkungen – Wertungen (FRLANT 268), Göttingen, Bristol, CT, U.S.A. 2017, 298. Darüber hinaus ist die gegenwärtige Paulusforschung allgemein „nach wie vor von Kontroversen geprägt, weil zentrale Fragen zur biographischen Prägung und zur theologischen Ausrichtung des Apostels ungeklärt sind." UDO SCHNELLE, Über Judentum und Hellenismus hinaus. Die paulinische Theologie als neues Wissenssystem, in: ZNW 111 (2020), 125. Dies haben nicht zuletzt die jüngsten Diskussionen um die *Paul within Judaism*-Perspetive resp. die *Radical New Perspective* verdeutlicht. Vgl. zum Thema KATHY EHRENSPERGER, Die ‚Paul within Judaism'-Perspektive. Eine Übersicht, in: EvTh 80 (2020); KATHY EHRENSPERGER, Paulus und die Völker – Aspekte der „Paul within Judaism"-Perspektive, in: KuI 35 (2020); SCHNELLE, Über Judentum und Hellenismus hinaus. Eine kompakte Darstellung der *Radical New Perspective* und einiger ihrer Vertreterinnen und Vertreter findet sich bei JACOB P. B. MORTENSEN, Paul Among The Gentiles. A ‚Radical' Reading of Romans (NET 28), Tübingen 2018, 21–43.

[2] Dies geschieht anhand eines Exposees zentraler Forschungsfragen und Themenkomplexe. Eine ausführliche und detaillierte Darstellung aller soziokulturellen, religionsgeschichtlichen und biographischen Grundlagen kann an dieser Stelle freilich nicht geleistet werden. Dies liegt bereits darin begründet, dass einzelne Forschungsdiskurse wiederum für sich genommen je eigene Forschungsfelder darstellen. Dennoch sollen zentrale Forschungsfragen und Diskussionspunkte im Folgenden benannt und kurz skizziert werden. Für tiefergehende und detaillierte Ausführungen zu Einzelfragen sei auf die Literatur in den Anmerkungen verwiesen. Siehe zum Thema überdies grundlegend TIWALD, Hebräer von Hebräern, 35–183, und die dort angegebene weiterführende Literatur sowie u. a. die Beiträge von JÖRG FREY, Paul's Jewish Identity, in: Jörg Frey/Daniel R. Schwartz/Stephanie Gripentrog (Hg.), Jewish Identity in the Greco-Roman World. Jüdische Identität in der

diese haben als historische Voraussetzungen einer angemessenen Untersuchung des paulinischen Schriftgebrauchs zu gelten und sind – wenngleich dies nicht immer *en detail* möglich ist, so jedoch grundsätzlich – mit im Blick zu behalten.[3] Die Darstellung des soziokulturellen und biographischen Kontextes dient dazu, die Person des Paulus in der Pluriformität des antiken Frühjudentums zu verorten und die vielfältigen Vorbedingungen deutlich zu machen, von denen in dieser Studie ausgegangenen wird, dass Paulus auf Grund von ihnen sein Schriftverständnis und seine Schriftverwendung entwickelt hat.[4]

4.1 *Soziokulturelle Vorbedingungen des paulinischen Schriftgebrauchs*

4.1.1 Die Pluriformität des antiken Frühjudentums

Ein besonderes Interesse in der Erforschung des antiken Judentums galt stets dem Verhältnis von Pharisäismus und Rabbinismus. Denn über lange Jahre hinweg „wurden die Pharisäer überwiegend als jene jüdische Bewegung aufgefasst, die das Weiterleben des Judentums im Rabbinismus [...] bestimmt hat."[5] Erst in der Forschung der 80er und 90er Jahre des 20. Jh. verabschiedete man sich langsam von dieser Vorstellung eines „monolithischen Judentums pharisäisch-rabbinischer Prägung, das es bereits um die Zeitenwende gegeben habe"[6] und

---

griechisch-römischen Welt (AGJU 71), Leiden, Boston 2010; JÖRG FREY, Das Judentum des Paulus, in: Oda Wischmeyer (Hg.), Paulus. Leben – Umwelt – Werk – Briefe (UTB 2767), Tübingen u.a. ²2012; JÖRG FREY, Paulus als Pharisäer und Antiochener. Biographische Grundlagen seiner Schriftrezeption, in: Florian Wilk/Markus Öhler (Hg.), Paulinische Schriftrezeption. Grundlagen – Ausprägungen – Wirkungen – Wertungen (FRLANT 268), Göttingen, Bristol, CT, U.S.A. 2017.

3 „Wer immer sich dieser vielschichtigen Persönlichkeit nähert und sich die Geschichte seines Wirkens vor Augen stellt, muss seine besondere historische Situation und die damit verbundenen theologischen Herausforderungen bedenken." UDO SCHNELLE, Theologie des Neuen Testaments (UTB 2917), Göttingen, Stuttgart ³2016, 190. Dieses Diktum gilt allzumal hinsichtlich der Rückfrage nach dem paulinischen Schriftgebrauch.

4 Dem Anliegen einer möglichst weitgehenden Transparenz folgend, dient das vorliegende Kapitel somit auch der Offenlegung der eigenen historischen Präsumtionen, unter denen der paulinische Schriftgebrauch betrachtet und analysiert wird.

5 JACOB NEUSNER/CLEMENS THOMA, Die Pharisäer vor und nach der Tempelzerstörung des Jahres 70 n. Chr., in: Simon Lauer (Hg.), Tempelkult und Tempelzerstörung (70 n. Chr.). Festschrift für Clemens Thoma zum 60. Geburtstag (JudChr 15), Bern, Wien u.a. 1995, 191.

6 TIWALD, Hebräer von Hebräern, 35.

welches häufig als *mainstream Judaism* angesehen wurde.[7] Nach und nach wurde stattdessen die Vielfalt des Frühjudentums entdeckt. Und wenngleich ein gewisser Einfluss des Pharisäismus auf die sich nach 70 n. Chr. entwickelnde Form jüdischer Gelehrsamkeit kaum bestritten werden kann, greift die These einer organischen Entwicklung nach heutigem Forschungsstand zu kurz.[8]

Zahlreiche Untersuchungen haben seitdem dargelegt: Es gab im damaligen Palästina eine Vielzahl jüdischer Gruppierungen: „Pharisäer, Sadduzäer, Essener, Sikarier, Zeloten (Eiferer), Christusanhänger (Christen), Samaritaner, Herodianer und Griechisch sprechende Juden."[9] Zusätzlich zu diesen Ausformungen des Judentums innerhalb des Heiligen Landes sind noch weitere jüdische Gruppierungen und Ausrichtungen in der Diaspora wahrnehmbar.[10] „Das antike Judentum stellte keine Einheit dar, sondern war ausgesprochen vielfältig. Die verschieden ausgerichteten Bezüge auf die Traditionen Israels, die politischen und kulturellen Veränderungen der Zeit sowie die unterschiedlichen Kontexte, in denen sich jüdisches Leben entfaltete, trugen dazu bei, das differierende Formen von Judentum entstanden."[11] Ein zentrales Kennzeichen des antiken Frühjudentums ist demnach zweifelsfrei seine Pluriformität.[12]

---

7 Vgl. GÜNTER STEMBERGER, Was There a „Mainstream Judaism" in the Late Second Temple Period?, in: RRJ 4 (2001).

8 Vgl. GÜNTER STEMBERGER, Geschichte der jüdischen Literatur. Eine Einführung, München 1977, 68. Vgl. darüber hinaus die Ausführungen von PETER SCHÄFER, Der vorrabinische Pharisäismus, in: Martin Hengel/Ulrich Heckel (Hg.), Paulus und das antike Judentum (WUNT 58), Tübingen 1991.

9 PETER WICK, Paulus (UTB 2858), Göttingen 2006, 59. Tiwald beschreibt diese Pluralität jüdischer Gruppierungen als das „schillernde Farbspektrum frühjüdischen Denkens." TIWALD, Hebräer von Hebräern, 40.

10 Vgl. WICK, Paulus, 59. Zum Diasporajudentum siehe u. a. JOHN M. G. BARCLAY, Jews in the Mediterranean Diaspora. From Alexander to Trajan, (323 BCE – 117 CE), Edinburgh 1996; JOHN J. COLLINS, Between Athens and Jerusalem. Jewish Identity in Hellenistic Diaspora, Grand Rapids, MI ^{2}2000; ERICH S. GRUEN, Diaspora. Jews amidst Greeks and Romans, Cambridge, MA 2004. „Das Diasporajudentum übertrifft zahlenmässig das Judentum im Land Israel deutlich. Als Ort der Diaspora darf das riesige Gebiet von Italien über Griechenland, Mazedonien und den Balkan bis nach Mesopotamien gelten, wobei die Zentren in Kleinasien, der Cyrenaika, Ägypten und Syrien liegen." ESTHER KOBEL, Paulus als interkultureller Vermittler. Eine Studie zur kulturellen Positionierung des Apostels der Völker (SCCB 1), Leiden u. a. 2019, 36.

11 MARKUS ÖHLER, Geschichte des frühen Christentums (UTB 4737), Göttingen 2018.

12 Berechtigt scheint daher die Anfrage, inwieweit nicht eigentlich von „Frühjudentümern" gesprochen werden müsste – in Anlehnung an den Begriff „Christentümer". So etwa HUBERT FRANKEMÖLLE, Frühjudentum und Urchristentum. Vorgeschichte – Verlauf – Auswirkungen (4. Jahrhundert v. Chr. bis 4. Jahrundert n. Chr.), Stuttgart 2006, 28; oder auch TOBIAS NICKLAS, Jews and Christians? Second Century „Christian" Perspectives on the „Parting of the Ways", Tübingen 2014, 12. Als einer der ersten vgl. hierzu JACOB NEUSNER, From Judaism to Judaisms. My Approach to the History of Judaism, in: Ders. (Hg.), Ancient Judaism. Debates and Disputes (BJSt 64), Atlanta, GA 1984.

Diese in der neutestamentlichen Wissenschaft inzwischen weitestgehend akzeptierte und breit vertretene Erkenntnis bewahrt davor, voreilige Schlüsse zu ziehen, welche jüdischen Gruppierungen als repräsentativ für das Frühjudentum gelten und welche nicht. Ebenso schützt diese Erkenntnis davor, allzu schnell Grenzen festzulegen, welche religiösen Prägungen, theologischen Positionen oder Frömmigkeitsformen in der Antike noch als dem Judentum zugehörig oder bereits als nicht mehr jüdisch angesehen wurden. Denn in der Antike gab es „noch kein ‚normatives' Judentum und auch keine Instanz, die normativ die Zugehörigkeit oder Nichtzugehörigkeit hätte bestimmen können. Vielmehr waren jüdisches Leben und jüdische Praxis in Palästina als auch in der Diaspora ausgesprochen plural, mit teils heftigen inneren Differenzen."[13]

Bereits der Forschungsrückblick hat gezeigt, dass der Apostel Paulus häufig im Kontrast zu dem ihm zeitgenössischen Judentum wahrgenommen und gedeutet wurde. Dies gilt sowohl für sein Schriftverständnis als auch hinsichtlich zahlreicher inhaltlich-theologischer Topoi. Insbesondere das sog. Damaskuserlebnis wurde immer wieder als Bruch im Leben des Apostels gedeutet, das ihn nicht nur *hin* zum Christusglauben, sondern vor allem *weg* vom väterlichen jüdischen Glauben gebracht hätte. Bis in die Gegenwart hinein begegnen solche und ähnliche Positionen.[14] Diese verkennen jedoch einerseits die ungeheure Bandbreite und Vielfalt jüdischer Ausprägungen in der Antike, die es aus heutiger Perspektive kaum erlauben, gewisse theologische Positionen innerhalb oder außerhalb feststehender Grenzen *des* Judentums zu verorten, und andererseits, dass Paulus Zeit seines Lebens Jude war[15] und sich auch nach seiner Berufung und während seiner Tätigkeit als christusgläubiger Missionar seiner jüdischen Identität gerühmt hat.[16]

---

13 JÖRG FREY, Das Selbstverständnis des Paulus als Apostel, in: Jens Schröter/Simon Butticaz/Andreas Dettwiler (Hg.), Receptions of Paul in Early Christianity. The Person of Paul and His Writings through the Eyes of His Early Interpreters (BZNW 234), Berlin, Boston 2018, 128f.

14 Vgl. z. B. JÜRGEN BECKER, Paulus. Der Apostel der Völker, Tübingen 1989; oder GEORG STRECKER, Theologie des Neuen Testaments, Berlin 1995.

15 „Paulus war Jude und ist zeit seines Lebens Jude geblieben." EHRENSPERGER, Paulus und die Völker, 118.

16 Vgl. TIWALD, Hebräer von Hebräern, 40. Es gibt nichts, „was er nach Damaskus verleugnet oder aufgegeben hätte. Damit alleine schon ist Paulus ein legitimer Teilnehmer am jüdischen Diskurs seiner Zeit. Ihm dies abzusprechen oder ihn als ‚unjüdisch' zu diskreditieren ist schlichtweg unwissenschaftlich." TIWALD, Hebräer von Hebräern, 40. Ähnlich FREY, Das Selbstverständnis des Paulus als Apostel, 128: „Zugleich ist festzuhalten, dass Paulus diese jüdische Identität zeitlebens beibehalten hat. Er hat sie weder in seiner Lebenswende noch zu irgendeinem späteren Zeitpunkt preisgegeben." Der Verweis auf das Diasporajudentum, aus dem Paulus entstammt kann nicht als Verweis auf eine wie auch immer geartete ‚unjüdische' Prägung des Paulus gewertet werden. Zwar assimilierten sich die Gemeinden in der Diaspora stärker in der hellenistischen Kultur als dies im Judentum Palästinas der Fall war, doch schärfte gleichzeitig das Einhalten des Sabbats, der Beschnei-

4.1.2 Hellenismus und Judentum

Das Verhältnis von Hellenismus und Judentum ist forschungsgeschichtlich eine intensiv diskutierte Frage. Dies betrifft sowohl kulturelle als auch sozialgeschichtliche und religiöse Aspekte. Insbesondere die in der älteren Forschung stets vorausgesetzte Differenz zwischen hellenistischem Judentum auf der einen und dem Judentum Palästinas auf der anderen Seite kann jedoch auf der Basis neuerer Erkenntnisse der Forschung als falsifiziert gelten.[17] Die Forschung der vergangenen Jahrzehnte hat dargelegt, dass eine scharfe Trennlinie, wie sie einst hinsichtlich kultureller Zusammenhänge, sozialer Strukturen und religiöser Prägungen gezogen wurde, für die historischen Kontexte des Frühjudentums zu unpräzise ist.[18] Für die Zeit und den Lebensraum des antiken Frühjudentums muss vielmehr ein sehr komplexes, dynamisches und in jeder Hinsicht relatives Verhältnis von Hellenismus und Judentum vorausgesetzt werden.[19]

Insbesondere für die Paulusforschung war die vermeintlich strikte Trennlinie zwischen Hellenismus und Judentum lange Zeit ein bestimmendes Paradigma. „Denn gerade die Frage nach einem ‚hellenistischen' oder einem ‚jüdischen' Paulus wurde dabei zum alles entscheidenden Interpretationsschlüssel, mit dem man sich die Türe zum tiefsten Verständnis Pauli eröffnen wollte."[20] Eine solche Zugangsweise zur Person des Paulus ist nach heutigen Erkenntnissen nicht mehr haltbar. Da es keine strikte Trennlinie zwischen Hellenismus und Judentum gibt, kann Paulus weder der einen noch der anderen Alternative zugeordnet werden.[21] Darüber hinaus sollte er auch nicht als *Wanderer zwischen zwei*

---

dungspraxis, der Speise- und Reinheitsgebote sowie weiterer Kennzeichen jüdischen Lebens die Identität des Diasporajudentums gegenüber seiner Umwelt. Hinzu kommt, dass das Diasporajudentum rein zahlenmäßig in der Antike gegenüber dem Judentum Palästinas den größeren Teil der jüdischen Gemeinschaft weltweit ausgemacht hat. Vgl. FREY, Das Judentum des Paulus, 31ff.

17 Vgl. PETER WICK, Antikes Judentum, in: Lukas Bormann (Hg.), Neues Testament. Zentrale Themen, Neukirchen-Vluyn 2014, 21.

18 Vgl. zur Überwindung der Dichotomie zwischen Hellenismus und Judentum in der jüngeren Paulusforschung ausführlich KOBEL, Paulus als interkultureller Vermittler, 42–55.

19 Siehe zum Thema insgesamt nach wie vor die grundlegende Arbeit von MARTIN HENGEL, Judentum und Hellenismus. Studien zu ihrer Begegnung unter besonderer Berücksichtigung Palästinas bis zur Mitte des 2. Jh.s v. Chr (WUNT 10), Tübingen ³1988. Vgl. zum Thema überdies die Beiträge in TROELS ENGBERG-PEDERSEN (Hg.), Paul Beyond the Judaism/Hellenism Divide, Louisville, KY 2001.

20 TIWALD, Hebräer von Hebräern, 69.

21 „Es hat sich gezeigt, dass eine dichotomische Unterscheidung zwischen Judentum und Hellenismus überholt ist, denn eine solche antithetische Gegenüberstellung basiert auf zweifelhaften Voraussetzungen und Annahmen. So setzt sich die Erkenntnis durch, dass es sich beim ‚Judentum' einerseits und beim ‚Hellenismus' andererseits nicht um monolithische, abschliessend unterscheidbare Entitäten handelt und dass sie sich daher gegenseitig auch nicht kategorisch ausschliessen." KOBEL, Paulus als interkultureller Vermittler, 63.

Welten[22] angesehen werden, da eine solche Einschätzung von zwei gänzlich separierten Entitäten an der Lebensrealität und der kulturellen Vielfalt der Antike vorbeigeht.[23] Vielmehr vereint Paulus aufgrund seiner Biographie in sich sowohl hellenistische als auch jüdische Anschauungen, Prägungen und Denkweisen, die in unterschiedlicher Gewichtung Eingang gefunden haben in sein missionarisches und literarisches Wirken.[24]

4.1.3 Heilige Schrift(en) und biblischer Kanon[25]

So sehr einerseits die Pluralität des antiken Frühjudentums wahrzunehmen und differenziert zu betrachten ist sowie die gegenseitige Einflussnahme und Interrelation hellenistischer und jüdischer Kultur(en) zu beachten ist, darf andererseits das antike Frühjudentum nicht gänzlich seiner Konturen und identitätsstiftenden Merkmale beraubt werden. Denn diese haben ihm eine exponierte Stellung innerhalb der religiösen Strukturen der griechisch-römischen sowie der vorderorientalischen Antike verliehen. Eine maßgebliche Grundlage jüdischer Identitätsbildung stellt die Bezugnahme aller jüdischen Gruppierungen auf die Heiligen Schriften Israels dar.[26] Und selbst insofern „die Interpretation derselben von Gruppe zu Gruppe doch beträchtlich abweichen konnte, bleibt diese doch ein

---

22 So der vielfach rezipierte Ausdruck von SCHALOM BEN-CHORIN, Paulus. Der Völkerapostel aus jüdischer Sicht, München 1970.

23 Vgl. TIWALD, Hebräer von Hebräern, 69f.

24 Vgl. UDO SCHNELLE, Paulus. Leben und Denken (GLB), Berlin u.a. [2]2014, 69. Siehe hierzu auch REINHARD von BENDEMANN, Die kritische Diastase von Wissen, Wollen und Handeln. Traditionsgeschichtliche Spurensuche eines hellenistischen Topos in Römer 7, in: ZNW 95 (2004).

25 Es versteht sich, dass die in diesem Unterkapitel genannten Fragen und dargestellten Probleme religionsgeschichtlicher oder auch textkritischer Forschung überaus komplexer Natur sind. Sie verlangen eine intensive und differenzierte Auseinandersetzung, die hier nicht ansatzweise geboten werden kann. Primäres Anliegen der Ausführungen ist es daher, auf die grundsätzliche Signifikanz dieser Themenkomplexe und Fragestellungen hinzuweisen und ihre Bedeutung für die Untersuchung des paulinischen Schriftgebrauchs zu markieren, nicht jedoch sie detailliert auszuführen oder zu beantworten.

26 Hinzu treten freilich weitere grundlegende religions- und sozialgeschichtliche Aspekte wie z. B. die Verehrung eines einzigen Gottes, der Bezug zum Jerusalemer Tempel als zentrales Heiligtum, das Erwählungsverständnis und Identitätsmerkmale wie die Beschneidung, das Einhalten des Sabbats und zahlreicher Reinheitsgebote. „Allerdings ist gegen jede Generalisierung dieser verschiedenen Identitätsmerkmale einzuwenden, dass ihre Gewichtung unterschiedlich ausgeprägt war bzw. nicht alle Faktoren von jedem Judäer und jeder Judäerin für gleich wichtig gehalten wurden." ÖHLER, Geschichte des frühen Christentums, 59. Dieser Hinweis Öhlers gilt nicht zuletzt auch für den Stellenwert, welcher der Schriftinterpretation und der Konzentration auf die Heiligen Schriften Israels als Identitätsmerkmal in den unterschiedlichen Gruppierungen zugetragen wurde.

gemeinsames Zentrum einer gemeinsamen Religion."[27] Jede jüdische Gruppierung war in ihrem Innersten durch den Umgang, die Lektüre, die Auslegung und die Rezeption der für sie als autoritativ geltenden Schriften Israels geprägt.

4.1.3.1 *Autorität und Kanonizität jüdischer Schriften*

Als ein zentrales Charakteristikum des antiken Frühjudentums ist zweifelsfrei dessen intensiver Schriftbezug zu kennzeichnen. Doch blickt man auf den Schriftgebrauch im Frühjudentum, ist zu fragen: Welche Schrift(en)? Welche Texte waren verbreitet und welche wurden (in welcher Gruppierung) als autoritativ angesehen? Ab wann lässt sich von einem *Kanon*[28] im Frühjudentum sprechen und welche Gestalt hatte dieser?[29] „Ebensowenig wie das Judentum des ersten Jahrhunderts als homogene Größe gesehen werden kann, ist auch davon auszugehen, daß alle jüdischen Gruppen dieser Zeit dieselben Schriften für verbindlich hielten und dieselben Auswahlkriterien geltend machten."[30] Wie verhält es sich demnach hinsichtlich der Kanonizität der Schriften Israels zur Zeit des bzw. für Paulus?

Aussagen zum Umfang der autoritativen Schriften des Frühjudentums finden sich in den Quellen des 1. Jh. zum einen bei Flavius Josephus in ContAp 1,37–43 und in 4 Esra 14,44.[31] Jeweils wird darauf verwiesen, dass es sich hinsichtlich des Kanons um eine Sammlung von 22 bzw. 24 Büchern handelt.[32] Zum anderen

---

27 MARKUS TIWALD, Das Frühjudentum und die Anfänge des Christentums. Ein Studienbuch (BWANT 208), Stuttgart 2016, 31. Ähnlich WICK, Antikes Judentum, 14: „Jede Gruppierung berief sich besonders auf die Tora. Allerdings pflegte jede jüdische Richtung ihre eigenen Torainterpretationen." Siehe ebenfalls HAYS, Echoes of Scripture in the Letters of Paul, 11: „One thing that is clearly documentable is that all of them deliberately regard Scripture as source and authority for their own quite different theological developments."

28 Bereits der Begriff „Kanon" ist freilich anachronistisch und diskussionswürdig. Vgl. GUNTER WANKE, Die Entstehung des Alten Testaments als Kanon, in: TRE 6 (1980), 1–8. Mit Tiwald sei „Kanon" im Folgenden „für Paulus und für die frühjüdische Literatur stets unter Anführungszeichen und nur im übertragenen Sinn von *autoritativ verbindlichen Büchern* verwendet." TIWALD, Hebräer von Hebräern, 97.

29 Vgl. zu diesen Fragen u. a. TIWALD, Das Frühjudentum und die Anfänge des Christentums, 266–270; ARMIN LANGE, From Literature to Scripture. The Unity and Plurality of the Hebrew Scriptures in Light of the Qumran Library, in: Christine Helmer/Christof Landmesser (Hg.), One Scripture or Many? Canon from Biblical, Theological and Philosophical Perspectives, Oxford 2004.

30 BERND SCHRÖDER, Die „väterlichen Gesetze". Flavius Josephus als Vermittler von Halachah an Griechen und Römer (TSAJ 53), Tübingen 1996, 236.

31 Vgl. hierzu STEVE MASON/ROBERT A. KRAFT, Scripture and Canon in the Commoly Called Apokrypha and Pseudepigrapha and in the Writings of Josephus, in: Magne Saebø (Hg.), Hebrew Bible / Old Testament. The History of Its Interpretation, From the Beginnings to the Middle Ages (until 1300), Göttingen 1996.

32 Vgl. HEINZ-JOSEF FABRY, Die Handschriften vom Toten Meer und ihre Bedeutung für den Text der Hebräischen Bibel, in: Ulrich Dahmen/Hartmut Stegemann/Günter Stemberger

finden sich Aussagen u. a. in Philons DeVitCont 25, in Lk 24,44 oder in 4QMMT C 10, wo jeweils auf die Dreiteilung des biblischen Kanons verwiesen wird.[33] Den ältesten Beleg für eine Gliederung in drei Kanonteile findet sich darüber hinaus bereits lange vor dieser Zeit (um 180 v. Chr.) im Prolog des Ben Sira, wo auf „das Gesetz, die Propheten und andere väterliche Schriften" (Sir Prol 24f.) verwiesen wird. Während die ersten beiden Kanonteile somit vermutlich schon vor dem ersten Jahrhundert und spätestens zur Zeit des Paulus recht deutliche Konturen besaßen und mit Sicherheit „für das Judentum in der Zeit nach der Tempelzerstörung in weiten Kreisen bereits feststanden, war die Frage nach den Hagiographen sogar noch für die späteren Rabbinen ein Thema."[34]

4.1.3.2 *Hebräischer Text und LXX*

Neben den Fragen der Autorität und Kanonizität einzelner jüdischer Schriften in den jeweiligen jüdischen Gruppierungen bzw. bei Paulus stellt sich zudem die Frage nach den unterschiedlichen Textvarianten und LXX-Revisionen resp. Rezensionen,[35] die sich im Frühjudentum im Umlauf befanden und genutzt wurden.[36] Darüber hinaus ist das grundsätzliche Verhältnis von hebräischem und LXX-Text zu berücksichtigen.[37] Denn nicht nur der Umfang und die Abgrenzung des Kanons autoritativer Schriften, sondern auch der griechische sowie „der hebräische Wortlaut der Schriften war im 1. Jh. n. Chr. noch im Fluss."[38] Paulus lebte „at a time when the biblical text remained fluid. Textual variety and pluriformity characterized the scriptural scrolls that he consulted."[39]

Obgleich die mit Blick auf diese Frage zu diskutierende Annahme, Paulus wäre ein „polylingual Jew of the Graeco-Roman world, fluent or at least compe-

---

(Hg.), Qumran – Bibelwissenschaften – Antike Judaistik. Ergebnisse, Berichte, Reflexionen aus Tagungen der Katholischen Akademie Schwerte (Einblicke 9), Paderborn 2006, 15.

33 Wobei bereits die jeweiligen Bezeichnungen divergieren.

34 TIWALD, Hebräer von Hebräern, 99. Vgl. Zum Ganzen kompakt ALEXANDER A. FISCHER/ERNST WÜRTHWEIN, Der Text des Alten Testaments. Neubearbeitung der Einführung in die Biblia Hebraica von Ernst Würthwein, Stuttgart 2009, 115–118.

35 Siehe ausführlich TIWALD, Hebräer von Hebräern, 63–69 sowie die dort verwendete Literatur.

36 Vgl. STEVE MOYISE, The Old Testament in the New. An Introduction, London ²2015, 22.

37 Für eine tiefergehende Beschäftigung mit diesen Fragen zur Septuaginta, ihrer Gestalt und ihrer Entstehungsgeschichte sei u. a. verwiesen auf HEINZ-JOSEF FABRY, Der Text und seine Geschichte, in: Christian Frevel (Hg.), Einleitung in das Alte Testament (KStTh 1,1), Stuttgart ⁹2016 und die weiterführende Literatur dort sowie auf SIEGFRIED KREUZER/MARTIN KARRER/WOLFGANG KRAUS (Hg.), Einleitung in die Septuaginta LXX.H / herausgegeben von Martin Karrer, Wolfgang Kraus und Siegfried Kreuzer ; Band 1, Gütersloh 2016.

38 WILK, Schriftbezüge im Werk des Paulus, 479.

39 TIMOTHY H. LIM, Holy Scripture in the Qumran Commentaries and Pauline Letters, Oxford 1997, 160.

tent in Hebrew, Aramaic, and Greek" gewesen[40], plausibel erscheint, kann bezüglich der Schriftverwendung des Paulus – aus *textimmanenten* Gründen – lediglich als gesichert gelten, dass er sich auf den griechischen Text der Schriften Israels bezog. Vielfach wurde daher versucht die LXX-Versionen zu ermitteln oder zu rekonstruieren, die den mutmaßlichen Vorlagentext der paulinischen Schriftzitate geboten haben, um nachzuweisen, welche Abänderungen Paulus mutmaßlich in seiner Rezeption vorgenommen hat.[41]

4.2 Biographische Vorbedingungen des paulinischen Schriftgebrauchs

4.2.1 Paulus als Diasporajude und Pharisäer

Sowohl das paulinische Selbstzeugnis[42] als auch der lukanische Bericht[43] geben Auskunft über den Werdegang des späteren Völkerapostels in der Zeit vor seiner

---

40 A. a. O., 148.

41 So etwa ein zentrales Anliegen der Studien von Koch, Die Schrift als Zeuge des Evangeliums und Stanley, Paul and the Language of Scripture. Aufgrund der oben benannten Varietät und Fluidität der Textform biblischer Schriften ist jedoch nachvollziehbar, dass sich „alle Versuche, den LXX-Vorlagentext des Paulus zu rekonstruieren und eigenständige Textänderungen durch Paulus klar zu beweisen, [...] als ausgesprochen problematisch" erweisen. Tiwald, Hebräer von Hebräern, 113.

42 Siehe dazu ausführlich Niebuhr, Heidenapostel aus Israel und Martin Hengel, Der vorchristliche Paulus, in: Martin Hengel/Ulrich Heckel (Hg.), Paulus und das antike Judentum (WUNT 58), Tübingen 1991.

43 Siehe dazu u. a. Jürgen Roloff, Die Paulus-Darstellung des Lukas. Ihre geschichtlichen Voraussetzungen und ihr theologisches Ziel, in: Martin Karrer (Hg.), Exegetische Verantwortung in der Kirche. Aufsätze, Göttingen 1990; John C. Lentz Jr., Luke's Portrait of Paul (MSSNTS 77), Cambridge 1993; Marie-Eloise Rosenblatt, Paul the Accused. His Portrait in the Acts of the Apostles (Zacchaeus Studies: New Testament, Collegeville, MN 1995; Friedrich Avemarie, Das Paulusbild der Apostelgeschichte. Ein notorisches exegetisches Problem und wie wir damit umgehen können, in: ZPT 63 (2011); Stanley E. Porter, The Portrait of Paul in Acts, in: Stephen Westerholm (Hg.), The Blackwell Companion to Paul, Chichester, West Sussex, Malden 2011; Jens Schröter, Die Paulusdarstellung der Apostelgeschichte, in: Friedrich W. Horn (Hg.), Paulus Handbuch, Tübingen 2013; Isaac W. Oliver, The „Historical Paul" and the Paul of Acts. Which Is More Jewish?, in: Gabriele Boccaccini/Carlos A. Segovia/Cameron J. Doody (Hg.), Paul the Jew. Rereading the Apostle as a Figure of Second Temple Judaism, Minneapolis, MN 2016. Auf die Frage, in welchem Verhältnis paulinisches Selbstzeugnis und lukanischer Bericht stehen und welchen Stellenwert den jeweiligen Texten hinsichtlich ihrer Historizität zuzuschreiben ist, kann hier nicht tiefergehend eingegangen werden. Siehe hierzu die angegebene Literatur. Zur

Berufung[44] und verweisen vielfach auf seine jüdische Identität und sein Leben im Ἰουδαϊσμός (Gal 1,13f.).[45] Paulus selbst bezeichnet sich als Ἑβραῖος ἐξ Ἑβραίων aus dem Volk Israel, näherhin als Benjaminit, der am achten Tag beschnitten wurde und κατὰ νόμον zur Gruppe der Pharisäer zählte (Phil 3,5). Darüber hinaus erfahren wir durch den *auctor ad Theophilum*, dass Paulus den hebräischen Namen *Scha'ul* trug (Apg 7,58 u. a.),[46] aus Tarsus in Kilikien – der kleinasischen Diaspora – stammt und in Jerusalem „zu den Füßen Gamaliels" (κατὰ ἀκρίβειαν τοῦ πατρῴου νόμου) unterrichtet worden ist (Apg 22,3). Bereits diese wenigen Notizen zur Biographie des Apostels vor seiner Berufung verweisen auf zentrale Aspekte, deren Auswertung eine maßgebliche Grundlage für die Erforschung und Bewertung der jüdischen Identität des Paulus und damit des paulinischen Schriftgebrauchs sind.[47] Ein Großteil der damit zusammenhängenden

---

grundlegenden Frage der Historizität der Apostelgeschichte siehe u. a. STEFAN ALKIER, Forschungsgeschichtliche Bemerkungen zur Frage nach dem historischen Quellenwert der Apostelgeschichte des Lukas, in: Stefan Alkier/Michael Rydryck (Hg.), Paulus – das Kapital eines Reisenden. Die Apostelgeschichte als sozialhistorische Quelle (SBS 241), Stuttgart 2017.

44 Zur Frage der Berufung Pauli siehe ausführlich KLAUS HAACKER, Paulus, der Apostel. Wie er wurde, was er war, Stuttgart ²2009; KLAUS HAACKER, Paulus. Der Werdegang eines Apostels (SBS 171), Stuttgart 1997, 84–100; WICK, Paulus, 65–74; MICHAEL WOLTER, Paulus. Ein Grundriss seiner Theologie, Neukirchen-Vluyn 2011, 23–30.; KOBEL, Paulus als interkultureller Vermittler, 111–120.

45 Kompakt hierzu KARL-WILHELM NIEBUHR, Der vorchristliche Paulus. Paulus, ein Diasporajude aus Tarsus, Name, Herkunft, Familie, in: Friedrich W. Horn (Hg.), Paulus Handbuch, Tübingen 2013, 53: „In Gal 1,13 f. beschreibt er seinen ‚einstigen Wandel im Judaismos' (ἀναστροφήν ποτε ἐν τῷ Ἰουδαϊσμῷ). Betont stellt er hier seinen Einsatz als Verfolger der ‚Gemeinde Gottes' voran, bevor er die prägenden Kräfte aus Herkunft und Erziehung benennt, die ihn dazu bewogen haben. Gegenüber seinen Stammes- und Altersgenossen ragte er in seinem Engagement für die Tora und gegen ihre Feinde hervor. Überaus eifrig strebte er danach, die Werte, die ihm aus ‚väterlicher Unterweisung' (τῶν πατρικῶν μου παραδόσεων) vermittelt worden waren, in seinem Einsatz gegen die Jesusanhänger zu verwirklichen. Das Stichwort Ἰουδαϊσμός (Judaismos) lässt dabei einen Verständnishorizont anklingen, der durch die Erfahrungen der Makkabäerkämpfe gefüllt ist, die im 1. Jh. n. Chr. angesichts der römischen Herrschaftsausübung in den Provinzen des östlichen Mittelmeerraumes, besonders in Judäa, in lebendiger Erinnerung waren." Zur Begrifflichkeit siehe ausführlich DIETER SÄNGER, Ἰουδαϊσμός – ἰουδαΐζειν – ἰουδαϊκῶς. Sprachliche und semantische Überlegungen im Blick auf Gal 1,13 f. und 2,14, in: ZNW 108 (2017).

46 Der Name begegnet ausschließlich in Apg 7,58–13,7, danach nicht mehr. In Apg 13,4–12 wird der Name Paulus eingeführt und die Erklärung des Doppelnamens *Saulus Paulus* gegeben. Innerhalb der orthonymen Paulusbriefe und den anderen neutestamentlichen Schriften kommt der Name *Saulus* nicht vor. Zur Bedeutung der Namen und zu etwaigen Namenszusätzen vgl. ausführlich KOBEL, Paulus als interkultureller Vermittler, 89–98.

47 Diese ließen sich u. a. durch folgende Aussagen ergänzen: 1 Thess 2,9; 1Kor 4,12; 2Kor 11,22; Phil 3,6; Apg 16,37; 18,2–3; 22,25–29; 23,6.16–22; 26,5. Eine ausführliche Auflistung aller autobiographischen Einzelaussagen des Paulus findet sich z. B. bei EVE-MARIE

Fragen spitzt sich darin zu, die (theologische) (Aus)Bildung des Paulus näher zu erfassen.[48] Welche Form paganer Bildung wurde Paulus zuteil?[49] Wo und in welchem Umfang ist die pharisäische Bildung des Paulus zu verorten?[50] In welcher Sprache lernte Paulus den Umgang mit den Heiligen Schriften Israels?[51] Diese und weitere komplexe Fragen, die im Rahmen dieser Arbeit nur skizzenhaft dargestellt werden können, gilt es mitzubedenken, wenn die jüdische Identität des *vorchristlichen*[52] Paulus bestimmt werden soll, um die daraus entstehenden Konsequenzen für seinen Schriftgebrauch abzuleiten.[53]

BECKER, Autobiographisches bei Paulus. Aspekte und Aufgaben, in: Ders. (Hg.), Biographie und Persönlichkeit des Paulus (WUNT 187), Tübingen 2005, 82f.

48 Siehe zur Bildungsthematik hinsichtlich des Apostels und in der Antike grundlegend TOR VEGGE, Paulus und das antike Schulwesen. Schule und Bildung des Paulus (BZNW 134), Berlin, New York 2006.

49 Vgl. TOR VEGGE, Der vorchristliche Paulus. Paulus, ein Diasporajude aus Tarsus, Die kulturelle Prägung: Sprache, Erziehung, Bildung, in: Friedrich W. Horn (Hg.), Paulus Handbuch, Tübingen 2013. Siehe dazu auch ANDERS K. PETERSEN, Paul the Jew Was also Paul the Hellenist, in: Gabriele Boccaccini/Carlos A. Segovia/Cameron J. Doody (Hg.), Paul the Jew. Rereading the Apostle as a Figure of Second Temple Judaism, Minneapolis, MN 2016. Siehe dazu auch WILHELM WUELLNER, Der vorchristliche Paulus und die Rhetorik, in: Simon Lauer (Hg.), Tempelkult und Tempelzerstörung (70 n. Chr.). Festschrift für Clemens Thoma zum 60. Geburtstag (JudChr 15), Bern, Wien u.a. 1995.

50 Siehe z. B. WOLFGANG STEGEMANN, Hat der Apostel eine rabbinische Ausbildung in Jerusalem erhalten?, in: KuI 29 (2014).

51 Vgl. u. a. JAN DOCHHORN, Paulus und die polyglotte Schriftgelehrsamkeit seiner Zeit. Eine Studie zu den exegetischen Hintergründen von Röm 16,20a, in: ZNW 98 (2007).

52 Der Begriff „vorchristlich" ist freilich vollkommen anachronistisch. Paulus war selbstverständlich nie „Christ" im Sinne der Zugehörigkeit zu einer christlichen Religion o. ä. „Paulus war *Jude*, zeit seines Lebens, auch als Apostel Jesu Christi. Nichts erlaubt die Annahme, dass er irgendwann seine durch Geburt begründete Zugehörigkeit zum erwählten Gottesvolk [...] infrage gestellt hätte." FREY, Das Judentum des Paulus, 25. Ermangelst Alternativen und durch die etablierte Verwendung des Begriffs in der Forschung, um damit die Zeit vor seiner Berufung möglichst griffig zu formulieren, sei der Begriff auch in dieser Arbeit verwendet – wohl wissend, welche Aporie er mit sich bringt. Vgl. u. a. ALBRECHT OEPKE, Probleme der vorchristlichen Zeit des Paulus, in: Ulrich Luck/Karl-Heinrich Rengstorf (Hg.), Das Paulusbild in der neueren deutschen Forschung (WdF 24), Darmstadt [2]1969; HENGEL, Der vorchristliche Paulus; Strecker, Georg, Nolting, Torsten, Der vorchristliche Paulus. Überlegungen zum biographischen Kontext biblischer Überlieferung – zugleich eine Antwort an Martin Hengel, in: Tord Fornberg (Hg.), Texts and Contexts. Biblical Texts in Their Textual and Situational Contexts, Essays in Honor of Lars Hartman, Oslo 1995; WUELLNER, Der vorchristliche Paulus und die Rhetorik; GÜNTER STEMBERGER, The pre-Christian Paul, in: Ders. (Hg.), Judaica Minora. Teil 1: Biblische Traditionen im rabbinischen Judentum (TSAJ 133), Tübingen 2010.

53 Vgl. hierzu u. a. JÖRG FREY, Der Jude Paulus und der Nomos, in: Jacob Thiessen (Hg.), Das antike Judentum und die Paulusexegese (BThSt 160), Neukirchen-Vluyn 2016, insbesondere 50–66.

4.2.1.1 *Die Sprachkompetenz des Paulus*

Die Selbstbezeichnung als Ἑβραῖος ἐξ Ἑβραίων (Phil 3,5) ist forschungsgeschichtlich vielfach dahingehend gedeutet worden, dass Paulus hiermit u. a. zum Ausdruck bringt, dass er des Hebräischen mächtig gewesen sei.[54] Diese Annahme besitzt zwar aufgrund verschiedener Faktoren und unter Hinzunahme des lukanischen Berichts aus Apg 21,40 und 22,2f. eine gewisse Plausibilität, jedoch findet sich in den paulinischen Briefen „kein einziger stichhaltiger Beweis für Hebräischkenntnisse bei Paulus."[55] Belegen lässt sich hingegen lediglich „die insgesamt ausgezeichnete griechische Sprachkompetenz des Apostels, die sich an seinen Briefen ablesen lässt."[56] Es deutet vieles darauf hin, dass Paulus griechischer Muttersprachler war.

Ein ähnliches Urteil gilt – wie oben bereits angedeutet – hinsichtlich der Rückfrage, in welcher Sprache Paulus den Umgang mit den Heiligen Schriften Israels erlernt hat. Anhand seiner Briefe kann lediglich der Umgang mit dem griechischen Text verifiziert werden.[57] Dies schließt freilich nicht kategorisch aus, dass Paulus eventuell in der Lage war – und dies u. U. auch tat – für seine Briefe auf einen hebräischen Text der Schriften Israels zuzugreifen und als Pharisäer und vielleicht sogar als Schüler des Gamaliel im Umgang mit hebräischen Texten geschult wurde.[58]

---

54 Vgl. z. B. OTTO MICHEL, Paulus und seine Bibel, Gütersloh 1929, 68; HENGEL, Der vorchristliche Paulus, 237; PETER J. TOMSON, Paul and the Jewish law. Halakha in the Letters of the Apostle to the Gentiles (CRINT 1), Assen u.a. 1990, 212; EDUARD LOHSE, Paulus. Eine Biographie, München 1996, 22.; KOBEL, Paulus als interkultureller Vermittler, 99. Siehe zum Terminus Ἑβραῖος und den damit verbundenen Diskussionen detailliert TIWALD, Hebräer von Hebräern, 144–154.

55 TIWALD, Hebräer von Hebräern, 146.

56 NIEBUHR, Der vorchristliche Paulus, 51. Näherhin TIWALD, Hebräer von Hebräern, 182: „Darüber hinaus ist das Griechisch des Paulus so gut und seine Verwendung der griechischen Bibel so gewandt, dass man getrost damit rechnen kann, Paulus habe hauptsächlich Griechisch gedacht und gesprochen. Hätte Paulus wirklich tiefere Kenntnisse der Hebräischen Bibel besessen, so wäre dieses Wissen zumindest an irgendeiner Stelle seiner Briefe mit eingeflossen."

57 So auch JÖRG FREY, Der vorchristliche Paulus. Paulus, ein Diasporajude aus Tarsus, Die religiöse Prägung: Weisheit, Apokalyptik, Schriftauslegung, in: Friedrich W. Horn (Hg.), Paulus Handbuch, Tübingen 2013, 63: „Paulus benutzt in der Regel die LXX; ein Gebrauch des hebräischen Textes lässt sich nicht nachweisen."

58 Zur Frage welche Sprachen Paulus beherrschte vgl. ausführlich KOBEL, Paulus als interkultureller Vermittler, 66–70. Sie hält konkludierend fest: „Zusammenfassend kann festgehalten werden, dass Paulus auf Griechisch schrieb, vermutlich aber auch Kenntnisse des Hebräischen hatte, vielleicht sogar des Lateinischen. Paulus' Bilingualität, mit der er in seiner Zeit eher ein Regel- als ein Sonderfall ist, erscheint also als sehr wahrscheinlich, auch wenn sie nicht weiter zum Ausdruck kommt. Unsere Quellen sind allerdings ausschliesslich Griechisch." Eine eher exklusive und m. E. wenig plausible Position vertritt in Fragen der Sprachkompetenz des Paulus z. B. MICHAEL L. SATLOW, Paul's Scriptures, in:

4.2.1.2 Die pagan-hellenistische (Aus)Bildung des Paulus

„Das uns ebenfalls nur über die Apg zugeflossene Wissen, dass Paulus aus der Diasporastadt Tarsus stammte, verdient zweifelsohne mehr Glaubwürdigkeit als der Verweis auf die hebräischen Sprachkenntnisse bei Paulus."[59] Insbesondere hinsichtlich der Rückfrage nach der hellenistischen Bildung des späteren Völkerapostels ist der Verweis auf Tarsus als Geburtsort wichtig.[60] In der Forschung ist der Hinweis auf Tarsus sehr verschieden gedeutet und der Grad bzw. der Stellenwert paganer Bildung bei Paulus sehr unterschiedlich bestimmt worden. Gleiches gilt für die damit zusammenhängende Frage, ob der Ort der Jugend und der (Aus)Bildung des Paulus Tarsus oder Jerusalem war.[61] Hier ist sicherlich nicht der Ort, die umfänglichen Diskussionen zu diesem komplexen Thema ausführlich darzustellen; zwei gegenüberstehende Ansichten seien jedoch in aller Kürze skizziert, um exemplarisch den Spielraum aufzuzeigen, in dem sich die Forschungspositionen diesbezüglich bewegen:[62]

a) Gemeinsam mit dem lukanischen Verweis auf die in Jerusalem erfolgte Erziehung des Apostels und der Unterweisung in den väterlichen Gesetzen zu den Füßen Gamaliels (Apg 22,3) zeichnet die Apostelgeschichte durch den Verweis auf die Herkunft Pauli aus Tarsus das Bild eines hellenistisch (aus)gebildeten Diasporajuden vor Augen. Denn „Tarsus' Ruf als Bildungsstätte dürfte dem Verfasser der Apostelgeschichte und auch seinen Lesern bekannt gewesen sein. Wenn also berichtet wird, Paulus stamme aus Tarsus, ist dies für informierte Leser zugleich ein Hinweis auf seine – rhetorische und philosophische – Bildung."[63] Die Auswertung außerbiblischer Quellen und die Hinzunahme

---

Ders. (Hg.), Strength to Strength. Essays in Appreciation of Shaye J. D. Cohen (BJS), Providence 2018, 273, der in seiner Analyse zu folgendem Fazit gelangt: „His native tongue was Aramaic, the language in which he would have orally learned Scripture in an ad hoc fashion. During his sojourn outside of Judea and through his trips to synagogues there he became familiar with written Jewish Scripture, in Greek."

59 TIWALD, Hebräer von Hebräern, 173. Dies gilt allzumal unter der Hinzunahme von Gal 1,21.

60 Auf die Diskussion, ob Paulus zudem römischer Staatsbürger gewesen sei, soll an dieser Stelle nicht weiter eingegangen werden, da die Bewertung dieser Frage keinen Einfluss auf den Schriftgebrauch des Paulus hat. Siehe zur Diskussion ausführlich WOLFGANG STEGEMANN, War der Apostel Paulus ein römischer Bürger?, in: ZNW 78 (1987); HEIKE OMERZU, Der vorchristliche Paulus. Paulus, ein Diasporajude aus Tarsus, Tarsisches und römisches Bürgerrecht, in: Friedrich W. Horn (Hg.), Paulus Handbuch, Tübingen 2013.

61 Vgl. WILLEM C. VAN UNNIK, Tarsus or Jerusalem. The City of Paul's Youth, London 1962.

62 Siehe zu diesem Thema ausführlich die Arbeit von VEGGE, Paulus und das antike Schulwesen, sowie jüngst KATJA HESS, Rhetor, Philosoph, Geistträger. Die Bildungsthematik in der lukanischen Paulusdarstellung (FzB, Würzburg 2019, insbesondere 187–213.

63 VEGGE, Der vorchristliche Paulus, 70. Zu Tarsus als Bildungsstätte siehe ausführlich STANLEY E. PORTER/ANDREW W. PITTS, Paul's Bible, His Education and His Access to the Scriptures of Israel, in: JGRChJ 5 (2008), insbesondere 11–21, sowie ANDREW W. PITTS, Paul in Tarsus. Historical Pactors in Assessing Paul's Early Education, in: Stanley E. Porter/Bryan Dyer

geschichtswissenschaftlicher Forschungsergebnisse zur antiken Bildung und Pädagogik lassen es plausibel erscheinen, dass Paulus mindestens einen Teil seiner Jugend in Tarsus verbracht hat und in dieser Zeit grundlegende Elemente pagan-hellenistischer Bildung kennen lernte und sogar an den tarsischen Bildungsinstitutionen partizipiert hat, bevor er zu einem späteren Zeitpunkt an einem anderen Ort eine jüdischer Bildung und Erziehung genoss.[64]

b) Die allein auf der Apostelgeschichte beruhende Darstellung des Paulus als hellenistisch gebildeter Diasporajude ist tendenziös und dient mehr der narrativ-theologischen Intention des *auctor ad Theophilum,* als dass sie sich um die Darstellung eines möglichst historischen Paulusbildes bemüht. Selbstaussagen des Paulus zu einer wie auch immer gearteten pagan-hellenistischen Ausbildung gibt es hingegen ebenso wenig wie eindeutige Hinweise auf eine Elementar- oder Fachausbildung im hellenistischen Bildungssystem in seinem literarischen Wirken.[65] „Im paganen Schulunterricht erlernte man das Lesen und Schreiben durch die Lektüre paganer Autoren. Solch eine Kenntnis – etwa der Werke Homers – kommt bei Paulus allerdings an keiner Stelle explizit zum Vorschein. Alles weitere, das sonst auf eine hellenistische Bildung des Paulus hinweisen könnte (Argumentationsfiguren, rhetorische Stilmittel

---

(Hg.), Paul and ancient Rhetoric. Theory and Practice in the Hellenistic Context, Grand Rapids, MI 2016.

64 So etwa die Position von Vegge und Porter. „Mit dem literarisch, griechisch-hellenistisch gebildeten Paulus, wie er sich in seinen Briefen zu erkennen gibt, stimmt die ihm in der Apostelgeschichte zugeschriebene literarische Kompetenz überein. Die Bildungsinstitutionen in Tarsos haben ihm alle Möglichkeiten geboten, eine solche literarische (rhetorische und philosophische) Bildung zu erlangen. Paulus hat vermutlich zuerst eine literarische und philosophische Bildung erworben, bevor er sie durch eine jüdische ergänzt hat." VEGGE, Paulus und das antike Schulwesen, 486. Vgl. näherhin VEGGE, Der vorchristliche Paulus, 72. Ähnlich PORTER/PITTS, Paul's Bible, His Education and His Access to the Scriptures of Israel, 20: „The chronology of Paul's life and the evidence from his letters and Acts make it plausible that Paul was a product of the Greco-Roman educational system in Tarsus. The flexibility of Acts 22.3, the structure of the education system, including the ages of study and the curriculum, point to Paul having completed the grammar school before leaving Tarsus to complete his education in Jerusalem in the rabbinic school."

65 Vgl. TIWALD, Hebräer von Hebräern, 77f. „Soweit seine Briefe Elemente hellenistischen Bildungsgutes aufweisen [...] dürften sie ihm aus der jüdisch-hellenistischen Predigt der Synagoge, Schriften wie dem Buch der Weisheit und in geringem Umfang vielleicht dem Kontakt mit besser gebildeten Heiden zugekommen sein. Der Heidenapostel scheint jedoch auf heidnische Bildung keinen Wert gelegt zu haben. Nirgends versucht er seine Adressaten dadurch zu überzeugen, daß er an ihr paganes Bildungsgut anknüpft." MARIUS REISER, Hat Paulus Heiden bekehrt?, in: BZ 39 (1995), 82. Insbesondere der letztgenannte Aspekt, das Paulus sich an keiner Stelle seiner Briefe als hellenistisch gebildeter Gelehrter o. ä. präsentiert, ist hervorzuheben. Denn dies steht im starken Kontrast zu seiner jüdischen Identität, welche er hingegen pointiert und wiederholt betont.

etc.), kann ihm auch über den Weg einer jüdisch-hellenistischen Ausbildung zugeflossen sein.“[66]

Was bleibt, wenn man die Bandbreite der Positionen auswertet, ist das Faktum, dass Paulus ohne jeden Zweifel gewisse Elemente paganer Bildung in seinen Briefen erkennen lässt,[67] diese jedoch ein so allgemeines Niveau vorweisen, dass sie nicht zwangsweise auf eine hellenistische Schulbildung zurückzuführen sind.[68] Sie können ihm auf dem Weg allgemeiner Wissensvermittlung, durch einen Privatlehrer, durch das Hören antiker Rhetoren auf öffentlichen Plätzen oder durch das Bildungsangebot einer hellenistischen Synagoge zugeflossen sein.[69] M. E. führt es deutlich zu weit, z. B. durch die Analyse antiker Curricula und deren Vergleich mit Inhalten der paulinischen Homolegumena den pagan-hellenistischen Bildungsgrad bestimmen zu wollen, den Paulus vorzuweisen hat und davon auszugehen, er habe diesen folglich zwangsweise in einer hellenistischen Bildungseinrichtung erlernen müssen.[70] Worüber hingegen vielfach Einigkeit erzielt werden kann, ist, dass Paulus wahrscheinlich einen Teil seiner Bildung in Tarsus und einen weiteren Teil in Jerusalem empfangen haben wird,

---

66 TIWALD, Hebräer von Hebräern, 78. Dies gilt nach Tiwald auch für den vielfach ausgemachten Stil der Diatribe bei Paulus. „Oftmals wurde ja behauptet, dass gerade die flüssige Handhabung der ‚Diatribe‘ ein untrügliches Indiz für eine pagan-hellenistische Ausbildung bei Paulus sei.“ So etwa SCHNELLE, Paulus, 64. Dem ist mit Thomas Schmeller entgegen: „Der ‚Diatribenstil‘ ist ein sehr weit verbreitetes Phänomen, das in den verschiedensten kulturellen Kontexten auftreten kann und nicht einmal immer ein Vorbild benötigt. *Wie weit* Paulus diesen Stil tatsächlich gelernt und *woher* er ihn übernommen hat, ist nicht zu klären.“ THOMAS SCHMELLER, Paulus und die „Diatribe“. Eine vergleichende Stilinterpretation (NTA 19), Münster 1987, 435.

67 U. a. folgende: Paulus kann lesen und schreiben, er besitzt sehr gute Kenntnisse des Koine-Griechisch, er bedient sich literarischer Stilmittel und Argumentationsfiguren, die eine grundlegende Kenntnis der Rhetorik widerspiegeln, Paulus kennt die Gepflogenheiten antiker Epistolographie.

68 Insbesondere auf die vermeintlich kunstvolle Rhetorik des Paulus wird häufig hinsichtlich der Argumentation für eine pagan-hellenistische Bildung des Apostels verwiesen, doch „die von Paulus verwendeten rhetorischen Stilmittel und Argumentationsfiguren entsprachen dem hellenistischen *common sense* und waren in der hellenistischen Kultur, aber auch bereits im Judentum, tief verankert.“ HESS, Rhetor, Philosoph, Geistträger, 198. Pointiert dazu REISER, Hat Paulus Heiden bekehrt?, 79: „Kein Kapitel seiner Briefe ist so geschrieben, dass es einen Rhetoriklehrer befriedigt hätte.“ Zur Diskussion um Paulus und die antike Rhetorik siehe ausführlich STANLEY E. PORTER, Ancient Literate Culture and Popular Rhetorical Knowledge, in: Stanley E. Porter/Bryan Dyer (Hg.), Paul and ancient Rhetoric. Theory and Practice in the Hellenistic Context, Grand Rapids, MI 2016.

69 Zur Bedeutung der Synagoge als Bildungsort im 1. Jh. vgl. HESS, Rhetor, Philosoph, Geistträger, 109ff.

70 So etwa PORTER/PITTS, Paul’s Bible, His Education and His Access to the Scriptures of Israel, 20. Dagegen HESS, Rhetor, Philosoph, Geistträger, 197: „Bei alldem handelt es sich lediglich um *indirekte* Verknüpfungen von Paulus und pagan-hellenistischer Bildung.“

ohne dass man exakt einen Zeitpunkt oder eine Dauer der jeweiligen (Aus)Bildungsperiode bestimmen kann.[71]

4.2.1.3 *Die jüdisch-pharisäische (Aus)Bildung des Paulus*

Paulus erscheint sowohl in seinem Selbstzeugnis (Phil 3,5) als auch durch die lukanische Darstellung als Pharisäer (Apg 23,6). Er entstammt nicht nur einer pharisäischen Familie (ἐγὼ Φαρισαῖός εἰμι, υἱὸς Φαρισαίων), sondern genoss nach dem Zeugnis der Apostelgeschichte sogar eine Ausbildung (Apg 22,3) bei „R. Gamaliel I., dem führenden pharisäischen Lehrer seiner Zeit."[72] Diese jüdisch-pharisäische Bildung des Paulus genauer bestimmen zu wollen, steht allerdings vor ähnlichen Herausforderungen, wie die Herkunft und den Grad seiner pagan-hellenistische Bildung auszumachen.[73]

Das Profil der jüdischen Religionspartei der Pharisäer ist äußerst schwierig zu bestimmen. Denn es liegen keine Texte vor, die eindeutig dieser Gruppierung zugerechnet werden können.[74] Als Quellen, um Merkmale des Pharisäismus auszumachen, bleiben „Josephus mit seinem Drei-Schulen-Berichten (über Pharisäer, Sadduzäer und Essener) und weiteren Notizen sowie die Evangelien, wobei jeweils spezifische, z. T. verzerrende Darstellungstendenzen zu beachten sind. Hinzu kommt die Erwähnung unter polemischen Decknamen (‚Leute, die glatte Dinge reden') in einigen Qumrantexten, eher unsicher auszuwertende Daten aus der rabbinischen Literatur sowie evtl. archäologische Indizien."[75] Insgesamt handelt es sich mit den Pharisäern nichtsdestoweniger um diejenige jüdische Gruppierung, die sowohl bei Josephus als auch im Neuen Testament am häufigsten erwähnt wird und dessen Einfluss auf das jüdische Volk (in Palästina) als besonders stark eingeschätzt werden darf.[76] Paulus stand demnach „als Pharisäer

---

[71] Dagegen jüngst SATLOW, Paul's Scriptures, der die Jugend und die Bildung des Paulus ganz in Jerusalem verortet.

[72] FREY, Das Judentum des Paulus, 36f.

[73] Vgl. zu diesen Fragen ausführlich HESS, Rhetor, Philosoph, Geistträger, 202–210.

[74] Regelmäßig diskutiert wird die pharisäische Autorenschaft der Psalmen Salomos.

[75] FREY, Der vorchristliche Paulus, 60. Vgl. zur Darstellung der Pharisäer in den Evangelien FLORIAN WILK, Die synoptischen Evangelien des Neuen Testaments als Quellen für die Geschichte der Pharisäer, in: Lutz Doering/Hans-Günther Waubke/Florian Wilk (Hg.), Judaistik und neutestamentliche Wissenschaft. Standorte – Grenzen – Beziehungen (FRLANT 226), Göttingen 2014. Zum Pharisäismus siehe grundsätzlich GÜNTER STEMBERGER, Pharisäer, Sadduzäer, Essener (SBS 144), Stuttgart 1991.; NEUSNER/THOMA, Die Pharisäer vor und nach der Tempelzerstörung des Jahres 70 n. Chr.; ROLAND DEINES, Die Pharisäer. Ihr Verständnis im Spiegel der christlichen und jüdischen Forschung seit Wellhausen und Graetz (WUNT 101), Tübingen 1997.

[76] Vgl. FREY, Das Judentum des Paulus, 39.

nicht am Rand des zeitgenössischen Judentums, sondern in einer Gruppe, die jüdisches Leben und jüdische Identität betonte."[77]

Eine weitere Schwierigkeit liegt in der Frage, ob die paulinische Herkunft aus dem Diasporajudentum einerseits und die Zugehörigkeit zum Pharisäismus andererseits überhaupt miteinander kompatibel sind.[78] Denn es liegen keine Quellen vor, die ein (dauerhaftes) pharisäisches Leben in der Diaspora vor 70 n. Chr. belegen.[79] Während die pharisäische Abstammung des Paulus dennoch aufgrund der doppelten Bezeugung zumeist nicht bezweifelt wird, wurde hingegen insbesondere die lukanische Darstellung des Paulus als Schüler des Gamaliel vielfach kritisch hinterfragt.[80] Eine eindeutige Entscheidung ist anhand der Quellenlage diesbezüglich ebenfalls nicht möglich.[81] Zwar verweisen zahlreiche Quellen auf die Wirksamkeit der Gamaliel-Familie im 1. Jh. n. Chr., doch stammen diese i. d. R. aus rabbinischer Zeit und vermerken nur selten ausdrücklich, ob es sich um Gamaliel I. oder seinen Enkel Gamaliel II. handelt.[82] Zudem ist unklar, welche Vorstellung eines Lehrer-Schüler-Verhältnisses sich hinter der lukanischen Formulierung παρὰ τοὺς πόδας Γαμαλιὴλ (Apg 22,3) verbirgt. Insofern Gamaliel I. öffentlich in Jerusalem – eventuell sogar auf dem Tempelberg – gelehrt und Paulus einen Teil seiner Jugend in Jerusalem verbracht hat, „ist es wohl anzunehmen, dass er fast zwangsweise irgendwann auch Zuhörer bei den Unterweisungen Gamaliels wurde."[83] Lukas könnte u. U. eine solche Begegnung vor Augen gehabt haben.[84] „Vieles bleibt in diesem Punkt im Spekulativen und ist letztlich nicht beweisbar."[85] Historisch erscheint eine – wie auch immer geartete – Form des Lernens bei Gamaliel I. zumindest nicht unmöglich.[86]

Insbesondere insofern eine Schülerschaft des Paulus unter Gamaliel I. angezweifelt wird, gilt es, nach alternativen Orten der jüdischen Bildung und Schriftgelehrsamkeit des Paulus zu suchen.[87] Vielfach wird „als Vermittlungsort exegetischer und rhetorischer Bildung des historischen Paulus die Synagogenpredigt

---

[77] FREY, Der vorchristliche Paulus, 61. Zu den spezifischen Charakteristika der pharisäischen Lehre und Praxis siehe FREY, Das Judentum des Paulus, 39–43.

[78] Vgl. HESS, Rhetor, Philosoph, Geistträger, 209.

[79] Vgl. FREY, Paul's Jewish Identity, 295. Die divergierenden Positionen zur Diskussion sind dargestellt bei HESS, Rhetor, Philosoph, Geistträger, 112.

[80] Z. B. Strecker, Georg, Nolting, Torsten, Der vorchristliche Paulus, 725f. Vgl. die ausführlichen Diskussionen bei TIWALD, Hebräer von Hebräern 170–173, sowie HESS, Rhetor, Philosoph, Geistträger, 202ff.

[81] Vgl. SCHNELLE, Paulus, 55.

[82] Vgl. TIWALD, Hebräer von Hebräern,170.

[83] A. a. O., 172.

[84] Vgl. a. a. O., 172.

[85] HESS, Rhetor, Philosoph, Geistträger, 204.

[86] Vgl. a. a. O., 204.

[87] Vgl. a. a. O., 205.

und somit die Teilnahme am hellenistischen Synagogengottesdienst vorgeschlagen."[88] Doch angesichts der rhetorischen und literarischen Fähigkeiten, die Paulus u. a. in seinem Umgang mit den Heiligen Schriften Israels in seinen Briefen präsentiert, ist dieser recht allgemeine Verweis doch zu unspezifisch. Zwar weist Paulus „nicht das höchste Niveau pagan-hellenistischer Bildung auf, aber seine sprachlichen Fähigkeiten und der gekonnte und souveräne Umgang mit der heiligen Schrift (Septuaginta) sowie mit jüdischen Argumentationsmustern übersteigen zumindest die durch den elementaren (Synagogen-)Unterricht oder die Synagogenpredigt vermittelte Allgemeinbildung."[89] Es erscheint daher plausibel, dass Paulus eine solche Bildung „im Rahmen eines jüdischen, pharisäisch ausgerichteten Toraunterrichts erhalten" hat.[90] Eine solche rhetorische, literarische und theologische Bildung pharisäischer Prägung ist mit hoher Wahrscheinlichkeit für die Zeit des Paulus in Jerusalem zu veranschlagen. „Am ehesten ist anzunehmen, dass diese *Ausbildung über eine Landsmannschaft, die sich um eine in Jerusalem ansässige Diasporasynagoge gruppierte*, erfolgte, aber auch andere Möglichkeiten sind denkbar."[91] Zugleich kann angenommen werden, dass Paulus gewisse Vorkenntnisse und Grundzüge einer etwaigen Bildung bereits während seiner Jahre in Tarsus gewonnen haben könnte.[92]

4.2.1.4 Resümee

> „In Bezug auf die Bildung und Ausbildung des historischen Paulus bleibt vieles im Spekulativen und es kann letztlich nur gemutmaßt werden. Einige Eckdaten des Lebens des historischen Paulus können mit größerer Sicherheit angenommen werden wie der Geburtsort Tarsus, die jüdisch-pharisäische Abstammung von Paulus sowie die Tatsache, dass er Pharisäer war. Spekulativer bleiben die Annahmen, wann Paulus von Tarsus nach Jerusalem kam und ob der historische Paulus Gamaliel I. zum Lehrer hatte. Es kann allerdings in Betracht gezogen werden, dass Paulus auf irgendeine Weise mit Gamaliel I. in Kontakt kam, ohne in einem engeren Lehrer-Schüler-Verhältnis zu stehen. Des Weiteren ist es möglich, dass Paulus bereits in Tarsus eine Elementarschule besuchte, wobei hier eher von einer jüdisch-hellenistischen Schule auszugehen ist. Spätestens seit seiner Jugendzeit verkehrte der historische Paulus in

---

88 Ebd. So etwa KOCH, Die Schrift als Zeuge des Evangeliums, 230f.

89 HESS, Rhetor, Philosoph, Geistträger, 205.

90 Ebd.

91 TIWALD, Hebräer von Hebräern, 181. M. E. ist Frey zuzustimmen, wenn er konkludiert: „In my view, we cannot escape the fact that Paul was raised in the Jewish diaspora and received his higher Jewish education from Pharisaic teachers in Jerusalem. This is more plausible than all the ‚critical' constructions mentioned." FREY, Paul's Jewish Identity, 296.

92 Ähnlich TIWALD, Hebräer von Hebräern, 180f: „Es ist wahrscheinlich, dass Paulus in der Synagoge von Tarsus zumindest Lesen und Schreiben lernte. Doch darüber hinaus legt die Geläufigkeit, mit der Paulus aus der Schrift zitiert und argumentiert, noch eine speziellere Ausbildung nahe. [...] Eine gewisse Wahrscheinlichkeit spricht auch dafür, dass *Paulus in Jerusalem – in welcher Weise auch immer – eine pharisäische ‚Ausbildung' erfuhr*."

> Jerusalem und war vermutlich sowohl in einer griechischsprachigen Synagogengemeinde als auch in einer pharisäisch ausgerichteten Toraschule beheimatet."[93]

Vieles mehr ließe sich zum ‚vorchristlichen' Paulus, seiner paganen und seiner jüdischen Bildung sowie zu seiner Verwurzelung in den Traditionen des Pharisäismus sagen. Resümierend soll jedoch noch einmal die Beobachtung im Zentrum stehen, dass sowohl der lukanische Paulus als auch Paulus in seinen Selbstzeugnissen an seiner jüdischen Identität festhält und an entscheidenden Punkten auf die Zeit vor seiner Berufung rekurriert. „Diese Identität, die darin vermittelte Prägung und sein jüdisches ‚Bildungsprofil' sind auch für das Denken und die Schriftauslegung des späteren Apostels von Bedeutung."[94] Paulus greift mehrfach auf die ihm vermittelten (pharisäischen) Traditionen und seine jüdische Bildung zurück und wird durch Lukas durchgängig als tief verwurzelt in den jüdischen Traditionen dargestellt, um den hohen Stellenwert zu beziffern, den Paulus selbst seiner jüdischen Identität beimisst.[95]

4.2.2 Paulus als Antiochener[96]

Neben Pauli vorchristlicher Prägung ist mit Blick auf seinen Schriftgebrauch auch zu fragen, „inwiefern Paulus als Jesusnachfolger andere, vor oder neben ihm in der frühen Jesusbewegung entwickelte (und insofern natürlich auch grundlegend jüdisch geprägte) Perspektiven auf die Schrift rezipiert hat."[97] Die paulinischen Briefe lassen punktuell erkennen, dass Paulus auf solche bestehenden frühchristlichen Traditionen der Schriftinterpretation zurückgreift.[98] Wo hat er diese kennengelernt? „Die Forschung verweist hier zumeist auf Antiochien als den Ort, an dem Paulus wesentliche Traditionen übernommen haben könnte."[99] Wenngleich die genaue Dauer des Aufenthalts in Antiochien unterschiedlich berechnet wird, wird sie ungefähr zwischen sechs und zehn Jahren

---

93 HESS, Rhetor, Philosoph, Geistträger, 213.

94 FREY, Paulus als Pharisäer und Antiochener, 96.

95 „Keinen Zweifel lassen die Selbstaussagen des Paulus an seiner jüdischen Erziehung und Prägung. Dies betrifft seine familiäre Abstammung ebenso wie seine Erziehung und Bildung sowie seine persönliche Orientierung als Erwachsener." NIEBUHR, Der vorchristliche Paulus, 53. Ähnlich KOBEL, Paulus als interkultureller Vermittler, 100: „Paulus scheint keinerlei Zweifel offenzulassen, dass er sich selbst in Kontinuität und Solidarität mit Israel versteht und als innerhalb dieses Orientierungssystems betrachtet werden will." Seine hellenistische Prägung steht hingegen nicht im Fokus des Interesses, sondern wird nur punktuell durch Lukas hervorgehoben, insofern Paulus sich in einem vornehmlich hellenistisch geprägten Umfeld befindet.

96 Siehe zu diesem Lebensabschnitt ausführlich WOLTER, Paulus, 31–51.

97 FREY, Paulus als Pharisäer und Antiochener, 83.

98 Siehe hierzu MARKUS ÖHLER, Bausteine aus frühchristlicher Theologie, in: Friedrich W. Horn (Hg.), Paulus Handbuch, Tübingen 2013.

99 FREY, Paulus als Pharisäer und Antiochener, 83.

umfasst haben.[100] Es ist anzunehmen, dass Paulus in dieser Zeit „Traditionen, Auslegungen und Verkündigungsmuster der Gemeinde übernommen“[101] hat, die auch den Schriftgebrauch in seinen späteren Briefen geprägt haben.[102]

Die Theologie des Paulus – und damit auch seinen Schriftgebrauch – gänzlich aus seiner Zeit in der antiochenischen Gemeinde herzuleiten, greift allerdings zu kurz.[103] Eine solche Einschätzung unterschätzt die „Kreativität und theologische Denkleistung des Apostels und die für ihn schon aus seiner vorchristlichen religiösen Prägung und Bildung mitgegebene Nötigung, das ihm Widerfahrene anhand der Schriften und im Blick auf die Tora zu reflektieren.“[104] Hinzu tritt die Schwierigkeit, dass alle Aussagen und Überlegungen zur antiochenischen Prägung des Paulus einen noch stärker hypothetischen Charakter tragen als bspw. die Forschungsergebnisse zum vorchristlichen Leben des späteren Völkerapostels.

4.2.3 Paulus als Missionar und Völkerapostel

4.2.3.1 Textvorlagen und Zugang zu biblischen Schriften

Bereits der Forschungsüberblick hat darauf hingewiesen, dass die Frage, auf welchen biblischen Vorlagentext Paulus zurückgreift, wenn er die Schrift zitiert oder paraphrasiert, vielfach diskutiert wurde. Diese Rückfrage „nach dem von Paulus verwendeten Bibeltext ist nicht nur eine exegetische Frage, sondern auch

100 Vgl. zu den unterschiedlichen Berechnungen der paulinischen Chronologie die Darstellung bei WICK, Paulus, 74–80. Siehe zur Thematik grundlegend und ausführlich RAINER RIESNER, Die Frühzeit des Apostels Paulus. Studien zur Chronologie, Missionsstrategie und Theologie (WUNT 71), Tübingen 1994.

101 FREY, Paulus als Pharisäer und Antiochener, 85.

102 Ähnlich LUTZ DOERING, Die Rezeption jüdischer Schriften im Neuen Testament, in: JBTh 31 (2016), 109: „Formativ war wohl auch sein langjähriger Aufenthalt in der antiochenischen Gemeinde.“ Es gilt daher, die Prägkraft der antiochenischen Zeit des Paulus mit im Blick zu behalten, wenn sein Schriftgebrauch bewertet wird.

103 So bspw. BECKER, Paulus, 109: „Was Paulus später an alter Tradition benutzt, entstammt im Wesentlichen dem antiochenischen Gemeindewissen.“ Einen Schritt weiter geht Klaus Berger, indem er sogar einen Großteil des gesamten Neuen Testaments „antiochenischen Theologien“ zuordnet. KLAUS BERGER, Theologiegeschichte des Urchristentums. Theologie des Neuen Testaments (UTB 8082), Tübingen ²1995, 176. Vgl. hierzu ÖHLER, Bausteine aus frühchristlicher Theologie, 503.

104 FREY, Paulus als Pharisäer und Antiochener, 94. „So sehr Paulus als Jesusnachfolger und Missionar in Antiochien und schon zuvor Traditionen und Auslegungen der urchristlichen Bewegung aufgenommen und an ihrer Weiterentwicklung mitgearbeitet haben dürfte, ist die wesentliche Grundlage seiner Schriftauslegungskompetenz in jenem Bildungsprofil zu sehen, das er sich in seiner ‚vorchristlichen‘ Zeit angeeignet hatte.“ FREY, Paulus als Pharisäer und Antiochener, 112.

eine Frage nach den *Möglichkeiten*, wo und wie Paulus überhaupt Zugang zu biblischen Texten bekommen konnte.“[105] Neben der heute weitgehend bestrittenen Vermutung, dass Paulus auf seinen Reisen im Besitz ganzer Schriftrollen – etwa einer Jesajarolle oder des Psalters – gewesen sei,[106] wird die Möglichkeit diskutiert, dass Paulus durchaus über selbst angefertigte Exzerpte biblischer Texte verfügte „oder bereits vorgefundene Testimonien in Form von ‚Notizbüchern‘ mit sich führte.“[107] Darüber hinaus kann insbesondere die Möglichkeit in Betracht gezogen werden, dass Paulus an den jeweiligen Stationen seiner Missionsreisen auf den dort vorfindlichen Bestand an biblischen Schriften zugegriffen hat, die sich in den örtlichen Bibliotheken der Synagogen oder im Privatbesitz einzelner (wohlhabender) Mitglieder der frühchristlichen Gemeinden befanden.[108] Eine breite Diskussion herrscht schließlich darüber, inwieweit Schriftbezüge im Werk des Paulus auf eine Zitation aus dem Gedächtnis zurückzuführen sind.[109]

Bezüglich der Rekonstruktion des biblischen Vorlagentextes des Paulus und weiterer Rückfragen hinsichtlich seines Zugangs zu biblischen Schriften sowie der Frage danach, inwieweit der Schriftgebrauch in den paulinischen Homole-

---

105 TIWALD, Hebräer von Hebräern, 105.

106 Vgl. z. B. MICHEL, Paulus und seine Bibel, 8.

107 TIWALD, Hebräer von Hebräern, 107. Zur Rückfrage nach paulinischen Exzerpten und möglichen frühchristlichen Testimonien vgl. u. a. KOCH, Die Schrift als Zeuge des Evangeliums, 247–255, sowie TIWALD, Hebräer von Hebräern, 108–111. Ein Hinweis für einen solchen Besitz findet sich einzig in 2Tim 4,13. Tiwald kommentiert diesbezüglich: „Bei aller Fiktionalität dieser tritopaulinischen Aussage über den Apostel, scheint es der Autor des 2 Tim also zumindest als grundsätzliche Möglichkeit angesehen zu haben, dass Paulus selbst Bibeltexte – und eventuell auch eigene, als μεμβράναι bezeichnete Notizen – besessen hat.“ TIWALD, Hebräer von Hebräern, 106.

108 Siehe u. a. das Fazit von WILK, Schriftbezüge im Werk des Paulus, 480: „Er wird daher nicht selbst (gemäß 2Tim 4,13) über Schriftrollen verfügt, sondern diese bei Bedarf an seinem jeweiligen Aufenthaltsort – etwa in den Synagogen oder in den Christengemeinden – je neu eingesehen haben.“ Diese These würde z. B. in Ansätzen die unterschiedliche Verteilung der Schriftbezüge im Corpus Paulinum erklären. Zitiert Paulus bspw. im Philipperbrief – einem Gefangenschaftsbrief – nicht explizit aus der Schrift, so könnte dies u. U. darauf zurückzuführen sein, dass ihm aufgrund seiner Gefangenschaftssituation schlichtweg keine biblischen Vorlagentexte zur Verfügung standen. Die zahlreichen impliziten Schriftbezüge, die sich dennoch z. B. im Philipperbrief finden, sind dann als ein Indiz für die tiefe Verwurzelung des Paulus in der Sprache der Heiligen Schriften Israels zu werten und deuten auf die nachhaltige Prägkraft und den Einfluss seiner jüdischen Erziehung und Bildung auf sein theologisches und literarisches Wirken hin.

109 Als zwei divergierende Positionen vgl. z. B. STANLEY, Paul and the Language of Scripture, 16: „Perhaps the most common explanation for Paul’s numerous deviations from the language of the Septuagint is to assert that he had a habit of quoting the biblical text rather loosely from memory.“ Kritisch hingegen KOCH, Die Schrift als Zeuge des Evangeliums, 175f.

gumena auf eine Zitation aus dem Gedächtnis zurückgeht, bleibt vieles im Hypothetischen verhaftet.[110] Porter und Potts stellen daher folgende These auf: „There is no way to prove it, but we suspect that it involved a combination of citation from memory and from written texts, some of which may have been in anthologies and some in manuscripts of entire books."[111] Insgesamt erscheint diese vermittelnde These von Porter und Potts insbesondere deswegen als gangbarer Weg, da sie auf Verabsolutierungen und Extrempositionen verzichtet, sich ihres hypothetischen Charakters bewusst ist und zugleich einen gewissen Interpretationsspielraum für die Bewertung des Schriftgebrauchs in den jeweiligen Briefen zulässt.

4.2.3.2 Kommunikationssituation und Rezipierende

Der Schriftgebrauch des Paulus ist uns allein aus den Briefen seiner Zeit als Missionar und Völkerapostel bekannt. Diese Briefe entstammen allesamt ganz bestimmten Kommunikationssituationen und verhandeln zumeist konkrete Themen, Anfragen oder Anliegen des Paulus und der jeweiligen Gemeinden. Es steht außer Frage, dass die stetige Auseinandersetzung mit den jeweiligen Problem- und Fragestellungen der einzelnen Gemeinden Einfluss auf den paulinischen Umgang mit den Schriften Israels nahm.[112] Paulus wurde stets aufs Neue herausgefordert, Antworten auf Fragen des christlichen Glaubens und Lebenswandels zu geben. Er war in dieser Zeit immer wieder gezwungen auf neue Perspektiven und Kontexte einzugehen, um das Evangelium Jesu Christi zu verkündigen. Dass es hierbei zu Weiter- oder Neuentwicklungen in seinem Denken und seiner Theologie kam, gilt es auch hinsichtlich seines Schriftgebrauchs zu berücksichtigen. Die Einflussnahme der Adressatinnen und Adressaten auf den paulinischen Schriftgebrauch in den jeweiligen Briefen liegt jedoch nicht ausschließlich in den ethischen und theologischen Themen begründet, die zumeist durch die Situationen der Gemeinden vorgegeben waren und auf die Paulus reagiert. Sondern sie liegt auch schlichtweg in dem jeweiligen Grad der Vertrautheit mit den Heiligen Schriften Israels, den die Gemeindemitglieder vorwiesen und dem

---

110 Zu einem ähnlichen Urteil kommt auch TIWALD, Hebräer von Hebräern, 114: „*Summa summarum*: Wir müssen uns damit bescheiden, dass wir den biblischen Referenztext des Paulus nicht mehr rekonstruieren können."

111 PORTER/PITTS, Paul's Bible, His Education and His Access to the Scriptures of Israel, 39.

112 So auch das Urteil hinsichtlich des Schriftgebrauchs in den Korintherbriefen bei WILK, Bezüge auf „die Schriften" in den Korintherbriefen, 173: „Offenbar vollzog sich die wechselseitige Erschließung von Christusbekenntnis und Schrift in jeder der Beziehungen, die der Apostel zu den von ihm angeschriebenen Gemeinden unterhielt, auf eigene Weise und – das zeigt gerade das Nebeneinander der beiden Korintherbriefe – in jeder geschichtlichen Situation, veranlasst durch neue Erfahrungen, aufs Neue."

Stellenwert, den sie den Schriften Israels in ihrem Glauben und ihrer Frömmigkeit zuwiesen.[113] Forschungsgeschichtlich wurde daher vielfach darauf hingewiesen, dass „Paul routinely assumes that his audience not only accepts the authority of Jewish Scriptures, but also knows the biblical text well enough to supply the background and context for many of his quotations.“[114] Inwiefern Paulus diese Annahme wirklich tätigte und inwiefern – falls ja – diese berechtigt war, darf jedoch hinterfragt werden.[115] Eine solche Rückfrage hinsichtlich der Fähigkeiten der Rezipierenden zur Wahrnehmung der paulinischen Schriftbezüge muss den unterschiedlich ausgeprägten Grad an Alphabetisierung und den Bildungshintergrund der Mitglieder der einzelnen Gemeinden beachten.[116]

4.3 *Resümee*

Weitaus mehr ließe sich zu den historischen Präsumtionen des paulinischen Schriftgebrauchs und zur jüdischen Identität des Paulus sagen, als es dieses knappe Exposé von Themen und Fragekomplexen skizzieren und in Grundzügen diskutieren konnte. Die Nennung von zentralen religionsgeschichtlichen, biographischen und sozialgeschichtlichen *Prolegomena* soll jedoch an dieser Stelle

---

[113] Darüber hinaus stellten mutmaßlich auch sozialgeschichtliche Rahmenbedingungen denkbare Einflüsse dar, wie die Frage nach der Alphabetisierung der Mitglieder in den Gemeinden und der damit verbundenen Frage, ob die Möglichkeit bestand, den jeweiligen Brief nicht nur in der Gemeindeversammlung vorzulesen, sondern darüber hinaus auch Abschriften anzufertigen oder den Brief – oder eine Abschrift des Briefes – zur individuellen Lektüre und Verbreitung in der Gemeinde (und an andere Gemeinden) weiterzugeben. „Die Schätzungen zum Alphabetisierungsgrad der Bevölkerung zur Zeit des Hellenismus divergieren enorm. Einerseits wird behauptet, die Fähigkeit zu lesen und zu schreiben sei zwar sicherlich in unterschiedlichem Masse, aber doch weitverbreitet gewesen – dies dank der Elementarschulen, die breiten Bevölkerungskreisen offengestanden hätten. Demgegenüber sehr kritisch sehen jüngere Untersuchungen die Situation. Ihnen zufolge ist der Alphabetisierungsgrad der antiken Mittelmeerbevölkerung bei weniger als zehn Prozent oder gar nur bei zwei bis vier Prozent anzusiedeln.“ KOBEL, Paulus als interkultureller Vermittler, 85f. Vgl. zum Thema u. a. WILLIAM V. HARRIS, Ancient Literacy, Cambridge, MA 1989; CATHERINE HEZSER, Jewish Literacy in Roman Palestine (TSAJ 81), Tübingen 2001; ALAN R. MILLARD, Reading and Writing in the Time of Jesus (BiSe 69), Sheffield 2001; JAN HEILMANN, Lesen in Antike und frühem Christentum. Kulturgeschichtliche, philologische sowie kognitionswissenschaftliche Perspektiven und deren Bedeutung für die neutestamentliche Exegese (TANZ), Tübingen 2021.

[114] STANLEY, Pearls Before Swine, 124.

[115] Stanley fragt daher zurecht: „Is it possible that Paul might have misjudged the capacities of his audience? To put the matter bluntly, did Paul's first-century audiences really understand his biblical quotations?“ A. a. O., 125.

[116] Vgl. a. a. O., 144. Siehe hierzu außerdem STANLEY, Paul's „Use“ of Scripture.

genügen, um zu verdeutlichen, dass insbesondere die jüdische Identität des Paulus als *conditio sine qua non* der Erforschung des paulinischen Schriftgebrauchs zu gelten hat.[117] Die jüdisch-pharisäisch Bildung „und die erlernte und im weiteren Studium vertiefte Kenntnis der Schriften haben die Existenz des Paulus nicht nur vor seiner Lebenswende bestimmt. Diese Faktoren bilden auch den Grund, auf den das Denken des Apostels nach seiner Lebenswende und trotz des darin erfolgten Bruchs mit seiner vorherigen Lebensausrichtung weiterhin bleibend bezogen ist."[118] Als *primärer Kontext* der paulinischen Schriftrezeption ist „in erster Linie der jüdische Diskursrahmen zu betrachten."[119] In ihm hat sich Paulus seinem Selbstverständnis nach in allen Phasen seines Lebens – ob als Diasporajude, Pharisäer, Antiochener, Christusgläubiger oder als Völkerapostel – bewegt und in diesem Kontext und unter dieser Prämisse gilt es, ihn und seinen Schriftgebrauch wahrzunehmen.[120]

---

[117] Dies ist zwar – das hat der Forschungsrückblick gezeigt – in einzelnen Arbeiten der Fall (insbesondere TIWALD, Hebräer von Hebräern), jedoch finden sich bis in jüngster Zeit Untersuchungen, welche die jüdische Identität und ihren Einfluss auf seinen Umgang mit der Schrift bei Seite schieben. Vgl. z. B. MATTHEW W. BATES, The Hermeneutics of the Apostolic Proclamation. The Center of Paul's Method of Scriptural Interpretation, Waco, TX 2012.

[118] FREY, Paulus als Pharisäer und Antiochener, 97. Ähnlich an anderer Stelle: „Die jüdische Prägung ist Grundlage auch des Heidenapostels, sie bestimmt seine Schriftauslegung und die Gestalt seines theologischen Denkens. Nur weil die Tora und der Einsatz für die jüdische Tradition ('Ιουδαϊσμός [Judaismos], Gal 1,13; vgl. 2Makk 14,38) die Praxis des Paulus schon vor seiner Lebenswende bestimmten, konnte die Frage nach dem Stellenwert und der Bedeutung der Tora, der Beschneidung und anderer jüdischer Identitätsmerkmale angesichts des Christusgeschehens einen so zentralen Rang in seinem Denken einnehmen. Man muss den Juden Paulus kennen, wenn man den Apostel und seine Theologie verstehen will." FREY, Der vorchristliche Paulus, 59.

[119] FREY, Paulus als Pharisäer und Antiochener, 82. Frey fährt ebd. fort: „Auch wenn seine Christusbegegnung und ihre gedankliche Verarbeitung in der Zeit danach das Denken des ‚vorchristlichen' Paulus vom Kopf auf die Füße gestellt haben mag, ist im Blick auf die Rezeption und Interpretation der Schriften Israels das von Paulus vor seiner Berufung erworbene und gepflegte Bildungsprofil von wesentlicher Bedeutung. Der Kreis der von ihm rezipierten Schriften, deren mögliche Textgestalt sowie die Techniken ihrer Kombination und Interpretation boten nach wie vor die Basis dafür, wie der Apostel auch nach ‚Damaskus' im Gespräch mit seinen jüdischen Zeitgenossen die Schrift aufnimmt und auslegt."

[120] Diese Grundannahme wird auch für die Ausführungen zur *phänomenologischen Kontextualisierung* (§ IV) der Methodik des paulinischen Schriftgebrauchs in Kap. 8 dieser Arbeit leitend sein. Vgl. die Erläuterungen unter 8.1.

§ III Exemplarische Analyse

Zur Textauswahl

Bevor im Folgenden anhand zweier Texte (Röm 4, Gal 3,6–14) exemplarisch die Formen und Verfahren des paulinischen Schriftgebrauchs analysiert werden, sollen zunächst einige Anmerkungen zur Textauswahl gegeben werden. Denn die Paulusbriefe beinhalten eine Vielzahl von direkten oder indirekten Bezügen auf die Schriften Israels.[1] Es steht folglich prinzipiell eine große Bandbreite an Texten zur Verfügung, anhand derer sich die Methodik des paulinischen Schriftgebrauchs analysieren ließe.[2] Bei einem Blick in die einschlägige Forschungsliteratur wird ersichtlich, dass es grundsätzlich zwei Zugangsweisen gibt, wenn die paulinische Schriftrezeption betrachtet wird: „Some scholars limit their attention to a single passage, while others examine a broad range of texts in an effort to develop a thorough understanding of Paul's practices. The goal is the same in either case: to explain how Paul himself interacted with the text of Scripture."[3] Die vorliegende Studie gehört zu der von Christopher D. Stanley zuerst genannten Gruppe von Arbeiten. Denn anhand zweier Beispieltexte (Röm 4;

---

1 Dies wurde bereits in der Einleitung der Arbeit deutlich (vgl. Kap. 1). Je nach Definiton lassen sich im Corpus Paulinum zwischen etwas unter hundert bis hin zu mehreren hundert Bezügen auf die Schriften Israels identifizieren. Laut Appendix III. des NA 28 umfassen die Paulusbriefe etwas weniger als hundert direkte Schriftzitate, *in summa* lassen sich jedoch mehr als 250 Schriftbezüge in den Paulusbriefen ausmachen. Die Zählung bezieht sich ausschließlich auf die authentischen Paulusbriefe: 1Thess, 1Kor, 2Kor, Phil, Phlm, Gal, Röm. Für weitere Zählungen der paulinischen Schriftbezüge vgl. u. a. E. Earle Ellis, Paul's Use of the Old Testament, Edinburgh 1957; Richard N. Longenecker, Biblical Exegesis in the Apostolic Period, Grand Rapids, Mich. 1974; D. Moody Smith, The Pauline Literature, in: D. A. Carson u. a. (Hg.), It is written--scripture citing scripture. Essays in Honour of Barnabas Lindars, Cambridge 1988, 265–291; Dietrich-Alex Koch, Die Schrift als Zeuge des Evangeliums. Untersuchungen zur Verwendung und zum Verständnis der Schrift bei Paulus, BHTh, Bd. 69, Tübingen 1986.; CHRISTOPHER D. STANLEY, Paul and the Language of Scripture. Citation Technique in the Pauline Epistles and Contemporary Literature (SNTSMS 74), Cambridge 1992; MARKUS TIWALD, Hebräer von Hebräern. Paulus auf dem Hintergrund frühjüdischer Argumentation und biblischer Interpretation (HBS 52), Freiburg im Breisgau 2008.

2 Während in einigen Paulustexten „a single verse is cited in isolation", begegnen andere Schriftbezüge des Corpus Paulium wiederum „arrayed in clusters or as part of a composite unit." STANLEY, Paul and the Language of Scripture, 5.

3 CHRISTOPHER D. STANLEY, Paul's „Use" of Scripture. Why the Audience Matters, in: Stanley E. Porter (Hg.), As it is Written. Studying Paul's Use of Scripture (SBLSymS 50), Atlanta Ga. 2008, 125.

Gal 3,6–14) sollen im Folgeden exemplarisch die Formen und Verfahren des paulinischen Schriftgebrauchs analysiert werden.[4] Dieser Herangehensweise wird der Vorzug gegenüber einem Vorgehen eingeräumt, das eine möglichst breite Textbasis betrachtet, um die Einzeltexte, ihren jeweiligen Argumentationszusammenhang, ihre literarische Kompositionen und die darin enthaltene Rezeption und Funktionalisierung von Schriftbezügen angemessen untersuchen zu können.[5] Indem zwei Textpassagen im Fokus stehen, kann eine detaillierte und umfangreiche Analyse der beiden Einzeltexte gewährleistet werden.[6]

Mit Röm 4 und Gal 3,6–14 werden im Folgenden zwei Texte fokussiert, die sowohl eine bedeutsame Rezeptions- und Wirkungsgeschichte als auch eine kontroverse Forschungsgeschichte vorzuweisen haben – und zwar nicht zuletzt gerade wegen ihres intensiven Bezugs auf die autoritativen Schriften Israels.[7] Röm 4 und Gal 3,6–14 eignen sich in besonderer Weise für die Analyse des paulinischen Schriftgebrauchs, da es sich bei ihnen um Textpassagen handelt, in denen eine besonders hohe Konzentration an Schriftbezügen ausgemacht werden kann. Die Methodik des paulinischen Schriftgebrauchs lässt sich somit anhand von Röm 4 und Gal 3,6–14 aus vielen unterschiedlichen Perspektiven betrachten.[8] Mit Blick auf den Schriftgebrauch des gesamten Corpus Paulinum handelt

---

4 Die Darstellung der Analyse der beiden Texte orientiert sich an der kanonischen Reihenfolge.

5 In der methodologischen Reflexion wurde ersichtlich, dass sich bislang nur wenige Arbeiten zum paulinischen Schriftgebrauch mit dem Aspekt der intratextuellen Relationierung intertextueller Referenzen auseinandergesetzt haben (vgl. 3.2.5). Um diesen Aspekt entsprechend analysieren zu können, sollen im Folgenden jeweils zusammenhängende Textpassagen in den Blick genommen werden, in denen sich mehrere Schriftbezüge befinden, sodass deren Beziehung und Verbindung untereinander untersucht werden kann. WAKEFIELD, Where to Live, 2003, 132, macht ebenfalls auf dieses Desiderat aufmerksam: „Investigations concerned with the form of citation have tended to deal with one citation at a time [...]. Only rarely have they looked at the form of citations *as a group*, in order to see if any anomalies or intertextuel clues may lurk in the overall structure and arrangement of the citations within Paul's argument."

6 Gleichzeitig gilt es natürlich, sich stets des exemplarischen Charakters bewusst zu sein, den ein solches Vorgehen impliziert, insofern Aussagen mit Blick auf den paulinischen Schriftgebrauch *in toto* getroffen werden.

7 Nicht selten wurden und werden diese Texte als *loci classici* paulinischer Rechtfertigungslehre angesehen. Vgl. MANFRED OEMING, Ist Genesis 15,6 ein Beleg für die Anrechnung des Glaubens zur Gerechtigkeit?, in: ZAW 95 (1983). Zur Forschungsgeschichte von Röm 4 vgl. ausführlich MARIA NEUBRAND, Abraham – Vater von Juden und Nichtjuden. Eine exegetische Studie zu Röm 4 (FzB 85), Würzburg 1997, 32–79; sowie GERHARD H. VISSCHER, Romans 4 and the New Perspective on Paul. Faith Embraces the Promise (SBLit 122), New York, NY 2009, 7–70. Zu Gal 3,6–14 vgl. u. a. WOLFGANG REINBOLD, Gal 3,6–14 und das Problem der Erfüllbarkeit des Gesetzes bei Paulus, in: ZNW 91 (2000).

8 Da im Folgenden die inhaltlich-theologische Genese der paulinischen Gedanken zu Gen 15,6 und der Figur des Abraham nicht im Fokus des Erkenntnisinteresses steht und darüber hinaus kein dezidierter Vergleich der beiden Textstellen diesbezüglich vorge-

es sich ohne jeden Zweifel um zwei der gewichtigsten Paulustexte: „Romans 4 is an exceptional case of scriptural argumentation in the letter as a whole."[9] Ähnliches gilt für den Text aus Gal 3,6–14, denn auch dieser enthält „some of Paul's most concentrated uses of scripture."[10] Den mehrere Kapitel umfassenden Textkomplex von Röm 9–11 ausgeklammert, handelt es sich bei Gal 3,6–14 um „the most discussed series of quotations in the Pauline corpus."[11] Dies liegt nicht zuletzt an „the sheer number of citations within such short compass–six of them in the course of seven or eight sentences."[12]

Wenngleich für diese Arbeit die inhaltlich-theologische Tragweite der Texte aus Röm 4 und Gal 3,6–14 von nachgeordnetem Interesse ist, handelt es sich sowohl bei Röm 4 als auch bei Gal 3,6–14 aufgrund ihrer hohen Konzentration von Schriftbezügen innerhalb eines geringen Textumfangs um ideale Ausgangstexte für die Untersuchung der Formen und Verfahren des paulinischen Schriftgebrauchs. Mit der Bearbeitung von Röm 4 und Gal 3,6–14 können gewiss nicht alle Fragen zur paulinischen Schriftrezeption beantwortet werden – und gewiss wären auch andere Texte für die Untersuchung der Methodik des paulinischen Schriftgebrauchs geeignet (z. B. Röm 9–11; 1Kor 10; 2Kor 3; Gal 4) –, die wichtigsten werden jedoch gestellt. „Demonstrating how Paul uses certain authoritative traditions in particular passages obviously does not guarantee how he uses other authoritative tradition elsewhere. Identifying Paul's typical ways of handling authoritative traditions in a number of cases, however, gives us a set of expectations as to how his use of other authoritative traditions might look elsewhere."[13] Röm 4 und Gal 3,6–14 dienen daher im Folgenden als exemplarische Texte, um die Methodik des paulinischen Schriftgebrauchs zu analysieren.

---

nommen wird, wird in den folgenden Analysekapiteln der Arbeit die kanonische Reihenfolge der beiden Texte beibehalten. Da es vornehmlich um den exemplarischen Charakter der beiden Textstellen hinsichtlich der Analyse verschiedener Formen und Verfahren der Schriftrezeption geht, wäre eine umgekehrte Reihenfolge nichtsdestoweniger ebenso möglich gewesen.

9 Katja Kujanpää, The Rhetorical Functions of Scriptural Quotations in Romans. Paul's Argumentation by Quotations (NT.S 172), Leiden, Boston 2019, 83.

10 Andrew H. Wakefield, Where to Live. The Hermeneutical Significance of Paul's Citations from Scripture in Galatians 3:1–14 (AcBib 14), Atlanta 2003, 59 „A general investigation into Paul's use of scripture must obviously extend far beyond Galatians 3, but at the same time Galatians 3 provides a convenient focus, a convenient example, for illustrating the concernc of such investigation, since any such investigation must take into account the concentration of scripture in Galatians 3." Wakefield, Where to Live, 58.

11 Christopher D. Stanley, Arguing with Scripture. The Rhetoric of Quotations in the Letters of Paul, New York, NY 2004, 9.

12 Moises Silva, Galatians, in: Gregory K. Beale (Hg.), Commentary on the New Testament Use of the Old Testament, Grand Rapids, MI 2007, 792.

13 Yongbom Lee, Paul, Scribe of Old and New. Intertextual Insights for the Jesus-Paul Debate (LNTS 512), London 2015, 31.

5. Exemplarische Analyse I: τί γὰρ ἡ γραφὴ λέγει; (Röm 4,3) – Römer 4 als *exemplum* paulinischen Schriftgebrauchs

5.1 *Exegetische Betrachtung von Röm 4 in Grundzügen*

5.1.1 Situationsanalyse[1]

Ein Alleinstellungsmerkmal des Römerbriefes im Gegenüber zu den übrigen orthonymen Paulusbriefen besteht zweifelsohne darin, dass Paulus an eine Gemeinde – u. U. bestehend aus mehreren Hausgemeinden[2] – schreibt, die er weder selbst gegründet noch je bislang selbst besucht hat. Bis auf die ihm zugetragenen Berichte über die Gemeinde, über deren Umfang sich keinerlei gesicherte Angaben machen lassen, kennt Paulus die Gemeinde(n) in Rom nicht. Der Anlass des Römerbriefes ist daher weniger durch die Situation der Adressatinnen und Adressaten gekennzeichnet als dies in den anderen Paulusbriefen der Fall ist, sondern vielmehr durch die biographische Situation seines Absenders, Paulus.[3]

Paulus verfasst den Römerbrief wahrscheinlich im Frühjahr 56 n. Chr. in Korinth.[4] Zu dieser Zeit plant er, sein Missionswerk in Spanien fortzusetzen und bittet die Gemeinde in Rom diesbezüglich um personelle und materielle Unterstützung.[5] Bevor er seine Pläne umsetzen kann, möchte Paulus zunächst nach Jerusalem reisen, um dort die zuvor gesammelte Kollekte zu übergeben.[6] Zwei

---

1 Für eine kompakte Zusammenschau der Einleitungsfragen zum Römerbrief siehe Udo Schnelle, Einleitung in das Neue Testament (UTB 1830), Göttingen [9]2017, 134–158. Für eine ausführliche Diskussion aller Einleitungsfragen siehe Michael Wolter, Röm 1–8 (EKK 6,1), Neukirchen-Vluyn 2014, 17–72.

2 Vgl. hierzu Hans-Josef Klauck, Hausgemeinde und Hauskirche im frühen Christentum (SBS 103), Stuttgart 1981, 26ff; Peter Lampe, Die stadtrömischen Christen in den ersten beiden Jahrhunderten. Untersuchungen zur Sozialgeschichte (WUNT 18), Tübingen [2]1989, 301ff.

3 Ähnlich Wolter, Röm 1–8, 44: „Jede Frage nach Anlass und Anliegen des Römerbriefes muss zunächst auf den Absender schauen."

4 Vgl. dazu 1Kor 1,14; Röm 15,25f., 16,1f., 16,23; Apg 20,2f. Diese Angaben zu Abfassungsort und -zeitpunkt entsprechen dem *magnus consensus*. Eine davon abweichende Position findet sich z. B. bei Dieter Zeller, Der Brief an die Römer (RNT 6), Regensburg 1985., 15, oder Peter Stuhlmacher, Der Brief an die Römer (NTD 6), Göttingen [2]1998, 11.

5 Vgl. Röm 15,19–23.

6 Vgl. hierzu Friedrich W. Horn, Die letzte Jerusalemreise des Paulus, in: Ders. (Hg.), Das Ende des Paulus, Berlin, Boston 2001.

Faktoren bestimmen demnach den Abfassungszweck des Römerbriefes aus dieser autorzentrierten Perspektive in besonderer Weise:[7] 1) Die Kollektenübergabe in Jerusalem, von der Paulus bereits ahnt, dass es bei ihr zu Konflikten kommen könnte. 2) Paulus will die römische Gemeinden für sein Anliegen gewinnen und ist bemüht, bestehende Vorbehalte oder Bedenken gegenüber seiner Person und seiner Verkündigung aus dem Weg zu räumen und die römischen Gemeinden mit *seinem* Evangelium vertraut zu machen.[8]

Diesem zweiten Anliegen geht Paulus u. a. nach, indem er „die Vorstellung seiner Theologie vor den römischen *Heidenchristen* als einen Dialog mit dem *nichtchristlichen Judentum* gestaltet."[9] Paulus führt im Römerbrief folglich einen *dialogus cum Iudaeo*[10] und hat neben seinem primär – jedoch nicht ausschließlich – heidenchristlichen Publikum „immer wieder *das nichtchristliche Judentum* im Mittelpunkt der Aufmerksamkeit."[11] Die intendierten Rezipientinnen und Rezipienten – die Gemeinden in Rom – werden im Römerbrief somit Zeugen eines Gesprächs zweier jüdischer Dialogpartner: „Wer ist dieser implizite Adressat, für den diese Passagen bestimmt sind? Die römischen Heidenchristen können es nicht sein, denn denen wird dieser Dialog lediglich vorgeführt. Weil es außer

---

7 Zur komplexen Diskussion über den Abfassungszweck des Röm vgl. u. a. GÜNTER KLEIN, Der Abfassungszweck des Römerbriefes, in: Ders. (Hg.), Rekonstruktion und Interpretation. Gesammelte Aufsätze zum Neuen Testament (BEvTh 50), München 1969; GÜNTHER BORNKAMM, Der Römerbrief als Testament des Paulus, in: Ders. (Hg.), Geschichte und Glaube. Zweiter Teil, Gesammelte Aufsätze Band IV (BEvTh 53), Gütersloh 1971; JACOB JERVELL, Der Brief nach Jerusalem. Über Veranlassung und Adresse des Römerbriefes, in: StTh 25 (1971); ULRICH WILCKENS, Über Abfassungszweck und Aufbau des Römerbriefes, in: Ders. (Hg.), Rechtfertigung als Freiheit. Paulusstudien, Neukirchen-Vluyn 1974; WALTER SCHMITHALS, Der Römerbrief als historisches Problem (StNT 9), Gütersloh 1975; MARKKU KETTUNEN, Der Abfassungszweck des Römerbriefes (AASF 18), Helsinki 1979; PETER STUHLMACHER, Der Abfassungszweck des Römerbriefes, in: ZNW 77 (1986); ALEXANDER J. M. WEDDERBURN, The Reasons for Romans, Edinburgh 1988; EDUARD LOHSE, Summa Evangelii – zu Veranlassung und Thematik des Römerbriefes, in: NAWG.PH (1993); ANGELIKA REICHERT, Der Römerbrief als Gratwanderung. Eine Untersuchung zur Abfassungsproblematik (FRLANT 194), Göttingen 2001.

8 Aus dem Röm selbst lassen sich insbesondere zwei Vorwürfe herausarbeiten, denen Paulus offensichtlich versucht entgegenzuwirken. Einerseits das *antijüdische Missverständnis*, d. h. der Vorwurf, Paulus sei der Auffassung, den Völkern wäre der Zugang zum Heil durch die Aufgabe der Erwählung des Volkes Israel zu Teil geworden. Und andererseits das *libertinistische Missverständnis*, d. h. der Vorwurf, die paulinische Betonung der Barmherzigkeit Gottes gegenüber Sünderinnen und Sündern gehe einher mit einer Abwertung des Gebotsgehorsams. „Nur bei einer Entkräftung judaistischer Vorwürfe und einer überzeugenden Entfaltung der eigenen Position konnte Paulus damit rechnen, dass die Jerusalemer die Kollekte annehmen und die Römer sich ‚sein' Evangelium zu eigen machen." SCHNELLE, Einleitung in das Neue Testament, 137.

9 WOLTER, Röm 1–8, 49.

10 Vgl. ULRICH WILCKENS, Der Brief an die Römer (EKK 6), Neukirchen-Vluyn [2]2014, 32. Vgl. ebenfalls WOLTER, Röm 1–8, 44ff.

11 WOLTER, Röm 1–8, 44.

ihnen aber keine textexternen Adressaten gibt, denen Paulus eine Kopie seines Briefes schicken wollte und von denen er erwartete, dass sie den Brief auch noch lesen, kann dieser Gesprächspartner nirgendwo anders zu finden sein als im Bewusstsein des Autors selbst. Der das Judentum repräsentierende Dialogpartner im Römerbrief ist darum niemand anderer als der *Jude Paulus*."[12] Diese These unterstreicht nicht zuletzt der intensive Schriftgebrauch des Paulus in weiten Teilen des Römerbriefs, denn „der breite Rückgriff auf alttestamentliche Traditionen und der Einsatz exegetischer Kunst will nicht ganz zur überwiegend heidenchristlichen Leserschaft passen."[13] Freilich ist damit nicht gleichzeitig auszuschließen, dass es in Rom Judenchristen gab oder Gottesfürchtige, die zum Christusglauben gekommen sind und eine gute bis sehr gute Kenntnis der Schriften Israels und der jüdischen Traditionen besaßen, Paulus stellt diesen Teil der Adressatinnen und Adressaten im Römerbrief allerdings nicht in den Fokus seiner Anrede.

5.1.2 Arbeitsübersetzung[14]

1 Was werden wir nun sagen, hat Abraham unser Stammvater nach dem Fleisch erlangt?[15] 2 Denn wenn Abraham aus Werken gerechtfertigt worden wäre, hat er Ruhm, aber nicht vor Gott. 3 Denn was sagt die Schrift? Abraham aber glaubte Gott und ihm wurde es zur Gerechtigkeit angerechnet. 4 Dem aber, der Werke tut, wird der Lohn nicht angerechnet gemäß der Gnade, sondern gemäß der Schuldigkeit. 5 Dem aber, der keine Werke tut, der aber glaubt an den, der gerecht macht den Gottlosen, wird sein Glaube zur Gerechtigkeit angerechnet. 6 Wie auch David selig spricht den Menschen, welchem Gott anrechnet Gerechtigkeit ohne Werke.[16] 7 Selig, welchen vergeben wurde die Gesetzlosigkeit und welchen bedeckt wurden die Sünden.[17] 8 Selig der Mann, welchem der Herr nicht anrechnet die Sünde.[18] 9 Gilt die Seligpreisung nun der Beschneidung oder auch der Unbeschnittenheit?[19] Denn wir sagen: Abraham wurde der Glaube zur Ge-

---

12 A. a. O., 49.

13 KLAUS HAACKER, Der Brief des Paulus an die Römer (ThHK 6), Leipzig ^{3}2006, 14.

14 Der Übersetzung liegt der griechische Text des NA^{28} zugrunde.

15 Εὑρηκέναι Ἀβραάμ ist ein AcI, in dem Abraham das Subjekt darstellt. Der Eigenname Abraham steht hier im Akkusativ. Dies ist an der Apposition τὸν προπάτορα ἡμῶν zu erkennen. Der Eigenname selbst ist indeklinabel.

16 Im Unterschied zu V.4 und V.5 ist λογίζεται in V.6 als Medium zu lesen und nicht als Passiv. Χωρὶς ἔργων ist syntaktisch zum Verb λογίζεται zu ziehen.

17 Das Relativpronomen ὧν zum Eingang des Satzes gehört als Genitivattribut zu αἱ ἀνομίαι bzw. zu αἱ ἁμαρτίαι in V.7a und V.7b.

18 Wie in V.7 gehört οὗ als Genitivattribut zum Objekt des Satzes.

19 Paulus formuliert in V.9a elliptisch, daher wurde das Verb ergänzt. Einige Übersetzungen fügen das Verb λέγεται ein, dies ist ebenfalls eine plausible Übersetzungsmöglichkeit.

rechtigkeit angerechnet. 10 Wie nun ist er angerechnet worden? Als er beschnitten war oder als er unbeschnitten war?[20] 11 Und er hat empfangen das Zeichen der Beschneidung[21] als Siegel[22] der Gerechtigkeit des Glaubens in Unbeschnittenheit, damit er selbst sei der Vater aller Gläubigen durch Unbeschnittenheit, damit auch ihnen angerechnet wird die Gerechtigkeit, 12 und ein Vater der Beschneidung nicht nur denen aus Beschneidung, sondern auch denen, die in den Fußspuren des Glaubens bleiben, welchen er in Unbeschnittenheit hatte[23], unseres Vaters Abraham. 13 Denn nicht durch das Gesetz ist die Verheißung dem Abraham oder seinem Samen,[24] dass er selbst sei der Erbe der Welt,[25] sondern durch Gerechtigkeit des Glaubens. 14 Denn wenn die aus dem Gesetz Erben sind, ist der Glaube unnütz und die Verheißung nichtig. 15 Denn das Gesetz richtet Zorn an; wo aber kein Gesetz ist, ist auch kein Vergehen.[26] 16 Deshalb ist es aus Glauben, damit es gemäß der Gnade ist, damit die Verheißung sicher ist dem ganzen Samen, nicht allein dem aus dem Gesetz, sondern auch dem aus dem Glauben Abrahams, welcher ist unser aller Vater. 17 Wie geschrieben steht: Ich habe dich gesetzt zum Vater vieler Völker.[27] Er hat dem gegenüber geglaubt, Gott, welcher lebendig macht die Toten und ruft das Nichtseiende zu Seiendem. 18 Welcher gegen Hoffnung auf Hoffnung geglaubt hat, dass er selbst wird ein Vater vieler Völker gemäß dem, was gesagt worden ist: So wird dein Same sein. 19 Und er war nicht schwach im Glauben,[28] er hat betrachtet seinen Körper als schon erstorben, fast hundert Jahre, und das Erstorbensein des Mutterschoßes Saras. 20 Aber er hat nicht an der Verheißung Gottes gezweifelt im Unglauben[29], sondern er wurde im Glauben gestärkt, Gott die Ehre gebend. 21 Und er wurde überzeugt, dass er vermögend ist auch zu tun, was er verheißen hat. 22 Deshalb wurde es ihm als Gerechtigkeit angerechnet. 23 Aber es steht nicht geschrieben, dass es ihm allein seinetwegen angerechnet wurde, 24 sondern auch unseretwegen, welchen es zukünftig angerechnet werden wird, den Glaubenden an den, der Jesus von den Toten auferweckt hat, unseren Herrn. 25 Welcher dahingegeben wurde um unserer Verfehlungen willen und um unserer Rechtfertigung willen.

---

[20] Das Partizip ὄντι bezieht sich auf das Dativobjekt τῷ Ἀβραάμ des vorangehenden V.9. Es bietet sich eine temporale Auflösung des Partizips an.

[21] M. E. ist σημεῖον περιτομῆς als *genitivus epexegeticus* zu verstehen.

[22] Σφραγῖδα ist Objektsprädikativ und daher mit „als Siegel“ zu übersetzen.

[23] Τοῖς οὐκ ἐκ περιτομῆς μόνον ἀλλὰ καὶ τοῖς στοιχοῦσιν lässt sich als *dativus commodi* verstehen.

[24] Τῷ Ἀβραὰμ ἢ τῷ σπέρματι αὐτοῦ ist ein *dativus commodi.*

[25] Τὸ κληρονόμον αὐτὸν εἶναι κόσμου ist ein AcI, der durch den Artikel τό substantiviert wird. Der Subjektsakkusativ ist αὐτόν und das Prädikatsnomen ist κληρονόμον. Κόσμου ist ein Genitivattribut.

[26] Das Relativpronomens οὗ ist zum Ortsadverb geworden, „wo“. Im Hauptsatz muss für die Übersetzung eine Kopula ergänzt werden.

[27] V.17a ist als Parenthese zu verstehen und schließt durch das Verb an V.16 an.

[28] Oder: „in Hinsicht auf den Glauben“.

[29] Oder: „infolge von Unglauben“.

5.1.3 Kontextanalyse

5.1.3.1 Makrokontext

Der Römerbrief lässt sich in die typischen Formelemente antiker Epistolographie unterteilen.[30] Er besitzt einen Briefanfang (1,1–17) mit *Präskript* (1,1–7) und *Proömium* (1,8–17), einen Briefkorpus (1,18–15,13), der sich in vier Hauptteile untergliedern lässt (1,18–5,21[31]; 6,1–8,39; 9,1–11,36; 12,1–15,13) und einen Briefschluss mit Schlussparänese, *Postskript* und Grüßen (15,14–16,24).[32] Bemerkenswert ist, dass sowohl Briefanfang als auch Briefschluss außerordentlich ausführlich gestaltet sind. „Hier wie dort geht Paulus auf die Art seines apostolischen Dienstes ein und erörtert seine Reisepläne nach Rom, beziehungsweise über Rom hinaus."[33] Ebenso ist die Grußliste des Römerbriefes länger als in jedem anderen Paulusbrief. Dies unterstreicht das Anliegen des Paulus, die römische Gemeinde durch seinen Brief für sich und sein Evangelium zu gewinnen. Der Briefkorpus lässt sich zudem durch ein *Indikativ-Imperativ* Schema gliedern. Während 1,18–11,36 den eher indikativischen Teil darstellt, setzt in 12,1 der stärker imperativisch geprägte Abschnitt des Briefes ein und erstreckt sich bis zum Ende des Briefkorpus (15,13).

---

30 Vgl. zum Thema allgemein CHRISTINA HOEGEN-ROHLS, Zwischen Augenblickskorrespondenz und Ewigkeitstexten. Eine Einführung in die paulinische Epistolographie (BThSt 135), Neukirchen-Vluyn 2013. Eine detaillierte Bestimmung des Röm als Rede mit Blick auf die klassischen Elemente antiker Rhetorik gestaltet sich hingegen schwierig. Vgl. dazu ROGER D. ANDERSON, Ancient Rhetorical Theory and Paul (CBET 18), Leuven 1999; oder CARL J. CLASSEN, Kann die rhetorische Theorie helfen, das Neue Testament, vor allem die Briefe des Paulus, besser zu verstehen?, in: ZNW 100 (2009). Zwar lassen sich einige Briefabschnitte einzelnen rhetorischen Elementen zuordnen, doch „unter allen Vorschlägen, die bisher zur rhetorischen Gliederung des Römerbriefes vorgelegt wurden, gibt es keine zwei, die zu demselben Ergebnis kommen." WOLTER, Röm 1–8, 66.

31 Der erste Hauptteil lässt sich wiederum in zwei Abschnitte unterteilen: 1,18–3,20 und 3,21–5,21. Nachdem Paulus im ersten Abschnitt des ersten Hauptteils des Briefkorpus (1,18–3,20) die Universalität der Sünde herausstellt, legt er im zweiten Abschnitt (3,21–5,21) die Universalität des Heils dar.

32 Über die Gliederung des Röm herrscht weitgehende Einigkeit in der Forschung. Streitpunkt ist zumeist lediglich die Zuordnung des fünften Kapitels. Während einige den ersten Hauptteil des Briefkorpus mit 4,25 enden lassen, sehen andere in 5,11 den Abschluss oder ziehen den Abschnitt bis 5,21. Letzterer Option schließe ich mich an. Sie wird u. a. vertreten durch HAACKER, Der Brief des Paulus an die Römer, 14–17; GERD THEIẞEN/PETRA von GEMÜNDEN, Der Römerbrief. Rechenschaft eines Reformators, Göttingen 2016, 59f.68; MICHAEL THEOBALD, Der Römerbrief (EdF 294), Darmstadt 2000, 47–54; WILCKENS, Der Brief an die Römer, 15–22; WOLTER, Röm 1–8, 68–72. Vgl. zur Gliederung des Röm grundsätzlich ULRICH LUZ, Zum Aufbau von Röm 1–8, in: ThZ 25 (1969); oder WILCKENS, Über Abfassungszweck und Aufbau des Römerbriefes.

33 PETER WICK, Bibelkunde des Neuen Testaments, Stuttgart 2004, 44.

5.1.3.2 *Mikrokontext*

Röm 4 lässt sich durch die Neueinsätze „Τί οὖν ἐροῦμεν“ in 4,1 und „Δικαιωθέντες οὖν ἐκ πίστεως“ in 5,1 als Texteinheit abgrenzen. Sowohl sprachlich als auch thematisch leitet sich Röm 4 aus Röm 1–3 her.[34] Ein besonders enger Bezug besteht zu Röm 3,21–31.[35] In V.21–26 erläutert Paulus, „warum es der Christus-Glaube ist, der zur Rechtfertigung der Sünder führt,“[36] bevor er in V.27–31 nach dem Verhältnis von Israel und den Völkern hinsichtlich der Rechtfertigung aller durch den Glauben fragt und thetisch Antworten formuliert.[37] Ebendiese Verse greift Röm 4 auf und verhandelt sie ausführlich anhand der Abrahamthematik.[38] Die Verse aus Röm 3,27–31 können daher als Einleitung zu Röm 4 verstanden werden.[39]

5.1.4 Gattungsanalyse

Aufgrund seiner Stellung innerhalb der Struktur des Römerbriefes, seines argumentativen Charakters mit Blick auf die in 3,27–31 und 4,1f. (auf)gestellten Fragen und Thesen und aufgrund der zahlreichen intertextuellen Referenzen innerhalb des Kapitels, ist Röm 4 häufig als *Schriftbeweis* oder *Schriftbeleg* klassifiziert worden. Der zu beweisende oder belegende Inhalt wurde dabei zumeist in der Rechtfertigung Einzelner durch den Glauben an Jesus Christus bestimmt.[40] Insofern man eine Bestimmung als *Schriftbeweis* oder *Schriftbeleg* vornimmt, gilt es zu berücksichtigen, dass Paulus hinsichtlich der aufgestellten Thesen (3,27–

34 Dies gilt insbesondere für die semantischen Felder rund um die Lexeme πίστις, δικαιοσύνη, ἔργα, νόμος, περιτομῇ, ἀκροβυστίᾳ. Vgl. dazu die Tabelle bei WOLTER, Röm 1–8, 277.

35 Siehe zur sprachlichen und inhaltlichen Verknüpfung von Röm 3,21–31 und Röm 4 auch BENJAMIN SCHLIESSER, Abraham's Faith in Romans 4. Paul's Concept of Faith in Light of the History of Reception of Genesis 15:6, Tübingen 2012, 310f.

36 WOLTER, Röm 1–8, 243.

37 Vgl. ausführlich zu Röm 3,27–31 als Einleitung des Abrahamkapitels NEUBRAND, Abraham – Vater von Juden und Nichtjuden, 125–148. Paulus stellt in diesen wenigen Versen gleich sechs rhetorische Fragen.

38 Vgl. THOMAS H. TOBIN, What Shall We Say that Abraham Found? The Controversy behind Romans 4, in: HTR 88 (1995), 442.

39 Ähnlich z. B. DAVID A. BURNETT, „So Shall Your Seed Be“. Paul's Use of Genesis 15:5 in Romans 4:18 in Light of Early Jewish Deification Traditions, in: JSPL 5 (2015), 239: „Specifically, Rom. 3.27–4.1 previews Paul's narration of the Abraham story in 4.2–25, centering upon four issues: the exclusion of works in justification (3.27–28//4.2–8), Abraham's justification as preceding his circumcision (3.29–30//4.9–12), the continuity between Torah and faith (3.31//4.13–15) and the nature of Abraham's paternity (4.1//4.16–25).“

40 Die hier gebotene Auslegung des Textes wird jedoch zeigen, dass dies nicht das primäre Argumentationsziel von Röm 4 darstellt.

31) in dem Text von Röm 4 mehrere Beweisgänge für unterschiedliche Sachverhalte durchführt und hierdurch sowohl vor- als auch nachgeordnete Argumentationsziele verfolgt.[41]

Darüber hinaus wurde Röm 4 in der Forschung immer wieder als *Midrasch* klassifiziert.[42] Die Gattungsbestimmung als *Midrasch* ist jedoch insbesondere aufgrund der Polysemie des Begriffs *Midrasch* nicht unproblematisch. Sie wird daher im Laufe der Untersuchung mit Blick auf die Kontextualisierung des paulinischen Schriftgebrauchs im Frühjudentum noch einmal gesondert betrachtet werden (vgl. 8.3.2).

5.1.5 Auslegung[43]

Gliederung

Der Text aus Röm 4 stellt ein eng zusammenhängendes Argumentationsgeflecht dar, das sprachlich und semantisch nur wenige eindeutige Zäsuren enthält. Hinsichtlich der Unterteilung des Textes gibt es daher recht divergierende Vorschläge. Während einige den Text lediglich in zwei Sinnabschnitte unterteilen (V.1–12 und V.13–25)[44] oder auch in drei (V.1–8; V.9–21; V.22–25)[45] und damit die enge Verbundenheit und das Ineinanderfließen der einzelnen Gedankengänge des Textes hervorheben, reichen andere Gliederungsentwürfe zuweilen bis zu einer sechsfachen Unterteilung (V.1; V.2–8; V.9–12; V.13–17a; V.17b–22; V.23–25)[46], die wiederum stärker die Eigenart der einzelnen Argumentationsgänge herausstreicht. Ohne ersteres, den ausgeprägten Sinnzusammenhang des Textes, vernachlässigen zu wollen, wird im Folgenden eine fünffache Untergliede-

---

41 Siehe dazu auch NEUBRAND, Abraham – Vater von Juden und Nichtjuden, 291f.

42 Vgl. u. a. JAMES D. G. DUNN, Romans 1–8 (WBC 38,1), Waco, TX 1988, 197; WALTER SCHMITHALS, Der Römerbrief. Ein Kommentar, Gütersloh 1988, 135; WILCKENS, Der Brief an die Römer, 32.281; EDUARD LOHSE, Der Brief an die Römer (KEK 4), Göttingen 2003, 148.; LOU H. SILBERMAN, Paul's Midrash. Reflections on Romans 4, in: John T. Carroll/Charles H. Cosgrove/E. E. Johnson (Hg.), Faith and History. Essays in Honor of Paul W. Meyer, Atlanta 1990.

43 Die hier gebotene Auslegung des Textes kann selbstverständlich nicht auf alle sprachlichen oder inhaltlichen Feinheiten und Details des Textes eingehen und besitzt demnach keinesfalls den Anspruch auf Vollständigkeit. Ihr Anliegen besteht vielmehr darin, die zentralen Inhalte und Aspekte des Textes darzustellen und einzelne, markante Besonderheiten der paulinischen Argumentation hervorzuheben. Für eine umfassende exegetische Untersuchung von Röm 4 siehe z. B. WOLTER, Röm 1–8, 276–315.

44 So HAACKER, Der Brief des Paulus an die Römer, 115f; oder KLAUS WENGST, „Freut euch, ihr Völker, mit Gottes Volk!". Israel und die Völker als Thema des Paulus – ein Gang durch den Römerbrief, Stuttgart 2008, 205.

45 Z. B. SCHLIESSER, Abraham's Faith in Romans 4, 313.

46 Vgl. WOLTER, Röm 1–8, 278.

rung von Röm 4 gewählt (V.1–8; V.9–12; V.13–17a; V.17b–22; V.23–25), die sich – wie sich im Zuge der Auslegung zeigen wird – sowohl semantisch als auch sprachlich-syntaktisch begründen lässt.[47] Da die Gliederung des Textes jedoch zudem durch die im Text befindlichen intertextuellen Referenzen geprägt ist, folgen detailliertere Explikationen zur Gliederung und zur Argumentationsstruktur von Röm 4 auch noch einmal an späterer Stelle, wenn die Funktion der intertextuellen Bezüge betrachtet wird (vgl. 5.2.6).

V.1–8 Der rechtfertigende Glaube

Die V.1–2 können als Überschrift des Kapitels gelten.[48] Sie benennen das Thema des Textes und weisen darauf hin, dass die Thesen aus Röm 3,27–31 auf die Figur des Abraham angewandt werden.[49] Die Bezeichnung τὸν προπάτορα ἡμῶν in V.1 zeigt einerseits, dass Paulus an dieser Stelle zunächst den jüdischen Gesprächspartner vor Augen hat (s. o.).[50] Andererseits weist der Bezug auf Abraham darauf hin, dass Paulus das in Röm 3,27–31 Dargelegte anhand der Tora belegen will. Sprachlich geschieht dieser Bezug auf Röm 3,27 zudem durch die Worte ἔργων und καύχημα.[51] Paulus beantwortet seine in V.1 gestellte Frage (Τί οὖν ἐροῦμεν εὑρηκέναι Ἀβραὰμ…;) in V.2 mit einer These (εἰ γὰρ Ἀβραὰμ ἐξ ἔργων ἐδικαιώθη, ἔχει καύχημα, ἀλλ' οὐ πρὸς θεόν), die er im Folgenden (V.3) aus der Schrift begründet:[52] Mit Blick auf Gottes rechtfertigendes Handeln kann sich Abraham keiner Werke rühmen. Die Begründung dieser These entnimmt Paulus dem Schriftzitat aus Gen 15,6: πίστευσεν δὲ Ἀβραὰμ τῷ θεῷ καὶ ἐλογίσθη αὐτῷ εἰς δικαιοσύνην.[53] Dieses Schriftzitat erläutert er in V.4f. und erklärt, dass eine

---

47 Die Gliederung entspricht, bis auf die Sonderstellung von V.1, der Unterteilung, die auch Wolter vornimmt. Vgl. a. a. O., 278.

48 Zur Frage der Satzkonstruktion in V.1 und zur Stellung des Infinitivs εὑρηκέναι vgl. u. a. HAACKER, Der Brief des Paulus an die Römer, 116f.

49 Vgl. WILCKENS, Der Brief an die Römer, 260. Zur frühjüdischen Abrahamtradition vgl. u. a.: Sir 44,19–21; CD 3,2–4; 1Makk 2,51f; Jub 17,15–18,16; 4Q225 Fragm.2, Kol 1; 4Q252 II 8–12; Philo, Abr 262–276*; Philo, Virt 212–219*; Jak 2,21–23. Zur Figur des Abraham bei Paulus vgl. u. a. KLAUS BERGER, Abraham in den paulinischen Hauptbriefen. Abrahamssohnschaft allein aus dem Glauben an Jesus Christus (Gal 3), in: MThZ 17 (1966); MICHAEL CRANFORD, Abraham in Romans 4. The Father of All Who Believe, in: NTS 41 (1995); NICHOLAS T. WRIGHT, Paul and the Patriarch. The Role of Abraham in Romans 4, in: JSNT 35 (2013).

50 Vgl. zur Diskussion um den Begriff „Stammvater" auch die Überlegungen bei EKKEHARD W. STEGEMANN, Zur ‚apokalyptischen' Konstruktion einer kollektiven Identität bei Paulus, in: Christina Tuor/Peter Wick (Hg.), Der Römerbrief. Brennpunkte der Rezeption, Zürich 2012.

51 Zum Motiv des „Rühmens" vgl. ausführlich SIMON J. GATHERCOLE, Where is Boasting? Early Jewish Soteriology and Paul's Response in Romans 1–5, Grand Rapids, MI 2002, insbesondere 197–248.

52 So auch HAACKER, Der Brief des Paulus an die Römer, 117f.

53 Zu Gen 15,6 siehe ausführlich SASCHA FLÜCHTER, Die Anrechnung des Glaubens zur Gerechtigkeit. Auf dem Weg zu einer sozialhistorisch orientierten Rezeptionsgeschichte von Gen

Rechtfertigung ἐξ ἔργων bei Gott prinzipiell nicht möglich ist. Anhand von Gen 15,6 lässt sich für Paulus aufzeigen, dass Gott den Gottlosen aufgrund seiner πίστις gerecht spricht.[54] In V.6ff. bezieht sich Paulus ein weiteres Mal auf die Schrift, indem er David als Referenz anführt und Psalm 31,1–2a^{LXX} zitiert.[55] Das Psalmzitat dient Paulus u. a. als Beleg seiner Auslegung von Gen 15,6 in V.4f., dass Gott von den Werken der Menschen absieht, wenn er ihnen ihre Sünden vergibt und ihnen Gerechtigkeit zuspricht.[56]

V.9–12 Der Glaube, der Beschnittene und Unbeschnittene verbindet

Nachdem in V.1–8 die semantische Opposition von πίστις und ἔργα verhandelt wurde, tritt in V.9–12 das Gegenüber von περιτομῇ und ἀκροβυστίᾳ in den Fokus.[57] „Die Begrifflichkeit von Gen 15,6 (πίστις/πιστεύειν, λογίζεται und δικαιοσύνη) bildet aber weiterhin den thematischen Kern, auf den Paulus auch die neue Fragestellung bezieht."[58] Paulus paraphrasiert in V.9b erneut Gen 15,6 und fragt nach dem *Zustand*, in dem Abraham für gerecht erklärt wurde – beschnitten oder unbeschnitten? Ziel seiner Argumentation in diesem Abschnitt ist es, darzulegen, dass Abraham die heilsgeschichtliche Funktion zukommt, ebenfalls Vater aller Unbeschnittenen zu sein, die glauben (εἰς τὸ εἶναι αὐτὸν πατέρα πάντων τῶν πιστευόντων δι' ἀκροβυστίας). Denn er selbst war unbe-

15,6 in der neutestamentlichen Literatur (TANZ 51), Tübingen 2010, sowie SCHLIESSER, Abraham's Faith in Romans 4. Siehe darüber hinaus u. a. OEMING, Ist Genesis 15,6 ein Beleg für die Anrechnung des Glaubens zur Gerechtigkeit?; RUDOLF MOSIS, „Glauben" und „Gerechtigkeit" – zu Gen 15,6, in: Die Väter Israels. Beiträge zur Theologie der Patriarchenüberlieferungen im Alten Testament, Festschrift für Josef Scharbert zum 70. Geburtstag, Stuttgart 1989; DIRK U. ROTZOLL, Gen 15,6 – Ein Beleg für den Glauben als Werkgerechtigkeit, in: ZAW 106 (1994); ACHIM BEHRENS, Gen 15,6 und das Vorverständnis des Paulus, in: ZAW 109 (1997); MANFRED OEMING, Der Glaube Abrahams. Zur Rezeptionsgeschichte von Gen 15,6 in der Zeit des zweiten Tempels, in: ZAW 110 (1998); MARICEL S. IBITA, „Abraham believed God, and it was reckoned to him as Righteousness". Paul's Usage of Gen 15,6 in Romans 4, in: Udo Schnelle (Hg.), The Letter to the Romans (BETL 226), Leuven, Paris, Walpole, MA 2009; MATTHIAS KÖCKERT, Abrahams Glaube in Röm 4 und im vorpaulinischen Judentum, in: Cilliers Breytenbach (Hg.), Der Römerbrief als Vermächtnis an die Kirche. Rezeptionsgeschichten aus zwei Jahrtausenden, Neukirchen-Vluyn 2012. Eine komparative Studie zu Gen 15,6 bietet u. a. ORREY MCFARLAND, Whose Abraham, Which Promise? Genesis 15.6 in Philo's De Virtutibus and Romans 4, in: JSNT 35 (2012).

54 Vgl. WOLTER, Röm 1–8, 281.

55 „In support of this opposition between faith and works, Pauls introduces his sub-*exemplum* of David. He cites David as a support for the blessing of a person for whom God credits them with righteousness apart from the law." STANLEY E. PORTER, The Letter to the Romans. A Linguistic and Litterary Commentary (NTM 37), Sheffield 2015, 104.

56 Vgl. WOLTER, Röm 1–8, 278.

57 Vgl. ROBERT JEWETT, Romans. A Commentary, Minneapolis, MN 2006, 305.

58 WOLTER, Röm 1–8, 288.

schnitten als er aufgrund seines Glaubens gerechtfertigt wurde.[59] Die Formulierung πατρὸς ἡμῶν Ἀβραάμ in V.12 bildet gemeinsam mit der Bezeichnung τὸν προπάτορα ἡμῶν in V.1 eine sprachliche und inhaltliche *Inclusio* von V.1–12 und schließt den Argumentationsgang von V.9–12 ab. Dabei bezieht sich die Formulierung aus V.12 nicht mehr primär auf den jüdischen Gesprächspartner wie dies noch in V.1 der Fall war, sondern auf die „Unbeschnittenen".

V.13–17a Der gesetzesfreie Glaube

Nachdem sowohl die Abschnitte V.3–8 und V.9–12 sprachlich und semantisch durch Begriffspaare bestimmt wurden, prägt nun das Begriffspaar νόμος und ἐπαγγελία den Argumentationsgang in V.13–17a. In einer chiastischen Argumentationsstruktur legt Paulus dar, dass die Verheißung Abraham und seiner Nachkommenschaft nicht durch das Gesetz zuteilwurde bzw. -werde, sondern durch Glaubensgerechtigkeit (V.13). Umgekehrt ist es die Glaubensgerechtigkeit, die eine Teilhabe an der Verheißung ermöglicht – sowohl für den Teil der Nachkommenschaft τῷ ἐκ τοῦ νόμου als auch für τῷ ἐκ πίστεως (V.16). Paulus geht es darum, „die Anerkennung des Glaubens nach Gen. 15,6 als die einzige Grundlage der Gültigkeit und Reichweite der Verheißung zu unterstreichen."[60] Erneut greift Paulus auf die Bezeichnung Abrahams als πατήρ (V.16) zurück und bestimmt ihn diesmal nicht nur als ἡμῶν (V.2.12), sondern als πάντων ἡμῶν und schließt mit dieser Formulierung sowohl die jüdischen als auch die heidenchristlichen Adressatinnen und Adressaten mit ein. Den Argumentationsgang lässt Paulus in V.17a im Schriftzitat aus Gen 17,5 gipfeln, welches den Abschluss des Gedankengangs darstellt und im folgenden Abschnitt wieder aufgenommen wird. Gen 17,5 besitzt somit eine gewisse Scharnierfunktion.

V. 17b–22 Der Glaube Abrahams

„Während es in VV 13–16 um die Ausschaltung des Gesetzes aus dem Geltungsradius der Verheißung geht, geht es in VV 17–22 um die Bestimmung des Glaubens Abrahams."[61] Paulus legt in diesen Versen dar, „was der Glaube Abrahams bedeutet"[62] und gibt damit „so etwas wie eine theologische Erläuterung zu Gen 15,6a."[63] Dass Abraham Gott glaubte, bezieht sich auf die Verheißung in Gen 15,5 (V.18) und seinen Glauben an das verheißene Handeln und Eingreifen

---

[59] Zur Frage nach der Beschneidung als Siegel vgl. HAACKER, Der Brief des Paulus an die Römer, 122f.

[60] A. a. O., 125.

[61] WILCKENS, Der Brief an die Römer, 268.

[62] LOHSE, Der Brief an die Römer, 159.

[63] WOLTER, Röm 1–8, 303.

Gottes wider aller natürlicher Gegebenheiten (V.19).[64] Ebendieses Vertrauen Abrahams auf Gott wurde ihm zur Gerechtigkeit gerechnet (V.22).[65]

V.23–25 Übertragung auf den Christusglauben

Paulus kommt in V.23–25 zur hermeneutischen *Pointe* seiner Argumentation und weist auf, „warum der Glaube an den Gott Jesu, der ihn von den Toten auferweckt hat, rechtfertigende Kraft besitzt."[66] Er überträgt das anhand von Abraham dargestellte Handeln Gottes auf die Christusgläubigen der Gegenwart (ἀλλὰ καὶ δι' ἡμᾶς):[67] Ebenso wie damals Abrahams Glaube an die Verheißung Gottes als Gerechtigkeit angerechnet wurde, wird auch ihnen der Glaube an diesen Gott, der Jesus von den Toten auferweckt hat, als Gerechtigkeit angerechnet (οἷς μέλλει λογίζεσθαι, τοῖς πιστεύουσιν ἐπὶ τὸν ἐγείραντα Ἰησοῦν τὸν κύριον ἡμῶν ἐκ νεκρῶν). Indem Paulus in V.24 die Formulierung ἀλλὰ καὶ δι' ἡμᾶς wählt, schließt er sich mit seinen heidenchristlichen Adressatinnen und Adressaten in Rom zusammen und weist sie abschließend darauf hin „in den Abrahamserzählungen Gottes Plan zu *ihrer* Rechtfertigung aus Glauben und sich selbst als gleichwertig Erwählte zu erkennen."[68]

Zusammenfassung

Paulus legt in Röm 4 dar, dass „seine These, wonach Gott alle Menschen immer nur aus Glauben gerecht erklärt (3,28–30), der Tora nicht widerspricht, sondern

---

64 Vgl. hierzu JONATHAN WORTHINGTON, Creatio ex Nihilo and Romans 4.17 in Context, in: NTS 62 (2016).

65 Paulus erklärt jedoch in diesen Versen nicht bloß die Bedeutung des Glaubens Abrahams, sondern er zeigt zudem auf, dass dieser Glaube in Analogie zum Glauben der Christusgläubigen steht, da er sich auf denselben Gott und die Erfüllung seiner Verheißung in Jesus Christus bezieht. „Auch wenn die Heidenchristen Abraham dadurch zum Vater bekommen, dass sie wie er glauben, gibt es zwischen ihrem Glauben und dem Glauben Abrahams eine inhaltliche Differenz. Sie besteht vor allem darin, dass Abrahams Glaube sich naturgemäß noch nicht auf Jesus Christus richten konnte. Diesen Abstand zu überbrücken, indem Abrahams Glaube so beschrieben wird, dass er mit dem christlichen Glauben (der πίστις Χριστοῦ) verbunden werden kann – genau das ist die Intention dieser Verse." WOLTER, Röm 1–8, 153. HAACKER, Der Brief des Paulus an die Römer, 128, beschreibt dies wie folgt: „Paulus vermeidet es, dem Patriarchen Abraham einen bereits christologisch gefüllten Glauben zu unterstellen, baut aber einen Brückenkopf für die Verbindung zwischen Abrahams Glauben und christlichem Glauben."

66 MICHAEL THEOBALD, Römerbrief (SKK 6,1), Stuttgart [3]2002, 135.

67 Vgl. zu dieser Transposition u. a. DAVID S. DU TOIT, Christlicher Glaube als endzeitliche Variante des Glaubens Abrahams, in: Paul-Gerhard Klumbies/David S. Du Toit (Hg.), Paulus – Werk und Wirkung. Festschrift für Andreas Lindemann zum 70. Geburtstag, Tübingen 2013.

68 NEUBRAND, Abraham – Vater von Juden und Nichtjuden, 288.

in Übereinstimmung mit ihr steht.“[69] Er tut dies, indem er sich auf Abraham – und damit auf die Tora selbst – bezieht und von Gen 15,6 ausgehend die Zugehörigkeit zu Abraham – und damit zugleich die heilsgeschichtlichen Zugehörigkeit – im Glauben an Gott und seine Verheißung bestimmt.[70] „Das Kontinuum, durch das Paulus die Christen mit Abraham verbunden sieht, ist aus diesem Grunde Gott und die Selbigkeit der Prinzipien seines rechtfertigenden Handelns.“[71] Gott ist es, der den Gläubigen rechtfertigt, dafür steht Abraham exemplarisch. Es geht in der durch Schriftbezüge geprägten Argumentation in Röm 4 somit weniger darum, das Handeln Abrahams darzustellen, – ausgenommen V.18–21 – als vielmehr um das heilvolle Handeln Gottes.

5.2 *Analyse der Methodik des paulinischen Schriftgebrauchs in Röm 4*

Nachdem mittels einer kurzen exegetischen Betrachtung von Röm 4 die inhaltlich-theologischen Grundzüge der paulinischen Argumentation skizziert wurden (5.1) soll nun die Analyse der Methodik des paulinischen Schriftgebrauchs in Röm 4 vorgenommen werden (5.2)

5.2.1 Identifikation und Markierung

Die erste Analyseperspektive fokussiert die Aspekte der Identifikation und der Markierung von intertextuellen Bezügen in Röm 4. In der folgenden Tabelle wird zunächst dargestellt, wo intertextuelle Referenzen im Text von Röm 4 identifiziert werden können. Des Weiteren wird aufgezeigt, welche Prätexte den Einschreibungen (primär) zugrunde liegen. Die Tabelle gibt darüber hinaus an, ob die jeweiligen intertextuellen Bezugnahmen unmarkiert oder markiert sind und insofern sie markiert sind, ob es sich um eine explizite Markierung oder um eine implizite Markierung handelt. Zudem wird die Art der Markierung beschrieben, bevor in der letzten Spalte der Tabelle die jeweiligen Intertextualitätssignale, die Paulus zur Markierung seiner Schriftbezüge gedient haben, im griechischen Wortlaut fettgedruckt angegeben werden.

---

[69] WOLTER, Röm 1–8, 313.

[70] Vgl. a. a. O., 313. Vgl. hierzu die Konklusion von Cranford: „The figure of Abraham is not used in Romans 4 as a model for how an individual becomes justified by faith, as one might expect if such an issue were a point in contention, but rather as the representative forefather who brings righteousness to all those related to him by their faith, whether Jew or Greek.“ CRANFORD, Abraham in Romans 4, 88.

[71] WOLTER, Röm 1–8, 315.

Intertextuelle Referenz (Röm 4)	Referenztext	Markierung (unmarkiert / markiert)	Markierungstyp (implizit / explizit)	Art der Markierung	Markierung im Text
4,1	Gen (15,5); 17,4f.	markiert	explizit	onomastisches Signal	**Ἀβραὰμ** τὸν προπάτορα ἡμῶν (V.1)
4,2	Gen 15,6	markiert	explizit	onomastisches Signal	**Ἀβραὰμ** ἐξ ἔργων ἐδικαιώθη (V.2)
4,3	Gen 15,6	markiert	explizit	Thematisierung von Intertextualität, Verb der Kommunikation, syntaktisches Signal, onomastisches Signal	τί γὰρ ἡ **γραφὴ λέγει**; ἐπίστευσεν δὲ **Ἀβραὰμ** (V.3)
4,4	Gen 15,1	unmarkiert			
4,6–8	Ps 31,1–2a^{LXX}	markiert	explizit	Thematisierung von Intertextualität, onomastisches Signal, Verb der Kommunikation, syntaktisches Signal	**καθάπερ** καὶ **Δαυὶδ λέγει** (V.6)
4,9	Gen 15,6	markiert	implizit	Verb der Kommunikation, syntaktisches Signal	**λέγομεν** γάρ·(V.9)
4,10	Gen 15,6	unmarkiert			
4,11a+b	Gen 17,10f.	unmarkiert			
4,11c	Gen 17,4f.	unmarkiert			
4,11d	Gen 15,6	unmarkiert			
4,12	Gen (15,6); 17,4f.	markiert	explizit	onomastisches Signal	τοῦ πατρὸς ἡμῶν **Ἀβραάμ** (V.12)
4,13a+b	Gen 15,7; 22,17	markiert	explizit	onomastisches Signal	Οὐ γὰρ διὰ νόμου ἡ ἐπαγγελία τῷ **Ἀβραὰμ** (V.13)
4,13c	Gen 15,6	unmarkiert			
4,16b	Gen 17,4f.	unmarkiert			
4,16c	Gen 15,6	markiert	explizit	onomastisches Signal	ἀλλὰ καὶ τῷ ἐκ πίστεως **Ἀβραάμ** (V.16)
4,17a	Gen 17,5c	markiert	explizit	Verb der Kommunikation, syntaktisches Signal	**καθὼς γέγραπται ὅτι** (V.17)
4,17b	Jes 48,13	unmarkiert			
4,18b	Gen 17,5c	unmarkiert			
4,18c	Gen 15,5d	markiert	implizit	Verb der Kommunikation, syntaktisches Signal	κατὰ τὸ **εἰρημένον**·(V.18)
4,19	Gen 17,17	markiert	explizit	onomastisches Signal	καὶ τὴν νέκρωσιν τῆς μήτρας **Σάρρας** (V.19)
4,20f.	Gen 15,5	unmarkiert			
4,22	Gen 15,6b	markiert	implizit	syntaktisches Signal	**διὸ** [καὶ] (V.22)
4,23	Gen 15,6b	markiert	explizit	Verb der Metakommunikation, syntaktisches Signal	Οὐκ **ἐγράφη** δὲ δι' αὐτὸν μόνον **ὅτι** (V.23)
4,24–25	Jes 53 (53,5.12)	unmarkiert			

Die erste intertextuelle Referenz des vierten Kapitels des Römerbriefes lässt sich in V.1 identifizieren. Der Gebrauch der re-used figure Ἀβραάμ stellt als onomastisches Signal die explizite Markierung einer intertextuellen Einschreibung dar. Diese besitzt einen hohen Grad an Markierungsdeutlichkeit hinsichtlich der Intertextualität des Verses, da Ἀβραάμ für die Rezipierenden des Römerbriefes eindeutig als Erzählfigur der Schriften Israels erkennbar ist. Der Grad der Selektivität in der Erwähnung des Ἀβραάμ ist verhältnismäßig gering, da durch die re-used figure allein kein eindeutiger Prätext zu identifizieren ist, sondern zunächst ein Textkorpus resp. ein Erzählkomplex, auf den verwiesen wird: Die Abrahamerzählungen der Genesis (Gen 12–25). Durch die Formulierung, Abraham sei τὸν προπάτορα ἡμῶν, liegt jedoch sowohl lexikalisch als auch semantisch Gen 17,4f. als primärer Prätext der Bezugnahme auf Abraham nahe: καὶ ἔσῃ πατὴρ πλήθους ἐθνῶν ... ὅτι πατέρα πολλῶν ἐθνῶν τέθεικά σε (Gen 17,4f.). Durch den inhaltlichen Konnex von V.1 zur Nachkommensverheißung, die implizit in der Bezeichnung Abrahams als τὸν προπάτορα ἡμῶν vorhanden ist, lässt sich darüber hinaus ein Bezug zu Gen 15,5 und dessen Verheißungsaussage (οὕτως ἔσται τὸ σπέρμα σου) als Referenztext herstellen. Gen 15,5 wird ebenfalls durch die anschließende Bezugnahme auf Gen 15,6 in den unmittelbaren Folgeversen Röm 4,2 und Röm 4,3 als sekundärer Prätext nahegelegt sowie durch die Prägung des Gesamtkapitels durch Gen 15,5ff. als maßgeblichen Referenztext (vgl. Röm 4,9.10.12.13.16.18.22.23).

Der in V.2 identifizierbare Schriftbezug auf Gen 15,6 lässt sich ebenfalls als explizit markierte intertextuelle Referenz beschreiben. Ebenso wie in V.1 wird durch die Verwendung der re-used figure Ἀβραάμ ein onomastisches Signal für die Rezipierenden gesetzt, dem eine ausgeprägte Markierungsdeutlichkeit, jedoch nur eine geringe Selektivität inhärent ist. Zunächst ist ebenso wie in V.1 die Erwähnung Abrahams ein eindeutiger und unmissverständlicher Verweis auf die Tora und die Abrahamerzählung der Genesis, zugleich ist der Prätext der Referenz aufgrund fehlender Explizitheit nicht eindeutig zu identifizieren. Zieht man wiederum den *Ko*text des onomastischen Signals aus V.2 hinzu (ἐξ ἔργων ἐδικαιώθη), lässt sich jedoch die begründete Vermutung aufstellen, dass Gen 15,6 den Referenztext zu V.2 darstellt. Denn durch das auf Abraham bezogene Verb (ἐδικαιώθη) liegt eine explizite lexematische Verbindung zwischen Gen 15,6 und Röm 4,2 vor.

Mit der Zitation von Gen 15,6 in V.3 liegt nicht nur das erste explizite Schriftzitat des Textes vor, sondern auch die erste intertextuelle Referenz des Kapitels, die durch eine formelhafte Wendung explizit markiert wird. Paulus leitet das Schriftzitat mit der rhetorischen Frage ein: τί γὰρ ἡ γραφὴ λέγει; „Die rhetorische Frage τί γὰρ ἡ γραφὴ λέγει; formuliert Paulus auch in Röm 11,2 und Gal 4,30. Außerhalb der paulinischen Literatur ist sie nicht belegt.“ [72] In beiden Fällen (Röm 11,2 und Gal 4,30) fungiert die Formulierung als explizite Markie-

72 A. a. O., 282.

rung und Einleitung eines darauffolgenden Schriftzitats: 1Kön 19,10 (Röm 11,2); Gen 21,10 (Gal 4,30). Paulus legt durch seine rhetorische Frage in V.3a folglich eindeutig die Intertextualität der folgenden Aussage offen. Die Rezipierenden erhalten ein explizites Intertextualitätssignal. Die formelhaft anmutende Markierung in V.3a ist insbesondere durch zwei Faktoren bestimmt. 1) Zum einen ist die Kombination des Signalworts γραφή und des kommunikativen Verbs λέγειν hervorzuheben: Bereits der Verweis auf die γραφή als mitteilendes Medium, auf welches sich die rhetorische Frage bezieht, fungiert als unmissverständlicher Indikator und Intertextualitätssignal. Darüber hinaus lässt die Form von λέγειν im Folgenden eine wörtliche Rede oder ein Zitat erwarten und wirkt aufmerksamkeitssteigernd. Ebendiese Kombination des Verweises auf das Medium der γραφή mit dem anschließenden kommunikativen Verb λέγει kann sogar als Thematisierung von Intertextualität angesehen werden. 2) Zum anderen liegt durch die Verwendung einer rhetorischen Frage ein eindeutiges syntaktisches Signal vor, das die Lektüre des Textes steuert und wiederum die Aufmerksamkeit der Rezipierenden steigert – und in diesem Falle als ergänzende Markierung der folgenden intertextuellen Referenz fungiert. Anders als in den beiden vorangegangenen Versen ist die Identifikation des Prätextes in V.3 eindeutig durch die Wiedergabe des Wortlauts aus Gen 15,6 gewährleistet. Zugleich beinhaltet der Wortlaut der Referenz selbst durch das onomastische Signal Ἀβραάμ eine weitere explizite Markierung der Intertextualität des Verses.

Auch der vierte Vers des Kapitels enthält eine intertextuelle Referenz. Der Referenztext befindet sich wiederum in Gen 15. Paulus spielt in V.4 durch den Begriff des Lohnes (ὁ μισθός) auf Gen 15,1 an. Abgesehen von dieser lexematischen Überschneidung ist die Referenz an sich jedoch durch keine weiteren Signale markiert und lediglich aufgrund des im Umfeld mehrfach eingespielten Kontextes aus Gen 15 zu identifizieren resp. zu vermuten.

Für die in V.7f. identifizierbare intertextuelle Referenz liegt ebenso wie in V.3 eine Mehrfachmarkierung vor. V.6 beginnt mit den Worten καθάπερ καὶ Δαυὶδ λέγει, bevor in V.7f. ein Schriftzitat aus Ps 31,1–2a^{LXX} folgt. Zum dritten Mal verwendet Paulus in Röm 4 eine re-used figure – in diesem Fall jedoch nicht Ἀβραάμ, sondern Δαυίδ – und setzt damit ein onomastisches Signal, welches die Intertextualität der folgenden Aussage markiert. Doch Δαυὶδ ist nicht bloß re-used figure, er ist darüber hinaus – darauf spielt Paulus schließlich an – re-used author. Ebenso wie der Verweis auf Abraham in V.1 und V.2 ist die Nennung Davids als bekannte Gestalt der Schriften Israels ein expliziter intertextueller Verweis. Dieser hat für sich genommen eine geringe Selektivität, da der Textkorpus äußerst umfänglich ist, in dem David als Erzählfigur auftritt oder – und dies ist in diesem Fall noch wichtiger – der ihm als Autor zugeschrieben wird.[73] Die Identifikation des Referenztextes ist wie in V.3 durch den Referenztyp gewährleistet

[73] Vgl. zum Thema u. a. folgende Beiträge: WALTER DIETRICH, David. Der Herrscher mit der Harfe (BG 14), Leipzig ²2006, hier 277–310; KLAUS SEYBOLD, David als Psalmsänger in der

(s. u.). Zum re-used author Δαυίδ tritt in der Einleitung des Schriftbezugs in V.6 ein Verb der Kommunikation: λέγει. Das λέγει fungiert als Signal für die wörtliche Rede im Anschluss. Zusätzlich verweist es in der Kombination mit der Namensnennung Davids auf seine Autorenschaft der folgenden Worte. Außerdem liegt zwischen dem Satz in V.6 und dem Neueinsatz in V.7 ein syntaktischer Bruch vor, der sowohl sprachlich als auch semantisch unterstützt wird und den Rezipierenden ein weiteres Intertextualitätssignal bietet. Eine letzte Besonderheit in der Markierung der intertextuellen Einschreibung in V.7f. liegt in der V.6 einleitenden Konjunktion καθάπερ. Die Konjunktion καθάπερ begegnet außerhalb der paulinischen Literatur neutestamentlich ausschließlich in Hebr 4,2 und „steht hier für καθώς, das sonst immer als Zitateinleitung fungiert."[74] Bereits die vermeintlich unscheinbare Konjunktion am Satzbeginn trägt somit zur Markierung und Einleitung des in V.7f. folgenden Schriftbezugs bei. Aufgrund der Mehrfachmarkierung durch mehrere explizite Intertextualitätssignale kann auch bei der Markierung des Zitats aus Ps 31,1–2a^{LXX} von thematisierter Intertextualität gesprochen werden.

Im zweiten Abschnitt des Textes (V.9–12), der durch die intertextuelle Bezugnahme auf Gen 15,6 in V.9 eingeleitet wird, begegnen insgesamt sechs intertextuelle Referenzen. Im Gegensatz zum Großteil der vorangegangenen intertextuellen Einschreibungen im ersten Textabschnitt (V.1–8) handelt es sich jedoch in zweidrittel der Fälle um unmarkierte Einschreibungen. Nach der markierten intertextuellen Bezugnahme in V.9 weist erst wieder die intertextuelle Referenz in V.12 Signale auf, die als Markierungen eingestuft werden können. Die Identifikation der dazwischen liegenden Referenzen kann zumeist nur auf Basis des Kontextes argumentiert werden.

Der Schriftbezug auf Gen 15,6 in V.9 wird im Gegensatz zu den vorangegangenen intertextuellen Referenzen weder durch ein eindeutiges Signalwort wie z. B. γραφή/γράφειν (V.3.6) markiert, noch durch eine re-used figure resp. die Nennung einer Größe der Schriften Israels wie Abraham (V.1f) oder David (V.6). Daher handelt es sich um keine explizite Markierung. Dennoch weist die intertextuelle Bezugnahme in V.9 eine implizite Markierung auf. Diese ist durch zwei Intertextualitätssignale geprägt. Paulus verwendet wie bereits zuvor in V.3 und V.6 ein Verb der Kommunikation: λέγομεν, wir sagen. Dieses ist ergänzt durch die Konjunktion γάρ. Die Formulierung λέγομεν γάρ unmittelbar vor der intertextuellen Einschreibung in V.9 kann als starkes syntaktisches Signal gewertet werden, das auf eine anschließende wörtliche oder indirekte Rede verweist, die

Bibel. Entstehung einer Symbolfigur, in: Walter Dietrich/Hubert Herkommer (Hg.), König David – biblische Schlüsselfigur und europäische Leitgestalt. 19. Kolloquium (2000) der Schweizerischen Akademie der Geistes- und Sozialwissenschaften, Freiburg, Schweiz, Stuttgart 2003; KENNETH E. POMYKALA, Images of David in Early Judaism, in: Craig A. Evans (Hg.), Of Scribes and Sages. Early Jewish Interpretation and Transmission of Scripture, Volume 1: Versions and Traditions (LSTS 50), London 2004.

[74] WOLTER, Röm 1–8, 286.

Paulus mittels der 1. Pers. Pl. sich und seinen Leserinnen und Lesern in den Mund legt. Da es sich um die paraphrasierte Wiederholung des Schriftzitats aus Gen 15,6 handelt, das in V.3 bereits vollumfänglich zitiert wurde, genügt in V.9 die implizite Kennzeichnung der Referenz durch das Verb der Kommunikation und den syntaktischen Bruch, um eine hohe Markierungsdeutlichkeit zu bewirken und ein geringes Potential des intertextuellen Missverstehens zu gewährleisten.[75] Hinsichtlich der Frequenz der Einspielung von Gen 15,6 handelt es sich bei der intertextuellen Referenz in V.9 bereits um die dritte Bezugnahme auf denselben Referenztext. Gegenüber dem ersten direkten Schriftbezug auf Gen 15,6 in V.3 nimmt die Proportion der Bezugnahme nur geringfügig, jedoch erkennbar ab. Blickt man auf die Distribution der Einspielung von Gen 15,6 bis zu diesem Punkt, lässt sich ausmachen, dass der Schriftbezug in V.3 sowohl das erste direkte Zitat des Gesamttextes ist als auch des ersten Argumentationsgangs (V.1–8). Der erneuten Einspielung des in V.3 zitierten Referenztextes in V.9 ist darüber hinaus eine gewisse Exponiertheit inhärent, da sie zu Beginn des zweiten Argumentationsgangs (V.9–12) des Kapitels begegnet.

Der Bezug auf Gen 15,6 in V.10 wird insbesondere durch die Lexematik hergestellt. Die Verwendung des Verbs ἐλογίσθη in V.10 stellt eindeutig den Bezug zum bereits mehrfach eingespielten und in V.3 zitierten sowie in V.9 paraphrasierten Text aus Gen 15,6 her (καὶ ἐλογίσθη αὐτῷ εἰς δικαιοσύνην). Trotz der äußerst geringen Proportion der lexematischen Überschneidung – nur ein Wort – und wenngleich es sich um eine indirekte und darüber hinaus unmarkierte Einschreibung handelt, ist der Grad an Deutlichkeit der Bezugnahme in V.10 dennoch recht ausgeprägt. Denn derselbe Referenztext (Gen 15,6) wurde bereits mehrfach und exponiert eingespielt, sodass bis zu diesem Punkt im Text bereits eine gewisse Konditionierung und Sensibilität für gewisse Signalwörter bei den Rezipierenden vorauszusetzen sind, welche die Identifikation des Prätextes begünstigen. Nichtsdestoweniger kann die ausgemachte lexemetische Übereinstimmung aufgrund der geringen quantitativen Charakteristik nicht im klassischen Sinne als Markierung angesehen werden. Nach äußeren Kriterien handelt es sich um eine unmarkierte intertextuelle Referenz.

In V.11 bezieht sich Paulus in mehrfacher Weise implizit auf Gen 17. Der Bezug auf Gen 17,10f. zu Beginn des Verses liegt primär auf der inhaltlichen Ebene und wird durch die Aufnahme der Beschneidungsthematik in V.11 hergestellt (καὶ σημεῖον ἔλαβεν περιτομῆς), die Gen 17,10f. prägt. Hingegen liegen der Bezug auf Gen 17,4f. (πατὴρ πλήθους ἐθνῶν) in V.11c (πατέρα πάντων τῶν πιστευόντων) ebenso wie die intertextuelle Bezugname in V.1 (τὸν προπάτορα

[75] „Die Wiederholung ein und derselben Einschreibung im präsenten Text muß als klassischer *intensifier* betrachtet werden, da durch den eintretenden Konditionierungseffekt der Aufmerksamkeitswert der gelegten intertextuellen Spuren steigt." Jörg Helbig, Intertextualität und Markierung. Untersuchungen zur Systematik und Funktion der Signalisierung von Intertextualität (Beiträge zur neueren Literaturgeschichte Folge 3, 141, Heidelberg 1996, 100.

ἡμῶν) nicht ausschließlich inhaltlich-thematisch nahe, sondern lassen sich zudem lexematisch festmachen.

Die indirekte Bezugnahme auf Gen 15,6 in V.11d wird äquivalent zur Referenz in V.10 (ebenfalls Gen 15,6) primär durch einzelne Signalwörter evoziert. In V.11d ist es zum einen, ebenso wie in V.10 (ἐλογίσθη), eine Form des Verbs λογίζομαι: λογισθῆναι (V.11). Und zum anderen begegnet das Wort δικαιοσύνην. Beide Begriffe legen – insbesondere durch ihr gemeinsames Auftreten im Text – eine Identifikation von Gen 15,6 als Prätext nahe. Vergleichbar zur Referenz in V.10 handelt es sich um einen relativ hohen Grad an Deutlichkeit in der Bezugnahme, der nur wenig Spielraum für ein intertextuelles Missverstehen lässt, da der Prätext der Referenz bereits mehrfach im Metatext eingespielt wurde.[76] Eine Markierung im eigentlichen Sinn liegt dennoch nicht vor.

Bei der letzten intertextuellen Referenz des zweiten Textabschnitts (V.9–12) in V.12 liegt anders als bei den vier vorangegangenen Einschreibungen in V.10 und V.11 eine explizite Markierung der intertextuellen Einschreibung vor. Wie in V.1 und V.2 markiert auch in V.12 die re-used figure Ἀβραάμ als onomastisches Signal explizit die Intertextualität des Verses. Dass es sich um Gen 17,4f. als primären Prätext handelt, auf den der Vers rekurriert, lässt sich – aufgrund der geringen Selektivität, die der Namensnennung Abrahams für sich genommen inhärent ist (s. o.) – nur aufgrund der lexematischen und semantischen Beziehung von V.12 (τοῦ πατρὸς ἡμῶν) und Gen 17,4f. (πατὴρ πλήθους ἐθνῶν) aussagen. Zudem lässt sich in V.12 aufgrund der Erwähnung des Glaubens Abrahams, den er vor der Beschneidung hatte (τῆς ἐν ἀκροβυστίᾳ πίστεως), eine Verbindung zu Gen 15,6 (καὶ ἐπίστευσεν Αβραμ τῷ θεῷ) als möglichen Prätext ausmachen.

Ein ähnliches Phänomen findet sich in dem darauffolgenden V.13(a+b), dem ersten Vers des dritten Textabschnitts des Kapitels (V.13–17a). Erneut fungiert der Gebrauch der re-used figure Ἀβραάμ als onomastisches Signal und somit als explizite Markierung der vorhandenen Intertextualität des Verses. Die Identifikation von Gen 15,7 bzw. Gen 22,17 als Prätexte der intertextuellen Einschreibung sind wiederum nur unter der Hinzunahme des die Prätexte und den Metatext prägenden Themas der Verheißung(en) zu begründen.[77]

Zum Abschluss von V.13 lässt sich eine weitere intertextuelle Referenz zu Gen 15,6 identifizieren. Diese ist anders als die vorangegangene intertextuelle Einspielung in V.13a+b nicht explizit markiert (re-used figure; Ἀβραάμ), sondern

---

76 Siehe hierzu UDO J. HEBEL, Romaninterpretation als Textarchäologie. Untersuchungen zur Intertextualität am Beispiel von F. Scott Fitzgeralds This side of paradise (Mainzer Studien zur Amerikanistik 23), Frankfurt am Main, Bern, New York, Paris 1989, 100.

77 Mit Blick auf die Einleitung von V.13b verweist Wolter auf ein weiteres potenzielles sprachliches Intertextualitätssignal: „Als Einleitung von Zitaten aus dem Alten Testament steht τὸ auch in Mt 19,18; Lk 22,37; Röm 13,9a. Paulus verweist hier aber nicht auf eine bestimmte Stelle in der Schrift, sondern er fasst den Gehalt der oben genannten Texte aus der Abrahamüberlieferung mit eigenen Worten zusammen." WOLTER, Röm 1–8, 296.

besteht primär in der lexematischen Überschneidung (διὰ δικαιοσύνης πίστεως) bzw. dem von Paulus aufgerufenen thematischen Konnex von δικαιοσύνη und πίστις, der auf Gen 15,6 zurückzuführen ist.

Der Bezug zu Gen 17,4f. in V.16b ist unmarkiert und wird ähnlich wie mehrfach zuvor primär durch den inhaltlich-thematischen Konnex zur Nachkommensverheißung (εἰς τὸ εἶναι βεβαίαν τὴν ἐπαγγελίαν παντὶ τῷ σπέρματι) hergestellt.

In V.16c findet sich ein weiteres Mal die Verwendung des Namens Ἀβραάμ als re-used figure und damit als eindeutiges onomastisches Intertextualitätssignal. Auch in V.16 wird somit explizit auf die Intertextualität des Textes verwiesen. Dass es sich um Gen 15,6 als potenziellen Prätext handelt, legt sich sowohl aufgrund der lexematischen als auch der semantischen Verbindung von Gen 15,6 zu V.16 nahe.

Nach den Markierungen der intertextuellen Referenzen in V.3 und V.7f. findet sich in V.17 die dritte formelhafte Einleitung eines Schriftbezugs in Röm 4. Paulus verwendet die Formulierung καθὼς γέγραπται ὅτι, um das anschließende Schritzitat aus Gen 17,5 explizit zu markieren. Drei Elemente der Markierung sind hervorzuheben: 1) Die Formulierung ist erstens gekennzeichnet durch die Verwendung von καθώς, das bei Paulus als eine charakteristische Konjunktion zur Einleitung von Schriftbezügen fungiert. 2) Die Markierung enthält zweitens das Signalwort γέγραπται, welches die häufigste Form des kommunikativen Verbs γράφειν ist, wenn Paulus intertextuelle Referenzen einleitet.[78] 3) Die Markierung des Schriftzitats aus Gen 17,5 ist drittens durch die Konjunktion ὅτι geprägt. Dieses ὅτι in V.17 ist als ὅτι-*recitativum* zu lesen und signalisiert deutlich erkennbar einen syntaktischen Bruch. Diese syntaktische Hervorhebung der intertextuellen Einschreibung wird auf struktureller Ebene zusätzlich durch die Exponiertheit des Schriftzitats als Abschluss des Gedankengangs von V.13–17a unterstützt (s. o.). Dass Gen 17,5 der Prätext der vorliegenden Referenz ist, kann aufgrund der wörtlichen Übereinstimmung des Textes ausgemacht werden.

Der implizite Bezug auf Jes 48,13 in V.17b ist ebenso unmarkiert wie die erneute Bezugnahme auf Gen 17 in V.18b. Im Gegensatz zum Bezug auf Jes 48 ist der Schriftbezug auf Gen 17,5 in V.18 jedoch gut erkennbar. Denn der Prätext begegnet nur einen Vers zuvor (V.17) in formelhaft markierter Weise und wird in V.18 erneut aufgegriffen: πατέρα πολλῶν ἐθνῶν.

Für die Intertextualität von V.18c liegt eine implizite Markierung vor. Diese ist nicht formelhaft, hat jedoch – trotz dessen, dass sie für sich stehend als implizite Markierung zu verstehen ist – aus dem Kontext heraus verhältnismäßig

[78] Dietrich-Alex Koch, Die Schrift als Zeuge des Evangeliums. Untersuchungen zur Verwendung und zum Verständnis der Schrift bei Paulus (BHTh 69), Tübingen 1986, 25, zählt in Summe neunundzwanzig Einleitungen von Schriftzitaten, in denen γέγραπται gebraucht wird.

direkten Charakter. Die intertextuelle Referenz in V.18c wird durch die Formulierung κατὰ τὸ εἰρημένον markiert, maßgeblich also durch das substantivierte Akkusativ-Partizip passiv des kommunikativen Verbs λέγειν. Die substantivierte Form τὸ εἰρημένον verweist darauf, dass im Folgenden ein Zitat oder eine wörtliche bzw. indirekte Rede formuliert wird. Das Partizip εἰρημένον zeigt an, dass das Folgende die Wiederholung eines als bekannt vorausgesetzten Ausspruchs ist, da es sich schließlich um etwas bereits Gesagtes (εἰρημένον) handelt. Gleichzeitig markiert die Formulierung einen syntaktischen Bruch. Im Zusammenhang von Röm 4, wo Verben der Kommunikation bereits zuvor mehrfach eine intertextuelle Referenz markiert haben, besitzt die vorliegende Formulierung somit einen relativ hohen Grad an Markierungsdeutlichkeit. Dafür spricht auch, dass das Wort εἰρημένον abseits von Röm 4,18 lediglich dreimal im Neuen Testament begegnet (Lk 2,24; Apg 2,16; 13,40) und in jedem dieser Belege wird es einerseits durch τὸ substantiviert und nennt andererseits im Folgenden den Ort, an dem sich das Gesagte wiederfindet: ἐν τῷ νόμῳ κυρίου (Lk 2,24), διὰ τοῦ προφήτου Ἰωήλ (Apg 2,16), ἐν τοῖς προφήταις (Apg 13,40). Auf diese Weise leitet es stets ein Schriftzitat ein: Lev 12,6–8 (Lk 2,24), Joel 3,1–5 (Apg 2,16), Hab 1,5 (Apg 13,40). Dass es sich bei dem Prätext der intertextuellen Referenz in V.18 um Gen 15,5 handelt, ist aufgrund der wortwörtlichen Wiedergabe des Referenztexts unzweifelhaft zu identifizieren (s. u.).

Der Schriftbezug auf Gen 17,17 in V.19 ist explizit markiert und weist als klares Intertextualitätssignal die re-used figure Σάρρα auf. Mit der Nennung der Ahnmutter Sara wird eindeutig auf einen weiteren Hauptcharakter der Abrahamerzählung der Genesis (Gen 12–25) verwiesen. Wenngleich der Pool an möglichen Prätexten innerhalb dieses Textkorpus aus Gen 12–25 eingrenzbarer ist, als es bezüglich der Erzählfigur des Abraham der Fall ist, legt sich die Identifikation des Prätextes Gen 17,17 primär aufgrund der inhaltlichen bzw. lexematischen Überschneidungen von V.19 (ἑκατονταετής που ὑπάρχων) und Gen 17,17 (εἰ τῷ ἑκατονταετεῖ γενήσεται) hinsichtlich der Altersthematik nahe.

Die erneute Bezugnahme auf die Nachkommensverheißung aus Gen 15,5 in V.20f. bleibt unmarkiert. Dass jedoch auch hierin Bezug genommen wird auf diesen bereits mehrfach eingespielten Prätext, wird aus dem Kontext ersichtlich.

Die intertextuelle Einschreibung von Gen 15,6 in V.22 ist implizit markiert. Durch die kausale Konjunktion διό in Verbindung mit καί wird eine verhältnismäßig schwache Markierung gesetzt. Von ihrer syntaktischen Struktur her lässt die Formulierung jedoch ein Verb der Kommunikation erwarten, wie es beispielsweise in V.9 der Fall ist: διὸ (λέγομεν) καὶ. Doch auch ohne ein solches Verb wird ein gewisser syntaktischer Bruch deutlich. Dass das Potential eines intertextuellen Missverstehens trotz der relativ schwachen und nur impliziten Markierung äußerst gering ist, hängt mit den Faktoren der Frequenz und der Exponiertheit der Einschreibung zusammen. „In Röm 4,3 ist der Text aus Gen 15,6 bereits vollständig und mit ausdrücklicher Einleitungsformulierung zitiert worden. In 4,22 genügt daher die verkürzte Anführung und die Hervorhebung durch διὸ [καὶ].“[79] Zum einen ist der Text aus Gen 15,6 bereits mehrfach in Röm 4 eingespielt worden – und wird im Folgenden (V.23) erneut aufgenommen.[80] Er ist den Rezipierenden daher gut bekannt und seine Aufmerksamkeit für diesen Vers wurde bereits mehrfach evoziert. Zum anderen markiert der Schriftbezug den Abschluss des Gedankengangs der Verse 17b–22 und befindet sich damit an einer exponierten Position der rhetorischen Struktur des paulinischen Textes.

Deutlicher gekennzeichnet als der Schriftbezug in V.22 ist die intertextuelle Referenz zu Gen 15,6b in V.23. Die Kombination des kommunikativen Verbs ἐγράφη und der Konjunktion ὅτι, die ein syntaktisches Signal liefert, klingt formelhaft an und verweist explizit auf eine intertextuelle Einschreibung im Folgenden. Durch die Worte ἐλογίσθη αὐτῷ wird unmissverständlich auf Gen 15,6 als Referenztext Bezug genommen.

Die letzte intertextuelle Referenz des Kapitels in V.24f. ist unmarkiert. Die Identifikation von Jes 53 als potenzieller Referenztext ist aufgrund der lediglich punktuellen terminologischen und inhaltlichen Bezugnahme nicht eindeutig, jedoch leicht nachvollziehbar.

5.2.2 Referenztypen

Die unterschiedlichen Referenztypen der einzelnen intertextuellen Bezugnahmen in Röm 4 sind in der (Kurz-)Auslegung des Textes sowie während der Beschreibung der Markierungen der einzelnen Referenzen im vorangegangenen Abschnitt teilweise bereits benannt worden. Sie sollen im Folgenden noch einmal ausführlicher in den Blick genommen werden. Hierzu werden die Referenztypen der intertextuellen Bezugnahmen in Röm 4 tabellarisch aufgeführt, bevor sie anschließend kurz hinsichtlich ihrer Zuordnung erläutert werden.

Intertextuelle Referenz (*Röm 4*)	Referenztext	Referenztyp
4,1	Gen (15,5); 17,4f.	Allusion
4,2	Gen 15,6	Allusion
4,3	Gen 15,6	Zitat
4,7–8	Ps 31,1–2a^{LXX}	Zitat
4,9	Gen 15,6	Paraphrase
4,10	Gen 15,6	Allusion
4,11a+b	Gen 17,10f.	Allusion

79 A. a. O., 13.

80 „Though the introduction is highly unusual (a clearly elliptical διὸ or διὸ καὶ), the citation status of the verse is secure not only because it repeats a part of the explicit quotation offered in v. 3, but also because the next verse selects two words from the present verse for further comment.“ STANLEY, Paul and the Language of Scripture, 102.

4,11c	Gen 17,4f.	Allusion
4,11d	Gen 15,6	Allusion
4,12	Gen (15,6); 17,4f.	Allusion
4,13a+b	Gen 15,7; 22,17	Allusion
4,13c	Gen 15,6	Allusion
4,16b	Gen 17,4f.	Allusion
4,16c	Gen 15,6	Allusion
4,17a	Gen 17,5c	Zitat
4,17b	Jes 48,13	Echo
4,18b	Gen 17,5c	Paraphrase
4,18c	Gen 15,5d	Zitat
4,19	Gen 17,17	Allusion
4,20f.	Gen 15,5	Allusion
4,22	Gen 15,6b	Zitat
4,23	Gen 15,6b	Paraphrase
4,24–25	Jes 53 (53,5.12)	Allusion

Die Intertextualität in V.1 ist onomastisch durch die re-used figure Ἀβραάμ markiert. In Kombination mit der Bezeichnung Abrahams als τὸν προπάτορα ἡμῶν kann diese intertextuelle Bezugnahme als eine *Allusion* auf Gen 17,4f. (πατὴρ πλήθους ἐθνῶν) bzw. durch den thematischen Konnex zur Nachkommensverheißung als *Allusion* auf Gen 15,5 (οὕτως ἔσται τὸ σπέρμα σου) aufgefasst werden. In ähnlicher Weise ist die Erwähnung Abrahams in V.2 in Kombination mit der Rückfrage nach seiner Rechtfertigung (ἐδικαιώθη) als *Allusion* auf Gen 15,6 zu verstehen. In beiden Fällen lassen sich typische Merkmale einer Allusion finden.[81] Beide Schriftbezüge sind indirekt und geben keinen eindeutigen Hinweis auf ihren Prätext. Beide Male wird mit Ἀβραάμ eine literarische Entität genannt, die den Rezipierenden mit hoher Wahrscheinlichkeit als Erzählfigur aus den Schriften Israels vertraut ist und somit einen bestimmten literarischen Horizont aufspannt (hier Gen 12–25). Durch die Bezugnahme auf die Rolle Abrahams als Stammvater nach dem Fleisch (τὸν προπάτορα ἡμῶν κατὰ σάρκα) einerseits und die Aussage hinsichtlich seiner Rechtfertigung (ἐξ ἔργων ἐδικαιώθη) andererseits werden die Allusionen in V.1 und V.2 spezifiziert und die intertextuellen Anspielungen, die der Name Abraham *per se* bewirkt, werden konkretisiert.

Die intertextuelle Referenz in V.3 ist unzweifelhaft ein direktes *Zitat*. Gen 15,6 wird nahezu in vollem Umfang und mit nur leichten Abweichungen zum Vorlagentext der LXX wörtlich wiedergegeben (s. u.). Zuvor wird die Refe-

---

81 Vgl. STANLEY E. PORTER, Allusions and Echoes, in: Ders. (Hg.), As it is Written. Studying Paul's Use of Scripture (SBLSymS 50), Atlanta Ga. 2008, 33.

renz explizit durch mehrere Intertextualitätssignale (Thematisierung von Intertextualität, Verb der Kommunikation; syntaktischer Bruch) markiert und formelhaft eingeleitet: τί γὰρ ἡ γραφὴ λέγει;

Bei der intertextuellen Referenz in V.4 handelt es sich um eine *Allusion*. Bezugnehmend auf den, der Werke tut (τῷ ἐργαζομένῳ), sagt Paulus aus, dass ihm der Lohn (ὁ μισθός) nicht angerechnet wird gemäß der Gnade, sondern gemäß der Schuldigkeit (οὐ λογίζεται χάριν ἀλλὰ κατὰ ὀφείλημα). Durch den Begriff des Lohnes (ὁ μισθός) nimmt Paulus Bezug auf den Kontext von Gen 15,6, genauer auf das Gotteswort aus Gen 15,1: *Fürchte dich nicht, Abram; ich bin dein Schild; dein Lohn wird sehr groß sein.* (Μὴ φοβοῦ, Αβραμ· ἐγὼ ὑπερασπίζω σου· *ὁ μισθός* σου πολὺς ἔσται σφόδρα.) „His reference to reward (or recompense) undoubtly recalls Abraham's vision in 15:1."[82] Zwar handelt es sich bei dem Umfang der Bezugnahme lediglich um ein Wort, doch da der Kontext von Gen 15 bereits zuvor eingespielt wurde und es sich um einen zentralen Begriff der Gottesrede von Gen 15,1 handelt, kann von der Intentionalität dieser Referenz ausgegangen werden. Daher kann diese Referenz als Allusion und nicht als Echo betrachtet werden.

Ein zweites direktes *Zitat* findet sich in V.7f. Paulus bezieht sich auf Ps 31,1–2a^{LXX}. Das Schriftzitat ist ebenso wie das Zitat auf Gen 15,6 in V.3 durch mehrere Intertextualitätssignale (onomastisches Signal, Verb der Kommunikation, syntaktisches Signal) explizit markiert (καθάπερ καὶ Δαυὶδ λέγει) und formelhaft eingeleitet. Hinsichtlich der Identifikation der intertextuellen Referenz als Zitat verdient die dezidierte Zuschreibung zu einem konkreten Autor (Δαυίδ) besondere Beachtung. Der Wortlaut aus Ps 31,1–2a^{LXX} wird wörtlich wiedergegeben und ist eindeutig markiert. Die Zuordnung zum Referenztyp *Zitat* ist daher unzweifelhaft.

In V.9 bezieht sich Paulus ein zweites Mal *direkt* auf Gen 15,6 als Referenztext, um seinen neuen Argumentationsgang (V.9–12) einzuleiten. Doch wenngleich der Charakter der Referenz in V.9 ebenso wie in V.3 direkt ist, handelt es sich nicht um ein explizites Zitat, sondern um eine *Paraphrase*.[83] Denn Paulus gibt den Text von Gen 15,6b in leicht veränderter Form und in eigenen Worten wieder: λογίσθη τῷ Ἀβραὰμ ἡ πίστις εἰς δικαιοσύνην.[84]

Die intertextuelle Referenz in V.10 kann als *Allusion* beschrieben werden. Paulus fragt nach dem Zustand resp. dem Zeitpunkt der Rechtfertigung Abrahams (πῶς οὖν ἐλογίσθη;) und nimmt damit deutlich auf den bereits mehrfach

---

82 MARK A. SEIFRID, Romans, in: Gregory K. Beale (Hg.), Commentary on the New Testament Use of the Old Testament, Grand Rapids, MI 2007, 623.

83 Vgl. KOCH, Die Schrift als Zeuge des Evangeliums, 13.15; FLORIAN WILK, Schriftbezüge im Werk des Paulus, in: Friedrich W. Horn (Hg.), Paulus Handbuch, Tübingen 2013, 483.

84 „In Röm 4,9 b macht schon die Einleitung durch λέγομεν γάρ anstelle des technischen καθὼς γέγραπται (oder einer freien, jedoch eindeutigen Zitateinleitung wie in Röm 4,3) deutlich, daß hier keine erneute Schriftanführung, sondern eine eigene Aussage des Pls folgt." KOCH, Die Schrift als Zeuge des Evangeliums, 15f.

eingespielten und in V.3 zitierten Vers aus Gen 15,6 Bezug, in dem die Rechtfertigung Abrahams ἐν ἀκροβυστίᾳ und διὰ πίστεως beschrieben wird. Aufgrund der mehrfachen Bezugnahme auf Gen 15,6 und dem daraus resultierenden literarischen Konditionierungseffekt kann Paulus davon ausgehen, dass die Rezipierenden diese Allusion wahrnehmen.

Bei der Bezugnahme auf Gen 17,10f. in V.11a+b handelt es sich ebenfalls um eine *Allusion.*[85] Paulus spielt in V.11 durch seinen Bezug auf das Zeichen der Beschneidung (καὶ σημεῖον ἔλαβεν περιτομῆς) auf Gen 17,10f. an (περιτμηθήσεται ὑμῶν πᾶν ἀρσενικόν, καὶ περιτμηθήσεσθε τὴν σάρκα τῆς ἀκροβυστίας ὑμῶν, καὶ ἔσται ἐν σημείῳ διαθήκης ἀνὰ μέσον ἐμοῦ καὶ ὑμῶν) und damit – wie für Allusionen durchaus typisch – auf ein konkretes Ereignis bzw. eine bestimmte Situation innerhalb der Abrahamerzählungen der Genesis.

Der zweite Bezug auf Gen 17 in V.11c ist ebenfalls als *Allusion* anzusehen. Ebenso wie in V.1 nimmt Paulus in V.11c (πατέρα πάντων τῶν πιστευόντων) auf die Vaterrolle Abrahams Bezug, wie sie in Gen 17,4f. (πατὴρ πλήθους ἐθνῶν) beschrieben wird. Auch hier wird somit ein ganz bestimmtes Element der Abrahamerzählung indirekt aufgegriffen, das den Rezipierenden vermutlich vertraut war, weswegen Paulus damit rechnen konnte, dass der Prätext durch diese erkannt werden konnte.[86]

Eine weitere *Allusion* findet sich in V.11d. Paulus nimmt dort ein weiteres Mal implizit Bezug auf Gen 15,6 (vgl. V.10). Durch die Verwendung der Worte λογισθῆναι und δικαιοσύνην signalisiert Paulus recht eindeutig die Anspielung auf Gen 15,6.

Die letzte intertextuelle Referenz des zweiten Abschnitts (V.9–12) von Röm 4 ist ebenfalls eine *Allusion* – und zwar eine doppelte. Einerseits spielt Paulus in V.12 (τοῦ πατρὸς ἡμῶν) erneut durch das Element der Vaterschaft Abrahams (πατὴρ πλήθους ἐθνῶν) auf Gen 17,4f. (πατὴρ πλήθους ἐθνῶν) an und andererseits stellt er durch den Bezug auf das Element des Glaubens Abrahams, den er als Unbeschnittener hatte (τῆς ἐν ἀκροβυστίᾳ πίστεως), in V.12 erneut einen Konnex zu Gen 15,6 (καὶ ἐπίστευσεν Αβραμ τῷ θεῷ) her.

Der dritte Abschnitt von Röm 4 (V.13–17a) beginnt wiederum mit einer *Allusion.* In V.13a+b (ἡ ἐπαγγελία τῷ Ἀβραὰμ ἢ τῷ σπέρματι αὐτοῦ, τὸ κληρονόμον αὐτὸν εἶναι κόσμου) spielt Paulus in erster Linie auf die Landverheißung resp. die Erbschaft des Landes durch Abraham und seine Nachkommen an, wie sie pro-

---

85 „Undoubtedly, Paul is alluding to Gen 17:10–14 in Rom 4:11." JEAN-NOËL ALETTI, Romans 4 and Genesis 17. The Importance of the Gezerah Shawah, in: Ders. (Hg.), New Approaches for Interpreting the Letters of Saint Paul. Collected Essays Rhetoric, Soteriology, Christology and Ecclesiology (SubBi 43), Roma 2012, 37.

86 Aufgrund der mehrfachen Bezugnahme auf unterschiedliche Teile von Gen 17 weist Koch darauf hin, dass V.11 als Paraphrase bzw. paulinische Zusammenfassung von Gen 17,1–14 verstanden werden kann. Vgl. KOCH, Die Schrift als Zeuge des Evangeliums, 16.

minent in Gen 15,7 (ὥστε δοῦναί σοι τὴν γῆν ταύτην κληρονομῆσαι) thematisiert wird.[87] Die paulinische Formulierung lässt jedoch auch an Gen 22,17 als möglichen Prätext denken (καὶ κληρονομήσει τὸ σπέρμα σου), wo sowohl die Nachkommenschaft als auch das Thema der Erbschaft (lexematisch) begegnen.

Im letzten Satzteil von V.13 nimmt Paulus erneut auf Gen 15,6 Bezug – wiederum in Form einer *Allusion*. Indem Paulus die Verbindung von δικαιοσύνη und πίστις herstellt, spielt er offensichtlich auf Gen 15,6 an.

Durch die Bezugnahme auf die Nachkommensverheißung in V.16b (εἰς τὸ εἶναι βεβαίαν τὴν ἐπαγγελίαν παντὶ τῷ σπέρματι) spielt Paulus zum einen bewusst auf Gen 17,4f. an. Durch den Bezug auf den Glauben Abrahams (ἀλλὰ καὶ τῷ ἐκ πίστεως Ἀβραάμ) in V.16c alludiert Paulus zum anderen erneut Gen 15,6. Beide *Allusionen* sind somit durch die Aufnahme konkreter Elemente ihrer Prätexte geprägt.

Mit der intertextuellen Referenz zu Gen 17,5c in V.17a findet sich das dritte direkte *Zitat* in Röm 4. Paulus gibt den Wortlaut des Prätextes wortwörtlich wieder: πατέρα πολλῶν ἐθνῶν τέθεικά σε. Die Zuordnung des Referenztyps ist somit eindeutig.

In der intertextuellen Einschreibung in V.17b findet sich das einzige *Echo* des Textes, d. h. die einzige implizite intertextuelle Bezugnahme, die gegenüber den zahlreichen Allusionen in Röm 4 nicht zwingend Pauli Intentionalität nahelegt – wenngleich dies prinzipiell bei Echos nie zweifelsfrei behauptet werden kann. Ein primärer Prätext kann in Jes 48,13 (καλέσω αὐτούς, καὶ στήσονται ἅμα) ausgemacht werden, da an dieser Stelle nicht nur eine thematische, sondern auch eine lexematische Assoziation möglich ist (καλοῦντος).[88] Darüber hinaus kann die für Deuterojesaja zentrale Botschaft der Schöpferkraft Gottes und der Neuschöpfung als Bezugspunkt angesehen werden.[89]

Die Wiederaufnahme von dem zuvor bereits zitierten Vers aus Gen 17,5c in V.18b kann als *Paraphrase* beschrieben werden. Paulus gibt in eigenen Worten, jedoch in engem Bezug zum Ausgangstext, Gen 17,5c wieder (πατέρα πολλῶν ἐθνῶν). Um ein direktes Zitat handelt es sich aufgrund des Fehlens von Markierungen oder Intertextualitätssignalen und aufgrund der sprachlichen Einbindung in die paulinische Formulierung nicht.

---

87 „Mit dem Thema der Verheißung (ἐπαγγελία) knüpft Paulus speziell an die Landverheißung an (Gen 12,7; 13,15.17; 15,7f.18; 17,8), denn es ist das Land, von dem es heißt, dass Abraham und seine Nachkommen es ›erben‹ (κληρονομεῖν; Gen 15,7; s. auch 28,4)." WOLTER, Röm 1–8, 295.

88 Vgl. KÖCKERT, Abrahams Glaube in Röm 4 und im vorpaulinischen Judentum, 24.

89 „The description of God as ‚the one who calls (for his purpose) that which is not, as if it exists' echoes the Isianic message of the God who brings into existence and effects his purpose by his creative word alone (e.g., Isa. 42:5–9; 43:8–21; 45:1–7; 48,6–11; also Ps. 33:6; see Rom. 1:6, above). [...] Paul stands especially close to Isaiah in that he understands ‚calling' (*verbum efficax*) as the creative act of God." SEIFRID, Romans, 626.

Die intertextuelle Referenz in V.18c ist eindeutig ein *Zitat* von Gen 15,5d. Das Zitat ist als intertextuelle Einschreibung markiert und Paulus gibt den Wortlaut des Prätextes wortwörtlich wieder: Οὕτως ἔσται τὸ σπέρμα σου.

Aufgrund der Übernahme mehrerer Elemente (Sara; Altersthematik), sowie der lexematischen Überschneidung von V.19 (ἑκατονταετής που ὑπάρχων) und Gen 17,17 (εἰ τῷ ἑκατονταετεῖ γενήσεται) kann die intertextuelle Referenz in V.19 als *Allusion* klassifiziert werden.

Auch die Bezugnahme auf Gen 15,5 in V.20f. ist als *Allusion* zu werten. „In V.20–21 nimmt Paulus noch einmal Gen 15,5–6 in den Blick. Die ‚ἐπαγγελία Gottes' ist die in V.5 ausgesprochene Ankündigung, dass Abrahams Nachkommen ‚zahlreich wie die Sterne' werden sollen."[90]

Die intertextuelle Einschreibung in V.22 ist ein direktes *Zitat* von Gen 15,6b. Das Zitat ist (implizit) durch die kausale Konjunktion διὸ in Verbindung mit καὶ markiert und Paulus gibt den Wortlaut von Gen 15,6b wörtlich wieder. Im darauffolgenden V.23 nimmt Paulus den zuvor in V.22 zitierten Text aus Gen 15,6b erneut als *Paraphrase* resp. verkürztes Zitat (zwei Worte) auf.

Die den Text abschließende intertextuelle Referenz in V.24f. kann als *Allusion* auf Jes 53,12 verstanden werden. Paulus nimmt sowohl terminologisch als auch inhaltlich Bezug auf einzelne Elemente dieses Prätextes. Zwar könnte diese intertextuelle Referenz auch durchaus als Echo gewertet werden, es ist jedoch davon auszugehen, dass Paulus in diesen abschließenden Versen des Textes ganz bewusst einen Konnex zu Jes 53 herstellt.[91]

5.2.3 Vorlage

Rückfragen nach dem Verhältnis intertextueller Einschreibungen zu ihrem Vorlagentext sind in erster Linie für direkte Schriftbezüge sinnvoll, d. h. für Zitate und teilweise für Paraphrasen. Im Folgenden werden daher alle Zitate und Paraphrasen, die in Röm 4 identifiziert wurden, hinsichtlich ihrer Entsprechungen und ihrer Modifikationen gegenüber dem LXX-Text betrachtet. In der untenstehenden Tabelle werden hierfür die wörtlichen Überschneidungen der jeweiligen intertextuellen Referenz aus Röm 4 mit dem Prätext aus der LXX durch Fettdruck gekennzeichnet. Markante Abweichungen in den expliziten Zitaten sind kursiv markiert.

---

90 WOLTER, Röm 1–8, 308.

91 So auch FLORIAN WILK, Die Bedeutung des Jesajabuches für Paulus (FRLANT 179), Göttingen 1998, 286. Die Formulierung παρεδόθη διὰ + Akkusativ legt „die Annahme nahe, dass Paulus der Konnex mit diesem Vers präsent ist, er also bewusst darauf anspielt." Vgl. ähnlich WOLTER, Röm 1–8, 311f.

Intertextuelle Referenz (Röm 4)	Referenztext	Modifikation	Modifikationstyp	Metatext (NA 28)	Vorlage (Rahlfs)
4,3	Gen 15,6	Ja	Deletion, Permutation	**ἐπίστευσεν** *δὲ Ἀβραὰμ* **τῷ θεῷ καὶ ἐλογίσθη αὐτῷ εἰς δικαιοσύνην**	*καὶ* **ἐπίστευσεν** *Αβραμ* **τῷ θεῷ, καὶ ἐλογίσθη αὐτῷ εἰς δικαιοσύνην**
4,7–8	Ps 31,1–2a	Nein	–	μακάριοι ὧν ἀφέθησαν αἱ ἀνομίαι καὶ ὧν ἐπεκαλύφθησαν αἱ ἁμαρτίαι· μακάριος ἀνήρ, οὗ οὐ μὴ λογίσηται κύριος ἁμαρτίαν	μακάριοι ὧν ἀφέθησαν αἱ ἀνομίαι καὶ ὧν ἐπεκαλύφθησαν αἱ ἁμαρτίαι μακάριος ἀνὴρ οὗ οὐ μὴ λογίσηται κύριος ἁμαρτίαν
4,9	Gen 15,6b	–	–	λέγομεν γάρ· **ἐλογίσθη** *τῷ Ἀβραὰμ ἡ πίστις* **εἰς δικαιοσύνην**	καὶ *ἐπίστευσεν Αβραμ τῷ θεῷ*, καὶ **ἐλογίσθη** *αὐτῷ* **εἰς δικαιοσύνην**
4,17a	Gen 17,5c	Nein	–	καθὼς γέγραπται **ὅτι πατέρα πολλῶν ἐθνῶν τέθεικά σε**	ἀλλ' ἔσται τὸ ὄνομά σου Αβρααμ, **ὅτι πατέρα πολλῶν ἐθνῶν τέθεικά σε**
4,18b	Gen 17,5c	–	–	Ὃς παρ' ἐλπίδα ἐπ' ἐλπίδι ἐπίστευσεν εἰς τὸ γενέσθαι αὐτὸν **πατέρα πολλῶν ἐθνῶν**	ἀλλ' ἔσται τὸ ὄνομά σου Αβρααμ, ὅτι **πατέρα πολλῶν ἐθνῶν τέθεικά σε**
4,18c	Gen 15,5d	Nein	–	κατὰ τὸ εἰρημένον **οὕτως ἔσται τὸ σπέρμα σου**	καὶ εἶπεν **Οὕτως ἔσται τὸ σπέρμα σου**
4,22	Gen 15,6b	Nein	–	διὸ [καὶ] **ἐλογίσθη αὐτῷ εἰς δικαιοσύνην**	καὶ ἐπίστευσεν Αβραμ τῷ θεῷ, καὶ **ἐλογίσθη αὐτῷ εἰς δικαιοσύνην**
4,23	Gen 15,6b	–	–	Οὐκ ἐγράφη δὲ δι' αὐτὸν μόνον ὅτι **ἐλογίσθη αὐτῷ**	καὶ ἐπίστευσεν Αβραμ τῷ θεῷ, καὶ **ἐλογίσθη αὐτῷ** εἰς δικαιοσύνην

Die Textform des ersten direkten Zitats im Text (V.3) aus Gen 15,6 korrespondiert eng mit dem Text der LXX.[92] Zwei Abweichungen in Form von Permutationen lassen sich jedoch in der paulinischen Zitation gegenüber dem Vorlagentext ausmachen. Die erste Abweichung findet sich in dem Gebrauch von *ἐπίστευσεν δὲ* anstelle von *καὶ ἐπίστευσεν*.[93] Es ließe sich daher vermuten, dass Paulus durch das eingefügte δὲ einen antithetischen Rückbezug auf V.2 herstellen möchte.[94] Ein weiteres Argument für eine deliberative Modifikation des Textes aus Gen 15,6 in V.3 ist die Zitation des gleichen Verses durch Paulus in Gal 3,6 (ἐπίστευσεν τῷ θεῷ, καὶ ἐλογίσθη αὐτῷ εἰς δικαιοσύνην), die einen zu Röm 4,3 abweichenden Text bietet.[95] Als Argument gegen einen paulinischen Eingriff in den Text kann jedoch auf den Textbestand des Zitats aus Gen 15,6 bei Philo[96] oder in Jak 2,23 (ἐπίστευσεν δὲ Ἀβραὰμ τῷ θεῷ, καὶ ἐλογίσθη αὐτῷ εἰς δικαιοσύνην) verwiesen werden.[97] Dort findet sich dieselbe Lesart, die auch Paulus in Röm 4,3 bietet. Es kann daher ebenso davon ausgegangen werden, dass die von Paulus hier gebotene Variante auf eine durchaus breite LXX Tradition zurückzuführen ist.[98] Die Textabänderung muss nicht zwingend intendiert sein. „In the final

---

92 Vgl. SEIFRID, Romans, 623.

93 Vgl. IBITA, „Abraham believed God, and it was reckoned to him as Righteousness", 685.

94 So z. B. KOCH, Die Schrift als Zeuge des Evangeliums, 132f. Ähnlich auch WOLTER, Röm 1–8, 282: „Das Zitat von Gen 15,6 lässt Paulus nicht wie die Septuaginta mit einem kopulativen καὶ beginnen, sondern er verwendet ein adversatives δὲ. Er markiert auf diese Weise den Gegensatz zu dem in V.2a hypothetisch formulierten Gedanken einer Rechtfertigung ‚aus Werken'." Dagegen KUJANPÄÄ, The Rhetorical Functions of Scriptural Quotations in Romans, 66: „If Paul intended to signal discontinuity with 4:2, he should have placed the conjunction δέ into the introduction formula, not into the quotation."

95 Vgl. KOCH, Die Schrift als Zeuge des Evangeliums, 133.

96 Vgl u. a Migr. 44; Leg. 3.228; Deus 4; Her. 94–95; Mut. 177.186. Siehe zu Gen 15,6 bei Philo ausführlich MCFARLAND, Whose Abraham, Which Promise?, insbesondere 109–114.

97 So z. B. STANLEY, Paul and the Language of Scripture, 100. Dagegen KOCH, Die Schrift als Zeuge des Evangeliums, 133.

98 Ohnehin erweist sich Gen 15,6 in seiner Textform als interessanter Untersuchungsgegenstand. Denn bereits zwischen dem hebräischen Text und dem Text der LXX finden sich maßgebliche Abweichungen. Die LXX übersetzt interpretierend, indem sie im Versteil b durch das Passiv ἐλογίσθη eindeutig Abraham zum Subjekt des Satzes macht. Der griechische Text lässt somit keine Zweifel daran aufkommen, dass Gott derjenige ist, der anrechnet und Abraham derjenige, dem angerechnet wird. Der hebräische Text lässt hier einen gewissen philologischen Spielraum. Dieser hat einige Forscherinnen und Forscher zur Interpretation geführt, dass es Abraham ist, der Gott sein Handeln als Gerechtigkeit anrechnet, da von Verteil a zu Versteil b kein Subjektwechsel stattfindet. Siehe zur Diskussion BEHRENS, Gen 15,6 und das Vorverständnis des Paulus; JOSEPH A. FITZMYER, The Interpretation of Genesis 15:6. Abraham's Faith and Righteousness in a Qumran Text, in: Shalom M. Paul (Hg.), Emanuel. Studies in Hebrew Bible, Septuagint and Dead Sea Scrolls in Honor of Emanuel Tov (VT.S 94,1), Leiden 2003; LLOYD GASTON, Abraham and the Righteousness of God, in: HBT 2 (1980); MOSIS, „Glauben" und „Gerechtigkeit"; OEMING, Ist Genesis 15,6 ein Beleg für die Anrechnung des Glaubens zur Gerechtigkeit?; ROTZOLL, Gen 15,6 – Ein Beleg für den Glauben als Werkgerechtigkeit.

analysis, the difficulty of arguing with confidence on such a minor and variable point rules out firm conclusions in either direction.“[99] Die zweite Abweichung in der paulinischen Zitation von Gen 15,6 in V.3 findet sich in der Wahl des Namens Ἀβραάμ gegenüber der Namensform Ἀβραμ. Für diese Permutation lässt sich ebenfalls eine paulinische Intentionalität argumentieren. Durch die Abänderung der Namensform in Ἀβραάμ verknüpft Paulus von Beginn an Gen 15 und Gen 17 miteinander und unterstreicht den für ihn maßgeblichen Aspekt, dass Abraham nämlich πατήρ πολλῶν ἐθνῶν ist.[100]

Der Textbestand zwischen dem durch Paulus gebotenen Zitat in Röm 4,7–8 und dem LXX-Text von Ps 31,1–2a ist identisch.[101] Hinsichtlich des Umfangs des Zitats fällt auf, dass Paulus die Zitation in der Mitte von Ps 31,2 abbricht und das zweite Kolon (οὐδὲ ἔστιν ἐν τῷ στόματι αὐτοῦ δόλος) nicht in seine Zitation aufnimmt. Es kann mit sehr hoher Wahrscheinlichkeit davon ausgegangen werden, dass dies intendiert ist. Denn inhaltlich ließe sich Ps 31,2b dahingehend deuten, dass die Vergebung der Sünden und das Nicht-Anrechnen der Schuld von der Reinheit des Geistes abhinge.[102] Die Zitation nur bis Ps 31,2a zu führen, deutet somit auf eine „calculated desicion by Paul as to the usefulness of the passage under consideration.“[103]

In Abweichung zum Text der LXX und zur Zitation in V.3 renominalisiert Paulus in der Paraphrase von Gen 15,6b in V.9 das Pronomen αὐτῷ und ersetzt es durch den Namen Ἀβραάμ.[104] Darüber hinaus verändert sich die Syntax des Satzes, indem ἡ πίστις zum Subjekt wird und somit das Subjekt nicht länger im Verb ἐλογίσθη enthalten ist. Paulus lenkt durch diese Modifikation des Lexems πιστεύειν/πίστις vom Verb ἐπίστευσεν (LXX) zum Substantiv πίστις (V.9) die Aufmerksamkeit weg vom Glaubensakt Abrahams – und damit weg von der Person und seinem Handeln – hin zur πίστις als Prämisse der Anrechnung εἰς δικαιοσύνην und damit auch zur πίστις als zentralen Gegenstand der Ausführungen der folgenden Verse.

Das Zitat aus Gen 17,5c in V.17a (πατέρα πολλῶν ἐθνῶν τέθεικά σε) steht in voller Übereinstimmung mit dem LXX-Text und bietet keine Abweichungen im

---

99 STANLEY, Paul and the Language of Scripture, 100.

100 Vgl. JEWETT, Romans, 311.

101 Ebenso wie einige geläufige LXX Rezensionen ersetzt Paulus in seiner Zitation von Ps 31,1–2a den in einigen Texten ebenfalls belegten Dativ ᾧ durch den Genitiv οὗ. Vgl. STANLEY, Paul and the Language of Scripture, 101. Ähnlich wie bei Gen 15,6 enthält auch an dieser Stelle die LXX eine bewusste Änderung gegenüber dem hebräischen Text, indem die LXX die Verse vom Singular in den Plural setzt und damit eine Verallgemeinerung der Aussage vornimmt.

102 „Since Paul began his citation with the first verse of Ps 31, it was obviously up to him to decide how far he would go before bringing the citation to a close. The first three lines of the Psalm fit well with Paul's stress in Rom 4 on the mercy of Yahweh in forgiving human sin. But with the fourth line [...] the usefulness of the passage ends.“ A. a. O., 101.

103 Ebd.

104 Vgl. WOLTER, Röm 1–8, 289.

Textbestand oder intendierte Modifikationen. Theoretisch lässt sich die wortwörtliche Übereinstimmung zum Ausgangstext noch um das vorangestellte ὅτι erweitern. Jedoch bleibt hier fraglich, ob die Übernahme der kausalen Konjunktion bewusst ist oder aber nicht viel mehr (unbewusst) durch die paulinische Syntax entstand.

Die Bezeichnung Abrahams als πατήρ πολλῶν ἐθνῶν in V.18b ist ebenfalls wörtlicher Bestandteil des identifizierten Prätextes Gen 17,5c und auch in V.18b folgt das direkte Schriftzitat aus Gen 15,5c exakt dem LXX-Vorlagentext. Darüber hinaus kann hier die Verwendung der Einleitung τὸ εἰρημένον als modifizierte Aufnahme der Einleitung der göttlichen Rede in Gen 15,5c (καὶ εἶπεν) gewertet werden.

Die Zitation von Gen 15,6b in V.22 folgt ebenso wie die erste Zitation in V.3 exakt dem LXX-Text für den betreffenden Versteil. Und auch die Paraphrase von Gen 15,6b in V.23 entspricht in den Worten ἐλογίσθη αὐτῷ seiner Vorlage.

5.2.4 Kontext

Im Folgenden wird der Blick auf den alttestamentlichen Kontext der intertextuellen Referenzen aus Röm 4 gerichtet (Gen 15.17.22; Ps 31^{LXX}; Jes 53), um zu prüfen, inwiefern Paulus eine Kontextbezogenheit in seiner Rezeption erkennen lässt oder nicht.

Über die Hälfte der intertextuellen Referenzen in Röm 4 beziehen sich auf Verse aus Gen 15 (V.1–4.9f.11ff.16.18.20–23). Im Zentrum der paulinischen Rezeption steht Gen 15,6. Daneben bezieht sich Paulus mehrfach auf Gen 15,5.7 und einmal auf Gen 15,1 (V.4). Gen 15,6a beschreibt die Reaktion Abrahams auf die ihm gegebene Verheißung einer großen Nachkommenschaft in Gen 15,1–5 (insbesondere Gen 15,4f.). Gen 15,6b beschreibt die Anerkennung seines Glaubens als/zur Gerechtigkeit durch Gott. Unmittelbar an diesen zentralen Vers aus Gen 15,6 anschließend wird Abraham die Landverheißung gegeben (Gen 15,7).[105] Im weiteren Verlauf handelt das Kapitel von ebendieser Verheißung, der Frage nach ihrem Empfang durch Abraham und von seiner Nachkommenschaft (Gen 15,8), der Voraussage ihrer Knechtschaft (Gen 15,13–16) sowie von der Beschreibung des Bundesrituals (Gen 15,9–17). Die narrative Einheit von Gen 15 endet schließlich mit dem Bundesschluss zwischen Gott und Abraham (Gen 15,18–21).

Im Zentrum der paulinischen Rezeption von Gen 15 in Röm 4 steht das Zitat aus Gen 15,6. Doch anhand des Blicks auf den narrativen Kontext, in dem sich

---

105 „Die Absicht, diese beiden in Erzählungen gefassten Verheißungen in die Mitte des Abrahamkreises zu stellen, ist offensichtlich." CLAUS WESTERMANN, Genesis 12–36 (BKAT 2), Neukirchen-Vluyn ^{2}1989, 255.

Gen 15,6 befindet, wird deutlich: Neben den durch das Zitat aus Gen 15,6 hervorgerufenen (für Paulus) zentralen Themen des *Glaubens* (πίστις) und der *Gerechtigkeit* (δικαιοσύνη) ruft die paulinische Rezeption von Gen 15,6 durch seinen unmittelbaren Kontext von Gen 15 zudem die Motive *Erbschaft*, *Nachkommenschaft*, *Verheißung* und *Bund* hervor. Dies sind nicht nur die zentralen Topoi von Gen 15, all dies sind zugleich die wesentlichen Themen und Motive der gesamten Abrahamerzählung (Gen 12–25). Die meisten der Themen werden durch Paulus anhand der intertextuellen Bezugnahmen aus unterschiedlichen Blickwinkeln und mit unterschiedlichen Schwerpunkten innerhalb des Argumentationsverlaufs von Röm 4 behandelt. Obwohl Paulus seinen Fokus in der Rezeption von Gen 15 in Röm 4 primär auf das Zitat aus Gen 15,6 und dessen Inhalt richtet, „he also has in view the narrative context in which the passage appears."[106]

Eine interessante Entdeckung bietet zudem der Blick auf das Vokabular von Gen 15,6: Das Wort δικαιοσύνη begegnet an dieser Textstelle zum ersten Mal im gesamten Textverlauf der Genesis.[107] Wenn Paulus nach der Gerechtigkeit fragt, die vor Gott gilt und welche μαρτυρουμένη ὑπὸ τοῦ νόμου καὶ τῶν προφητῶν (Röm 3,21), verleiht er seiner Argumentation in Röm 4 somit zusätzliches Gewicht, indem er sich auf die erste Erwähnung in der Tora, d. h. auf die biblisch ursprünglichste und frühste Form von δικαιοσύνη bezieht, wie sie erstmalig in Gen 15,6 begegnet.

Die Analyse der Textform des Zitats aus Ps 31,1–2a^{LXX} in Röm 4,7f. hat bereits dargelegt, dass Paulus den Bezugstext bewusst abgrenzt, um keine Zweideutigkeiten zuzulassen (s. o.). Es wäre jedoch falsch, Paulus an dieser Stelle prinzipiell einen inadäquaten, kontextwidrigen Umgang mit seinem Prätext vorzuwerfen. Denn betrachtet man die Gesamtaussage des Psalms sowie die sprachlichen und semantischen Verbindungen zu den paulinischen Ausführungen in Röm 4 zeigt sich, dass Paulus den Kontext seines Zitats sehr wohl mit im Blick hat: Psalm 31^{LXX} ist in der christlichen Tradition zwar als zweiter von sieben Bußpsalmen wirkmächtig geworden, von seiner Form her entspricht er aber vielmehr einem Danklied des Einzelnen, einer תּוֹדָה.[108] Seine Grundintention liegt „darin, dass dieses Lied den Hörer und Leser von Anfang an in die beglückende Wirklichkeit der Vergebung und Heilszuwendung hineinnimmt."[109] Der Beter dankt

---

106 SEIFRID, Romans, 623. Ähnlich Schliesser: „Even the wider context of the vers plays a role in in the apostle's Abraham-chapter, as is indicated through the thematic references to ‚reward', ‚seed', and ‚heir.'" SCHLIESSER, Abraham's Faith in Romans 4, 312. Dagegen KOCH, Die Schrift als Zeuge des Evangeliums, 345. Eine Ausnahme hiervon stellt nur die Bundesthematik dar. Denn lediglich die Bezeichnung der Beschneidung als *Siegel* (Röm 4,11) könnte auf diese Thematik hin gedeutet werden.

107 Die einzige Person, die vor Abraham in der Genesis als *gerecht* bezeichnet wird, ist Noah: ὅτι σὲ εἶδον *δίκαιον* ἐναντίον μου ἐν τῇ γενεᾷ ταύτῃ (Gen 7,1).

108 Vgl. HANS-JOACHIM KRAUS, Psalmen 1–59 (BKAT XV/1, Neukirchen-Vluyn ^{6}1989, 401f.

109 A. a. O., 406.

für seine Schuld- und Sündenvergebung (Ps 31,1–2.5), er reflektiert seinen Wandel abseits von Gott (Ps 31,3–5), seine Umkehr und das Hoffen auf den Herrn (τὸν δὲ ἐλπίζοντα ἐπὶ κύριον, Ps 31,10) und fordert im abschließenden Vers die δίκαιοι auf: καυχᾶσθε (Ps 31,11).[110] Die Verbindungen zwischen Psalm 31[LXX] und Röm 4 beschränken sich folglich nicht ausschließlich auf die durch Paulus zitierten ersten anderthalb Verse (Ps 31,1–2a), sondern weitere Motive des Psalms finden ebenfalls Anhalt in der paulinischen Interpretation der Abrahamerzählung in Röm 4.[111]

Paulus verarbeitet in Röm 4 ein weiteres zentrales Kapitel der Abrahamerzählung: Gen 17. Er bezieht sich gleich mehrfach auf dieses Kapitel, indem er Gen 17,5c zitiert (V.17a) bzw. paraphrasiert (V.18b) und andernorts Gen 17,10 (V.10f.) und Gen 17,17 (V.19) alludiert. Ebenso wie in Gen 15 handelt es sich in Gen 17 um eine Verheißungserzählung.[112] Die Verheißungserzählung in Gen 17 ist primär in Form einer Gottesrede an Abraham gestaltet und ist ebenso wie Gen 15 besonders dicht in seiner Motivik, die für die gesamte Abrahamerzählung (Gen 12–25) prägend ist. Gott verheißt Abraham πατὴρ πλήθους ἐθνῶν (Gen 17,4) bzw. πατὴρ πολλῶν ἐθνῶν (Gen 17,5) zu werden und ändert daraufhin seinen Namen von Αβραμ zu Αβρααμ. Er verheißt ihm eine große Nachkommenschaft und ewig währenden Landbesitz Kanaans (Gen 17,8). Außerdem verweist er auf den Bund, der zwischen ihm und Abraham samt seiner Nachkommenschaft auf ewig bestehen soll (Gen 17,9) und trägt Abraham auf, sich und seine Nachkommenschaft zu beschneiden (Gen 17,10f.). Darüber hinaus kündigt Gott Abraham die Geburt Isaaks an und trägt ihm auf, seine Frau nunmehr Σαρρα und nicht länger Σαρα zu nennen.

Die Rückfrage nach der Kontextbezogenheit der paulinischen Argumentation in Röm 4 gestaltet sich mit Blick auf Gen 17 ähnlich wie es sich bereits für Gen 15 erwiesen hat. Paulus ist sich der Dichte an zentralen Motiven und Themen aus Gen 17 wohl bewusst, wenn er einzelne Elemente daraus in Röm 4 – zumeist in der Form indirekter Referenzen – verarbeitet. Ebenso wie in der Rezeption von Gen 15 gewichtet Paulus die Themen aus Gen 17 für seine Rezeption, legt Schwerpunkte und interpretiert sie, sodass sie seiner Argumentation dienen. Parallel zur Rezeption von Gen 15 wird die Bundesthematik (zumindest begrifflich) nicht aufgegriffen. Dennoch zeigen die paulinischen Ausführungen in Röm 4, dass Paulus den Kontext seiner Schriftbezüge aus Gen 17 mit im Blick behält.[113]

---

110 Vgl. Röm 4,2.

111 Dieser Aspekt bleibt in der Forschung zumeist unberücksichtigt.

112 Vgl. WESTERMANN, Genesis 12–36, 306.

113 „Deutet schon das Zitat von Gen 15,5 an, dass Paulus Gen 15,6 im erzählerischen Kontext der Genesis verortet weiß und berücksichtigt wissen will, so signalisieren die intertextuellen Bezugnahmen auf Gen 17,15 in der Gestalt eines Zitats in Röm 4,17a sowie einer Anspielung in V. 18b, ferner die Anspielung auf Gen 17,17–24 (vgl. auch 18,11–13; 21,5) in V. 19, dass Paulus den Basissatz über Abrahams Glauben im Gesamtzusammenhang der

Die kurze Anspielung auf Gen 22,17 in V.13 ruft gegenüber den ausführlichen bzw. mehrfachen Bezügen auf Gen 15 und Gen 17 nur punktuell den narrativen Kontext der sog. *Akedah*-Erzählung wach (Gen 22,1–18). Der unmittelbare Kontext von Gen 22,17 ist eine Engelsrede (V.15–18), die den Abschluss der gesamten *Akedah*-Erzählung bildet und in der Abraham erneut die Nachkommensverheißung empfängt. In seiner Rezeption von Gen 22 ist Paulus somit deutlich selektiver als er dies hinsichtlich der Themen und Motive aus Gen 15 und Gen 17 ist.

Für die Anspielung auf Jes 53 in Röm 4,24–25 lässt sich beobachten, dass sich der Kontext von Jes 53 bereits im Verlauf von Röm 4 mehrfach wiederfindet. Dies betrifft erstens die „Rede von den ‚Erben' Abrahams [...] samt der Bezeichnung dieses ‚glaubenden' Patriarchen als πατέρα πολλῶν ἐθνῶν (417f.) mit Jes 543b: ‚καὶ τὸ σπέρμα σου ἔθνη κληρονομήσει...' und mit 5215: ‚...θαυμάσονται ἔθνη πολλὰ ἐπ' αὐτῷ...'."[114] Zweitens betrifft es die Verheißung des „großen ‚Samens' in Röm 418 mit der in Jes 5310a."[115] Und drittens trifft es zu auf die „νέκρωσις τῆς μήτρας Σάρρας (Röm 419) mit Jes 541."[116] Paulus liest Jes 53 in Röm 4 somit nicht isoliert, sondern in Verbindung mit umliegenden (Kon)Texten (52,12; 53,5.10; 54,1.3).[117]

5.2.5 Intratextuelle Relationierung

Röm 4 stellt einen geschlossenen Argumentationszusammenhang dar, den Paulus mittels intertextueller Referenzen kreiert und entwickelt. Das Kapitel ist strukturell und inhaltlich geprägt durch eine Vielzahl intertextueller Referenzen. Paulus *ko*textualisiert diese intertextuellen Einschreibungen nicht nur lexikalisch-linear, sondern relationiert sie in den meisten Fällen zudem intratextuell. Die Art und Weise ihrer Relationierung, d. h. die intratextuelle Verknüpfung einzelner Schriftbezüge geschieht primär auf zwei Ebenen: 1) Direkte Relationierung via lexematischer Kongruenz resp. Assoziation; 2) Indirekte Relationierung via Thematik bzw. Motivik oder Stichwort im erweiterten Kontext.

---

biblischen Abrahamerzählung (zumindest aber von Gen 15–18 bzw. 15–21) deuten will. Dieser intertextuelle Charakter der Passage ist bei der Auslegung immer im Auge zu behalten." DU TOIT, Christlicher Glaube als endzeitliche Variante des Glaubens Abrahams, 330.

114 WILK, Die Bedeutung des Jesajabuches für Paulus, 287.

115 Ebd.

116 Ebd.

117 Vgl. ebd.

5.2.5.1 *Direkte Relationierung*

Die wohl auffälligste direkte Relationierung zweier intertextueller Referenzen in Röm 4 liegt in der Verknüpfung der beiden direkten Zitate aus Gen 15,6 in V.3 und Ps 31,1–2a^{LXX} in V.7f. vor. Mittels einer lexematischen Assoziation verbindet Paulus die Verse aus Gen 15,6 und Ps 31,1–2a^{LXX} miteinander. Die lexematische Verbindung besteht in der Verwendung des Verbs λογίζομαι in beiden Versen: ἐλογίσθη (Gen 15,6), λογίσηται (Ps 31,1–2a^{LXX}).

Gen 15,6	ἐπίστευσεν δὲ Ἀβραὰμ τῷ θεῷ καὶ **ἐλογίσθη** αὐτῷ εἰς δικαιοσύνην
Psalm 31,1–2a^{LXX}	Μακάριοι ὧν ἀφέθησαν αἱ ἀνομίαι καὶ ὧν ἐπεκαλύφθησαν αἱ ἁμαρτίαι· μακάριος ἀνήρ, οὗ οὐ μὴ **λογίσηται** κύριος ἁμαρτίαν

5.2.5.2 *Indirekte Relationierung*

Alle weiteren intratextuellen Relationierungen des Kapitels können als indirekte Verknüpfungen eingestuft werden. Diese können zwar einen unterschiedlichen Grad an Explizietheit oder Selektivität besitzen, u. a. liegen auch lexematische Kongruenzen zu den zitierten Texten aus Gen 15,6 und Ps 31,1–2a^{LXX} vor – zumeist durch das Lexem λογίζομαι –, eine unmittelbar aufeinanderfolgende, direkte Relationierung zweier Schriftstellen, wie sie in der Verknüpfung von Gen 15,6 in V.3 und Ps 31,1–2a^{LXX} in V.7f. zu beobachten ist, lässt sich aber nicht feststellen. Hingegen relationiert Paulus die intertextuellen Referenzen in Röm 4 zumeist mittels gemeinsamer Thematik oder Motivik. Die folgende Tabelle veranschaulicht dies:

Intertextuelle Referenz (*Röm 4*)	Referenztext	Thematische / motivische Verknüpfung
4,1	Gen (15,5); 17,4f.	Nachkommensverheißung; Bund; Vaterschaft
4,2	Gen 15,6	Rechtfertigung; Glaube
4,3	Gen 15,6	Rechtfertigung; Glaube
4,7–8	Ps 31,1–2a^{LXX}	Rechtfertigung; Sündenvergebung
4,9	Gen 15,6	Rechtfertigung; Glaube
4,10	Gen 15,6	Rechtfertigung; Glaube
4,11a+b	Gen 17,10f.	Nachkommensverheißung; Bund
4,11c	Gen 17,4f.	Nachkommensverheißung; Bund; Vaterschaft
4,11d	Gen 15,6	Rechtfertigung; Glaube

4,12	Gen (15,6); 17,4f.	Nachkommensverheißung; Bund; Vaterschaft; Rechtfertigung; Glaube
4,13a+b	Gen 15,7; 22,17	Nachkommensverheißung
4,13c	Gen 15,6	Rechtfertigung; Glaube
4,16b	Gen 17,4f.	Nachkommensverheißung; Bund; Vaterschaft
4,16c	Gen 15,6	Rechtfertigung; Glaube
4,17a	Gen 17,5c	Nachkommensverheißung; Vaterschaft
4,17b	Jes 48,13	–
4,18b	Gen 17,5c	Nachkommensverheißung; Vaterschaft
4,18c	Gen 15,5d	Nachkommensverheißung
4,19	Gen 17,17	Nachkommensverheißung
4,20f.	Gen 15,5	Nachkommesnverheißung
4,22	Gen 15,6b	Rechtfertigung; Glaube
4,23	Gen 15,6b	Rechtfertigung; Glaube
4,24–25	Jes 53 (53,5.12)	Sündenvergebung

Paulus entnimmt die verbindenden Themen und Motive der intertextuellen Referenzen sowohl den Bezugstexten selbst als auch deren Kontexten (vgl. 5.2.4). Evident ist daher die Verbindung aller intertextueller Einschreibungen aus Gen 15. Diese stehen aufgrund ihrer Herkunft aus derselben narrativen Einheit in Relation zueinander. Dies gilt ebenfalls für die Schriftbezüge, die Gen 17 entnommen sind. Ebenso wie die intertextuellen Referenzen aus Gen 15 sind auch diese mittels ihrer Herkunft aus einer gemeinsamen narrativen Einheit miteinander verbunden. Die Relationierungen der intertextuellen Referenzen aus Gen 15 und Gen 17 entstehen darüber hinaus durch die gemeinsamen Themen und Motive der Nachkommens- und der Landesverheißung. Hierin liegt auch die Relationierung zur Allusion auf Gen 22,17 in V.13, die sich ebenfalls durch das Verheißungsthema mit den Schriftbezügen aus Gen 15 und Gen 17 verbindet. Ein all diese Belege vereinender Kontext ist zudem in der übergreifenden Abrahamerzählung der Genesis (Gen 12–25) auszumachen, die eine Relationierung der Texte bewirkt. Dies wird zusätzlich unterstützt durch die re-used figure Abraham, die ein die Schriftstellen verbindendes Element darstellt – sowohl im Prä- als auch im Metatext.

Der einzige Schriftbezug in Röm 4, der gänzlich unverbunden zu den anderen intertextuellen Referenzen bleibt und einzig lexikalisch-linear durch Paulus *ko*textualisert wird, ist das Echo aus Jes 48,13 in V.17. Diese intertextuelle Einschreibung bleibt ohne ersichtliche direkte oder indirekte Verknüpfung zu weiteren Schriftbezügen. Dies ist ein weiteres Argument für ihre unbewusste Einspielung.

Anders verhält es sich mit der ebenfalls recht indirekten Allusion auf Jes 53 in V.24f. Denn die vorfindliche intertextuelle Referenz wird insbesondere durch seinen Kontext, in dem sowohl Abraham (Jes 54,3) und Sara (Jes 54,1) als auch die Themen der Nachkommenschaft (Jes 53,10a) und der Erbschaft (Jes 54,17) begegnen, mit den Bezugnahmen auf die Abrahamerzählung aus Gen 15, Gen 17 und Gen 22 relationiert (vgl. 5.2.4). Eine thematisch direktere Relationierung besteht überdies zum Psalmzitat in V.7f. Denn die intertextuelle Bezugnahme auf Jes 53 verbindet sich – insbesondere unter Hinzunahme und Betrachtung der Kontexte der jeweiligen Prätexte – mit Psalm 31 durch das Motiv der Schuld- und Sündenvergebung.

5.2.6 Funktion

Wenngleich anhand der bereits besprochenen Analyseperspektiven auf die intertextuellen Bezugnahmen in Röm 4 – in gewisser Hinsicht in unvermeidlicher Weise – punktuell bereits Aspekte der Funktionalisierung einzelner Einschreibungen zur Sprache kamen, wird im Folgenden noch einmal gesondert und detailliert auf die verschiedenen rhetorischen, literarischen und theologischen, zentralen (*rezeptionsorientiert*) und dezentralen (*referenztextorientiert*, *textorientiert*, *produktionsorientiert*) Funktionen der intertextuellen Referenzen in Röm 4 eingegangen.

Die erste intertextuelle Einschreibung des Textes von Röm 4 findet sich in dem paulinischen Gebrauch der re-used figure Ἀβραάμ in V.1 und V.2. Die Erwähnung Abrahams als prominente Größe der Schriften Israels an dieser exponierten Stelle, dem Beginn von Röm 4, verankert den gesamten Argumentationsgang der V.1–25 von Anfang an intertextuell in der Tora. Ganz abgesehen von dem Sachverhalt, dass im weiteren Verlauf des Textes von Röm 4 weitere, implizite wie explizite Schriftbezüge vorhanden sind und insbesondere den Bezug zur Abrahamerzählung der Genesis (Gen 12–25) mehrfach aufrufen, besteht in dem Rekurs auf Abraham in den beiden einleitenden Versen des Kapitels ein erkennbares, rezeptionsorientiertes Signal, welches auf die potenzielle Intertextualität und Schriftbezogenheit der folgenden Aussagen und Ausführungen verweist. Die Rezipierenden werden von Beginn an dafür sensibilisiert, dass sie im Folgenden mit weiteren Schriftbezügen zu rechnen haben und die paulinische Argumentation im Licht der autoritativen Schriften Israels zu lesen ist.

Die intertextuelle Referenz in V.2 besitzt noch eine weitere Funktion. Anhand der Allusion auf Gen 15,6 in V.2 „nimmt Paulus das Gegenüber von ἔργα νόμου und πίστις aus Röm 3,28 wieder auf.“[118] Paulus formuliert in V.2 seine exegetische These, dass die Rechtfertigung aus Werken vor Gott keinen Ruhm bringt. Diese These leitet über zur Zitation von Gen 15,6 in V.3. Die paulinische

[118] WOLTER, Röm 1–8, 282.

Thematisierung der Rechtfertigung Abrahams mittels der Allusion in V.2 lenkt die Aufmerksamkeit somit bereits auf das folgende Zitat aus Gen 15,6 in V.3 und bereitet dieses vor, wo nun explizit von der Rechtfertigung Abrahams aus Glauben die Rede ist.[119] „Mit dem Zitat von Gen 15,6 begründet Paulus die Aussage von V.2c und formuliert die Antithese zu V.2a: Abrahams ‚Ruhm' war bei seiner Rechtfertigung nicht maßgeblich, weil Gott ihn aufgrund seines *Glaubens* gerecht gesprochen hat." [120] Durch ihren Rückbezug auf V.1f. liegt eine erste, rezeptionsorientierte Funktion der Zitation von Gen 15,6 in V.3 somit in ihrem affirmativen, die paulinische Auslegung bestätigenden und theologisch autorisierenden Charakter. Außerdem sind mit der Zitation von Gen 15,6 in V.3 „zugleich die Leitworte ‚glauben' und ‚anrechnen' sowie ‚Gerechtigkeit' auf dem Plan, die Röm 4 von Anfang bis Ende wie ein roter Faden durchziehen."[121]

Die Zitation von Gen 15,6 in V.3 dient darüber hinaus für V.4f. als Ausgangstext, denn „V.4 will als Kommentar zu Gen 15,6 gelesen werden."[122] Paulus erläutert anhand von Gen 15,6, dass die Rechtfertigung aus Werken vor Gott keinen Lohn bringt. „Paul speaks of ‚reward' (μισθὸς) in Rom. 4.4, not because he is after all thinking in ‚old perspective' terms about people earning (or not earning) their ‚justification', but because he is thinking of the whole of Gen. 15, which is all about the μισθὸς of a huge family promised by God to Abraham."[123] Die intertextuelle Bezugnahme in der paulinischen Interpretation von Gen 15,6 in V.4 hat somit die Funktion den narrativen Kontext von Gen 15 erneut wachzurufen und die paulinische Auslegung von Gen 15,6 in Röm 4 an den ursprünglichen Kontext zurückzubinden: „Ja, man kann Röm 4 geradezu als eine Auslegung von Gen 15 verstehen." [124] Die Zitation von Gen 15,6 in V.3, seine Allusionen in V.1f. und seine Auslegung in V.4f. evozieren somit nicht nur den einzelnen Vers, sondern auch „the *narrative* framework to which it belongs."[125] Gleichzeitig macht Paulus auf diese Weise Gen 15,6 zum Schlüsselvers von Gen 15 – resp. geradezu von der gesamten Abrahamerzählung (Gen 12–25) –, sodass der paulinischen intertextuellen Verwendung dieses Verses auch eine referenztextorientierte Funktion inhärent ist. D. h. die paulinische Rezeption des Textes bewirkt eine gewisse Neucodierung oder Transformation des bestehenden Verständnisses der Abrahamerzählung.

---

119 Vgl. a. a. O., 281.

120 A. a. O., 282.

121 KÖCKERT, Abrahams Glaube in Röm 4 und im vorpaulinischen Judentum, 16.

122 WOLTER, Röm 1–8, 283.

123 WRIGHT, Paul and the Patriarch, 209.

124 KÖCKERT, Abrahams Glaube in Röm 4 und im vorpaulinischen Judentum, 16. Ebenso WILK, Schriftbezüge im Werk des Paulus, 483. Ähnlich Stanley: „The entire chapter is devoted to its exposition." STANLEY, Arguing with Scripture, 150.

125 STEVE MOYISE, Paul and Scripture. Studying the New Testament Use of the Old Testament, Grand Rapids, MI 2010, 111. Vgl. 4.23.

Das Zitat aus Ps 31,1–2a^{LXX} in V.7f. dient in erster Linie zur Bestätigung der paulinischen Auslegung von Gen 15,6 in V.4f.[126] Dies wird bereits an der Einleitungsformulierung καθάπερ καὶ Δαυὶδ λέγει (V.6) ersichtlich, die auf eine folgende Begründung verweist.[127] Anhand der intertextuellen Bezugnahme auf Ps 31,1–2a^{LXX} und seiner Inbezugsetzung zu Gen 15,6 verdeutlicht Paulus noch einmal, dass es ihm in Röm 4 – und auch in Gen 15,6 – nicht vornehmlich um das vorbildliche Handeln Abrahams geht, sondern *theo*logisch um das Handeln *Gottes*. Die Einspielung und die Relationierung der beiden intertextuellen Referenzen hat somit nicht nur eine rezeptionsorientierte, sondern auch eine textorientierte Funktion. Paulus will mit seiner Argumentation im Metatext erweisen, dass Gott den Menschen aus Glauben gerecht spricht und nicht aus Werken. „‚Aus Glauben' [...] schließt ‚aus Werken' [...] aus. Es ist nun dieses ‚ohne Werke' als Prinzip rechtfertigenden Handelns Gottes, das Paulus mit Hilfe des Zitats von Ps 31,1–2^{LXX} absichert."[128] David, dem die Worte dieses Psalms zugeschrieben werden, ist für Paulus folglich nicht nur ein zweiter Zeuge für die Rechtfertigung ohne Werke, sondern anhand des Bezugs auf Ps 31,1–2 ^{LXX} interpretiert Paulus auch den Begriff der ἔργα.[129] Eine Rechtfertigung ohne jegliche Berücksichtigung der ἔργα ist demnach nichts anderes als die Vergebung von Sünden, ein nicht-Anrechnen von Schuld.[130] Mit der Relationierung der beiden Prätexte bewirkt Paulus folglich eine doppelte Referenztextorientiertheit resp. eine Dialogizität der Texte.

Nachdem Paulus das Zitat aus Ps 31,1–2a^{LXX} dazu verwendet, Gen 15,6 (V.3) auszulegen resp. seine Interpretation von Gen 15,6 hinsichtlich der Rechtfertigung aus Glauben (V.4f.) zu autorisieren, verwendet Paulus Gen 15,6 in V.9 *vice*

126 Ähnlich WOLTER, Röm 1–8, 285.

127 Vgl. NEUBRAND, Abraham – Vater von Juden und Nichtjuden, 151. Ähnlich WOLTER, Röm 1–8, 286: „Καθάπερ gibt es im Neuen Testament außer in Hebr 4,2 nur bei Paulus. Es steht hier für καθώς, das sonst immer als Zitateinleitung fungiert, und will zumal mit dem angeschlossenen καὶ das Folgende als Bestätigung für das zuvor Gesagte geltend machen." Ähnlich KUJANPÄÄ, The Rhetorical Functions of Scriptural Quotations in Romans, 70: „Καθάπερ indicates close correspondence between the quotation and the preceding declaration in 4:5, and so the audience is instructed to read the quotation in accordance with what Paul has just claimed."

128 WOLTER, Röm 1–8, 286. „Es ist insofern die Eintragung des Gegensatzes von πιστεύειν und ἐργάζεσθαι in seiner Lektüre von Gen 15,6, die er durch Ps 31,1–2^{LXX} absichern will: Wenn Gott den Menschen ihre Sünden vergibt, sieht er von ihren Werken ab und rechnet ihnen Gerechtigkeit ‚ohne Werke' zu. Paulus will den Lesern deutlich machen, dass seine Interpretation von Gen 15,6 in Übereinstimmung mit dem Gottesbild steht, das in Ps 31,1–3^{LXX} erkennbar wird." WOLTER, Röm 1–8, 287.

129 Vgl. SEIFRID, Romans, 624. Er fährt a. a. O. diesbezüglich fort: „With David, ‚works' are not deeds of obedience to the law, but rather ‚acts of law-lessness' and sins (4:7)."

130 Vgl. a. a. O., 624.

versa, nämlich um Ps 31,1–2a^{LXX} auszulegen.[131] „Paulus zitiert in V.9b–c noch einmal Gen 15,6, weil er die in V.9a formulierte Zusatzfrage mit Hilfe von Gen 15,6 beantworten will."[132] Diese Zusatzfrage, wem die Seligpreisung (Ps 31,1–2a^{LXX}) gilt, dem Beschnittenen oder dem Unbeschnittenen, entwickelt Paulus aus dem Psalmzitat in V.7f. heraus. „Dass Paulus das Zitat in V.9b mit einem begründenden γάρ einführt, mag ein Hinweis darauf sein, dass er die Frage für sich schon längst positiv beantwortet hat. Seine Leser dürften davon nach ihrer Lektüre von Röm 3,29–30 kaum überrascht gewesen sein." [133] Dieser Blick auf die Einleitung des erneuten Schriftbezugs auf Gen 15,6 durch die kausale Konjunktion γάρ in V.9 verdeutlicht noch einmal, dass Interdependenzen zwischen einer Markierung und der Funktion einer intertextuellen Referenz vorliegen können. Der erneute Bezug auf Gen 15,6 in V.9 bietet Paulus funktional jedoch nicht nur „die Möglichkeit, das Verständnis von Gen 15,6 in seinem Sinne sicherzustellen"[134] – d. h. in Bezug auf einen weiteren Gesichtspunkt –, sondern zudem ist V.9 in der rhetorischen Struktur von Röm 4 der Beginn eines zweiten Argumentationsganges, den Paulus vornimmt. Die Paraphrase von Gen 15,6 an diesem exponierten Ort der Emphase (Beginn eines neuen Sinnabschnitts) dient daher nicht nur dazu, erneut einen inhaltlichen Konnex zu Abraham herzustellen, sondern hat auch eine textorientierte Funktion.[135]

Die eingangs (V.9) formulierte Frage beantwortet Paulus in V.10ff. mit einer *relecture* der Abrahamerzählung und der Inbezugsetzung von Gen 15 (15,6) und Gen 17 (17,4f.10f.).[136] Die hierbei eingespielten Prätexte sind für Paulus „die Schrift- und Argumentationsbasis für die These der Vaterschaft Abrahams für Juden und Nichtjuden."[137] Diese Vaterschaft Abrahams der Beschnittenen und der Unbeschnittenen begründet sich in seiner Rechtfertigung durch Gott aufgrund seiner πίστις (Gen 15,6). Demnach gründet der paulinischen Interpretation zufolge auch die Zugehörigkeit zum σπέρμα Ἀβραάμ nicht im Zeichen der Beschneidung allein, sondern in der Rechtfertigung aufgrund des Glaubens. „Paulus lenkt auf diese Weise den Blick von Gen 17,11 wieder zu Gen 15,6 und stellt die Beschneidung Abrahams in das Licht von dessen Rechtfertigung. Die Beschneidung empfängt ihre Bedeutung damit allein von Abrahams Rechtfertigung her."[138] Zentrales Moment der paulinischen Argumentation ist folglich die

---

131 Vgl. WILCKENS, Der Brief an die Römer, 264. Siehe auch KUJANPÄÄ, The Rhetorical Functions of Scriptural Quotations in Romans, 73: „In Paul's argumentation, the quotations interact and shed light on one another."

132 WOLTER, Röm 1–8, 288.

133 A. a. O., 289.

134 KOCH, Die Schrift als Zeuge des Evangeliums, 16.

135 Anders WOLTER, Röm 1–8, 289: „Das neuerliche Zitat von Gen 15,6 dient jedoch nur dem Zweck, *Abraham* und sein Geschickt wieder in die Erörterung einzuführen."

136 Vgl. a. a. O., 292.

137 NEUBRAND, Abraham – Vater von Juden und Nichtjuden, 170.

138 WOLTER, Röm 1–8, 290.

chronologische und damit für Paulus zugleich theologische Vorordnung des Glaubens Abrahams (Gen 15,6) vor der Beschneidung (Gen 17).[139] Neben der rezeptionsorientierten Funktion dieser paulinischen Argumentation lässt sich an dieser Stelle folglich wiederum eine referenztextorientierte Funktion festhalten. Das korrekte Verständnis von Gen 15,6 einerseits und der Stellenwert von Gen 15,6 innerhalb der Abrahamerzählung (Gen 12–25) andererseits sollen festgehalten werden.

Durch die Allusionen auf Gen 15,5 bzw. Gen 22,17 in V.13a+b spielt Paulus nun das Motiv der Landverheißung in seine Argumentation ein und weitet es in Röm 4 gegenüber dem ursprünglichen Kontext in Gen 17 universal aus.[140] Ebenso wie zuvor in V.9–12, wo Paulus die Vaterschaft Abrahams von Beschnittenen und Unbeschnittenen retrospektiv mit Gen 15,6 begründet, bezieht er sich ebenfalls in V.13c auf Gen 15,6, um die Zuteilwerdung der Landverheißung zu begründen. Gen 15,6 – wenngleich nur alludiert, jedoch lexematisch eindeutig assoziiert – dient Paulus in V.13c somit wiederum als theologisches Autoritätsargument und Verifikation seiner Intepretation.

Anhand der Allusion auf Gen 17,4f. in V.16 und durch das Zitat von Gen 17,5c in V.17a stellt Paulus im Verlauf des Textabschnitts von V.13–17a ein weiteres Mal sicher – die Referenzen haben folglich legitimierende Funktion –, dass die Voraussetzung für die Erbschaft der universalen Landverheißung, die Paulus zugleich als die „letztmögliche Steigerung der umfassend gedachten Nachkommensverheißung“[141] versteht, dieselbe ist, durch die Abraham zum πατήρ πολλῶν ἐθνῶν, zum Vater der Beschnittenen ebenso wie der Unbeschnittenen wurde: Die Rechtfertigung aufgrund des Glaubens (Gen 15,6).

Außerdem greift Paulus durch das Zitat aus Gen 17,5c erneut das Motiv der Vaterschaft Abrahams auf, das bereits in V.1 und V.12 eingespielt wurde. Mit dieser Wiederaufnahme des Motivs will Paulus – mit seiner gegenüber V.1 und V.12 leicht abgewandelten Formulierung (πατὴρ *πάντων* ἡμῶν) – hervorheben, „dass Abraham auch der Vater der Heidenchristen ist. Dementsprechend geht der Umfang von πάντων ἡμῶν über die beiden ‚Unser-Vater‘-Formulierungen von V.1 und V.12b hinaus: ‚Wir alle‘ – das sind jetzt, nach V.16d – nichtchristliche Juden und jüdische wie nichtjüdische Christen.“[142] Die primäre Funktion der Zitation von Gen 17,5 in V.17a besteht somit darin, die paulinische Interpretation zu autorisieren.[143] Dies lässt sich ähnlich wie bei der Zitation von Ps 31,1–2a^{LXX} in

139 Ebenso u. a. KOCH, Die Schrift als Zeuge des Evangeliums, 308; IBITA, „Abraham believed God, and it was reckoned to him as Righteousness“, 685.; PORTER, The Letter to the Romans, 102.

140 Vgl. KOCH, Die Schrift als Zeuge des Evangeliums, 310.

141 Ebd.

142 WOLTER, Röm 1–8, 302.

143 Vgl. DAVID LINCICUM, Genesis in Paul, in: Maarten J. J. Menken/Steve Moyise (Hg.), Genesis in the New Testament (LNTS 466), London 2013, 112. Ähnlich WOLTER, Röm 1–8, 302. Kujanpää kommentiert mit Blick auf das Zitat aus Gen 17,5 in V.17 und das Zitat aus Gen 15,5 in

V.7f. bereits anhand der Markierung der intertextuellen Referenz festmachen (καθὼς γέγραπται ὅτι), welche – u. a. durch die Verwendung der kausalen Konjunktion καθώς – explizit auf die begründende Funktion der Referenz verweist.[144]

Die Paraphrasierung des zuvor in V.17a eingespielten Zitats von Gen 17,5c in V.18b hat eine argumentativ-explikative und referenztextorientierte sowie zugleich eine textorientierte Scharnierfunktion. Letztere besteht in der Verbindung der beiden Textabschnitte V.13–17b und V.17b–22 miteinander. In den V.17b–22 erläutert Paulus wie der bereits mehrfach erwähnte Glaube Abrahams aus Gen 15,6a (πίστευσεν δὲ Ἀβραὰμ τῷ θεῷ) zu verstehen ist und worauf sich dieser bezieht.[145] „Die Passage hat somit die Funktion, eine Klarstellung über den Charakter des Glaubens Abrahams zu bieten."[146] Für das Verständnis des Argumentationsabschnitts von V.17b–22 ist es daher „entscheidend zu beachten, dass Paulus hier nicht allgemein über Abrahams Glauben reflektiert, sondern dass es sich an dieser Stelle um eine kommentierende Auslegung von Gen 15,6a handelt."[147] An drei Punkten lässt sich das noch verdeutlichen: 1) Dies wird erstens sichtbar anhand der Zitation von Gen 15,5d in V.18c (οὕτως ἔσται τὸ σπέρμα σου), die Paulus in Relation zu der aus Gen 17,5 entnommenen Verheißung setzt, dass Abraham πατήρ πολλῶν ἐθνῶν sein wird, und den Referenzpunkt markiert, auf den sich der in Gen 15,6a beschriebene Glaube Abrahams bezieht: „Dass Abraham sich von der in Gen 15,5 wiedergegebenen Zusage Gottes hat Hoffnung geben lassen, ist dasselbe wie das, was Paulus in Röm 4,3 mit den Worten von Gen 15,6a ‚Abraham glaubte Gott' genannt hat."[148] Wie bereits zuvor für die Einleitungen der Zitate aus Ps 31,1–2a^{LXX} in V.7f. und Gen 17,5c in V.17a lässt sich somit auch für die Zitation von Gen 15,5d in V.18c die gleiche Interdependenz von intertextueller Markierung (κατὰ τὸ εἰρημένον) und rezeptionsorientierter,

---

V.18: „The two short quotations in 4:17–18 serve to confirm the universal scope of the promise. They also increase the vividness of the argumentation, for in both of them God speaks directly to Abraham in the first person singular. Hence, through the quotations God's voice is made audible." KUJANPÄÄ, The Rhetorical Functions of Scriptural Quotations in Romans, 75.

144 Vgl. NEUBRAND, Abraham – Vater von Juden und Nichtjuden, 151. „The introductory formula ‚just as it is written' (*kathōs gegraptai*) is a testimony to a present, eschatological reality and not a mere reminder of some past promise or demand." SEIFRID, Romans, 607.

145 Vgl. WOLTER, Röm 1–8, 303. Ähnlich DU TOIT, Christlicher Glaube als endzeitliche Variante des Glaubens Abrahams, 329: „In diesem Zusammenhang bildet der Abschnitt 4,17b–22 nun eine Erläuterung, in der nachträglich erklärt wird, *warum* der bis dahin vielfach erwähnte Glaube Abrahams (VV. 3.5.9.11 f.13 f.16) ihm als Gerechtigkeit angerechnet wurde (vgl. 22: διὸ [καὶ] ἐλογίσθη αὐτῷ εἰς δικαιοσύνην), d. h. es handelt sich um eine Erläuterung jener zur Gerechtigkeit führenden πίστις Abrahams (vgl. 4,11.13: ἡ δικαιοσύνης [τῆς] πίστεως)."

146 DU TOIT, Christlicher Glaube als endzeitliche Variante des Glaubens Abrahams, 329.

147 A. a. O., 330.

148 WOLTER, Röm 1–8, 306.

die paulinische Interpretation autorisierender Funktion festhalten.[149] Hierbei ist auch der rhetorische Effekt zu beachten, der in der Verwendung des Referenztyps einer direkten Zitation von Gen 15,5d liegt. Die Worte aus Gen 15,5d sind eine Gottesrede und dies macht die Bezugnahme „much more impressive and dramatic than a paraphrase would be: the audience hears the promise being made like Abraham once heard it."[150] 2) Die Gen 15,6a kommentierende Funktion von V.17b–22 wird zweitens anhand der Zitation von Gen 15,6b in V.22 ersichtlich (διὸ [καὶ] ἐλογίσθη αὐτῷ εἰς δικαιοσύνην). Auch hier verweist bereits die kausale Konjunktion διό auf die begründende und sowohl rezeptionsorientierte als auch referenztextorientierte Funktion der intertextuellen Einschreibung. 3) Paulus verwendet drittens nicht nur die beiden direkten Schriftbezüge aus V.18c (Gen 15,5d) und V.22 (Gen 15,6b) in dem Textabschnitt V.17b–22, um den Glauben Abrahams näher zu erläutern, sondern auch die indirekte intertextuelle Bezugnahme auf Gen 17,17 in V.19 dient ihm dazu, „das Verhalten Abrahams in der Zeit zwischen der Zusage Gottes in Gen 15,4f. und dem Geschehen in Gen 17 als ‚Glauben' zu qualifizieren."[151]

In V.23 paraphrasiert Paulus ein letztes Mal Gen 15,6b und erläutert in V.24, dass dieser Vers nicht exklusiv von Abraham „spricht, sondern für alle gilt, die mit Abraham dadurch verbunden sind, dass sie wie er glauben: Auch ihnen wird ihr Glaube als Gerechtigkeit angerechnet."[152] Mit der Übertragung dieser Aussage aus Gen 15,6 auf seine Person und die der Adressatinnen und Adressaten (οὐκ ἐγράφη δὲ δι' αὐτὸν μόνον ... ἀλλὰ καὶ δι' ἡμᾶς) vollzieht Paulus klar erkennbar den Übergang von einer referenztextorientierten Auslegung eines biblischen Textes hin zu einer aktualisierenden, gegenwarts-, und rezeptionsorientierten Interpretation.[153] In dem erneuten Bezug auf Gen 15,6 in V.23 liegt zudem eine textorientierte Funktion. Denn Paulus formuliert auf diese Weise eine sprachliche *inclusio* (vgl. V.3), die seinen Argumentationsfaden von Röm 4 abrundet.[154]

Mittels der Allusion auf Jes 53 (5.12) in V.24f. und ihrer Verknüpfung mit Gen 15,6 in V.23 spitzt Paulus seine Argumentation in Röm 4 christologisch zu. Die intertextuelle Einspielung von Jes 53 und die paulinische *Ko*textualisierung (ἀλλὰ καὶ δι' ἡμᾶς ... ὃς παρεδόθη διὰ τὰ παραπτώματα ἡμῶν καὶ ἠγέρθη διὰ τὴν δικαίωσιν ἡμῶν) in V.24f. haben somit eine hermeneutisch-theologische Funktion. Durch die Relation zu Jes 53 erscheint das in Röm 4 bislang Ausgeführte nun noch einmal auf einem neuen Hintergrund. Mit Jörg Helbig ließe sich diese Funktionalisierung von Intertextualität so beschreiben, dass den „Rezipienten bedeutungsrelevante Informationen erst retrospektiv zugänglich gemacht [werden],

149 Vgl. NEUBRAND, Abraham – Vater von Juden und Nichtjuden, 151.
150 KUJANPÄÄ, The Rhetorical Functions of Scriptural Quotations in Romans, 80.
151 DU TOIT, Christlicher Glaube als endzeitliche Variante des Glaubens Abrahams, 332.
152 WOLTER, Röm 1–8, 309.
153 Vgl. KOCH, Die Schrift als Zeuge des Evangeliums, 323.
154 Vgl. SEIFRID, Romans, 627.

so daß eine entsprechende Neubewertung des manifesten Textes oder gar dessen Re-Lektüre erforderlich" wird.[155] Anhand von Jes 53 und des Christusbezugs erscheint die paulinische Argumentation von Röm 4 folglich in einem neuen Licht resp. aus einer neuen, christologischen Perspektive.

Darüber hinaus hat die Anspielung auf Jes 53 auch eine textorientierte Funktion, die bereits über Röm 4 hinausweist. Die Allusion auf Jes 53 besitzt „für den Apostel deshalb einen hohen Stellenwert, weil sie – auf dem Hintergrund von 5215–543 – als Brücke zwischen den Themen ‚Glaubensgerechtigkeit gemäß der Abrahamverheißung' (Röm 4) und ‚Versöhnung durch den Tod Jesu Christi' (Röm 5) dient."[156] Die intertextuelle Bezugnahme auf Jes 53 leitet somit bereits über zum zentralen Thema der Ausführungen des folgenden Textabschnitts im Römerbrief.

5.2.6.1 *Die Sonderstellung von Gen 15,6*

Gen 15,6 hat als zentraler Prätext eine hervorgehobene Stellung innerhalb der Intertextualität von Röm 4. Dies ist bereits mehrfach deutlich geworden. Im Folgenden soll noch einmal gesondert auf die – insbesondere die textorientierte(n) – Funktion(en) dieser intertextuellen Referenz eingegangen werden. Denn das gesamte Kapitel von Röm 4 kann in seiner strukturellen und inhaltlichen Konzeption als textorientierter Kommentar zu Gen 15,6 verstanden werden. „The entire chapter is devoted to its exposition."[157] Paulus positioniert insbesondere die direkten intertextuellen Referenzen von Gen 15,6 immer wieder an exponierten Schlüsselpositionen seiner Argumentations- und Textstruktur, sodass Gen 15,6 immer wieder als Ausgangs- und Bezugspunkt fungiert. Dies lässt sich am besten anhand verschiedener Gliederungsoptionen von Röm 4 verdeutlichen.

Eine erste Gliederungsmöglichkeit, anhand derer die strukturelle Bedeutung von Gen 15,5 sichtbar wird, bietet sich, indem man V.9–22 als einen übergeordneten Argumentationsgang abgrenzt, in dem das bestimmende Thema die Vaterschaft Abrahams von Beschnittenen und Unbeschnittenen ist und welchem die Argumentationsgänge V.9–12, V.13–17a und V.17b–22 unter- bzw. zugeordnet sind.[158] Auf diese Weise ergeben sich für Röm 4 „drei Argumentationsgänge, die jeweils mit Abraham bzw. mit dem Zitat aus Gen 15,6 (LXX) einsetzen: V 3–8; V 9–22 ; V 23–25."[159] Die Zitation von Gen 15,6 in V.3 ist auf diese Weise

155 HELBIG, Intertextualität und Markierung, 130.

156 WILK, Die Bedeutung des Jesajabuches für Paulus, 397.

157 STANLEY, Arguing with Scripture, 150.

158 Vgl. etwa NEUBRAND, Abraham – Vater von Juden und Nichtjuden, 152f. Neubrand begründet diese Kohärenz z. B. „durch die satzverbindenden Konjunktionen und die große Lexemrekurrenz" in diesen Versen. NEUBRAND, Abraham – Vater von Juden und Nichtjuden, 153.

159 NEUBRAND, Abraham – Vater von Juden und Nichtjuden, 151.

der Auftakt des ersten Argumentationsabschnitts von V.3–8. Ebenso wird der darauffolgende Abschnitt V.9–22 durch Gen 15,6 eingeleitet und dessen Paraphrase in V.23 fungiert als Einleitung der christologischen Konklusion des Kapitels.[160]

V.3–8	1. Argumentationsgang	beginnt mit Gen 15,6	A
V.9–22	2. Argumentationsgang	beginnt mit Gen 15,6	A'
V.23–25	3. Argumentationsgang	beginnt mit Gen 15,6	A''

Eine leicht abgewandelte Form dieser an Gen 15,6 orientierten Gliederung von Röm 4 findet sich bei Benjamin Schliesser.[161] Er unterteilt das Kapitel ebenfalls in drei Argumentationsgänge, die in ihrer Anlage durch Gen 15,6 geprägt sind (V.1–8, V.9–21; V.22–25). Seine Einteilung gestaltet sich wie folgt:

I 4:1–8
4:1–2 the introduction of the theme
4:3 the primary and authoritative text: Gen 15:6
4:4–5 the first exposition of Gen 15:6 with regard to λογίζεσθαι
4:6–8 an additional, supporting text connected by λογίζεσθαι: LXX Ps 31:1–2

II 4:9–21
4:9 repeated reference to Gen 15:6
4:9–12 πίστις in the antithesis of circumcision and uncircumcision
4:13–17 the salvation-historical framework of πίστις
4:18–21 faith and reality – the nature of πίστις

III 4:22–25
4:22 concluding reference to Gen 15:6
4:23–25 the application („for us")[162]

Eine weitere Gliederungsmöglichkeit, die so bereits weiter oben angewandt wurde und die sich ebenfalls an Gen 15,6 als strukturgebendem Prinzip orientiert, ergibt sich, insofern man den Text aus Röm 4 in vier Argumentationsgänge gliedert (V.3–8; V.9–12; V.13–17a; V.17b–22), die durch eine thematische Hinführung (V.1f.) und eine Konklusion (V.23ff) gerahmt sind. Denn bereits vor seiner ersten vollständigen Zitation in V.3 wird Gen 15,6 in V.1f. alludiert. Gen 15,6 ist von Beginn an der inhaltliche und strukturelle Ausgangspunkt der paulinischen Aurgumentation. Zudem stellt der Bezug auf Gen 15,6 durch seinen Gebrauch zu Beginn und zum Schluss (V.23) von Röm 4 eine *inlcusio* her und rahmt das Kapitel ein.[163] Diese das Kapitel umrandende Verwendung der intertextuellen Referenz

160 Vgl. IBITA, „Abraham believed God, and it was reckoned to him as Righteousness", 681.
161 Vgl. SCHLIESSER, Abraham's Faith in Romans 4.
162 A. a. O., 313.
163 Vgl. SEIFRID, Romans, 627.

von Gen 15,6 unterstreicht in exponierter Weise die zentrale strukturelle Bedeutung des Verses.[164] Zu diesen Beobachtungen hinzu tritt außerdem die Verwendung des Zitats von Gen 15,6 in V.22 und damit als Abschluss resp. Klimax des Abschnitts von V.17b–22.

Nimmt man überdies die Zitation von Gen 17,5c in V.17a hinsichtlich der Positionierung der direkten Einspielungen von Gen 15,6 hinzu, wird erkennbar, welche strukturelle Wirkung auch die weiteren intertextuellen Referenzen in Röm 4 haben. Mit Blick auf die Argumentationsgänge, die Paulus in Röm 4 vollzieht, ergibt sich eine chiastische Struktur (A, B, B', C', C, A'), in der die direkten Referenzen erst zweimal den Beginn (B, B') und somit den Ausgangspunkt (V.3–8; V.9–12) und anschließend zweimal den Abschluss (C', C) und somit das Ziel (V.13–17a; V.17b–22) der paulinischen Argumentation markieren.[165] Gerahmt wird diese Struktur durch die Einführung des Abrahamthemas (A) in V.1f. und die aktualisierende, christologische Zuspitzung in V.23ff. (A'), die darüber hinaus ebenfalls mit einem direkten Bezug auf Gen 15,6b in V.23 beginnt.[166]

V.1–2	Einführung		A
V.3–8	1. Argumentationsgang	beginnt mit Gen 15,6	B
V.9–12	2. Argumentationsgang	beginnt mit Gen 15,6	B'
V.13–17a	3. Argumentationsgang	zielt auf Gen 17,5c	C'
V.17b–22	4. Argumentationsgang	zielt auf Gen 15,6b	C
V.23–25	Christologische Konklusion	beginnt mit Gen 15,6b	A'

Summa summarum: „Clearly, Gen 15:6 is the backbone of Paul's argument in Rom 4."[167] Dies gilt sowohl hinsichtlich der Funktion des Verses als strukturgebendes Prinzip als auch für die inhaltliche Funktion, die ihm in den einzelnen Argumentationsgängen zukommt. „Paulus zitiert in diesem Kapitel zwar auch noch andere Stellen aus dem Alten Testament, doch wird deren Zusammenhang allein durch den gemeinsamen Bezug auf Gen 15,6 und die hier anzutreffenden

---

164 Ähnlich SCHLIESSER, Abraham's Faith in Romans 4, 312: „The chapter as a whole is an interpretation of Gen 15:6, as can be seen by the framing citations of this verse at the beginning and the end of the chapter (Rom 4:3.22)."

165 Diese auffällige Exponiertheit intertextueller Referenzen deckt sich mit der Beobachtung Kujanpääs, dass Paulus im Römerbrief regelmäßig Zitate an das Ende eines Argumentationsabschnitts setzt, um deren Bedeutung hervorzuheben: „Frequently, he places quotations at the end of an argument, almost as its climax, or alternatively makes summarizing or interpretive comments on them. Both practices lay emphasis on the quotation and underline its significance." KUJANPÄÄ, The Rhetorical Functions of Scriptural Quotations in Romans, 75.

166 Einzig die Zitation von Gen 15,5d in V.18c fällt aus diesem Schema heraus, da dort die autorisierende Funktion der intertextuellen Referenz überwiegt.

167 STANLEY, Arguing with Scripture, 150. Er fährt a. a. O. fort: „The quotation is restated in v. 5, echoed in v. 9, expounded in vv. 10–12, abbreviated in v. 13, exemplified in vv. 18–21, requoted in v. 22, and applied in vv. 23–24."

Begriffe (πιστεύειν, λογίζεσθαι, δικαιοσύνη) hergestellt."[168] Im Abschnitt V.3–8 begründet Paulus aus Gen 15,6 heraus, dass die Person Abrahams exemplarischen Charakter besitzt für die „justification by faith through the authority, credibility and inclusivity of the Scriptures."[169] In dem zweiten Abschnitt V.9–12 „the authority of the Scriptures strengthens Paul's argument on justification by faith,"[170] welche nach Gen 15,6 der Beschneidung vorausgeht. Und die Zitation des Verses zum Abschluss des Abschnitts V.18–22 präsentiert „Abraham as an epitome for believers of someone justified by faith as attested by the Scriptures themselves."[171] In all diesen Ausführungen nutzt Paulus Gen 15,6 als Ausgangs- oder Zielpunkt, um darzulegen, dass Gott sowohl Israel als auch die Völker durch den beschneidungsfreien Glauben Abrahams rechtfertigt und sie darin Anteil haben an seiner Verheißung. Röm 4 ist als Gesamtkapitel in seiner Argumentation sowohl inhaltlich durch Gen 15,6 geprägt als auch strukturell anhand dieses Schriftbezugs kunstvoll von Paulus durchkomponiert. Mindestens ein Zweifaches ist demnach für die Sonderstellung von Gen 15,6 in Röm 4 festzuhalten: Erstens dient „der Gedankengang als ganzer [...] der Interpretation von Gen 15,6"[172] und zweitens dient umgekehrt die Interpretation von Gen 15,6 zugleich als roter Faden der ganzen Argumentation.[173]

---

168 WOLTER, Röm 1–8, 278.

169 IBITA, „Abraham believed God, and it was reckoned to him as Righteousness", 686.

170 A. a. O., 687.

171 A. a. O., 689.

172 WILCKENS, Der Brief an die Römer, 258. Ähnlich SCHLIESSER, Abraham's Faith in Romans 4, 312: „The Chapter as a whole is an interpretation of Gen 15:6."

173 Ähnlich das Resümee von NEUBRAND, Abraham – Vater von Juden und Nichtjuden, 176: „Das Zitat aus Gen 15,6 (LXX) in V 3b.c bildet als Autoritätsargument die unumstrittene Argumentationsbasis für Röm 4 (V 3.9.23) und prägt das Abraham-Kapitel sowohl strukturell als auch inhaltlich."

6. Exemplarische Analyse II: προϊδοῦσα δὲ ἡ γραφὴ (Gal 3,8) – Galater 3,6–14 als *exemplum* paulinischen Schriftgebrauchs

6.1 *Exegetische Betrachtung von Gal 3,6–14 in Grundzügen*

6.1.1 Situationsanalyse[1]

Paulus schreibt den Galaterbrief etwa 55 oder 56 n. Chr. gegen Ende seines Aufenthalts in Ephesus[2] oder während der Weiterreise nach Makedonien.[3] Der Brief richtet sich vermutlich an Gemeinden in der südlichen Provinz Galatien.[4] Er

---

1 Für kompakte Darstellungen sämtlicher Einleitungsfragen zum Galaterbrief siehe u. a. MICHAEL THEOBALD, Der Galaterbrief, in: Martin Ebner/Stefan Schreiber (Hg.), Einleitung in das Neue Testament (KStTh 6), Stuttgart ³2019; oder SCHNELLE, Einleitung in das Neue Testament, 115–133.

2 So z. B. HANS HÜBNER, Art. Galaterbrief, in: TRE 12 (1984), 5–14; DIETER LÜHRMANN, Der Brief an die Galater (ZBK.NT 7), Zürich ²1988, 10; HEINRICH SCHLIER, Der Brief an die Galater (KEK 7), Göttingen ⁶1989, 18.; GERD THEIßEN, Die Entstehung des Neuen Testaments als literaturgeschichtliches Problem (SPHKHAW 40), Heidelberg ²2011, 122f.

3 So z. B. JÜRGEN BECKER/ULRICH LUZ, Die Briefe an die Galater, Epheser und Kolosser (NTD 8), Göttingen ¹⁸1998, 14ff.; FRANZ MUßNER, Der Galaterbrief (HThKNT 9), Freiburg im Breisgau ⁵1988, 9ff.; WILCKENS, Der Brief an die Römer, 47f.

4 Wie auch immer man die kontrovers diskutierte Frage nach der Verortung der Adressatinnen und Adressaten des Galaterbriefs beantworten mag, so ist m. E. Peter von der Osten-Sacken zuzustimmen, wenn er meint: „Im Blick auf die Kommentierung ist es schwerlich notwendig, sich an der Frage festzubeißen, welcher der beiden Hypothesen der Vorzug zu geben ist." PETER von der OSTEN-SACKEN, Der Brief an die Gemeinden in Galatien (ThKNT 9), Stuttgart 2019, 22. Eine kompakte Zusammenschau der Argumente für und gegen die jeweilige Hypothese – mit abschließendem Votum pro Landschaftshypothese – siehe SCHNELLE, Einleitung in das Neue Testament, 119ff. Eine ausführliche Begründung der Provinzhypothese findet sich u. a. bei DIETER SÄNGER, Die Adresse des Galaterbriefes. Neue (?) Überlegungen zu einem alten Problem, in: Michael Bachmann/Bernd Kollmann (Hg.), Umstrittener Galaterbrief. Studien zur Situierung und Theologie des Paulus-Schreibens (BThSt 106), Neukirchen-Vluyn 2010. Weitere Vertreter sind u. a. CILLIERS BREYTENBACH, Paulus und Barnabas in der Provinz Galatien. Studien zu Apostelgeschichte 13f.; 16,6; 18,23 und den Adressaten des Galaterbriefes (AGJU 38), Leiden 1996, 99ff.; MARTIN HENGEL/ANNA M. SCHWEMER, Paulus zwischen Damaskus und Antiochien. Die unbekannten Jahre des Apostels (WUNT 108), Tübingen 1998, 395; RAINER RIESNER, Die Frühzeit des Apostels Paulus. Studien zur Chronologie, Missionsstrategie und Theologie (WUNT 71), Tübingen 1994, 250–259; THOMAS WITULSKI, Die Adressaten des Galaterbriefes.

wurde von Paulus verfasst, da es in den galatischen Gemeinden zu Streit und Unruhen kam. Diese wurden durch Gegner des Apostels verursacht, die Paulus und seine Evangeliumsverkündigung grundlegend in Frage stellten.[5] Neben der Kritik an der Legitimität des paulinischen Apostolats bestand der zentrale Streitpunkt hierbei in der Proklamation einiger, dass „die Hinwendung von Nichtjuden zum christlichen Glauben notwendig deren Integration in das Gottesvolk Israel durch Bescheidung und die Befolgung der Tora einschließt"[6] und somit heilsnotwendig sei.[7] Paulus stellt sich dieser These vehement entgegen und kämpft im Galaterbrief für die beschneidungsfreie Heidenmission.

Wenngleich Paulus sich folglich durch die Argumente seiner Gegner herausgefordert sieht und im Galaterbrief versucht, diesen zu entgegnen resp. diese zu widerlegen, sind seine *primären* Adressatinnen und Adressaten freilich die – heidenchristlichen – Gemeindemitglieder in Galatien. In erster Linie versucht Paulus „to dissuade those members of the Christian community who are being tempted to abandon the gospel as he had preached it."[8] Die – mutmaßlich judenchristlichen – Paulusgegner sind Adressaten zweiter Ordnung.

6.1.2 Arbeitsübersetzung[9]

6 Gleichwie Abraham: Er glaubte Gott und es wurde ihm zur Gerechtigkeit angerechnet. 7 Erkennt also: Die aus Glauben, diese sind Söhne Abrahams.[10] 8 Die Schrift aber hat vorausgesehen: Gott macht die Völker aus Glauben gerecht.[11] Sie

---

Untersuchungen zur Gemeinde von Antiochia ad Pisidiam (FRLANT 193), Göttingen 2000. Zur Begründung der Landschaftshypothese vgl. PHILIPP VIELHAUER, Geschichte der urchristlichen Literatur. Einleitung in das Neue Testament, die Apokryphen und die Apostolischen Väter (GLB), Berlin [4]1985, 104–108.

5 Vgl. THOMAS SÖDING, Glaube, der durch Liebe wirkt. Rechtfertigung und Ethik im Galaterbrief, in: Michael Bachmann/Bernd Kollmann (Hg.), Umstrittener Galaterbrief. Studien zur Situierung und Theologie des Paulus-Schreibens (BThSt 106), Neukirchen-Vluyn 2010, 177.

6 MATTHIAS KONRADT, „Die aus Glauben, diese sind Kinder Abrahams" (Gal 3,7). Erwägungen zum galatischen Konflikt im Lochte frühjüdischer Abrahamtraditionen, in: Gabriella Gelardini (Hg.), Kontexte der Schrift. Band I: Text, Ethik, Judentum und Christentum, Gesellschaft, Ekkehard W. Stegemann zum 60. Geburtstag, Stuttgart, Berlin, Köln 2005, 25.

7 Zur Frage des Profils der paulinischen Opponenten vgl. einführend INGO BROER, Einleitung in das Neue Testament, Würzburg [4]2016, 418f. Um wen es sich genau bei diesen gehandelt hat, lässt sich nicht mit Sicherheit ermitteln. Ebenso offen ist es, „wie sie ihren eigenen Autoritätsanspruch begründet haben, das zenrale Anliegen ihrer Verkündigung ist jedoch erkennbar." OSTEN-SACKEN, Der Brief an die Gemeinden in Galatien, 22.

8 NORMAND BONNEAU, The Logic of Paul's Argument on the Curse of the Law in Galatians 3:10–14, in: NT 39 (1997), 80.

9 Der Übersetzung liegt der griechische Text des NA[28] zugrunde.

10 Es bietet sich an, das ὅτι an dieser Stelle als ὅτι-recitativum zu übersetzen.

11 Dem Ntr. Pl. τὰ ἔθνη entspricht das finite Verb δικαιοῖ im Sg. als Prädikat.

verkündete dem Abraham voraus: In dir sollen alle Völker gesegnet werden.[12] 9 Demnach werden die aus Glauben gesegnet mit dem gläubigen Abraham.[13] 10 Denn die aus Werken des Gesetzes sind, sind unter einem Fluch: Denn es steht geschrieben: Verflucht ist jeder,[14] der nicht bleibt in allem,[15] was geschrieben steht, in dem Buch des Gesetzes, um es zu tun.[16] 11 Dass aber niemand im Gesetz gerecht gemacht wird bei Gott, ist offenkundig,[17] denn: Der Gerechte wird aus Glauben leben. 12 Das Gesetz aber ist nicht aus Glauben, sondern der es Tuende wird darin/dadurch leben. 13 Christus hat uns losgekauft aus dem Fluch des Gesetzes, indem er für uns zum Fluch wurde, denn es steht geschrieben: Verflucht ist jeder,[18] der am Holz hängt. 14 Sodass in Christus Jesus der Segen Abrahams zu den Völkern kommt, damit wir durch den Glauben die Verheißung des Geistes empfingen.

6.1.3 Kontextanalyse

6.1.3.1 Makrokontext

Der Galaterbrief lässt sich in die Struktur antiker Epistolographie unterteilen.[19] Er besitzt einen Briefanfang (1,1–10) mit *Präskript* (1,1–5) und *Proömium* (1,6–10), einen Briefkorpus (1,11–6,10) mit *Narratio* (1,11–2,21), *Argumentatio* (3,1–4,31), *Adhortatio* (5,1–6,10) und einem Briefschluss mit *Postskript* (6,11–18).[20] Auffällig ist, dass Briefanfang und Briefschluss ungewöhnlich kurz ausfallen. Sowohl eine Danksagung zu Beginn des Briefes als auch persönliche Grüße im Schlussteil werden von Paulus bewusst weggelassen.[21] Dieses Fehlen unterstreicht den ernsten Ton des Paulus im Galaterbrief.

12 Eine den Lesefluss begünstigende Übersetzung für V.8 könnte lauten: „Weil die Schrift aber vorausgesehen hat, dass Gott die Völker aus Glauben gerecht macht, verkündete sie dem Abraham voraus: In dir sollen alle Völker gesegnet werden." Die oben präsentierte Übersetzung des ersten ὅτι als ὅτι-recitativum wurde jedoch bewusst gewählt, um den deduktiven Charakter der paulinischen Argumentation in V.6–9 zu unterstreichen.

13 Der indeklinable Eigenname Ἀβραάμ schließt sich durch den Genitiv artikellos an.

14 In dieser Wunsch-/Fluchformel kann sowohl ἔστιν (ist) als auch εἴη (sei) ergänzt werden.

15 Zur Formulierung ἐμμένει + Dat. vgl. Apg 14,22.

16 Der substantivierte Infinitiv τοῦ ποιῆσαι wird hier – dem Sprachgebrauch des NT entsprechend – final übersetzt.

17 Aufgrund der Auslassung von ἔστιν wird die Kopula ergänzt.

18 Ebenso wie in V.11 kann sowohl ἔστιν (ist) als auch εἴη (sei) ergänzt werden.

19 Vgl. DIETER KREMENDAHL, Die Botschaft der Form. Zum Verhältnis von antiker Epistolographie und Rhetorik im Galaterbrief (NTOA 46), Freiburg, Schweiz, Göttingen 2000, 151f.

20 Vgl. HOEGEN-ROHLS, Zwischen Augenblickskorrespondenz und Ewigkeitstexten, 25f; sowie JANET FAIRWEATHER, The Epistle to the Galatians and Classical Rhetoric. Parts 1 and 2, in: TynBull 45 (1994), 18.

21 Vgl. BROER, Einleitung in das Neue Testament, 428f.

Der Briefkorpus kann in leichter Abweichung zur antik-epistolographischen Strukturierung auch in vier Argumentationsgänge unterteilt werden:[22] Einen biographisch-narrativen (1,10–2,21), zwei biblisch-argumentative (3,1–4,7 und 4,8–5,1) und einen ethisch-paränetischen (5,2–6,17) Abschnitt. Der zweite und dritte Teil des Briefkorpus lassen sich durch ein *Indikativ-Imperativ Schema* gliedern. Der indikativische Teil entspricht der paulinischen Beweisführung in Kapitel drei und vier (3,1–4,21), der imperativische Teil den ethisch orientierten Kapiteln fünf und sechs (5,1–6,10).

Mit Blick auf die Makrostuktur des Galaterbriefes ist der Text aus Gal 3,6–14 somit Bestandteil der *Argumentatio* des Briefkorpus und befindet sich im indikativischen Abschnitt des Briefes.

6.1.3.2 Mikrokontext

Die Verse 3,1–5 lassen sich als Einleitung der *Argumentatio* des Briefkorpus insgesamt und zu Gal 3,6–14 im Besonderen verstehen.[23] Auf diese einleitenden Verse folgen mehrere Beweisgänge. Demnach ist Gal 3,6–14 der *erste* Beweisgang innerhalb der *Argumentatio*. Er bildet die Basis der Beweisführung des gesamten weiteren Briefes.[24]Auf sprachlicher Ebene wird der enge Konnex von Gal 3,1–5 mit dem darauffolgenden Argumentationsgang in V.6–14 insbesondere durch die Verwendung der Konjunktion καθώς in V.6 hergestellt.[25] Inhaltlicher Bezugs- und Ausgangspunkt für die Argumentation in Gal 3,6–14 ist „die pointierte Frage in 3,1–5 nach Art und Weise, wie die Galater das πνεῦμα erhalten haben.“[26] Ἐξ ἔργων νόμου oder ἐξ ἀκοῆς πίστεως? Diese von Paulus eingangs gestellte Frage ist zunächst rhetorisch, doch sie bleibt Grundlage dessen, was Paulus im Folgenden beweisen will: „Der Geist kommt in der Tat aus dem Glauben, nicht aus dem Gesetz.“[27]

Während somit einerseits ein enger Bezug zwischen V.1–5 und 6–14 hergestellt wird, lässt sich V.6 andererseits zugleich eindeutig als Neueinsatz abgrenzen, da Paulus „jetzt vom Erfahrungsbereich der Galater zur Bibel Israels überwechselt und mit seinen Ausführungen zu Abraham [...] beginnt.“[28] Wenngleich die in V.6 einsetzende Bezugnahme auf die Schriften Israels resp. die an Abraham und seine Nachkommenschaft ergangene Verheißung erst in V.18 endgül-

---

[22] Vgl. hierzu KARL-WILHELM NIEBUHR, Der Galaterbrief. Kampf um das Evangelium, in: Ders. (Hg.), Grundinformation Neues Testament. Eine bibelkundlich-theologische Einführung (UTB 2108), Göttingen ^{3}2008, 239f.

[23] „The argument that Paul constructs in Gal 3:6–14 cannot be understood apart from the highly charged rhetoric of vv.1–5.“ STANLEY, Arguing with Scripture, 121.

[24] Vgl. THEOBALD, Der Galaterbrief, 355.

[25] Vgl. OSTEN-SACKEN, Der Brief an die Gemeinden in Galatien, 136.

[26] KREMENDAHL, Die Botschaft der Form, 206.

[27] LÜHRMANN, Der Brief an die Galater, 50.

[28] OSTEN-SACKEN, Der Brief an die Gemeinden in Galatien, 136.

tig endet, lässt sich die Abgrenzung des Textausschnitts nach V.14 auf inhaltlicher Ebene damit begründen, dass V.14b als Antwort auf die Ausgangsfrage in V.5 einen wichtigen Zwischenschritt in der Argumentation bietet[29] und auf sprachlicher und rhetorischer Ebene durch die neuerliche Anrede ἀδελφοί in V.15 begründen, wodurch sich Gal 3,6–14 als Sinneinheit abgrenzen lässt.[30]

6.1.4 Gattungsanalyse

Aufgrund seiner Funktion in der rhetorischen Struktur des Galaterbriefs überrascht es nicht, dass der Text aus Gal 3,6–14 durch einen argumentativen Stil geprägt sowie von der Motivation getragen ist, die These des Geistempfangs und der Rechtfertigung aus Glauben zu belegen. Um seine Argumentation zu stützen, führt Paulus gleich mehrere alttestamentliche Zitate innerhalb weniger Verse heran. Die Perikope wurde und wird in der Forschung deshalb häufig als *Schriftbeweis* oder *Schriftbeleg* klassifiziert.[31] Dabei dürfen die Ausdrücke *Beweis* oder *Beleg* freilich nicht mit einer objektiven Gültigkeit gleichgesetzt werden. Denn ob die Beweisführung des Paulus ihre Adressaten letzten Endes überzeugt hat, lässt sich nicht sagen oder wird zuweilen ernsthaft bezweifelt.[32] Einige Exegetinnen und Exegeten sind in der Vergangenheit soweit gegangen, den vorliegenden Text aufgrund seiner ausgeprägten Schriftverwendung als *Midrasch* zu klassifizieren.[33] Inwieweit es sinnvoll ist, diese Bezeichnung für die vorliegende Perikope zu wählen, wird noch an späterer Stelle ausführlich diskutiert werden (vgl. 8.3.2).

6.1.5 Auslegung

Gliederung

Der Text aus Gal 3,6–14 bietet einen dichten Argumentationzusammenhang, der nur wenige Einschnitte aufweist. Der Text ist um die Entwicklung und Ausführung *eines* Gedankengangs bemüht. Nichtsdestoweniger erscheint es sinnvoll, hinsichtlich einer Auslegung des Textes die wenigen sprachlichen und semanti-

---

29 Vgl. KOCH, Die Schrift als Zeuge des Evangeliums, 272.

30 Anders z. B. OSTEN-SACKEN, Der Brief an die Gemeinden in Galatien, 136.

31 Vgl. u. a. WILFRIED ECKEY, Der Galaterbrief. Ein Kommentar, Neukirchen-Vluyn 2010, 188; CHRISTIANE ZIMMERMANN, Gott und seine Söhne. Das Gottesbild des Galaterbriefs (WMANT 135), Neukirchen-Vluyn 2013, 64.

32 Vgl. MICHAEL BACHMANN, Zur Argumentation von Galater 3.10–12, in: NTS 53 (2007), 543.

33 Z. B. WILHELM KOEPP, Die Abraham-Midraschim-Kette des Galaterbriefes als das vorpaulinische heidenchristliche Urtheologumenon, in: WZ(R) 2 (1953).

schen Zäsuren des Textes auszumachen und diesen in kleinere Sinneinheiten zu gliedern, um ihn zu analysieren.

Sprachlich-syntaktisch unterteilt sich der Text in drei Abschnitte: 1) V.6–9, 2) V.10–12 und 3) V.13f. Semantische Knotenpunkte bestätigen diese sprachlich-syntaktische Gliederung. Denn mit den thesenartig eingeführten Schlagworten Ἀβραάμ (V.6–9), νόμος (V.10–12) und Χριστός (V.13f.) werden die Sequenzen der Argumentation sowohl sprachlich als auch semantisch gegliedert.[34] Als Gliederungsmerkmal fungieren zudem die Oppositionspaare πίστις – νόμος und εὐλογία – κατάρα.[35] Während die erste Einheit V.6–9 durch die Begriffspaare πίστις und εὐλογία geprägt ist, ist der zweite Abschnitt V.10–12 durch das Begriffspaare νόμος – κατάρα bestimmt. Der dritte Abschnitt des Textes nimmt beide Oppositionspaare auf und vereint sie in der christologisch-soteriologischen Interpretation von V.13f.[36]

Da die Struktur der Perikope in hohem Maße durch die intertextuellen Einschreibungen des Textes geprägt ist, werden weitere Ausführungen zur Argumentationsstruktur von Gal 3,6–14 folgen, wenn die Funktion der intertextuellen Referenzen näher betrachtet wird (vgl. 6.2.5).

V. 6–9

Bereits das erste Wort des Textes (καθώς) stellt die Auslegungen des Textes vor eine Herausforderung.[37] Denn während die einen darin den Übergang von V.1–5 zu V.6–14 mittels eines „verlegenen Flickworts" sehen,[38] betonen andere den engen Zusammenhang zwischen V.1–5 und V.6–14, der gerade durch καθώς erzeugt wird.[39] Die Konjunktion in diesem zweiten Sinne zu verstehen, erscheint

---

34 Vgl. KREMENDAHL, Die Botschaft der Form, 207.

35 Weitere Schlüsselbegriffe in der Argumentation der Perikope sind δικαιοσύνη/δίκαιος, τά ἔθνη, γραφή und ζήσεται. Sprachliches und semantisches Leitmotiv für V.6–14, aber auch für die gesamte *Argumentatio* des Briefes ist zudem die mehrfach erwähnte Person des Abraham. Zum letztgenannten Aspekt siehe u. a. ODA WISCHMEYER, Wie kommt Abraham in den Galaterbrief? Überlegungen zu Gal 3,6–29, in: Michael Bachmann/Bernd Kollmann (Hg.), Umstrittener Galaterbrief. Studien zur Situierung und Theologie des Paulus-Schreibens (BThSt 106), Neukirchen-Vluyn 2010; sowie MIREIA RYSKOVA, Abrahamic Tradition in the Epistle to the Galatians, in: Theol. 3 (2013).

36 Ähnlich OSTEN-SACKEN, Der Brief an die Gemeinden in Galatien, 149: „Die beiden Verse 13f. erwecken den Eindruck, als würden sie noch einmal alle tragenden Begriffe des vorausgehenden Zusammenhangs 3,1–12 bündeln und zu ihrem Ziel führen."

37 So arbeitet z. B. RICHARD N. LONGENECKER, Galatians (WBC 41), Grand Rapids, MI 1990, 112, mindestens drei mögliche Funktionen für das καθώς heraus: 1) καθώς als Einleitung eines Vergleichs; 2) καθώς als Teil einer Einleitungsformulierung für einen Schriftbezug; 3) καθώς als Referenz für ein *exemplum*. Vgl. hierzu auch WAKEFIELD, Where to Live, 160.

38 Vgl. z. B. HANS LIETZMANN, An die Galater (HNT 10), Tübingen [4]1971, 18.; oder SCHLIER, Der Brief an die Galater, 127.

39 Vgl. ausführlich HANS-JOACHIM ECKSTEIN, Verheißung und Gesetz. Eine exegetische Untersuchung zu Galater 2,15–4,7 (WUNT 86), Tübingen 1996, 96f.

auf semantischer Ebene m. E. als sinnvoller. Denn Paulus will durch seine Zitation von Gen 15,6[40] die Erfahrung des Geistempfangs der Christusgläubigen in Galatien in Analogie setzen zur Rechtfertigung Abrahams durch Gott. In beiden Fällen ist der Glaube der entscheidende Gesichtspunkt.[41] „So haben die Galater/innen den Geist aus dem Hören der Glaubensverkündigung empfangen (3,1–5), *gleichwie* Abraham die Zusage zahlloser Nachkommenschaft hörte (Gen 15,4f.), den Worten Gottes glaubte und deshalb als gerecht anerkannt wurde (Gen 15,6).“[42]

Nachdem Paulus seine Argumentation in V.6 mit dem Zitat aus Gen 15,6 beginnt, mit welchem er die Rechtfertigung Abrahams aufgrund seines Glaubens vor Augen führt, folgt in V.7 die exegetische Schlussfolgerung zu Gen 15,6: οἱ ἐκ πίστεως, οὗτοι υἱοί εἰσιν Ἀβραάμ. Für das diese These einleitende γινώσκετε ἄρα bieten sich zwei Lesarten an.[43] Es kann sowohl als Imperativ[44] als auch als Indikativ verstanden werden.[45] Während der Imperativ in den kämpferischen Duktus der paulinischen Argumentation passt, betont der Indikativ die Selbstverständlichkeit der paulinischen Auslegung zu Gen 15,6.[46]

Die Aussage, die Paulus in V.7 trifft, konnte durchaus von den paulinischen Opponenten bejaht werden, insofern sie ihr eigenes Glaubensverständnis zugrunde legten.[47] Daher muss Paulus im Folgenden noch einmal herausstellen, „dass der Glaube, um den es in der Abrahamgeschichte geht, keinen positiven Bezug zur Tora impliziert, und damit zugleich, dass der Glaube nicht nur ein *notwendiges* Merkmal der Abrahamkinder ist, sondern auch ein *hinreichendes*.“[48] Die Begründung hierfür legt Paulus in V.8 dar: Die Schrift hat vorausgesehen, dass Gott auch die Völker aufgrund ihres Glaubens gerecht spricht – ebenso wie es

---

40 Dieses auch in Röm 4 verwendete Zitat (s. o.) wurde sowohl in der frühjüdischen als auch in der neutestamentlichen und der frühchristlichen Tradition vielfach rezipiert. Für eine ausführliche Rezeptionsgeschichte siehe FLÜCHTER, Die Anrechnung des Glaubens zur Gerechtigkeit. Gen 15,6 war und ist – ohne Frage insbesondere aufgrund seiner paulinischen Rezeption – eines der kontrovers diskutiertesten Zitate des Alten Testaments. Vgl. u. a. GASTON, Abraham and the Righteousness of God; HANS W. HEIDLAND, Die Anrechnung des Glaubens zur Gerechtigkeit (BWANT 4), Stuttgart 1936; MOSIS, „Glauben“ und „Gerechtigkeit“; ROTZOLL, Gen 15,6 – Ein Beleg für den Glauben als Werkgerechtigkeit; GERHARD von RAD, Die Anrechnung des Glaubens zur Gerechtigkeit, in: ThLZ 76 (1951).

41 Vgl. OSTEN-SACKEN, Der Brief an die Gemeinden in Galatien, 137.

42 Ebd.

43 Das paulinische γινώσκετε ἄρα „steht programmatisch über der gesamten *argumentatio*, deren Ziel es ist, Einsicht und Übereinstimmung mit der paulinischen Position zu wecken.“ KREMENDAHL, Die Botschaft der Form, 204.

44 So z. B. HANS D. BETZ, Der Galaterbrief. Ein Kommentar zum Brief des Apostels Paulus an die Gemeinden in Galatien, München 1988, 257f.

45 U. a. LONGENECKER, Galatians, 114.

46 Keine der beiden Lesarten ist gänzlich auszuschließen. Vgl. BETZ, Der Galaterbrief, 257.

47 Vgl. KONRADT, „Die aus Glauben, diese sind Kinder Abrahams“, 40.

48 Ebd.

auch bei Abraham der Fall war. Den Beleg dieser Vorausverkündigung sieht Paulus in der Verheißung Gottes an Abraham in Gen 12,3.

V.9 fungiert als Konklusion des ersten Gedankengangs (V.6–9) und vereint sowohl die zitierten Schriftworte als auch deren exegetische Schlussfolgerungen zu der Aussage: *Die aus Glauben sind, werden mit dem gläubigen Abraham gesegnet.* Diese Aussage beendet den ersten Abschnitt.[49] Der Segen ist somit Resultat des Glaubens und gleichzusetzen mit der Kindschaft Abrahams, die Kindschaft Abrahams wiederum mit der Rechtfertigung. „Inhalt des Segens ist damit nach 3,7–9 die Rechtfertigung aufgrund des Glaubens."[50] Daher ist auch die Kindschaft Abrahams im Glauben begründet und nicht in der Beschneidung.[51]

Dass in V.9 die erste Sinneinheit des Textes endet, lässt sich nicht nur inhaltlich, sondern auch sprachlich festmachen. Durch die Konjunktionen καθώς (V.6) und ὥστε (V.9) und die Verbindungen Ἀβραὰμ ἐπίστευσεν (V.6) und τῷ πιστῷ Ἀβραάμ (V.9) bildet sich auf sprachlicher Ebene eine *inclusio* um den ersten Abschnitt. Diese sprachliche Markierung hebt noch einmal den Glauben Abrahams als Leitmotiv dieser ersten Sequenz des Textes hervor.

V.10–12

V.10–12 bilden den zweiten Abschnitt der Perikope. Es besteht wohl weitestgehende Einigkeit in der Forschung, dass es sich bei diesen Versen um eine der – wenn nicht *die* – am schwierigsten zu verstehenden Passagen der paulinischen Homolegumena handelt.[52]

Paulus legt in V.10 dar, dass diejenigen, die versuchen, sich aus dem Gesetz heraus vor Gott zu rechtfertigen, scheitern und nicht unter dem Segen, sondern

---

49 Vgl. BETZ, Der Galaterbrief, 260.

50 OSTEN-SACKEN, Der Brief an die Gemeinden in Galatien, 142.

51 „Abraham erlangte die Rechtfertigung unabhängig von seiner späteren Beschneidung, allein weil er Gott glaubte [...] Abraham ist bei Paulus nicht ein exemplum für den Beschnittenen, sondern ein exemplum für den aus Glauben Gerechtfertigten. Sein Argument lautet: Um an der Abrahamsverheißung Anteil zu haben, bedarf es nicht einer Beschneidung, wie Abraham beschnitten ward, sondern eines Glaubens, Καθὼς Ἀβραὰμ ἐπίστευσεν τῷ θεῷ." KREMENDAHL, Die Botschaft der Form, 213.

52 Vgl. STEVE MOYISE, The Old Testament in the New. An Introduction, London ²2015, 131. Dies bestätigt nicht zuletzt die Anzahl von Publikationen zu diesen Versen. Siehe u. a. BACHMANN, Zur Argumentation von Galater 3.10–12; BONNEAU, The Logic of Paul's Argument on the Curse of the Law in Galatians 3:10–14; DAVID BRONDOS, The Cross and the Curse. Galatians 3.13 and Paul's Doctrine of Redemption, in: JSNT 81 (2001); JAMES D. G. DUNN, Works of the Law and the Curse of the Law (Galatians 3.10–14), in: NTS 31 (1985); DON B. GARLINGTON, Role Reversal and Paul's Use of Scripture in Galatians 3.10–13, in: JSNT 65 (1997); DEBBIE HUNN, Galatians 3.10–12. Assumptions and Argumentation, in: JSNT 37 (2015); CHRISTOPHER D. STANLEY, ‚Under a Curse'. A Fresh Reading of Galatians 3.10–14, in: NTS 36) (1990); NORMAN H. YOUNG, Who's Cursed – and Why? (Galatians 3:10–14), in: JBL 117 (1998), uvm.

unter dem Fluch stehen. Ὅσοι ... ἐξ ἔργων νόμου (V.10) markieren folglich das negative Gegenüber zu den in V.9 positiv herausgestellten οἱ ἐκ πίστεως. Es sind diejenigen, die sich aus Werken des Gesetzes heraus definieren[53] und „sich für ihre Erlösung auf die Werke der Tora verlassen."[54] Dabei darf nicht missinterpretiert werden, dass Paulus zugleich prinzipiell das Gesetz als heilsame Gabe Gottes diskreditiert. „Denn das Gesetz ist auch im Galaterbrief keine negative, sondern eine positive Größe der Heilsgeschichte; es steht in Übereinstimmung mit der Verheißung."[55] Für Paulus bietet das Tun der Tora weiterhin *de jure* eine Heilsmöglichkeit,[56] *de facto* aber ist – wie das Zitat aus Dtn 27,26 in V.10 für ihn belegt – diese Möglichkeit bereits dort zu Nichte gemacht, wo das Übertreten nur einer einzigen Anweisung der Tora geschieht.[57] Folglich vermittelt das Gesetz nicht einen prinzipiellen Fluch,[58] sondern „das ‚Sein unter dem Fluch' ist Folge der faktischen Toraübertretung."[59]

Dass es eben nicht ὅσοι ... ἐξ ἔργων νόμου (V.10), sondern οἱ ἐκ πίστεως (V.9) sind, die gesegnet, d. h. gerechtfertigt werden und somit die πίστὶς „das

---

53 Vgl. KONRADT, „Die aus Glauben, diese sind Kinder Abrahams", 41.

54 BETZ, Der Galaterbrief, 261.

55 SÖDING, Glaube, der durch Liebe wirkt, 185. Vgl. ähnlich NORBERT BAUMERT, Der Weg des Trauens. Übersetzung und Auslegung des Briefes an die Galater und des Briefes an die Philipper, Würzburg 2009, 66.

56 Darüber hinaus hat Paulus, indem er das Gesetz weiterhin als heilsame Größe ansieht, „in seinem Sinne nicht nur seine Rechtfertigungstheologie als schriftgemäß erwiesen, sondern sich auch der Aufgabe vergewissert, die Ethik zu profilieren." SÖDING, Glaube, der durch Liebe wirkt, 185.

57 Vgl. PETER WICK, Paulus (UTB 2858), Göttingen 2006, 52.

58 Vgl. REINBOLD, Gal 3,6–14 und das Problem der Erfüllbarkeit des Gesetzes bei Paulus, 99f.

59 JENS-CHRISTIAN MASCHMEIER, Rechtfertigung bei Paulus. Eine Kritik alter und neuer Paulusperspektiven (BWANT 189), Stuttgart 2010, 243. Insbesondere in diesem Punkt gehen die Meinungen weit auseinander, wie nur wenige Beispiele zeigen: „All this means that the law was never planned to be a means of salvation. Indeed, it was never meant to set aside the divine plan of justification by faith. According to Gal. 3:11, justification cannot come by the law because it comes only by faith. 3:12 goes on to say that the law is not compatible with faith. Thus the law *in principle* does not represent an alternative way of justification. Even if anyone obeys it flawlessly, he cannot thereby into a right relationship with God. The law cannot serve as a basis for determining the relationship." IN-GYU HONG, Does Paul Misrepresent the Jewish Law? Law and Covenant in Gal. 3:1–14, in: NT 36 (1994), 178f. Ähnlich z. B. OSTEN-SACKEN, Der Brief an die Gemeinden in Galatien, 146: „Galt der von Paulus zitierte Fluch in Dtn 27,26, sofern man das Gesetz nicht befolgt, so wird der Nomos jetzt als Medium der Rechtfertigung und Rettung *generell* abgelehnt, weil er überhaupt am *poiein*, dem Tun, orientiert ist, nicht aber an der *pistis*." Anders hingegen z. B. REINBOLD, Gal 3,6–14 und das Problem der Erfüllbarkeit des Gesetzes bei Paulus, 104: „Entgegen einer verbreiteten Meinung geht der Apostel weder in Gal 3,6 ff. noch andernorts (etwa Gal 5,3; 6,13; Rom 1,18—3,20) von der Voraussetzung aus, die Vorschriften des Gesetzes seien unerfüllbar."

Entscheidende ist, belegt Paulus mit dem neuen Zitat aus Hab 2,4 und seiner Ergänzung durch Lev 18,5."[60]

V.13f.

In V.13f. spitzt sich die paulinische Argumentation in der christologischen Interpretation zu, dass der Fluch des Gesetzes (Dtn 27,26) durch Christus ans Kreuz getragen wurde und er selbst ὑπὲρ ἡμῶν zum Fluch wurde.[61] Dies sieht Paulus in dem Schriftzitat aus Dtn 21,23 bestätigt. Auffällig in V.13 ist der Wechsel in die 1. Pl. (ἡμᾶς). Ob Paulus mit dieser Formulierung sowohl jüdische als auch nichtjüdische Christusgläubige einbezieht oder ausschließlich jüdische, wird in der Forschung vielfach diskutiert.[62] Denn „auch wenn sich das ‚für uns' in Gal 3,13 [...] in erster Linie auf jüdische Christusgläubige bezieht, die ‚unter der Tora' gelebt und als Übertreter den Fluch der Tora auf sich gezogen haben, so ist nicht ausgeschlossen, dass Paulus hier seine nichtjüdischen Adressaten zumindest im Blick hat."[63]

V.14 bildet die sprachliche und semantische Klimax der Perikope. Eingeleitet durch die Konjunktion ἵνα wird die finale Konklusion des Textes markiert.[64] Der erste Finalsatz bezieht sich auf das in der vorangegangenen Argumentation Dargelegte und fasst zusammen, dass durch Jesus Christus der Segen Abrahams auch zu den Völkern gekommen ist. Mit dem zweiten Finalsatz bezieht Paulus sich zurück auf die in 3,1–5 rhetorisch gestellte Frage, was den Geistempfang der Galater begründe: Der Glaube an die durch die Schriften Israels bezeugte Verheißung Gottes. Paulus erzeugt durch diesen Rückbezug auf den Geistempfang der galatischen Christusgläubigen sowohl eine inhaltliche als auch durch den erneuten Bezug zu Abraham eine sprachliche *inclusio*.[65]

---

60 OSTEN-SACKEN, Der Brief an die Gemeinden in Galatien, 146.

61 Vgl. ECKSTEIN, Verheißung und Gesetz, 150. „Auch wenn es verschiedene Formen des Freikaufs gab und es umstritten ist, welche Form Paulus bei seiner metaphorischen Aufnahme des Begriffs vor Augen hat, ist doch die Grundaussage klar: Das Rettungsgeschehen besteht in der Befreiung aus einem erlittenen Sklavenverhältnis in die befreiende und bejahte Bindung an einen neuen Kyrios." OSTEN-SACKEN, Der Brief an die Gemeinden in Galatien, 150. Zur Frage des Loskaufs in Gal 3,13 vgl. kompakt MICHAEL THEOBALD, „Verflucht ist jeder der am Holz hängt". Die Deutung des Todes Jesu nach Gal 3,6–14, in: BuK 64 (2009).

62 Vgl. ECKSTEIN, Verheißung und Gesetz, 152f. Zu den diskutierten Interpretationsmöglichkeiten vgl. MICHAEL BACHMANN, Die Paulusforschung. „The New Perspective on Paul" und „The New View of Paul", in: Friedrich W. Horn (Hg.), Paulus Handbuch, Tübingen 2013, 35.

63 MASCHMEIER, Rechtfertigung bei Paulus, 238. Ähnlich Vouga: „Ἡμᾶς [...] ist von einem judenchristlichen Gesichtspunkt her gedacht, wird aber nicht den ἔθνη heilsgeschichtlich gegenübergestellt." FRANÇOIS VOUGA, An die Galater (HNT 10), Tübingen 1998, 75.

64 Vgl. KREMENDAHL, Die Botschaft der Form,, 212.

65 Vgl. SILVA, Galatians, 792.

Zusammenfassung

Paulus begegnet seinen Kontrahenten in den galatischen Gemeinden, „indem er das Evangelium Jesu Christi neu als schriftgemäß erweist."[66] Diese Schriftgemäßheit begründet für ihn die Rechtfertigung und den Geistempfang der Christusgläubigen in Galatien aus Glauben allein. Durch Christus wurde die Verheißung erfüllt, dass der Segen Abrahams ein Segen für die Völker sein wird. Diese Verheißung hat sich bereits im Geistempfang der Γαλάται artikuliert. Denn genau wie Abraham die Verheißung im Glauben empfing, haben auch diese den Geist durch den Glauben und nicht durch das Gesetz resp. die Beschneidung erhalten. Der Glaube der galatischen Christusgläubigen begründet somit die Abrahamskindschaft, welche wiederum „die Integration in die Sphäre des εὐλογία Ἀβραάμ – und damit letzten Endes natürlich auch die Realisierung der lediglich in dieser Sphäre greifbaren δικαιοσύνην" ermöglicht.[67]

6.2 *Analyse der Methodik des paulinischen Schriftgebrauchs in Gal 3,6–14*

Nachdem mittels einer kurzen exegetischen Betrachtung von Gal 3,6–14 die inhaltlich-theologischen Grundzüge der paulinischen Argumentation skizziert wurden (6.1), soll nun die Analyse der Methodik des paulinischen Schriftgebrauchs in Gal 3,6–14 vorgenommen werden (6.2).

6.2.1 Identifikation und Markierung

In der folgenden Tabelle wird aufgezeigt, wo im Text von Gal 3,6–14 intertextuelle Referenzen identifiziert werden können und welche Prätexte den Referenzen (primär) zugrunde liegen. Darüber hinaus liegt ein Hauptaugenmerk der Tabelle auf der Angabe, ob die jeweiligen intertextuellen Einschreibungen unmarkiert oder markiert sind und insofern eine Markierung vorhanden ist, ob es sich um eine explizite Markierung oder um eine implizite Markierung handelt. Außerdem wird die Art der Markierung beschrieben. Liegt eine Markierung vor, so werden in der letzten Tabellenspalte abschließend noch einmal die jeweiligen Intertextualitätssignale im griechischen Text fettgedruckt angegeben.

---

66 SÖDING, Glaube, der durch Liebe wirkt, 177.

67 THOMAS WITULSKI, Die Gestalt des Abraham als Beleg für die soteriologische Dysfunktionalität des νόμος. Erwägungen zu Struktur und Argumentation von Gal 3,6–14, in: SNTU 39 (2014), 159–205, 204.

Intertextuelle Referenz (Gal 3,6–14)	Referenztext	Markierung (unmarkiert / markiert)	Markierungs-typ (implizit / explizit)	Art der Markierung	Markierung im Text
3,6	Gen 15,6	markiert	explizit	syntaktisches Signal, onomastisches Signal	**Καθὼς Ἀβραὰμ** (V.6)
3,6–9	Jes 51,1–8	unmarkiert			
3,7	Gen 15,5f.	markiert	explizit	onomastisches Signal	οὗτοι υἱοί εἰσιν **Ἀβραάμ** (V.7)
3,8a	Gen 15,6	markiert	explizit	Thematisierung von Intertextualität, Verb der Kommunikation, syntaktisches Signal	**προϊδοῦσα** δὲ ἡ **γραφὴ ὅτι** ἐκ πίστεως δικαιοῖ τὰ ἔθνη ὁ θεός, (V.8)
3,8b	Gen 12,3 (18,18)	markiert	explizit	Thematisierung von Intertextualität, Verb der Kommunikation, onomastisches Signal, syntaktisches Signal	**προευηγγελίσατο** τῷ **Ἀβραὰμ ὅτι** (V.8)
3,8	Jes 52,7–10	unmarkiert			
3,9	Gen 15,6; (Gen 12,3)	markiert	explizit	onomastisches Signal	ὥστε οἱ ἐκ πίστεως εὐλογοῦνται σὺν τῷ πιστῷ **Ἀβραάμ**.(V.9)
3,10	Dtn 27,26 (28,58; 30,10)	markiert	explizit	Verb der Kommunikation, syntaktisches Signal	**γέγραπται** γὰρ **ὅτι** (V.10)
3,11	Hab 2,4	markiert	implizit	syntaktisches Signal	ὅτι δὲ ἐν **νόμῳ** οὐδεὶς δικαιοῦται παρὰ τῷ θεῷ **δῆλον, ὅτι** (V.11)
3,12b	Hab 2,4	unmarkiert			
3,12b	Lev 18,5c	markiert	implizit	syntaktisches Signal	ὁ δὲ **νόμος** οὐκ ἔστιν ἐκ πίστεως, **ἀλλ'** (V.12)
3,13a	Dtn 27,26	unmarkiert			τῆς κατάρας τοῦ **νόμου** (V.13)
3,13b	Dtn 21,23	markiert	explizit	syntaktisches Signal, kommunikatives Verb	**ὅτι γέγραπται**·(V.13)
3,13	Jes 53	unmarkiert			
3,14a	Gen 12,3	markiert	explizit	onomastisches Signal	ἵνα εἰς τὰ ἔθνη ἡ εὐλογία τοῦ **Ἀβραὰμ** γένηται ἐν Χριστῷ Ἰησοῦ (V.14)
3,14b	Jes 44,3–5	unmarkiert			

Die erste intertextuelle Referenz des Textes lässt sich in V.6 identifizieren. Dass es sich hierbei um einen Bezug auf Gen 15,6 handelt, kann aufgrund des Referenztyps ausgemacht werden (vgl. 6.2.2). Dieser erste Schriftbezug des zu untersuchenden Textes aus Gal 3,6–14 ist explizit markiert. Die explizite Markierung lässt sich anhand von zwei Intertextualitätssignalen festmachen, die sowohl für sich genommen als auch insbesondere in ihrem Zusammenspiel eindeutig die Intertextualität des Folgenden offenlegen. 1) Zum einen wird durch die Eingangsformulierung des Verses καθὼς Ἀβραὰμ ein erstes Signal gesetzt. Bereits die Auslegung von Gal 3,6 (s. o.) hat vor Augen geführt, dass die Konjunktion καθώς einen *Stolperstein* in der Exegese des Textes darstellt. Die Funktion und grammatikalische Einbindung von καθώς wird in den Auslegungen des Textes kontrovers diskutiert. Dabei gibt es u. a. den Vorschlag καθώς als eine verkürzte Form der Wendung καθὼς γέγραπται zu verstehen.[68] Denn die Verwendung von καθώς begegnet bei Paulus auch andernorts charakteristischerweise zur Markierung von Schriftbezügen.[69] Wenngleich sich für diesen Vorschlag keine absolute Gültigkeit begründen lässt, kann der komparativen Konjunktion καθώς auch ohne imaginierte Addition des Verbs γέγραπται ein Signalcharakter zugeschrieben werden. 2) Zum anderen wird der Schriftbezug auf Gen 15,6 durch die Verwendung der re-used figure Ἀβραάμ markiert. Dieses onomastische Signal der Namensnennung Abrahams bewirkt einen höheren Grad an Markierungsdeutlichkeit als es das vorgangegangene Signalwort καθώς tut. Liest man die beiden Signale zusammen, so bewirken sie nicht nur eine ausgeprägte Markierungsdeutlichkeit und insbesondere durch die Erwähnung Abrahams als prominente Größe der Schriften Israels eine starke Eingrenzung des Potentials intertextuellen Missverstehens, sondern in ihrer Kombination und in ihrer grammatischen Einbindung in den Gesamtvers auch eine Störung der Textkohäsion und dadurch ein syntaktisches Signal. Die Rezipierenden werden durch diese doppelte Markierung für die Intertextualität des Folgenden sensibilisiert und vorbereitet. Indem auf inhaltlicher Ebene in vergleichender Weise (καθώς) ein Bezug von den Aussagen über die Γαλάται in V.1–5 zu Ἀβραάμ in V.6 genommen wird, entsteht konditionell die Leseerwartung, dass nun eine der Genesis entnommenen Aussage über Abraham folgt.

Freilich kann mit Blick auf V.6 diskutiert werden, inwiefern der Name Ἀβραάμ – unter der Voraussetzung einer deliberativen Modifikation des Vorlagentextes (vgl. 6.2.3) – Bestandteil der intertextuellen Referenz aus Gen 15,6 selbst ist. Dennoch blieben in diesem Fall sowohl das einleitende καθώς als auch die evozierte Störung der Textkohäsion als dem Schriftbezug vorangehende Intertextualitätssignale bestehen.[70] Und auch die explizite onomastische Markie-

---

68 Vgl. BETZ, Der Galaterbrief, 256.

69 Vgl. WOLTER, Röm 1–8, 286.

70 Koch vertritt die Auffassung, „daß Paulus das Zitat hier ohne Einleitungsformulierung anführt." KOCH, Die Schrift als Zeuge des Evangeliums, 106. Dies ist insofern richtig, da Paulus

rung (Ἀβραάμ) wäre nach wie vor vorhanden, obgleich nicht mehr als vorangehende Markierung, sondern als dem Schriftbezug inhärentes Intertextualitätssignal.

Der erste Sinnabschnitt des Textes (V.6–9) kann übergreifend als impliziter Schriftbezug auf Jes 51,1–8 gelesen werden. Die Identifikation dieser intertextuellen Referenz ist nicht transparent, denn es liegt keine Markierung vor. Das Potential eines intertextuellen Miss- oder Nicht-Verstehens bzw. eines Nicht-Wahrnehmens ist dementsprechend hoch.

In V.7 markiert erneut ein onomastisches Signal die Intertextualität des Verses. Die Nennung des Namens Ἀβραάμ ist ein explizites Intertextualitätssignal und ruft eindeutig die Abrahamerzählung der Genesis (Gen 12–25) als potenziellen Prätext resp. Pool an Prätexten auf. Dass der primäre Bezugstext in Gen 15,5f. zu identifizieren ist, lässt sich nur unter Hinzunahme des unmittelbar vorangehenden Kontextes und seines direkten Bezugs zu Gen 15,6 erschließen.

V.8 ist eine besonders intensive Intertextualität inhärent. Mindestens drei intertextuelle Referenzen lassen sich identifizieren. Die Markierungsdeutlichkeit in V.8 ist so ausgeprägt, dass hier der einzige Vers in Gal 3,6–14 vorliegt, in dem zweifelsfrei von thematisierter Intertextualität gesprochen werden kann. Denn für die Schriftbezüge auf Gen 15,5f. und Gen 12,3 bzw. Gen 18,18 liegen jeweils mehrere Markierungen auf unterschiedlichen Ebenen vor. Hinsichtlich der Markierung von Gen 15,5f. ist an erster Stelle die Erwähnung der γραφή hervorzuheben. Bereits auf sprachlicher Ebene kann γραφή als Signalwort gelten. Mit dem Rekurs auf das textuelle Medium der γραφή wird zugleich semantisch ein Intertextualitätssignal gesetzt. Bereits durch die γραφή wird also eindeutig auf die intertextuelle Dimension des Verses hingewiesen. Dies wird unterstützt durch das dem Subjekt γραφή zugeordnete implizit kommunikative Verb προϊδοῦσα, welches auf das in der γραφή schriftlich festgehaltene Vorausgesehene/Vorwissen resp. Vorausgesagte verweist. Zu den beiden erläuterten Signalwörtern tritt als weiteres Element die Konjunktion ὅτι hinzu. Als sprachlicher Konnektor fungiert sie als klassisches Kohäsionsmittel und markiert somit eine syntaktische Sollbruchstelle. Dies wird besonders deutlich, insofern man das ὅτι als ὅτι-recitativum übersetzt, was sich aufgrund des deduktiven Charakters von V.6–9 anbietet. Insbesondere in Kombination mit dem vorangegangenen προϊδοῦσα δὲ ἡ γραφὴ stellt das ὅτι eine weitere Markierung für eine indirekte oder direkte Aussage im Folgenden und somit für eine potenzielle Intertextualität dar.

Die indirekte intertextuelle Referenz auf Jes 52,7–10, die sich ebenfalls in V.8 findet, weist keinerlei Markierungen oder Intertextualitätssignale auf und somit

keine *formelhafte* Wendung zur Markierung der Referenz verwendet im Sinne einer *thematisierten* Intertextualität. Dennoch ist der Bezug auf Gen 15,6 *explizit* markiert. Es liegt sogar eine *Mehrfachmarkierung* vor. Dieses Beispiel mag verdeutlichen, inwiefern die aus den Literaturwissenschaften entlehnten Beschreibungsschemata neue Perspektiven eröffnen können.

keine Transparenz für die Rezipierenden. Sie lässt sich nur anhand inhaltlicher Aspekte identifizieren (s. u.).

In V.9 wird erneut intertextuell Rückbezug auf Gen 15,6 genommen, indem wiederum auf den Glauben Abrahams (σὺν τῷ πιστῷ Ἀβραάμ) rekurriert wird. Ebenso wird durch die Wiederaufnahme der Segensthematik ein erneuter Bezug zu Gen 12,3 hergestellt. In V.9 ist eine explizite Markierung der Intertextualität enthalten. Wie zuvor jeweils in V.6, V.7 und V.8 fungiert auch in V.9 die Namensnennung Ἀβραάμ als explizites onomastisches Intertextualitätssignal.

Die intertextuelle Bezugnahme auf Dtn 27,26 (28,58; 30,10) in V.10 ist explizit markiert. Die Markierung ist maßgeblich durch das kommunikative Verb γέγραπται geprägt, das auf die schriftlich – in der γραφή (V.8) – festgehaltene Aussage des Folgenden verweist und damit auf seine Intertextualität. Als weitere Markierung tritt zu diesem eindeutigen Signalwort die Störung der Textkohäsion durch das syntaktische Signal ὅτι. Ebenso wie das zweimalige ὅτι in V.8 kann die Konjunktion auch in V.9 als ὅτι-recitativum übersetzt werden, wodurch die syntaktische Sollbruchstelle hervorgehoben wird. In Kombination mit dem γὰρ weckt die formelhaft anmutende Einleitung des Schriftbezugs (γέγραπται γὰρ ὅτι) zwei zentrale Leseerwartungen bei den Rezipierenden: „An explanation/clarification of the preceding statement [...] and an authoritative word from Scripture, possibly one that would offer a definitive clarification of the issue at hand."[71]

Nachdem die vorangegangenen direkten Schriftbezüge in V.6.8.10 explizit im Text markiert werden, ist das in V.11 identifizierbare Schriftzitat aus Hab 2,4 lediglich implizit markiert. Es weist somit nach wie vor eine gewisse Markierungsdeutlichkeit auf. „Auch ohne ausdrückliche Zitateinleitung, die unmittelbar nach 3,10b sehr störend gewesen wäre, ist Gal 3,11b eindeutig als Zitat erkennbar."[72] Das maßgebliche Intertextualitätssignal liegt in der syntaktischen Struktur des Verses. Durch die Formulierung ὅτι – δῆλον, ὅτι wird die Leseerwartung geweckt, im Folgenden eine Begründung für das in V.11 Ausgesagte zu erhalten.[73] Grundsätzlich wirkt dieses syntaktische Signal somit aufmerksamkeitssteigernd. Nachdem in V.6.8.10 bereits ähnliche syntaktische Strukturen jeweils einen direkten Schriftbezug markiert haben, kann ein gewisser literarischer Konditionierungseffekt vorausgesetzt werden, der strukturparallel zu V.6.8.10 ebenfalls eine explizite intertextuelle Referenz erwarten lässt. Selbstverständlich kann dies nicht mit letzter Sicherheit angenommen werden, weswegen z. B. der Einwand von Christopher D. Stanley durchaus nachvollziehbar erscheint, der annimmt, dass „the quotation from Hab 2:4 in v. 11b would probably have passed unnoticed by the competent audience, since the statement is

[71] STANLEY, ‚Under a Curse', 499.

[72] KOCH, Die Schrift als Zeuge des Evangeliums, 15.

[73] Vgl. ebd.

not explicitly marked as a quotation."[74] Als ergänzende Markierung zum relativ starken syntaktischen Signal (ὅτι – δῆλον, ὅτι) tritt jedoch zudem die Erwähnung des νόμος in V.11 (ἐν *νόμῳ* οὐδεὶς δικαιοῦται παρὰ τῷ θεῷ) hinzu. Dieser kann, in ähnlicher – etwas schwächerer – Form, ebenso wie die Erwähnung der γραφή in V.8 als intertextuelles Signalwort betrachtet werden. Denn mit dem Verweis auf den νόμος und seine Inhalte wird potenziell Bezug gekommen auf eine textliche Größe. Selbstverständlich hängt dies von der semantischen Bestimmung des Begriffs ab und in dem konkreten Fall von V.11 handelt es sich mutmaßlich eher um die Sphäre des Gesetzes o. ä. als um das Gesetz*buch*. Jedoch evoziert die Erwähnung des νόμος auf rein sprachlicher Ebene grundsätzlich eine (inter)textuelle Dimension.

In V.12 nimmt Paulus ein zweites Mal auf das bereits in V.11 zitierte Schriftwort aus Hab 2,4 Bezug (ἐκ πίστεως). Im Gegensatz zur Bezugnahme in V.11 ist die intertextuelle Einspielung in V.12 jedoch unmarkiert und nur aufgrund der unmittelbar vorhergehenden Zitation des gleichen Textes zu identifizieren.

Für die direkte Bezugnahme auf Lev 18,5 in V.12 liegt ebenso wie für die direkte intertextuelle Referenz auf Hab 2,4 in V.11 – und damit in Kontrast zu den vorherigen direkten Schriftbezügen in V.6.8.10 – eine implizite Markierung vor. Maßgebliches Intertextualitätssignal ist wiederum eine Störung der Textkohäsion. In V.12 wird durch die Konjunktion ἀλλ' ein syntaktisches Signal gegeben, welches aufmerksamkeitssteigernd wirkt. Hinzu tritt vergleichbar zu V.11 die Erwähnung des νόμος als implizites Signalwort. Überraschend ist, dass im Gegensatz zum Schriftbezug auf Hab 2,4 in V.11 Stanley an dieser Stelle von der Wahrnehmung der intertextuellen Referenz durch ein kompetentes Publikum ausgeht: „Although the quotation from Lev 18:5 in v. 12b is also unmarked, the fact that the second clause stands in syntactical tension with the first part of the verse (i. e., the pronouns have no antecedents) would have signified to the competent audience that a quotation was being offered."[75] Auf sprachlicher ebenso wie auf semantischer Ebene liegen für die beiden Schriftbezüge auf Hab 2,4 in V.11 und Lev 18,5 in V.12 jedoch vergleichbare Intertextualitätssignale vor.

Da die beiden Schriftworte aus Hab 2,4 und Lev 18,5 in V.11 bzw. V.12 jeweils lediglich implizit markiert sind, spricht Dietrich-Alex Koch davon, dass hier „der Zitatcharakter nur beiläufig angedeutet" wird.[76] Die recht unspezifische Beschreibung der Markierungsdeutlichkeit bzw. der Markierungssignale dieser beiden Schriftbezüge durch Koch kann im Gegenüber zu den vorangegangenen Ausführungen als ein gutes Beispiel dienen, wie es die in der methodologischen Reflexion eingebrachten und hier angewandten literaturwissenschaftlichen Analyseperspektiven, -methoden und -schemata vermögen, eine neue Sprachfähigkeit zur konkreteren Beschreibung herzustellen.

---

74 STANLEY, Arguing with Scripture, 127.

75 Ebd. Ebenso in STANLEY, Paul's „Use" of Scripture, 153.

76 KOCH, Die Schrift als Zeuge des Evangeliums, 12.

Das bereits in V.11 und V.12 verwendete Signalwort (νόμος) könnte auch in V.13 als Markierung der Intertextualität des Verses gewertet werden. Da jedoch unabhängig hiervon keine weiteren Intertextualitätssignale oder eindeutigen Markierungen eines Schriftbezugs vorliegen, wird die Bezugnahme auf Dtn 27,26 in V.13a aufgrund ihrer äußerst geringen Markierungsdeutlichkeit als unmarkiert bewertet.

Gänzlich anders verhält es sich mit der intertextuellen Referenz auf Dtn 21,23 in V.13b. Dieser direkte Schriftbezug ist explizit und durch mehrere Signale markiert. Ein syntaktisches Signal liegt durch die Konjunktion ὅτι vor, das auf die begründende Funktion des Folgenden verweist. Rückblickend auf die bisherige rhetorische Gestaltung des Textes folgte auf einen solchen syntaktischen Einschnitt jeweils ein direkter Schriftbezug (V.6.8.10.11.12). Noch stärker zu gewichten ist das kommunikative Verb und Signalwort γέγραπται, das explizit auf den schriftlichen Charakter der folgenden Worte verweist.

Anders als der direkte Schriftbezug auf Dtn 21,23 in V.13a ist die äußerst indirekte Bezugnahme auf Jes 53 in V.13b nicht markiert (s. u.). Ähnlich verhält es sich mit der indirekten intertextuellen Referenz auf Jes 44,3ff. im darauffolgenden V.14.

Der ebenfalls in V.14 vorfindliche Schriftbezug auf Gen 12,3 trägt nur indirekten Charakter, ist jedoch explizit markiert. Durch die Namensnennung Ἀβραάμ liegt ein onomastisches Signal und damit eine eindeutige Markierung der diesem Vers inhärenten Intertextualität vor, so wie es in vergleichbarer Weise bereits in V.6.7.8.9 der Fall ist.

6.2.2 Referenztypen

Während der Auslegung des Textes und in der Betrachtung der Markierungen der intertextuellen Einschreibungen in Gal 3,6–14 sind die Referenztypen einzelner Schriftbezüge bereits benannt worden. Im Folgenden soll nun noch einmal detailliert auf die Referenztypen geblickt werden. Die beigefügte Tabelle führt hierfür zunächst auf, welche Referenztypen bei den intertextuellen Bezugnahmen jeweils vorliegen. Anschließend folgen kurze Erläuterungen hinsichtlich der vorgenommenen Bestimmung.

Intertextuelle Referenz (Gal 3,6–14)	Referenztext	Referenztyp
3,6	Gen 15,6	Zitat
3,6–9	Jes 51,1–8	Echo
3,7	Gen 15,5f.	Allusion
3,8	Gen 15,6	Allusion
3,8	Gen 12,3; (18,18)	Zitat

3,8	Jes 52,7–10	Echo
3,9	Gen 15,6; (Gen 12,3)	Allusion
3,10	Dtn 27,26 (28,58; 30,10)	Zitat
3,11	Hab 2,4	Zitat
3,12	Hab 2,4	Paraphrase
3,12	Lev 18,5c	Zitat
3,13a	Dtn 27,26	Allusion
3,13b	Dtn 21,23	Zitat
3,13	Jes 53	Echo
3,14	Gen 12,3	Allusion
3,14	Jes 44,3–5	Echo

Die erste intertextuelle Referenz des Textes in Gal 3,6–14 ist ein direktes *Zitat* von Gen 15,6 in V.6. Gen 15,6 wird nahezu in vollem Umfang und mit nur leichten Abweichungen gegenüber dem Vorlagtentext der LXX wiedergegeben (s. u.). Zudem ist das Zitat explizit durch ein syntaktisches (καθώς) und ein onomastisches (Ἀβραάμ) Signal als intertextuelle Referenz markiert. Die Bestimmung des Referenztyps lässt sich aufgrund der Markierungen und insbesondere natürlich aufgrund der wortwörtlichen Übereinstimmungen von Prätext und Metatext unzweifhalft zuordnen.

Der Schriftbezug auf Gen 15,5f. in V.7 lässt sich als *Allusion* kategorisieren. Nachdem Paulus bereits im vorangehenden Vers Gen 15,6 zitiert hat, spielt er erneut auf die dort verhandelte Dimension des Glaubens (οἱ ἐκ πίστεως) an. Darüber hinaus nimmt Paulus durch die Einführung der Nachkommensthematik (οὗτοι υἱοί εἰσιν) Bezug zu der im unmittelbar vorangehenden Kontext von Gen 15,6 ausgesprochenen Nachkommensverheißung (Ανάβλεψον δὴ εἰς τὸν οὐρανὸν ... Οὕτως ἔσται τὸ σπέρμα σου). Schließlich lässt sich überdies die reused figure 'Αβραάμ als typisches Element eines alludierenden Schriftbezugs festhalten. Durch das Motiv der Nachkommenschaft (Sohnschaft; οὗτοι υἱοί εἰσιν 'Αβραάμ) kommt zudem die Rolle Abrahams als Vater in den Blick, wodurch auch ein Echo zu Gen 17,4f. hörbar wird.

V.8a kann ebenfalls als *Allusion* zu Gen 15,6 gedeutet werden. In gleicher Weise wie V.7 spielt V.8a auf den bereits in V.6 durch Gen 15,6 in den Metatext eingebrachten Glauben (ἐκ πίστεως) an. Durch die Erwähnung der ἔθνη in V.8a wird zudem der Schriftbezug auf Gen 12,3 bzw. Gen 18,18 im folgenden Versteils vorbereitet. Diese bereits in V.8a vorbereitete intertextuelle Bezugnahme in V.8b ist ein direktes *Zitat* von Gen 12,3, welches aufgrund seiner Eigenschaft als *composite citation* ebenfalls eine direkte Referenz zu Gen 18,18 als Vorlagentext bietet (s. u.). Sowohl zu Gen 12,3 (ἐνευλογηθήσονται ἐν σοὶ) als auch zu Gen 18,18 (πάντα τὰ ἔθνη) liegen wortwörtliche Übereinstimmung von drei Lexemen vor.

Durch die zweifache Aufnahme des erstmals in V.6 eingespielten Elements des Glaubens (οἱ ἐκ πίστεως ... τῷ πιστῷ 'Αβραάμ) kann V.9 ebenso wie V.7 (οἱ ἐκ πίστεως) und V.8a (ἐκ πίστεως) als *Allusion* zu Gen 15,6 kategorisiert werden. Darüber hinaus bietet die Wiederaufnahme des Segens bzw. des Mitgesegnet-Werdens (εὐλογοῦνται σὺν) in V.9 sprachlich einen alludierenden Rückbezug zu dem in V.8b eingespielten Prätext aus Gen 12,3.

Bei der explizit markierten (γέγραπται γὰρ ὅτι) intertextuellen Referenz in V.10 handelt es sich um ein direktes *Zitat* von Dtn 27,26. Dieses lässt sich anhand der wortwörtlichen Übereinstimmung von Prätext und Metatext festmachen. Durch die dem Zitat inhärenten Modifikationen zum Vorlagentext weist dieses ebenfalls Bezüge zu Dtn 28,58 und Dtn 30,10 auf.

Die implizit, jedoch emphatisch markierte intertextuelle Referenz in V.11 ist ein direktes *Zitat* von Hab 2,4b. Dies lässt sich unzweifelhaft anhand des Wortlauts der intertextuellen Referenz ausmachen, welcher gegenüber dem Vorlagentext nur geringfügige Abweichungen aufweist (s. u.).

In *paraphrasierender* Weise lässt Paulus Hab 2,4b in V.12a ein weiteres Mal anklingen (ἐκ πίστεως). Freilich kann hier diskutiert werden, inwiefern nicht auch eine Zuordnung zum Referenztyp *Allusion* in Frage kommt. Auch dies ließe sich aufgrund der lediglich punktuellen sprachlichen Wiederaufnahme von Hab 2,4b argumentieren. Die intertextuelle Referenz zu Hab 2,4b in V.12a vermag ein gutes Beispiel zu geben, wie diffizil sich die exakte Zuordnung einzelner intertextueller Referenzen zu bestimmten Referenztypen gestalten kann.

Wenngleich ebenso wie das Schriftzitat aus Hab 2,4b in V.11 nur implizit, jedoch mit gewissser Emphase markiert, handelt es sich auch bei dem Bezug auf Lev 18,5c in V.12 trotz fehlender expliziter Markierung um ein *direktes* Zitat. Dies lässt sich unzweifelhaft anhand der wortwörtlichen Übereinstimmung von Prätext und Metatext festmachen. Zwar ist die gleiche Formulierung auch in Neh 9,29 und Hes 29,11 anzutreffen, doch da andernorts im gesamten Corpus Paulinum weder Neh noch Hes zitiert werden, ist es unwahrscheinlich, dass Paulus diese Texte vor Augen hat.

Durch die Wiederaufnahme der bereits in V.10 verhandelten Fluch- sowie der Gesetzesthematik (τῆς κατάρας τοῦ νόμου) *alludiert* Paulus in V.13a erneut Dtn 27,26.

Bei der explizit markierten (ὅτι γέγραπται) intertextuellen Referenz in V.13b handelt es sich um ein direktes *Zitat* von Dtn 21,23. Dies lässt sich anhand der wortwörtlichen Übereinstimmung von Prätext und Metatext ausmachen.

Bei der den Text aus Gal 3,6–14 abschließenden intertextuellen Referenz handelt es sich wiederum um einen indirekten Schriftbezug. Paulus alludiert in V.14 erneut Gen 12,3.[77] Diese *Allusion* wird nicht nur anhand der eher unspezifischen re-used figure Ἀβραάμ deutlich, die zunächst grundsätzlich auf die Abrahamerzählung der Genesis (Gen 12–25) anspielt, sondern zusätzlich anhand des

---

77 Vgl. ähnlich WAKEFIELD, Where to Live, 134: „It does seem evident that in verse 14 Paul is alluding back to the citation of Gen 12:3 in Gal 3:8."

spezifischen Bezugs auf die Segnung der Völker (ἵνα εἰς τὰ ἔθνη ἡ εὐλογία τοῦ Ἀβραὰμ γένηται).

Exkurs: Die deuterojesajanischen Echos in V.6–9.8.13.14

Matthew Harmon sieht in den Texten Deuterojesajas (insbesondere Jes 49–55) eine Substruktur des gesamten Galaterbriefes. Folgt man dieser intertextuellen Lesart des Galaterbriefes, so lassen sich auch für den hier behandelten Abschnitt Gal 3,6–14 mehrere intertextuelle Referenzen zu diesem Korpus deuterojesajanischer Prätexte identifizieren. „Paul's use of the OT in this section of Galatians has received abundant attention, with special emphasis given to his citations from Genesis, Leviticus, and Deuteronomy in 3:6–13. Largely neglected, however, has been the formative role that Paul's reading of Isaiah has played in his use of the Abraham story."[78] Alle Bezüge, die sich in Gal 3,6–14 zu den Texten Deuterojesajas identifizieren lassen, besitzen jedoch einen solch impliziten Charakter, dass an keiner Stelle von einer transparenten oder expliziten Intertextualität gesprochen werden kann. Es handelt sich angesichts der hier gewählten Klassifikation von Referenztypen jeweils um *Echos*, d. h. um intertextuelle Einschreibungen, die durch wenige (unspezifische) sprachliche oder thematische Elemente auf einen deuterojesajanischen Prätext oder den Kontext eines solchen Prätextes Bezug nehmen, ohne explizit durch Paulus intendiert sein zu müssen – wenngleich diese Intentionalität freilich nie gänzlich auszuschließen ist. Im Folgenden sollen die vier ausgemachten *Echos* zu deuterojesajanischen Texten in Gal 3,6–14 noch einmal näher erläutert werden.

Aufgrund seines „look on Abraham" können V.6–9 übergreifend als Echo zu Jes 51,1–8 gewertet werden.[79] Ebenso wie bei Paulus findet sich in Jes 51–53 ein „retelling of the Abraham story."[80] Dabei rückt als Prätext für V.6–9 insbesondere Jes 51,1–8 in den Fokus, wo Jesaja explizit auf Abraham Bezug nimmt und die Rezeption weiterer Abrahamtraditionen in den folgenden Kapiteln vorbereitet.[81] Es lassen sich mehrere Berührungspunkte zwischen Jes 51,1–8 und V.6–9 beobachten: Erstens ist die δικαιοσύνη ein zentrales inhaltliches Element in beiden Texten. Zweitens beinhalten beide Texte eine Aufforderung, den Verheißungen Gottes zu glauben. Drittens fordern sowohl Jesaja als auch Paulus dazu auf, den Blick auf Abraham und seine Geschichte mit Gott zu richten, um das gegenwärtige Vertrauen in Gott und seine Treue zu seinen Verheißungen zu fördern. Und viertens schließen sowohl Jesaja als auch Paulus die Völker explizit in

---

78 Matthew S. Harmon, She Must and Shall Go Free. Paul's Isaianic Gospel in Galatians (BZNW 168), Berlin, New York 2010, 134.

79 Vgl., a. a. O., 261.

80 Vgl. a. a. O., 136.

81 Vgl. ebd.

den Bereich der rettenden Gerechtigkeit (des Segens) Gottes mit ein und universalisieren das Heil.[82] Obwohl sich folglich nur punktuell explizit sprachliche Berührungspunkte zwischen Jes 51,1–8 und Gal 3,6–9 finden, so lassen sich jedoch signifikante thematische und theologische Ähnlichkeiten zwischen diesen beiden Texten feststellen.[83] „The cumulative effect of these contact points suggests that in combining the concepts of faith, justification/righteousness, blessing to the Gentiles, advance proclamation of the gospel, and the promise to Abraham, Paul is alluding to Isa 51:1–8. As a result, Paul's initial thesis statement of the Abraham story given in Gal 3:6–9 has been shaped not only by his engagement with Genesis 15–17, but also by his reading of Isaiah 51:1–8."[84]

Eine weitere potenzielle intertextuelle Referenz kann auf sprachlicher Ebene zwischen Jes 52,7–10 und V.8 ausgemacht werden, wo Paulus das Verb προευηγγελίζομαι verwendet. Hiermit knüpft Paulus einerseits generell an sein durch Deuterojesaja geprägtes Verständnis des εὐαγγέλιον an und andererseits nimmt er potenziell Bezug auf das in Jes 52,7–10 geschilderte Ereignis der Verkündigung des ‚Evangeliums' der Wiederherstellung Israels als Demonstration der Herrschaft Gottes. Dies lässt sich in Kombination mit Jes 51,1–8 lesen, wo die Wiederherstellung Israels explizit mit dem Segen und der Vermehrung Abrahams verbunden wird.[85] „It seems at least plausible that Paul's assertion that the gospel was proclaimed beforehand to Abraham is not so much *de novo* as *de lectio*, prompted by his reading of Isa 51–54."[86]

Für die Annahme, dass hinter den paulinischen Ausführungen zum fluchbefreienden Tod Jesu Christi Jes 53 als Prätext liegt, können mindestens drei Aspekte geltend gemacht werden.[87] Erstens lassen sich bereits in Gal 1,4 und 2,20 potenzielle Bezugnahmen zu Jes 53 identifizieren, was die Wahrscheinlichkeit einer erneuten intertextuellen Referenz verstärkt: „Admittedly the verbal connections between Gal 3:13 and any part of Isa 53 are not as strong as those found in Gal 1:4 or 2:20. However, the clear parallels between Gal 1:4 and 3:13 are sufficient to establish the influence of Isa 53 on Gal 3:13."[88] Zweitens kann auf die Parallelen zwischen Röm 4 und Gal 3 geblickt werden und auf den Umstand, dass Paulus auch andernorts bewusst Bezug nimmt auf Jes 53, um den Tod Jesu zu deuten: „Romans 4 concludes with a statement about Jesus that is now widely regarded as an allusion to Isa 53. Given that Paul saw fit to end his discussion of Abraham in Rom 4 with a strong allusion to Isa 53 (albeit loosely connected to the larger context), we should not dismiss the possibility that his description of

---

82 Vgl. zu diesen vier Aspekten a. a. O., 138f.

83 Vgl. a. a. O., 140.

84 Ebd.

85 Vgl. zu diesem Gedankengang und zu dem potenziellen Echo von Jes 52,7–10 in V.8 a. a. O., 139f.

86 A. a. O., 140.

87 Vgl. zu den folgenden Punkten a. a. O., 142–145.

88 A. a. O., 146.

Christ's death here also has its roots in Isa 53."[89] Drittens kann auf die intertextuellen Verbindungen von Jes 53 selbst geblickt werden und auf die Überschneidung von Prätexten zwischen Gal 3 und Jes 53: „The third argument for seeing Isa 53 behind Gal 3:13 can be found within Isa 53 itself. The woeful condition in which Israel finds itself is exile, experiencing the curses of the Law promised in Deut 27–29 to her if she abandons Yahweh. In addition to the abundance of new exodus themes throughout Isa 40–55, there are specific linguistic connections as well."[90]

Hinter der Verbindung, die Paulus zwischen dem Tod Christi, der Gabe des πνεῦμα an die Völker, der πίστις und der εὐλογία Abrahams in V.14 herstellt, kann ein Echo zu Jes 44,3ff. gehört werden. Dies lässt sich insbesondere anhand der sprachlichen Referenzpunkte zwischen V.14ff. festmachen. Denn Jes 44,3 ist der einzige Vers in der LXX, in dem εὐλογία, πνεῦμα und σπέρμα miteinander verbunden werden.[91] „The cumulative effect of this evidence is to suggest at minimum a thematic parallel between Gal 3:14–16 and Isa 44:3–5."[92]

6.2.3 Vorlage

Der Blick auf die wörtliche Übereinstimmung zwischen einer intertextuellen Referenz und seinem Vorlagentext ist freilich nur für direkte Schriftbezüge sinnvoll, d. h. für Zitate und teilweise für Paraphrasen. In diesem Unterkapitel werden daher alle Zitate und die eine Paraphrase des Textes aus Gal 3,6–14 hinsichtlich ihrer Übereinstimmungen, Abweichungen oder etwaigen Modifikationen gegenüber dem Vorlagentext der LXX betrachtet. In dieser Betrachtung fällt auf, dass keins der Zitate in seinem Textbestand exakt mit einer heute vorliegenden LXX-Handschrift übereinstimmt. Alle Zitate weisen gewisse Abweichungen auf, die im Folgenden näher beleuchtet werden. In der untenstehenden Tabelle werden die wörtlichen Übereinstimmungen zwischen Prä- und Metatext durch Fettdruck markiert, wobei markante Abweichungen zwischen intertextueller Referenz und Prätext kursiv markiert werden.

---

89 A. a. O., 143.

90 A. a. O., 144.

91 Vgl. a. a. O., 146–149.

92 A. a. O., 149.

Intertextuelle Referenz (Gal 3,6–14)	Referenztext	Modifikation	Modifikationstyp	Metatext (NA 28)	Vorlage (Rahlfs)
3,6	Gen 15,6	Ja	Deletion, Permutation	Καθὼς Ἀβραὰμ **ἐπίστευσεν τῷ θεῷ, καὶ ἐλογίσθη αὐτῷ εἰς δικαιοσύνην**	*καὶ* **ἐπίστευσεν** Αβραμ **τῷ θεῷ, καὶ ἐλογίσθη αὐτῷ εἰς δικαιοσύνην**
3,8b	Gen 12,3; (18,18; 22,18)	Ja	Substitution	**ἐνευλογηθήσονται ἐν σοὶ** πάντα τὰ ἔθνη	καὶ **ἐνευλογηθήσονται ἐν σοὶ** *πᾶσαι αἱ φυλαὶ τῆς γῆς*
3,10	Dtn 27,26 (28,58; 30,10)	Ja	Deletion, Substitution	**ἐπικατάρατος πᾶς ὃς οὐκ ἐμμένει πᾶσιν** τοῖς γεγραμμένοις ἐν τῷ βιβλίῳ **τοῦ νόμου τοῦ ποιῆσαι** αὐτά	**ἐπικατάρατος πᾶς** *ἄνθρωπος*, **ὃς οὐκ ἐμμενεῖ ἐν πᾶσιν** *τοῖς λόγοις* **τοῦ νόμου** *τούτου* **τοῦ ποιῆσαι** *αὐτούς*
3,11	Hab 2,4b	Ja	Deletion	ὅτι **ὁ δίκαιος ἐκ πίστεως ζήσεται**	**ὁ** δὲ **δίκαιος ἐκ πίστεώς** *μου* **ζήσεται**
3,12	Hab 2,4b	–	–	ὁ δὲ νόμος οὐκ ἔστιν **ἐκ πίστεως**	ὁ δὲ δίκαιος **ἐκ πίστεώς** μου ζήσεται
3,12	Lev 18,5c	Ja	Substitution	ἀλλ᾽ ὁ **ποιήσας** αὐτὰ **ζήσεται ἐν αὐτοῖς**	ἃ **ποιήσας** *ἄνθρωπος* **ζήσεται ἐν αὐτοῖς**
3,13b	Dtn 21,23	Ja	Substitution	**ὅτι** γέγραπται· ἐπικατάρατος **πᾶς** ὁ **κρεμάμενος ἐπὶ ξύλου**	**ὅτι** *κεκατηραμένος ὑπὸ θεοῦ* **πᾶς κρεμάμενος ἐπὶ ξύλου**

Das erste Zitat des Textes findet sich in V.6. Paulus zitiert dort erstmals Gen 15,6. Die Textform dieses ersten Zitats entspricht weitestgehend der LXX-Vorlage.[93] Es liegen lediglich zwei Permutationen vor, die in beiden Fällen den Namen Ἀβραάμ betreffen. Zum einen handelt es sich um eine Permutation in Form einer Abänderung der Wortfolge und zum anderen liegt einer Abänderung an der Namensform selbst vor. Im Gegensatz zur Vorlage stellt Paulus den Namen Ἀβραάμ (in) seiner Zitation von Gen 15,6 in V.6 voran. Dass Paulus den Namen voranstellt und nicht dem Verb (ἐπίστευσεν) nachstellt, ermöglicht es ihm zum einen, das Zitat in die syntaktische Struktur des Metatextes einzugliedern und zum anderen wird damit betont, dass Abraham als Person im Zentrum steht und das Leitmotiv für die folgende Auslegung darstellt. Abgesehen von dieser Akzentverschiebung, verändert sich die Bedeutung von Gen 15,6 durch diese Modifikation nicht. Die zweite Permutation des Prätextes liegt in der Verwendung des Namens Ἀβραάμ anstatt der in der Vorlage verwendeten Namensform Ἀβραμ. Es kann davon ausgegangen werden, dass Paulus die Namensform Ἀβραάμ bewusst verwendet. Nicht nur, da sie ihm vermutlich die geläufigere ist, sondern auch, da er hierdurch von Beginn an in seiner Argumentation einen Konnex zwischen Gen 15 und Gen 17 herstellt.[94]

In der Analyse des Textbestands der intertextuellen Referenz in V.8 zeigt sich, dass eine *composite citation* vorliegt (siehe hierzu die folgende Tabelle). Es handelt sich um eine Zitatkombination von Gen 12,3 und Gen 18,18 bzw. Gen 22,18 oder Gen 26,4.[95] Paulus bezieht sich in dem ersten Teil seiner intertextuellen Referenz auf Gen 12,3 und übernimmt die ersten drei Worte ἐνευλογηθήσονται ἐν σοὶ aus diesem Text. Anstatt nun mit dem Text aus Gen 12,3 fortzufahren (πᾶσαι αἱ φυλαὶ τῆς γῆς) folgt im zweiten Teil seiner Referenz mit πάντα τὰ ἔθνη die Übernahme eines Wortlauts aus Gen 18,18, der sich überdies auch in Gen 22,18 und Gen 26,4 findet.[96] Das die Formulierung abschließende τῆς γῆς, das in allen Vorlagentexten der Genesis vorhanden ist, streicht Paulus.[97] Während es theoretisch möglich erscheint, dass Paulus die vorhandene Zitatkombination unabsichtlich herstellt, da sprachlich große Ähnlichkeiten zwischen den verschiedenen Prätexten bestehen, ist aus inhaltlichen Gründen wohl eher von einer intentionalen Zusammenfügung der Zitate auszugehen.[98]

93 „Galatians 3:6 closely follows the LXX of Gen. 15:6." LINCICUM, Genesis in Paul, 107.

94 Unabhängig von den benannten Modifikationen gegenüber dem Vorlagentext übernimmt Paulus das dem Vers aus Gen 15,6 inhärente *passivum divinum* und vermeidet die Hinzunahme Gottes als aktiv Handelnden. Vgl. hierzu LÜHRMANN, Der Brief an die Galater, 54. Ebenso WICK, Paulus, 52.

95 Vgl. HANS HÜBNER, Vetus Testamentum in Novo. Band 2 – Corpus Paulinum, Göttingen 1997, 408. Siehe. auch WAKEFIELD, Where to Live, 161.

96 Vgl. C.J. COLLINS, Galatians 3:16. What Kind of Exegete was Paul?, in: TynBull 54 (2003), 81.

97 „An omission that helps to focus attention on the specific sense of *ta ethnē* as the non-Jewish nations, the Gentiles." SILVA, Galatians, 793f.

98 Vgl. STANLEY, Paul's „Use" of Scripture, 149. Siehe hierzu auch die Diskussion in STANLEY, Paul and the Language of Scripture, 237.

Denn durch die Ergänzung von Gen 12,3 durch Gen 18,18 bzw. Gen 22,18 bzw. Gen 26,4 „enthält Gen 12,3 die für Paulus erforderliche Zuspitzung: die Geltung des Abrahamsegens nicht nur für die neutral als πᾶσαι αἱ φυλαί bezeichnete Menschheit allgemein, sondern ausdrücklich für die ἔθνη."[99] Das Stichwort der ἔθνη ist für Paulus entscheidend.[100] Die vorgenommene Modifikation am Text dient Paulus daher dazu, ebendiesen Begriff in seine Argumentation einzubinden.[101]

Gal 3,8	ἐνευλογηθήσονται ἐν σοὶ πάντα τὰ ἔθνη
Gen 12,3	ἐνευλογηθήσονται ἐν σοὶ πᾶσαι αἱ φυλαὶ τῆς γῆς
Gen 18,18	ἐνευλογηθήσονται ἐν αὐτῷ πάντα τὰ ἔθνη τῆς γῆς
Gen 22,18	ἐνευλογηθήσονται ἐν τῷ σπέρματί σου πάντα τὰ ἔθνη τῆς γῆς
Gen 26,4	ἐνευλογηθήσονται ἐν τῷ σπέρματί σου πάντα τὰ ἔθνη τῆς γῆς

Bei dem in V.10 identifizierten Zitat handelt es sich ebenso wie bei der intertextuellen Referenz in V.8 um eine *composite citation* (siehe hierzu die folgende Tabelle).[102] Das Zitat orientiert sich inhaltlich und sprachlich an Dtn 27,26 als primären Prätext.[103] Diesen kombiniert Paulus mit Elementen, die sich jeweils in ähnlicher Weise in Dtn 28,58.61; 29,19.20.26; 30,10 finden.[104] Aus Dtn 27,26 sind – mit leichten Modifikationen in der Wortfolge – der erste Teil des Wortlauts in V.10 (ἐπικατάρατος πᾶς ὃς οὐκ ἐμμένει πᾶσιν) sowie Elemente des letzten Zitatteils übernommen worden (τοῦ νόμου τοῦ ποιῆσαι). Gestrichen wird von Paulus zudem der Begriff ἄνθρωπος. Darüber hinaus passt er das Zitat abschließende Pronomen dem durch die *composite citation* veränderten Wortlaut an (αὐτά/αὐτούς). Denn Paulus ersetzt das in Dtn 27,26 vorhandene ἐν πᾶσιν τοῖς λόγοις τοῦ νόμου τούτο durch den Wortlaut πᾶσιν τοῖς γεγραμμένοις ἐν τῷ βιβλίῳ τοῦ νόμου.[105] Diese eingefügte Formulierung begegnet mehrfach im Textkomplex von Dtn 27–32 (Dtn 28,58.61; 29,19.20.26; 30,10) und fungiert dort geradezu als eine Art Leitmotiv.[106] An dieser Stelle ist es nicht gänzlich auszuschließen, dass die von Paulus verwendete Formulierung τοῖς γεγραμμένοις ἐν τῷ βιβλίῳ τοῦ νόμου auf eine andere Vorlage hinweist, die ihm unter Umständen zur Verfügung stand. Auch eine Zitation aus dem Gedächtnis erscheint nicht

[99] KOCH, Die Schrift als Zeuge des Evangeliums, 163.

[100] Vgl. KONRADT, „Die aus Glauben, diese sind Kinder Abrahams", 40.

[101] Vgl. OSTEN-SACKEN, Der Brief an die Gemeinden in Galatien, 141.

[102] Vgl. ROY E. CIAMPA, Composite Citations in 1–2 Corinthians and Galatians, in: Sean A. Adams/Seth M. Ehorn (Hg.), Composite Citations in Antiquity. Volume Two: New Testament Uses (LNTS 593), London 2018, 184.

[103] Vgl. HÜBNER, Vetus Testamentum in Novo, 408.

[104] Vgl. JAMES M. SCOTT, ‚For as Many as are of Works of the Law are under a Curse' (Galatians 3.10), in: Craig A. Evans/James A. Sanders (Hg.), Paul and the Scriptures of Israel, Sheffield 1993, 195.

[105] Vgl. KOCH, Die Schrift als Zeuge des Evangeliums, 163.

[106] Vgl. SCOTT, ‚For as Many as are of Works of the Law are under a Curse', 195.

völlig abwegig, da Paulus die deutlich geläufigere Formulierung (πᾶσιν τοῖς γεγραμμένοις ἐν τῷ βιβλίῳ τοῦ νόμου) wählt anstatt des in Dtn 27,26 enthaltenen Wortlauts (ἐν πᾶσιν τοῖς λόγοις τοῦ νόμου), der eher ungewöhnlich zu sein scheint.

Gal 3,10	ἐπικατάρατος πᾶς ὃς οὐκ ἐμμένει πᾶσιν *τοῖς γεγραμμένοις* ἐν τῷ βιβλίῳ τοῦ νόμου τοῦ ποιῆσαι *αὐτά*.
Dtn 27,26	**ʾεπικατάρατος πᾶς** ἄνθρωπος, **ὃς οὐκ ἐμμενεῖ** ἐν **πᾶσιν** *τοῖς λόγοις* **τοῦ νόμου** τούτου **τοῦ ποιῆσαι** *αὐτούς*
Dtn 28,58	ἐὰν μὴ εἰσακούσητε ποιεῖν *πάντα τὰ ῥήματα* **τοῦ νόμου** τούτου *τὰ γεγραμμένα* **ἐν τῷ βιβλίῳ** τούτῳ φοβεῖσθαι τὸ ὄνομα τὸ ἔντιμον καὶ τὸ θαυμαστὸν τοῦτο
Dtn 28,61	καὶ πᾶσαν μαλακίαν καὶ πᾶσαν πληγὴν τὴν μὴ *γεγραμμένην* **ἐν τῷ βιβλίῳ τοῦ νόμου** τούτου ἐπάξει κύριος ἐπὶ σέ
Dtn 29,19.20	*αἱ γεγραμμέναι* ἐν τῷ βιβλίῳ τοῦ νόμου τούτου; τῆς διαθήκης *τὰς γεγραμμένας* **ἐν τῷ βιβλίῳ τοῦ νόμου** τούτου
Dtn 30,10	*τὰς γεγραμμένας* ἐν τῷ βιβλίῳ τοῦ νόμου τούτου

Eine erste Modifikation des Zitats aus Hab 2,4b in V.11 besteht in der Deletion von δὲ an zweiter Position des Wortlauts und der Addition von ὅτι als einleitendem und markierendem Element der intertextuellen Referenz. Die Wegnahme von δὲ kann als deliberative Textabänderung durch Paulus gewertet werden, die stilistische Gründe hat. „Der textpragmatische ‚Zugewinn' dieser Änderung besteht in der flüssigeren Lesbarkeit."[107] Inhaltlich deutlich gewichtiger ist jedoch die zweite Abweichung der paulinischen Zitation von Hab 2,4b gegenüber dem LXX-Text. Der Unterschied zwischen Paulus und der LXX besteht in dem Fehlen des sich auf ἐκ πίστεως beziehenden μου in der paulinischen Zitation. Insofern es sich an dieser Stelle um eine Deletion durch Paulus handelt, beinhaltet diese eine weitreichende Akzentverschiebung der inhaltlichen Aussage des Zitats: „By dropping the word μου from the quotation and ignoring the first clause of the verse, Paul has converted a statement about God's faithfulness into a proleptic reference to Christian faith in God."[108] Aus zwei Gründen ist eine letztgültige Aussage darüber, ob Paulus die Textverkürzung bewusst vornimmt, jedoch äußerst schwierig: Zum einen zeigen die unterschiedlichen LXX Manuskripte eine gewisse Fluidität im Textbestand von Hab 2,4b. Es ist folglich nicht gänzlich auszuschließen, dass Paulus eine LXX Textvariante vorlag, die den von ihm zitierten Wortlaut enthielt.[109] Zum anderen kann es sich bei der paulinischen Zitation um einen am hebräischen Text orientierten Wortlaut handeln – entweder in Form einer hebräischen Textvorlage oder aber einer (re)hebraisierenden LXX-

107 TIWALD, Hebräer von Hebräern, 118.

108 STANLEY, Paul's „Use" of Scripture, 149f. Siehe ebenfalls STANLEY, Arguing with Scripture, 125f. Ähnlich KOCH, Die Schrift als Zeuge des Evangeliums, 127f.

109 Dies legt Susan Docherty illustrativ dar. Siehe SUSAN E. DOCHERTY, New Testament Scriptural Interpretation in its Early Jewish Context, in: NT 57 (2015), 6f.

Handschrift. Denn auch zwischen dem hebräischen Text und dem LXX-Text liegt die beobachtete Differenz vor.[110] Ebenso wie Paulus es in seiner Zitation tut (ὅτι ὁ δίκαιος ἐκ πίστεως ζήσεται), bezieht der hebräische Text von Hab 2,4b den Glauben resp. die Treue auf den Gerechten (וְצַדִּיק בֶּאֱמוּנָתוֹ יִחְיֶה) und eben nicht – so wie die gängigen LXX-Manuskripte (ὁ *δὲ* δίκαιος ἐκ πίστεώς *μου* ζήσεται) – auf Gott.

Die Paraphrase von Hab 2,4b in V.12 besteht in der Wiederaufnahme des Ausdrucks ἐκ πίστεως. Weitere wörtliche Übereinstimmungen gibt es keine zwischen Prätext und Metatext.

Ebenso wie die vorangegangenen Zitate enthält die paulinische Zitation von Lev 18,5c in V.12 eine leichte Modifikation gegenüber seiner Vorlage. Paulus nimmt eine Deletion vor und lässt den Begriff ἄνθρωπος aus. Auffällig ist, dass er den gleichen Begriff auch schon in der Zitation von Dtn 27,26 in V.10 auslässt. Inhaltlich hat diese Deletion keine hervorzuhebenden Folgen.

Auch das letzte Schriftzitat des Textes aus Gal 3,6–14 weist eine Modifikation auf.[111] Anders als im LXX-Prätext aus Dtn 21,23 verwendet Paulus das Adjektiv ἐπικατάρατος anstatt der Verbform κεκατηραμένος.[112] Zwar ist auch hier wiederum nicht mit letzter Sicherheit nachzuweisen, ob Paulus nicht eine alternierende Textversion vorlag, jedoch erscheint dies aus dem folgendem Grund unwahrscheinlich: Paulus stellt nämlich durch die vorgenommene Modifikation von Dtn 21,23 einen sprachlichen Rückbezug zur Zitation von Dtn 27,26 in V.10 her (ἐπικατάρατος πᾶς ὃς οὐκ ἐμμένει πᾶσιν...). Dieser bewirkt semantisch keine Verschiebungen, jedoch kann er als stilistisches Element gewertet werden.[113] Aufgrund des kompilativen Charakters und der Überschneidung zwischen dem Wortlaut der Zitate könnte man sogar von einer *composite citation* sprechen.[114]

6.2.4 Kontext

Mit der folgenden Analyseperspektive wird nun die „kontextuelle Verzahnung"[115] der in Gal 3,6–14 eingespielten Schriftbezüge in ihrem alttestamentlichen Umfeld in den Blick genommen.[116] Entsprechend der methodologischen

---

110 Vgl. WAKEFIELD, Where to Live, 171. Siehe ausführlich hierzu DEBBIE HUNN, Habakkuk 2.4b in its Context. How Far Off Was Paul?, in: JSOT 34 (2010) Vgl. zu dieser Frage auch TAKAMITSU MURAOKA, Justification by Faith. Paul and Qumran, in: Bib. 99 (2018).

111 Vgl. HONG, Does Paul Misrepresent the Jewish Law?, 175.

112 Vgl. STEVE MOYISE, Evoking Scripture. Seeing the Old Testament in the New, London 2008, 65.

113 Vgl. SILVA, Galatians, 796.

114 Vgl. KOCH, Die Schrift als Zeuge des Evangeliums, 22.

115 BACHMANN, Zur Argumentation von Galater 3.10–12, 530.

116 Die Analyse des Kontextes der identifizierten Echos zu Deuterojesaja (V.6–9.8.13.14) kann an dieser Stelle nicht im Einzelnen geleistet werden (siehe hierzu den Exkurs oben). Sie

Reflexion (vgl. 3.2.4) wird dabei betrachtet, inwiefern resp. ob für die paulinische Schriftrezeption in Gal 3,6–14 nicht nur der reine Wortlaut oder ein einzelnes Element des jeweiligen Prätextes von Interesse sind, sondern inwieweit auch deren Kontext(e), d. h. die umliegenden Verse, der umliegende Textabschnitt oder auch die ursprüngliche Aussageabsicht des Prätextes die intentionale Rezeption der Bezugstexte steuern oder beeinflussen.[117]

Der erste Schriftbezug des Textes aus Gal 3,6–14 ist das Zitat aus Gen 15,6 in V.6. Dieser Prätext prägt den gesamten ersten Argumentationsabschnitt des Textes (V.6–9) und wird im Verlaufe dieser vier Verse mehrfach und auf unterschiedliche Weise (Zitat, Allusion) sowie in unterschiedlicher Intensität rezipiert (6.7.8a.9). Bei dem rezipierten Text aus Gen 15,6 handelt es sich auf der narrativen Ebene von Gen 15 um die Reaktion Abrahams auf die ihm in den unmittelbar vorangehenden Versen (Gen 15,1–5) gegebene Nachkommensverheißung. Gott spricht ihm diese zu und Abraham reagiert gläubig auf sie (Gen 15,6a), woraufhin von seiner Rechtfertigung durch Gott berichtet wird (Gen 15,6b). An diesen Kernvers der paulinischen Rezeption anschließend wird die Landverheißung Gottes an Abraham geschildert (Gen 15,7). Im weiteren Verlauf des Kapitels wird mehrfach Rückbezug auf diese Verheißung genommen sowie auf die Frage eingegangen, wie Abraham und seine Nachkommenschaft diese Verheißung empfangen (Gen 15,8). Darüber hinaus beinhaltet Gen 15 die Voraussage der Knechtschaft der Nachkommenschaft Abrahams (Gen 15,13–16), die Beschreibung des Bundesrituals (Gen 15,9–12.17) und schließlich den Bundesschluss zwischen Gott und Abraham (Gen 15,18–21), welcher den Abschluss der narrativen Einheit von Gen 15 markiert. Neben *Glaube* und *Gerechtigkeit* sind dem Kapitel Gen 15 somit ebenfalls die Themen *Erbschaft*, *Nachkommenschaft* und *Bund* inhärent. Diese Motive bestimmen nicht nur das Kapitel Gen 15, sondern sind zugleich die leitenden Themen der gesamten Abrahamerzählung (Gen 12–25).

Der Fokus der paulinischen Bezugnahme auf Gen 15,6 liegt zunächst auf dem Wortlaut des Zitats selbst. Es geht Paulus in erster Linie um den Aussagegehalt ebendieses Verses. Doch die Analogie, die Paulus mit seiner Argumentation zwischen den Galatern und Abraham herstellt, wird umso wirksamer, desto mehr man nicht nur diesen Vers, sondern auch den Kontext, d. h. die umliegenden und insbesondere die unmittelbar vorangehenden und anschließenden Verse von Gen 15,6 mitbedenkt. Denn die Aufnahme von Gen 15,6 in den paulinischen Metatext bewirkt neben der offensichtlichen Einspielung der für Paulus zentralen Themen Glaube (πίστις) und Gerechtigkeit (δικαιοσύνη) eine durch den ursprünglichen Kontext gegebene Verbindung zu den Themen der Erbschaft und

---

erscheint im Gegensatz zur Überprüfung der kontextuellen Verzahnung der anderen (insbesonderen der direkten) Schriftbezüge in Gal 3,6–14 insofern kaum angebracht, da ihre Intentionalität (oder gar ihre Existenz) selbst schon hinterfragt werden kann.

117 Vgl. Steve Moyise, Does Paul Respect the Context of His Quotations?, in: Christopher D. Stanley (Hg.), Paul and Scripture. Extending the Conversation, Atlanta 2012.

der Nachkommenschaft, die für den weiteren Argumentationsgang in Gal 3 von grundlegender Bedeutung sind.

Die Rückfrage nach dem Verhältnis zum Kontext der *composite citation* aus Gen 12,3 und Gen 18,18 bzw. 22,18 in V.8b gestaltet sich recht offensichtlich schwierig, da es sich nicht um einen einzelnen Referenztext handelt. Mit dem Kapitel Gen 12 liegt der Text der Abrahamerzählung vor, in dem Abraham als Erzählfigur überhaupt erst in die Tora eingeführt wird. Das Kapitel bietet den Auftakt der Gesamterzählung von Gen 12–25. Der unmittelbare Kontext des Zitats Gen 12,3, die Verse Gen 12,1–10, behandeln die ersten beiden Begegnungen Abrahams (Gen 12,1.7) mit Gott überhaupt. Von Beginn der Erzählung an setzt Abraham sein Vertrauen, seine πίστις – wenngleich an dieser Stelle nicht wörtlich erwähnt – auf Gott. Dies wird in seinem Losgehen und seinem Aufbruch evident. Die Einspielung von Gen 12,3 evoziert zudem nicht nur die Segensverheißung Gottes, die in Gal 3,8 im Vordergrund der Rezeption steht, sondern beinhaltet darüber hinaus einen Konnex sowohl zur Nachkommens- als auch zur Landverheißung, die im unmittelbaren Kontext des Schriftzitats eine hervorgehobene Rolle spielen.[118] Durch die Aufnahme von Gen 18,18 tritt ein Kontext hinzu, welcher neben der bereits im Kontext von Gen 12,3 begegnenden Nachkommensverheißung zusätzlich das Motiv der Gerechtigkeit aufnimmt und das Halten der Wege Gottes betont: καὶ φυλάξουσιν τὰς ὁδοὺς κυρίου ποιεῖν δικαιοσύνην καὶ κρίσιν (Gen 18,19). Hierdurch wird auf einer weiteren Ebene ein Rückbezug zu Gen 15,6 hergestellt. Zudem klingt bereits die Thematik der Ausführungen von Gal 3,10–12 an. Berücksichtigt man nun auch noch Gen 22,18, zeigt sich, dass durch den Kontext dieser Referenz erneut nicht nur die Nachkommensverheißung in den Fokus rückt, sondern überdies auch die Segensverheißung für alle Völker betont wird. Zudem markiert Gen 22,18 den Abschluss der *Akedah*-Perikope. Der Kontext rekurriert somit erneut (ebenso wie Gen 12,3 und Gen 15,6) auf das Vertrauen, das Abraham in Gott setzt und jeweils durch sein Handeln zum Ausdruck bringt (Gen 12: Aufbruch; Gen 15: Bundesritual). Es lässt sich somit festhalten: Die verschiedenen Prätexte der betrachteten *composite citation* aus V.8 sind nicht ausschließlich durch den verschmelzenden bzw. überlappenden Wortlaut miteinander verbunden. Ihnen ist zudem ein starker Bezug zu den Themen Vertrauen auf Gott, Nachkommens-, Land- und Segensverheißung gemein.

Unmittelbarer Kontext des Schriftzitats aus Dtn 27,26 in V.10 ist Dtn 27. Dtn 27 beschreibt eine Zeremonie, in der das Volk die Gebote Gottes empfängt und akzeptiert. Darauf folgt eine Sammlung von zwölf Fluchworten, welche

---

118 Mit Blick auf die beiden ersten Zitate des Textes aus Gal 3,6–14 urteilt Stanley: „Both of the quotations that Paul adduces (from Gen 15:6 in 3:6 and Gen 12:3 in 3:8) are central to the stories in which they appear, and both would have evoked memories of God's promises to Abraham (and thus to Israel) and Abraham's faithful response." STANLEY, Paul's „Use" of Scripture, 149. Ebenso in STANLEY, Arguing with Scripture, 123.

durch die Leviten verlautbart und durch das Volk mit dem affirmativen Antwortruf γένοιτο bzw. אָמֵן bestätigt werden. Der Vers aus Dtn 27,26, den Paulus zitiert, ist das zwölfte und letzte Fluchwort dieser Reihe und zielt als Schlussformel darauf ab, die Wichtigkeit der zuvor verkündeten Gesetze einzuschärfen.[119] Mit Blick auf diesen Kontext des zitierten Verses zeigt sich auf inhaltlicher Ebene eine Schwierigkeit in der paulinischen Rezeption: „Paul's interpretation runs counter to the clear sense of Deut 27, which announces God's curse on individuals who violate provisions of the Torah. Taken in context, Deut 27:26 not only fails to support Paul's assertion in v.10a, but could even be read as supporting the views of his ‚opponents'."[120] Der erweiterte Kontext des Schriftbezugs sind die Kapitel Dtn 27–20. Die vorangegangenen Analyseperspektiven haben bereits aufgezeigt, dass das Schriftzitat aus Dtn 27,26 sprachlich eng eingebunden ist in eine Segen-Fluch Opposition, die ebenfalls den Kontext der Kapitel Dtn 27–30 prägt. Dies zeigt sich u. a. darin, dass „Paul combines Deut. 27.26 with Deut. 29.19b (or 28.58), which shows that he reads Deuteronomy 27–32 as a unit and does not consider Deut. 27.26 as one verse in isolation."[121] Zudem lässt sich feststellen, dass der Ausdruck γεγραμμένα ἐν τῷ βιβλίῳ τοῦ νόμου τούτου „which Paul cites in Gal. 3.10 runs through Deuteronomy 27–32 like a leitmotif (cf. Deut. 28.58, 61; 29.19, 20, 26; 30.10)."[122] Mit der intertextuellen Referenz von Dtn 27,26 in V.10b tritt überdies das erste Schrift*zitat* im Textverlauf von Gal 3,6–14 auf, das nicht direkt der Abrahamgeschichte entstammt. Die Verankerung des Schriftbezugs in seinem Kontext der Segen-Fluch Opposition geschieht jedoch nachweislich „unter Verweis auf Abraham, Isaak und Jakob und ihrer Nachkommenschaft (s. Dtn 29.12–13; 34.4, ferner Dtn 30.19–20LXX)."[123] Wenngleich das Schriftwort somit nicht der Abrahamerzählung entstammt, stellt das Abrahammotiv dennoch ein Element dar, welches im Kontext der Referenz anzutreffen ist. Während der paulinische Schriftbezug auf Dtn 27,26 angesichts der dargestellten Aspekte auf sprachlicher und motivischer Ebene achtsam gewählt und rezipiert zu sein scheint, besteht auf inhaltlicher Ebene eine Inkongruenz zum ursprünglichen Kontext der intertextuellen Referenz.

Mit der Zitation von Hab 2,4a in V.11 und seiner alludierenden Wiederaufnahme in V.12 begegnet – neben den Echos auf Deuterojesaja – die einzige direkte intertextuelle Referenz, die nicht dem Pentateuch, sondern einem Prophetenbuch entstammt. Das Buch Habakkuk beginnt mit der Klage des Propheten über die Zustände im Land. Habbakuk tritt für die Gerechten in Juda ein, die un-

---

119 Vgl. BACHMANN, Zur Argumentation von Galater 3.10–12, 530; SCOTT, ‚For as Many as are of Works of the Law are under a Curse', 195. Siehe. hierzu auch HONG, Does Paul Misrepresent the Jewish Law?, 175.

120 STANLEY, Arguing with Scripture, 124. Vgl. hierzu auch MOYISE, Evoking Scripture, 64.

121 SCOTT, ‚For as Many as are of Works of the Law are under a Curse', 194.

122 A. a. O., 195.

123 BACHMANN, Zur Argumentation von Galater 3.10–12, 530.

ter der Gesetzlosigkeit des Landes leiden sowie für die Gerechten unter den Völkern, welche durch die Chaldäer getötet werden. Gott antwortet Habakkuk auf seine Klage. Das von Paulus zitierte Wort aus Hab 2,4a steht am Beginn dieser Antwort.[124] In der Gottesrede, die dem Propheten angewiesen wird niederzuschreiben, verheißt Gott die Errettung von Menschen aller Nationen, die vor ihm gerecht sind. „The certainty of the vision and the Lord's command to wait for it ensure that Habakkuk will see it fulfilled while the length of the wait points to the fulfillment as eschatological. In line with this, the Lord does not say that the righteous will not die. Rather, he promises Habakkuk that they, too, will live by their faith in the Lord's salvation, that is, by waiting for the vision."[125] Wenn Paulus also Hab 2,4b sowohl auf jüdische als auch auf nichtjüdische Menschen bezieht, weil sie durch den Glauben ewiges Leben erhalten, bleibt er zumindest innerhalb des Rahmens, den das Habakkukbuch bietet.[126]

Der Makrokontext des Schriftzitats von Lev 18,5c, das in V.12 begegnet, ist das Heiligkeitsgesetz (Lev 17–26). Der engere Kontext wiederum ist Lev 18. Das Kapitel Lev 18 beginnt mit einer Gottesrede an Mose. „Gerahmt und durchdrungen von drei Selbstvorstellungen Gottes, des Herrn (18:2, 4, 5), wird hier dazu aufgefordert, den ‚Vorschriften' und ‚Gerichten' Gottes gemäß zu leben (18:4, 5)."[127] An diese Forderungen „knüpft sich schließlich die Zusage, der Mensch, der diese ‚tue', werde בהם bzw. ἐν αὐτοῖς leben."[128] Der unmittelbare Kontext von Lev 18,5c zeigt folglich, dass sich Paulus hier eines Textes bedient „in dem der Wandel nach den Vorschriften Gottes das ist, was Israel von anderen Völkern charakteristisch unterscheiden soll."[129] Der Kontext verstärkt somit die bereits in der Auslegung gemachte Beobachtung, dass Paulus das Gesetz *in praxi* wenngleich nicht als rechtfertigende, so dennoch als lebensförderliche Größe ansieht. Beachtet man den Kontext, „dann stellt das den Vers Lev 18:5 in ein bestimmtes Licht: Der das Gesetz bzw. die darin niedergelegten Vorschriften tut (ὁ ποιήσας αὐτὰ), wird (bzw. soll) in einem durch Gottes Weisung definierten, nach außen hin abgegrenzten Bereich leben: ζήσεται ἐν αὐτοῖς."[130] Gegenüber dieser Kongruenz zwischen paulinischem Verständnis und dem ursprünglichen Kontext von Lev 18,5 in einem recht spezifischen Aspekt steht jedoch die recht offensichtliche Inkongruenz zwischen den Grundgedanken und Grundanliegen von Gal 3,6–14 und Lev 18,5: „The verse itself and its surrounding context are crystal

---

124 Die *Weherufe* im Anschluss an das Zitat, erinnern an die Fluchformeln aus Dtn 27–30.

125 Hunn, Habakkuk 2.4b in its Context, 238f.

126 Vgl. a. a. O., 239.

127 Nicole Chibici-Revneanu, Leben im Gesetz. Die paulinische Interpretation von Lev 18,5 (Gal 3:12; Röm 10:5), in: NT 50 (2008), 108. Dieser Aspekt wird auch am Ende des Kapitels (Lev 18,26) erneut aufgegriffen. Vgl. Moyise, Evoking Scripture, 63.

128 Chibici-Revneanu, Leben im Gesetz, 108.

129 A. a. O., 110. Im Original kursiv.

130 A. a. O., 111.

clear; God requires obedience.“[131] Gegen seine argumentative Intention beinhaltet die Berücksichtigung des Kontextes von Lev 18,5 somit das Potential – ähnlich wie es für das Schriftzitat aus Dtn 27,26 in V.10 der Fall ist (s. o.) – eine Paulus konträr gegenüberstehende Position einzunehmen.[132]

Das Zitat aus Dtn 21,23 in V.13 nimmt das bereits in V.10 eingespielte Fluch-Motiv wieder auf und projiziert es auf die Kreuzigung Jesu. Dieses Zitat begegnet in Dtn 21 in einem Kontext, der von Gesetzesbestimmungen geprägt ist. Die Verse Dtn 21,22f stellen den Abschluss des Kapitels dar und skizzieren die Praxis einen zum Tode verurteilten Verbrecher zur Abschreckung an einem Baum aufzuhängen, ihn jedoch nicht über Nacht dort hängen zu lassen, sondern noch am selben Tage zu begraben, um das Land nicht zu verunreinigen. Eine etwaige messianische Konnotation, wie sie Paulus in seiner Rezeption herstellt, ist im Kontext von Dtn 21,23 nicht *per se* vorhanden. „Only by extracting the verse from its original context and revising its wording could Paul claim that it refers to the death of Jesus.“[133]

6.2.5 Intratextuelle Relationierung

Die Lektüre der paulinischen Argumentation von Gal 3,6–14 mag zuweilen den Anschein erwecken, sie sei „in hohem Grade willkürlich.“[134] Diese vermeintliche Willkür scheint nicht nur auf die Auswahl, sondern auch auf die Verbindung der intertextuellen Referenzen des Textes zurückzugehen, insbesondere auf die der direkten Schriftzitate in V.10–13. Im Folgenden wird noch einmal genauer auf die intratextuelle Relationierung der einzelnen intertextuellen Referenzen in Gal 3,6–14 geblickt, um zu überprüfen, inwiefern eine bewusste Zusammenstellung der Schriftbezüge vorliegt bzw. um besser zu verstehen, wie diese verknüpft und miteinander ins Gespräch gebracht werden, oder ob sich der Eindruck einer ‚willkürlichen‘ Zusammenstellung bestätigt.

Insofern intratextuelle Relationen vorliegen, können diese unterschieden werden in 1) direkte Relationierungen via lexematischer Kongruenz bzw. Assoziation und 2) indirekte Relationierungen via Thematik bzw. Motivik. Beide Formen der Relationierung lassen sich in Gal 3,6–14 beobachten.

---

131 MOYISE, Evoking Scripture, 63 Ähnlich STANLEY, Arguing with Scripture, 125: „Anyone who knew the context of Lev 18:5 could see that the verse actually insists on the importance of obeying God’s laws as the pathway to ‚life‘.“

132 Vgl. STANLEY, Arguing with Scripture, 125.

133 Ebd.

134 BETZ, Der Galaterbrief, 250.

6.2.5.1 *Direkte Relationierung*

Hinsichtlich der ersten Ebene, der direkten Relationierung zeigt sich, dass gerade die verwendeten Schriftzitate in Gal 3,6–14, insbesondere in V.10–14 ein „komplexes Geflecht aus Stichwortverbindungen" bieten.[135] Mit Ausnahme des Zitats aus Gen 12,3 besteht eine direkte Verbindung mittels Stichwort jeweils mit einem (Gen 15,6; Dtn 21,23) oder zwei (Dtn 27,26; Hab 2,4; Lev 18,5) weiteren Zitaten. Einziges Schriftzitat, das nicht explizit lexematisch verknüpft wird, ist Gen 12,3 (V.8). Dieses Schriftzitat wird jedoch mehrfach via thematischer oder motivischer Verknüpfung mit anderen intertextuellen Referenzen des Textes relationiert (s. u.).

Gen 15,6	**ἐπίστευσεν τῷ θεῷ, καὶ ἐλογίσθη αὐτῷ εἰς δικαιοσύνην**
Gen 12,3; (18,18)	ἐνευλογηθήσονται ἐν σοὶ πάντα τὰ ἔθνη
Dtn 27,26 (28,58; 30,10)	**ἐπικατάρατος** πᾶς ὃς οὐκ ἐμμένει πᾶσιν τοῖς γεγραμμένοις ἐν τῷ βιβλίῳ τοῦ νόμου τοῦ **ποιῆσαι αὐτά**
Hab 2,4b	ὁ **δίκαιος** ἐκ **πίστεως ζήσεται**
Lev 18,5c	ὁ **ποιήσας αὐτὰ ζήσεται** ἐν αὐτοῖς
Dtn 21,23	**ἐπικατάρατος** πᾶς ὁ κρεμάμενος ἐπὶ ξύλου

Das Schriftzitat aus Gen 15,6 verbindet sich lexematisch gleich in zweifacher Weise mit dem Zitat aus Hab 2,4b. Einerseits besteht eine Verbindung durch das Stichwort Glaube (πίστ-) – konkret durch die Lexeme ἐπίστευσεν (V.6) und πίστεως (V.11). Darüber hinaus besteht eine zweite Relation auf lexematischer Ebene durch die Worte δικαιοσύνη (V.6) und δίκαιος (V.12).

Das Zitat aus Dtn 27,26 verbindet sich mit zwei weiteren Schriftzitaten. Zum einen besteht eine lexematische Überschneidung zwischen Dtn 27,26 und Dtn 21,23 durch das Wort ἐπικατάρατος; diese Verbindung ist zugleich die einzige intratextuelle Relationierung auf lexematischer Ebene, die für Dtn 21,23 vorliegt. Zum anderen besteht eine lexematische Assoziation zwischen Dtn 27,26 und dem Zitat aus Lev 18,5c. Durch die Formulierungen τοῦ ποιῆσαι αὐτά (V.10) und ὁ ποιήσας αὐτά (V.12) werden die beiden intertextuellen Referenzen miteinander verbunden. Das Zitat aus Lev 18,5c ist zudem lexematisch mit dem Zitat aus Hab 2,4b durch das Stichwort ζήσεται verbunden, das in beiden Referenzen begegnet.[136]

[135] CHIBICI-REVNEANU, Leben im Gesetz, 112.

[136] Vgl. WISCHMEYER, Wie kommt Abraham in den Galaterbrief?, 138.

6.2.5.2 *Indirekte Relationierung*

Auf der zweiten Ebene intratextueller Relationierung, der Verknüpfung via Thematik bzw. Motivik oder per Stichwort im näheren Kontext eines Zitats lassen sich im Text von Gal 3,6–14 zahlreiche Verbindungen beobachten.

Intertextuelle Referenz (Gal 3,6–14)	Referenztext	Thematische / motivische Verknüpfung
3,6	Gen 15,6	Nachkommensverheißung; Landverheißung; Bund; Gerechtigkeit/Rechtfertigung; Glaube; Abraham; Segen
3,6–9	Jes 51,1–8	Nachkommensverheißung; Gerechtigkeit/Rechtfertigung; Abraham; Segen; Heil der Völker
3,7	Gen 15,5f.	Nachkommensverheißung; Landverheißung; Bund; Gerechtigkeit/Rechtfertigung; Glaube; Abraham; Segen
3,8	Gen 15,6	Nachkommensverheißung; Landverheißung; Bund; Gerechtigkeit/Rechtfertigung; Glaube; Abraham; Segen
3,8	Gen 12,3; (18,18)	Nachkommensverheißung; Landverheißung; Abraham; Segen; Fluch; Gerechtigkeit/Rechtfertigung; Gesetz/Gebote; Heil der Völker
3,8	Jes 52,7–10	Heil der Völker
3,9	Gen 15,6; (Gen 12,3)	Nachkommensverheißung; Landverheißung; Bund; Gerechtigkeit/Rechtfertigung; Glaube; Abraham; Segen
3,10	Dtn 27,26 (28,58; 30,10)	Segen; Fluch; Gesetz/Gebote; Bund; ‚Bereich' in dem gelebt werden soll
3,11	Hab 2,4	Gerechtigkeit/Rechtfertigung; Glaube; (Fluch)
3,12	Hab 2,4	Gerechtigkeit/Rechtfertigung; Glaube; (Fluch)
3,12	Lev 18,5c	Gesetz/Gebote; ‚Bereich' in dem gelebt werden soll
3,13a	Dtn 27,26	Segen; Fluch; Gesetz/Gebote; Bund; ‚Bereich' in dem gelebt werden soll
3,13b	Dtn 21,23	Fluch; Gesetz/Gebote; Sünde; Strafe/Tod/Begräbnis
3,13	Jes 53	Nachkommensverheißung; Gerechtigkeit/Rechtfertigung; Sünde; Strafe/Tod/Begräbnis
3,14	Gen 12,3	Nachkommensverheißung; Landverheißung; Abraham; Segen; Fluch; Gerechtigkeit/Rechtfertigung; Gesetz/Gebote; Heil der Völker
3,14	Jes 44,3–5	Segen

Thematisch und motivisch spannt Gen 15,6 (V.6.7.8.9) sowohl durch den Wortlaut des Verses als auch durch seinen Kontext (s. o.) ein weites Feld auf. Durch die Themen und Motive steht die Referenz in V.6 insbesondere mit den Schriftbezügen aus Jes 51,1–8 und Gen 12,3 in V.6–9 und V.14 in Bezug sowie vereinzelt mit den Schriftbezügen aus Dtn 27,26 und Jes 53 in V.10–13.

Die beiden intertextuellen Referenzen aus Gen 15,6 (V.6) und Gen 12,3 (V.8) sind darüber hinaus nicht nur durch die Themen Nachkommenschaft, Land, Segen und Gerechtigkeit/Rechtfertigung, sondern insbesondere „durch die Person, um die es in diesem Text geht, miteinander verbunden: Abraham."[137] Sowohl in V.6 als auch in V.8 wird Ἀβραάμ namentlich im unmittelbar vorangehenden Kontext des Zitats genannt – wobei man natürlich diskutieren kann, ob die Namensnennung in V.6 gegebenenfalls sogar als Bestandteil der Referenz zu werten ist, der durch eine paulinische Modifikation in Form einer Permutation hergestellt wurde (s. o.). Doch darüber hinaus wird auch innerhalb des Zitats von Gen 12,3 explizit auf Abraham rekurriert (ἐν σοὶ): „Die beiden Zitate erschließt Paulus dadurch als Zusammenhang, dass er *en soi* in dem zweiten Zitat prägnant im Sinn des ersten Zitats versteht: ‚in Abraham'."[138] Dass die intratextuelle Relationierung dieser beiden intertextuellen Referenzen (Gen 15,6 in V.6 und Gen 12,3 in V.8) äußerst eng ist, lässt sich zudem auf inhaltlicher Ebene festhalten: „Mit Gal 3,8 zeigt Paulus, dass die Anrechnung des *Glaubens* zur Gerechtigkeit der *Schrift* nach *auch für die ‚Heiden'* — als ‚Heiden' — gilt. Das *passivum divinum* ἐνευλογηθήσονται ist für Paulus mit dem λογίζεσθαι εἰς δικαιοσύνην des Zitats in V.6 sachlich identisch, so dass für ihn beide Zitate eine Einheit bilden."[139]

Die expliziten Schriftbezüge aus Gen 15,6 und Gen 12,3 verbinden sich in V.6–9 überdies mit dem Echo von Jes 51,1–8. Die betreffende Passage aus Deuterojesaja beinhaltet sowohl die Motive der Nachkommenschaft, der Gerechtigkeit/Rechtfertigung und des Segens als auch die Nennung Abrahams. Zudem besteht eine eigene Relation des Echos mit dem Schriftbezug aus Gen 12,3 durch die Thematik des Heils für die Völker. Dieses Motiv begegnet auch noch einmal explizit im Echo von Jes 52,7–10, das potenziell in V.8 identifizierbar ist. Dieses Thema bewirkt somit eine weitere intratextuelle Relationierung sowohl zum Echo aus Jes 51,1–8 als auch zu Gen 12,3.

Zwei Motive aus Gen 15,6, welche innerhalb des ersten Argumentationsabschnitts des Textes (V.6–9) unverbunden bleiben, sind die Themen Bund und Glaube. Sie stellen jedoch thematisch eine Verknüpfung zu intertextuellen Referenzen in den weiteren Abschnitten des Textes dar. Das Thema Bund (Dtn 28,69) stellt neben dem Segensmotiv (Dtn 28,1–14) einen wichtigen Konnex

137 WICK, Paulus, 50.
138 OSTEN-SACKEN, Der Brief an die Gemeinden in Galatien, 142.
139 KONRADT, „Die aus Glauben, diese sind Kinder Abrahams", 40.

zum Schriftzitat aus Dtn 27,26 und damit zum zweiten Textabschnitt her. Ähnliches gilt für das Glaubensmotiv, welches sogar – ebenso wie das Thema der Gerechtigkeit/Rechtfertigung – lexematisch relationiert wird mit der intertextuellen Bezugnahme auf Hab 2,4b in V.11 und V.12 (ἐπίστευσεν/ἐκ πίστεως; δικαιοσύνην/ὁ δίκαιος).

Zwei weitere indirekte Verknüpfungen zwischen dem ersten und zweiten Textabschnitt entstehen zudem durch die Relationierung der *composite citations* in V.8 (Gen 12,3) und in V.10 (Dtn 27,26) und deren jeweiligen Kontexten. Erstens durch das Thema Gesetz/Gebote: Durch die Aufnahme von Gen 18,18, die in der *composite citation* von V.8 vorhanden ist, tritt ein Kontext hinzu, welcher neben der bereits im Kontext von Gen 12,3 begegnenden Nachkommensverheißung zusätzlich das Motiv der Gerechtigkeit aufnimmt und das Halten der Wege Gottes betont: καὶ φυλάξουσιν τὰς ὁδοὺς κυρίου ποιεῖν δικαιοσύνην καὶ κρίσιν (Gen 18,19). Hierdurch wird zudem ein impliziter Rückbezug zu Gen 15,6 hergestellt. Zweitens durch das Thema Fluch: Die Gottesrede in Gen 12,3 verheißt nicht nur den Segen für alle Geschlechter auf Erden (καὶ ἐνευλογηθήσονται ἐν σοὶ πᾶσαι αἱ φυλαὶ τῆς γῆς) und den Segen für all diejenigen, die Abraham segnen (καὶ εὐλογήσω τοὺς εὐλογοῦντάς σε), sondern eben auch den Fluch für all diejenigen, die Abraham verfluchen (καὶ τοὺς καταρωμένους σε καταράσομαι). Die Fluchthematik wird somit nicht erst durch die intertextuelle Referenz aus Dtn 27,26 in den Metatext Gal 3,6–14 eingetragen, sondern schwingt bereits in dem Zitat aus Gen 12,3 in V.8 mit.[140] Die Fluchthematik kann implizit auch im Kontext von Hab 2,4b entdeckt werden und stellt potenziell eine indirekte intratextuelle Relationierung zu Dtn 27,26 her. Denn die in Hab 2,6–19 vorhandenen *Wehe*-Rufe besitzen gattungsmäßig eine Nähe zu den Fluchformeln in Dtn 27,11–26 (und Dtn 28,15–68).[141]

Die intratextuelle Relation zwischen Dtn 27,26 und Lev 18,5c besteht insbesondere durch das Thema Gesetz/Gebote und die Aufforderung diese/s zu halten. In beiden Fällen handelt es sich zudem um Einzelregelungen der Tora.[142] „Beiden Zitaten gemeinsam ist auch die Nennung eines bestimmten Bereiches, in dem geblieben bzw. gelebt wird (oder werden soll).“[143]

Neben der intratextuellen Relationierung von Dtn 27,26 und Dtn 21,23 (V.13) durch die Fluchthematik, die explizit lexematisch greifbar wird (ἐπικατάρατος), besteht eine weitere Verknüpfung der beiden intertextuellen Referenzen durch die Thematisierung von Gesetzes- bzw. Gebotsgehorsam im

---

140 Wenn auch freilich diejenigen, die der Fluch trifft, unterschieden sind: In Gen 12,3 sind es diejenigen, die sich nicht positiv zu Abraham verhalten und in Dtn 27 diejenigen, die sich innerhalb des von Abraham geschlossenen Bundes mit Gott gegen dessen Gebote stellen.

141 Vgl. zum Thema ausführlich WILLY SCHOTTROFF, Der altisraelische Fluchspruch (WMANT 30), Neukirchen-Vluyn 1969, 112–120.

142 Vgl. BACHMANN, Zur Argumentation von Galater 3.10–12, 527.

143 CHIBICI-REVNEANU, Leben im Gesetz, 113.

Kontext der Bezugnahmen. Dieses Thema ist es folglich auch, welches eine intratextuelle Relation zu den Schriftzitaten aus Gen 12,3 und Lev 18,5c evoziert, die im Vorangegangenen (V.8.12) und auch im Nachfolgenden (V.14) begegnet.

Die intertextuelle Referenz aus Dtn 21,23 und deren unmittelbarer Kontext rufen darüber hinaus Motive auf, die im bisherigen Kontext nicht dezidiert begegnet sind: Sünde, Strafe/Tod/Begräbnis. Diese Themen stellen jedoch eine Verknüpfung zum Text von Jes 53 her (insbesondere Jes 53,5f.9–11), der in V.13 anklingt. Jes 53 ist darüber hinaus durch seine Themen der Nachkommenschaft und Gerechtigkeit/Rechtfertigung eng mit den Referenzen aus Gen 12,3 und Gen 15,6 verbunden. Die Verbindung zu Gen 15,6 kann sogar auf lexematischer Ebene hergestellt werden durch die Überschneidung des Stichworts ἐλογίσθη (Jes 53,3).

Die letzte im untersuchten Text identifizierte intertextuelle Referenz, das Echo zu Jes 44,3ff. in V.14, verknüpft sich durch das Thema des Segens mit den Bezugnahmen auf Gen 12,3 und Gen 15,6 sowie Dtn 27,26 und Jes 51,1–8. Insbesondere die Verbindung zu den Genesis-Referenzen ist auffällig und wird durch die im Kontext von Jes 44,3ff. begegnende Nachkommensthematik unterstützt. Das Motiv begegnet zwar nicht in Form einer auf Abraham bezogenen Verheißung einer großen Nachkommenschaft, so wie es in den Genesis-Referenzen der Fall ist, aber in Form einer auf die Nachkommenschaft bezogenen Verheißung der Segens- und Geistausgießung auf die Kinder und Nachkommen Israels (ἐπιθήσω τὸ πνεῦμά μου ἐπὶ τὸ σπέρμα σου καὶ τὰς εὐλογίας μου ἐπὶ τὰ τέκνα σου).

6.2.6 Funktion

In der Auslegung des Textes von Gal 3,6–14 sowie im Lauf der Betrachtung der einzelnen Analyseperspektiven sind bereits verschiedentlich die Funktionen einzelner intertextueller Referenzen angeklungen. Mit den folgenden Ausführungen wird noch einmal detailliert auf die unterschiedlichen, literarischen und theologischen, zentralen (*rezeptionsorientiert*) ebenso wie dezentralen (*referenztextorientiert, textorientiert, produktionsorientiert*) Funktionen der Schriftbezüge eingegangen.

Die erste intertextuelle Referenz des Textes ist die Zitation von Gen 15,6 in V.6. Auf inhaltlicher Ebene besteht eine erste Funktion dieses Schriftbezugs darin, einen grundlegenden Beleg zu geben für die von Paulus in V.1–5 an die ἀνόητοι Γαλάται gestellten (rhetorischen) Fragen.[144] „Paul does apply the Genesis statement in a peculiar way, namely, as evidence that God supplies the Holy

[144] Ähnlich WAKEFIELD, Where to Live, 161: „3:6 may still be functioning partially or even primarily as the concluding word of 3:1–5.“

Spirit and works miracles through the hearing of faith rather than through the works of the law.“[145]

Eine zweite funktionale Ebene des Schriftbezugs in V.6 hängt mit seiner onomastischen Markierung durch die Namensnennung Ἀβραάμ zusammen, die u. U. in der durch Paulus intendierten Permutation des Zitats von Gen 15,6 begründet werden kann. Mit der Voranstellung Abrahams zu Beginn seiner Argumentation verankert Paulus Gal 3,6–14 von Beginn an in den Schriften Israels. Die rezeptionsorientierte Funktion der onomastischen Markierung Ἀβραάμ besteht folglich zunächst in dem Verweis auf die potenzielle Intertextualität aller weiterer Aussagen im Folgetext. Sie bewirkt eine Sensibilisierung bzw. Konditionierung für die Schriftbezogenheit der Argumentation. Neben diesem allgemeinen Verweis auf die Schriften Israels verweist sie im Speziellen auf die Abrahamerzählung der Genesis. Im Hintergrund der folgenden Argumentation stehen somit nicht nur die einzelnen Schriftbezüge für sich, sondern der gesamte Schriftbeweis ist von Beginn an im Kontext der Abrahamserzählung zu verstehen. Darüber hinaus beansprucht Paulus mit dem Bezug auf Gen 15,6 „nicht nur die Schrift, sondern auch die *Person* des Abraham.“[146] Es geht somit nicht nur um die Schriftbezogenheit seiner Argumentation im Folgenden an sich, sondern ganz konkret auch um Abraham als Person. Paulus führt Abraham ein, um zwischen ihm und den Christusgläubigen in Galatien eine Analogie herzustellen.

In V.7 formuliert Paulus eine erste exegetische Schlussfolgerung, die er aus seinem Schriftzitat ableitet: οἱ ἐκ πίστεως, οὗτοι υἱοί εἰσιν Ἀβραάμ.[147] Der paulinische Gebrauch von Gen 15,6 in V.6 und seine alludierende Wiederaufnahme in V.7 haben somit auch eine referenztextorientierte Funktion. Es geht Paulus mitunter auch darum, durch seine Auslegung von Gen 15,6 zum tieferen Verständnis dieses Textes beizutragen.

Nachdem Paulus sein Ausgangszitat aus Gen 15,6 in V.6 eingespielt hat und in V.7 eine erste exegetische Schlussfolgerung präsentiert, dient ihm V.8 nun wiederum, um seine exegetische Schlussfolgerung aus V.7 auf die ἔθνη auszuweiten und zu begründen. Paulus nutzt V.8a zudem, um sein Verständnis der πίστις näher zu erläutern und legt dar, „dass der Glaube, um den es in der Abrahamgeschichte geht, keinen positiven Bezug zur Tora impliziert, und damit zugleich, dass der Glaube nicht nur ein *notwendiges* Merkmal der Abrahamkinder ist, sondern auch ein *hinreichendes.*“[148] Als Beleg für diese Annahme dient Paulus die an Abraham ergangene Vorausverkündigung (προευηγγελίσατο τῷ Ἀβραὰμ) der Schrift aus Gen 12,3 und Gen 18,18 bzw. 22,18 (ἐνευλογηθήσονται ἐν σοὶ πάντα τὰ ἔθνη). Durch die paulinische Modifikation am Vorlagentext resp. die

---

145 SILVA, Galatians, 794.

146 BETZ, Der Galaterbrief, 256. Hervorhebung nicht im Original enthalten.

147 „Galater 3,7 zieht aus Gen 15,6 unter der Voraussetzung, dass Abrahamkindschaft sich nicht genealogisch definiert, sondern durch Entsprechung zu Abraham, die Konsequenz.“ KONRADT, „Die aus Glauben, diese sind Kinder Abrahams“, 39.

148 A. a. O., 40 Vgl. hierzu 6.1.5.

intentionale Zusammenfügung der intertextuellen Referenzen aus Gen 12,3 und Gen 18,18 bzw. 22,18 „enthält Gen 12,3 die für Paulus erforderliche Zuspitzung: die Geltung des Abrahamsegens nicht nur für die neutral als πᾶσαι αἱ φυλαὶ bezeichnete Menschheit allgemein, sondern ausdrücklich für die ἔθνη."[149] Die *composite citation* in V.8b besitzt somit primär eine autorisierende Funktion und dient als Legitimation der paulinischen Interpretation von Gen 15,6 in V.7 und der Absicherung seiner Reklamation Abrahams für die Völker.[150]

Eine Auffälligkeit in der paulinischen Satzkonstruktion besteht darin, dass die Schrift das Subjekt von V.8 ist. Die γραφή hat vorausgesehen (προϊδοῦσα), dass Gott die Völker aus Glauben gerecht macht und die γραφή ist es auch, die Abraham vorausverkündigt (προευηγγελίσατο) hat, dass in ihm alle Völker mitgesegnet werden sollen (Gen 12,3; Gen 18,18; Gen 22,18). Dass die Schrift in V.8b Subjekt ist, ist gerade deswegen ausdrücklich zu betonen, da das Hapaxlegomenon προευηγγελίσατο als mediales Verb zunächst einen unmittelbaren kongruenten Bezug vermissen lässt und für die zweite Satzhälfte vermuten lassen könnte, dass ὁ θεός (V.8b) das Subjekt darstellt. Dies ist zwar für das Koine unwahrscheinlich, aber die auffällige Ambiguität in der paulinischen Satzkonstruktion verweist auf die enge semantische Verbindung von γραφή und θεός. Die Schrift und Gott werden in große Nähe zueinander gerückt. Die Schrift ist in V.8 nach Paulus nicht nur das Medium der Verheißungen Gottes, sondern *sie selbst spricht* die Verheißungen. Paulus personifiziert somit die γραφή in V.8.[151]

Inhaltlich und lexikalisch bezugnehmend (Allusion, lexematische Assoziation) auf die im Vorangegangenen zitierten Schriftworte von sowohl Gen 15,6 (τῷ πιστῷ Ἀβραάμ) als auch Gen 12,3 (εὐλογοῦνται σὺν) fungiert V.9 als Konklusion des gesamten ersten Argumentationsabschnitts (V.6–9).[152] Die intertextuellen Referenzen in V.6 und V.8 werden durch Paulus bewusst so funktionalisiert und relationiert, dass sich die folgende Deduktion ergibt: Abrahams δικαιοσύνη gründet in seiner πίστις. Diese πίστις ist ebenfalls das Merkmal der Kindschaft Abrahams, d. h. all diejenigen ἐκ πίστεως sind Abrahams Kinder und werden mit ihm gesegnet. Das Mitgesegnetwerden ist folglich ebenfalls Resultat der πίστις und Konsequenz der Kindschaft Abrahams. Diese wiederum bewirkt in Analogie

---

149 Koch, Die Schrift als Zeuge des Evangeliums, 163. Ähnlich Lincicum, Genesis in Paul, 108: „Rather than speak of ‚all the tribes of the earth' (πᾶσαι αἱ φυλαὶ τῆς γῆς) as Gen. 12:3 originally does, Paul imports all the ‚Gentiles/nations' (πάντα τὰ ἔθνη) from Gen. 18:18 (cf. also 22.18) for the strategic importance of τὰ ἔθνη in his argument."

150 Vgl. Osten-Sacken, Der Brief an die Gemeinden in Galatien, 142. Ähnlich Koch, Die Schrift als Zeuge des Evangeliums, 163: „Das Zitat in Gal 3,8b dient als Schriftbeleg der Sicherung der Aussage von 3,8a."

151 Silva, Galatians, 794: „Paul in a unique way personifies the Scripture." Vgl. ähnlich Koch, Die Schrift als Zeuge des Evangeliums, 31.

152 Anders als man durch die Konjunktion ὥστε meinen könnte, bezieht sich der konkludierende Satz in V.9 nicht nur auf die im Zitat von Gen 12,3 in V.8 gesetzte Prämisse, sondern auf die Kombination der Zitate von Gen 15,6 und Gen 12,3. Vgl. ausführlich hierzu Wakefield, Where to Live, 161f.

zur πίστις die δικαιοσύνη. Die Kindschaft und somit die Rechtfertigung der ἔθνη begründet sich in der πίστις und nicht in der Beschneidung. „Um an der Abrahamsverheißung Anteil zu haben, bedarf es nicht einer Beschneidung, wie Abraham beschnitten ward, sondern eines Glaubens, Καθὼς Ἀβραὰμ ἐπίστευσεν τῷ θεῷ.“[153]

Hinsichtlich des skizzierten Gegensatzes von Glaube und Beschneidung bezieht Paulus sein inhaltliches Hauptargument aus der Chronologie der Abrahamerzählung resp. aus der chronologischen Vorordnung des Glaubens Abrahams vor seiner Beschneidung. Maßgeblich ist für die paulinische Argumentation die „zeitliche Abfolge von Glauben und Rechtfertigung einerseits (Gen 15,6) und nachträglicher Beschneidung andererseits (Gen 17).“[154] Abgesehen von der primär rezeptionsorientierten Funktion der paulinischen Argumentation in V.6–9 lässt sich demnach noch eine referenztextorientierte Funktion festhalten: Es soll das korrekte Verständnis und der Stellenwert des Glaubens Abrahams, d. h. von Gen 15,6 innerhalb der Abrahamerzählung (Gen 12–25) festgehalten werden.

Der Schluss, den Paulus anhand der Chronologie der Abrahamerzählung zieht, lässt sich auf die übergeordnete Erzählebene des Pentateuchs übertragen: Insofern die Beschneidung (Abrahams) gegebenüber dem Glauben (Abrahams) sekundär ist, so gilt dies gleichermaßen für andere Formen des Gesetzesgehorsams, denn wenn die Sinaitora, d. h. „das ausgewortete Gesetz wirklich erst *nachträglich* hinzugekommen ist, so ist der Glaube des Abraham und nicht sein Gesetzesgehorsam prioritär.“[155]

Ein zusätzliches Indiz, dass für Paulus der (narrative) Ort der intertextuellen Referenzen innerhalb der Chronologie der Tora eine theologische Relevanz und Qualität besitzt, kann darin gefunden werden, dass sich Paulus mit Gen 15,6 auf die erste Stelle in den Schriften Israels bezieht, in der einer Person durch Gott die δικαιοσύνη zugesprochen wird.[156] Das Thema der δικαιοσύνη ist es auch, welches ein zentrales Motiv des Echos von Jes 51,1–8 darstellt, das in V.6–9 hörbar wird. Das Echo aus Jes 51,1–8 verstärkt noch einmal die Aufforderung aus V.6 (καθὼς Ἀβραὰμ), den Blick auf Abraham zu richten, wenn es darum geht Gerechtigkeit zu empfangen: ἐμβλέψατε εἰς Αβρααμ τὸν πατέρα ὑμῶν καὶ εἰς Σαρραν τὴν ὠδίνουσαν ὑμᾶς· ὅτι εἷς ἦν, καὶ ἐκάλεσα αὐτὸν καὶ εὐλόγησα αὐτὸν καὶ ἠγάπησα αὐτὸν καὶ ἐπλήθυνα αὐτόν (Jes 51,2). Das Echo auf Jes 51,1–8 in V.6–9 hat somit eine primär rezeptionsorientierte Funktion.

Mit V.10 beginnt ein neuer Sinnabschnitt innerhalb der Argumentation von Gal 3,6–14, der sich jedoch inhaltlich eng an die Ausführungen in V.9 anschließt. Dies lässt sich bereits sprachlich festhalten: „The opening *yap* indicates that the passage beginning in v. 10 serves to confirm the point of the previous passage,

---

153 KREMENDAHL, Die Botschaft der Form, 213.

154 KREMENDAHL, Die Botschaft der Form, 213.

155 TIWALD, Hebräer von Hebräern, 407.

156 Vgl. hierzu bereits 5.2.6.

especially v. 9, that those with faith are the ones who receive the blessing of Abraham. "[157] Der in V.10 beginnende Teil dient somit als Ganzer der Bekräftigung und der Fortführung der in V.6–9 aufgestellten Argumentation.

Die erste intertextuelle Referenz in diesem neuen Textabschnitt ist das Zitat aus Dtn 27,26 in V.10b. Dessen primäre Funktion besteht in der Autorisierung der paulinischen Aussage in V.10a: Ὅσοι γὰρ ἐξ ἔργων νόμου εἰσίν, ὑπὸ κατάραν εἰσίν.[158] Diese begründende und legitimierende Funktion wird bereits an der Markierung der intertextuellen Referenz durch die formelhafte Wendung γέγραπται γὰρ ὅτι ersichtlich, die insbesondere zwei Leseerwartungen weckt: „An explanation/clarification of the preceding statement [...] and an authoritative word from Scripture, possibly one that would offer a definitive clarification of the issue at hand."[159]

Ebenso wie das Zitat aus Dtn 27,26 in V.10 besitzt auch das Zitat aus Hab 2,4b in V.11 eine primär autorisierende Funktion. „Im Kontext des Arguments von Gal 3,10–14 dient Hab 2,4 als eine der Schrift entnommene axiomatische Prämisse, die klarstellt, dass grundsätzlich niemand je durch Gesetzesobservanz gerechtfertigt wird (V. 11a, vgl. auch 2,16ad), sondern dass — weil nach der Schrift (ebenso axiomatisch!) jeder unter dem Todesfluch des Gesetzes (Dtn 27,26) steht (V. 10, ferner 13a.22a) — schon immer (!) der Gerechte aus πίστις endzeitlich leben wird."[160] Ähnlich wie in V.10 besteht in V.11 wiederum ein Konnex zwischen Funktion und Markierung. Denn die begründende und legitimierende Funktion der intertextuellen Referenz wird bereits durch die einleitende Formulierung ὅτι - δῆλον, ὅτι transparent. Dies liegt nicht nur an der zweimalig verwendeten kausalen Konjunktion ὅτι. „The δῆλον seems to add additional emphasis to the deductive force of this use of citation; not only does this citation offer proof; it offers *clear* proof."[161] Durch die Markierung der Referenz wird bei den Rezipierenden die Erwartung geweckt, im Folgenden einen eindeutigen Beleg für die in V.11a getroffene Aussage zu erhalten. Dass Paulus sprachlich diese Erwartung weckt, ist zudem auf seine Modifikation des Zitats aus Hab 2,4b in V.11 zurückzuführen. Die Deletion von δὲ an zweiter Position des Wortlauts und die Addition von ὅτι tragen nicht nur zur „flüssigeren Lesbarkeit"[162] bei, sondern das zweite ὅτι des Verses (ὅτι - δῆλον, ὅτι) betont ein weiteres Mal ausdrücklich den autorisierenden Charakter der intertextuellen Referenz.

---

157 CIAMPA, Composite Citations in 1–2 Corinthians and Galatians, 183.

158 Vgl. KOCH, Die Schrift als Zeuge des Evangeliums, 163. Ähnlich OSTEN-SACKEN, Der Brief an die Gemeinden in Galatien, 144: „Er stützt die Verbindung von Tun des Gesetzes und Fluch ab, indem er Dtn 27,26 zitiert."

159 STANLEY, ‚Under a Curse', 499.

160 DU TOIT, Christlicher Glaube als endzeitliche Variante des Glaubens Abrahams, 343.

161 WAKEFIELD, Where to Live, 162.

162 TIWALD, Hebräer von Hebräern, 118.

Eine Akzentverschiebung hinsichtlich der Funktion des Schriftzitats aus Hab 2,4b in V.11 ergäbe sich, insofern man das Komma im Satz nicht hinter, sondern vor δῆλον platziert.[163] Diese Veränderung würde die Verbindung zwischen δῆλον und dem ὅτι zu Beginn von V.11 lockern und einen engeren Konnex zwischen δῆλον und dem unmittelbar anschießenden zweiten ὅτι bewirken. Vordergründig würde das Zitat aus Hab 2,4b durch diese alternative Lesart des Verses nicht mehr so sehr als Prämisse einer These fungieren, sondern vielmehr als Konklusion.[164] Durch die Umstellung des Kommas und den Einbezug des δῆλον in den zweiten Satzteil „the citation in this reading cannot offer deductive proof, but rather must serve some other rhetorical function, such as extension or evidence."[165]

Die intratextuelle Relation zwischen Hab 2,4b in V.11 und Gen 15,6 in V.6 weist noch auf eine weitere Funktionsebene des Schriftzitats in V.11 hin. „Für Paulus zeigt Hab 2,4, dass das in der Abrahamgeschichte etablierte πίστις-Prinzip (Gen 15,6 = Gal 3,6) seit Abrahams Zeit grundsätzlich gilt."[166] Das Zitat aus Hab 2,4b besitzt folglich nicht nur eine legitimierende Funktion hinsichtlich der unmittelbar vorangegangenen Aussage, sondern bezieht sich darüber hinaus zurück auf die Aussagen von V.6–9 und speziell auf das Schriftzitat aus Gen 15,6. Da Hab 2,4b somit dazu dient Gen 15,6 auszulegen, wohnt dem Schriftbezug auch eine affirmativ referenztexorientierte Funktion inne.[167] Insofern man die Auslegung vertritt, Paulus verwende das Schriftzitat aus Hab 2,4b in V.11, um das darauffolgende Schriftwort aus Lev 18,5c zu kontrastieren,[168] ergäbe sich eine negative bzw. kritisch-distanzierende referenztextorientierte Funktion.

Neben der Möglichkeit, dass somit auch die Funktion der Einspielung des Schriftzitats aus Lev 18,5c in V.12 referenztextorientiert ist, liegt die primäre Funktion dieses Schriftzitats ebenfalls auf der rezeptionsorientierten Ebene. Denn Lev 18,5c soll nicht so sehr ausgelegt bzw. kontrastiert werden, sondern ebenfalls als Beleg dienen – wenngleich in diesem Fall als Beleg für eine negative Aussage, nämlich dass der νόμος nicht ἐκ πίστεως ist. „The citation functions as a negative proof."[169] Wie bereits im vorangegangenen zu beobachten war, besteht auch in V.12 wiederum ein Konnex zwischen Funktion und Markierung der intertextuellen Referenz. Sprachlich implizit durch ἀλλ' markiert, wird direkt

---

163 Vgl. zu dieser Überlegung ausführlich WAKEFIELD, Where to Live, 162.

164 Vgl. ebd.

165 Ebd.

166 DU TOIT, Christlicher Glaube als endzeitliche Variante des Glaubens Abrahams, 343 Vgl. ähnlich OSTEN-SACKEN, Der Brief an die Gemeinden in Galatien, 146.

167 Dieser Aspekt wird zudem in der paraphrasierenden Wiederaufnahme von Hab 2,4b in V.12 greifbar (ἐκ πίστεως), durch welche wiederum eine lexematische Verbindung zwischen Gen 15,6 und Hab 2,4b besteht.

168 So z. B. FILIPPO BELLI, Argumentation and Use of Scripture in Romans 9–11 (AnBib 183), Rom 2010, 273.

169 WAKEFIELD, Where to Live, 159.

ersichtlich, dass die folgende Aussage, in diesem Fall also das Schriftzitat aus Lev 18,5c, „does not so much assert that something is true, but rather that something is false, or that what is true is something other than what might have been suggested."[170]

Paulus nimmt nun in V.13 die christologische Zuspitzung seiner Argumentation vor. Seine These, dass Christus uns vom Fluch losgekauft hat, indem er ὑπὲρ ἡμῶν zum Fluch wurde, die er in V.13a in bewusst alludierender Wiederaufnahme von Dtn 27,26 formuliert, belegt er in V.13b mit dem Schriftzitat aus Dtn 21,23.[171] „Der Apostel greift mit Dtn 21,23 wie zuvor in 3,6–9 und 3,10–12 auch in 3,13f. auf die Schrift zurück. Sie leistet ihm den wesentlichen Dienst, den Fluchcharakter des Todes Jesu Christi zu belegen."[172] Wieder markiert Paulus die legitimierende Funktion seines Schriftbezugs eindeutig durch seine einleitende Formulierung ὅτι γέγραπται: *Weil* in Dtn 21,23 *geschrieben* steht, dass ἐπικατάρατος πᾶς ὁ κρεμάμενος ἐπὶ ξύλου, sieht Paulus seine These aus V.13a belegt. Gregory K. Beale sieht das Pontenzial diese paulinische Verwendung von Dtn 21,23 in V.13 als Ironie zu deklarieren: Denn bei dem ursprünglichen Kontext von Dtn 21,23 geht es darum, dass der Fluch der Todesstrafe durch Erhängen an einem isrealitischen Verbrecher ausgeführt wird. Jetzt jedoch, am Wendepunkt der Äonen, „this horrific punishment for the worst and most despicable of criminals was executed on the most honored Israelite: Jesus. Thus the Deuteronomy text is turned on its head and reversed to indicate a curse on the most innocent of Israelites. Christ underwent the curse of the cross, which led to a blessing of restoring sinners to God. The Deuteronomy passage is intentionally used in a reversed manner to indicate how the Messiah ironically was cursed to bring about a blessing on humanity."[173]

In V.13 und V.14 werden neben dem alludierenden Rückbezug zu Gen 12,3 auch die Echos zu Jes 53 und Jes 44,3–5 hörbar. Sie unterstützen Paulus dabei, seine Argumentation christologisch zuzuspitzen. Insbesondere Jes 53 bietet noch einmal einen Hintergrund, auf dem Pauli messianische Interpretation an Bedeutung gewinnt. Die Funktion dieses Echos könnte folglich in Anschluss an Jörg Helbig insofern als rezeptionsorientiert bezeichnet werden, als den „Rezipienten bedeutungsrelevante Informationen erst retrospektiv zugänglich ge-

---

170 Ebd.

171 Vgl. zur Rezeption von Dtn 21,23 ausführlich. ARDEL CANEDAY, „Redeemed from the Curse of the Law". The Use of Deut 21:22–23 in Gal 3:13, in: TJ 10 (1989).

172 OSTEN-SACKEN, Der Brief an die Gemeinden in Galatien, 151. Ähnlich u. a. SILVA, Galatians, 797: „Paul presents evidence by quoting a clause from Deut. 21:23." Oder F. G. MARTÍNEZ, Galatians 3:10–14 in the Light of Qumran, in: Jean-Sébastien Rey (Hg.), The Dead Sea Scrolls and Pauline Literature (StTDJ 102), Leiden, Boston 2014, 56: „Paul quotes a text from Deut 21:23 as proof that Christ had redeemed us through crucifixion."

173 GREGORY K. BEALE, Handbook on the New Testament Use of the Old Testament. Exegesis and Interpretation, Grand Rapids, MI 2013, 93.

macht [werden], so daß eine entsprechende Neubewertung des manifesten Textes oder gar dessen Re-Lektüre erforderlich" wird.[174] Die deuterojesajanischen Referenzen verhelfen dazu, die paulinische Argumentation in einem neuen Licht zu lesen.

6.2.6.1 *Die intertextuellen Referenzen als Strukturgeber*

In der bisherigen Betrachtung sind bereits in vielfältiger Weise die unterschiedlichen Funktionen der einzelnen Schriftbezüge in Gal 3,6–14 deutlich geworden. Primär wurde dabei auf die Funktionen eingegangen, welche die intertextuellen Referenzen jeweils für sich genommen bzw. mit Blick auf den unmittelbar vorangehenden oder nachfolgenden *Kotext* haben. Doch ist verschiedentlich bereits angeklungen, dass die intertextuellen Bezugnahmen – insbesondere die Zitate aus Gen 15,6 (V.6), Gen 12,3 (V.8), Dtn 27,26 (V.10), Hab 2,4b (V.11), Lev 18,5 (V.12) und Dtn 21,23 (V.13) – darüber hinaus Einfluss nehmen auf die Textkonstitution des paulinischen Metatextes. Im Folgenden soll die Aufmerksamkeit daher noch einmal gesondert auf die möglichen textorientierte(n) Funktion(en) der Schriftbezüge in Gal 3,6–14 gerichtet werden und auf die Frage, inwieweit die Argumentationsstruktur als Ganze durch die intertextuellen Referenzen geprägt ist.

1. Eine erste Möglichkeit, um den Einfluss der Schriftbezüge auf die Struktur des Textes zu erfassen, besteht darin, Gal 3,6–14 als *Schriftbeweis in fünf Beweisgängen* zu verstehen.[175] Danach lässt sich die Argumentationsstruktur des Textes wie folgt erfassen: Das Zitat aus Gen 15,6 in V.6 dient als erste und grundlegende Antwort auf die in V.1–5 gestellten Fragen. Das Zitat aus Gen 15,6 ist der für die gesamte weitere Argumentation grundlegende Text, d. h. mit Einschränkungen stellt Gal 3,6–14 als Ganzes eine Auslegung von Gen 15,6 dar.[176] Mit V.7 folgt die exegetische Kernthese des Paulus, die er in fünf Beweisgängen (V.8–13) mit Zitaten und exegetischen Aussagen zu belegen bemüht ist.[177] Die fünf Beweise sollen zeigen, „daß 3,7 die korrekte Interpretation der in 3,6 zitierten Schriftstelle ist."[178] V.14 schließt die durch Schriftzitate gegliederte Struktur ab, indem dieser Vers eine doppelte Konklusion des Schriftbeweises darstellt.[179] Es fällt auf, dass sowohl der erste

---

174 HELBIG, Intertextualität und Markierung, 130.

175 Diese Strukturierung des Textes geht zurück auf Hans-Dieter Betz, vgl. ausführlich BETZ, Der Galaterbrief, 253f., und wurde mehrfach rezipiert, z. B. SILVA, Galatians, 792.

176 Vgl. KOCH, Die Schrift als Zeuge des Evangeliums 272.

177 Vgl. LÜHRMANN, Der Brief an die Galater, 54.

178 BETZ, Der Galaterbrief 253.

179 „Die erste (3,14a) stellt das Ergebnis der Erörterung von 3,6–13 fest, die zweite (3,14b) bezieht dies Ergebnis auf den ersten Beweis (3,2.5) und führt dazu noch das Schlüsselwort ›verheißen‹ ein, das im folgenden Abschnitt aufgenommen werden soll." Ebd.

(V.8) als auch der letzte (V.13) Beweisgang positiv formuliert sind. Die beiden positiven Beweisgänge bilden eine Klammer um die mittleren drei Beweisgänge (V.10.11.12), die allesamt negativ formuliert sind. Im Anschluss an diese Strukturierung könnte somit für die einzelnen Sequenzen der Argumentation von Gal 3,6–14 auch eine Gliederung in These (V.6–9), Antithese (V.10–12) und Synthese (V.13f.) geltend gemacht werden.

2. Eine zweite Gliederung des Textes, die hier vorgeschlagen werden soll und die sich ergibt, insofern man die intertextuellen Bezugnahmen als strukturgebend betrachtet, gestaltet sich wie folgt: Für den ersten Abschnitt des Textes (V.6–9) kann eine chiastische (BCCB) bzw. (ABCCBA) Struktur festgehalten werden. Pauli exegetische Thesen stehen in V.7 (C) und V.8a (C) im Zentrum. Sie werden eingerahmt durch die beiden Schriftzitate aus Gen 15,6 in V.6 (B) und Gen 12,3 in V.8 (B). V.9 bietet die Konklusion (A) zu den vorangegangenen Ausführungen. Diese steht in der chiastischen Struktur in Entsprechung zu V.1–5, welche – zieht man sie hinzu – aufgrund ihrer engen Verbindung zum Gesamttext von Gal 3,6–14 insgesamt und zu V.6(–9) im Besonderen, als eine Art Ausgangsthese fungieren (A). Die V.10–13 setzen sich jeweils aus einer exegetischen These (C) und einem Schriftzitat zusammen (B). Die Thesen (V.10a.11a.12.a.13a) gehen dabei den Schriftzitaten aus Dtn 27,26 (V.10b), Hab 2,4b (11b), Lev 18,5c (12b) und Dtn 21,23 (13b) voraus, sodass diese jeweils als Beleg für die vorangegangene Aussage fungieren. Während sich somit für den ersten Textabschnitt die Struktur BCCB bzw. ABCCBA ergibt, haben V.10–13 die Struktur CBCBCBCB. V.14 bildet als abschließende Konklusion sowohl einen Rückbezug zu V.9 und rahmt somit die V.10–13 ein (ACBCBCBCBA), vor allem bildet er jedoch gemeinsam mit der Ausgangsthese in V.1–5 (A) auf inhaltlicher Ebene eine *inclusio* um die gesamte Argumentation von Gal 3,6–14: ABCCB(A)CBCBCBCBA.

V.1–5	Ausgangsthese	A
V.6 (Gen 15,6)	Zitat	B
V.7	These	C
V.8a	These	C
V.8b (Gen 12,3)	Zitat	B
V.9	Konklusion	A
V.10a	These	C
V.10b (Dtn 27,26)	Zitat	B
V.11a	These	C
V.11b (Hab 2,4b)	Zitat	B
V.12a	These	C
V.12b (Lev 18,5c)	Zitat	B
V.13a	These	C
V.13b (Dtn 21,23)	Zitat	B
V.14	Konklusion	A

3. Eine dritte Gliederung, in der die Schriftzitate als strukturgebend fungieren, kann im Anschluss an Dieter Kremendahl formuliert werden.[180] Mit Bezug auf die antike Epistolographie definiert er die Argumentation in Gal 3,6–14 als eine erste *refutatio* innerhalb der *argumentatio* des Briefes. Diese setzt sich nach Kremendahl zusammen aus einer *subproposito* in V.6, einer Überleitung in V.7a (γινώσκετε ἄρα) sowie drei Thesen zu den Stichworten bzw. Themen Abraham (V.7b–9), Gesetz (V.10–12) und Christus (V.13f.), die zur Explikation der *subpropositio* dienen.[181] „Diese drei Thesen sind ihrerseits wiederum parallel strukturiert und setzen sich je aus drei Elementen (Behauptung, Schriftbeweis und Folgerung) zusammen."[182] Die drei Behauptungen lauten: ὅτι οἱ ἐκ πίστεως, οὗτοι υἱοί εἰσιν Ἀβραάμ (V.7b), ὅσοι γὰρ ἐξ ἔργων νόμου εἰσίν, ὑπὸ κατάραν εἰσίν (V.10a) und Χριστὸς ἡμᾶς ἐξηγόρασεν ἐκ τῆς κατάρας τοῦ νόμου γενόμενος ὑπὲρ ἡμῶν κατάρα (V.13a). „Schriftbelege, die durch eine Zitationsformel (προϊδοῦσα δὲ ἡ γραφὴ [3,8], γέγραπται γὰρ [3,10b] und ὅτι γέγραπται [3,13b]) deutlich als solche gekennzeichnet sind, schließen sich unmittelbar an die Behauptungen an."[183] An die drei intertextuellen Referenzen aus Gen 12,3 (V.8), Dtn 27,26 (V.10b) und Dtn 21,23 (V.13a) schließen sich die Folgerungen an, die jeweils den Abschluss der Thesen markieren. „Streng konsekutiv ist nur die mit ὥστε (3,9) eingeleitete Folgerung. Der δῆλον-[ἔστιν]-ὅτι-Satz (3,11) entwickelt zwar auch Folgerungen aus der ihm zugehörigen Behauptung (3,10a), er ist aber, da ein Zwischengedanke (3,11a) eingeschoben wird, lockerer an das Schriftzitat angebunden. Logisch bestimmt das δῆλον auch 3,12, denn die beiden Kola dieses Verses sind ebenfalls Ableitungen aus vorstehender Behauptung und Schriftzitat. Der Abschluß der dritten These ist grammatikalisch nicht mehr konsekutiv, sondern final (zweimal ἵνα [3,14])."[184] Die beiden Schriftzitate aus Hab 2,4b in V.11 und Lev 18,5c in V.12 werden somit in dieser Gliederung nicht als strukturgebend betrachtet, sondern unter die Ausführungen der These zum Thema Gesetz in V.10–12 subsumiert.
4. Eine vierte Option zur Beschreibung der strukturellen Funktion der Schriftbezüge in Gal 3,6–14 kann mit Bezug auf Andrew H. Wakefield formuliert werden.[185] Nach Wakefield lässt sich die argumentative Funktion der intertextuellen Referenzen hinsichtlich ihrer sprachlichen Motive und Zusammenhänge chiastisch resp. konzentrisch anordnen. Die sechs direkten Schriftbezüge in V.6 (Gen 15,6), V.8 (Gen 12,3), V.10 (Dtn 27,26), V.11

---

180 Vgl. ausführlich KREMENDAHL, Die Botschaft der Form, 210–215.

181 A. a. O., 214: „Wie jede *propositio*, so ist auch die *subpropositio* in 3,6 aufgrund ihre Kürze erklärungsbedürftig. Deshalb leitet Paulus aus ihr zunächst drei Thesen als πίστεις ἔν τεχνοι ab, die er später (3,15–4,7) genauer erläutert."

182 A. a. O., 210.

183 A. a. O., 211.

184 A. a. O., 212.

185 Siehe WAKEFIELD, Where to Live.

(Hab 2,4b), V.12 (Lev 18,5c) und V.13 (Dtn 21,23) sowie die Allusion auf Gen 12,3 in V.14a und der alludierende Rückbezug auf Gen 15,6 in V.14b besitzen leitenden Charakter. Anhand der Schriftbezüge lassen sich die zentralen Themen der Argumentation ableiten. Die vier den Text bestimmenden Themen sind Glaube (A), Segen (B), Fluch (C) und Leben (D). Durch die chiastische resp. konzentrische Struktur (ABCDDCBA) wird ersichtlich, dass die intertextuellen Referenzen intratextuell so relationiert sind, dass sich durch das Motiv des Glaubens V.6 und V.14b verbinden (A),[186] durch das Motiv des Segens V.8 und V.14a (B)[187] und durch das Motiv des Fluches V.10 und V.13 (C). Das Motiv des Lebens (D), lexikalisch explizit greifbar durch die Verwendung von ζήσεται sowohl in Hab 2,4b (V.11) als auch in Lev 18,5c (V.12), wird in dieser Struktur zum Zentrum der paulinischen Argumentation. „The center of the two citations, the point around which the contrast is drawn – and therefore, the center of the whole chiastic structure of this section of Paul's letter – is ζήσεται."[188] Der Aspekt des Lebens ist interessanter Weise derjenige, welcher – obwohl er nach dieser konzentrischen Struktur das Zentrum der paulinischen Argumentation bildet – in der Erforschung von Gal 3,6–14 traditionell am wenigsten Beachtung gefunden hat.[189]

Faith: „Abraham had faith...it was reckoned to him as righteousness" (Gen 15:6)
Blessing: „Through you the nations will be blessed" (Gen 12:3)
Curse: „Cursed be anyone..." (Dt 27:26)
Life: „The righteous will live by faith" (Hab 2:4)
Life: „The one who does these things will live in them" (Lev 18:5)
Curse: „Cursed be anyone..." (Dt 21:23)
[Blessing: „...the blessing of Abraham..." (allusion to Gen 12:3)]
[Faith: „...in order that we might receive the promise of Spirit through faith"][190]

Anhand der vier dargestellten Optionen wird ersichtlich, wie eminent die paulinische Argumentation in Gal 3,6–14 in ihrer Struktur durch die Einbindung und

---

186 „As it turns out, even though there is no grammatical or syntactical parallelism between the citation of Gen 15:6 and Gal 3:14b, there is a certain structural parallelism at a deeper level. In both cases, we have a subject who receives something of infinite value by way of faith. Abraham is granted rightousness because he has faith in God; we receive the promise of the Spirit through faith." A. a. O., 140.

187 „The last term of this enlarged chiasm (blessing in 3:14) does not occur within an explicit citation, but it does seem evident that in verse 14 Paul is alluding back to the citation of Gen 12:3 in Gal 3:8." A. a. O., 134.

188 A. a. O., 139f.

189 Vgl. a. a. O., 140.

190 WAKEFIELD, Where to live, 136.

intratextuelle Relationierung der intertextueller Referenzen – insbesondere der direkten Zitate – geprägt ist. In unterschiedlicher Weise lässt sich anhand der dargestellten Optionen die textorientiere Funktionalisierung der Schriftbezüge beschreiben und interpretieren. Grundsätzlich kann nach wie vor der auf Betz (1.) zurückgehende Vorschlag überzeugen und als Bezugspunkt dienen. An diesen schließt ebenfalls die hier als zweites präsentierte Strukturierung an (2.), indem sie den Grundgedanken von Betz aufnimmt, modifiziert und streng textorientiert weiterdenkt. Auch die von Kremendahl vorgetragene Struktur (3.) nimmt von der Grundidee her Anschluss an Betz, ihre Schwachstelle besteht jedoch darin, die Schriftzitate in V.11 und V.12 auszuklammern. Wakefield (4.) wiederum gelingt es alle direkten Zitate in seine Strukturierung aufzunehmen, hinsichtlich der Hinzunahme der indirekten Referenzen verfährt er jedoch äußerst selektiv, um die von ihm ausgemachte konzentrische Struktur argumentieren zu können. Nichtsdestoweniger verweisen gerade seine Beobachtungen hinsichtlich der strukturellen Funktion der paulinischen Schriftbezüge auf eine Leerstelle in der Exegese von Gal 3,6–14. Doch ganz unabhängig davon, welche der vier skizzierten Positionen im Detail zu überzeugen vermag, bleibt festzuhalten, dass Paulus die Schriftbezüge in Gal 3,6–14 auf eine Weise verwendet hat, die sich maßgeblich auf das Textgefüge und dessen Wahrnehmung in seiner Rezeption auswirkt.[191]

[191] Hierzu Wakefield, Where to live, 138: „Indeed, it may not be too much to suggest that they act as the framework of his argument in this section of his letter. To say that the citations act as the framework for Paul's argument (or, from the perspective of text reception, to say that they act as the framework for the reader's understanding of Paul's argument) is to say more than simply that the citations play an important or even crucial role. Rather, it is to suggest that the citations give *shape* to the argument."

7. Zusammenfassung der Analyseergebnisse – Die Methodik des paulinischen Schriftgebrauchs in Röm 4 und Gal 3,6–14

Unter der Prämisse einer *begrenzten*, d. h. anwendungsorientierten und in erster Linie *produktionsorientierten*, d. h. primär auf den Autor, Paulus, blickenden Intertextualität (vgl. 3.1.3) wurden in Kapitel fünf (vgl. 5.2) und Kapitel sechs (vgl. 6.2) die Texte Röm 4 und Gal 3,6–14 detailliert hinsichtlich der Methodik, d. h. der den Texten inhärenten Formen, Verfahren und Techniken paulinischer Schriftrezeption untersucht. Um den Facettenreichtum und die Multidimensionalität der Intertextualität in diesen Texten möglichst umfassend beschreiben und auswerten zu können, geschah dies aus insgesamt sechs Analyseperspektiven: *1. Identifikation und Markierung, 2. Referenztyp, 3. Vorlage, 4. Kontext, 5. Intratextuelle Relationierung, 6. Funktion.* Diese sechs Analyseperspektiven wurden in der vorangegangenen methdologischen Reflexion dieser Studie (vgl. 3.2) sorgfältig ausgewählt, definiert und ausführlich reflektiert. Maßgebliches Ziel dieses Vorgehens war es, ein valides, multiperspektivisches und transparentes Instrumentarium zur Anaylse von Schriftbezügen in den orthonymen Paulusbriefen zu entwickeln, das sowohl klassisch exegetische, d. h. zumeist primär historisch fokussierte Fragestellungen und Zugänge als auch literaturwissenschaftliche Ansätze berücksichtigt und in die Analyse integriert. Die detaillierten Analysen des paulinischen Schriftgebrauchs in Röm 4 und Gal 3,6–14 sind als exemplarische Anwendung dieser entwickelten Methodik zu begreifen.

Während der Analyse hat sich erwiesen, dass die Hinzunahme, Kombination und Synthese exegetischer und literaturwissenschaftlicher Beschreibungsschemata und begrifflicher Instrumentarien gewinnbringende Neujustierungen und Differenzierungen hervorgebracht hat, die eine möglichst präzise und multiperspektivische Erfassung, Beschreibung und Auswertung der Formen und Verfahren der Ein- und Verarbeitung intertextueller Referenzen in Röm 4 und Gal 3,6–14 gewährleisten. Ohne im Folgenden die Details der in 5.2 und 6.2 geleisteten Analysen einholen zu können, sollen im Folgenden einige zentrale Beobachtungen herausgegriffen und benannt werden, die in der Analyse der Methodik des paulinischen Schriftgebrauchs in Röm 4 und Gal 3,6–14 gemacht wurden.

7.1 *Die Methodik des paulinischen Schriftgebrauchs in Röm 4*

Der Apostel Paulus bietet in Röm 4 eine intensive Auseinandersetzung mit den Heiligen Schriften Israels. Das vierte Kapitel des Römerbriefes kann zweifelsfrei als eines der beeindruckendsten Zeugnisse neutestamentlicher Intertextualität bezeichnet werden. Dies gilt sowohl für die Quantität der intertextuellen Referenzen in diesem begrenzten textlichen Rahmen von nur fünfundzwanzig Versen als auch für die Vielfalt an Auslegungsmethoden und kompositorischen Mitteln, die im paulinischen Umgang mit den Schriften Israels in Röm 4 erkennbar werden.

Im Text von Röm 4 lassen sich mehr als zwanzig intertextuelle Einschreibungen identifizieren. Wie in den obigen Ausführungen sichtbar wurde, ist somit in nahezu jedem der insgesamt fünfundzwanzig Verse dieses Textes eine intertextuelle Bezugnahme vorzufinden. In manchen Versen finden sich sogar mehrere Schriftbezüge. Hinsichtlich des Ursprungs der Referenztexte der intertextuellen Einschreibungen in Röm 4 kann festgehalten werden, dass ein wesentlicher Teil der Referenzen auf Prätexte aus der Genesis resp. der Abrahamerzählung der Genesis (Gen 12–25) Bezug nimmt. Ein nicht unerheblicher Anteil der Referenzen nimmt sogar auf die gleichen Prätexte Bezug. Im Fokus stehen hierbei insbesondere Gen 15,5ff. und Gen 17,4f. Die Frequenz der Einspielungen ebendieser Prätexte kann als besonders hoch eingestuft werden. Gleiches gilt für die breite Distribution dieser Prätexte im Textverlauf von Röm 4. Darüber hinaus lassen sich intertextuelle Bezugnahmen zu weiteren Versen aus Gen 15 und Gen 17 feststellen sowie eine Bezugnahme auf Gen 22,17. Die Rezeptionen von Ps 31,1–2a, Jes 48,13 und der Bezug auf Jes 53 stellen demgegenüber die einzigen intertextuelle Referenzen dar, deren Ursprung außerhalb der Abrahamerzählungen der Genesis (Gen 12–25) liegt.

Unter den von Paulus eingespielten intertextuellen Referenzen befinden sich sowohl unmarkierte als auch implizit und explizit markierte Einschreibungen. Um seine Schriftbezüge implizit oder explizit zu markieren, gebraucht Paulus in Röm 4 verschiedene Intertextualitätssignale. Zu nennen sind insbesondere onomastische Signale (re-used figure, re-used author), Verben der (Meta)Kommunikation und syntaktische Brüche. Einige der Referenzen weisen sogar eine Mehrfachmarkierung durch die Kombination unterschiedlicher Intertextualitätssignale auf. Teilweise kann daher von formelhaften Einleitungsformulierungen gesprochen werden (V.3.6.17.18.23) oder sogar von einer Thematisierung von Intertextualität (V.3.6). Die signifikantesten Markierungen finden sich in V.3.6.17.23 und sind geprägt durch das Signalwort γραφή/γράφειν bzw. in V.6 durch die Kombination des re-used author David, der als Autor paradigmatisch als Verweis auf die Herkunft des Zitats aus den Psalmen steht, mit einem Verb der Kommunikation (λέγειν). Die genannten Markierungen verweisen unmittelbar auf die Schriften Israels als Quelle des Folgenden. Die impliziten Markierungen in V.9.18.22 sind hingegen nicht durch ein solch klares Signal gekennzeichnet. Nichtsdestoweniger weisen sie Mehrfachmarkierungen auf. Die Formulierungen in V.9 und V.18 mit einer Form von λέγειν in Kombination mit einem syntaktischen Signal sind für die Rezipierenden deutlich wahrnehmbar und wirken aufmerksamkeitssteigernd. Allein die implizite Einleitung in V.22, die ausschließlich durch eine kausale Konjunktion gegeben ist, bleibt vage, ist jedoch in diesem Einzelfall markant genug, da das folgende Zitat im vorangegangenen Text bereits mehrfach eingespielt wurde.

Die unterschiedlichen Markierungen intertextueller Referenzen – insbesondere freilich die expliziten – dienen Paulus vielfach als rhetorisches Leitinstrument, um die Rezeption seines Textes zu steuern. Darüber hinaus zeigt sich, dass Paulus in mehreren Fällen die intertextuellen Referenzen hervorhebt resp. rhetorisch funktionalisiert, indem er sie an exponierten Stellen der Text- und Argumentationsstruktur von Röm 4 positioniert. Die Form der Markierung steht darüber hinaus in Interdependenz mit der Bestimmung der Referenztypen. Insgesamt lässt sich beobachten, dass alle direkten Schriftbezüge (Zitat, Paraphrase) in Röm 4 explizit gekennzeichnet und teilweise sogar durch Einleitungsformulierungen markiert sind. Eine Ausnahme für diese Beobachtung lässt sich einzig für die Paraphrase von Gen 17,5 in V.18b feststellen. Die indirekten Schriftbezüge (Alussion, Echo) hingegen weisen nur in Ausnahmefällen implizite oder explizite (i. d. R. onomastische) Markierungen auf.

Die Mehrzahl der intertextuellen Referenzen in Röm 4 sind Allusionen. Diese können zwar einen unterschiedlichen Grad an Explizitheit innehaben und generieren hierdurch ein unterschiedlich hohes Potential intertextuellen Missverstehens. Die paulinische Intentionalität der Allusionen ist aber nur in wenigen Fällen anzuzweifeln, weswegen es sich i. d. R. um Allusionen und nicht um Echos handelt. Darüber hinaus finden sich im Text von Röm 4 fünf direkte Zitate (V.3.7f.17a.18c.22) und drei Paraphrasen (V.9.18b.23). Als Echo lässt sich einzig der Bezug auf Jes 48,13 in V.17b einstufen. Insbesondere für die Mehrzahl der direkten Schriftbezüge lässt sich festhalten, dass Paulus sie an Schlüssel- und Scharnierstellen seiner Argumentation positioniert.

Insgesamt zeigt sich, dass Paulus in seinen expliziten Zitaten nah am LXX-Text bleibt und Abweichungen entweder auf unterschiedliche LXX-Traditionen oder aber intendierte Modifikationen zurückgehen, die Paulus vornimmt, um das jeweilige Zitat seinem neuen syntaktischen Kontext anzugleichen oder einen bestimmten Aspekt des Zitats in den Vordergrund zu rücken.

Die Analyse der Kontextbezogenheit der paulinischen Schriftverwendung lässt den Schluss zu, dass Paulus die Mehrzahl seiner intertextuellen Referenzen nicht losgelöst oder wider den ursprünglichen Textzusammenhang liest bzw. verwendet. Dies zeigt sich inbesondere darin, dass er mehrmals sogar den Kontext seiner Prätexte zur intratextuellen Relationierung der intertextuellen

Einspielungen heranzieht und auf diese Weise zu weiteren Themen seiner Ausführungen in Röm 4 in Beziehung setzt.[1] Und auch darüber hinaus „a variety of patterns can be observed in the way the quotations relate to one another within their new epistolary context.“[2] Insgesamt gewinnt die paulinische Argumentation erst aufgrund der Zusammenstellung der verschiedenen Schriftbezüge an Gestalt und Kohärenz. Einige der Prätexte erhalten im Licht der intratextuellen Relationierung mit weiteren intertextuellen Referenzen – sowie durch die erklärenden Glossen des Paulus, d. h. durch seine *Ko*texte – den von ihm intendierten (neuen) Sinn. In seiner Argumentation bezieht Paulus sich auf alle Teile (Tora, Propheten, Schriften) der Schriften Israels und verbindet die ausgewählten Prätexte untereinander so, dass sie sich gegenseitig auslegen und interpretieren. Auf diese Weise unterstreicht der Blick auf die intratextuelle Relationierung der Schriftbezüge noch einmal die Beobachtung, dass Paulus sich zumeist der kontextuellen Verzahnung und des narrativen Kontextes der einzelnen Prätexte bewusst ist. Denn insbesondere die thematische und motivische Relationierung der Referenzen, leitet sich zu einem Großteil aus dem jeweiligen Kontext der Prätexte und nicht zwingend aus der Einzelreferenz bzw. dessen Wortlaut selbst ab.

Die detaillierte Analyse der Funktion intertextueller Referenzen in Röm 4 hat vor Augen geführt, wie facettenreich Paulus Schriftbezüge in diesem Text funktionalisiert. Für die meisten Schriftbezüge lässt sich festhalten, dass ihnen mehrere Funktionen inhärent sind. Die intertextuellen Einspielungen in Röm 4 besitzen dabei sowohl die Grundfunktion einer Rezeptionsorientiertheit als auch dezentrale, d. h. referenztextorientierte oder textorientierte Funktionen. Die produzentenorientierte Funktion einer einzelnen Referenz lässt sich nicht explizit nachweisen – wenngleich der kunstvolle Umgang in der Auswahl und der Relationierung der Prätexte in eine solche Richtung weist. Ohne die weiter oben skizzierte Vielzahl unterschiedlicher Funktionalisierungen damit umfänglich einholen zu können, lassen sich insbesondere drei Formen der Funktionalisierung intertextueller Referenzen in Röm 4 festhalten: Erstens besitzen die Schriftbezüge eine – primär rezeptionsorientierte – argumentative Funktion. So dienen z. B. die expliziten Schriftbezüge auf Gen 15,6 in Röm 4 „als ‚Autoritätsargumente‘, mit denen Paulus nicht nur seine These stützt, sondern aufgrund deren Überzeugungskraft er auch Zustimmung auf Seiten der Adressaten erreichen will.“[3] Ebenso besitzen die weiteren direkten Schriftzitate in Röm 4 eine begründende und bestätigende Funktion und dienen somit als weitere Stützargumente. Ähnliche argumentative Funktionalisierungen lassen sich zudem für indirekte Bezugnahmen festhalten. Zweitens besitzen die intertextuellen Referenzen nicht nur autorisierende und bestätigende Funktion für die paulinischen Thesen, sondern umgekehrt dienen sie Paulus inhaltlich und argumentativ als

---

1 Vgl. Wick, Paulus, 48.

2 Stanley, Paul and the Language of Scripture, 258.

3 Neubrand, Abraham – Vater von Juden und Nichtjuden, 170.

Ausgangspunkte seiner Diskussion und besitzen daher leitenden Charakter für die paulinische Argumentation. Hervorzuheben ist hierbei insbesondere der Prätext aus Gen 15,6. Denn Röm 4 als Gesamtkapitel kann als Auslegung und Interpretation dieses einen Verses gelesen werden und orientiert sich in seinen inhaltlichen Ausführungen an diesem als Leitvers. Drittens besitzen die Schriftbezüge in Röm 4 – und wiederum ist insbesondere der mehrfache Bezug auf Gen 15,6 zu nennen – strukturgebenden Charakter für den Textaufbau. Die intertextuellen Referenzen fungieren als Gliederungsprinzip sowohl für das gesamte Kapitel von Röm 4 als auch für die einzelnen Unterabschnitte der Argumentation und deren Gedankengänge.

7.2 Die Methodik des paulinischen Schriftgebrauchs in Gal 3,6–14

Die Argumentation von Gal 3,6–14 ist in hohem Maße durch den Gebrauch intertextueller Referenzen geprägt. Paulus bietet in diesem kurzen Text sowohl quantitativ als auch qualitativ eine intensive Auseinandersetzung mit den Schriften Israels. Paulus zeigt in Gal 3,6–14 eine große Varietät von Formen und Verfahren der Verarbeitung und Funktionalisierung intertextueller Bezugnahmen. In den neun Versen des Textes aus Gal 3,6–14 lassen sich insgesamt sechzehn intertextuelle Referenzen identifzieren. Jeder Vers des Textes beinhaltet somit eine oder sogar mehrere intertextuelle Einschreibungen. Der überwiegende Teil der Prätexte entstammt dem Pentateuch. Neben den beiden Referenzen zur Abrahamerzählung der Genesis aus Gen 15,6 (bzw. Gen 15,5f) in V.6.7.8a.9(.14) und Gen 12,3 bzw. Gen 18,18 und Gen 22,18 in V.8b(.9) und V.14 finden sich Bezugnamen auf das Deuteronomium (Dtn 27,26 bzw. Dtn 28,58 und Dtn 30,10 in V.10 und V.13a sowie Dtn 21,23 in V.13b) sowie auf das Heiligkeitsgesetz des Buches Leviticus (Lev 18,5c in V.12). Prätexte aus dem Korpus der Prophetenbücher sind die Bezugnahmen auf Hab 2,4b in V.11 und V.12 sowie Referenzen zum Jesajabuch (Jes 51,1–8 in V.6–9; Jes 52,7–10 in V.8; Jes 53 in V.13; Jes 44,3ff. in V.14).

Bei den durch Paulus eingespielten intertextuellen Einschreibungen handelt es sich sowohl um unmarkierte als auch um implizit sowie um explizit markierte Referenzen. Unmarkierte Referenzen liegen in V.6–9 (Jes 51,1–8), V.8 (Jes 52,7–10, V.12 (Hab 2,4), V.13a (Dtn 27,26), V.13 (Jes 53) und V.14 (Jes 44,3–5) vor. Es fällt auf, dass es sich – mit Ausnahme der Paraphrase von Hab 2,4b, die ebenso als Allusion betrachtet werden könnte – bei den unmarkierten intertextuellen Referenzen in Gal 3,6–14 ausschließlich um indirekte Schriftbezüge (Allusionen, Echos) handelt. Insofern Paulus seine Schriftbezüge implizit oder explizit markiert, verwendet er hierzu unterschiedliche Intertextualitätssignale. Ein elementares Mittel der expliziten Markierung intertextueller Referenzen ist in Gal 3,6–14 das onomastische Signal Ἀβραάμ. Fünfmal verwendet Paulus den Namen Ἀβραάμ (V.6.7.8b.9.14) und verweist durch diesen auf die Intertextualität des jeweiligen Verses. Ein weiteres Intertextualitätssignal, das mehrfach in Gal 3,6–14 begegnet, ist der Gebrauch von Verben der Kommunikation bzw. Metakommunikation (V.8a.b.10.13b). Darüber hinaus liegen im Text von Gal 3,6–14 mehrmals syntaktische Brüche vor, die entweder als implizite Intertextualitätssignale fungieren (V.11.12) oder in Kombination mit weiteren Signalen zur expliziten Markierung einer Referenz beitragen (V.6.8a.b.10.13b). Durch die Kombination unterschiedlicher Intertextualitätssignale kann für einige Referenzen eine Mehrfachmarkierung ausgemacht werden (V.6.8.a.b.10.13b.). In V.8a und V.8b ist die Markierung der intertextuellen Einschreibung so ausgeprägt, dass gar von einer Thematisierung der Intertextualität gesprochen werden kann.

Der Text aus Gal 3,6–14 beinhaltet insgesamt sechzehn intertextuelle Referenzen. Sechs dieser Referenzen können als direkte Schriftzitate, fünf als Allusionen, vier als Echos und eine als Paraphrase identifiziert werden. Die sechs Schriftzitate begegnen in V.6 (Gen 15,6), V.8 (Gen 12,3), V.10 (Dtn 27,26), V.11 (Hab 2,4b), V.12 (Lev 18,5) und V.13 (Dtn 21,23). Alle direkten Schriftzitate weisen eine Markierung auf, sodass eine gewisse Interdependenz zwischen Markierung und Referenztyp ausgemacht werden kann. Vier Schriftzitate sind explizit (V.6.8.10.13) und zwei implizit (V.11.12) markiert. Insofern Allusionen im Text von Gal 3,6–14 identifiziert wurden (V.7.8.9.13a.14), handelt es sich jeweils um Anspielungen auf Prätexte, die im Vorhinein bereits als Schriftzitate in den Text eingebunden wurden (Gen 15,6 in V.6; Gen 12,3 in V.8; Dtn 27,26 in V.10). Gleiches gilt für die einzige Paraphrase des Textes in V.12 – die durchaus auch als Allusion betrachtet werden könnte. Auch der Prätext aus Hab 2,4b, der in V.12 paraphrasiert aufgenommen wird (ἐκ πίστεως), wurde bereits unmittelbar zuvor als Zitat in den Text eingespielt (V.11). Wenngleich die verschiedenen Allusionen sowie die Paraphrase in V.12 einen unterschiedlichen Grad an Explizitheit aufweisen, kann aufgrund dessen, dass diese bereits zuvor im Text begegnet sind, zum einen von einem geringen Potential intertextuellen Missverstehens und zum anderen von einer Intentionalität für die Allusionen ausgegangen werden. Die vier in Gal 3,6–14 identifizierten Echos (V.6–9.8.13.14) entstammen allesamt dem Propheten Deuterojesaja (Jes 51,1–8; Jes 52,7–10; Jes 53; Jes 44,3–5) und sind jeweils unmarkiert. Sie lassen sich lediglich aufgrund einzelner Motive, Themen oder lexematischer Assoziationen als Echos zu den deuterojesajanischen Texten identifizieren. Eine Intentionalität kann zwar vermutet und argumentiert, nicht jedoch mit letzter Sicherheit begründet werden.

Für die sechs direkten Schriftzitate in Gal 3,6–14 zeigt sich, dass keines exakt dem Vorlagentext einer geläufigen LXX-Handschrift entspricht.[4] In unter-

[4] „Though it is generally accepted that Paul's use of scripture depends on a Greek *Vorlage*, none of the citations in this passage precisly agrees with the LXX." WAKEFIELD, Where to live, 60.

schiedlicher Ausprägung weisen alle Zitate Abweichungen auf. Das Zitat aus Gen 15,6 weist eine Deletion des Namens Αβραμ auf resp. eine Umstellung des Namens vor das Zitat bzw. an den Anfang des Zitats – davon abhängig, ob man den Namen zum Zitat hinzuzählt. Darüber hinaus verwendet Paulus – ebenso wie in Röm 4 – nicht die Namensform Αβραμ, sondern Ἀβραάμ. Das Schriftzitat in V.8 ist eine *composite citation* der Prätexte Gen 12,3 im ersten Zitatteil (ἐνευλογηθήσονται ἐν σοὶ) und Gen 18,18 bzw. 22,18 oder Gen 26,4 im zweiten Zitatteil (πάντα τὰ ἔθνη). Bei dem Schriftzitat in V.10 handelt es sich ebenfalls um eine *composite citation.* Paulus kombiniert hier Dtn 27,26 mit Dtn 28,58 bzw. 30,10. Darüber hinaus weist das Schriftzitat geringfügige Deletionen auf. Eine potenzielle Deletion enthält auch das Schritzitat aus Hab 2,4b in V.11 (μου) – insofern man davon ausgeht, dass Paulus an dieser Stelle nicht auf eine hebraisierende LXX-Version zurückgreift. Davon abgesehen handelt es sich bei den Zitaten aus Gen 15,6 und Hab 2,4b um diejenigen, welche sich am engsten am LXX-Text orientieren. Das Schriftzitat aus Lev 18,5c in V.12 enthält ebenfalls nur eine geringfügige Modifikation. Paulus lässt das Wort ἄνθρωπος – ebenso wie im Zitat von Dtn 27,26 in V.10 – aus und ersetzt es durch αὐτά. Neben den Zitaten in V.8 und V.10 rückt auch das Zitat aus Dtn 21,23 in V.13 in die Nähe einer *composite citation.* Denn Paulus modifiziert den Prätext aus Dtn 21,23 so, dass ein eindeutiger Rückbezug zum Zitat aus Dtn 27,26 in V.10 sichtbar wird.

Eine auffällige Interdependenz lässt sich zwischen der Markierungsdeutlichkeit der direkten Schriftzitate und ihrem Grad an Modifikation gegenüber ihrem Vorlagentext ausmachen. Während die drei Schriftzitate, die nur geringfügige Modifikationen aufweisen, diejenigen sind, welche weniger deutlich markiert wurden (Gen 15,6, Hab 2,4b, Lev 18,5c), handelt es sich bei den Schriftzitaten, die stärkere Abweichungen gegenüber dem Vorlagentext beinhalten resp. als *composite citations* begegnen (Gen 12,3, Dtn 27,26, Dtn 21,23), um diejenigen, welche mehrfach explizit markiert wurden und bei denen teils sogar von thematisierter Intertextualität gesprochen werden kann.[5]

Dieter Lührmann behauptet in seinem Kommentar zum Galaterbrief: „Der Argumentationsgang in V.6–14 mutet sehr kompliziert an, vor allem dadurch, dass Paulus wahllos Texte des Alten Testaments aus ihrem Kontext zu nehmen und sie so zu verwenden scheint, wie es ihm gerade passt."[6] Die Analyse der Kontextbezogenheit der paulinischen Schriftrezeption in Gal 3,6–14 hat aufgezeigt, dass – wenngleich die Argumentation dieses Textes derart anmuten *kann* – es

---

5 Nimmt man zu dieser Beobachtung hinzu, dass die drei Referenzen, die weniger stark markiert wurden, drei der wenigen Zitate sind, welche in den paulinischen Homologumena mehrfach eingespielt werden (Gen 15,6 in Röm 4, Hab 2,4 in Röm 1,17, Lev 18,5 in Röm 10,5), könnte u. U. zum einen angenommen werden, dass dies für die paulinische Theologie scheinbar zentrale Prätexte waren und zum anderen, dass diese Texte keiner expliziten Mehrfachmarkierung bedurften und als durchaus bekannt vorausgesetzt werden konnten.

6 LÜHRMANN, Der Brief an die Galater, 53.

schlichtweg falsch wäre, Paulus ein solch *wahlloses* Verfahren zu unterstellen. Denn in den meisten Fällen zeigt sich, dass Paulus den (engeren oder weiteren) Kontext seiner Prätexte bei deren Rezeption mit im Blick behält und sich dies auf unterschiedlichen Ebenen (sprachlich, inhaltlich) in Gal 3,6–14 widerspiegelt. Zugleich sollte aber auch Abstand genommen werden von pauschalisierenden Urteilen, dass Paulus stets den jeweiligen Kontext seiner Prätexte mitmeinen würde, wenn er eine intertextuelle Referenz in den Metattext von Gal 3,6–14 einspielt.[7] Denn z. B. die paulinische Rezeption von Dtn 21,23 in V.13 lässt kaum erkennen, dass Paulus über den Wortlaut des Zitats hinaus den Kontext des Prätextes in seiner Rezeption mitberücksichtigt.

Die Argumentation von Gal 3,6–14 gewinnt nicht nur durch den Einsatz von intertextuellen Einschreibungen *per se* Gestalt, sondern überdies durch die intratextuelle Relationierung der intertextuellen Referenzen. Paulus verknüpft seine Schriftbezüge in Gal 3,6–14 sowohl auf lexematischer als auch auf motivischer und thematischer Ebene miteinander. Insbesondere die von Paulus eingespielten Schriftzitate werden durch Stichwortverknüpfungen miteinander verbunden. Darüber hinaus verbinden sich die intertextuellen Bezugnahmen – sowohl die direkten als auch die indirekten – durch einzelne Themen, Motive oder Stichworte, die entweder dem Schriftbezug selbst inhärent sind oder dem Kontext der Prätexte entstammen.

Die detaillierte Analyse der Funktionen resp. der Funktionalisierung der intertextuellen Bezugnahmen hat aufgezeigt, dass die intertextuellen Referenzen in Gal 3,6–14 sowohl zentrale (rezeptionsorientierte) als auch dezentrale (referenztextorientierte, textorientierte, produktionsorientierte) Funktionen innehaben. Die Funktionen können dabei sowohl auf inhaltlich-theologischer Ebene als auch auf stilistisch-literarischer Ebene liegen. Dies hängt insbesondere davon ab, ob man den jeweiligen Schriftbezug für sich genommen oder im Kontext der gesamten Argumentation betrachtet. Wenngleich insbesondere die Funktion der sechs direkten Schriftzitate jeweils als „deductive proof“ klassifiziert werden könnte, so sind die Funktionen doch nicht gänzlich deckungsgleich, sondern besitzen für sich genommen eigene Akzentuierungen.[8] „While the use of citation invokes the presupposition of authority and applicability, the actual *function* of citations within an argument can vary. In particular, [...] some of the citations in Gal 3:1–14 do *not* function as proof, but rather as rhetorical extension of a point already made (Gen 12:3 in Gal 3:8; Hab 2:4 in Gal 3:11), or inductive evidence to offer further support (but not proof) of some point (Gen 15:6 in Gal 3:6).“[9] Analysiert man die Einbettung der intertextuellen Schriftbezüge in die literarische Gestaltung von Gal 3,6–14

---

7 Z. B. GARLINGTON, Role Reversal and Paul's Use of Scripture in Galatians 3.10–13, 120. Ähnlich WICK/MASCHMEIER, Paulus, 48.

8 Vgl. WAKEFIELD, Where to Live, 158.

9 A. a. O., 172.

zeigt sich, dass diese – wiederum insbesondere die direkten Schriftzitate – in unterschiedlicher Art und Weise als strukturgebend für die gesamte Argumentation oder einzelne Argumentationsabschnitte betrachtet werden können.[10]

7.3 *Resümee*

„The ability to quote and interpret Scripture is a potent weapon within a religious community [...] and Paul did not hesitate to wield this weapon in his letters."[11] Dieses Diktum gilt in herausragendem Maße für den paulinischen Umgang mit den Schriften Israels in den analysierten Texten Röm 4 und Gal 3,6–14. Die Intertextualität der beiden Texte erweist sich sowohl qualitativ als auch quantitativ als besonders intensiv.[12] Paulus verwendet in Röm 4 und Gal 3,6–14 eine Vielzahl unterschiedlicher Formen und Verfahren der Schriftrezeption. Diese prägen die Argumentation und die Struktur der Texte zutiefst. Die Methodik des paulinischen Schriftgebrauchs lässt sich dabei nicht auf einzelne starre Rezeptionsmuster reduzieren,[13] sondern ganz im Gegenteil hat die Analyse von Röm 4 und Gal 3,6–14 aus den ausgewählten sechs Analyseperspektiven die Polyphonie und den Formenreichtum der paulinischen Schriftrezeption herausgestellt. Der Charakter der Methodik des paulinischen Schriftgebrauchs in Röm 4 und Gal 3,6–14 ist geprägt durch Polyvalenz und Dynamik.[14] In gewisser Hinsicht können die Formen und Verfahren der paulinischen Schriftrezeption als bewusst, zuweilen als intuitiv und zugleich punktuell als unreflektiert beschrieben werden.[15] Konkludierend werden noch einmal einige zentrale Aspekte der Methodik des paulnischen Schriftgebrauchs in Röm 4 und Gal 3,6–14 festgehalten:

a) Grundsätzlich lässt die Intertextualität der Texte Röm 4 und Gal 3,6–14 die tiefe Verankerung des paulinischen Denkens in den Schriften Israels erken-

---

10 „Though there is the danger of forcing something to fit, there is also a certain intertextuel necessity of seeing how far a pattern plays out once it has been established." WAKEFIELD, Where to live, 136.

11 CHRISTOPHER D. STANLEY, Pearls Before Swine. Did Paul's Audience Understand His Biblical Quotations?, in: NT 41 (1999), 135f.

12 Vgl. ähnlich KOCH, Die Schrift als Zeuge des Evangeliums, 341.

13 Ähnlich RICHARD B. HAYS, Schriftverständnis und Intertextualität bei Paulus, in: ZNT 14 (2004), 61: „Bei näherer Betrachtung paulinischer Benutzungsweise biblischer Schriften wird deutlich, dass Paulus diese Texte mit großer Freiheit las. Es ist schwierig, irgendeine festgelegte Methode zu erkennen, die seine Interpretation regelt."

14 Es kann daher Katja Kujanpää zugestimmt werden, die in ihrer Arbeit konkludiert: „The one-word answer to the question how Paul uses quotations is: diversely." KUJANPÄÄ, The Rhetorical Functions of Scriptural Quotations in Romans, 332.

15 Vgl. STANLEY, Paul and the Language of Scripture, 29.

nen. Denn ganz bewusst entwickelt Paulus anhand von intertextuellen Bezügen seine Argumentationen. Zugleich lassen einzelne intertextuelle Referenzen den Schluss zu, dass Paulus sie unreflektiert in seine Texte einbaut, er also biblische Sprache, d. h. bestimmte verbale Muster oder Motive geadezu automatisiert anwendet. Röm 4 und Gal 3,6–14 sind Beispiele dafür, wie sehr Paulus durch die intensive Auseinandersetzung mit den Schriften Israels geprägt ist und wie er anhand deren Rezeption und Interpretation theologische Standpunkte, Thesen und Gedankengänge entwickelt, formt und zum Ausdruck bringt.

b) Hierzu bezieht sich Paulus in Röm 4 und Gal 3,6–14 auf eine Bandbreite von Prätexten. Diese entstammen sowohl den Schriften des Pentateuchs, vorzugsweise der Abrahamerzählung der Genesis, als auch den Propheten, häufig dem Propheten Jesaja.[16] Die intertextuellen Referenzen in Röm 4 und Gal 3,6–14 weisen unterschiedliche Grade an Markierungsdeutlichkeit auf und besitzen ein unterschiedlich hohes Potenzial des intertextuellen Miss- oder Nichtverstehens. Während Paulus einige intertextuelle Bezugnahmen explizit markiert und weitere implizit markiert, bleiben andere hingegen gänzlich unmarkiert. Insofern Paulus seine intertextuellen Einschreibungen in Röm 4 und Gal 3,6–14 markiert, geschieht dies durch verschiedene Intertextualitätssignale. In einigen Fällen liegen Kombinationen solcher Intertextualitätssignale vor. Man spricht dann von mehrfachmarkierter Intertextualität. Intertextualitätssignale, die Paulus in Röm 4 und Gal 3,6–14 zur Markierung der Schriftbezüge verwendet, sind u. a. onomastische Signale (re-used figures, re-used authors), syntaktische Signale (z. B. Brüche der Kohärenz oder der Kohäsion eines Satzes) und Verben der Kommunikation oder der Metakommunikation. Mit Blick auf die Markierung resp. Einleitung einzelner Referenzen kann aufgrund einer Mehrfachmarkierung und einem besonders ausgeprägten Grad der Explizitheit der Markierung auch von einer thematisierten Intertextualität gesprochen werden. Neben dem Aspekt der Qualität der Markierung der paulinischen Schriftbezüge in Röm 4 und Gal 3,6–14 lassen sich zudem einige Beobachtungen hinsichtlich der Quantität der Markierung bzw. der Ein- und Verarbeitung intertextueller Referenzen festhalten. Mehrfach begegnet sowohl in Röm 4 als auch in Gal 3,6–14 das Phänomen, das ein bestimmter Prätext nicht nur punktuell, sondern mehrfach eingespielt wird. Die intertextuelle Referenz weist also eine hohe bzw. erhöhte Rezeptionsfrequenz auf. In Röm 4 trifft dies insbesondere auf Gen 15,6 und dessen Kontext sowie auf Gen 17,4f. zu. In Gal 3,6–14 kann diese Beobachtung ebenfalls für Gen 15,6 und darüber hinaus für Gen 12,3, aber

16 Bei der Referenz zu Ps 31,1–2a^{LXX} in Röm 4,7f. handelt es sich um die einzige intertextuelle Bezugnahme, dessen Prätext in den sog. *Schriften* (*Ketubim*) enthalten ist – wobei zugleich hinzugefügt werden muss, dass Ps 31 als Davidspsalm im Frühjudentum ebenso als *prophetischer* Text gegolten hat.

auch für Dtn 27,26 und Hab 2,4 geltend gemacht werden. Auch die Positionierung, d. h. die Distribution resp. die Exponiertheit einzelner intertextueller Referenzen in Röm 4 und Gal 3,6–14 stellt mehrfach eine Besonderheit dar. Denn mehrmals begegnen intertextuelle Referenzen an hervorgehobener Position der Argumentationen, z. B. zu Beginn oder am Ende der Texte sowie an den Schnittstellen einzelner Argumentationsabschnitte.

c) Die intertextuellen Referenzen in den paulinischen Metatexten Röm 4 und Gal 3,6–14 begegnen in unterschiedlichen Formen bzw. Referenztypen. Bei den paulinischen Schriftbezügen handelt es sich sowohl um direkte Bezugnahmen, d. h. um Zitate oder Paraphrasen von Prätexten als auch um indirekte Bezugnahmen, d. h. um Allusionen oder Echos von Prätexten. Bei der Bestimmung des jeweiligen Referenztyps hat sich – mit wenigen Ausnahmen –, neben dem Blick auf die Wörtlichkeit der Wiedergabe des Prätextes, auch der Grad der Markierungsdeutlichkeit und dessen Qualität als Indikator erwiesen. Während z. B. Zitate relativ häufig eine explizite Markierung vorweisen, nimmt die Markierungsdeutlichkeit bei Allusionen eher ab. Darüber hinaus lässt sich beobachten, dass die erneute Einspielung eines bereits zuvor verarbeiteten Prätextes im Metatext hin und wieder in abnehmender Proportion bzw. Deutlichkeit geschieht. Dies spricht dafür, dass Paulus u. U. einen gewissen Konditionierungseffekt hinsichtlich des Erkennens einer bestimmten intertextuellen Spur voraussetzt.

d) Insofern Paulus Schriftzitate in seine Argumentation einbaut, tut er dies mit einer relativen Freiheit im Umgang mit dem Wortlaut des zitierten Prätextes der LXX. Zwar weicht er nur selten gegenüber dem semantischen Gehalt des zitierten Prätextes ab, jedoch bewirkt er durch etwaige deliberative Modifikationen gewisse Akzentuierungen in seiner Schriftrezeption. In Röm 4 und Gal 3,6–14 lassen sich Modifikationen in Form von Substitutionen, Deletionen, Additionen oder Permutationen festhalten. Freilich ist die letztgültige Bestimmung, ob Modifikationen auf einen variierenden Vorlagentext, den paulinischen Eingriff in den Wortlaut oder gar auf eine Zitation aus dem Gedächtnis zurückzuführen sind, im Einzelfall äußerst diffizil. Eine Besonderheit hinsichtlich der Modifikation des Wortlauts von Zitaten sind zudem die *composite citations* im paulinischen Schriftgebrauch. Das Phänomen von *composite citations* lässt sich in den beiden untersuchten Texten nur in Gal 3,6–14, dort aber gleich mehrfach beobachten.

e) Hinsichtlich der Kontextbezogenheit des paulinischen Schriftgebrauchs resp. des Verhältnisses zwischen der paulinischen Rezeption eines Prätextes und seiner Verarbeitung im Metatext und dessen ursprünglichen Kontext hat die Analyse von Röm 4 und Gal 3,6–14 die Erkenntnisse der methodologischen Reflexionen insofern unterstrichen, als deutlich geworden ist, dass für eine Beurteilung dieses Aspekts zunächst Differenzierungen maßgebend und pauschalisierende Urteile abzulehnen sind. Einerseits konnte nämlich für die Mehrzahl der intertextuellen Bezugnahmen in Röm 4 und Gal 3,6–14 eine Berücksichtigung des ursprünglichen Kontextes ausgemacht werden. Denn mehrfach legt die Analyse der Kontexte der Referenzen in Röm 4 und Gal 3,6–14 eine sorgfältige und aufmerksame Beachtung der Kontexte der Prätexte durch Paulus nahe. Andererseits begegnet u. a. mit dem Zitat aus Dtn 21,23 in Gal 3,13 ein Beispiel für den Gebrauch und die Funktionalisierung eines Schriftbezugs, welche kaum dem ursprünglichen Kontext der Referenz zu entsprechen vermag. Unabhängig davon, wie die Skalierung der kontextuellen Verzahnung einer intertextuellen Referenz ausfällt, ist es stets notwendig zu differenzieren, auf welcher Ebene diese angesiedelt ist (z. B. sprachlich oder thematisch).

f) Ein weiterer Aspekt des paulinischen Schriftgebrauchs, in dem auch die paulinische Berücksichtigung der Kontexte einzelner intertextueller Referenzen mitunter sichtbar wird, betrifft die intratextuelle Relationierung der intertextuellen Einschreibungen. Paulus verknüpft sowohl in Röm 4 als auch in Gal 3,6–14 zahlreiche seiner Schriftbezüge mit- bzw. untereinander. Dies geschieht sowohl durch direkte Relationierungen via lexematischer Assoziationen, d. h. sowohl durch Stichwortverknüpfungen als auch durch die Verknüpfung von überschneidenden Themen, Motiven oder Stichworten, die nicht zwingend dem rezipierten Prätext inhärent sind, sondern u. U. erst unter Einbezug des Kontextes sichtbar werden. Die intratextuelle Relationierung intertextueller Einschreibungen ist für Paulus überdies ein wichtiges Mittel in seiner Argumentation. Die Verknüpfung der Schriftbezüge untereinander ist sowohl in Röm 4 als auch in Gal 3,6–14 ein zentrales Merkmal der paulinischen Gedankenführung.

g) Die Funktion bzw. die Funktionalisierung von Schriftbezügen in Röm 4 und Gal 3,6–14 gestaltet sich äußerst facettenreich. Dies gilt sowohl für den Einsatz von direkten als auch von indirekten intertextuellen Referenzen. Paulus funktionalisiert die Schriftbezüge in Röm 4 und Gal 3,4–16 sowohl in literarischer als auch in rhetorischer und/oder theologischer Hinsicht. Dies geschieht zudem auf unterschiedlichen Kommunikationsebenen. Die intertextuellen Einschreibungen in Röm 4 und Gal 3,6–14 besitzen sowohl die Grundfunktion einer Rezeptionsorientiertheit als auch dezentrale Funktionen, d. h. sie haben u. a. eine referenztextorientierte, textorientierte oder produktionsorientierte Funktion inne. Der funktionelle Charakter einzelner intertextueller Einschreibungen lässt sich zudem nicht immer auf eine einzelne Funktion festlegen oder reduzieren, sondern ist durchaus ambig oder besitzt eine dynamische Komponente. In erster Linie verwendet Paulus die Schriftbezüge in Röm 4 und Gal 3,6–14 rezeptionsorientiert, d. h. zumeist als autoritative Elemente, mittels der er seine theologischen Thesen und Positionen stützen, legitimieren, belegen, verdeutlichen oder absichern möchte. Gleichzeitig können intertextuelle Bezugnahmen ebenso umgekehrt dazu dienen, um aus ihnen theologische Thesen ab- und herzuleiten (z. B. Analogien) oder den theologischen Bezugsrahmen seiner Argumentation festzulegen. Insofern eine primär autorisierende Funktion vorliegt, konnte mehrfach eine Interdependenz von Funktion und Markierung beobachtet werden. Dies gilt insbesondere für den Gebrauch der direkten Schriftzitate. Paulus funktionalisiert intertextuelle Referenzen in Röm 4 und Gal 3,6–14 des Weiteren referenztextorientiert, d. h. die Einbindung intertextueller Bezugnahmen kann im Einzelfall der Explikation oder dem tieferen Verständnis eines Prätextes an sich dienen. In dieser Verwendungsweise tritt die Rezeptionsorientiertheit in den Hintergrund. Darüber hinaus sind Röm 4 und Gal 3,6–14 Zeugnisse für die textorientierte Funktionalisierung intertextueller Bezüge. Sowohl in Röm 4 als auch in Gal 3,6–14 dienen die intertextuellen Referenzen als Strukturgeber und Gliederungsprinzipien. Sie prägen in entscheidender Weise die literarische Konstitution, die rhetorische Struktur und die Pragmatik der Texte.[17] Schließlich zeugen Röm 4 und Gal 3,6–14 nicht zuletzt auch von dem produktionsorientierten Einsatz intertextueller Bezugnahmen. Denn der Bezug auf die Schriften Israels sowie die Argumentation mit und anhand dieser Referenztexte kann *per se* bereits als Akt einer produktionsorientierten Intertextualität angesehen werden. Paulus setzt die Schriften Israels nämlich nicht zuletzt ein, um als Autor und Theologe zu renommieren und sich selbst zu etablieren bzw. zu rechtfertigen.

17 Wakefield weist zurecht sowohl auf die Gefahr der Bestimmung solcher anhand von intertextuellen Referenzen entwickelten strukturellen Muster hin als auch auf die Notwendigkeit der Er- und Abwägung ebensolcher literarischer Deutungsmöglichkeiten: „Though there is the danger of forcing something to fit, there is also a certain intertextuel necessity of seeing how far a pattern plays out once it has been established.“ WAKEFIELD, Where to Live, 136.

§ IV *Phänomenologische Kontextualisierung*

8. Kontextualisierung der Analyseergebnisse – Die Methodik des paulinischen Schriftgebrauchs im Horizont frühjüdischer Schriftrezeption

Die Auswertung des Überblicks zur Erforschung des paulinischen Schriftgebrauchs (vgl. 2.3) hat als zentrales Ergebnis hervorgebracht, dass die Bewertung des soziokulturellen, -religiösen und -historischen sowie des biographischen Kontextes des Völkerapostels maßgeblich Einfluss nimmt auf das Gesamtbild der paulinischen Schriftrezeption. Um diesem Sachverhalt Rechnung zu tragen, wurden bereits im vierten Kapitel der Studie (vgl. Kap. 4) ebenjene für den paulinischen Schriftgebrauch wesentlichen soziokulturellen (vgl. 4.1) und biographischen (vgl. 4.2) Vorbedingungen in Grundzügen skizziert, diskutiert und für das weitere Vorhaben der Arbeit transparent gemacht. Hierbei wurde die Tatsache unterstrichen, „dass für den Hintergrund der Schriftrezeption des Paulus in erster Linie der *jüdische Diskursrahmen* zu betrachten ist."[1] Dieser Aspekt, dass der *jüdische Diskursrahmen* den primären Kontext des paulinischen Schriftgebrauchs darstellt (vgl. 4.3), markiert den unmittelbaren Anknüpfungspunkt für das vorliegende Kapitel (Kap. 8) und besitzt heuristisch leitenden Charakter für die nachfolgenden Ausführungen.

Das Anliegen des vorliegenden Kapitels besteht darin, 1) einen *Diskursrahmen* frühjüdischer Schriftrezeption aufzuzeigen (vgl. 8.1), um 2) die anhand von Röm 4 (vgl. 5.2) und Gal 3,6–14 (vgl. 6.2) exemplarisch analysierte Methodik des paulinischen Schriftgebrauchs (vgl. kompakt 7.1) in diesen einzuordnen (vgl. 8.2 u. 8.3).[2] Mittels eines *phänomenologischen* Zugriffs (vgl. 8.1.1) soll nach den formal-hermeneutische Parallelen und Differenzen zwischen der zeitgenössischen

---

1 JÖRG FREY, Paulus als Pharisäer und Antiochener. Biographische Grundlagen seiner Schriftrezeption, in: Florian Wilk/Markus Öhler (Hg.), Paulinische Schriftrezeption. Grundlagen – Ausprägungen – Wirkungen – Wertungen (FRLANT 268), Göttingen, Bristol, CT, U.S.A. 2017, 82. Hervorhebung MC.

2 Die Relevanz einer solchen Kontextualisierung der Analyseergebnisse zur Methodik des paulinischen Schriftgebrauchs liegt *prima facie* auf der Hand. „The importance of situating the writings produced by the first followers of Jesus within the wider framework of early Jewish literature and scriptural interpretation is generally accepted in modern scholarship. Over recent decades, this approach has yielded fresh and valuable insights into both

und der paulinischen Methodik der Schriftverwendung gefragt werden.[3] Die Intention dieser Betrachtung des paulinischen Schriftgebrauchs vor dem Horizont frühjüdischer Formen und Verfahren der Schriftrezeption besteht somit in einem verbesserten Verständnis von Paulus als Verwender der Schriften Israels im Kontext des Frühjudentums (vgl. 8.4).[4]

8.1 *Methodologische Vorbemerkungen*

Bevor die in den analytischen Kapiteln (vgl. 5.2, 6.2 u. Kap. 7) dieser Untersuchung herausgearbeiteten Ergebnisse zur Methodik des paulinischen Schriftgebrauchs kontextualisiert und in den Horizont frühjüdischer Formen und Verfahren der Schriftrezeption gestellt werden, bedarf es einiger methodologischer Vorbemerkungen zum Vorgehen sowie zur Tragweite resp. Begrenztheit der avisierten Kontextualisierung.

---

the books which make up the New Testament and the extant literature of Second Temple Judaism." SUSAN E. DOCHERTY, Exegetical Methods in the New Testament and „Rewritten Bible". A Comparative Analysis, in: Garrick V. Allen/John A. Dunne (Hg.), Ancient Readers and Their Scriptures. Engaging the Hebrew Bible in Early Judaism and Christianity (AGJU 107), Leiden, Boston 2019, 77. Vgl. ähnlich WILLIAM A. TOOMAN, Scriptural Reuse in Ancient Jewish Literature. Comments an Reflections on the State of the Art, in: David M. Allen/Steve Smith (Hg.), Methodology in the Use of the Old Testament in the New. Context and Criteria (LNTS 579) 2019, 36. Er spricht von „rich opportunities for comparative research."

3 Auf diese Weise besteht die Möglichkeit, entweder die paulinische Eigenart im Umgang mit den Heiligen Schriften Israels zu entdecken oder „festzustellen, dass hier gleiche oder doch sehr ähnlich hermeneutische Prinzipien zur Anwendung gekommen sind." MARKUS TIWALD, Hebräer von Hebräern. Paulus auf dem Hintergrund frühjüdischer Argumentation und biblischer Interpretation (HBS 52), Freiburg im Breisgau 2008, 183.

4 „Contemporary approaches to OT/NT study have been profoundly influenced by the growing appreciation of the significance of this exegetical heritage, which clearly shaped the ways in which the first followers of Jesus read their Scriptures. Methodologically, then, it has now becom axiomatic to situate the NT interpretation of Scripture firmly within this early Jewish context." SUSAN E. DOCHERTY, Crossing Testamentary Borders. Methdological Insights for OT/NT Study from Contemporary Hebrew Bible Scholarship, in: David M. Allen/Steve Smith (Hg.), Methodology in the Use of the Old Testament in the New. Context and Criteria (LNTS 579) 2019, 13. Das vorliegende Kapitel leistet somit auch einem Beitrag zur genaueren Verortung von *Paul within Judaism*. Zum Forschungsdiskurs um *Paul within Judaism* vgl. u. a. KATHY EHRENSPERGER, Die ‚Paul within Judaism'-Perspektive. Eine Übersicht, in: EvTh 80 (2020); KATHY EHRENSPERGER, Paulus und die Völker – Aspekte der „Paul within Judaism"-Perspektive, in: KuI 35 (2020); UDO SCHNELLE, Über Judentum und Hellenismus hinaus. Die paulinische Theologie als neues Wissenssystem, in: ZNW 111 (2020).

8.1.1 Phänomenologische Kontextualisierung

Für die folgenden Ausführungen wird der Zugriff einer *phänomenologischen Kontextualisierung* bzw. eines *phänomenologischen Vergleichs* gewählt. Mit diesem Zugang schließt die vorliegende Arbeit an die Habilitationsschrift von Markus Tiwald an.[5] Im abschließenden Kapitel seiner Studie nimmt dieser einen Vergleich paulinischer Schriftauslegung zu *hermeneutischen Deutemustern in der biblischen Argumentation des Frühjudentums* vor.[6] Vergleichbar zur Intention des vorliegenden Kapitels untersucht Tiwald darin „*formale* Parallelen zwischen frühjüdischen Texten und Paulus betreffs biblischer Argumentation und Interpretation."[7] Sein Vorgehen bezeichnet er als *phänomenologischen Vergleich*.[8] Tiwalds Zugang soll im Rahmen dieses Kapitels (8.2 u. 8.3) aufgenommen, in einzelnen Punkten modifiziert resp. weiterentwickelt und angewandt werden.[9]

8.1.2 Definition eines Horizonts frühjüdischer Schriftrezeption

Soll der paulinische Schriftgebrauch im Folgenden in den *Diskursrahmen* frühjüdischer Schriftrezeption eingezeichnet werden, drängt sich die Frage auf, wie dieser ab- resp. einzugrenzen ist, d. h. es muss zunächst bestimmt werden, *welche*

---

5 TIWALD, Hebräer von Hebräern.

6 So die Überschrift des Kapitels. Vgl. a. a. O., 416–462.

7 A. a. O., 2.

8 Vgl. a. a. O., 183 u. ö.

9 Zu Tiwalds Ansatz vergleichbare Zugriffe der Kontextualisierung der paulinischen Schriftauslegung finden sich u. a. bei CHRISTOPHER D. STANLEY, Paul and the Language of Scripture. Citation Technique in the Pauline Epistles and Contemporary Literature (SNTSMS 74), Cambridge 1992, vgl. Teil III seiner Arbeit „Comparative Studies", oder jüngst bei MICHAEL TILLY, Paulus und die antike jüdische Schriftauslegung, in: KD 63 (2017), dort mit erkennbarem Bezug zur Arbeit von Tiwald. Tilly beschreibt seinen Zugang wie folgt: „Kann der paulinische Schriftgebrauch in formaler und inhaltlicher Hinsicht mit anderen jüdischen Auslegungstexten seiner Zeit verglichen werden? Gibt es bei Paulus textlich erkennbare Bezüge auf zeitgenössische jüdische Auslegungstechniken? Bringt er ähnliche hermeneutische Prinzipien zur Anwendung? Inwieweit, in welchen Kontexten und in welcher Absicht bedient er sich gegebenenfalls der im Judentum seiner Zeit gebräuchlichen Schlussverfahren zur Auslegung des Bibeltextes? Um Antworten auf diese vier Fragen zu finden, sollen in diesem Beitrag zunächst unterschiedliche Formen und Funktionen antiker jüdischer Bibelauslegung skizziert werden, um auf dieser Basis ihre paulinische Rezeption und Applikation in den Blick zu nehmen und die hierbei gemachten Beobachtungen einer umfassenden Deutung zuzuführen." TILLY, Paulus und die antike jüdische Schriftauslegung, 157. Das vorliegende Kapitel dieser Arbeit kann sowohl inhaltlich als auch methodologisch als Ergänzung und Fortschreibung der bei Tiwald und Tilly aufgezeigten Aspekte und Untersuchungsergebnisse verstanden werden.

Methoden, Formen und Verfahren der Schriftrezeption den Referenzrahmen bilden, in dem die paulinische Methodik verortet werden soll. Die Schwierigkeit der Definition eines solchen *Diskursrahmens* frühjüdischer Schriftrezeption besteht jedoch darin, 1) dass es keinen *Kanon* o. ä. frühjüdischer Auslegungsmethoden gab, der einfach zugrunde gelegt werden könnte[10], und 2) dass überdies eine umfassende systematische Erschließung frühjüdischer Methoden der Schriftrezeption, die an dieser Stelle als Leitinstrument fungieren könnte,[11] nach wie vor ein Forschungsdesiderat darstellt.[12]

Das Lesen, Nutzen und Interpretieren biblischer Schriften geschah durch eine Vielzahl unterschiedlicher Gruppierungen und Einzelpersonen des Frühjudentums und hat in der Folge zu einer Fülle an Texten und Textsorten in der antik-jüdischen exegetischen Literatur geführt.[13] Äquivalent dazu weist das

---

[10] Dies ist bereits schlichtweg nicht möglich, da es – wie in der vorliegenden Untersuchung hinreichend deutlich geworden ist (vgl. 4.1) – nicht *das* Frühjudentum als monolithische Größe gab. „Ebenso wenig gab es im pluriformen Judentum zur Zeit des Paulus die typisch jüdische Schriftauslegung. [...] ‚Typisch jüdisch' war im 1. Jahrhundert n. Chr. allenfalls der hohe Stellenwert des bestimmenden religiösen Schrifttums für die Selbstwahrnehmung und Daseinsgestaltung aller Frommen." TILLY, Paulus und die antike jüdische Schriftauslegung, 158. Darüber hinaus „war die jüdische Exegese sehr eng an die Vorgaben der hellenistischen Rhetorik geknüpft", sodass kaum von gänzlich *dem* Frühjudentum vorbehaltene Formen und Verfahren der Schriftrezeption gesprochen werden kann. TIWALD, Hebräer von Hebräern, 144.

[11] „Needless to say, an all-inclusive, systematic study of early Jewish methods of interpretation would be a daunting and long-term undertaking. Such a study would not only enhance our historical knowledge about Jewish exegetical practices of the later part of the Second Temple period, it would also broaden the cultural and theological sensitivities necessary for understanding and interpreting a New Testament author's use of the Old Testament." HERBERT W. BATEMAN, Second Temple Exegetical Practices. Extra-Biblical Examples of Exegesis Compared with Those in the Book of Hebrews, in: SWjT 53 (2010), 28.

[12] Vgl. a. a. O., 27. Ähnlich BILHAH NITZAN, Approaches to Biblical Exegesis in Qumran Literature, in: Shalom M. Paul (Hg.), Emanuel. Studies in Hebrew Bible, Septuagint and Dead Sea Scrolls in Honor of Emanuel Tov (VT.S 94,1), Leiden 2003, 348. Nennenswerte Zusammenstellungen bieten u. a. GEORGE J. BROOKE, Exegesis at Qumran. 4QFlorilegium in its Jewish Context (JSOTS 29), Atlanta 1985; DAVID INSTONE-BREWER, Techniques and Assumptions in Jewish Exegesis before 70 CE (TSAJ 30), Tübingen 1992; BILHAH NITZAN, The Habakkuk Commentary. A Scroll from the Wilderness of Judea (1QpHab), Jerusalem 1986 (hebr.); DANIEL PATTE, Early Jewish Hermeneutic in Palestine (SBLDS 22), Missoula, MT 1975. Eine kompakte Aufstellung verwendeter Formen und Verfahren des Schriftgebrauchs im Neuen Testament findet sich bei FLORIAN WILK, Alles neu!? Schriftgebrauch und Christusglaube im Neuen Testament, in: Peter Gemeinhardt (Hg.), Zwischen Exegese und religiöser Praxis. Heilige Texte von der Spätantike bis zum klassischen Islam, Tübingen 2016, 45–48. Für den Schriftgebrauch in der Mischna sei auf die umfassende Arbeit von ALEXANDER SAMELY, Rabbinic Interpretation of Scripture in the Mishnah, Oxford 2002, verwiesen.

[13] FLORIAN WILK, Schriftbezüge im Werk des Paulus, in: Friedrich W. Horn (Hg.), Paulus Handbuch, Tübingen 2013, 481. Als Quellen frühjüdischer Schriftrezeption und damit zugleich

Frühjudentum in der Rezeption der autoritativen Schriften Israels eine Vielfalt an Formen und Verfahren auf.[14] Es ist folglich notwendig, eine *Auswahl* zu treffen an im Frühjudentum wahrnehmbaren Formen und Verfahren der Schriftrezeption,[15] die einen *Horizont* aufspannen,[16] in dem die Methodik des paulinischen Schriftgebrauchs eingezeichnet werden kann.[17] Dabei sollen ebenfalls die sechs

---

als Kontext der Methodik des paulinischen Schriftgebrauchs können im Anschluss an Christopher D. Stanley im Folgenden grundsätzlich alle exegetischen Schriften des Frühjudentums „from around the turn of era" angesehen werden. STANLEY, Paul and the Language of Scripture, 293.

14 Vgl. WILK, Alles neu!?, 44. Diese Fülle an Rezeptionsformen lässt sich maßgeblich auf drei Umstände zurückführen: 1) Die Variationsbreite an Textsorten und Gattungen, welche die Schriften Israels selbst bereits enthalten. „Verschiedene Textsorten wie Gesetze, Prophetien, Erzählungen, Sprüche, Reflexionen und Gebete bedurften je anderer Wege der Aneignung." WILK, Alles neu!?, 44. 2) Die unterschiedlichen Kommunikationszusammenhänge sowohl der Prä- als auch der Metatexte. 3) Die Pluriformität des Frühjudentums selbst, in welcher sich eine Vielzahl an Traditionen, Formen und Verfahren der Schriftverwendung versammeln und artikulieren. Obgleich man also nicht ohne weiteres „von ‚typisch jüdischen' Interpretationsmustern sprechen kann, ist es doch weiterhin möglich, Paulus *phänomenologisch* [...] mit anderen jüdischen Autoren seiner Zeit zu vergleichen und etwaige Parallelen bei auffälligen Argumentationsmustern festzustellen." TIWALD, Hebräer von Hebräern, 129.

15 Es sollte hinreichend deutlich geworden sein, dass diese Auswahl freilich keinen Anspruch auf Vollständigkeit erhebt. Sie trägt fragmentarischen Charakter, soll jedoch – so gut es angesichts des begrenzten Umfangs, der in dieser Arbeit zur Verfügung steht, möglich ist – den Kontext der Methodik frühjüdischer Schriftrezeption *exemplarisch* abbilden.

16 Ähnlich BATEMAN, Second Temple Exegetical Practices, 28f. Er vergleicht dieses Vorgehen in seinem Aufsatz mit dem Blick durch verschiedene Fenster auf einem langen Gang. Jedes Fenster ermöglicht eine neue Perspektive auf den Horizont frühjüdischer Schriftrezeption. Doch der Blick auf den Horizont als Ganzen ist nie möglich, sondern es ist jeweils nur ein bestimmter Ausschnitt sichtbar. „The purpose of this article, as limited as it must be due to time and space, is to peek through a few windows of an extremely long corridor to catch a glimpse of Jewish exegesis practiced during the later part of the Second Temple period." BATEMAN, Second Temple Exegetical Practices, 28.

17 Vorhandene Untersuchungen dienen hierbei als Orientierung: So vergleicht z. B. TIWALD, Hebräer von Hebräern, 447, „anhand von drei markanten Beispielen (*eschatologische Bibellektüre, ultraliteralistische Exegese* und *allegorisch-typologische* Bibelinterpretation)" den paulinischen Schriftgebrauch mit hermeneutischen Deutemustern des Frühjudentums. BATEMAN, Second Temple Exegetical Practices, 51, nennt sechs „exegetical conventions practiced during the later Second Temple period." 1. Theological or Thematic Exegesis, 2. Proof-Text Exegesis, 3. Harmonizing Exegesis, 4. Already-Not Yet Exegesis, 5. Allegorical Exegesis, 6. Supplemental Exegesis. TILLY, Paulus und die antike jüdische Schriftauslegung, 164, wählt als Vergleichspunkte „die Anwendung unterschiedlicher Arten des Analogieschlusses, die wortwörtliche Exegese unter Absehung vom Kontext eines Satzes oder eines Ausdrucks, die allegorische bzw. typologische Auslegung sowie die eschatologische Deutung der hebräischen heiligen Schriften (bzw. ihrer griechischen Übersetzungen)." STEVE MOYISE, The Old Testament in the New. An Introduction, London [2]2015, 25, nennt als Verfahren frühjüdischer Schriftrezeption (primär mit Blick auf Qumran) „such

in der methodologischen Reflexion dieser Arbeit eruierten (vgl. 3.2) und auf Röm 4 (vgl. 5.2) und Gal 3,6–14 (vgl. 6.2) angewandten *Analyseperspektiven* (Identifikation und Markierung, Referenztypen, Vorlage, Kontext, Intratextuelle Relationierung, Funktion) Berücksichtigung finden.[18] Denn die Aspekte, die anhand dieser Analyseperspektiven in den Blick genommen werden, können als wichtige Referenzpunkte dienen, um dem *Diskursrahmen* frühjüdischer Schriftrezeption schärfere Konturen zu verleihen.[19]

In einem ersten Schritt (8.2) der phänomenologischen Kontextualisierung werden folgende Aspekte frühjüdischer Schriftrezeption in den Blick genommen: 1) Identifikation und Markierung, 2) Referenztypen, 3) Vorlage, 4) Ultraliteralistische Schriftauslegung (Kontext), 5) Narrative Schriftauslegung, 6) Eschatologisch-aktualisierende Schriftauslegung, 7) Kompositionelle Schriftauslegung (intratextuelle Relationierung), 8) Pesher-Exegese, 9) Allegorische und typologische Schriftauslegung.[20] In einem zweiten Schritt (8.3) sollen auch Formen und Verfahren rabbinischer Schriftrezeption hinzugezogen werden,[21] um die

---

techniques as typology, allegory, catch-word links, quoting from variant texts, altering the quoted text and reading the text in an unorthodox or surprising manner."

18 Teils werden diese als für sich stehende Aspekte berücksichtigt und teils als integrierte resp. untergeordnete Gesichtspunkte. Die *Funktion* bzw. *Funktionalisierung* intertextueller Einschreibungen wird z. B. nicht eigens verhandelt werden, da die funktionale Bestimmung bereits partiell in einigen anderen Gesichtspunkten mitschwingt.

19 Anders als vorangegangene Untersuchungen (z. B. TIWALD, Hebräer von Hebräern) beschränkt sich die hier getroffene Auswahl nicht darauf, nur solche Formen und Verfahren frühjüdischer Schriftverwendung als Kontext zu betrachten, die vermeintlich deutlich und als klar konturierte Methoden oder hermeneutische Zugänge greif- und benennbar sind (z. B. Pesher-Exegese, Allegorie, Typologie). Ergänzt durch die ausgemachten Analyseperspektiven zielt die hier getroffene Auswahl darauf, einen Kontext frühjüdischer Schriftrezeption abzubilden, in dem möglichst viele Facetten intertextueller Verarbeitung erfasst werden können.

20 Insofern im Folgenden die Methodik des paulinischen Schriftgebrauchs phänomenologisch mit Formen und Verfahren der Schriftrezeption verglichen wird, die zunächst einer näheren Erläuterung bedürfen (z. B. Ultraliteralistische Exegese, Narrative Exegese, eschatologisch-aktualisierende Exegese, Pescher-Exegese, Allegorese, Typologese), können aufgrund des begrenzten Rahmens dieses Kapitels keine ausführlichen Herleitungen (z. B. anhand von Primärquellen) geleistet werden. Die Definition des jeweiligen Aspekts geschieht folglich unter Bezugnahme auf bestehende Bestimmungen aus der Forschung.

21 Dies markiert einen Differenzpunkt zur Studie von Markus Tiwald, der den Vergleich zu rabbinischen Methoden der Schriftauslegung kategorisch als anachronistisch ausschließt. Vgl. TIWALD, Hebräer von Hebräern, 183 u. ö. Bereits im Forschungsrückblick wurde aufgezeigt, dass der Vergleich antik-jüdischer und paulinischer Formen und Verfahren des Schriftgebrauchs häufig durch die unmittelbare Nebeneinanderstellung paulinischer und rabbinischer Auslegungsmethoden geprägt war (z. B. JOSEPH BONSIRVEN, Exégèse Rabbinique et Exégèse Paulinienne, Paris 1939). Mit Recht wurde in der zweiten Hälfte des 20. Jh. vermehrt auf die chronologische Diskrepanz der beiden hermeneutischen Systeme hingewiesen und der unreflektierte Vergleich neutestamentlicher und rabbinischer Texte kritisiert. Zur Diskussion vgl. u. a. MIGUEL P. FERNÁNDEZ, Rabbinic Texts

Schriftverwendung des Paulus zu kontextualisieren.[22] Sie bieten die Möglichkeit, einen erweiterten Horizont aufzuspannen, vor dem die Methodik des paulinischen Schriftgebrauchs betrachtet werden kann.[23] Methodologisch kann hierbei

in the Exegesis Of The New Testament, in: RRJ 7 (2004); GUDRUN HOLTZ, Rabbinische Literatur und Neues Testament. Alte Schwierigkeiten und neue Möglichkeiten, in: ZNW 100 (2009); JACOB NEUSNER, Rabbinic Literature & the New Testament. What We Cannot Show, We Do Not Know, Valley Forge, PA 1994; MIKAEL C. PARSONS, The Critical Use of the Rabbinic Literature in New Testament Studies, in: PRSt 12 (1985); ANTHONY J. SALDARINI, „Form Criticism" of Rabbinic Literature, in: JBL 96 (1977); ANTHONY J. SALDARINI, Comparing the Traditions. New Testament and Rabbinic Literature, in: BBR 7 (1997). Unter bestimmten Einschränkungen und hinsichtlich einzelner Gesichtspunkte ist es m. E. dennoch möglich, einige Elemente der rabbinischen Schriftrezeption auf phänomenologischer Ebene als Vergleichspunkte zur paulinischen Schriftverwendung festzuhalten.

22 „Reading Paul and the rabbis in conjunction with one another may illuminate interpretative possibilities that would otherwise remain dark, but great caution is necessary in using one to explain the other." RICHARD B. HAYS, Echoes of Scripture in the Letters of Paul, New Haven 1989, 11. Selbstverständlich darf ein derartiger Vergleich nicht dazu dienen, die Methodik des paulinischen Schriftgebrauchs *aus* dem rabbinischen Umgang mit der Schrift zu erklären, sondern wenn überhaupt ist es *vice versa* „more valid methodologically to use Paul as background source for the study of rabbinic traditions." HAYS, Echoes of Scripture in the Letters of Paul, 11, 11. Ähnlich ANNETTE M. BOECKLER, Jüdische Schriftauslegung und das Neue Testament, in: BuK 74 (2019), 228.: „Doch damit ist es [d. i. das Neue Testament] ein wertvoller Zeuge für vorrabbinische jüdische Auslegungsmethoden, denn Neues Testament und Rabbinisches Judentum formten sich beide als gleichaltrige Geschwister auf dem gleichen Mutterboden: der Blütezeit der Textinterpretationen der hellenistisch-römischen Zeit." BOECKLER, Jüdische Schriftauslegung und das Neue Testament, 228.

23 Freilich müssen hierbei simplifizierende oder verkürzte Schlussfolgerungen hinsichtlich der Genese oder der Interdependenz einzelner Methoden des Schriftgebrauchs vermieden werden. Denn das grundsätzliche Problem bleibt nach wie vor bestehen und muss stets mitberücksichtigt werden: „We just do not have any rabbinic sources from the first and second centuries which are free of *possible* later versions." SALDARINI, „Form Criticism" of Rabbinic Literature, 264. Zugleich, dies betont z. B. SUSAN E. DOCHERTY, New Testament Scriptural Interpretation in its Early Jewish Context, in: NT 57 (2015), 14f, gilt es gegenwärtige Forschungstendenzen stärker wahrzunehmen, in denen u. a. Fragen der Beziehung rabbinischer und neutestamentlicher Schriftrezeption nicht mehr *a piori* unter dem Generalverdacht des Anachronismus stehen: „The rabbinic literature has been dismissed in some strands of previous scholarship as late and representative of a very different kind of Judaism from that from which Christianity emerged. This view is beginning to soften in the light of the changing perceptions about the gradual nature of the ‚parting of the ways' alluded to above. It is generally accepted that, although in their current written form the rabbinic texts date from well after the New Testament period, they include a wealth of older exegetical material which was initially passed on orally and which therefore reaches back into the first century CE and beyond." Darüber hinaus verfolgen zahlreiche Studien zum Thema längst nicht mehr ausschließlich oder primär historische Interessen, sondern ebenso wie es dem Anliegen der vorliegenden Studie entspricht, einige Studien „are making use of aspects of the discipline of linguistics in seeking to identify and describe the full range of exegetical operations employed in rabbinic and targumic texts. Much which is of real relevance to students of the New Testament can be learned

ebenfalls der Zugang eines *phänomenologischen Vergleichs* resp. einer *phänomenologischen Kontextualisierung* fruchtbar gemacht werden, bei dem das primäre Interesse der Wahrnehmung und Beschreibung formal-hermeneutischer Muster und Methoden der Schriftrezeption sowie dessen Vergleich gilt und bei dem das Interesse an historischen Abhängigkeiten nachgeordnet ist.[24] Unter den Überbegriffen *Middot* (8.3.1) und *Midrasch* (8.3.2) sollen einige der am weitesten verbreiteten Formen und Verfahren rabbinischer Schriftrezeption in den Blick genommen werden.[25]

---

from both the results of their analyses, and from the methodological precision which they bring to their task." DOCHERTY, New Testament Scriptural Interpretation in its Early Jewish Context, 15. Zu denken ist hierbei z. B. an die Arbeit von SAMELY, Rabbinic Interpretation of Scripture in the Mishnah. Diese hat auch Docherty maßgeblich im Blick, wenn sie konkludiert: „The methodology which is currently being developed to investigate the rabbinic literature also offers an important challenge to biblical scholars to adopt an approach which is similarly precise, text-focused, and able to accurately describe the individual exegetical operations employed in the New Testament. Careful study of rabbinic interpretative methods is also very useful in highlighting more clearly any unique aspects of early Christian exegesis." DOCHERTY, New Testament Scriptural Interpretation in its Early Jewish Context, 17f. Samely verfährt methodologisch und terminologisch durchaus vergleichbar zu der hier vorliegenden Studie: „Wherever possible the definitions of hermeneutic components draw on the rich and diversified conceptual apparatus supplied by academic discourses on linguistics, reading, and philosophy of language. As far as the scholarly context is concerned, my aim is to make rabbinic hermeneutics accessible to these discourses as well as to historians of culture through use of the lingua franca of modern linguistics." SAMELY, Rabbinic Interpretation of Scripture in the Mishnah, 2.

24 DOCHERTY, New Testament Scriptural Interpretation in its Early Jewish Context, 14f., benennt die Analyse exegetischer Methoden frühchristlicher Autoren und deren Vergleich zur Schriftrezeption in frühjüdischen Quellen als eine *zentrale Herausforderung* gegenwärtiger Forschung im Bereich der *Studies of the OT in the NT*. Hierbei inkludiert sie dezidiert den Vergleich zu rabbinischen Formen und Verfahren des Schriftgebrauchs. Insbesondere den Vergleich zu den Midraschim und deren Methoden der Schriftverwendung sieht sie als „the most interesting for the future direction of New Testament Studies." DOCHERTY, New Testament Scriptural Interpretation in its Early Jewish Context, 14.

25 Zum Abschluss dieser methodologischen Vorbemerkungen sei noch einmal darauf hingewiesen, dass die Methodik des paulinischen Schriftgebrauchs, die im Folgenden im Horizont frühjüdischer und rabbinischer Formen und Verfahren der Schriftrezeption verortet wird, d. h. die als Referenz- und Vergleichspunkt herangezogen wird, auf denen in Röm 4 und Gal 3,6–14 vorgenommenen Analysen basiert. Die Bewertung, inwieweit sich Parallelen oder Differenzen zu formal-hermeneutischen Deutemustern des Frühjudentums ergeben, beruht somit allein auf der dort wahrgenommenen Methodik. Dies sei nochmals hervorgehoben, um die Reichweite bzw. die Begrenztheit der hier vorgenommenen Kontextualisierung transparent zu machen.

8.2 Formen und Verfahren frühjüdischer Schriftrezeption

8.2.1 Identifikation und Markierung

Aus der Identifikation der Prätexte lassen sich Tendenzen ablesen, welche autoritativen Schriften vorwiegend in der frühjüdischen Literatur rezipiert wurden und somit einen besonders hohen Stellenwert für das Frühjudentum insgesamt, innerhalb einzelner Gruppierungen oder für einzelne Autoren besaßen. Übergreifend kann hierbei festgestellt werden, dass im Frühjudentum „the most frequently quoted books are Isaiah, Psalms, Genesis and Deuteronomy."[26] Diese ‚Rangfolge' verwendeter Prätexte kann besonders gut anhand der Qumranfunde abgelesen werden.[27]

Blickt man auf die analysierten Texte aus Röm 4 und Gal 3,6–14, konnten insgesamt vierzig intertextuelle Bezugnahmen identifiziert werden (vgl. 5.2.1 u. 6.2.1). Diesen intertextuellen Referenzen liegen mehr als fünfzehn unterschiedliche Prätexte zugrunde. Während die meisten dieser Prätexte dem Buch Genesis entstammen, stehen an zweiter Stelle Prätexte aus dem Jesajabuch und an dritter solche aus dem Deuteronomium. Hinzu kommen einzelne Bezüge auf die Psalmen, den Propheten Habakkuk und das Buch Levitikus. Anhand dieser Auswahl von Prätexten lässt sich für den paulinischen Schriftgebrauch in Röm 4 und Gal 3,6–14 eine ganz ähnliche Priorisierung autoritativer Referenztexte ablesen, wie es für die frühjüdische Literatur insgesamt der Fall war.[28] Wenngleich mit Blick auf Röm 4 und Gal 3,6–14 nicht in der komplett identischen Reihenfolge, so sind es dennoch zum überwiegenden Teil die gleichen Schriften, die auch im Frühjudentum besonders häufig rezipiert wurden.[29]

---

26 Moyise, The Old Testament in the New, 117.

27 Vgl. Michael L. Satlow, Paul's Scriptures, in: Ders. (Hg.), Strength to Strength. Essays in Appreciation of Shaye J. D. Cohen (BJS), Providence 2018, 270f.

28 Insbesondere im Vergleich zu den Qumrantexten lässt sich dies beobachten. Vgl. Steve Moyise, Quotations, in: Stanley E. Porter (Hg.), As it is Written. Studying Paul's Use of Scripture (SBLSymS 50), Atlanta Ga. 2008, 19f.

29 Blickt man auf die Zählungen der Schriftbezüge im gesamten Corpus Paulinum, bestätigt sich dieser Eindruck. Vgl. die Auflistung und Zuordnung paulinischer Schriftbezüge u. a. bei Otto Michel, Paulus und seine Bibel, Gütersloh 1929, 11–13; E. E. Ellis, Paul's Use of the Old Testament, Edinburgh 1957, 150–152; Dietrich-Alex Koch, Die Schrift als Zeuge des Evangeliums. Untersuchungen zur Verwendung und zum Verständnis der Schrift bei Paulus (BHTh 69), Tübingen 1986, 21–24; Tiwald, Hebräer von Hebräern, 102–104; J. R. Wagner, Paul and Scripture, in: Stephen Westerholm (Hg.), The Blackwell Companion to Paul, Chichester, West Sussex, Malden 2011, 155–157. Insbesondere die hervorgehobene Bedeutung des Jesajabuches und der Psalmen wird dabei evident. Darüber hinaus besitzen die Genesis und das Deuteronomium eine zentrale Bedeutung innerhalb der gesamten

Die frühjüdische Schriftrezeption war in sich ebenso pluriform wie das Frühjudentum selbst. Dies zeigt sich auch in den unterschiedlichen Formen, mit denen in der frühjüdischen Literatur intertextuelle Referenzen markiert und kenntlich gemacht wurden, denn „auch hinsichtlich der Einleitungsformeln existierte eine breite Vielfalt."[30] Freilich gilt, dass „das eindeutigste Mittel zur Kennzeichnung eines Zitats [...] sowohl in der jüdischen wie in der hellenistischen Literatur die Verwendung klar erkennbarer Einleitungsformeln" war.[31] Doch darüber hinaus – und insbesondere unter Einbezug indirekter Referenztypen – konnte die Markierungsdeutlichkeit intertextueller Einschreibungen in der frühjüdischen Literatur stark divergieren. Es begegnen sowohl unmarkierte als auch implizit und explizit markierte Bezugnahmen. Insofern implizite oder explizite Markierungen vorliegen, lässt sich je nach Text eine Bandbreite an fest geprägten oder aber frei assoziierten Intertextualitätssignalen beobachten.[32] „Während etwa die Damaskusschrift noch eine große Freiheit bezüglich der Verwendung von Einleitungsformeln und ihrer Formulierung aufweist, zeigen die Einleitungsformeln in den Pescharim mehr oder weniger fest geprägte Formen, die bereits als eigentliche *Zitationsformeln* charakterisiert werden können."[33] Doch selbst hier muss einschränkend hinzugefügt werden, dass dies längst nicht für alle Pescharim gilt,[34] denn „selbst in den Pescharim finden sich Fälle, wo Einleitungsformen gänzlich fehlen."[35]

Die Analyse der Markierungen intertextuellen Referenzen in Röm 4 und Gal 3,6–14 hat in ähnlicher Weise vor Augen geführt, dass sowohl die Qualität als auch die Quantität von Markierungen von Referenz zu Referenz stark divergieren können (vgl. 5.2.1 u. 6.2.1). Paulus verwendet in den untersuchten Texten

---

Schriftverwendung des Paulus. Insbesondere durch seinen Fokus auf prophetische Texte gliedert sich Paulus ein „in einen Konsens, wie ihn pharisäische oder jüdisch-apokalyptische Kreise in der damaligen Zeit beanspruchen." TIWALD, Hebräer von Hebräern, 105. Auch das Verständnis der Davidspsalmen als prophetische Texte, welches sich in Röm 4,6 durch die Einleitungsformulierung καθάπερ καὶ Δαυὶδ λέγει artikuliert, kann hierbei als Parallele zur frühjüdischen Schriftrezeption gesehen werden (vgl. z. B. 11QPs). Vgl. FREY, Paulus als Pharisäer und Antiochener, 108.

30 FREY, Paulus als Pharisäer und Antiochener, 107.

31 KOCH, Die Schrift als Zeuge des Evangeliums, 12.

32 Zur Markierung intertextueller Referenzen im Alten Testament und deren Entwicklung vgl. KEVIN L. SPAWN, „As it is written" and other Citation Formulae in the Old Testament. Their Use, Development, Syntax, and Significance (BZAW 311), Berlin u.a. 2002.

33 CHRISTIAN METZENTHIN, Jüdische Schriftgelehrsamkeit bei Paulus, in: Jörg Frey/Enno E. Popkes (Hg.), Jesus, Paulus und die Texte von Qumran (WUNT 390), Tübingen 2015, 168. Ähnlich FREY, Paulus als Pharisäer und Antiochener, 107.

34 Vgl. ausführlich zum Thema MOSHE J. BERNSTEIN, Introductory Formulas for Citation and Re-Citation of Biblical Verses in the Qumran Pesharim, in: DSD 1 (1994).

35 METZENTHIN, Jüdische Schriftgelehrsamkeit bei Paulus, 167.

Röm 4 und Gal 3,6–14 eine Bandbreite an Intertextualitätssignalen.[36] Die deutlichste Kennzeichnung von Schriftbezügen geschieht in Röm 4 und Gal 3,6–14 durch die Kombination unterschiedlicher Intertextualitätssignale (Mehrfachmarkierung), die in eine eindeutige Thematisierung der Intertextualität bewirken (Röm 4,3.6; Gal 3,8a.b). Ein wichtiges Signalwort in der expliziten Markierung intertextueller Referenzen ist γραφή (Röm 4,3; Gal 3,8) bzw. das Verb γράφειν (Röm 4,23),[37] zumeist in der Form γέγραπται (Röm 4,17; Gal 3,10.13). Hierin besteht eine Parallele zur Markierung intertextueller Bezugnahmen in der frühjüdischen Literatur. Denn das Wort γέγραπται war ebenfalls „als Zitateinleitung in der jüdischen Literatur, wenn auch mit charakteristischen Schwerpunkten, durchaus geläufig."[38] Dies gilt insbesondere für hebräische und aramäische Vergleichstexte. In diesen findet sich häufig das Signalwort כתוב, welches als sprachliches Äquivalent zu γέγραπται angesehen werden kann.[39] Ein weiteres zentrales Signalwort in der paulinischen Markierungspraxis intertextueller Bezugnahmen ist das kommunikative Verb λέγειν, welches Paulus besonders oft in Röm 4 verwendet (Röm 4,3.6.9.18). „Die Verwendung von λέγειν ist im Blick auf die benachbarte jüdische und außerjüdische Literatur nicht überraschend. Wendungen mit λέγειν oder φήσι bzw. אמר (oder seltener: דבר) bilden hier sogar die weit überwiegende Zahl der Zitateinführungen."[40] Und auch der Gebrauch von re-used figures und re-used authors, der bei Paulus mehrfach beobachtet wer-

---

36 Darunter onomastische Signale (re-used figure, re-used author), syntaktische Signale, Verben der Kommunikation oder der Metakommunikation. Gelegentlich ist die (Mehrfach-)Markierung so ausgeprägt, dass sogar von einer Thematisierung der Intertextualität gesprochen werden kann. Diese Beobachtungen decken sich mit dem Blick auf die weiteren Paulusbriefe. WILK, Schriftbezüge im Werk des Paulus, 483, hält dazu fest: „Etwa 70 Schriftworte sind mit Zitationsformeln (‚denn es heißt', ‚wie geschrieben ist' o. ä.) oder (in Gal 3,6.12; 2Kor 3,16; Röm 9,7) durch syntaktische Inkongruenz nach Nennung einer Größe der Schrift als Zitate markiert." KOCH, Die Schrift als Zeuge des Evangeliums, 25, kommt in seiner Studie auf insgesamt 66 ausdrücklich eingeleitete Zitate, von denen 34 eine Einleitungsformulierung aufweisen.

37 Der subjektivische Gebrauch (γραφή) hat in der frühjüdischen Literatur keine maßgeblichen Parallelen. Dies hält auch METZENTHIN, Jüdische Schriftgelehrsamkeit bei Paulus, 170, mit Blick auf die Literatur aus Qumran fest: „Kein Pendant in Qumran hat das bei Paulus (wie auch in den übrigen neutestamentlichen Schriften) häufig gebrauchte Nomen ἡ γραφὴ daher sind in Qumran auch keine Pendants zu den Einleitungsformeln λέγει γὰρ ἡ γραφὴ (vgl. Röm 9,17; 10,11; bzw. ἡ γραφὴ λέγει in Röm 4,3) zu finden."

38 KOCH, Die Schrift als Zeuge des Evangeliums, 29.

39 So u. a. GÜNTER STEMBERGER, Hermeneutik der Jüdischen Bibel, in: Christoph Dohmen/Günter Stemberger (Hg.), Hermeneutik der Jüdischen Bibel und des Alten Testaments (KStTh 1,2), Stuttgart 1996, 44. Vgl. auch BATEMAN, Second Temple Exegetical Practices, 32.

40 KOCH, Die Schrift als Zeuge des Evangeliums, 26. Vgl. ähnlich JOHAN L. LUST, Quotation Formulae and Canon in Qumran, in: Arie van der Kooij/Karel van der Toorn/Joannes A. M. Snoek (Hg.), Canonization and Decanonization (SHR 82), Leiden 1998, 68.

den konnte, findet zahlreiche Parallelen in der frühjüdischen Literatur – insbesondere dann, wenn es um die Markierung von direkten intertextuellen Referenzen geht. Parallelen reichen dabei mitunter hinein bis in einzelne Formulierungen, wie sich anhand von Röm 4,6 beobachten lässt: „Der singuläre Ausdruck καθάπερ καὶ Δαυὶδ λέγει (Röm 4,6) würde dagegen auf Hebräisch wohl כאשר אמר דויד lauten und hat mit 4QFlor 1–2 I,7 und 4QCatena 12–13I,4 [...] in Qumran eindrückliche Parallelen."[41]

Anhand dieses exemplarischen Blicks auf die Gepflogenheiten intertextueller Markierung in der frühjüdischen Literatur wird deutlich, dass sowohl die frühjüdischen Autoren als auch Paulus „zwar Präferenzen, aber keine festen Regeln, sondern große Freiheiten bezüglich des Gebrauchs von Einleitungsformeln zeigen."[42] Dass die Verwendung von Intertextualitätssignalen in der exegetischen Literatur des zweiten Tempels keinen starren Regeln unterlag und dass hierin wesentliche Parallelen zu Paulus erkennbar werden, lässt sich wiederum besonders gut an den Schriften der Qumrangemeinde festmachen: „Bei den Einleitungsformeln für Schriftzitate standen sowohl den Trägerkreisen der Qumrantexte als auch Paulus ein breites gemeinsames Repertoire an mehr oder weniger fest geprägten Zitatiosformeln zur Verfügung, die von ihnen aber in großer Freiheit, ohne erkennbare Regeln gebraucht wurden."[43] Paulus fügt sich in dem Aspekt der intertextuellen Markierung somit reibungslos ein in den Horizont frühjüdischer Schriftrezeption.

8.2.2 Referenztypen

Nahezu so pluriform wie die Formen und Arten der Markierung intertextueller Bezugnahmen, ist auch die Bandbreite an Referenztypen, die sich – in Abhängigkeit zur jeweiligen Gattung – in den exegetischen Schriften des Frühjudentums identifizieren lässt. „Diese Vielfalt von Zitaten und Zitatkombinationen, Paraphrasen, Anspielungen und Anklängen findet sich in analoger Weise in den paulinischen Briefen."[44] In der Analyse der Methodik des Schriftgebrauchs in Röm 4 und Gal 3,6–14 konnte festgestellt werden, dass Paulus jede der vier (Zitat, Paraphrase, Allusion, Echo) zuvor in der methodologischen Reflexion ausgemachten Bezugsformen in seine Texte einbaut (vgl. 3.2.2).

Grundsätzlich zeigte sich in Röm 4 und insbesondere in Gal 3,6–14, dass „quotations from the sacred and authoritive Jewish Scripture were an important

---

41 METZENTHIN, Jüdische Schriftgelehrsamkeit bei Paulus, 169 Vgl. hierzu ausführlich die Anmerkungen bei KOCH, Die Schrift als Zeuge des Evangeliums, 26f.

42 METZENTHIN, Jüdische Schriftgelehrsamkeit bei Paulus, 170.

43 A. a. O., 181.

44 FREY, Paulus als Pharisäer und Antiochener, 107.

weapon in Paul's rhetorical arsenal."[45] Doch neben den direkten Zitaten kommen auch Paraphrasen (Röm 4,9.18.23; Gal 3,12) und Echos (Röm 4,17; Gal 3,6–9.8.13.14) sowie insbesondere Allusionen (Röm 4,1.2.10.11.12.13.16.19.20.24f; Gal 3,7.9.13.14) zur Verwendung in den analysierten Paulustexten. Und auch die Rezeptionsform der sog. *composite citations*, die vereinzelt in der Schriftrezeption von Röm 4 und Gal 3,6–14 beobachtet werden konnte, stellt eine gängige Praxis in der zeitgenössischen frühjüdischen und insbesondere in der hellenistischen Literatur dar.[46] Paulus fügt sich folglich mit der Vielseitigkeit seines Schriftgebrauchs hinsichtlich der gewählten Referenztypen nahtlos ein in die für das antike Frühjudentum charakteristische Vielfalt von Bezugsformen.

8.2.3 Vorlage

Neben der Frage nach der Markierung und den Referenztypen ist hinsichtlich der Zitationspraxis auch der Umgang mit den Vorlagentexten in der frühjüdischen Schriftrezeption zu betrachten. Für die Textform der expliziten Schriftbezüge in Röm 4 und Gal 3,6–14 ließ sich beobachten, dass Paulus diese teilweise modifiziert, um sie seiner Syntax anzupassen oder bestimmte inhaltliche

---

45 CHRISTOPHER D. STANLEY, Arguing with Scripture. The Rhetoric of Quotations in the Letters of Paul, New York, NY 2004, 183. Siehe Röm 4,3.7f.17.18.22 und Gal 3,6.8.10.11.12.13. Eine besondere Affinität kann sowohl bei Paulus – und dies bestätigt sich auch in den analysierten Texten aus Röm 4 und Gal 3,6–14 – als auch im Frühjudentum beobachtet werden, bevorzugt solche Zitate einzubauen, die eine Gottesrede oder eine weitere Form der direkten Rede enthalten. Vgl. DOCHERTY, Exegetical Methods in the New Testament and „Rewritten Bible", 84ff. Diese Beobachtung deckt sich mit dem Blick auf weitere neutestamentliche Schriften, z. B. dem Hebräerbrief.

46 Vgl. hierzu ausführlich die Beiträge von SETH M. EHORN, Composite Citations in Plutarch, in: Sean A. Adams/Seth M. Ehorn (Hg.), Composite Citations in Antiquity. Volume One: Jewish, Graeco-Roman, and Early Christian Uses (LNTS 525), London 2016; JAMES R. ROYSE, Composite Quotations in Philo of Alexandria, in: Sean A. Adams/Seth M. Ehorn (Hg.), Composite Citations in Antiquity. Volume One: Jewish, Graeco-Roman, and Early Christian Uses (LNTS 525), London 2016; JONATHAN D. H. NORTON, Composite Quotations in the Damascus Document, in: Sean A. Adams/Seth M. Ehorn (Hg.), Composite Citations in Antiquity. Volume One: Jewish, Graeco-Roman, and Early Christian Uses (LNTS 525), London 2016; GARRICK V. ALLEN, Composite Citations in Jewish Pseudepigraphic Works. Representing Legal Traditions in the Second Temple Period, in: Sean A. Adams/Seth M. Ehorn (Hg.), Composite Citations in Antiquity. Volume One: Jewish, Graeco-Roman, and Early Christian Uses (LNTS 525), London 2016. Zur hellenistischen Literatur insgesamt urteilt CHRISTOPHER D. STANLEY, Composite Citations. Retrospect and Prospect, in: Sean A. Adams/Seth M. Ehorn (Hg.), Composite Citations in Antiquity. Volume One: Jewish, Graeco-Roman, and Early Christian Uses (LNTS 525), London 2016, 204: „The practice of ‚composite citation' – fusing together verses from two or more texts and presenting them as if they were a single citation – appears often enough in the literature of Graeco-Roman antiquity to qualify as an established literary technique."

Aspekte hervorzuheben.[47] Diese intendierten Umgestaltungen von Zitaten bei Paulus finden recht offensichtliche Parallelen in der durchaus relativ freien Zitationspraxis der frühjüdischen und der hellenistisch-römischen Antike.[48]

Mit Blick auf die frühjüdische Zitationspraxis wurde die Beobachtung einer relativen Freiheit im Umgang mit dem Wortlaut der Schrift allerdings häufig als Indiz gewertet, dass Paulus hiermit die üblichen Konventionen bricht.[49] Diese Annahme gründet jedoch in der „irrigen Vorstellung [...], dass explizite Zitate immer ‚wortwörtlich' sein müssten und keine Veränderung am Vorlagentext aufweisen dürften."[50] Für bewusste Textabänderungen in frühjüdischen exegetischen Schriften lassen sich eine Vielzahl von Parallelen anführen.[51] Abweichungen im Wortlaut expliziter Zitationen, die als bewusster Eingriff verstanden

---

47 Eine Beobachtung, die sich mit dem Befund in weiteren Paulustexten deckt: „Wie er bei Paraphrasen und Anspielungen naturgemäß bestimmte Textelemente betonte, so griff er auch bei Zitaten öfter in den Wortlaut ein, um ihre argumentative Kraft innerhalb seiner Gedankengänge zu stärken und seine Deutung der zitierten Sätze herauszustellen; solche Eingriffe erfolgten in Form von Umstellungen, grammatischen Änderungen, Auslassungen, Einfügungen und Umformulierungen." FLORIAN WILK, „Die Schriften" bei Markus und Paulus, in: Oda Wischmeyer (Hg.), Paul and Mark. Comparative Essays Part I: Two Authors at the Beginning of Christianity (BZNW 198), Berlin, Boston 2014, 201 Vgl. auch KOCH, Die Schrift als Zeuge des Evangeliums, 187.

48 „Allerdings war man, was die Genauigkeit des Zitierens betrifft, in der Antike relativ großzügig, wobei es keine Zitierusancen gegeben hat." JOHANNES DIVJAK, Art. Zitat. III. Kirchengeschichtlich, in: Oda Wischmeyer (Hg.), Lexikon der Bibelhermeneutik. Begriffe – Methoden – Theorien – Konzepte, Berlin 2013, 691. Ähnlich CHRISTOPHER D. STANLEY, The Social Environment of ‚Free' Biblical Quotations in the New Testament, in: Craig A. Evans/James A. Sanders (Hg.), Early Christian Interpretation of the Scriptures of Israel. Investigations and Proposals (LNTS 148), London 1997, 19: „The early Christians were not the only ones to employ this technique. Incorporating interpretative elements into the wording of a quotation was a common literary practice throughout the ancient world." Ansätze einer verhältnismäßig freien Verfahrensweise mit Vorlagentexten können bereits im Alten Testament beobachtet werden. Vgl. dazu DOCHERTY, Crossing Testamentary Borders, 18.

49 So z. B. KOCH, Die Schrift als Zeuge des Evangeliums, 190: „Hier [im zeitgenössischen Judentum] kann von einer üblicherweise freien Zitierweise nicht geredet werden." Sowie KOCH, Die Schrift als Zeuge des Evangeliums, 198.: „Die Freiheit im Umgang mit dem Wortlaut der Schrift, mit der sich Paulus erheblich von der zeitgenössischen jüdischen Exegese abhebt, ist somit nicht vom Inhalt seiner Schriftinterpretation zu trennen und signalisiert einen grundsätzlichen Wandel im Verständnis der Schrift." Ähnlich UDO SCHNELLE, Paulus. Leben und Denken (GLB), Berlin 2003, 102.

50 TIWALD, Hebräer von Hebräern, 53. „Modern conventions have conditioned us to expect exact citation, but such literal agreement is not an absolute requirement for a quotation to serve its rhetorical or didactic purpose, as long as the readers can recognize where it begins and ends." DOCHERTY, Crossing Testamentary Borders, 19.

51 So z. B. mit Blick auf die Schriftrezeption zahlreicher Qumranschriften: „Bei der Frage, wie Schrift zitiert und wie sie eingeführt wird, zeigte sich, dass sowohl die Paulusbriefe als auch die Qumrantexte große Variationsbreiten bezüglich der Übereinstimmung mit dem zitierten Text zeigen. Neben praktisch wörtlichen Zitaten finden sich solche, die

werden können, finden sich u. a. vermehrt in CD, 1QS oder 1QM.[52] „In those documents where adapted citations appear, a variety of techniques help to conform the biblical text to its new context. Replacing one word or phrase with another or simply omitting those portions deemed problematic are by far the most common practices. Careful selection of the beginning- and ending-points of a citation is another technique employed for the same end. Adding explanatory words to a text and altering grammatical forms to suit the new context occur less often. Severel instances of ‚combined citations' and one ‚conflated citation' were also noted."[53] Die These, dass Paulus bereits durch seine *freie* Zitationspraxis die Grenzen der frühjüdischen Schriftrezeption verlassen hätte, muss daher als falsifiziert gelten. Ganz im Gegenteil bringt ihn gerade seine Zitationspraxis „nicht in einen Gegensatz zur zeitgenössisch-jüdischen Exegese, sondern verbindet ihn mit dieser."[54]

Beispielsweise lässt der Blick auf die Korrelation eindeutig identifizierbarer Markierungen und wort(un)getreuer Zitation den Umstand erkennen, dass es im Frühjudentum gängige Praxis war, ebenfalls solche Formulierungen als Schriftbezug zu kennzeichnen, die in ihrem Wortlaut frei paraphrasiert wurden oder

---

bewusst abgeändert wurden." METZENTHIN, Jüdische Schriftgelehrsamkeit bei Paulus, 181. Ähnlich FREY, Paulus als Pharisäer und Antiochener, 107: „Auch im Blick auf die Schriftbezüge beeindruckt in der Qumran-Bibliothek und anderen zeitgenössischen jüdischen Texten die immense Variationsbreite zwischen wörtlichen Zitaten, signifikanten Abänderungen und mehr oder weniger freien Bezugnahmen."

52 Vgl. LUTZ DOERING, Die Rezeption jüdischer Schriften im Neuen Testament, in: JBTh 31 (2016), 110; WILK, Schriftbezüge im Werk des Paulus, 484. Siehe auch KOCH, Die Schrift als Zeuge des Evangeliums, 194. Es mag punktuell berechtigt sein darauf hinzuweisen, dass „die Textumgestaltungen bei Paulus nicht nur quantitativ, sondern auch qualitativ" höher ist (KOCH, Die Schrift als Zeuge des Evangeliums, 196). Dennoch ist es verwunderlich, zu einer derartigen Schlussfolgerung wie Koch (KOCH, Die Schrift als Zeuge des Evangeliums, 190) zu gelangen, obwohl zugleich hiervon abweichende Beobachtungen gemacht werden. Denn Koch schreibt z. B. mit Blick auf die Damaskusschrift: „Die in der Damaskusschrift vorliegenden absichtlich vorgenommenen und inhaltlich bedingten Zitatabänderungen sind grundsätzlich mit den analogen Zitatumgestaltungen bei Paulus vergleichbar." KOCH, Die Schrift als Zeuge des Evangeliums, 196.

53 STANLEY, Paul and the Language of Scripture, 305f. Vgl. Zum Thema auch TIMOTHY H. LIM, Biblical Quotations in the Pesharim and the Text of the Bible – Methodological Considerations, in: Edward D. Herbert (Hg.), The Hebrew Bible and the Judaean Desert Discoveries 2002.

54 FREY, Paulus als Pharisäer und Antiochener, 107. „Gerade die paulinische Schriftverwendung zeigt, dass der Apostel [...] im Vergleich mit vielen jüdischen Zeitgenossen einen recht akkuraten Umgang mit dem Text der Schriften pflegte." FREY, Paulus als Pharisäer und Antiochener, 95. Ähnlich STANLEY, Paul and the Language of Scripture, 337.: „Such broad-based agreement on such a common matter must be regarded as strong evidence for a general cultural and literary ethos in which incorporating interpretive elements into the wording of a quotation was considered a normal and acceptable means of advancing one's argument."

einfach auf biblische Sachverhalte und Motive verwiesen haben.[55] „Man denke nur an den Umgang der Bibeltexte in Qumran, wo mit *katub* ‚es ist geschrieben' auch Zitate eingeleitet sein können, die so in der Bibel nirgends zu finden sind."[56]

Es kann daraus mit Vorsicht geschlossen werden, dass für das Frühjudentum „nicht so sehr der biblische Text in seiner äußeren Gestalt, seinem Wortbestand oder seiner Schreibweise sakrosankt war als vielmehr der Inhalt dieses Textes, in den man noch selbst modernisierend eingreifen durfte."[57] Diese These muss freilich unmittelbar wieder in Frage gestellt werden, da sich andererseits Texte finden, „in denen man peinlich genau auf jeden Buchstaben achtete, sodass das Maß der tatsächlichen Freiheit im Umgang mit dem Text schwer zu beurteilen ist."[58] Diese offensichtliche Dialektik von relativer Freiheit einerseits und wortgetreuer Zitation andererseits in der frühjüdischen Literatur lässt sich auch im paulinischen Schriftgebrauch in Röm 4 und Gal 3,6–14 ablesen. Auf der einen Seite greift Paulus durch intendierte Textabänderungen in den Wortlaut ein, um seine eigenen Aussagen zu stärken und zu unterstützen und auf der anderen Seite achtet er genau auf den Wortbestand der Zitate,[59] der ihm z. B. erst die Verknüpfung ausgewählter Schriftzitate ermöglicht und damit auch bestimmte Interpretationen.

Hinsichtlich des Vergleichs im Umgang mit den Textvorlagen zwischen Paulus und der Zitationspraxis im Frühjudentum „it should be clear that there is nothing particulary unique or even out of the ordinary about the way Paul handles the wording of his biblical quotations. [...] Paul was simply following the normal literary conventions of his day."[60] Paulus bewegt sich in seinem Umgang

---

55 Vgl. STEMBERGER, Hermeneutik der Jüdischen Bibel, 44.

56 GÜNTER STEMBERGER, Grundzüge rabbinischer Hermeneutik, in: Georg Schöllgen (Hg.), Stimuli. Exegese und ihre Hermeneutik in Antike und Christentum, Festschrift für Ernst Dassmann (JbAC.E 23), Münster 1996, 36. Vgl. auch HEINZ-JOSEF FABRY, Methoden der Schriftauslegung in den Qumranschriften, in: Georg Schöllgen (Hg.), Stimuli. Exegese und ihre Hermeneutik in Antike und Christentum, Festschrift für Ernst Dassmann (JbAC.E 23), Münster 1996, 24f, sowie MICHAELA BAUKS, Intratextualität, Intertextualität und Rezeptionsgeschichte. Was tragen „transpositional techniques" und „empirical evidences" zur literarischen Genese der Urgeschichte aus?, in: Michaela Bauks/Ulrich Berges/Daniel Krochmalnik (Hg.), Neue Wege der Schriftauslegung (ATM 24), Münster 2019, 39.

57 STEMBERGER, Hermeneutik der Jüdischen Bibel, 40.

58 Ebd.

59 Ähnlich STANLEY, The Social Environment of ‚Free' Biblical Quotations in the New Testament, 27: „In some cases the hermeneutical process leads Paul to reshape the wording of a biblical quotation; in others, the original text is deemed sufficient to express what Paul wants his readers to glean from the passage at hand. In both cases the result could still be called an ‚interpretative rendering' of the biblical text, a contextual application in which introductory expressions, interpretative comments, explicit deductions, and (in many cases) changes in wording combine to relate the authoritative words of Scripture to the needs of a later audience."

60 STANLEY, Paul and the Language of Scripture, 348.

mit Vorlagentexte und hinsichtlich deren Modifikation in seiner Schriftrezeption durchweg innerhalb des *Diskursrahmens* frühjüdischer Schriftverwendung.

8.2.4 Ultraliteralistische Schriftauslegung (Kontext)

In seiner Extremform geht es bei der ultraliteralistischen Schriftauslegung um „einen Interpretationsmodus, der in kontextwidriger Fokussierung auf einzelne wortwörtlich interpretierte Textpassagen einen völlig neuen Sinn des überlieferten Textes erschließt.“[61] Häufig begegnet hierfür auch die Beschreibung, dass die jeweiligen Prätexte „atomisiert“ werden.[62] Die Form des Ultraliteralismus tritt nach Markus Tiwald zwar erst in der rabbinischen Schriftrezeption „voll entwickelt in Erscheinung, lässt sich jedoch auch schon im Frühjudentum in unterschiedlich starker Ausprägung nachweisen.“[63] So findet sich z. B. auch in manchen Qumranschriften,[64] z. B. in einigen Pescharim die Vorgehensweise „‚atomisierend‘, selbst kleine Textteile aus einem Satz herauslösend [...] auf Ereignisse der unmittelbaren Gegenwart oder der nahen Endzeit beziehend“[65] zu interpretieren und dabei den jeweiligen Referenztext unabhängig vom ursprünglichen Kontext auszulegen.[66] „This Ultra-literal mode of interpretation

---

61 Vgl. TIWALD, Hebräer von Hebräern, 431.

62 Vgl. hierzu TOOMAN, Scriptural Reuse in Ancient Jewish Literature, 31.

63 TIWALD, Hebräer von Hebräern, 423. In der Forschung finden sich auch Tendenzen, die frühjüdische Exegese des ersten Jahrhunderts prinzipiell und primär als atomisierend und ultraliteralistisch zu bezeichnen. So bereits GEORGE F. MOORE, Judaism in the First Centuries of the Christian Era. The Age of the Tannaim, Volume I, Cambridge, MA 1927, 248. Ähnlich später JOHN BARTON, Oracles of God. Perceptions of Ancient Prophecy in Israel after the Exile, London 1986, 150, sowie in jüngerer Zeit JAMES L. KUGEL, The Beginnings of Biblical Interpretation, in: Matthias Henze (Hg.), A Companion to Biblical Interpretation in Early Judaism, Grand Rapids, MI 2012, 21f. Dem hält TOOMAN, Scriptural Reuse in Ancient Jewish Literature, 32f., richtigerweise entgegen, dass diese Position zu verabsolutierend ist, da ultraliteralistische Schriftrezeption nur *eine* Form der Schriftauslegung des Frühjudentums darstellt, jedoch sicherlich nicht die allesbestimmende: „I have no objection in principle to the claim that early Jewish interpretation *can be* ‚atomistic‘. There are, to be sure, thousands of examples from all types of ancient Jewish literature of interpretations that focus attention on individual clauses, phrases, words and even parts of words with little consideration of wider literary context. My objection is to any claim, like those of Barton and Kugel, that ‚atomism‘ *characterizes* early jewish interpretation.“

64 Vgl. SARIANNA METSO, Biblical Quotations in the Community Rule, in: Edward D. Herbert/Emanuel Tov (Hg.), The Bible as Book. The Hebrew Bible and the Judean Desert Discoveries, London 2002, 90.

65 JOHANN MAIER, Zwischen den Testamenten. Geschichte und Religion in der Zeit des zweiten Tempels (NEB.ATE 3), Würzburg 1990, 135.

66 „The authors looked for text passages and (‚atomizing‘ the text) even for rather small parts of them, to find the passage or word fit to serve as vehicle for the message to be presented as result.“ JOHANN MAIER, Early Jewish Biblical Interpretation in the Qumran

can sometimes produce meanings which are entirely unrelated to the meaning which those same words have in their original context."[67]

Die Analyse des Schriftgebrauchs in Röm 4 und Gal 3,6–14 hat dargelegt, dass Paulus bei der weit überwiegenden Mehrheit seiner intertextuellen Referenzen den Kontext seiner Referenztexte mit im Blick hat – oder mindestens keine kontextwidrige Rezeption erkennen lässt. Es ist mitunter sicherlich richtig, dass Paulus einzelne Schriftstellen u. U. höchst eigenwillig interpretiert. Dies gilt insbesondere für das Zitat aus Gen 15,6, das sowohl in Röm 4 als auch in Gal 3,6–14 maßgebend ist und das im ursprünglichen Kontext zunächst nichts anderes meint, „als dass Abraham einwilligt, sich auf den von Gott vorgeschlagenen Bund einzulassen."[68] Jedoch hat die detaillierte Analyse des Schriftgebrauchs insbesondere in Röm 4 erwiesen, dass die Argumentation keineswegs als Ganze auf einer ultraliteralistischen Rezeption von Gen 15,6 fußt.[69] Zweifelsohne bildet die Rezeption und Deutung von Gen 15,6 das Rückgrat von Röm 4. Die Argumentation gewinnt aber erst durch die übergreifende Relektüre und die Hinzunahme des Kontextes von Gen 15–17 an Gestalt. Tiwald ist zwar darin Recht zu geben, wenn er beobachtet, dass Paulus in Gen 15 den „Druckpunkt des Textes vom Bundesschluss Gottes mit Abraham hin zur Rechtfertigung Abrahams aus dem Glauben" verschiebt.[70] Der Vorwurf allerdings, Paulus blende den Kontext von Gen 15,6 gänzlich aus oder interpretiere Gen 15,6 im Widerspruch zum Selbigen – und dies wäre schließlich das Charakteristikum einer ultraliteralistischen Exegese – ist unzutreffend.[71]

Eine ultraliteralistische und kontextunabhängige resp. -widrige Schriftrezeption kann für die analysierten Texte aus Röm 4 und Gal 3,6–14 nur in Gal 3,13 ausgemacht werden (vgl. 6.2.4). Paulus zitiert dort Dtn 21,23 und interpretiert diesen Prätext christologisch. Eine etwaige messianische Konnotation lässt sich jedoch weder im Mikro- noch im Makrokontext des Prätextes ausmachen. „Only by extracting the verse from its original context and revising its wording could Paul claim that it refers to the death of Jesus."[72]

Literature, in: Magne Saebø (Hg.), Hebrew Bible / Old Testament. The History of Its Interpretation, From the Beginnings to the Middle Ages (until 1300), Göttingen 1996, 127.

67 INSTONE-BREWER, Techniques and Assumptions in Jewish Exegesis before 70 CE, 16.

68 TIWALD, Hebräer von Hebräern, 434.

69 Vgl. ebd.

70 A. a. O., 434f.

71 Vgl. ebd. Auch mit Blick auf Röm 4,10 argumentiert Tiwald, dass es sich durchaus um eine ultraliteralistische Rezeption handele.

72 STANLEY, Arguing with Scripture, 125. Eine spannende inhaltliche Parallele zur paulinischen Auslegung von Dtn 21,23 findet sich in der sog. Tempelrolle (11QT). Vgl. hierzu DAVID LINCICUM, Paul and the Temple Scroll. Reflections on a Shared Engagement with Deutoronomy, in: Craig A. Evans/H. D. Zacharias (Hg.), ‚What does the Scripture Say?'. Studies in the Function of Scripture in Early Judaism and Christianity (SSEJC 17), London u. a. 2012, hier 65f.

Insgesamt fügt sich Paulus auch mit seiner in Summe betrachtet eher zurückhaltenden Verwendung ultraliteralistischer Schriftrezeption ein in die Gepflogenheiten frühjüdischer Exegese. Sowohl in zahlreichen frühjüdischen Texten als auch bei Paulus lässt sich beobachten, dass in der Rezeption der Schriften Israels der Kontext der Prätexte im überwiegenden Teil der Fälle berücksichtigt wurde. Hingegen wurden nur gelegentlich Referenztexte komplett unabhängig oder sogar gegen ihren ursprünglichen Kontext gelesen.[73]

8.2.5 Narrative Schriftauslegung

Ein wesentlicher Anteil frühjüdischer Exegese kann als narrative Schriftauslegung beschrieben werden. Denn ein ganz wesentlicher Zugang in der Zeit des zweiten Tempels war es, Prätexte in narrativer Form, z. B. durch Nacherzählung, Fortschreibung oder durch die Kombination von Relektüre und Kommentierung zu interpretieren.[74] Insofern ganze Werke dieser Form der Schriftrezeption folgen,[75] begegnen diese u. a. unter der Bezeichnung *Rewritten Bible*[76] oder *Rewritten Scripture*.[77] Doch die narrative Rezeption autoritativer Schriften geschah nicht

---

[73] Als Parallele zu Paulus kann hier auch Philo betrachtet werden. „What we will find is that Philo paid a great deal of attention to various details of the immediate literary context of passages in the Jewish Scriptures." KENNETH SCHENK, Old Testament Context. Insights from Philo, in: David M. Allen/Steve Smith (Hg.), Methodology in the Use of the Old Testament in the New. Context and Criteria (LNTS 579) 2019, 103. Zugleich ist Philo „highly attentive to minute details in the Greek text." SCHENK, Old Testament Context, 108f.

[74] Vgl. HEINZ-JOSEF FABRY, Der Text und seine Geschichte, in: Christian Frevel (Hg.), Einleitung in das Alte Testament (KStTh 1,1), Stuttgart [9]2016, 43. KUGEL, The Beginnings of Biblical Interpretation, 11, geht sogar so weit zu sagen, dass „retelling, it should be said, was actually the preferred form of biblical commentary in this period. That is, instead of citing a particular verse and explaining its meaning (as our modern-day, and some ancient, commentators do), Second Temple writers preferred to *retell* the text."

[75] In diesen geschieht in der Regel „die völlige Verschmelzung von Bibeltext und eigener Aussage." GÜNTER STEMBERGER, Midrasch. Vom Umgang der Rabbinen mit der Bibel, Einführung – Texte – Erläuterungen, München 1989, 17.

[76] Die Bezeichnug Rewritten Bible geht zurück auf Geza Vermes. Vgl. u. a. GÉZA VERMÈS, Bible and Midrash. Early Old Testament Exegesis, in: Peter R. Ackroyd/Christopher F. Evans (Hg.), The Cambridge History of the Bible. Volume 1: From the Beginnings to Jerome, Cambridge 1970. Als Rewritten Bible werden z. B. das Jubiläenbuch, das Genesis-apokryphon, die Tempelrolle oder Pseudo Philos *Liber Antiquitatum Biblicarum* bezeichnet.

[77] In jüngerer Forschung wird zunehmend die Bezeichnung Rewritten *Scripture* bevorzugt, da hiermit ausdrücklich auch solche Schriften inkludiert werden, die sich nicht auf kanonische Texte beziehen. Weitere Diskussionen um Gattungsbezeichnungen und Klassifikation des Genres können hier nicht vertieft werden. Siehe hierzu kompakt u. a. GEORGE J. BROOKE, Genre Theory, Rewritten Bible and Pesher, in: DSD 17 (2010), sowie DEVORAH DIMANT, Introduction. Reworking of Scripture at Qumran, in: Ariel Feldman/Liora Goldman/Devorah Dimant (Hg.), Scripture and Interpretation 2014. Zur Diskussion insgesamt siehe überdies u. a. PHILIP S. ALEXANDER, Retelling the Old Testament, in: Donald

nur in eigens dazu konzipierten Schriften, sondern sie begegnet auch als Element der Schriftauslegung in weiteren Texten. Die narrative Verarbeitung von Prätexten wird sowohl als wichtige Methode als auch als hermeneutisches Grundprinzip in der frühjüdischen Literatur greifbar. In der narrativen Schriftauslegung „substantial parts of the scriptural narrative are retold, using a mixture of expansion, abbreviation, omission, and the interweaving of biblical allusions and citations with the author's own words."[78]

Nachweise einer narrativen Schriftrezeption finden sich auch in den analysierten Paulustexten Röm 4 und Gal 3,6–14. Insbesondere Röm 4 enthält solche Elemente narrativer Schriftauslegung. Die Argumentation in Röm 4 ist maßgeblich geprägt durch die interpretierende Relektüre resp. Renarration der Abrahamerzählung. „What unites the chapter is Paul's interpretive retelling of the

---

A. Carson/Hugh G. M. Williamson (Hg.), It is Written: Scripture Citing Scripture. Essays in Honour of Barnabas Lindars, Cambridge 1988; Moshe J. Bernstein, ‚Rewritten Bible': A Generic Category which has Outlived Its Usefulness?, in: Textus 22 (2005); Brooke, Genre Theory, Rewritten Bible and Pesher; Daniel K. Falk, Parabiblical Texts. Strategies for Extending the Scriptures among the Dead Sea Scrolls (LSTS 63), London 2007; Anders K. Petersen, Rewritten Bible As A Borderline Phenomenon. Genre, Textual Strategy, Or Canonical Anachronism?, in: Anthony Hilhorst/Emile Puech/Eibert Tigchelaar (Hg.), Flores Florentino: Dead Sea Scrolls and Other Early Jewish Studies in Honour of Florentino Garcia Martinez (JSJ.S 122), Leiden u. a. 2007; Eugene Ulrich, „Pre-Scripture", Scripture (Rewritten), and „Rewritten Scripture". The Borders of Scripture, in: Ders. (Hg.), The Dead Sea Scrolls and the Developmental Composition of the Bible (VT.S 169), Leiden u.a. 2015; Géza Vermès, Scripture and Tradition in Judaism. Haggadic Studies (StPB 4), Leiden [2]1983; Molly M. Zahn, Rethinking Rewritten Scripture. Composition and Exegesis in the 4QReworked Pentateuch Manuscripts (StTDJ 95), Leiden, Boston 2011; sowie die Beiträge in József Zsengellér (Hg.), Rewritten Bible after fifty Years: Texts, Terms, or Techniques? A Last Dialogue with Geza Vermes (JSJ.S 166), Leiden u. a. 2014.

78 Docherty, Exegetical Methods in the New Testament and „Rewritten Bible", 79. Dass es folglich nicht bloß um das Nacherzählen geht, sondern maßgeblich um die Interpretation der Prätexte bringt Kugel, The Beginnings of Biblical Interpretation, 11, treffend zum Ausdruck: „This form of writing (*Jubilees* is only one example) has been termed ‚Rewritten Bible', but it was almost never a rewriting for rewriting's sake; by retelling the text in their own words, commentators were able to explain things and eliminate any perceived inconsistencies or problems." Bateman, Second Temple Exegetical Practices, 36, subsumiert dieses Verfahren der Schriftrezeption unter dem Überbegriff der *Harmonizing Exegesis*: „Harmonizing exegesis or complementary exegesis is the seamless integration or recontextualization of groups of verses or even a single verse from Hebrew Scripture. At least two types of harmonizing exist within Second Temple literature: (1) a rewritten biblical text, or (2) within the author's own work. In both cases, whether it is the seamless integration of Hebrew Scripture within a rewritten biblical text or within an author's own work, harmonizing exegesis recontextualizes Hebrew Scripture into a new literary work. This form of exegesis differs from proof-texting and thematic exegesis in that no introductory formulas are employed to identify when Hebrew Scripture is being integrated into the text. Generally, extensive forms of harmonizing exegesis appear in documents that rewrite Hebrew Scripture."

story of Abraham."[79] Die Argumentation in Röm 4 kann einerseits als Ganze als Form narrativer Schriftrezeption verstanden werden, denn „mit Hilfe einer relecture der Abrahamerzählungen von Gen 15–17 zeigt Paulus, dass Abraham Vater und Identitätsfigur *auch* der glaubenden Nichtjuden ist und diese sich ebenfalls als σπέρμα Ἀβραάμ verstehen können und sollen."[80] Darüber hinaus nutzt Paulus andererseits die Nacherzählung der Abrahamgeschichte in Teilabschnitten seiner Argumentation (V.9–12[81] u. V.18–22) als methodisches bzw. rhetorisches Element seiner Argumentation.[82]

Wenngleich nicht mit derselben Ausführlichkeit wie in Röm 4, greift Paulus auch in der Argumentation von Gal 3,6–14 auf Elemente narrativer Schriftrezeption zurück. Denn das zugrundeliegende Argument in Gal 3,6–14, dass Abrahams Rechtfertigung aus Glauben seiner Beschneidung vorgeordnet ist und damit auch der Glaube der Christusgläubigen in Galatien hinreichendes Kriterium der Rechtfertigung und der Geistverleihung ist, fußt ebenso wie in Röm 4 auf der interpretierenden Relektüre der Abrahamgeschichte.[83]

Insofern narrative Schriftrezeption in der frühjüdischen Literatur beobachtet werden kann, lässt sich eine klare Tendenz entdecken, dass die bevorzugten Prätexte für diese Form der Schriftrezeption in einem überwiegenden Teil der Fälle die Genesis und ihre Narrationen sind.[84] Diese Beobachtung deckt sich auch mit den Paulustexten aus Röm 4 und Gal 3,6–14. Und ebenso kann in weiteren Texten des Corpus Paulinum diese Tendenz der hervorgehobenen Bedeutung des Buches Genesis für Paulus festgestellt werden. „Genesis is a book of fundamental importance for the apostle Paul, in a manner that is not fully reflected in mere numerical tallies of his explicit citations. To be sure, Paul does often cite

---

[79] KATJA KUJANPÄÄ, The Rhetorical Functions of Scriptural Quotations in Romans. Paul's Argumentation by Quotations (NT.S 172), Leiden, Boston 2019, 62.

[80] MARIA NEUBRAND, Abraham – Vater von Juden und Nichtjuden. Eine exegetische Studie zu Röm 4 (FzB 85), Würzburg 1997, 291. Ähnlich KUJANPÄÄ, The Rhetorical Functions of Scriptural Quotations in Romans, 78: „By retelling Abraham's story in such a manner that Abraham is presented as a gentile himself and explicitly nominated by God to become a father of many nations, Paul offers believers with a gentile background a strong identity-building narrative." Vgl. auch a. a. O., 69.

[81] „Throughout the retold Abraham story, Paul emphasizes the continuity between Abraham and the Christ-believers." KUJANPÄÄ, The Rhetorical Functions of Scriptural Quotations in Romans, 81. „By making circumcision a ‚seal of the righteousness' which underlines Abraham's faith, he retells the Abraham narrative as a story of inclusiveness." MARICEL S. IBITA, „Abraham believed God, and it was reckoned to him as Righteousness". Paul's Usage of Gen 15,6 in Romans 4, in: Udo Schnelle (Hg.), The Letter to the Romans (BETL 226), Leuven, Paris, Walpole, MA 2009, 687.

[82] Vgl. WILK, Schriftbezüge im Werk des Paulus, 483.

[83] „Thus even if the content of Paul's interpretation is influenced by his belief in Christ, Paul nonetheless understands and applies this narrative in accord with Jewish hermeneutical assumptions." STEVEN DIMATTEI, Biblical Narratives, in: Stanley E. Porter (Hg.), As it is Written. Studying Paul's Use of Scripture (SBLSymS 50), Atlanta Ga. 2008, 83.

[84] Vgl. DOCHERTY, Exegetical Methods in the New Testament and „Rewritten Bible", 96.

Genesis (15 times), but he also learns from it certain basic narratives, stories that order and make sense of his world: the creation of the cosmos, the formation of humanity, the sin of Adam, the covenant with Abraham and the promises to the patriarchs. In fact, if we ask about narrative elements in Paul, we will find that the vast majority of these come from Genesis."[85]

Angesichts dieser Beobachtungen zur narrativen Schriftrezeption im Frühjudentum und bei Paulus überrascht es nicht, dass „some recent works insist on the importance of narrative dynamics in Paul's engagement with Scripture."[86] Die Analyse der Methodik des paulinischen Schriftgebrauchs in Röm 4 unterstreicht diese Forderungen. Sie hat vor Augen geführt, dass die Wahrnehmung narrativer Schriftrezeption, wie sie u. a. – jedoch nicht ausschließlich – in den als Rewritten Bible oder Rewritten Scripture klassifizierten Schriften des Frühjudentums ausgemacht werden kann, „remains an underutilized resource in the task of assessing Paul's appropriations of Scripture in his Jewish context."[87]

8.2.6 Eschatologisch-aktualisierende Schriftauslegung

Im Frühjudentum lässt sich eine breite Tradition apokalyptischen Gedankenguts erkennen. Dieses schlägt sich gerade in der Rezeption und Auslegung der autoritativen jüdischen Schriften nieder. Besonders offensichtlich tritt dies in zahlreichen Qumranschriften zu Tage. Insbesondere in solchen Schriften, die klassischerweise der in Qumran ansässigen Gemeinschaft zugerechnet werden (z. B. 1QpHab, CD, 1QM oder 4Q167).[88] Doch auch darüber hinaus lässt sich in vielen

---

85 DAVID LINCICUM, Genesis in Paul, in: Maarten J. J. Menken/Steve Moyise (Hg.), Genesis in the New Testament (LNTS 466), London 2013, 99.

86 DAVID LINCICUM, Intertextuality, Effective History, and Memory. Conceptualizing Paul's Use of Scripture, in: Florian Wilk/Markus Öhler (Hg.), Paulinische Schriftrezeption. Grundlagen – Ausprägungen – Wirkungen – Wertungen (FRLANT 268), Göttingen, Bristol, CT, U.S.A. 2017, 16f. So etwa BRUCE N. FISK, Paul among the Storytellers. Reading Romans 11 in the Context of Rewritten Bible, in: Christopher D. Stanley (Hg.), Paul and Scripture. Extending the Conversation, Atlanta 2012, 57: „On this matter of interpreting Israel's Scriptures, there are good reasons to bring Paul into conversation with his Jewish contemporaries. More narrowly, it will contend that Paul's letters share several notable features with the genre known to us, since Geza Vermes, as ‚rewritten Bible'." Ähnlich DIMATTEI, Biblical Narratives, 93: „We see a Paul, whose approach to biblical narrative is firmly founded in Jewish hermeneutical principles."

87 FISK, Paul among the Storytellers, 58

88 Vgl. MOYISE, Quotations, 19f. „Much of the inspired interpretation of prophetic texts is applied to the Community in its present experiences, and these experiences themselves are seen to be part of the latter days, the final period of history before God himself vindicates those he has chosen." GEORGE J. BROOKE, Prophetic Interpretation in the Pesharim, in: Matthias Henze (Hg.), A Companion to Biblical Interpretation in Early Judaism, Grand Rapids, MI 2012, 251.

Gruppen und theologischen Ausrichtungen des antiken Frühjudentums das hermeneutische Muster einer eschatologisch-aktualisierenden Schriftauslegung ausmachen.[89] Es lässt sich sogar in einigen LXX-Übersetzungen[90] und Targumim beobachten.[91]

Das Phänomen, die Schriften Israels eschatologisch-aktualisierend auszulegen, lässt sich auch für das frühe Christentum festhalten.[92] An zahlreichen Stellen des Neuen Testaments zeigt sich dies.[93] Und auch für den Apostel Paulus „kann man von einer aktualisierenden, auf die als eschatologisch verstandene Gegenwart bezogenen Schriftinterpretation sprechen."[94] Das wird auch anhand seines Schriftgebrauchs in den analysierten Texten aus Röm 4 und Gal 3,6–14 deutlich. In Röm 4 wird insbesondere in der christologischen Zuspitzung des Kapitels in V.23–25 ersichtlich, dass Paulus seine Prätexte eschatologisch-aktualisierend verstanden wissen will. Dort legt Paulus Gen 15,6 und die dargebotene Relektüre von Gen 15–17 mit Bezug auf Jes 53 und hinsichtlich der Christusgläubigen der Gegenwart aus.[95] Paulus konkludiert dort aktualisierend, dass die Anrechnung der Gerechtigkeit Abrahams nicht um seinetwillen, sondern καὶ δι' ἡμᾶς, οἷς μέλλει λογίζεσθαι, geschehen ist. Um derentwillen, die im hier und

89 Vgl. WILK, Alles neu!?, 58. BATEMAN, Second Temple Exegetical Practices, 38, fasst dieses Verfahren der Schriftauslegung unter den Begriff der *already-not yet exegesis* bzw. der *fulfillment exegesis*. „Already-not yet exegesis or fulfillment exegesis is the interpretation and explanation of Hebrew Scripture as fulfilled in the present time and yet with an anticipated fulfillment in the very near future."

90 V. a. Jesaja.

91 Vgl. WILK, Schriftbezüge im Werk des Paulus, 484. „A similar method is employed in some rabbinic texts which interpret passages from the prophetic books as foretelling the Roman destruction of Jerusalem. It would appear then, that many early Jewish exegetes operated with an assumption that scripture consists of a vast series of prophecies, which have to be explained and made relevant to later generations." DOCHERTY, Exegetical Methods in the New Testament and „Rewritten Bible", 95.

92 Man hat mit Recht darauf verwiesen, dass „bis zu einem gewissen Grad auch das frühe Christentum Merkmale solcher eschatologisch motivierter Bibelauslegung und -anwendung aufzuweisen hat, wobei ebenfalls der Anspruch einer durch den Geist Gottes vermittelten Einsicht in die ‚eigentliche' (hier: auf Christus hindeutende) Aussage der Heiligen Schrift zu vermerken ist." MAIER, Zwischen den Testamenten, 135.

93 Vgl. FREY, Paulus als Pharisäer und Antiochener, 110.

94 KOCH, Die Schrift als Zeuge des Evangeliums, 229. Und Koch fährt a. a. O. fort: „Woraus sich durchaus aufschlussreiche Analogien zwischen dem Schriftverständnis in Qumran und bei Paulus ergeben." Ganz ähnlich TIWALD, Hebräer von Hebräern, 417: „Gerade auch bei Paulus lassen sich Züge einer solchen eschatologisch-aktualisierenden Exegese feststellen."

95 „Der generellen Anwendung der zitierten Jesajaworte auf das Christusgeschehen bei Paulus entspricht regelmäßig deren Deutung auf das eschatologische Heilshandeln Gottes an Israel (und den Völkern) in der antik-jüdischen Exegese, das zumal die Qumranschriften auch auf die eigene Gegenwart beziehen." FLORIAN WILK, Die Bedeutung des Jesajabuches für Paulus (FRLANT 179), Göttingen 1998, 205.

jetzt an denjenigen glauben, der Jesus von den Toten auferweckt hat, der dahingegeben wurde διὰ τὰ παραπτώματα ἡμῶν und auferweckt wurde διὰ τὴν δικαίωσιν ἡμῶν. Anhand dieser Deutung in Röm 4,23ff. zeigt sich deutlich, dass Paulus hier die Schriften Israels mit Blick auf die als eschatologisch qualifizierte Gegenwart hin liest. „Diese im Urchristentum verbreitete, hier aber von Paulus explizit gebrauchte Auslegung hat Parallelen in den Pescharim von Qumran, die die Texte aus Propheten und Psalmen ebenfalls auf die eigene Gemeindegeschichte und die eigene Gegenwart hin interpretieren.“[96]

Eine zu Röm 4,23ff. vergleichbare eschatologisch-aktualisierende Schriftauslegung kann auch in der Argumentation von Gal 3,6–14 identifiziert werden. Greifbar wird dies ähnlich wie in Röm 4 zum einen in der Gesamtanlage der Argumentation, denn diese geschieht ebenso wie die interpretierende Relektüre der Abrahamerzählung in Röm 4 rezeptionsorientiert, d. h. mit Blick auf die Adressatinnen und Adressaten. Zum anderen verbalisiert sich die eschatologisch-aktualisierende Auslegung auch in Gal 3,6–14 wiederum am explizitesten in der christologischen Zuspitzung der Argumentation:[97] Χριστὸς *ἡμᾶς* ἐξηγόρασεν ἐκ τῆς κατάρας τοῦ νόμου γενόμενος *ὑπὲρ ἡμῶν* κατάρα (Gal 3,13). Dies ist geschehen, damit der Segen Abrahams durch Christus Jesus zu den Völkern kommt und ἵνα τὴν ἐπαγγελίαν τοῦ πνεύματος *λάβωμεν* διὰ τῆς πίστεως (Gal 3,14).

Anhand dieser Beispiele wird mit Blick auf die Verortung des paulinischen Schriftgebrauchs im Horizont frühjüdischer Schriftrezeption exemplarisch deutlich, dass sich Paulus „in seiner eschatologisch-aktualisierenden Bibelauslegung [...] (natürlich bis auf das christliche Proprium) gut in den Kontext des damaligen Frühjudentums ein[fügt].“[98] Dies bestätigt sich bei einem Ausblick auf weitere Texte des Corpus Paulinum, denn Paulus zieht an zahlreichen weiteren Stellen seiner Briefe die Schriften Israels heran und legt anhand von ihnen dar, „dass sich im Christusgeschehen die eschatologischen Hoffnungen jüdischen Glaubens erfüllt haben.“[99]

---

96 Frey, Paulus als Pharisäer und Antiochener, 110.

97 „Durch die *Parallelisierung* der Geschichte Abrahams und der Geschichte seiner Adressaten kann Paulus *aktualisieren*: Christus und die Christen sind die eigentlichen Erben der Verheißung (vgl. Gal 3,16), die in der Gabe des Geistes besteht (vgl. Gal 3,14).“ Markus-Liborius Hermann, Die „hermeneutische Stunde“ des Hebräerbriefes. Schriftauslegung in Spannungsfeldern (HBS 72), Freiburg im Breisgau 2013, 108.

98 Tiwald, Hebräer von Hebräern, 422. Ähnlich Fisk, Paul among the Storytellers, 56: „Although Paul's approach to Scripture tended to be charismatic and imaginative, he remained firmly grounded in prevailing Jewish theology, including its eschatological expectations.“

99 Enno E. Popkes, Essenisch-qumranische und paulinische Psalmen-Rezeption. Ein Beitrag zur frühjdischen Schrifthermeneutik, in: Jörg Frey/Enno E. Popkes (Hg.), Jesus, Paulus und die Texte von Qumran (WUNT 390), Tübingen 2015, 244.

8.2.7 Kompositionelle Schriftauslegung (Intratextuelle Relationierung)

Die intratextuelle Relationierung intertextueller Referenzen stellt einen wichtigen Aspekt in der frühjüdischen Schriftrezeption dar. Denn im Frühjudentum findet sich „ein reiches Textkorpus aus kompilatorischen Werken, die primär verschiedene alttestamentliche Texte zusammenstellen."[100] Man kann dieses Phänomen unter dem Schlagwort der *kompositionellen Schriftauslegung* betrachten. Bei dieser Form der Rezeption autoritativer Schriften handelt es sich um eine Zusammenstellung von intertextuellen Referenzen „taken from their original literary context, woven and linked together purposefully, and recontextualized to reflect an author's or a community's perception of a biblical or theological issue in order to influence and/or affirm a community."[101] Frühjüdische Schriften, in denen intratextuelle Relationierungen eine zentrale Rolle spielen, lassen sich insbesondere in Qumran finden.[102] Zu nennen sind zum einen die Pescharim. Eigenart der textorientierten, exegetischen Pescharim ist häufig „ihr Entlanggehen an einem biblischen Basistext, wobei sie thematisch jeweils passende Zitate aus anderen biblischen Büchern beiziehen."[103] Ähnlich wird in den thematischen Pescharim verfahren, wo in der Darlegung und Erläuterung eines Themas eine Vielzahl intertextueller Referenzen intratextuell miteinander verwoben werden. Zum anderen begegnet das Verfahren, verschiedene Prätexte im Metatext intratextuell miteinander zu verknüpfen, auch in einigen Schriften des Genres Rewritten Scripture. Übergreifend lässt sich daher festhalten, „dass die Methode, durch Komposition biblische Texte zu rezipieren und zu interpretieren, in Qumran gängige Praxis ist."[104] Doch darüber hinaus war die Methode der kompositionellen Schriftinterpretation „wohl nicht für Qumran spezifisch, sondern gehört zum Gemeingut des damaligen Judentums."[105] Die kompositionelle (oder teils auch kompilatorische bzw. kombinatorische) Schriftauslegung kann angesichts der Vielzahl an Belegen als eine fest im Frühjudentum verankerte und weit verbreitete Methode im Umgang mit den Schriften Israels gelten.[106]

---

100 FABRY, Der Text und seine Geschichte, 27.

101 BATEMAN, Second Temple Exegetical Practices, 29. Bateman nennt diese Form der Schriftauslegung in Anlehnung an BROOKE, Exegesis at Qumran, *Theological or Thematical Exegesis.* NITZAN, Approaches to Biblical Exegesis in Qumran Literature, 363, versteht diese Form der Schriftrezeption als *free exegetical compositions*, in denen in besonderer Weise eine „exegetical creativity" zum Vorschein kommt.

102 BATEMAN, Second Temple Exegetical Practices, 29. Er nennt u. a. 11Q13 (11QMelch), 4Q175 (4QTest), 4Q159, 4Q513–14 (4Qb–c), 4Q174 (4QFlor).

103 FABRY, Der Text und seine Geschichte, 43.

104 A. a. O., 31.

105 STEMBERGER, Hermeneutik der Jüdischen Bibel, 39.

106 So lässt sich das Verfahren der intratextuellen Relationierung intertextueller Referenzen z. B. auch bei Philo beobachten. Vgl. SCHENK, Old Testament Context, hier 112.

Die analysierten Paulustexte Röm 4 und Gal 3,6–14 sind eindrückliche Zeugnisse des methodischen Verfahrens, intertextuelle Referenzen intratextuell zu relationieren. In beiden Texten werden deutliche Parallelen zur im Frühjudentum weit verbreiteten Methode der kompositionellen Schriftauslegung erkennbar (vgl. 5.2.5 u. 6.2.5).[107] Paulus verfolgt sowohl in Röm 4 als auch in Gal 3,6–14 die Grundidee, mit Hilfe der Zusammenstellung unterschiedlicher direkter und indirekter Schriftbezüge ein abgegrenztes Thema (Beschneidung, Rechtfertigung) bzw. eine Fragestellung (Geistempfang) zu verhandeln oder auch einen bestimmten Ausgangstext auszulegen (Gen 15,6). Insbesondere Gal 3,6–14 kann geradezu als Musterbeispiel kompositioneller Schriftauslegung betrachtet werden. In einem äußerst begrenzten Rahmen von nur neun Versen werden gleich sechs direkte Schriftzitate sowie weitere indirekte intertextuelle Referenzen sowohl lexematisch als auch thematisch intratextuell miteinander verbunden.

8.2.8 Pescher-Exegese

Besonders die Qumranfunde beinhalten eine Vielzahl der uns vorliegenden exegetischen Schriften des Frühjudentums. „Die bekannteste und eigentümlichste Form der Bibelauslegung in Qumran sind die Pescharim (Einzahl: Pescher), Kommentare zu Gen, Prophetenschriften (Jes, Hos, Mi, Nah, Hab, Zef, Mal) und einzelnen Psalmen."[108] Insgesamt wurden in Qumran mehr als dreißig dieser exegetischen Schriften gefunden.[109] Abseits der Qumranbibliothek finden sich jedoch keine Schriften dieses Genres.[110] Sie belegen somit eine spezielle Form der

---

107 Das paulinische Vorgehen, in seinen Texten intertextuelle Referenzen hinsichtlich einer bestimmten argumentativen Intention zusammenzustellen und miteinander zu verküpfen, ist in der Vergangenheit durchaus als Indiz gewertet worden, Paulus in Kontrast zur frühjüdischen Schriftauslegung zu setzen, doch „diese Freiheit zur Kombination und Variation im Umgang mit Schriftstellen steht nicht in Gegensatz zur zeitgenössischen jüdischen Weise der Schriftrezeption, wie neben den genannten exegetischen Schriften aus der Qumran-Bibliothek insbesondere die Texte des Genres ‚Rewritten Bible' (JUb, LAB) zeigen." FREY, Paulus als Pharisäer und Antiochener, 95.

108 STEMBERGER, Hermeneutik der Jüdischen Bibel, 47. Aharon Shemesh, Biblical Exegesis and Interpretations from Qumran to the Rabbis, in: Matthias Henze (Hg.), A Companion to Biblical Interpretation in Early Judaism, Grand Rapids, MI 2012, 480: „The most characteristic interpretations of Qumranic literature are indeed those known as pesharim."

109 Vgl. FABRY, Der Text und seine Geschichte, 43.

110 „Sodass Schriftinterpretation in Qumran oftmals gleichgesetzt wird mit Pescher-Exegese. Dabei sind schon in den Pescharim selber verschiedene Methoden zu beobachten. Die Auslegungsmethoden der Pescharim sind entgegen der geläufigen Meinung weder die einzige Art der Schriftauslegung in den Qumranschriften noch ist die fortlaufende Auslegung einer gesamten Schrift besonders typisch für Qumran." CHRISTIAN METZENTHIN, Abraham in der Damaskusschrift und im Galaterbrief, in: BN 134 (2007), 80.

Exegese, die allein in der Qumrangemeinschaft beheimatet war.[111] Die Pescharim „repräsentieren somit einen weiteren Rahmen von Schriftrezeption- und exegese des palästinischen Judentums“ [112], der zu den bereits aufgezeigten Formen, Verfahren und Paradigmen frühjüdischer Schriftrezeption hinzutritt resp. in dem zuweilen einige der beschriebenen Ansätze und Zugänge zusammenfließen.[113]

Pescher-Exegese kann übergeordnet als ein exegetisches Verfahren beschrieben werden, doch unter den Pescharim gibt es „a formal difference between ‚thematic peschārim‘ and Pesharim as running commentaries.“[114] Ausgangspunkt der exegetischen, als fortlaufende Kommentare konzipierten Pescharim ist stets ein einzelner Schriftvers oder eine Schriftpassage. Diese wird zitiert oder paraphrasiert und anschließend ausgelegt.[115] Grundlage der thematischen Pescharim ist hingegen nicht zwingend ein bestimmtes Lemma resp. ein einzelner Prätext, sondern die Entfaltung eines (theologischen oder ethischen) Sachverhalts.[116] „Der exegetische Pescher deutet Vers für Vers den Bibeltext ei-

---

111 Zu grundsätzlichen Fragen des Genres, seiner Entwicklung und der Begrifflichkeit siehe u. a. BROOKE, Genre Theory, Rewritten Bible and Pesher; BRONSON BROWN-DEVOST, The Compositional Development of Qumran Pesharim in Light of Mesopotamian Commentaries, in: JBL 135 (2016); ALEX P. JASSEN, The Pesharim and the Rise of Commentary in Early Jewish Scriptural Interpretation, in: DSD 19 (2012); TIMOTHY H. LIM, Pesharim, London 2002, zu den Fragen von Definition und Genre siehe ausführlich 44–53.; TIMOTHY H. LIM, Pesher, in: Eric M. Orlin/Lisbeth S. Fried/Jennifer W. Knust/Michael L. Satlow/Michael E. Pregill (Hg.), The Routledge Encyclopedia of Ancient Mediterranean Religions, New York, London 2016; DANIEL A. MACHIELA, The Qumran Pesharim as Biblical Commentaries. Historical Context and Lines of Development, in: DSD 19 (2012); ROBERT WILLIAMSON JR., Pesher: A Cognitive Model of Genre, in: DSD 17 (2010).

112 FREY, Paulus als Pharisäer und Antiochener, 106.

113 Vgl. TIWALD, Hebräer von Hebräern, 29. Dies betrifft insbesondere die Aspekte der eschatologisch-aktualisierenden und der kompositionellen sowie der ultraliteralistischen Schriftauslegung.

114 MAIER, Early Jewish Biblical Interpretation in the Qumran Literature, 126. Zu exegetischen Pecharim siehe z. B. SHANI L. BERRIN, The Pesher Nahum Scroll from Qumran. An Exegetical Study of 4Q169 (StTDJ 53), Leiden, Boston 2004; oder WILLIAM H. BROWNLEE, The Midrash Pesher of Habakkuk. Text, Translation, Exposition (SBLMS 24), Missoula, MT 1979. Zu den thematischen Pescharim siehe z. B. BROOKE, Exegesis at Qumran.

115 Die fortlaufenden Pescharim kommen dem modernen Verständnis einer Kommentierung des Bibeltextes damit deutlich näher als z. B. die Schriften der Rewritten Bible, da Lemma und Kommentar, d. h. Primär- und Sekundärtext klar unterschieden sind. Vgl. DANIEL STÖKL BEN EZRA, Qumran. Die Texte vom Toten Meer und das antike Judentum (UTB 4681), Tübingen 2016, 226.

116 Vgl. DOERING, Die Rezeption jüdischer Schriften im Neuen Testament, 132. Aharon Shemesh, Biblical Exegesis and Interpretations from Qumran to the Rabbis, 468: „These compositions, though they share the same genre, differ from the ‚continuous pesharim‘ in that they are arranged topically rather than according to the sequence of the biblical text.“

nes bestimmten biblischen Buchs (Jesaja, Zwölfpropheten, Psalmen). Der thematische Pescher hingegen basiert auf einer zu einer bestimmten Themenstellung passenden Bibelversgruppe."[117]

Das grundlegende Charateristikum der Pescher-Exegese besteht in seiner wiederkehrenden Einleitungsformulierung. Dieser verdanken die Pescharim auch ihren Namen. Eingeleitet wird die Auslegung des Bibeltextes bzw. des jeweiligen Themas i. d. R. mit den formelhaften Wendungen פשר (*pescher*: Deutung), פשר על (*pescher al*: Deutung von) oder פשרו (*pischro*: seine Deutung).[118]

Auf zwei Ebenen besitzen die Pescharim gewichtige Parallelen zu bereits skizzierten Zugängen frühjüdischer Exegese – und damit zugleich zu Aspekten, die ebenfalls in der Methodik des paulinischen Schriftgebrauchs in Röm 4 und Gal 3,6–14 festgestellt werden konnten: 1) „One of the characteristics of pesher exegesis, that which best defines its hermeneutical presupposition, is its contemporazing eschatological interpretation."[119] Die eschatologisch-aktualisierende Schriftauslegung stellt somit ein hermeneutisches Kernelement der Pescher-Exegese dar. 2) Darüber hinaus ist es das Verfahren der kompositionellen Schriftauslegung gängige Praxis in den Pescharim. Sowohl in den exegetischen als auch in den thematischen Pescharim werden zusätzliche Schriftbezüge angeführt, um den Ausgangsvers zu interpretieren oder das Thema zu entfalten. Die Aspekte der eschatologsisch-aktualisierenden einerseits und der kompositionellen Schriftauslegung andererseits sind somit sowohl in der Pescher-Exegese als auch in der paulinischen Schriftrezeption in Röm 4 und Gal 3,6–14 maßgebliche Elemente.[120]

Für die Schriftauslegung in Röm 4 erscheint näherhin der Vergleich zu den exegetischen, fortlaufenden Pescharim lohnend. Ebenso wie in den exegetischen Pescharim wird in Röm 4 ein Ausgangssvers auf eine bestimmte Aussageabsicht hin ausgelegt – ebenfalls in eschatologisch-aktualisierender Weise und unter Hinzunahme weiterer Schriftstellen.[121] Paulus präsentiert in Röm 4 vergleichbar zu den exegetischen Pescharim mittels seiner Verknüpfung mehrerer Schriftbezüge einen referenztextorientierten Kommentar mit einer rezeptionsorientierten Grundfunktion.[122] Röm 4 kann in seiner Gesamtheit als Exegese von

---

117 STÖKL BEN EZRA, Qumran, 229.

118 Vgl. z. B. MAIER, Early Jewish Biblical Interpretation in the Qumran Literature, 126. Siehe hierzu ausführlich BERNSTEIN, Introductory Formulas for Citation and Re-Citation.

119 DIMATTEI, Biblical Narratives, 77. Vgl. auch GERHARD LANGER, Midrasch (UTB 4675), Tübingen 2016, 101.

120 Vgl. FREY, Paulus als Pharisäer und Antiochener, 110. TIWALD, Hebräer von Hebräern, 421: „Die inhaltlich theologischen Grundzüge der Pescher-Exegese – nämlich der Hang zur eschatologischen Interpretation und die aktualisierende Deutung auf die unmittelbare Gegenwart – lassen sich aber sehr wohl bei Paulus ausmachen."

121 Vgl. DAVID S. DU TOIT, Christlicher Glaube als endzeitliche Variante des Glaubens Abrahams, in: Paul-Gerhard Klumbies/David S. Du Toit (Hg.), Paulus – Werk und Wirkung. Festschrift für Andreas Lindemann zum 70. Geburtstag, Tübingen 2013, 330.

122 Vgl. WILK, Alles neu!?, 46.

Gen 15,6 gelesen werden.[123] Gal 3,6–14 hingegen besitzt eher eine Nähe zu den thematischen Pescharim, da es hier um die Entfaltung eines Themas geht, das – wiederum vergleichbar zu den Pescharim – mittels einer kompositionell ausgestalteten Auslegung und abzielend auf eine eschatologisch-aktualisierende Aussage geschieht.[124]

Darüber hinaus sollten Parallelen zwischen den Pescharim und den Paulusbriefen aufgrund der charakteristischen Merkmale der Pescher-Exegese hinsichtlich ihrer fest geprägten Einleitungsformulierungen natürlich nur zurückhaltend postuliert werden.[125] Das Fehler einer sprachlich vergleichbaren oder verwandten Markierung ist als klarer Unterschied zu benennen. „Somit kann man bei Paulus an keiner Stelle von einer ‚Pescher-Exegese' *in sensu stricto* reden."[126] Zwar begegnen auch bei Paulus wiederkehrende Einleitungsformulierungen, „formale Parallelen zur spezifisch qumranischen Pescher-Methode (Schriftzitat + ‚seine Deutung ist' + Anwendung) begegnen bei Paulus allerdings nicht."[127]

Insgesamt kann festgehalten werden, dass die Pescher-Exegese *mutatis mutandis* durchaus einen markanten frühjüdischen Vergleichspunkt zur paulinischen Schriftrezeption darstellt. „Pauline exegesis may be compared to pesherite interpretation of the Qumran scrolls. While formal distinctions between the two should not be ignored, and the pesher as a genre is *sui generis*, they nevertheless manifest commonalities that cannot be denied."[128] Diese Gemeinsamkeiten liegen insbesondere in ihrer Kombination der eschatologisch-aktualisierenden und der kompositionellen Schriftauslegung und damit sowohl auf hermeneutischer als auch auf methodischer Ebene.

---

123 Vgl. KOCH, Die Schrift als Zeuge des Evangeliums, 272.

124 Ähnlich WILK, Schriftbezüge im Werk des Paulus, 483: „Bisweilen sind mehrere Zitate (und Paraphrasen) so miteinander verknüpft, dass der betreffende Briefabschnitt – manchen Qumrantexten ähnelnd – als eine Art textorientierter (Röm 4) oder thematischer (1Kor 10,1–11; 15,35–49; Gal 3,5–14; 4,21–5,1; 2Kor 3,6–18; Röm 9,6–29; 10,4–13) Kommentar erscheint."

125 Vgl. KOCH, Die Schrift als Zeuge des Evangeliums, 229.

126 TIWALD, Hebräer von Hebräern, 418.

127 FREY, Paulus als Pharisäer und Antiochener, 110. Doch auch diesbezüglich sind die Pescharim nicht frei von Variationen. Z. B. in CD begegnen auch „Interpretationen eines Textes bzw. eines Textteils ohne die Verwendung einer ‚Pescher'-Formel." KOCH, Die Schrift als Zeuge des Evangeliums, 229. Dies zeigt, warum sich etwa eine Forderung wie etwa die von FABRY, Methoden der Schriftauslegung in den Qumranschriften, 22f., schwierig gestaltet, „daß man nur dann von einem Pesher redet, wenn die entsprechende Formel auch tatsächlich vorkommt."

128 TIMOTHY H. LIM, Holy Scripture in the Qumran Commentaries and Pauline Letters, Oxford 1997, 139.

8.2.9 Allegorische und typologische Schriftauslegung

Die Allegorese als Form der Schriftauslegung „stellt wahrscheinlich den Anfang der Exegese von fixierten und kanonisierten Texten überhaupt dar"[129] und hat ihren Ursprung vermutlich in der Deutung antiker Mythen.[130] Seit Aristobul und dem Aristeasbrief wird die Allegorese „in der Schriftauslegung des hellenistischen Diasporajudentums verwendet und hat hier in den Schriften des Philo von Alexandrien ihre höchste Form erreicht."[131] Für ihn stellt die allegorische Schriftauslegung den *Königsweg des Schriftverständnisses* (DeIos 28) dar und steht noch über dem Literalsinn.[132] Im palästinischen Frühjudentum hingegen konnte die allegorische Interpretation der Schriften Israels keine vergleichbare Vorrangstellung einnehmen, wenngleich sie jedoch auch hier zuweilen anzutreffen ist (z. B. in Qumran).

In der älteren Paulusforschung wurde noch vielfach die Position vertreten, dass die Allegorese auch zu den bevorzugten Auslegungsmethoden des Apostels gehöre.[133] Doch auch wenn festgestellt werden kann, *dass* Paulus die allegorische Schriftauslegung kannte und punktuell anwendet (vgl. 1Kor 9,8–12a; 1Kor 10,1–14; Gal 3,16; Gal 4,21–31),[134] bestimmt diese „keineswegs das Gesamtbild der paulinischen Exegese, und sie wird von Paulus nicht in der hochentwickelten Form

---

129 Gerhard Sellin, Allegorese, Typologie, Midrasch, in: Kurt Erlemann (Hg.), Neues Testament und antike Kultur, Neukirchen-Vluyn ^{2}2004, 68.

130 Vgl. dazu ausführlich Gerhard Sellin, Die Allegorese und die Anfänge der Schriftauslegung, in: Henning Graf Reventlow (Hg.), Theologische Probleme der Septuaginta und der hellenistischen Hermeneutik (VWGTh 11), Gütersloh 1997. Eine Definition von *Allegorese* jüngeren Datum stammt von Daniel Lanzinger, Ein „unerträgliches philologisches Possenspiel"? Paulinische Schriftverwendung im Kontext antiker Allegorese (NTOA/StUNT 112), Göttingen 2016, 193: „Allegorese liegt dann vor, wenn ein Autor eine von ihm als autoritativ akzeptierte Quelle referiert (d. h. unter Hinweis auf die Anführung eines Fremdtextes zitiert oder paraphrasiert), aus dieser Quelle einzelne Elemente herausgreift und diesen eine Bedeutung zuschreibt, die von derjenigen des normalen Sprachgebrauchs abweicht, dabei annimmt, dass die von ihm vorgeschlagene Bedeutung eine vom Urheber der Quelle intendierte ist, und schließlich die Plausibilität seiner Deutung durch Aufzeigen einer Ähnlichkeit zwischen dieser und ihrer Entsprechung in der Quelle begründet."

131 Koch, Die Schrift als Zeuge des Evangeliums, 202. Vgl. auch Stemberger, Hermeneutik der Jüdischen Bibel, 67., sowie Michael Tilly, Allegorisch lesen?, in: ZNT 17 (2014), 41.

132 Vgl. Tiwald, Hebräer von Hebräern, 441. Schenk, Old Testament Context, 106.

133 Vgl. DiMattei, Biblical Narratives, 59.

134 Siehe hierzu ausführlich Lanzinger, Ein „unerträgliches philologisches Possenspiel"?. Mit Blick auf 1Kor 9,8–12a; 1Kor 10,1–14; Gal 3,16 und Gal 4,21–31 hält dieser fest: „Die Einzelanalysen zur paulinischen Schriftauslegung haben gezeigt, dass Paulus die antike Praxis der Allegorese kennt und an vier Stellen in seinen Briefen selbst anwendet." Aufgrund der argumentativen Zielgerichteteheit der paulinischen Verwendung von Allegeorese, die Lanzinger in diesen Texten feststellt, ist es jeweils „angemessen, von einem allegorischen Schriftbeweis zu sprechen." Lanzinger, Ein „unerträgliches philologisches Possenspiel"?, 309.

angewandt, in der sie bei Philo begegnet."[135] Auch mit Blick auf die Methodik des paulinischen Schriftgebrauchs in Röm 4 und Gal 3,6–14 lassen sich keine allegorischen Interpretationen identifizieren.[136] In beiden Fällen ist somit ein negativer Befund festzustellen.

„The definition and nature of typology has been one of the thorniest issues to face in OT-in-the-NT studies in the twentieth and early twenty-first centuries."[137] Dies hängt u. a. mit ihrer Nähe zur allegorischen Schriftauslegung zusammen, denn „die Typologie (genauer: Typologese) ist ein hermeneutisches Modell, das auf den ersten Blick von der Allegorese nicht scharf zu trennen ist."[138] Ein Differenzkriterium kann darin ausgemacht werden, dass während die Allegorese auf einer überzeitlichen Ebene argumentiert, für die Typologese eine chronologische Denkstruktur konstituierend ist.[139] Die Typologie lässt sich folglich als eine Unterart der Allegorese definieren, „in der die *allgemein allegorisierende Tendenz* um einen noch stärker *gegenwartsbezogen-aktualisierenden Aspekt* bereichert wird."[140]

---

135 Koch, Schrift, 231. Vgl. TIWALD, Hebräer von Hebräern, 442. Vergleichbar zu einigen der bereits beschriebenen Formen und Verfahren frühjüdischer Schriftrezeption kann auch hinsichtlich der Allegorese zwar von Idealformen gesprochen werden, in ihrer faktischen Umsetzung gestaltet sich jedoch auch die Allegorese pluriform. So hält LANZINGER, Ein „unerträgliches philologisches Possenspiel"?, 309, fest: „Insgesamt wurde deutlich, dass Allegorese nicht als ein starrer Formalismus beschrieben werden kann, sondern eher nach dem Prinzip eines Werkzeugkastens funktioniert, aus dem der Ausleger jeweils diejenigen Bausteine auswählt, die dem verwendeten Traditionsstück angemessen und der Aussageabsicht des Auslegers dienlich sind."

136 Hinsichtlich der übergreifenden Argumentation von Gal 3–4 kann lediglich ausgesagt werden, dass die Schriftauslegung von Gal 3,6–14 inhaltlich im Zusammenhang steht und in gewisser Weise als Hinführung dient für die allegorischen Deutungen in Gal 3,16 und Gal 4,21–31.

137 GREGORY K. BEALE, Handbook on the New Testament Use of the Old Testament. Exegesis and Interpretation, Grand Rapids, MI 2013, 13. Dementsprechend ist auch „die Frage, ob und in welchem Umfang bei Paulus typologische Schriftauslegung vorliegt, [...] zu einem erheblichen Anteil von der Definition von ‚Typologie' abhängig." KOCH, Die Schrift als Zeuge des Evangeliums, 216. Für eine ausführliche Diskussion der verschiedenen Definitionsmöglichkeiten siehe kompakt KARL-HEINRICH OSTMEYER, Typologie und Typos: Analyse eines schwierigen Verhältnisses, in: NTS 46 (2000), 112–131.

138 SELLIN, Allegorese, Typologie, Midrasch, 69.

139 „So wie diese Unterscheidung grundsätzlich ihre Berechtigung hat, wird man bedenken müssen, dass die Grenzen jedoch reichlich fließend bleiben und man im Detail von einer exakten Abgrenzung ‚Allegorese versus Typologie' lieber Abstand nehmen sollte." Vgl. TIWALD, Hebräer von Hebräern, 438f.

140 A. a. O., 438. Ähnlich TILLY, Paulus und die antike jüdische Schriftauslegung, 169: „Die Typologie ergänzt die Allegorese um einen heilsgeschichtlichen bzw. gegenwartsbezogen-aktualisierenden Aspekt. Insbesondere soll hierbei die beglaubigende Vorabbildung eines endzeitlichen Geschehens in den autoritativen heiligen Schriften zum Ausdruck gelangen." Ähnlich HERMANN, Die „hermeneutische Stunde" des Hebräerbriefes, 78. Vgl. grundlegend LEONHARD GOPPELT, Typos. Die typologische Deutung des Alten Testaments im

Ebenso wie die Allegorese hat auch die Typologese ihren Ursprung in paganen Denkstrukturen, sie wirkte jedoch im Vergleich zur Allegorese stärker auf die jüdisch-palästinische Exegese ein.[141] So bieten z. B. zahlreiche qumranische Texte Zeugnisse typologischer Schriftauslegung.[142] Und auch die neutestamentlichen Schriften lassen vermehrt Verfahren einer typologischen Schriftinterpretation erkennen.[143]

In Bezug auf die paulinische Schriftverwendung wurde immer wieder darauf hingewiesen, dass sich diese der typologischen Schriftauslegung bediene. Dies gilt insbesondere seit der wirkmächtigen Arbeit von Leonhard Goppelt.[144] Im Anschluss an Goppelt wurde die typologische Schriftauslegung zuweilen als *das* leitende Paradigma der neutestamentlichen Schriftrezeption im Allgemeinen sowie der paulinischen Schriftverwendung im Speziellen angesehen.[145] „The notion that Paul interprets Scripture typologically has undeniably dominated Pauline scholarship since its inception and easily passes as an unquestionable given."[146] Dieser pauschalisierenden Ansicht muss jedoch entgegengehalten werden, „that a typological understanding of Scripture did not govern the interpretation of New Testament writers and that this conviction is the result of looking at New Testament uses of the Old, including those of Paul, through a later Christian hermeneutical lens."[147] Wenngleich Paulus und die anderen neutestamentlichen Autoren sich durchaus der Typologese bedienten, war diese – ebenso wie keine andere Methode der Schriftrezeption – das *eine* leitende Paradigma.

Hinsichtlich der Typologese kann – im Kontrast zur Allegorese – mit Blick auf die Methodik der paulinischen Schriftrezeption in den analysierten Paulustexten Röm 4 und Gal 3,6–14 ein positiver Befund festgestellt werden. Auf unterschiedlichen Ebenen lassen sich sowohl in Röm 4 als auch in Gal 3,6–14 Grundzüge typologischer Schriftauslegung beobachten. So gilt zunächst für die gesamte Argumentation von Röm 4, dass „Abraham functions for Paul as a representative figure whose story typologically portrays features of Paul's gospel."[148] Dies wird u. a. greifbar in Röm 4,3–8, wo Abraham durch Paulus als

---

Neuen, Gütersloh 1939. Siehe auch LEONHARD GOPPELT, Apokalyptik und Typologie bei Paulus, in: ThLZ 89 (1964). Vgl. zur Typologese kompakt STUART G. HALL, Art. Typologie, in: TRE 34 (2002), 208–224.

141 Vgl. TIWALD, Hebräer von Hebräern, 436.

142 „Typologische Bibelinterpretation gehörte zum fixen Repertoire der Qumraniten." A. a. O., 440.

143 Einige von ihnen sogar relativ häufig, z. B. der Hebräerbrief. Vgl. HERMANN, Die „hermeneutische Stunde" des Hebräerbriefes.

144 GOPPELT, Typos.

145 Vgl. DIMATTEI, Biblical Narratives, 59.

146 Ebd.

147 A. a. O., 62.

148 JOSHUA W. JIPP, Rereading the Story of Abraham, Isaac, and ‚Us' in Romans 4, in: JSNT 32 (2010), 239.

„geschichtliches Exempel der Rechtfertigung χωρὶς ἔργων“ dargestellt wird,[149] sowie in der exemplarischen Darstellung der πίστις Abrahams in Röm 4,18–22.[150] Diese steht „am Übergang zur Typologie“[151], denn für Paulus dient Abraham in Röm 4,18–22 „als Modell des πιστεύων, an dem Pls die Strukturen der πίστις entfalten kann.“[152] Folglich können auch die Schriftbezüge in Röm 4,17.19.23–24 als Typologie der Erwählungsgeschichte Israels verstanden werden.[153] Denn Paulus liest die Verheißungen Abrahams eschatologisch-aktualisierend und legt sie mittels einer typologischen Interpretation situationsgebunden und christologisch aus.[154]

Ein vergleichbarer Grundzug typologischer Schriftauslegung kann auch in Gal 3,6–14 beobachtet werden. Ähnlich wie in Röm 4 wird in Gal 3,6–14 deutlich, dass Paulus in Abraham und seiner Geschichte „the paradigmatic prefiguration of God's calling of Jews and gentiles alike to covenant relation through faith“ sieht.[155] Ebenso wie in Röm 4 fungiert Abraham auch hier als Exempel der Rechtfertigung ohne Werke. Jedoch liegt der Fokus dieser Exemplifizierung nicht so sehr auf dem Glauben Abrahams, sondern auf seinem Geist- bzw. Segensempfang. Denn hierin besteht die wesentliche Parallele zwischen der Situation Abrahams und der galatischen Gemeinden. „The Galatians, in fact, have experienced the same thing that Abraham experienced. Abraham, too, experienced, the power of God to effect rightousness (Gal 3:6); participated – though only proleptically – in the blessing of the Spirit, which has come to the Galatians (Gal 3:8).“[156]

Paulus gliedert sich folglich durch die Verwendung typologischer Schriftauslegung in Röm 4 und Gal 3,6–14 in den Kontext frühjüdischer Schrifthermeneutik ein.

---

149 Koch, Die Schrift als Zeuge des Evangeliums, 307.

150 Vgl. Wilk, Schriftbezüge im Werk des Paulus, 483.

151 Ebd.

152 Koch, Die Schrift als Zeuge des Evangeliums, 307.

153 Wilk, Schriftbezüge im Werk des Paulus, 483.

154 Vgl. Ekkehard W. Stegemann, Zwischen Juden und Heiden, aber ‚mehr' als Juden und Heiden?, in: Christina Tuor/Peter Wick (Hg.), Der Römerbrief. Brennpunkte der Rezeption, Zürich 2012, 85.

155 Hays, Echoes of Scripture in the Letters of Paul, 162.

156 Andrew H. Wakefield, Where to Live. The Hermeneutical Significance of Paul's Citations from Scripture in Galatians 3:1–14 (AcBib 14), Atlanta 2003, 186. Er macht a. a. O. auf noch eine weitere Gemmeinsamkeit zwischen den Erfahrungen der Galater und der Erfahrung Abrahams aufmerksam: „Just as Abraham's experience was a proleptic experience, so also, to some degree, is that of the Galatians. Abraham heard the gospel *pre*-poclaimed; he received the *promise*; he was *reckoned* as rightous – but not until the coming of Christ ('the seed') was that promise, that gospel, that rightousness fulfilled. For the Galatians, the coming of Christ signals that the new creation, the age of promise, the fulfillment of rightousness, has already begun – but for the Galatians, also that new creation is only proleptically present. More precisely, it is present only in Christ.“

8.3 *Formen und Verfahren rabbinischer Schriftrezeption*

8.3.1 Middot

Der rabbinische Umgang mit den autoritativen Schriften Israels ist teilweise „an gewisse Regeln (*middot*) gebunden, welche die rabb. Tradition im Lauf der Zeit in Gruppen zusammengefasst hat."[157] Die prominenteste Gruppierung solcher Middot (מידות) besteht aus den sieben Regeln Hillels. Eine zweite Zusammenstellung mit 13 Middot wird Rabbi Jischmael ben Elischa und eine dritte mit 32 Middot Rabbi Eliezer ben Jose ha-Galil zugeschrieben.[158] Die Auflistungen der Middot sind in der rabbinischen Literatur mehrfach überliefert, doch seit wann die Regellisten existieren, ist nicht genau datierbar.[159] Mit gewisser Sicherheit lässt sich lediglich der Hillel zugeschriebene Katalog von sieben Middot als älteste Zusammenstellung ansehen, denn „die Jischmael zugeschriebenen Regeln sind im Grunde nur eine Ausfaltung der Regeln Hillels"[160] und die Regeln Eliezers beziehen sich erkennbar auf die Regeln Jischmaels. Freilich erschöpft sich die rabbinische Schriftauslegung bei Weitem nicht in diesen Middot.[161] Jedoch repräsentieren sie – insbesondere in Gestalt der sieben Middot des Rabbi Hillel – wichtige Grundlagen der exegetischen Methodik des rabbinischen Judentums.[162] Sie stellen definierte resp. definierbare Facetten der rabbinischen Schriftrezeption dar und bieten somit handhabbare Vergleichspunkte für die hier vorgenommene phänomenologische Kontextualisierung der Methodik des paulinischen Schrift-

---

157 GÜNTER STEMBERGER, Einleitung in Talmud und Midrasch, München ^{9}2011, 25.

158 Bei allen drei Zusammenstellungen handelt es sich selbstverständlich um idealtypische und nicht um historische Zuschreibungen hinsichtlich der Verfasserschaft.

159 Vgl. STEMBERGER, Hermeneutik der Jüdischen Bibel, 84f.

160 A. a. O., 84. Die vierte Midda (כלל ופרט ופרט וכלל / *kelal u-ferat u-ferat u-kelal*) wird dort in die Regeln vier bis elf aufgeteilt.

161 Vgl. LANGER, Midrasch, 71.

162 Selbstverständlich gestaltet sich die Diskussion um die rabbinischen Middot äußerst komplex und so ist es z. B. unklar, „if such ‚rules' were intended to govern exegesis or are a later rationalization of what was actually taking place. They are often cited by their Hebrew names, which gives the impression of precision and technicality but they are actually quite general and can be paralleled in Hellenistic writings. Taken together, it can be seen that a vast array of possibilities opens up for how a text can legitimately be interpreted." MOYISE, The Old Testament in the New, 24. Zu den Parallelen zur hellenistischen Hermeneutik siehe nach wie vor grundlegend DAVID DAUBE, Rabbinic Methods of Interpretation and Hellenistic Rhetoric, in: HUCA 22 (1949), sowie SAUL LIEBERMANN, Hellenism in Jewish Palestine, New York 1950.

gebrauchs, auf die im Folgenden zurückgegriffen werden soll.[163] Anhand der sieben Regeln Hillels soll exemplarisch eruiert werden, inwiefern Paulus in seinem Schriftgebrauch phänomenologische Parellelen zur rabbinischen Schriftrezeption aufweist.

8.3.1.1 *Qal wa-chomer* (קל וחומר)

Die wohl geläufigste und „am häufigsten verwendete Regel" der sieben Middot des Rabbi Hillel ist der *Qal wa-chomer.*[164] Hierbei handelt es sich um einen Analogieschluss *a minori ad maius* resp. *a maiore ad minus*, dem Schluss vom Leichteren auf das Schwere und umgekehrt sowie vom minder Bedeutsamen auf das Bedeutendere oder vom Bedeutsameren auf das minder Bedeutende.[165]

Beim Blick auf die analysierten Texte aus Röm 4 und Gal 3,6–14 kann in streng formaler Hinsicht kein *Qal wa-chomer* festgestellt werden, da z. B. eine entsprechende Terminologie fehlt. Jedoch wird der *Qal wa-chomer* in der rabbinischen Literatur „oft auch ohne die (volle) technische Terminologie" verwendet.[166] Auf inhaltlicher Ebene lassen sich allerdings sehr wohl *argumenta a fiortiori* in Röm 4 und Gal 3,6–14 identifizieren, die einem *Qal wa-chomer* entsprechen. So lässt sich entsprechend der Logik des *Qal wa-chomer* die Argumentation von Röm 4 als Ganze wie folgt beschreiben: Wenn für Abraham der Glaube die Gerechtigkeit vor Gott bewirkt hat (und nicht die Beschneidung), so gilt analog für die Christusgläubigen, dass sie durch den Glauben (und ohne Beschneidung) vor Gott gerecht sind und darin Teil der Nachkommenschaft Abrahams sind, mit dem Gott einen ewigen Bund geschlossen hat. Paulus schließt vom Glauben Abrahams, dem bedeutsameren Sachverhalt, auf den Glauben der Christusgläubigen, dem minder bedeutsamen Sachverhalt.[167] Er stellt eine Analogie des Glaubens Abrahams zu dem Glauben der Christusgläubigen her. In ähnlicher Weise bestimmt dieser Analogieschluss auch die Argumentation von Gal 3,6–14 bzw.

---

163 Es darf freilich nicht aus dem Blick geraten, dass diese „expliziten Auflistungen von hermeneutischen Regeln [...] weitaus jünger als die paulinischen Briefe [sind], was ihren Quellenwert als Vergleichsmaterial sichtlich begrenzt. [...]. Überdies sind sie zunächst gar nicht ‚spezifisch jüdisch', sondern spiegeln Gemeinplätze herkömmlicher hellenistisch-römischer Rhetorik und allgemeiner Argumentationslogik wider." TILLY, Paulus und die antike jüdische Schriftauslegung, 159.

164 STEMBERGER, Hermeneutik der Jüdischen Bibel, 85.

165 Vgl. u. a. STEMBERGER, Einleitung in Talmud und Midrasch, 28. Zur weiteren Differenzierung des Qal wa-chomer vgl. z. B. SAMELY, Rabbinic Interpretation of Scripture in the Mishnah, 174ff.

166 STEMBERGER, Hermeneutik der Jüdischen Bibel, 85.

167 Es ließe sich sicherlich auch genau andersherum argumentieren, dass der Glaube der Christusgläubigen den wichtigeren Sachverhalt darstellt und der Glaube Abrahams den unbedeutsamere. In diesem Falle würde es sich um einen Schluss vom Leichteren aufs Schwere handeln.

Gal 3,1–14. In Analogie zu Abraham (καθὼς Ἀβραάμ), dessen Glaube Rechtfertigung und Segen zur Folge hat, ist der Glaube der galatischen Christusgläubigen ausschlaggebend für ihren Geistempfang (V.5.14). Paulus verwendet in Röm 4 und Gal 3,6–14 somit in technisch-terminologischer Hinsicht nicht die Midda des *Qal wa-chomer*. Auf inhaltlicher Ebene lässt sich jedoch sowohl in Röm 4 als auch in Gal 3,6–14 diese Form des Analogieschlusses identifizieren.

8.3.1.2 Gezera schawa (גזירה שוה)

Hinsichtlich der Nebeneinanderstellung paulinischer und rabbinischer Auslegungstechniken begegnet in der Forschung vor allem der Vergleich zur *Gezera schawa*, der zweiten der sieben Regeln Hillels.[168] *Gezera Schawa* bedeutet wörtlich ‚gleiche Vorschrift' oder ‚gleiche Satzung' und bezeichnet „technisch eine spezielle Form des Analogieschlusses."[169] Die Auslegungsmethode der *Gezera schawa* erlaubt es, Schriftstellen auf der Basis gemeinsamer Stichwörter oder Lexeme miteinander zu verbinden und daraus inhaltliche Schlüsse zu ziehen.[170] „Wenn dasselbe Wort in zwei separaten Fällen (bzw. innerhalb zweier Textzusammenhänge) anzuwenden ist, dann folgt daraus, dass aus beiden Fällen auch der gleiche Schluss gezogen werden kann. Aufgrund gleichlautender Worte an verschiedenen Stellen kann deshalb eine neue, über die begrenzte Aussage der Einzelstellen hinausgehende Direktive gewonnen werden."[171]

---

168 „When one speaks of the techniques used by Paul to interpret the Scriptures, the *gezerah* shawah [...] is frequently mentioned." JEAN-NOËL ALETTI, Romans 4 and Genesis 17. The Importance of the Gezerah Shawah, in: Ders. (Hg.), New Approaches for Interpreting the Letters of Saint Paul. Collected Essays Rhetoric, Soteriology, Christology and Ecclesiology (SubBi 43), Roma 2012, 38. Vgl. KOCH, Die Schrift als Zeuge des Evangeliums, 221. Die *Gezera Schawa* findet sich ebenfalls in den Middot-Katalogen des Rabbi Jischmael und des Rabbi Eliezer.

169 Friedrich AVEMARIE, Gab es eine vorrabbinische Gezera Schawa? Schriftauslegung durch lexematische Assoziation in Qumran, bei Paulus und in der frühen rabbinischen Literatur, in: Friedrich AVEMARIE u. a. (Hg.), Neues Testament und frührabbinisches Judentum. Gesammelte Aufsätze, Tübingen 2013, 347–391, 348f. Zur Herkunft des Begriffs vgl. LIEBERMANN, Hellenism in Jewish Palestine, 58f.

170 Konstitutiv für die *Gezera schawa* ist das dahinterliegende hermeneutische Prinzip, „dass die Tora bzw. die Bibel ein geschlossenes organisches Ganzes ist, in dem alles miteinander in Beziehung steht und sprachlicher Ausdruck nicht nur stilistischen Kriterien folgt."STEMBERGER, Hermeneutik der Jüdischen Bibel, 86. Zu den hermeneutischen Präsumptionen der *Gezera schawa* vgl. ausführlich FRIEDRICH AVEMARIE, Interpreting Scripture Through Scripture. Exegesis Based On Lexematic Association In The Dead Sea Scrolls And The Pauline Epistles, in: Florentino García Martínez (Hg.), Echoes from the Caves. Qumran and the New Testament (StTDJ 85), Leiden, Boston 2009, 86.

171 TILLY, Paulus und die antike jüdische Schriftauslegung, 175. „Bei logischer Abstraktion ergibt sich daraus das folgende Argumentationsschema: Wenn an der einen Stelle a+b, und wenn an der anderen Stelle c+b steht, dann lassen sich a und c aufeinander beziehen."

Ähnlich wie für den *Qal wa-chomer* muss konstatiert werden, dass Paulus nach streng formalen Kriterien weder in Röm 4 noch in Gal 3,6–14 eine *Gezera schawa* im eigentlichen Sinne und mit der entsprechenden technischen Terminologie anwendet – auch wenn diese Aussage so immer wieder in Auslegungen begegnet.[172] Dennoch können sowohl in Röm 4 als auch in Gal 3,6–14 phänomenologisch gewichtige Parallelen zur Methode der *Gezera Schawa* beobachtet werden. Paulus bedient sich in beiden Texten des Mittels lexematischer Relationierung, um intertextuelle Referenzen in seinem Metatext intratextuell zu verknüpfen und daraus inhaltliche Schlüsse zu ziehen. Wenngleich die für die spätere rabbinische *Gezera schawa* typische Terminologie fehlt, entspricht dieses Verfahren phänomenologisch dieser Auslegungsmethode.

Eine solche phänomenologische Entsprechung findet sich insbesondere in Röm 4,3–8.[173] Dort verknüpft Paulus die beiden Schriftzitate aus Gen 15,6 in V.3 und Ps 31,1–2a^{LXX} in Röm 4,7–8 aufgrund der lexematischen Überschneidung von ἐλογίσθη und λογίσηται (vgl. 5.2.5.1). Paulus zieht das Zitat aus Ps 31,1–2a^{LXX} aufgrund der Verwendung des Verbs λογίζομαι zur Interpretation von Gen 15,6 heran.[174] Das Nicht-Anrechnen der Sünde in der im Psalm skizzierten Situation

---

CHRISTOPH PLAG, Paulus und die Gezera schawa. Zur Übernahme rabbinischer Auslegungskunst, in: Jud 50 (1994), 137. Bei der restriktivsten Form der *Gezera schawa* beschränkt sich dies jedoch nur auf solche Wörter, die zum einen im gesamten biblischen Text lediglich zweimal vorkommen und die zum anderen aus ihrem Kontext enthoben werden können, ohne dass dieser davon in seinem Sinngehalt beeinflusst wird. Vgl. STEMBERGER, Einleitung in Talmud und Midrasch, 28f. Es muss allerdings beachtet werden, dass bereits innerhalb der rabbinischen Literatur zwischen Anspruch und Wirklichkeit, zwischen Theorie und Praxis, zwischen Norm und Umsetzung der Middot unterschieden werden muss. Obwohl sich in späterer Tradition die *Gezera schawa* zu einer stark reglementierten Auslegungsmethode entwickelt, ist sie in ihrer Grundstruktur weitaus variabler eingesetzt worden und vielfach innerhalb der rabbinischen Literatur in simplifizierter Form belegt. Zu den Reglementierungen der *Gezera schawa* vgl. ALETTI, Romans 4 and Genesis 17, 38–42.

172 „Unlike other Pauline GS, the one in Rom 4 is today admitted to and mentioned by most studies and commentaries." ALETTI, Romans 4 and Genesis 17, 43. Vgl. u. a. BRENDAN BYRNE, Romans, Collegeville, MN 2007, 146; JOSEPH A. FITZMYER, Romans. A New Translation with Introduction and Commentary (AYB 33), New Haven 2008, 376; IBITA, „Abraham believed God, and it was reckoned to him as Righteousness", 683; DOUGLAS J. MOO, The Epistle to the Romans (NICNT, Grand Rapids, MI 2009, 266; STEVE MOYISE, Paul and Scripture. Studying the New Testament Use of the Old Testament, Grand Rapids, MI 2010, 37; ULRICH WILCKENS, Der Brief an die Römer (EKK 6), Neukirchen-Vluyn ^{2}2014, 258; BEN WITHERINGTON, Paul's Letter to the Romans. A socio-rhetorical Commentary, Grand Rapids, MI 2004, 125. Selbst FOLKER SIEGERT, Argumentation bei Paulus gezeigt an Röm 9–11 (WUNT 34), Tübingen 1985, 158.243, der eigens betont, dass Paulus die rabbinische Hermeneutik nicht kannte, neigt dazu, eine Ausnahme für die *Gezera schawa* in Röm 4,3–8 zu machen. Vgl. AVEMARIE, Interpreting Scripture Through Scripture, 94.

173 Vgl. RICHARD N. LONGENECKER, Biblical Exegesis in the Apostolic Period, Grand Rapids, MI 1974, 101.

174 Ähnlich KOCH, Die Schrift als Zeuge des Evangeliums, 221: „Als Anwendung des Analogieschlusses kann man auch die Anführung des Zitats von Ψ 31,1f verstehen, das Pls in

steht auf diese Weise in Analogie zu dem Anrechnen der Gerechtigkeit Abrahams ohne Werke in Gen 15,6.[175] Methodisch entspricht diese Verknüpfung der beiden Schriftzitate mittels lexematischer Relationierung den Grundlagen einer *Gezera schawa*.[176] „Whether Paul was consciously following a ‚rule' cannot easily be decided but his exegesis does provide a good example of it."[177]

Gleich mehrfach begegnet in Gal 3,6–14 das Phänomen stichwortbasierter Verknüpfungen von intertextuellen Referenzen (vgl. 6.2.5.1). So verbinden sich das erste Schriftzitat des Textes aus Gen 15,6 (V.6) und das vierte Schriftzitat aus Hab 2,4 (V.11) sowohl durch die Verben ἐπίστευσεν (V.6) und πίστεως (V.11) als auch durch die Worte δικαιοσύνη (V.6) und δίκαιος (V.6). Besonders enge lexematische Verbindungen können zwischen den vier Schriftzitaten in V.10–12 ausgemacht werden. „The four quotations in this short chain of exegetical reasoning are interrelated by three different lexematic associations."[178] Erstens verbindet sich das Schriftzitat aus Dtn 27,26 (V.10) mit dem Schriftzitat aus Lev 18,5 (V.12) durch die Wortfolge ποιῆσαι αὐτά (V.10) bzw. ποιήσας αὐτὰ (V.12) sowie zweitens mit dem Schriftzitat aus Dtn 21,23 (V.13) durch das gemeinsame Stichwort ἐπικατάρατος. Eine dritte lexematische Relationierung innerhalb von V.10–12 besteht zwischen Hab 2,4 (V.11) und Lev 18,5 (V.12). Die beiden Schriftzitate sind durch das Lexem ζήσεται unmittelbar miteinander verbunden. Abgesehen von dem mehrmals in Gal 3,6–14 begegnenden Umstand der lexematischen Relationierung besteht inhaltlich die größte Parallele zur Logik einer *Gezera schawa* in der Verknüpfung von Lev 18,5 (gelesen in Kombination mit Hab 2,4) und Dtn 27,26.[179] „Deut 26:27 states that those who do *not* ‚do' the commandments will be cursed, but leaves open the question of what will happen to those who actually perform them. The answer is gained from Lev 18:5 as read under the angle of

---

Röm 4,7f zur Interpretation des in 4,3 angeführten Zitats von Gen 15,6 heranzieht."

175 Vgl. Tilly, Paulus und die antike jüdische Schriftauslegung, 176. Auch Benjamin Schliesser, Abraham's Faith in Romans 4. Paul's Concept of Faith in Light of the History of Reception of Genesis 15:6, Tübingen 2012, 314, sieht hierin die Verwendung einer *Gezera schawa*: „That λογίζεται in actuality is about the counting of righteousness χωρὶς ἔργων (4:6), is affirmed by the Psalmverse by means of the *gezerah shavah*."

176 Siehe hierzu auch Michael Wolter, Röm 1–8 (EKK 6,1), Neukirchen-Vluyn 2014, 286: „In Röm 4,6–8 fehlt die technische Interpretationssprache, die die beiden Zitate aufeinander bezieht. [...] Man sollte daher sehr zurückhaltend davon sprechen, dass Paulus in Röm 4,6–8 mit einer *gᵉzērā šāwā* argumentiert. Andererseits ist natürlich auch richtig, dass er Ps 31,1–2a^{LXX} nur darum an dieser Stelle zitiert, weil in V.2 mit λογίσηται dasselbe Wort vorkommt wie in Gen 15,6." Ähnlich Aletti, Romans 4 and Genesis 17, 46: „Notwithstanding the differences, the formal characteristics of the exegesis made by Paul in Rom 4:1–8 clearly belongs to those of the GS."

177 Moyise, The Old Testament in the New, 25.

178 Avemarie, Interpreting Scripture Through Scripture, 97.

179 Vgl. a. a. O., 99. Eventuell „ist sogar auch schon Gal 3,6–9 nach Art dieses Schlussverfahrens zu verstehen." Plag, Paulus und die Gezera schawa, 139.

Hab 2:4, and it consists of the insight that even the ‚doing' of the commandments will not lead to righteousness, since righteousness comes through faith."[180]

Wenngleich die in Röm 4 und Gal 3,6–14 zu beobachtende Methode intratextueller Relationierung via lexematischer Assoziation nach streng formalen Richtlinien nicht einer *Gezera schawa* entspricht, lassen sich phänomenologisch deutliche Nähen zur Methodik des paulinischen Schriftgebrauchs festalten.[181] Aufgrund der fehlenden fachlichen Terminologie sollte allerdings nicht von einer *Gezera schawa* gesprochen werden, sondern „lediglich funktional von lexematischer Assoziation oder Stichwortkombination und Bedeutungstransfer, Suppletion (eine weitere Katachrese) oder semantischem Lückenschluss."[182] Jedoch sind die späteren rabbinischen „Formalisierungen nicht ex nihilo entstanden, vielmehr erwuchs die rabbinische Schriftauslegung ihrerseits der jüdischen Tradition, und auch in Anbetracht der Brüche, die mit den Katastrophen der Jahre 70 und 135 n. Chr. anzunehmen sind, sind auch hier gewisse Kontinuitäten vorauszusetzen."[183] Es erscheint daher plausibel, die bei Paulus nachweisbare

---

180 AVEMARIE, Interpreting Scripture Through Scripture, 99. Und Avemarie fährt an gleicher Stelle fort: „Or, to make the pattern (though not the content) sound a bit more rabbinical, ‚If the doing that is spoken of in Lev 18:5 is without faith and righteousness, then also the doing that is spoken of in Deut 27:26 is without faith and righteousness.' Hence, what is wrong with the law is not that it cannot be fulfilled but that it ‚does not spring from faith.' If this is the underlying logic of Gal 3:10–12, it comes indeed very close to that of a rabbinic gezerah shavah."

181 Zur Bedeutung der *Gezera schawa* in Röm 4 und Gal 3,6–14 siehe auch ALETTI, Romans 4 and Genesis 17, hier 60. „The gezerah shawah is not the exegetical technique most utilized in the Pauline letters, but its role is the most decisive in the argumentations of Rom 1–4 and Gal 3–4."

182 FRIEDRICH AVEMARIE, Gab es eine vorrabbinische Gezera Schawa? Schriftauslegung durch lexematische Assoziation in Qumran, bei Paulus und in der frühen rabbinischen Literatur, in: Friedrich Avemarie/Jörg Frey (Hg.), Neues Testament und frührabbinisches Judentum. Gesammelte Aufsätze (WUNT 316), Tübingen 2013, 350. Avemarie kommt hinsichtlich der Funktion lexematischer Assoziationen in der paulinischen und der qumranischen Literatur zu dem Schluss: „Im Großen und Ganzen lassen sich für die stichwortbasierten Zitatverbindungen bei Paulus dieselben Funktionen erkennen wie in den Qumranschriften." AVEMARIE, Gab es eine vorrabbinische Gezera Schawa?, 388. Sie dienen der Kumulation, Distinktion, der Legitimierung einer Applikation, der Suppletion und der Auffüllung semantischer Lücken. Vgl. AVEMARIE, Gab es eine vorrabbinische Gezera Schawa?, 388. Verschiedentlich wurden in der Forschung weitere Vorschläge eingebracht, um das Phänomen der *Gezera schawa* terminologisch zu fassen. So spricht etwa MOSHE J. BERNSTEIN, Interpretation of Scriptures, in: Lawrence H. Schiffman/James C. VanderKam (Hg.), Encyclopedia of the Dead Sea Scrolls: 1, Oxford, New York 2000, 380f., von „thematic association" und „linguistic analogy" oder GEORGE J. BROOKE, Biblical Interpretation in the Qumran Scrolls and in the New Testament, in: Lawrence H. Schiffman/Emanuel Tov/James C. VanderKam (Hg.), The Dead Sea Scrolls Fifty Years after Their Discovery. Proceedings of the Jerusalems Congress, July 20–25, 1997, Jerusalem 2000, 70f, von „exegesis through catchword" sowie von „catchword techniques".

183 FREY, Paulus als Pharisäer und Antiochener, 111.

Methode der intratextuellen Relationierung intertextueller Referenzen durch lexematische Assoziationen als Zeugnis einer *prä*-rabbinischen Vorstufe der später reglementierten Auslegungstechnik der *Gezera schawa* zu betrachten.[184]

8.3.1.3 *Heqqesch (הקש)*

„Eng verwandt mit der *gezera schawa* ist der sogenannte *heqqesch*, die nicht so streng geregelte Sachanalogie."[185] Der *Heqqesch* gehört nicht zu den eigentlichen Middot, findet sich in der rabbinischen Literatur jedoch an zahlreichen Stellen und wird ebenfalls in der tannaitischen Traditionen überliefert und auf Rabbi Hillel zurückgeführt. „HEQESH [הקש] does not actually occur in the lists of middoth but it is often regarded as one of Hillel's middoth because it is one of those which he employed when he (supposedly) introduced the middoth to Israel by using three of them to determine whether or not Passover overrides the Sabbath (tPis.4.13)."[186] Teilweise begegnet der *Heqqesch* daher sinngemäß als achte der sieben Regeln Hillels.[187] Beim *Heqqesch* handelt es sich ebenfalls um einen Analogieschluss. Er nimmt seinen Ausgangspunkt jedoch im Gegensatz zur *Gezera schawa* nicht auf der lexematischen Ebene, sondern bei der Analogie von Gegenständen, Personen oder Sachverhalten.[188]

Mit Blick auf die Methodik des paulinischen Schriftgebrauchs in Röm 4 und Gal 3,6–14 kommt der *Heqqesch* als Form des Analogieschlusses dem Verfahren einer mittels thematischer oder motivischer Übereinstimmung zweier intertextueller Referenzen hergestellten, d. h. indirekten intratextuellen Relationierung verhältnismäßig nahe (vgl. 5.2.5.2 und 6.2.5.2). Beispiele für aufgrund von Sachanalogien verknüpfte intertextuelle Referenzen in den analysierten Paulustexten wären etwa in Röm 4 die Verbindung von Gen 17,5 und Gen 15,5 in Röm 4,17–18 durch das Motiv der Nachkommensverheißung oder in Gal 3,6–14 die Verknüpfung von Gen 15,6 (V.6) und Gen 12,3 (V.8) durch die Person des Abraham und die an ihn ergangene Nachkommens- und Landverheißung.

8.3.1.4 *Binjan ab mi-katub echad (בנין אב מכתוב אחד)*

Die dritte Midda *Binjan ab mi-katub echad* wird auch als „Gründung einer Familie" bezeichnet und besagt, dass die Auslegung einer bestimmten Schriftstelle als

---

184 Ähnlich SCHLIESSER, Abraham's Faith in Romans 4, 315: „If a broad definition of *gezerah shavah* is accepted, Paul indeed appears to be an early witness to the practice of interpretation within a regulated system."

185 STEMBERGER, Einleitung in Talmud und Midrasch, 29.

186 INSTONE-BREWER, Techniques and Assumptions in Jewish Exegesis before 70 CE, 18.

187 Vgl. LUKE KURIAKOS, Ancient Jewish Exegesis, in: ITS 39 (2002), 146.

188 Vgl. MOSES MIELZINER, Introduction to the Talmud, New York [4]1968, 152f.; INSTONE-BREWER, Techniques and Assumptions in Jewish Exegesis before 70 CE, 18; AVEMARIE, Gab es eine vorrabbinische Gezera Schawa?, 349.

Grundlage der Interpretation zahlreicher weiterer Schriftstellen verwendet werden kann.[189] „Die Hauptstelle verleiht so allen übrigen einen sie zu einer Familie verbindenden gemeinsamen Charakter.“[190] Eine Parallele zu dieser Auslegungsmethode kann in den analysierten Paulustexten aus Röm 4 und Gal 3,6–14 nicht festgestellt werden.

8.3.1.5 *Binjan ab mi-schene ketubim* (בנין אב משני כתובים)

Diese Regel entspricht der dritten Midda bis auf den Aspekt, dass die Ableitung einer Norm auf *zwei* (משני) Schriftstellen beruhen muss.[191] Auch für diese Midda können keine formalen Parallelen in der Methodik des paulinischen Schriftgebrauchs in Röm 4 und Gal 3,6–14 festgestellt werden.

8.3.1.6 *Kelal u-ferat u-ferat u-kelal* (כלל ופרט ופרט וכלל)

Die Midda *Kelal u-ferat u-ferat u-kelal* (wörtlich: „Allgemeines und Besonderes, Besonderes und Allgemeines“) erlaubt die „Näherbestimmung des Allgemeinen durch das Besondere, des Besonderen durch das Allgemeine.“[192] In den 13 Regeln Rabbi Eliezers wird diese Midda in die Regeln vier bis elf unterteilt.[193] Ebenso wie für die dritte und vierte Midda des Rabbi Hillel lässt die Methodik des paulinischen Schriftgebrauchs in Röm 4 und Gal 3,6–14 zu dieser fünften keine Parallele erkennen.[194]

8.3.1.7 *Ke-jotze bo me-maqom acher* (כיוצא בו ממקום אחר)

Die sechste Midda des Rabbi Hillel *Ke-jotze bo me-maqom acher* ist grundsätzlich „dem Analogieschluß ähnlich, jedoch nicht so streng eingegrenzt.“[195] Sie erlaubt es, eine Bibelstelle auf der Basis einer anderen Schriftstelle zu interpretieren, die einen ähnlichen Inhalt hat. Mit Blick auf die analysierten Paulustexte kann ein solches Verfahren am ehesten hinter dem paulinischen Argument in Gal 3,8f. gesehen werden.[196] Dort zitiert Paulus Gen 12,3 in Kombination mit Gen 18,18

---

[189] Vgl. STEMBERGER, Einleitung in Talmud und Midrasch, 29.

[190] WILHELM BACHER, Die exegetische Terminologie der jüdischen Traditionsliteratur. Die bibelexegetische Terminologie der Tannaiten (1), Hildesheim 1965, 9.

[191] Vgl. STEMBERGER, Einleitung in Talmud und Midrasch, 29.

[192] Ebd.

[193] Vgl. a. a. O., 29.31.

[194] Blickt man auf den paulinischen Schriftgebrauch insgesamt, so können durchaus Entsprechungen zu dieser Auslegungsmethode gefunden werden. „Ein solcher Schluss vom Allgemeinen auf das Besondere begegnet beispielsweise in Gal 5,14 und in Röm 13,9.“ TILLY, Paulus und die antike jüdische Schriftauslegung, 176.

[195] STEMBERGER, Einleitung in Talmud und Midrasch, 30.

[196] So z. B. LONGENECKER, Biblical Exegesis in the Apostolic Period, 101.

und Gen 22,18 und spricht sowohl von Abraham als dem unmittelbaren Empfänger der Verheißung Gottes als auch von allen Völkern (πάντα τὰ ἔθνη), denen diese Verheißung zugutekommen wird.[197] „By bringing Gen 22:18 into the discussion, a passage which is generally similar to the first, he is able to highlight the point that both Abraham and his ‚seed' are in view in the divine promise."[198] Dies dient Paulus einerseits als Grundlage der christologischen Zuspitzung seiner Argumentation in V.14 und andererseits als Vorbereitung der allegorischen Intepretation des Ausdrucks σπέρμα (V.16) in dem unmittelbar auf die Argumentation von Gal 3,6–14 folgenden Textabschnitt.[199]

8.3.1.8 *Dabar ha-lamed me-injano* (דבר הלמד מעניינו)

Die Midda *Dabar ha-lamed me-injano*, der Schluss aus dem literarischen Kontext einer biblischen Aussage, ist die siebte Regel Rabbi Hillels.[200] Eine Folgerung aus dem literarischen Kontext, die dieser Midda entspricht, lässt sich auch in Röm 4,10–11 identifizieren.[201] „Um die Heilsbedeutung der Beschneidung zu bestreiten, argumentiert Paulus an dieser Stelle mit der zeitlichen Reihenfolge der Ereignisse im Kontext von Gen 15,6."[202] Paulus schließt aus der zeitlichen Vorordnung der Rechtfertigung Abrahams (Gen 15,6) vor seiner Beschneidung (Gen 17), d. h. aus dem Kontext der übergeordneten Erzählung theologisch,

---

197 Vgl. ebd.

198 Ebd.

199 Vgl. ebd.

200 Vgl. STEMBERGER, Einleitung in Talmud und Midrasch, 30. Ähnlich wie bei den vorangegangenen sechs Middot handelt es sich auch bei dieser Auslegungsregel um eine Methode, die nicht zwingend speziell jüdischen oder rabbinischen Ursprungs ist, sondern um eine in der Antike allgemeine akzeptierte Verfahrensweise der Schriftauslegung. „There is nothing specifically Jewish or rabbinie about this *middah*. It is an obvious respect for a text that ambiguity in a single phrase should be settled by context." HENRY WANSBROUGH, Jewish Methods of Exegesis in the New Testament, in: SNTU 25 (2000), 224.

201 „In Analogie zu den späteren rabbinischen Auslegungsregeln finden sich in Röm 4 der Analogieschluss (V 6–8) und der Schluss aus dem Kontext (V 9–12). [...] Nach ihr erfolgt in 4,10f die Interpretation von Gen 15,6 mit Hilfe des Genesiskontextes bis Gen 17." NEUBRAND, Abraham – Vater von Juden und Nichtjuden, 170f. Ähnlich KOCH, Die Schrift als Zeuge des Evangeliums, 222: „Als Folgerung aus dem Zusammenhang kann man die Interpretation von Gen 15,6 in Röm 4,10f verstehen. Aus der zeitlichen Vorordnung der Gerechtigkeitszusage in Gen 15,6 vor der Beschneidung Abrahams in Gen 17 folgert Paulus die Gültigkeit der Aussage von Gen 15,6." Vgl. KLAUS HAACKER, Der Brief des Paulus an die Römer (ThHK 6), Leipzig ³2006, 122.; ROBERT JEWETT, Romans. A Commentary, Minneapolis, MN 2006, 305f.; WILK, Alles neu!?, 49.

202 TILLY, Paulus und die antike jüdische Schriftauslegung, 177. Ähnlich WANSBROUGH, Jewish Methods of Exegesis in the New Testament, 224: „This method of arguing is used in Rm 4.1–12. The relative positions of the two Genesistexts are used to argue that circumcision does not justify: Abraham is justified in Gn 15, but circumcision is prescribed only in Gn 17." Vgl. LONGENECKER, Biblical Exegesis in the Apostolic Period, 101.

„that the consequences of Gen 15:6 and by implication of LXX Ps 31:2 concern both περιτομὴν and ἀκροβυστίαν."[203] Auch für die Argumentation von Gal 3,6–14 ist der exegetische Schluss aus dem Kontext grundlegend, dass der Glaube der Beschneidung vorangeht und somit eine höhere Bedeutung trägt.[204] Zugleich verbalisiert Paulus dies nicht unmittelbar in der Argumentation von Gal 3,6–14, sondern erst im unmittelbar anschließenden Textabschnitt (Gal 3,17).[205]

8.3.2 Midrasch

8.3.2.1 Paulus und Midrasch

Bereits in den Gattungsanalysen von Röm 4 (vgl. 5.1.4) und Gal 3,6–14 (vgl. 6.1.4) wurde darauf hingewiesen, dass diese beiden Texte in der Forschung zuweilen als *Midrasch* klassifiziert werden.[206] James D. G. Dunn etwa bezeichnet z. B. Röm 4 als „one of the finest examples of Jewish midrash available to us from this era."[207] Und Robert Jewett geht sogar so weit, Paulus programmatisch als einen „master of midrashic argument" zu bezeichnen.[208] Und auch über die Texte Röm 4 und Gal 3,6–14 hinaus „the Journals are full of essays arguing that this or that Pauline passage is an instance of midrashic interpretation of Scripture."[209] In vielen dieser Fälle bleibt jedoch unklar, was mit der Bezeichnung *Midrasch* im Einzelnen gemeint ist.[210] Bevor im Folgenden geprüft wird, ob und inwiefern es sich bei Röm 4 und Gal 3,6–14 um Midraschim handelt oder nicht, soll zunächst exemplarisch skizziert werden, wie *Midrasch* definiert werden kann.[211]

---

203 SCHLIESSER, Abraham's Faith in Romans 4, 315.

204 Vgl. BOECKLER, Jüdische Schriftauslegung und das Neue Testament, 227.

205 Vgl. FREY, Paulus als Pharisäer und Antiochener, 109.

206 Vgl. u. a. DAVID A. BURNETT, „So Shall Your Seed Be". Paul's Use of Genesis 15:5 in Romans 4:18 in Light of Early Jewish Deification Traditions, in: JSPL 5 (2015), 112; DUNN, Romans 1 - 8, 197; SCHMITHALS, Der Römerbrief, 135; WILCKENS, Der Brief an die Römer, 32.281; LOHSE, Der Brief an die Römer, 148.; LOU H. SILBERMAN, Paul's Midrash. Reflections on Romans 4, in: John T. Carroll/Charles H. Cosgrove/E. E. Johnson (Hg.), Faith and History. Essays in Honor of Paul W. Meyer, Atlanta 1990; WILHELM KOEPP, Die Abraham-Midraschim-Kette des Galaterbriefes als das vorpaulinische heidenchristliche Urtheologumenon, in: WZ(R) 2 (1953); HERMANN, Die „hermeneutische Stunde" des Hebräerbriefes, 122.

207 JAMES D. G. DUNN, Romans 1–8 (WBC 38,1), Waco, TX 1988, 197.

208 JEWETT, Romans, 27.

209 HAYS, Echoes of Scripture in the Letters of Paul, 10.

210 Ebd.

211 Für eine ausführliche Darstellung und Diskussion unterschiedlicher Midraschdefinition vgl. LANGER, Midrasch, 19–37. Siehe auch den Überblick bei CAROL BAKHOS, Method(ological) Matters in the Study of Midrash, in: Dies. (Hg.), Current Trends in the Study of Midrash (JSJ.S 106), Leiden 2006. Vgl. darüber hinaus MAYER GRUBER, The Term Midrash in Tannaitic Literature, in: Rivka Ulmer (Hg.), Discussing Cultural Influences.

8.3.2.2 *Was ist Midrasch?*

„In der Forschung der letzten Jahrzehnte findet sich eine ganze Reihe von Interpretationen und Definitionen von Midrasch."[212] In dieser Fülle von Definitionen können gewisse Grundbedeutungen beobachtet werden: 1) Der Begriff Midrasch kann erstens ein literarisches Genre bezeichnen. Mit dem Ausdruck können sowohl die Einzelwerke (Midrasch) als auch der gesamte Textkorpus bzw. die Textsammlung von etwa zwanzig rabbinischen Schriften (Midraschim) gemeint sein, die zwischen dem 3. und 8. Jh. entstanden sind und eine Art Kanon bilden. 2) Der Ausdruck kann zweitens ein hermeneutisches Verfahren der Schriftauslegung bezeichnen, dessen Ausgangspunkt und inhaltliche Mitte die Hebräische Bibel ist. Wesentliche hermeneutische resp. methodische Elemente dieses Verfahrens sind: Intertextualität, intratextuelle Relationierung und Aktualisierung.[213] 3) Der Begriff Midrasch kann drittens das Genre eines Textsegments bezeichnen, das die Auslegung eines einzelnen Bibelverses (Lemma) oder Abschnitts der Bibel enthält, und das sich in der rabbinischen Literatur findet und/oder durch das genannte hermeneutische Verfahren geprägt ist.[214]

Eine der bekanntesten Definitionen von Midrasch stammt von Gary Porton. Bei seiner Definition handelt es sich um eine sehr offene und weit gefasste Definition des Begriffs. In seiner Definition klingen einige der drei oben genannten Aspekte an, zugleich bleibt letztlich ein großer Interpretationsspielraum innerhalb seiner Defnition: „Midrash is a type of literature, oral or written, which has its starting point in a fixed, canonical text, considered the revealed word of

Text, Context, and Non-Text in Rabbinic Judaism, Lanham, MD 2007; JOSHUA LEVINSON, Literary Approaches to Midrash, in: Carol Bakhos (Hg.), Current Trends in the Study of Midrash (JSJ.S 106), Leiden 2006. Bezeichnend für die grundlegende Problematik einer (konsensfähigen) Definition von Midrasch steht die folgende Aussage von Günter Stemberger, mit der er die Erläuterung des Begriffs in seinem populären Lehrbuch zu Midrasch abschließt: „Wir sind somit zu keiner Definition von Midrasch gekommen; wir konnten nur einige wesentliche Züge beschreiben, welche diese Literatur mit ihrem Zugang zur Schrift von anderen, jüdischen oder christlichen Formen des Umgangs mit der Bibel abgrenzen." STEMBERGER, Midrasch, 26.

212 LANGER, Midrasch, 12. Und er fährt ebd. fort: Diese sind „nicht selten als Widerschein wissenschaftlicher Zeitströmungen zu lesen." Als ein Beispiel für eine ‚als Widerschein wissenschaftlicher Zeitströmungen' zu verstehende Definition von Midrasch nennt er Daniel Boyarins Verständnis von Midrasch als radikales intertextuelles Lesen des biblischen Kanons. DANIEL BOYARIN, Intertextuality and the Reading of Midrash, Bloomington 1994, hier 16. Denn Boyarin entwickelt seine Defintion von Midrasch auf der Basis poststrukturalistischer Intertextualitätstheorien (u. a. J. Kristeva, R. Barthes, M. Bachtin).

213 Vgl. JAMES L. KUGEL, Two Introductions to Midrash, in: Geoffrey H. Hartman/Sanford Budick (Hg.), Midrash and Literature, New Haven 1986, 91f.

214 Vgl. GÜNTER MAYER, Art. Midrasch, in: TRE 22 (1992), 734–744, 734.

God by the midrashist and his audience, and in which this canonical text is explicitly cited or alluded to."[215] Anhand dieser offenen Definition von Gary Porton sowie anhand der drei oben genannten Punkte zeigt sich bereits, dass der Begriff Midrasch „has been used to designate both the activity of interpretation and the fruits of that activity."[216] Diese Differenzierung erklärt auch die grundsätzliche Uneinigkeit in der Forschung, ob Midrasch eher den Text/das Textsegment resp. die Textgattung bezeichnet oder die Hermeneutik bzw. Methode des Textzuganges.[217] Implizit hängt hiermit auch die Uneinigkeit in der Frage zusammen, ob der Terminus Midrasch auf jegliche Literatur übertragbar ist[218] oder exklusiv auf die rabbinische Literatur resp. den rabbinischen Umgang mit der Bibel beschränkt werden sollte.[219] Plädiert man für ein allgemeines und übertragbares Verständnis von Midrasch „wurde in verschiedenen Ansätzen dieser stärker als eine Methode des Textzuganges begriffen."[220] Bei einem exklusiven Verständnis wird hingegen vordergründig auf die Verfasser- bzw. Trägergruppe und das Genre geblickt und weniger auf die exegetische Methodik.[221] Angesichts dieser

---

215 GARY PORTON, Midrash: Palestinian Jews and the Hebrew Bible in the Greco-Roman Period, in: Wolfgang Haase (Hg.), Religion (Judentum: Allgemeines; Palästinisches Judentum) (ANRW 19/1, Berlin, Boston 1979, 112.

216 KUGEL, Two Introductions to Midrash, 91.

217 Vgl. LANGER, Midrasch, 13.

218 So wäre bspw. die von Gary Porton grundsätzlich eine sehr offene und nahezu beliebig übertragbare Definition.

219 Diese Forderung geht maßgeblich auf Arnold Goldberg zurück und hat in der Folge immer wieder Befürworter gefunden. So z. B. LIEVE M. TEUGELS, Bible and Midrash. The Story of „The Wooing of Rebekah" (Gen. 24) (CBET 35), Leuven 2004. Als ein zentrales Argument für eine Begrenzung nennt Teugels die bessere Vergleichbakeit zu anderen Formen der Schriftauslegung: „Following this discussion on the nature of rabbinic midrash, I would want to discourage the use of the term 'midrash' for any literature outside the rabbinic corpus. My main reason is that it is better to compare equal, but distinct, entities, than to throw them all on one heap, ending up with nothing to compare. If we consider the interpretation of Scripture within Scripture (inner-biblical exegesis) separately, and the interpretation of the Old Testaent in the New Testament separately, and biblical interpretation in Qumran, in the Second Temple literature, in Philo, and so on, all as different kinds of biblical interpretation, than we have something to compare. If we call all these form of biblical interpretation ‚midrash', we abscure matters." TEUGELS, Bible and Midrash, 169. Für eine Begrenzung des Begriffs auf die rabbinische Literatur plädieren ebenfalls ERKKI KOSKENNIEMI/PEKKA LINDQUIST, Rewritten Bible, Rewritten Stories, in: Antti Laato/Jacques van Ruiten (Hg.), Rewritten Bible Reconsidered. Proceedings of the Conference in Karkku, Finland, August 24–26 2006 (Studies in Rewritten Bible 1), Winona Lake 2008; RIVKA ULMER, The Boundaries of the Rabbinic Genre Midrash, in: Coll(A) 38 (2006). Dabei versteht Ulmer Midrasch primär „als Ausdruck der rabbinischen Theologie und weniger als exegetische Methode. Midrasch als ‚literarisches Genre' ist für sie durch die soziale Gruppe, die es schafft, definiert." LANGER, Midrasch, 14.

220 LANGER, Midrasch, 15. So z. B. KUGEL, Two Introductions to Midrash oder AVIGDOR SHINAN/YAIR ZAKOVITCH, Midrash on Scripture and Midrash within Scripture, in: Sarah Japhet (Hg.), Studies in the Bible (Scripta Hierosolymitana 31), Jerusalem 1986.

221 Vgl. LANGER, Midrasch, 15.

kurzen Skizze einiger Grundprobleme der Definition von Midrasch, empfiehlt es sich folglich mindestens, „zwischen Midrasch/Midraschim als Textsorte/ Schrift/Dokument und Midrasch als hermeneutischem Verfahren und auch Genre zu unterscheiden und dabei die Trägergruppe im Auge zu behalten.“[222]

Aufgrund der Vieldeutigkeit von Midrasch überrascht es nicht, dass sich der Begriff in der Forschung – speziell in der Rezeption der Bibelwissenschaften – zwischenzeitlich zu einer *Black Box* resp. einem *Containerbegriff* entwickelt hat, der im Wesentlichen als Synonym zu verschiedenen Formen von *(aktualisierender) Bibelauslegung* verwendet wurde.[223] Eine derart allgemeine und nahezu grenzenlose Definition von Midrasch sollte jedoch vermieden werden, da sie nicht nur die ursprüngliche Trägergruppe ausblendet, sondern auch den hermeneutischen Bezugsrahmen, aus dem Midrasch erwachsen ist.[224] Doch auch wenn zum einen Beliebigkeit vermieden werden sollte, könnte zum anderen „ein offeneres Verständnis von Midrasch [...] dadurch entstehen, dass man die Trägergruppe nicht auf die Rabbinen beschränkt, und indem man stärker die formalen Elemente oder die hermeneutischen Grundlagen/Vorgehensweisen in den Mittelpunkt stellt.“[225] Zur Differenzierung vom *rabbinischen Midrasch* schlägt Gerhard Langer hierzu die Bezeichnung von bestimmten Auslegungsvorgängen als *midraschisch* vor.[226] „In diesem Sinne findet man bereits in der Bibel eine Reihe von hermeneutischen Vorgängen, die für das Genre Midrasch typisch sind und *midraschisch* genannt werden können.“[227] Langers Differenzierung macht den Diskurs um Midrasch m. E. anschlüssfähig und übertragbar, ohne eine Unterscheidung zu den eigentlichen rabbinischen Midraschim gänzlich auf- oder den Begriff der Beliebigkeit hinzugeben.[228] Auf diese Weise wird auch der phänomeno-

222 A. a. O., 18.

223 „Allerdings ist gerade in der neutestamentlichen Forschung die Bestimmung eines Textes als Midrasch vielfach zu einer Modeströmung geworden, wobei nicht immer genügend auf die Eigenart des rabb. Midrasch als Ausgangspunkt geachtet worden ist.“ STEMBERGER, Einleitung in Talmud und Midrasch, 234f. Ähnlich FREY, Paulus als Pharisäer und Antiochener, 110: „Freilich ist der Terminus ‚Midrasch‘ in der neutestamentlichen Forschung oft allzu unpräzise verwendet worden, so dass die Charakterisierung letztlich keine Präzisierung bringt.“ Vgl. hierzu auch TIWALD, Hebräer von Hebräern, 121f.

224 Vgl. LANGER, Midrasch, 37.

225 A. a. O.,34.

226 Vgl. a. a. O., 34.

227 Ebd. In der Hebräischen Bibel selbst lässt sich z. B. das Phänomen beobachten, dass erklärende und ausführende Glossen in einzelne Texte eingefügt wurden, um Sinnlücken (gaps) auszufüllen. Vgl. zum Thema SHIMON GESUNDHEIT, Proto-Midrash in the Biblical Ancestor Narratives, in: Bib. 99 (2018). Siehe auch TOOMAN, Scriptural Reuse in Ancient Jewish Literature, 24: „Familiar Second Temple phenomena like rewriting, typology, chronological schmatization, analogical reasoning, conflation and assimilation, harmonization, and referential exegesis can be observed in the HB and are still at work in rabbinic *midrash*.“

228 Eine Midraschdefinition, die in gewisser Hinsicht in diese Richtung votiert, indem sie sich nicht exklusiv auf die Trägergruppe der Rabbinen fokussiert, zugleich jedoch die herme-

logische Vergleich zur Methodik des paulinischen Schriftgebrauchs – oder dem Schriftgebrauch anderer frühjüdischer Autoren, die ähnlichen hermeneutischen Grundbedingungen verpflichtet sind[229] – möglich, ohne unmittelbar in anachronistische Fahrwasser zu geraten.[230]

8.3.2.3 Sind Röm 4 und Gal 3,6–14 Midraschim?

Die Frage, ob es sich bei Röm 4 und Gal 3,6–14 um *Midraschim* handelt, muss angesichts der oben ausgeführten Aspekte und auf Basis der von Gerhard Langer vorgeschlagenen und hier übernommenen Differenzierung zwischen rabbinischem *Midrasch* einerseits und *midraschischer Schriftauslegung* andererseits ganz offensichtlich negiert werden. Zu fragen ist angesichts des Dargelegten vielmehr, ob Röm 4 und Gal 3,6–14 auf phänomenologischer Ebene Midrasch*elemente* enthalten und in ihrer Hermeneutik und ihrem methodischen Zugang und Umgang mit den biblischen Texten *midraschisch* sind? Diese Frage kann aus mehreren Gründen bejaht werden. Mindestens die folgenden fünf midraschischen Elemente können in den analysierten Texten Röm 4 und Gal 3,6–14 beobachtet werden:

1. Die Argumentationen von Röm 4 und Gal 3,6–14 sind inhaltlich und strukturell zutiefst geprägt durch ihren Bezug auf die autoritativen Schriften Israels. Sowohl in Röm 4 als auch in Gal 3,6–14 wird mehrfach die Schrift zitiert, paraphrasiert oder implizit ebenso wie explizit auf sie angespielt. Diese quantitativ und qualitativ hoch intensive Schriftbezogenheit der beiden Texte ist ebenfalls ein zentrales Charakteristikum midraschischer Schriftauslegung.

---

neutischen Leitlinien von Midrasch mitberücksichtigt, stammt von Stökl Ben Ezra, Qumran, 33: „Midrasch ist ein Genre, das in direkter Beziehung zu einem religiös autoritativen Text steht, in dem dieser explizit zitiert oder auf ihn klar erkennbar angespielt und der in der Folge ausgelegt wird. Midrasch basiert auf einem Verständnis der Einheit, Widerspruchslosigkeit, Klarheit und Vollkommenheit der Schrift und wendet hermeneutische Methoden (Ausdeutung intertextueller Bezüge, Auslegungsregeln etc.) an, um die Lücken (*gaps*) des Textes zu füllen und die Welt der Schrift mit der aktuellen Welt der lesenden/hörenden und auslegenden Menschen zu verbinden." Insofern Elemente, die Stökl ben Ezra in seiner Definition nennt, in nicht-rabbinischen Texten vorkommen, kann ein solcher Umgang mit der Schrift z. B. als *midraschisch* bezeichnet werden.

229 Neben den genannten Aspekten der Intertextualität, der intratextuellen Relationierung und der Aktualisierung gehört dazu u. a. „das besondere Verständnis der Schrift als über die Zeit hin gültige ‚Textwelt', Zeugnis göttlicher Offenbarung und damit Mittel zur Kommunikation mit Gott." Langer, Midrasch, 37.

230 „Midrasch*elemente* können diesen Kriterien entsprechend sowohl in Rewritten Bible/parabiblischen Texten als auch im Targum enthalten sein, ohne dass diese per se Midrasch sind." A. a. O., 33. Ähnlich Tilly, Paulus und die antike jüdische Schriftauslegung, 158: „Schon in der Spätzeit des zweiten Tempels lassen sich in Texten jüdischer Provenienz erste Ansätze zu einer midraschartigen Auslegung von Tora und Propheten ausmachen."

2. Ähnlich wie bei vielen midraschischen Schriftauslegungen handelt es sich bei Röm 4 und Gal 3,6–14 um in sich relativ geschlossene und abgrenzbare Texteinheiten, in denen Paulus Schrift verwendet und auslegt.[231]
3. Die Schriftauslegung in Röm 4 und Gal 3,6–14 ist maßgeblich geprägt durch das Moment der Aktualisierung. Dieser Umstand bietet ein wichtiges Moment midraschischer Schriftauslegung und damit eine weitere Parallele.[232]
4. Sowohl die Schriftauslegung in Röm 4 als auch die Argumentation von Gal 3,6–14 nimmt ihren Ausgangspunkt jeweils in einem einzelnen Vers und entfaltet von dort ausgehend ein theologisches Argument. „As with the rabbinic midrashim, the vers serves as the lemma to which the interpreter returns repeatedly for inspiration."[233] Die Grundstruktur der beiden Texte ist somit geprägt durch einen ebenfalls für die midraschische Schriftauslegung gängiges Merkmal.
5. Ein zentrales Charakteristikum beider Texte ist die intratextuelle Relationierung intertextueller Referenzen. Unter der Heranziehung von weiteren Schriftstellen und mittels direkter oder indirekter Verknüpfung der Referenzen legt Paulus seinen Ausgangsvers aus und entwickelt seine Argumentation. „Das Vorgehen ist jeweils analog: Zunächst wird Gen 15,6 als Ausgangstext zitiert und dann unter der Verwendung weiterer Schriftzitate – sowohl aus der Abrahamüberlieferung als auch aus anderen Schriften (Gal 3: Lev, Dtn, XII; Röm 4: Ψ) entfaltet."[234] Das Element der intratextuellen Relationierung intertextueller Referenzen ist auch für die midraschische Schriftauslegung charakteristisch.

---

231 Vgl. NEUBRAND, Abraham – Vater von Juden und Nichtjuden, 174.

232 „*Midraschartige Schriftauslegung* im allgemeinen Sinn einer aktualisierenden Schriftinterpretation finden sich u.a. in Mt 21,7 und Röm 4, aber auch in Gal 3,6–14." HERMANN, Die „hermeneutische Stunde" des Hebräerbriefes, 122.

233 STANLEY, Arguing with Scripture, 150. Ähnlich KOCH, Die Schrift als Zeuge des Evangeliums, 225: „Mit Homilie und Midrasch allgemein treffen sich Röm 4 und Gal 3,6–14 insofern, als diese Schriftexegesen des Paulus von einem Einzeltext ihren Ausgang nehmen und sich auf dessen Auslegung konzentrieren." Siehe auch SCHLIESSER, Abraham's Faith in Romans 4, 318, mit Blick auf Röm 4: „In any case, the *common* characteristic of midrash, homily, and the Abraham-chapter is their starting point from a single scriptural text and their concentration on its exposition."

234 KOCH, Die Schrift als Zeuge des Evangeliums, 97. Zu Röm 4 JEWETT, Romans, 305: „The diatribe is skillfully fused with a midrashic exegesis consisting of a main text from Gen 15:6 in Rom 4:3b and 4:22 that is interpreted by a secondary text from LXX Ps 31 in Rom 4:7–8." Ähnlich FREY, Paulus als Pharisäer und Antiochener, 110: „Zu Recht wurde in der Forschung die Argumentation mit Abraham in Röm 4 immer wieder in die Nähe zum Midrasch gestellt. In einer gewissen Analogie zu späteren rabbinischen Exegesen wird eine ganze Passage von einem Zitat (Gen 15,6) ausgehend unter Heranziehung anderer Schriftstellen argumentativ ausgestaltet."

Wenngleich Röm 4 und Gal 3,6–14 *in sensu stricto* keine *Midraschim* sind,[235] handelt es sich dennoch in beiden Fällen um *midraschische Schriftauslegungen.*[236] Denn Paulus lässt sowohl in Röm 4 als auch in Gal 3,6–14 in mehrfacher Hinsicht midraschische Elemente in der Methodik und der Hermeneutik seines Schriftgebrauchs erkennen.[237] Auf diese Weise reiht sich die Methodik des paulinischen Schriftgebrauchs ein in eine Entwicklungslinie frühjüdischer Schriftrezeption, „in der bedeutende midraschisch zu nennende Elemente eine Rolle spielen" und die ihren Ausgangspunkt in den Schriften Israels sowie ihren Zielpunkt in der rabbinischen Literatur hat.[238] Paulus bietet mit seinen midraschischen Schriftauslegungen in Röm 4 und Gal 3,6–14 somit proto-rabbinische resp. prä-rabbinische Vorstufen des späteren rabbinischen Midrasch.[239]

8.3.2.4 Peticha

Eine bestimmte Form des rabbinischen Midrasch, auf die hier noch einmal gesondert eingegangen werden soll, ist die sog. Peticha (auch: Proömium-Midrasch).[240] Die Peticha ist weniger durch hermeneutische Aspekte, sondern stär-

---

235 In der klassischen Charakterisierung von Midraschim wird häufig versucht „zwischen halakhischer, d.h. religionsgesetzlich bindender, und haggadischer, d. h. im weitesten Sinn religiös erbaulicher Auslegung zu unterscheiden." STEMBERGER, Midrasch, 24. Doch diesbezüglich ist Vorsicht geboten, „since these two apporaches are co-terminious, it is difficult to say where the one ends and the other begins." KURIAKOS, Ancient Jewish Exegesis, 131. Nicht selten überschneiden sich in den Midraschim Elemente beider Formen. Eine solche Überlappung von halakhischer und haggadischer Schriftauslegung lässt sich auch für Röm 4 und Gal 3,6–14 festhalten. Wenngleich Röm 4 stärker haggadisch und Gal 3,6–14 mehr halakhische geprägt ist, enthalten beide Schriftauslegungen sowohl haggadische Elemente, indem in narrativ-auslegender Form die Abrahamgeschichte einer interpretierenden Relektüre unterzogen wird als auch halakhische Elemente, wenn es um die Heilsnotwendigkeit der Beschneidung für nichtjüdische Christusgläubige und damit um eine konkrete, das Handeln betreffende, ethische und damit dem religionsgesetzlichen Bereich zuzuordnende Diskussion geht.

236 Vgl. HERMANN, Die „hermeneutische Stunde" des Hebräerbriefes, 122.

237 So auch LANGER, Midrasch, 127: „Die Auseinandersetzung des Paulus mit der Schrift trägt ebenfalls midraschische Züge."

238 A. a. O., 110.

239 Ähnliches lässt sich für weitere frühjüdische Schriften festhalten. „Zweifellos stellen die Qumrantexte, die hellenistisch-jüdischen Überlieferungen, die parabiblischen Texte und das Neue Testament ebenso wie die Targumim wichtige Zeugen einer Entwicklung von Schriftinterpretation, von hermeneutischen Techniken dar, die sich auf dem Weg zum rabbinischen Midrasch befinden oder zumindest viele Gemeinsamkeiten teilen. Nimmt man die schon öfter beschriebenen Unterschiede wahr, so kann man guten Gewissens bei einer Reihe von Belegen von midraschischer Literatur sprechen, nicht aber von Midrasch." A. a. O., 127. Vgl. hierzu auch TOOMAN, Scriptural Reuse in Ancient Jewish Literature, 36.

240 Vgl. LANGER, Midrasch, 170f.

ker durch ihren Aufbau bzw. ihre Form geprägt und bietet daher auf struktureller Ebene einen möglichen Vergleichspunkt zur paulinischen Schriftauslegung.[241] Eine Peticha ist ein (homiletischer) Midrasch, der „zum Hauptthema des Wochenabschnitts der Tora- oder Prophetenlesung einen erbaulichen Kommentar gibt."[242] Mit ihren weit über tausend Belegen ist die Peticha „wohl die häufigste Form der Midraschliteratur."[243] Anders als bei den Middot, wo die Terminologien der rabbinischen Tradition selbst entnommen sind, ist die Bezeichnung Peticha „als Gattungsname eine wissenschaftliche Neubildung; in der rabbinischen Literatur selbst ist sie in dieser Bedeutung nicht belegt."[244] Ihren Namen trägt die Peticha „because of its standard introduction R. X. *patah*."[245] Das *patach* bedeutet in diesem Kontext so viel wie ‚hat eröffnet' oder ‚hat gepredigt'.[246] In der Forschung wurde jedoch mehrfach darauf hingewiesen, dass der Ausdruck *patach* in einer großen Zahl von als Peticha klassifizierten Midraschim fehlt.[247] Charakteristisch für eine Peticha ist daher nicht allein ihre Einleitungsformulierung, sondern insbesondere ihre formale Grundstruktur, die sich wie folgt zusammensetzt:[248] 1) Petichavers; 2) Auslegung des Petichaverses (mit Hinführung zum Sedervers); 3) Sedervers (der zentrale, häufig der erste oder zweite Vers der Schriftlesung). Der Petichavers ist zumeist „den Hagiographen entnommen und zwar den Psalmen."[249] In seltenen Fällen entstammt er der Tora oder den Propheten.[250] Der Petichavers steht zunächst nicht in unmittelbarer Beziehung zum Sedervers. Die Kunst der Auslegung einer Peticha besteht darin, die zunächst verdeckte Beziehung von Petichavers und Sedervers im Laufe der Auslegung

[241] Zur Form und Struktur der Peticha vgl. ausführlich ARNOLD GOLDBERG, Petiha und Hariza, in: JSTJ 10 (1979); DORIS LENHARD, Die Rabbinische Homilie. Ein formanalytischer Index (FJS 10), Frankfurt am Main 1998.

[242] STEMBERGER, Einleitung in Talmud und Midrasch, 265. Bei solchen Predigtmidraschim handelt es sich in der Regel nicht um tatsächlich gehaltene Predigten in den Synagogen, sondern sie können auch Kurzfassungen dieser oder auch rein literarische Predigten sein. Vgl. STEMBERGER, Einleitung in Talmud und Midrasch, 265.

[243] STEMBERGER, Einleitung in Talmud und Midrasch, 269. Petichot finden sich zumeist in haggadischen Midraschim und seltener in halakhischen. Nichtsdestoweniger gibt es Petichot, die Mischformen darstellen.

[244] FRIEDRICH AVEMARIE, Schriftgebrauch in der haggadischen Exegese der Amoräer. Am Beispiel der Peticha WaR 27,3, in: Martin Hengel/Hermut Löhr (Hg.), Schriftauslegung im antiken Judentum und im Urchristentum (WUNT 73), Tübingen 1994, 136.

[245] GÜNTER STEMBERGER, The Derashah in Rabbinic Times, in: Alexander Deeg/Walter Homolka/Heinz-Günther Schöttler (Hg.), Preaching in Judaism and Christianity (SJ 41), Berlin 2008, 15.

[246] Vgl. STEMBERGER, Einleitung in Talmud und Midrasch, 269.

[247] Vgl. BURTON VISOTZKY, The Misnomers ‚Petihah' and ‚Homiletic Midrash' as Description for Leviticus Rabbah and Pesikta De-Rav Kahana, in: JSQ 18 (2011).

[248] Vgl. LENHARD, Die Rabbinische Homilie, 30.

[249] WILHELM BACHER, Die Proömien der alten Jüdischen Homilie, Leipzig 1913., 105.

[250] Vgl. LENHARD, Die Rabbinische Homilie, 31.

aufzudecken.[251] Von dieser „prototypischen Form"[252] ausgehend, gibt es jedoch auch noch weitere Formen der Peticha, die im Detail abweichen können.[253] So gibt es „neben dieser ‚einfachen' Peticha [...] die zusammengesetzte, wenn die auslegende Überleitung vom Peticha-Vers zum Seder-Vers in mehreren Anläufen durch verschiedene zitierte Rabbinen erfolgt."[254] Darüber hinaus ist es nicht unüblich, dass „noch vor dem Peticha-Vers der Seder-Vers zitiert" wird.[255]

---

251 Vgl. AVEMARIE, Schriftgebrauch in der haggadischen Exegese der Amoräer, 137. Die Verknüpfung des Perikopentextes mit dem Petichavers wird dabei zumeist durch anerkannte Auslegungsmethoden (Middot) hergestellt und legitimiert. Bacher nennt in seiner Untersuchung zwölf „Arten des Verhältnisses zwischen den beiden Texten." BACHER, Die Proömien der alten Jüdischen Homilie, 116. Als die wichtigsten nennt er: Hohe inhaltliche Kongruenz, die Stellen handeln von der gleichen Person, die ethische Aussage ist die gleiche, der eine Text wird zur allegorischen Auslegung des anderen genommen, es wird ein Analogieschluss hergestellt. Vgl. BACHER, Die Proömien der alten Jüdischen Homilie, 116–120.

252 LENHARD, Die Rabbinische Homilie, 30.

253 Historisch erreicht die Peticha ihre klassische Form „in den frühen haggadischen Midraschim [...] während es später immer mehr zu Mischformen kommt." STEMBERGER, Einleitung in Talmud und Midrasch, 270. Es ist also anzunehmen, dass vergleichbar zu den Middot auch die Entwicklung der Peticha von einer recht simplen Grundstruktur zu einer komplexen Form führte. Neben der Analyse der Form und der Struktur einer Peticha, galt das Hauptinteresse der Forschung der Rückfrage nach der Funktion eines solchen Midrasch. Aufgrund der Bestimmung als homiletischer Midrasch wurde nach dem Ort und der Funktion einer Peticha in der Liturgie des Synagogengottesdienstes im rabbinischen Judentum gefragt. Ausgangspunkt war auch diesbezüglich die grundlegende Arbeit von BACHER, Die Proömien der alten Jüdischen Homilie, der die Peticha als Proömium zur eigentlichen Predigt verstand. Zu Recht wurde diese Bestimmung mit dem Argument kritisiert, dass es fragwürdig sei, warum so viele – durchaus aneinandergereihte – Einleitungen in fortlaufenden Midraschim enthalten sind. Vgl. STEMBERGER, Einleitung in Talmud und Midrasch, 271. Schäfer z. B. wendet sich ganz gegen die Funktion der Peticha als Einleitung und sieht in der Peticha die Predigt schlechthin. Er plädiert dafür, den Begriff ‚Proömium' im Zusammenhang mit der Peticha ganz fallen zu lassen. Vgl. PETER SCHÄFER, Die Peticha – ein Proömium?, in: Kairos 12 (1970), 219. Gegen diese Argumentation Schäfers wendet sich z. B. KARL-ERICH GRÖZINGER, Prediger gottseliger Diesseitszuversicht, in: FjB 5 (1977). Er spricht sich dafür aus, die „vielfältige(n) Funktionen der Peticha in der Geschichte der rabb. Homilie" anzunehmen und der Peticha sowohl die Funktion als selbstständige (kurze) homiletische Einheit oder auch als Bestandteil einer zweigliedrigen Homilie zuzugestehen." STEMBERGER, Einleitung in Talmud und Midrasch, 271. Die exakte Bestimmung der Funktion einer Peticha scheint kaum möglich und wird durch ihre jahrhundertelange Entwicklung zusätzlich erschwert. Einige Funktonen – bspw. die als Proömium – können jedoch kaum gänzlich bestritten werden, wenngleich sie keine Absolutheit beanspruchen können. Vgl. hierzu auch PETER SCHÄFER, Der vorrabinische Pharisäismus, in: Martin Hengel/Ulrich Heckel (Hg.), Paulus und das antike Judentum (WUNT 58), Tübingen 1991.

254 STEMBERGER, Einleitung in Talmud und Midrasch, 270.

255 Ebd. BACHER, Die Proömien der alten Jüdischen Homilie, sieht ein Grundmotiv der Peticha darin, dass in ihr Schriftbezüge aus allen drei Teilen der Bibel miteinander verknüpft werden. Dem ist jedoch entgegenzuhalten, dass es sich hierbei um kein Spezifikum der Pe-

Legt man das formale Muster und die Strukturmerkmale einer Peticha an die paulinische Argumentation in Röm 4 an, bieten sich phänomenologisch interessante Parallelen. Der Text aus Gal 3,6–14 hingegen bietet deutlich weniger strukturelle Überschneidungen, allem voran fehlt der Argumentation in Gal 3,6–14 ein klassischer Petichavers. Die folgende Tabelle illustriert die Parallelen und Differenzen zur Peticha-Struktur exemplarisch anhand einiger Beispiele aus der rabbinischen Literatur:[256]

	Röm 4	Gal 3,6–14	MekJ	BerR	TanB Wajikra
Ausgangsvers	Gen 15,6	Gen 15,6	Ex 14,31	Gen 1,1	Lev 10,8–9
Einleitung: *Rabbi N. N. patach*	Nein	Nein	Nein	Ja	Nein
Sedervers zu Beginn	Ja	Ja	Ja	Nein	Ja
Petichavers	Ps 32,1–2a	–	Ps 7,16	Ps 119,160	Prov 23,29
Wiederaufnahme des Sederverses	Ja	Ja	Ja	Nein	Ja
Sedervers zum Ende	Ja (Gen 15,6)	Nein	Nein	Ja (Gen 1,1a)	Ja (Lev 10,9)

Sowohl Röm 4 als auch Gal 3,6–14 nehmen ihren Ausgangspunkt in einem einzelnen Vers (vorgeschalteter Sedervers), der in relativ gängiger Manier während der Argumentation erneut rezipiert wird (Wiederaufnahme des Sederverses).[257] Während Gal 3,6–14 darüber hinaus keine Parallelen zur Peticha aufweist, gliedert sich Röm 4 noch anhand weiterer Punkte in die Struktur einer Peticha ein. Insbesondere mit der Zitation von Ps 32,1–2a^{LXX} (Petichavers aus den Hagiographen) bietet die Struktur von Röm 4 eine zentrale Parallele. Zudem entstammt dieser Petichavers in Röm 4 (Ps 32,1–2a^{LXX}) den Psalmen, wie es in den Petichot

ticha handelt, sondern um einen bestimmten hermeneutischen Ansatz rabbinischer Auslegung, in dem es darum geht, eine Auslegung dadurch zu untermauern, dass die Bibel in ihrer gesamten Breite spricht und nicht nur ein einzelner Teil. Vgl. GOLDBERG, Petiha und Hariza.

256 Freilich stellt die hier gebotene Auswahl von rabbinischen Petichot unterschiedlichen Ursprungs nur einen äußerst begrenzten Referenzrahmen dar. Da es hier jedoch vordergründig um eine visuelle Illustration der Strukturmerkmale einer Peticha und deren Niederschlag in Röm 4 und Gal 3,6–14 handelt, soll die getroffene Auswahl an Vergleichstexten an dieser Stelle genügen.

257 Beiden Texten fehlt selbstverständlich eine Formulierung *Rabbi N. N. patach*, mit der die Schriftauslegung eingeleitet wird.

typischerweise der Fall ist (s. o.). Und schließlich mündet die Auslegung in Röm 4 in der Zitation des Sederverses zum Ende des Textes. Die Übereinstimmungen der Struktur von Röm 4 mit einigen zentralen Strukturelementen der Peticha werden ergänzt durch die bereits zuvor skizzierten, grundlegenden midraschischen Elemente, welche die Hermeneutik und die exegetische Methodik des paulinischen Textes bestimmen. Anhand dieser auf phänomenologischer Ebene zu verzeichnenden Parallelen lässt sich für die Argumentation in Röm 4 vermuten, dass es sich hierbei in struktureller Hinsicht in Gründzügen und Einzelelementen um eine *prä*-rabbinische Form der später in der rabbinischen Exegese weiterentwickelten Midraschgattung der Peticha handelt.

8.4 *Resümee*

Das Anliegen der in diesem Kapitel vollzogenen *phänomenologischen Kontextualisierung* (vgl. 8.1.1) war es, die anhand von Röm 4 (vgl. 5.2) und Gal 3,6–14 (vgl. 6.2) exemplarisch eruierte Methodik des paulinischen Schriftgebrauchs (vgl. kompakt Kap. 7) in den Diskursrahmen frühjüdischer Schriftrezeption einzuordnen.[258] Hierzu wurde der paulinische Schriftgebrauch aus Röm 4 und Gal 3,6–14 mit einer Auswahl zentraler Aspekte und typischer Umgangsweisen der frühjüdischen Schriftrezeption verglichen (vgl. zur Auwahl 8.1.1). Die Methodik des paulinischen Schriftgebrauch ließ hierbei „zahlreiche Parallelen zu Texten des zeitgenössischen Judentums erkennen."[259] Der Vergleich belegt für den paulinischen Schriftgebrauch in Röm 4 und Gal 3,6–14 „die Rezeption vielfältiger Voraussetzungen und Methoden der jüdischen Schriftauslegung der Zeit."[260] Doch neben gewichtigen Parallelen konnten gegenüber den ausgewählten frühjüdischen Formen und Verfahren der Schriftauslegung auch gewisse Differenzen oder einzelne Leerstellen beobachtet werden, ohne jedoch dass Paulus dadurch den Horizont jüdischer Schriftrezeption verlassen hätte.[261] Hinsichtlich der formal-hermeneutischen und methodischen Elemente seiner Schriftrezeption „verlässt Paulus kein einziges Mal die Grenzen dessen, was im damaligen Juden-

---

258 Die Ausführungen des vorliegenden Kapitels lieferten hierbei „further evidence that on this matter of interpreting Israel's Scriptures, there are good reasons to bring Paul into conversation with his Jewish contemporaries" FISK, Paul among the Storytellers, 57.

259 FREY, Paulus als Pharisäer und Antiochener, 108.

260 JÖRG FREY, Das Judentum des Paulus, in: Oda Wischmeyer (Hg.), Paulus. Leben – Umwelt – Werk – Briefe (UTB 2767), Tübingen u.a. ²2012, 26.

261 Vgl. TIWALD, Hebräer von Hebräern, 453.

tum möglich war. Dass er innerhalb dieser Möglichkeiten trotzdem sehr souverän eigene Ansichten und Interpretationen vertritt, setzt ihn nicht in Opposition zum Judentum, sondern profiliert ihn gerade innerhalb des Judentums."[262]

Paulus lässt innerhalb von Röm 4 und Gal 3,6–14 ein breites Tableau an Formen und Verfahren der Schriftrezeption erkennen, mit denen er sein Evangelium zur Sprache bringt. Die beiden exemplarischen Texte haben sich daher als äußerst kommunikative Gesprächspartner im Dialog mit der Vielfalt früjüdischer Auslegungsmethoden erwiesen. Im paulinischen Umgang mit den autoritativen Schriften Israels in Röm 4 und Gal 3,6–14 wird deutlich, dass der Völkerapostel „mit den Argumentationsmustern und Methoden der jüdischen Schriftauslegung seiner Zeit sichtlich vertraut" war und diese vielfach bewusst und kreativ einsetzte.[263]

a) *Identifikation von Prätexten:* Paulus verwendet in Röm 4 und Gal 3,6–14 primär Prätexte aus biblischen Büchern, die sich im gesamten Spektrum frühjüdischer Literatur als prioritäre Bezugstexte identifizieren lassen (vgl. 8.2.1). Dies trifft insbesondere auf die Verwendung des Buches Genesis, des Jesajabuches und des Deuteronomiums zu. Mit der Auswahl an in Röm 4 und Gal 3,6–14 rezipierten Prätexten besitzt Paulus eine große Nähe zu zahlreichen jüdischen Schriften seiner Zeit.
b) *Markierung*: Baut Paulus intertextuelle Referenzen in seine Metatexte (Röm 4 und Gal 3,6–14) ein, so begegnen sowohl unmarkierte als auch implizit markierte sowie explizit markierte intertextuelle Referenzen. Sowohl die Markierungsdeutlichkeit als auch die verwendeten Intertextualitätssignale können in der paulinischen Schriftrezeption qualitativ und quantitativ stark divergieren (vgl. 5.2.1 u. 6.2.1). Dennoch lassen sich bereits anhand der beiden exemplarisch analysierten Texte aus Röm 4 und Gal 3,6–14 gewisse Präferenzen erkennen, wie z. B. die Verwendung bestimmter Signale (re-used figures, syntaktische Brüche) resp. Signalwörter (γραφή/γράφειν; Verben der Kommunikation) oder gewisse Mehrfachmarkierungen (Einleitungsformulierun; Thematisierte Intertextualität). Anhand der zu beobachtenden Aspekte, der großen Freiheit und Kreativität im Umgang mit Markierungen und Markierungsdeutlichkeit intertextuellen Referenzen einerseits sowie hinsichtlich der wahrnehmbaren Präferenzen bestimmter Intertextualitätssignale andererseits, fügt sich Paulus reibungslos ein in die zeitgenössische Markierungspraxis intertextueller Referenzen (vgl. 8.2.1).
c) *Referenztypen*: Paulus verwendet in Röm 4 und Gal 3,6–14 sowohl direkte (Zitat, Paraphrase) als auch indirekte (Allusion, Echo) Formen des Schriftbezugs (vgl. 5.2.2 u. 6.2.2). Zuweilen stellt Paulus sogar *composite citations* her.

262 A. a. O., 447.
263 Tilly, Paulus und die antike jüdische Schriftauslegung, 179.

Die Vielfalt, der durch Paulus verwendeten bzw. hergestellten Referenztypen, lässt sich in analoger Weise auch in weiten Teilen der frühjüdischen, z. B. in der qumranischen Schriftverwendung feststellen (vgl. 8.2.2).[264]

d) *Vorlage*: Die exegetische Literatur des Frühjudentums und der hellenistisch-römischen Antike war geprägt durch eine relativ freie Zitationspraxis.[265] Vorlagentexte wurden in unterschiedlicher Intensität modifiziert (Addition, Deletion, Substitution, Permutation), um sie in die Syntax des Metatextes einzubauen oder bestimmte inhaltliche Aspekte in den Vordergrund zu stellen (vgl. 8.2.3). Der paulinische Schriftgebrauch in Röm 4 und Gal 3,6–14 ist ebenfalls Zeugnis einer solchen Zitationspraxis. Auch Paulus nimmt mehrfach Modifikationen und bewusste Textabänderungen an seinen Textvorlagen vor (vgl. 5.2.3 u. 6.2.3). Dieser ‚freie' Umgang mit den Schriften Israels ist folglich nichts, womit sich Paulus gegen gängige Formen der frühjüdischen Schriftrezeption wendet, – auch wenn dies forschungsgeschichtlich teilweise proklamiert wurde – sondern Paulus entspricht darin schlichtweg den geltenden Konventionen seiner Zeit.[266]

e) *Ultraliteralistische Schriftauslegung (Kontext)*: Ultraliteralistische, d. h. kontextunabhängige bzw. -widrige Interpretationen von Referenztexten lassen sich in der frühjüdischen Literatur in unterschiedlichem Maße identifizieren, gehören jedoch erst im rabbinischen Zeitalter zum festen Repertoire jüdischer Auslegungsmethodik (vgl. 8.2.4).[267] In der Analyse von Röm 4 und Gal 3,6–14 konnte eine ultraliteralistische Form der Schriftinterpretation lediglich für die Rezeption von Dtn 21,23 in Gal 3,13 nachgewiesen werden (vgl. 6.2.4). Für die weit überwiegende Anzahl von Schriftbezügen ließ sich hingegen beobachten, dass Paulus in seiner Rezeption intertextueller Referenzen den Kontext seiner Referenztexte weitestgehend mit im Blick behält (vgl. 5.2.4 u. 6.2.4). Mit dieser eher kontextverbundenen und nur punktuell kontextunabhängigen bzw. -widrigen Schriftrezeption fügt sich Paulus nahtlos ein in die Gepflogenheiten der zeitgenössischen Schriftauslegung.

f) *Narrative Schriftauslegung*: Ein wesentlicher Anteil frühjüdischer Literatur kann als eine Form narrativer Schriftauslegung beschrieben werden (vgl. 8.2.5). Einerseits äußert sich in der frühjüdischen Literatur ein großes Interesse narrative Prätexte zu rezipieren (v. a. Genesis) und andererseits bestand ein wesentlicher exegetischer Zugang zu diesen Texten in ihrer Nacherzählung, Fortschreibung oder kommentierenden Relektüre.[268] Sowohl ganze Werke widmen sich dieser im weitesten Sinne narrativen Rezep-

264 Vgl. Frey, Paulus als Pharisäer und Antiochener, 107.

265 Vgl. Divjak, Art. Zitat; Stanley, The Social Environment of ‚Free' Biblical Quotations in the New Testament.

266 Vgl. Stanley, Paul and the Language of Scripture, 348.

267 Vgl. Tiwald, Hebräer von Hebräern, 423.

268 Vgl. Kugel, The Beginnings of Biblical Interpretation, 11.

tionsform (*Rewritten Scripture*) als auch kleinere Texteinheiten oder -segmente sowie Einzelauslegungen (z. B. in den *Pesharim*).[269] Insbesondere durch seinen narrativ-exegetischen Ansatz in Röm 4 gliedert sich Paulus in diese weit verbreitete Form frühjüdischer Schriftrezeption ein und auch Gal 3,6–14 fußt maßgeblich auf der interpretierenden Relektüre eines narrativen Zusammenhangs.[270]

g) *Eschatologisch-aktualisierende Schriftauslegung*: Ein zentrales Charakteristikum frühjüdisch-apokalyptischer Literatur ist die eschatologisch-aktualisierende Auslegung der Schriften Israels (vgl. 8.2.6). Auch für Paulus kann diese Form der Schriftrezeption beobachtet werden, wenn er seine Argumentation sowohl in Röm 4 als auch in Gal 3,6–14 jeweils in einer christologischen Zuspitzung münden lässt.[271] Paulus legt die Schrift aktualiserend, rezeptionsbezogen und auf die als eschatologisch qualifizierte Gegenwart hin aus. Indem er so verfährt, fügt sich Paulus nahtlos ein in den breiten Strom frühjüdisch-apokalyptischer Schriftauslegung, wie sie ganz besonders in zahlreichen Qumrantexten greifbar wird.[272]

h) *Kompositionelle Schriftauslegung (intratextuelle Relationierung)*: Zahlreiche exegetische Schriften des Frühjudentums sind durch das Verfahren kompositioneller Schriftauslegung geprägt, d. h. durch die intratextuelle Relationierung intertextueller Referenzen (vgl. 8.2.7).[273] Die analysierten Texte aus Röm 4 und Gal 3,6–14 sind für dieses im Frühjudentum weit verbreitete Verfahren der Schriftrezeption eindrückliche Zeugnisse. Sowohl die Argumentation in Röm 4 (vgl. 5.2.5) als auch vor allem die Argumentation in Gal 3,6–14 (6.2.5) sind geprägt durch die direkte oder indirekte intratextuelle Relationierung der durch Paulus eingespielten Prätexte.

i) *Pescher-Exegese*: Eine spezielle Form der frühjüdischen Exegese bieten die Pesharim (vgl. 8.2.8). Da es sich bei den Pesharim um eine spezifisch qumranische Literaturgattung bzw. Auslegungsform handelt, finden sich bei Paulus freilich keine Pesher-Exegese *in sensu proprio verbi*.[274] Parallelen zur Methodik des paulinischen Schriftgebrauchs können jedoch einerseits in der

---

269 Vgl. DOCHERTY, Exegetical Methods in the New Testament and „Rewritten Bible", 79.

270 Vgl. DIMATTEI, Biblical Narratives, 93. FISK, Paul among the Storytellers, 58; KUJANPÄÄ, The Rhetorical Functions of Scriptural Quotations in Romans, 62; NEUBRAND, Abraham – Vater von Juden und Nichtjuden, 291.

271 Vgl. HERMANN, Die „hermeneutische Stunde" des Hebräerbriefes, 108.; TIWALD, Hebräer von Hebräern, 417; WILK, Die Bedeutung des Jesajabuches für Paulus, 205.

272 „Da Paulus selbst kaum unmittelbar von der Qumran-Gemeinschaft beeinflusst sein kann, und deren gruppenspezifische Texte wahrscheinlich nicht kannte, deuten Parallelen in der Schriftauslegung auf das gemeinsame jüdische Erbe hin." FREY, Paulus als Pharisäer und Antiochener, 106.

273 Vgl. BATEMAN, Second Temple Exegetical Practices, 29; FABRY, Der Text und seine Geschichte, 31; NITZAN, Approaches to Biblical Exegesis in Qumran Literature, 363.

274 Vgl. FREY, Paulus als Pharisäer und Antiochener, 110; LIM, Holy Scripture in the Qumran Commentaries and Pauline Letters, 139; TIWALD, Hebräer von Hebräern, 418.

grundsätzlichen Tendenz der Pesharim festgemacht werden, die Bibeltexte eschatologisch-aktualisierend auszulegen. Und andererseits findet sich sowohl in zahlreichen Pesharim als auch in Röm 4 und Gal 3,6–14 das Vorgehen, einen Ausgangsvers zugrundezulegen, der – unter der Hinzuziehung weiterer Schriftbezüge (intratextuelle Relationierung) – interpretiert bzw. von dem ausgehend ein Thema entfaltet wird (vgl. 5.2.6.1 u. 6.2.6.1).

j) *Allegorische und typologische Schriftauslegung*: Sowohl die Allegorese als auch die Typologese nehmen ihren Ursprung in der paganen Exegese kanonisierter Texte.[275] Beide Formen der Schriftauslegung wurden auch im Frühjudentum rezipiert, jedoch in unterschiedlicher Ausprägung (vgl. 8.2.9). Während die Allegorese primär in Texten des hellenistischen Diasporajudentums zu finden ist und unter Philo zum *Königsweg des Schriftverständnisses* avancierte, ist sie nur punktuell in Texten des Frühjudentums Palästinas anzutreffen. Die Typologese hingegen konnte sich stärker im palästinischen Raum durchsetzen. Der paulinische Schriftgebrauch in Röm 4 und Gal 3,6–14 enthält keine Allegoresen. Typologische Schriftauslegungen hingegen lassen sich in Grundzügen sowohl in Röm 4 als auch in Gal 3,6–14 identifizieren.[276] In seiner Art und Weise typologische Elemente in seine Schriftauslegung zu integrieren fügt sich Paulus nahtlos ein in die Exegese des palästinischen Frühjudentums.

k) *Formen und Verfahren rabbinischer Schriftrezeption*: Der Blick auf einige Formen und Verfahren der rabbinischen Schriftrezeption (8.3) eröffnet die Möglichkeit einer ‚Horizonterweiterung' zur Auslegungsmethodik des Frühjudentums (vgl. 8.1.2). Mittels des gewählten *phänomenologischen* Zugangs konnte der paulinische Schriftgebrauch auf formal-hermeneutischer und methodischer Ebene daher auch mit ausgewählten Mustern und Zugängen rabbinischer Schriftauslegung ins Gespräch gebracht werden. *Middot*: Der Vergleich der sieben *Middot* des Rabbi Hillel mit der Methodik des paulinischen Schriftgebrauchs in Röm 4 und Gal 3,6–14 (vgl. 8.3.1) hat dabei eindrücklich vor Augen geführt, dass Paulus mehrfach „Argumentationsmuster und Auslegungstechniken [verwendet], die den späteren Zusammenstellungen von Regeln der methodischen Schriftauslegung in der rabbinischen Traditionsliteratur entsprechen."[277] Paulus verwendet in Röm 4 und Gal 3,6–14 verschiedene logische Schlussverfahren, die auf phänomenologischer Ebene

---

[275] Vgl. SELLIN, Allegorese, Typologie, Midrasch.

[276] Vgl. HAYS, Echoes of Scripture in the Letters of Paul, 162; JIPP, Rereading the Story of Abraham, Isaac, and ‚Us' in Romans 4, 239; KOCH, Die Schrift als Zeuge des Evangeliums, 307; WILK, Schriftbezüge im Werk des Paulus, 483.

[277] TILLY, Paulus und die antike jüdische Schriftauslegung, 173. Freilich muss hierbei methodologisch immer wieder betont werden, „dass diese Auslegungstechniken zur Zeit des Paulus zwar durchaus gebräuchlich waren, aber keinen fest ausformulierten oder gar allgemeingültigen Normenkanon bildeten und erst viel später zu Listen mit normativem Geltungsanspruch zusammengestellt wurden." TILLY, Paulus und die antike jüdische

augenscheinliche Parallelen zu einigen rabbinischen Middot besitzen.[278] Insbesondere betreffen diese Parallelen den *Qal wa-chomer* (vgl. 8.3.1.1) und die *Gezera schawa* (vgl. 8.3.1.1).[279] Darüber hinaus finden sich Parallelen zum *Heqqesch* (vgl. 8.3.1.3) und zur Regel *Ke-jotze bo me-maqom acher* (vgl. 8.3.1.7) sowie zur Midda *Dabar ha-lamed me-injano* (vgl. 8.3.1.8).[280] *Midrasch*: Bereits in den exegetischen Betrachtungen von Röm 4 (vgl. 5.1.4) und Gal 3,6–14 (vgl. 6.1.4) wurde festgestellt, dass diese beiden Texte in der Forschung immer wieder als Midraschim klassifiziert werden (vgl. 8.3.2.1). Aufgrund der äußerst komplexen Diskussion, was *Midrasch* eigentlich ist, bleibt bei dieser Bezeichnung jedoch nicht selten unklar, was genau damit gemeint wird (vgl. 8.3.2.2). Unter Aufnahme der Differenzierung von Gerhard Langer zwischen eigentlichem rabbinischen *Midrasch* einerseits und *midraschischen* Elementen der Schriftauslegung andererseits, konnte eine Heuristik und eine Terminologie gefunden und angewandt werden, die es erlaubt, der Eigenart rabbinischer Schriftauslegung gerecht zu werden, ohne den Begriff *Midrasch* gänzlich zu exklusivieren, sondern ihn für die Inbezugsetzung zur paulinischen Exegese zu öffnen.[281] Mit Blick auf den paulinischen Schriftgebrauch

---

Schriftauslegung, 173. Trotz der zuweilen berechtigen Skepsis oder Kritik gegenüber Vergleichen neutestamentlicher und rabbinischer Schriftauslegung und trotzdessen, dass die Systematisierung der rabbinischen Middot erst Jahrzehnte oder gar Jahrhunderte nach Paulus stattgefunden hat, „ist es nicht ohne Bedeutung, dass sich bei Paulus Parallelen zu einigen jener Auslegungsregeln finden." FREY, Paulus als Pharisäer und Antiochener, 108.

278 So auch WILK, Schriftbezüge im Werk des Paulus, 483, mit dem Verweis auf die Methodik des paulinischen Schriftgebrauchs in Röm 4,2–10; Röm 4,13; Gal 3,6–9 und Gal 3.12: „Relativ häufig hat Paulus die Bedeutung eines Schriftwortes mit logischen Schlüssen erhoben, wie sie später auch Rabbinen anwandten." Freilich korrespondieren diese logischen Schlussverfahren auf formaler Ebene ebenfalls „to the contemporary, non-Jewish Hellenistic argumentation and the correlating practice of Greco-Roman rhetoric. This overlap is mirrored in Paul's biography and education." SCHLIESSER, Abraham's Faith in Romans 4, 315. Zu den hellenistischen Parallelen der Middot vgl. ausführlich DAUBE, Rabbinic Methods of Interpretation and Hellenistic Rhetoric.

279 Insbesondere der Blick auf die *Gezera schawa* und die bei Paulus sowohl in Röm 4 als auch in Gal 3,6–14 mehrfach zu beobachtende Methodik, Schriftbezüge mittels lexematischer Assoziation intratextuell zu relationieren, deutet auf Parallelen zwischen dem rabbinischen und dem paulinischen Schriftgebrauch hin. Vgl. ALETTI, Romans 4 and Genesis 17, 60; AVEMARIE, Interpreting Scripture Through Scripture, 97; KOCH, Die Schrift als Zeuge des Evangeliums, 221; MOYISE, The Old Testament in the New, 25.; PLAG, Paulus und die Gezera schawa, 139.

280 Vgl. BOECKLER, Jüdische Schriftauslegung und das Neue Testament, 227; KOCH, Die Schrift als Zeuge des Evangeliums, 222; NEUBRAND, Abraham – Vater von Juden und Nichtjuden, 170f; TILLY, Paulus und die antike jüdische Schriftauslegung, 177.; WANSBROUGH, Jewish Methods of Exegesis in the New Testament, 224.

281 Vgl. hierzu ausführlich LANGER, Midrasch, 32ff. „To be sure, midrash may not be able to explain sufficiently every Pauline reference to earlier texts, but it surely helps explain

in Röm 4 und Gal 3,6–14 konnte anhand der gewählten Differenzierung festgestellt werden, dass sich in beiden Texten mehrere *midraschische* Elemente der Schriftauslegung identifizieren lassen, d. h. hermeneutische und methodische Zugänge und Auslegungsmuster, die für das rabbinische Genre Midrasch typisch sind, hier jedoch außerhalb der eigentlichen und genuin rabbinischen Literatur begegnen (vgl. 8.3.2.3). Auf formaler Ebene konnten zudem strukturelle Parallelen zwischen der Midrasch-Form der Peticha und dem rhetorischen Aufbau bzw. der Gliederung von Röm 4 festgestellt werden (vgl. 8.3.2.4). Der unter 8.3 vorgenommene phänomenologische Vergleich zwischen paulinischen und rabbinischen Formen und Verfahren der Schriftrezeption hat unterstrichen, dass „comparative studies of Paul's use of Scripture and later rabbinic expository rules prove illuminating."[282] *Mutatis mutandis* zeigt sich sowohl hinsichtlich der *Middot* als auch mit Blick auf *midraschische* Schriftauslegung, dass Paulus in Röm 4 und Gal 3,6–14 mehrfach präfigurative Formen und Methoden zur rabbinischen Schriftrezeption und -interpretation erkennen lässt und sich somit augenscheinlich auf einer Entwicklungslinie mit den – selbstverständlich deutlich später normierten und fest etablierten – Verfahrensweisen rabbinischer Schriftauslegung befindet.[283]

Die in diesem achten Kapitel der vorliegenden Studie gebotene phänomenologische Kontextualisierung der Formen und Verfahren des paulinischen Schriftgebrauchs im Horizont frühjüdischer und rabbinischer Schriftrezeption hat unterstrichen, wie gewinnbringend und weiterführend komparative Ansätze für die Analyse und die Erforschung der unterschiedlichen Formen und Verfahren der paulinischen Schriftrezeption sind.[284]

---

some." LORI BAROM/BRISIO J. OROPEZA, Midrash, in: Brisio J. Oropeza/Steve Moyise (Hg.), Exploring Intertextuality. Diverse Strategies for New Testament Interpretation of Texts, Eugene, OR 2016, 79.

282 SCHLIESSER, Abraham's Faith in Romans 4, 315. Auch DAN COHN-SHERBOK, Paul and Rabbinic Exegesis, in: SJT 35 (1982), 119, kommt zu dem Schluss, dass Paulus in seiner Methodik der Schriftauslegung in Röm 4 und Gal 3,6–14 „incorporated a wide variety of traditional modes of Scriptual exegesis in the proclamation of his Christian message."

283 So auch NEUBRAND, Abraham – Vater von Juden und Nichtjuden, 171: „Der Vergleich mit den späteren rabbinischen Auslegungsregeln liefert ein hilfreiches Instrument zur Deskription der Art und Weise paulinischer Schriftverwendung. Die formalen Übereinstimmungen lassen Paulus sogar zu einem frühen Zeugen der später allgemein anerkannten rabbinisch-exegetischen Auslegungsregeln werden." Ähnlich D. M. SMITH, The Pauline Literature, in: Donald A. Carson/Hugh G. M. Williamson (Hg.), It is Written: Scripture Citing Scripture. Essays in Honour of Barnabas Lindars, Cambridge 1988, 277: „Paul clearly shares certain presuppositions about the authority of Scripture and exegetical methods with the rabbinic tradition."

284 Nicht zuletzt, da „these sources unquestionably provide invaluable information about the long tradition of interpretation which the early Christians inherited." DOCHERTY, New Testament Scriptural Interpretation in its Early Jewish Context, 18. In ähnlicher Weise

Paulus präsentiert sich in dem Gebrauch verschiedener Formen, Verfahren und Techniken in seiner Schriftverwendung als ein hoch gebildeter frühjüdischer Exeget und Schriftgelehrter, der in einer Reihe steht mit vielen weiteren Schriftgelehrten und Exegeten des Frühjudentums. Mit zahlreichen Facetten seiner Schriftrezeption gliedert sich der Apostel und Völkermissionar nahtlos ein in das breite und vielfältige exegetische Methodentableau des antiken Frühjudentums. Paulus bringt in seinem Schriftgebrauch unzweifelhaft „eine Reihe von Auslegungs-Methoden zur Anwendung, die auch im zeitgenössischen Judentum gängig sind."[285] Die unterschiedlichen Modi der Schriftverwendung, die Paulus verwendet und die in Röm 4 und Gal 3,6–14 exemplarisch sichtbar werden – „including his assumptions, citation techniques, hermeneutical strategies, and rhetorical appeals — lie well within the broad spectrum of Jewish exegetical literature produced during the Second Temple period."[286] Nichtsdestoweniger setzt Paulus im Rahmen der im Frühjudentum gängigen Praxis auch eigene Akzente. Er überschreitet allerdings in keinster Weise die Grenzen des exegetischen *Diskursrahmens* (s. o.) des Frühjudentums auf formal-hermeneutischer oder exegetisch-methodischer Ebene.[287]

Die skizzierten Beobachtungen legen den Schluss nahe, dass der paulinische Umgang mit den autoritativen Schriften Israels, seine Methodik des Schriftgebrauchs sowie seine schrifthermeneutischen Präsuppositionen mit hoher Plausibilität auf seine ‚vorchristliche' Prägung,[288] seine jüdische

wie der genannte Aufsatz von Susan Docherty plädiert das vorliegende Kapitel in methodologischer Hinsicht „for the application to the New Testament of a sophisticated and rigorous approach to analysing hermeneutical methods of the kind currently being developed by researchers in the field of Jewish Studies. [...] This kind of precise and deep investigation will inevitably lead to a fuller understanding of how the New Testament authors went about their interpretation of scripture, and to a greater degree of clarity about the parallels and differences between early Jewish and early Christian exegesis." DOCHERTY, New Testament Scriptural Interpretation in its Early Jewish Context, 18.

285 DOERING, Die Rezeption jüdischer Schriften im Neuen Testament, 110 Ähnlich WILK, Die Bedeutung des Jesajabuches für Paulus, 205: Paulus bedient sich in Röm 4 und Gal 3,6–14 vielfach und „in unbefangener Weise verschiedener Auslegungsregeln und Deutungsmuster des antiken Judentums."

286 FISK, Paul among the Storytellers, 56.

287 Ähnlich das Resümee von WILK, Die Bedeutung des Jesajabuches für Paulus, 206, mit Blick auf die Verwendung des Jesajabuches durch Paulus: „So zeigt die Deutung der Jesajazitate den Apostel Paulus als einen eigenständigen, dabei in vielerlei Hinsicht mit antik-jüdischer – zumal der im palästinischen Traditionsbereich wurzelnden – Schriftgelehrsamkeit übereinstimmenden, grundsätzlich im Raum des Judentums stehenden Ausleger der Schrift."

288 So auch FREY, Paulus als Pharisäer und Antiochener, 82: „Der Kreis der von ihm rezipierten Schriften, deren mögliche Textgestalt sowie die Techniken ihrer Kombination und Interpretation boten nach wie vor die Basis dafür, wie der Apostel auch nach ‚Damaskus' im Gespräch mit seinen jüdischen Zeitgenossen die Schrift aufnimmt und auslegt."

Identität[289] und seine pharisäisch-jüdische (Aus)Bildung (vgl. 4.2) zurückzuführen sind.[290]

---

[289] Ähnlich TILLY, Paulus und die antike jüdische Schriftauslegung, 165f: „Wir können deshalb mit großer Sicherheit davon ausgehen, dass Paulus die Techniken seiner Schriftauslegung nicht von hellenistischen Rhetorikern übernahm, sondern dass auch diese Techniken zum jüdischen Erbe des Völkerapostels gehören." Ebenso das Urteil von WILK, Schriftbezüge im Werk des Paulus, 484: „In formaler und methodischer Hinsicht entsprechen die expliziten Schriftbezüge des Apostels eher der im palästinischen Raum beheimateten Schriftgelehrsamkeit; nur gelegentlich berühren sie sich mit der Exegese des hellenistischen Diasporajudentums. Dazu passt der Umstand, dass sich inhaltliche Parallelen zu seinen durch Zitate und Paraphrasen vollzogenen Interpretationen zumeist in Texten palästinischer Provenienz (z. B. Jub; ApkMos; diverse Qumrantexte), in Targumim oder in rabbinischen Schriften finden. Die Selbstbezeichnung ‚Hebräer' gilt also auch für den Schriftausleger Paulus." Ganz anders hingegen das Resümee diesbezüglich bei KOCH, Die Schrift als Zeuge des Evangeliums, 231: „Gleichzeitig fehlt der paulinischen Schriftauslegung aber auch ein spezifisch jüdisch-palästinisches Profil. Das gilt nicht nur für das Fehlen charakteristischer Midrasch-Formen, mit deren voller Ausbildung auch erst in späterer Zeit zu rechnen ist. Für Paulus sind eher weniger kunstvolle Grundmuster aus dem Bereich der jüdisch-hellenistischen Homilie als Hintergrund vorauszusetzen. Auch die Anwendung der 7 Middot, die traditionell mit Hillel verbunden werden, ist begrenzt und geht nicht über das hinaus, was man auch für die Schriftauslegung einer Diasporagemeinde Kleinasiens oder Syriens z. Zt. des Paulus voraussetzen kann – zumal die Auslegungsregeln Hillels ihrerseits der außerjüdischen hellenistischen Exegese verpflichtet sind. Direkte Beziehungen zur Schriftauslegung von Qumran bestehen nicht, auch wenn der jeweilige eschatologische Interpretationshorizont deutliche Analogien im Schriftverständnis zur Folge hat."

[290] Selbstverständlich dienen die paulinischen Argumentationen und damit auch sein Schriftgebrauch stets der Verkündigung des Evangeliums Jesu Christi, d. h. das sie bestimmende Paradigma ist die Christusoffenbarung, „doch zeigt sich in der konkreten Durchführung der Schrift-Argumentation das ‚Bildungsprofil' des jüdischen Schriftgelehrten." FREY, Paulus als Pharisäer und Antiochener, 110.

§ V *Konklusion und Ausblick*

9. Fazit

Die vorliegende Studie hatte zum Ziel, die Erforschung der Methodik, d. h. der Formen und Verfahren des paulinischen Schriftgebrauchs ein wichtiges Stück voranzubringen. Dies gilt erstens für die Diskussion um eine angemessene und reflektierte Methodologie zur Analyse des paulinischen Schriftgebrauchs sowie zweitens für die exemplarische Analyse der Formen und Verfahren des paulinischen Schriftgebrauchs in zwei ausgewählten Einzeltexten (Röm 4 und Gal 3,6–14) sowie drittens für die historische Präsumtionen und die zeitgenössische Kontextualisierung der Methodik des paulinischen Schriftgebrauchs.

Um diesem Forschungsanliegen nachzukommen, gliederte sich die Studie in fünf Hauptteile: *§ I Einführung und Forschungsstand, § II Methodologische Reflexionen und historische Präsumtionen, § III Exemplarische Analyse, § IV Phänomenologische Kontextualisierung, § V Konklusion und Ausblick.* Im Zuge der bisherigen Hauptteile (I–IV) der Untersuchung wurden Erträge und Ergebnisse erzielt, die in einem ersten Schritt dieses Fazits in aller Kürze zusammengetragen und gebündelt präsentiert werden (9.1), bevor daran anschließend in einem zweiten Schritt eine Auswahl offener Desiderate und weiterführende Fragestellungen benannt wird (9.2).

Das vorliegende Fazit konzentriert sich in seinen Ausführungen auf wesentliche Kernpunkte und Hauptertäge der Untersuchung. Hinsichtlich der weiteren Ergebnisse und Erträge der Arbeit sei deshalb ausdrücklich auf die (Zwischen)Resümees der einzelnen Kapitel verwiesen (vgl. 2.3, 3.3, 4.3, 7.3, 8.4) bzw. auf Kapitel sieben als Ganzes hinsichtlich der Zusammenfassung der Analyseergebnisse zur Methodik des paulinischen Schriftgebrauchs in Röm 4 (vgl. 7.1) und Gal 3,6–14 (vgl. 7.2).

9.1 *Erträge der Arbeit*

Als zentrale Erträge dieser Dissertation können insbesondere die folgenden Aspekte festgehalten werden: a) Die aktuelle Darstellung des Forschungsstandes zum Thema *Paulus und die Schriften Israels.* b) Der Entwurf eines methodologisch reflektierten und multiperspektivischen Instrumentariums zur Analyse der Formen und Verfahren des paulinischen Schriftgebrauchs. c) Die detaillierte und umfassende Analyse der Methodik des paulinischen Schriftgebrauchs anhand der Beispieltexte Röm 4 und Gal 3,6-14. d) Die phänomenologische Kontextualisierung der exemplarisch eruierten Methoden des paulinischen Schriftgebrauchs im Horizont frühjüdischer Formen und Verfahren der Schriftauslegung.

a) Aktuelle Darstellung des Forschungsstandes zum Thema

Bereits mit dem Forschungsüberblick (vgl. Kap. 2) hat die vorliegende Studie ein wichtiges Forschungsdesiderat erfüllt, nämlich das Fehlen einer aktuellen Darstellung des gegenwärtigen Forschungsstandes der Erforschung der Methodik des paulinischen Schriftgebrauchs. Anhand ausgewählter Publikationen wurden die zentralen Forschungsbewegungen, -perspektiven und -paradigmen aufgezeigt sowie die wichtigsten Resultate skizziert, die in der Erforschung der Methodik des paulinischen Schriftgebrauchs bislang erzielt wurden.[1] Während der Betrachtung der verschiedenen Forschungsbeiträge (vgl. 2.1 u. 2.2) wurde ersichtlich, dass nicht nur solche Studien einen wichtigen Beitrag zur Erforschung des paulinischen Schriftgebrauchs geleistet haben, die sich explizit dem Thema *Paulus und die Schriften Israels* gewidmet haben. Sondern auch Arbeiten aus der übergeordneten Forschungsdisziplin der *Studies of the OT in the NT*[2] und dem angrenzenden Forschungsfeld *Paulus und das Judentum*[3] haben implizit oder als Teilthema den paulinischen Schriftgebrauch behandelt und dabei wichtige Forschungsergebnisse erzielt und wesentlich zur Erforschung der paulinischen Schriftverwendung beigetragen.

Der Forschungsüberblick hat des Weiteren vor Augen geführt, dass die Forschungsbeiträge zum paulinischen Schriftgebrauch anhand ihres jeweiligen

[1] Der Fokus des Forschungsüberblicks lag dabei auf Monographien. Wichtige Sammelbände und zentrale Forschungsbeiträge in Form von Sammelbandbeiträgen oder Zeitschriftenaufsätzen wurden *en passant* miteinbezogen.

[2] *The Study of the OT in the NT* hat sich in den vergangenen zwei Jahrzehnten vornehmlich in den anglophonen Bibelwissenschaften als eigenständige Subdisziplin der neutestamentlichen Forschung entwickelt. Vgl. einführend DAVID M. ALLEN, Introduction. The Study of the Use of the Old Testament in the New, in: JSNT 38 (2015), sowie STEVE MOYISE, The Old Testament in the New. An Introduction, London ²2015. Insbesondere ihre methodologischen Erkenntnisse und Erträge sind hinsichtlich der Untersuchung der Methodik des paulinischen Schriftgebrauchs von zentralem Interesse und können gewinnbringend rezipiert werden. Vgl. u. a. DAVID M. ALLEN/STEVE SMITH (Hg.), Methodology in the Use of the Old Testament in the New. Context and Criteria (LNTS 579) 2019. Denn in zahlreichen Arbeiten aus diesem Forschungsfeld besteht das vorrangige Forschungsinteresse ebenfalls in der Analyse von Formen, Verfahren und Techniken des Schriftgebrauchs im Neuen Testament.

[3] Die Erforschung der paulinischen Schriftrezeption steht seit jeher in Korrelation mit der Frage nach dem jüdischen Erbe des Völkerapostels und den Diskussionen um Kontinuitäten und Diskontinuitäten in seiner Identität und seiner Theologie zu ebendiesem. Vgl. den Forschungsüberblick zum Thema *Paulus und das Judentum* bei TIWALD, Hebräer von Hebräern, 2008, 3-19.

(primären) Zugangs grundsätzlich in vier Gruppen eingeteilt werden können: 1) *Theologisch*, 2) *Historisch*, 3) *Literaturwissenschaftlich*, 4) *Rhetorisch* oder *sozialgeschichtlich*.[4] Auf der Basis dieser schematischen Kategorisierung wurde deutlich, dass die vorliegende Untersuchung mit ihrem Forschungsanliegen primär einen *historischen* sowie einen *literaturwissenschaftlichen* Zugang erkennen lässt (vgl. 2.3.1). Der Forschungsüberblick hat darüber hinaus gegenwärtige Desiderate der Erforschung des paulinischen Schriftgebrauchs benannt, die auch für die vorliegende Studie leitenden Charakter besaßen (vgl. 2.3.2). Diese sind primär in den folgenden vier Themenfeldern anzusiedeln: 1) *Methodologie*, 2) *Soziokultureller und biographischer Kontext*, 3) *(Rhetorische) Funktion der Schriftbezüge*, 4) *Kommunikationssituation der Briefe*.[5] Der Forschungsüberblick diente überdies nicht ausschließlich der Dokumentation und Bewertung des aktuellen Forschungsstandes zum Thema *Paulus und die Schriften Israels*. Sondern mittels der dargestellten Taxonomien und Desiderate wurde zudem eine Verortung der vorliegenden Studie im wissenschaftlichen Diskurs vorgenommen (vgl. 2.3.3). Hierbei wurden noch einmal die Kern- und Nebenanliegen der Untersuchung skizziert und in den Kontext des gegenwärtigen Forschungsdiskurses eingeordnet. Für die vorliegende Arbeit wurden zwei Kern- und ein Nebenanliegen festgehalten: 1. Die detaillierte Analyse der Formen und Verfahren des paulinischen Schriftgebrauchs anhand von zwei ausgewählten Beispieltexten (*Kernanliegen*). 2. Die methodologische Reflexion und Entwicklung eines validen und multiperspektivischen Instrumentariums für ebendiese detaillierte Analyse der Formen und Verfahren des paulinischen Schriftgebrauchs (*Kernanliegen*). 3. Die phänomenologische Kontextualisierung der anhand der Beispieltexte eruierten Methoden des paulinischen Schriftgebrauchs im Horizont frühjüdischer Formen und Verfahren der Schriftrezeption (*Nebenanliegen*).

b) Entwurf eines methodologisch reflektierten Instrumentariums zur Analyse der Formen und Verfahren des paulinischen Schriftgebrauchs

Der Forschungsüberblick hat die hervorgehobene Relevanz und Notwendigkeit weiterer und tiefergehender methodologischer Reflexionen der Analyse des neutestamentlichen Schriftgebrauchs im Allgemeinen sowie des paulinischen

---

4 Vgl. zu dieser Kategorisierung CHRISTOPHER D. STANLEY, Paul and Scripture. Charting the Course, in: Stanley E. Porter (Hg.), As it is Written. Studying Paul's Use of Scripture (SBLSymS 50), Atlanta Ga. 2008, 4-7. Freilich ist den meisten Studien eine gewisse ‚Hybridität' inhärent, da sich die Zugänge nicht trennscharf voneinander unterscheiden lassen, sondern mitunter überschneiden.

5 Vgl. zu diesen Aspekten J. R. WAGNER, Epilogue, in: Florian Wilk/Markus Öhler (Hg.), Paulinische Schriftrezeption. Grundlagen – Ausprägungen – Wirkungen – Wertungen (FRLANT 268), Göttingen, Bristol, CT, U.S.A. 2017.

Schriftgebrauchs im Speziellen vor Augen geführt (vgl. 2.3).[6] Die vorliegende Studie hat exakt bei diesem Desiderat eingesetzt und einen zentralen Fokus auf die transparente und detaillierte methodologische Reflexion einer Analyse des paulinischen Schriftgebrauchs gerichtet (vgl. Kap. 3).

In einem ersten Schritt wurde hierzu eine Reflexion des texttheoretischen Paradigmas der Intertextualität geleistet (vgl. 3.1). Wirkungsgeschichtlich bedeutsame Intertextualitätstheorien der Literaturwissenschaft wurden skizziert (vgl. 3.1.1) und die exegetische Rezeption von Intertextualitätstheorien wurde exemplarisch dargestellt (vgl. 3.1.2). Darüber hinaus wurde eine Verortung des Forschungsinteresses der vorliegenden Studie und ihres Ansatzes innerhalb des Intertextualitätsdiskurses vorgenommen (vgl. 3.1.3). Hierbei zeigte sich, dass ein *begrenztes* und zugleich primär *produktionsorientiertes* Verständnis von Intertextualität angebracht und weiterführend erscheint, um dem Anliegen dieser Arbeit nachzukommen, methodisch kontrolliert die unterschiedlichen Formen und Verfahren der paulinischen Schriftrezeption zu untersuchen.[7]

In einem zweiten Schritt der methodologischen Reflexion wurden daraufhin sechs *Analyseperspektiven* dargestellt und diskutiert (vgl. 3.2.1–6), anhand derer im weiteren Verlauf der Arbeit die Methodik des paulinischen Schriftgebrauchs in Röm 4 (vgl. 5.2) und Gal 3,6–14 (vgl. 6.2) untersucht werden sollte.[8] Die sechs ausgewählten Analyseperspektiven leiten sich zum einen aus den bestehenden

---

[6] Denn zahlreiche Studien lassen nach wie vor eine eingehende und transparente Methodologie vermissen, wobei gerade in den vergangenen Jahren wichtige methodologische Impulse gesetzt und weiterführende Forschungsergebnisse erzielt wurden, die es jedoch künftig noch umfangreicher als bislang in die Erforschung der Methodik des paulinischen Schriftgebrauchs miteinzubeziehen gilt, um diese voranzutreiben. Vgl. zum Thema aus jüngster Zeit ALLEN/SMITH, Methodology in the Use of the Old Testament in the New. Nach wie vor kann dem Diktum von CHRISTOPHER D. STANLEY, Paul and the Language of Scripture. Citation Technique in the Pauline Epistles and Contemporary Literature (SNTSMS 74), Cambridge 1992, 28f., Gültigkeit eingeräumt werden: „Perhaps the most pressing need is for a careful examination of the thorny methodological problems that confront any attempt to analyze the way Paul handled wording of his biblical quotations." Dies bestätigen auch neuere Arbeiten wie z. B. MATTHEW S. HARMON, She Must and Shall Go Free. Paul's Isaianic Gospel in Galatians (BZNW 168), Berlin, New York 2010, 26f: „In any study pursuing the influence of the OT in the NT, methodological questions are extremely important. Despite this, however, a number of studies either ignore or effectively gloss over such concerns. Failure to define the terms and criteria used has produced divergent conclusions and made comparing the results of different scholars difficult. As a result, broad consensus on the extent to which Paul used the OT, not to mention the significance of the OT for Paul's understanding and presentation of the gospel, remains elusive." Vgl. zum Erfordernis tiefergehender methodologischer Reflexionen außerdem CHRISTOPHER D. STANLEY, Introduction, in: Ders. (Hg.), Paul and Scripture. Extending the Conversation, Atlanta 2012, 1f.

[7] Vgl. STEFAN ALKIER, Intertextualität, in: Kurt Erlemann (Hg.), Neues Testament und antike Kultur, Neukirchen-Vluyn ²2004, 60.

[8] Für eine kompakte Zusammenschau der sechs Analyseperspektiven, ihrer bestimmenden Parameter und Leitfragen vgl. 3.3.

exegetischen Forschungsansätzen und Diskussionsfeldern ab, die in der Analyse von Schriftbezügen bei Paulus resp. im Neuen Testament insgesamt bestimmend waren und sind.[9] Andererseits wurden literaturwissenschaftliche Zugänge und Analyseinstrumentarien rezipiert und in die methodologische Reflexion integriert.[10] Bei den gewählten Analyseperspektiven handelt es sich um folgende: 1) Die *Identifikation* und *Markierung* von intertextuellen Referenzen (vgl. 3.2.1). 2) Die Bestimmung und Zuordnung der *Referenztypen* der im Text befindlichen intertextuellen Bezugnahmen (vgl. 3.2.2). 3) Die Rückfrage nach der *Vorlage* der jeweiligen intertextuellen Referenz (vgl. 3.2.3). 4) Der Blick auf den *Kontext* des Prätextes, d. h. die Analyse der kontextuellen Verzahnung resp. der Kontextbezogenheit der intertextuellen Referenz und dessen metatextueller Verarbeitung (vgl. 3.2.4). 5) Die *intratextuelle Relationierung* der intertextuellen Referenzen (vgl. 3.2.5). 6) Die *Funktion* und Funktionalisierung der Schriftbezüge im paulinischen Text (vgl. 3.2.6).[11]

In der Diskussion der verschiedenen Analyseperspektiven erwies sich die Synthese exegetischer und literaturwissenschaftlicher Ansätze als produktiv und ertragreich. Es zeigte sich, dass die literaturwissenschaftlichen, dem Intertextualitätsdiskurs entnommenen Ansätze auf unterschiedlicher Ebene konstruktive Beiträge und heuristische Hilfestellungen leisten, um ein Vokabular resp. ein begriffliches Instrumentarium zur differenzierten und detaillierten Beobachtung, Erfassung, Beschreibung, Auswertung und Analyse des Phänomens von Text-Text- bzw. Text-Textgruppen-Beziehungen in den Paulusbriefen resp. im Neuen Testament allgemein zu entwickeln. Dieser heuristische Ertrag ist als methodologischer Gewinn für die weitere Erforschung der Methodik des paulinischen sowie insgesamt des neutestamentlichen Schriftgebrauchs zu werten.

---

9 Vgl. CRAIG A. EVANS, The Function of the Old Testament in the New, in: Scot McKnight (Hg.), Introducing New Testament Interpretation (GNTE 1), Grand Rapids, MI 1989; KLYNE SNODGRASS, The Use of the Old Testament in the New, in: David A. Black/David S. Dockery (Hg.), Interpreting the New Testament. Essays on Methods and Issues, Nashville, TN 2001; GREGORY K. BEALE, Handbook on the New Testament Use of the Old Testament. Exegesis and Interpretation, Grand Rapids, MI 2013.

10 U. a. ULRICH BROICH/MANFRED PFISTER (Hg.), Intertextualität. Formen, Funktionen, anglistische Fallstudien (Konzepte der Sprach- und Literaturwissenschaft 35), Tübingen 1985; UDO J. HEBEL, Romaninterpretation als Textarchäologie. Untersuchungen zur Intertextualität am Beispiel von F. Scott Fitzgeralds This side of paradise (Mainzer Studien zur Amerikanistik 23), Frankfurt am Main, Bern, New York, Paris 1989; JÖRG HELBIG, Intertextualität und Markierung. Untersuchungen zur Systematik und Funktion der Signalisierung von Intertextualität (Beiträge zur neueren Literaturgeschichte Folge 3, 141, Heidelberg 1996.

11 Während die ersten drei Blickwinkel sich primär mit der Zitationspraxis, d. h. vornehmlich mit formalen Aspekten befassen, blicken die übrigen drei stärker auf hermeneutische und rhetorische Dimensionen und Implikationen der Schriftrezeption. Diese Unterscheidung ist freilich heuristischer Natur und kann nicht trennscharf durchgeführt werden. Sie kann jedoch der Orientierung dienen.

Anhand von drei Beispielen soll dies noch einmal verdeutlicht werden: 1) Beispielhaft lässt sich dieser Mehrwert u. a. an der Analyse der Markierung intertextueller Referenzen verdeutlichen (vgl. 3.2.1). Die aus dem Intertextualitätsdiskurs übernommenen Beschreibungsschemata können als wertvolle Ergänzung in die exegetische Analyse von Schriftbezügen einbezogen werden. Denn sie ermöglichen eine differenziertere Auseinandersetzung mit dem Phänomen der „Einleitungsformeln/-formulierungen“ als dies bislang im exegetischen Diskurs der Fall ist. Auf die Unschärfe der in der Exegese gängigen Rede von sog. „Einleitungsformeln/-formulierungen“ wurde mit Blick auf Paulus und andere neutestamentliche Autoren bereits verschiedentlich hingewiesen: „It has become common to use the term ‚introductory formulae‘ to describe the various phrases that Paul and other New Testament writers use to identify their explicit quotations. In Paul's case, however, such terminology can be rather misleading, since Paul is by no means ‚formulaic‘ in the way he incorporates biblical materials into his own compositions.“[12] Die vorliegende Studie hat insbesondere in diesem Aspekt einen weiterführenden Beitrag zur detaillierteren Beschreibung des neutestamentlichen Schriftgebrauchs geleistet. Denn anhand der Analyse von Röm 4 und Gal 3,6–14 ist deutlich geworden, dass die zur Verfügung stehenden Differenzierungen von Markierungstypen (unmarkiert, explizit markiert, implizit markiert) sowie der unterschiedlichen Intertextualitätssignale (onomastische Signale, Verben der Meta-/Kommunikation, Brüche in der Textkohäsion u. ä.) um einiges hilfreicher und genauer sind als die althergebrachte Rede von „Einleitungsformeln/-formulierungen“ (vgl. 5.2.1 u. 6.2.1). 2) Ein weiteres Beispiel ist die Analyse der *intratextuellen Relationierung* intertextueller Referenzen (vgl. 3.2.5). Im Forschungsüberblick sowie in der exemplarischen Analyse der Texte Röm 4 (vgl. 5.2.5) und Gal 3,6–14 (vgl. 6.2.5) wurde ersichtlich, dass der Aspekt der intratextuellen Relationierung in der Analyse der neutestamentlichen bzw. speziell in der paulinischen Schriftrezeption bislang äußerst wenig betrachtet wurde.[13] Dementsprechend liegen zu dieser Thematik bislang kaum exegetische Reflexionen vor. Die Hinzunahme literaturwissenschaftlicher Analyse- und Beschreibungsschemata hat sich folglich als äußerst förderlich und lohnend herausgestellt. 3) Ein Aspekt, in dem die methodologische Reflexion der vorliegenden Arbeit ebenfalls über bestehende Entwürfe hinausgeht, ist der Umstand, dass die eingebrachten Analyseinstrumentarien und Beschreibungsschemata sowohl auf *direkte* als auch auf *indirekte* Formen intertextueller Bezugnahmen anwendbar sind. Dies trifft nicht nur auf die hier bereits beispielhaft genannten Aspekte der *Markierung* und der *intratextuellen Relationierung* zu,

---

12 STANLEY, Paul and the Language of Scripture, 253.

13 Weder EVANS, The Function of the Old Testament in the New, noch SNODGRASS, The Use of the Old Testament in the New, oder BEALE, Handbook on the New Testament Use of the Old Testament, gehen in ihren methodologischen Entwürfen auf diesen Aspekt ein.

sondern ebenso auf die weiteren skizzierten und diskutierten Analyseperspektiven (vgl. 3.2.1–6). Das in dieser Studie entwickelte Setting an Analysetools geht damit insbesondere über Arbeiten hinaus, die ihre methodologischen Reflexionen gänzlich auf die Analyse direkter Formen der Schriftrezeption, d. h. primär den Gebrauch von Zitaten begrenzen.[14]

Insgesamt konnte in dieser Arbeit somit ein valides und multiperspektivisches Instrumentarium entwickelt werden, das als Grundlage und Ausgangspunkt einer Analyse der Formen und Verfahren des paulinischen Schriftgebrauchs dient. Die dargestellten sechs Analyseperspektiven, aus denen heraus die paulinischen Textpassagen und die ihnen inhärenten Schriftbezüge analysiert wurden, bieten durch ihre Zusammensetzung einen Zugriff, der es vermag, möglichst viele Facetten der Methodik, d. h. der unterschiedlichen Formen, Verfahren und Techniken des paulinischen Schriftgebrauchs aufzudecken, zu erfassen, zu beschreiben und auszuwerten.

c) *Exemplarische Analyse der Methodik des paulinischen Schriftgebrauchs in Röm 4 und Gal 3,6–14*

Unter der Prämisse einer *begrenzten* und primär *produktionsorientierten* Intertextualität wurden im fünften und sechsten Kapitel dieser Arbeit die Texte Röm 4 (vgl. 5.2) und Gal 3,6–14 (vgl. 6.2) exemplarisch analysiert. Die detaillierte Analyse dieser exemplarischen Texte hat vor Augen geführt, dass der paulinische Schriftgebrauch in Röm 4 und Gal 3,6–14 sowohl qualitativ als auch quantitativ besonders intensiv ist. Eine Vielzahl unterschiedlicher Formen und Verfahren der Schriftverwendung konnte in den beiden Texten beobachtet werden (vgl. 7.1 u. 7.2). Die Analyse hat gezeigt, dass sich der paulinische Schriftgebrauch nicht auf eine einzelne Methode begrenzen oder reduzieren lässt, sondern vielmehr weist die paulinische Schriftrezeption ein breites Spektrum und eine große Bandbreite an Formen und Verfahren der Schriftverarbeitung auf. Die exemplarische Analyse der Methodik des paulinischen Schriftgebrauchs in den beiden ausgewählten Beispieltexten hat somit zum einen die Beobachtung vorangegangener Arbeiten unterstrichen und auf eine breitere Basis gestellt, dass der Schriftgebrauch des Paulus geprägt ist durch Polyvalenz und Diversität.[15] Zum anderen konnten durch die eingehende Analyse der Texte zahlreiche neue Facetten und Aspekte des paulinischen Schriftgebrauchs beleuchtet oder detaillierter als bislang beschrieben werden.

---

14 Z. B. KATJA KUJANPÄÄ, The Rhetorical Functions of Scriptural Quotations in Romans. Paul's Argumentation by Quotations (NT.S 172), Leiden, Boston 2019.

15 Ähnlich a. a. O., 332: „The one-word answer to the question how Paul uses quotations is: diversely." Vgl. RICHARD B. HAYS, Schriftverständnis und Intertextualität bei Paulus, in: ZNT 14 (2004), 61.

Auf einige zentrale Beobachtungen soll an dieser Stelle noch einmal hingewiesen werden:[16] 1) Der paulinische Umgang mit der Schrift und die Vielfalt seiner angewandten Formen und Verfahren der Schriftverarbeitung kann in vielerlei Hinsicht als bewusst, zuweilen als intuitiv und punktuell als unreflektiert beschrieben werden.[17] 2) Paulus bezieht sich in Röm 4 und Gal 3,6–14 auf eine Fülle von Prätexten. Vornehmlich entstammen diese der Tora, näherhin der Genesis resp. der Abrahamerzählung sowie dem Deuteronomium. Darüber hinaus bezieht sich Paulus mehrfach auf prophetische Texte, insbesondere auf das Buch des Propheten Jesaja. Die identifizierbaren Schriftbezüge weisen unterschiedliche Grade der Markierungsdeutlichkeit auf. In Röm 4 und Gal 3,6–14 begegnen sowohl unmarkierte als auch explizit oder implizit markierte intertextuelle Referenzen. Paulus markiert seine intertextuellen Referenzen mit einem breiten Spektrum von Intertextualitätsignalen, u. a. onomastische Signale (re-used figures, re-used authors), syntaktische Signale (z. B. Brüche der Kohärenz oder der Kohäsion eines Satzes) oder Verben der (Meta)Kommunikation. Zuweilen begegnen überdies Mehrfachmarkierungen, d. h. Kombinationen von Intertextualitätssignalen, um eine Referenz zu markieren. Neben diesen qualitativen Aspekten der Markierung lässt sich ebenfalls hinsichtlich der quantitativen Aspekte (Frequenz, Proportion, Distribution resp. Exponiertheit) der Markierung der paulinischen Schriftbezüge eine große Variationsbreite beobachten (vgl. ausführlich 5.2.1 u. 6.2.1). 3) Die intertextuellen Referenzen in Röm 4 und Gal 3,6–14 begegnen in unterschiedlichen Formen bzw. Referenztypen. Paulus verwendet in seinen Texten sowohl direkte (Zitate, Paraphrasen) als auch indirekte (Allusionen, Echos) Schriftbezüge. In den exemplarisch analysierten Texten konnten besonders häufig Allusionen sowie direkte Zitate identifiziert werden, Paraphrasen und Echos waren hingegen seltener (vgl. ausführlich 5.2.2 u. 6.2.2). 4) Baut Paulus Schriftzitate in seine Metatexte ein, so tut er dies mit einer relativ ausgeprägten Freiheit gegenüber dem Wortlaut seiner Vorlagentexte. Mehrfach lassen sich für die paulinischen Schriftzitate in Röm 4 und Gal 3,6–14 intentionale Modifikationen in Form von Substitutionen, Deletionen, Additionen oder Permutationen feststellen und auch das Phänomen von *composite citations* kann beobachtet werden (vgl. ausführlich 5.2.3 u. 6.2.3). 5) Für den paulinischen Schriftgebrauch in Röm 4 und Gal 3,6–14 konnte einerseits beobachtet werden, dass Paulus für die Mehrzahl seiner intertextuellen Bezugnahmen eine Berücksichtigung des ursprünglichen Kontextes erkennen lässt. Die Analyse hat vor Augen geführt, dass Paulus den Kontext seiner Prätexte mitunter sorgfältig und aufmerksam wahrnimmt. Andererseits konnte ebenfalls ein Beispiel für eine kontextunabhängige Rezeption eines Prätextes festgestellt werden (vgl. ausführlich 5.2.4 u. 6.2.4). 6) In der Analyse der intratextuellen Relationierung der intertextuellen Referenzen in Röm 4 und Gal 3,6–14 konnte beobachtet werden, dass

[16] Vgl. zu den hier benannten Punkten auch die Zusammenfassung unter 7.3.

[17] Vgl. STANLEY, Paul and the Language of Scripture, 29.

Paulus zahlreiche seiner Schriftbezüge miteinander verknüpft. Diese Verknüpfungen geschehen sowohl durch direkte Relationierungen, d. h. durch lexematische Assoziationen als auch durch indirekte Relationierungen, d. h. durch eine Verbindung von Themen, Motiven oder Stichworten, die entweder dem rezipierten Prätext selbst inhärent sind oder u. U. sogar erst unter Einbezug des ursprünglichen Kontextes sichtbar werden (vgl. ausführlich 5.2.5 u. 6.2.5). 7) Die durch Paulus eingespielten intertextuellen Referenzen besitzen zumeist mehrere Funktionen, die sich sowohl auf literarischer als auch auf theologischer Ebene beschreiben lassen. Grundsätzlich wurde bezüglich der Funktion der Schriftbezüge in Röm 4 und Gal 3,6–14 ersichtlich, dass ein überwiegender Teil der intertextuellen Referenzen eine primär rezeptionsorientierte Funktion besitzt. Mehrfach konnte ebenfalls beobachtet werden, dass den intertextuellen Einspielungen eines Prätextes eine referenztextorientierte Funktion oder eine textorientierte Funktion inhärent ist. Punktuell lässt sich die Funktionalisierung des paulinische Schriftgebrauchs zudem als produktionsorientiert beschreiben. Die Funktionalisierung der Schriftbezüge in Röm 4 und Gal 3,6–14 gestaltet sich somit äußerst facetten- und abwechslungsreich (vgl. ausführlich 5.2.6 u. 6.2.6).

Insgesamt konnte anhand der exemplarischen Analyse von Röm 4 und Gal 3,6–14 aufgezeigt werden, wie weiterführend das in dieser Arbeit entwickelte und diskutierte Instrumentarium an Analysetools ist, um die Methodik, d. h. die unterschiedlichen Formen, Verfahren, Techniken und Verarbeitungsweisen des paulinischen Schriftgebrauchs möglichst detailliert und umfassend zu untersuchen. Die Betrachtung der Methodik des paulinischen Schriftgebrauchs aus den gewählten Analyseperspektiven hat vor Augen geführt, dass der paulinische Schriftgebrauch in Röm 4 und Gal 3,6–14 geprägt ist durch Formenreichtum und Variabilität.

d) *Phänomenologische Kontextualisierung der Methodik des paulinischen Schriftgebrauchs im Horizont zeitgenössischer Schriftauslegung*

Das vierte Kapitel dieser Arbeit hat die soziokulturellen (vgl. 4.1) und biographischen (vgl. 4.2) Vorbedingungen in Grundzügen skizziert, die für den paulinischen Schriftgebrauch von Bedeutung sind. Hierbei wurde die Tatsache unterstrichen, dass der paulinische Schriftgebrauch stets im Horizont der zeitgenössischen Schriftrezeption zu betrachten ist. Denn der frühjüdische Diskursrahmen ist der primäre Kontext der Methodik des paulinischen Schriftgebrauchs und die pharisäisch-jüdische (Aus)Bildung des Paulus war Zeit seines Lebens prägender Faktor seiner Schriftrezeption (vgl. 4.3).[18] Im achten Kapitel der vorlie-

[18] Vgl. JÖRG FREY, Der vorchristliche Paulus. Paulus, ein Diasporajude aus Tarsus, Die religiöse Prägung: Weisheit, Apokalyptik, Schriftauslegung, in: Friedrich W. Horn (Hg.), Paulus Handbuch, Tübingen 2013, 59. JÖRG FREY, Paulus als Pharisäer und Antiochener.

genden Arbeit wurde daher eine phänomenologische Kontextualisierung (vgl. 8.1) der anhand von Röm 4 und Gal 3,6–14 exemplarisch analysierten Methodik des paulinischen Schriftgebrauchs im Horizont frühjüdischer Formen und Verfahren der Schriftauslegung vorgenommen. Durch diesen Vergleich konnten formal-hermeneutische Parallelen und Divergenzen zwischen den paulinischen und den frühjüdischen (vgl. 8.2) sowie einigen rabbinischen (vgl. 8.3) Formen und Verfahren der Schriftrezeption aufgezeigt werden.

Die folgenden Aspekte wurden in der phänomenologischen Kontextualisierung betrachtet:[19] 1) Die *Identifikation* von Prätexten, bei denen sich zeigte, dass Paulus in Röm 4 und Gal 3,6–14 im Wesentlichen auf Prätexte zurückgreift, die ebenfalls im Frühjudentum breit rezipiert wurden. Die *Markierung* der intertextuellen Referenzen, mit denen sich Paulus nahtlos in die Praxis exegetischer Schriften des Frühjudentums einfügt (vgl. ausführlich 8.2.1). 3) Die *Referenztypen*, bei denen Paulus in analoger Weise zu frühjüdischen Schriften sowohl direkte (Zitate, Paraphrase) als auch indirekte (Allusionen, Echos) Schriftbezüge in seinen Texten verarbeitet (vgl. ausführlich 8.2.2). 4) Der Blick auf die *Vorlagentexte* von Schriftzitaten, wobei ersichtlich wurde, dass Paulus sich in seinem relativ ‚freien' Umgang mit den Schriften Israels gänzlich im Rahmen der gängigen Konventionen bewegt hat (vgl. ausführlich 8.2.3). 5) Die *ultraliteralistische Schriftauslegung* als eine im Frühjudentum verbreitete Form der Schriftrezeption und damit verbunden die Frage nach der Kontextbezogenheit frühjüdischer Schriftauslegung. Hierbei wurde festgestellt, dass Paulus in der überwiegenden Mehrheit seiner Schriftbezüge eine Berücksichtigung des ursprünglichen Kontextes der Prätexte und nur punktuell eine ultraliteralistische Rezeptionsweise erkennen lässt (vgl. ausführlich 8.2.4). 6) Die *narrative Schriftauslegung*, die im Frühjudentum in unterschiedlicher Gestalt verbreitet war und sich auch für den paulinischen Schriftgebrauch in Röm 4 und Gal 3,6–14 in Grundzügen identifizieren lässt (vgl. ausführlich 8.2.5). 7) Die *eschatologisch-aktualisierende Schriftauslegung*, die als zentrales Charakteristikum frühjüdisch-apokalyptischer Literatur betrachtet werden kann und die ebenfalls bei Paulus in Röm 4 und Gal 3,6–14 greifbar wird (vgl. ausführlich 8.2.6). 8) Die *kompositionelle Schriftauslegung*, d. h. die Praxis intertextuelle Bezüge auf die Schriften Israels im eigenen Metatext miteinander zu verknüpfen und zu verbinden. Diese Form der Schriftauslegung kann in zahlreichen frühjüdischen Schriften beobachtet werden und Röm 4 und

Biographische Grundlagen seiner Schriftrezeption, in: Florian Wilk/Markus Öhler (Hg.), Paulinische Schriftrezeption. Grundlagen – Ausprägungen – Wirkungen – Wertungen (FRLANT 268), Göttingen, Bristol, CT, U.S.A. 2017, 82.97. Ähnlich Enno E. Popkes, Essenisch-qumranische und paulinische Psalmen-Rezeption. Ein Beitrag zur frühjdischen Schrifthermeneutik, in: Jörg Frey/Enno E. Popkes (Hg.), Jesus, Paulus und die Texte von Qumran (WUNT 390), Tübingen 2015, 231f: „Seine bleibende Verbundenheit mit jüdischen Traditionen und Konventionen lässt sich nicht zuletzt an den schrifthermeneutischen Prinzipien des Heidenapostels erkennen."[18]

[19] Vgl. zu den hier genannten Punkten auch die Zusammenfassung unter 8.4.

Gal 3,6–14 können geradezu als Paradebeispiele solcher intratextueller Relationierungen betrachtet werden (vgl. ausführlich 8.2.7). 9) Die *Pescher-Exegese* als spezielles und genuin in Qumran beheimatetes Verfahren frühjüdischer Schriftauslegung, welches sich *in sensu stricto* nicht bei Paulus beobachten lässt, für welches jedoch phänomenologische sowie grundlegende hermeneutische Parallelen zur Schriftauslegung in Röm 4 und Gal 3,6–14 identifizieren lassen (vgl. ausführlich 8.2.8). 10) Die *Allegorese* und die *Typologese* als im Frühjudentum sowie in der gesamten Antike weit verbreitete Verfahren der Schriftauslegung, von denen jedoch lediglich die Typologese in Grundzügen in Röm 4 und Gal 3,6–14 beobachtet werden kann (vgl. ausführlich 8.2.9). 11) Markante *Formen und Verfahren der rabbinischen Schriftrezeption* haben aufgezeigt, dass die paulinische Schriftauslegung in Röm 4 und Gal 3,6–14 mehrfach Methoden erkennen lässt, die sich später (in sehr ähnlicher Weise) in der rabbinischen Literatur wiederfinden (vgl. 8.3).[20] Dies sind zum einen die sieben *Middot* des Rabbi Hillel als zentrale Techniken rabbinischer Schriftrezeption, zu denen Paulus in Röm 4 und Gal 3,6–14 mehrfach eindrückliche Parallelen erkennen lässt (vgl. ausführlich 8.3.1). Und zum anderen der *Midrasch* als charakteristische Verfahrensweise rabbinischer Schriftauslegung, dessen hermeneutische und methodische Zugänge und Auslegungsmuster, d. h. dessen *midraschische Elemente* punktuell in Röm 4 und Gal 3,6–14 wahrgenommen werden können (vgl. ausführlich 8.2.2). Einzelne Aspekte des paulinischen Schriftgebrauch lassen sich demnach als proto-rabbinisch resp. prä-rabbinisch beschreiben.

Die phänomenologische Kontextualisierung der Methodik des paulinischen Schriftgebrauchs im Horizont frühjüdischer Auslegungstechniken hat insgesamt dargelegt, dass sich Paulus mit seiner Schriftrezeption in vielerlei Hinsicht nahtlos einfügt in die „accepted literary conventions of his day."[21] Dies gilt für den überwiegenden Teil der betrachteten Aspekte. Der vorgenommene Vergleich zwischen frühjüdischen und paulinischen Mustern und Vorgehensweisen der Schriftauslegung hat hervorgehoben, wie fundamental die Formen und Verfahren des paulinischen Schriftgebrauchs geprägt sind durch die zeitgenössische Schriftauslegungspraxis.[22] Paulus erweist sich durch die Methodik seines

---

20 Der phänomenologische Vergleich sowohl zu frühjüdischen als auch zu rabbinischen Formen und Verfahren der Schriftrezeption hat sich als ertragreich und weiterführend für die Kontextualisierung der Methodik es paulinischen Schriftgebrauchs innerhalb des Frühjudentums erwiesen, denn es „ergeben sich aus dem Zusammenspiel beider Fragerichtungen starke Indizien für die Verwurzelung der paulinischen Schriftauslegung im jüdischen Diskurs seiner Zeit und damit für den bleibenden Einfluss seiner ‚vorchristlichen' Bildung." FREY, Paulus als Pharisäer und Antiochener, 106.

21 STANLEY, Paul and the Language of Scripture, 29.

22 Vgl. hierzu auch FREY, Paulus als Pharisäer und Antiochener, 111. „Die Methoden und Voraussetzungen der paulinischen Schriftinterpretation weisen deutlich über das hinaus, was er der urchristlichen charismatischen Lektüre entnehmen konnte. Es ist auch unzureichend zu vermuten, Paulus habe diese Form der Schriftrezeption und -kombination als aufmerksamer Hörer von Synagogenpredigten aufnehmen können. Hier musste durchaus

Schriftgebrauchs in Röm 4 und Gal 3,6–14 als ein frühjüdischer Schriftgelehrter. Mit seinem Gebrauch unterschiedlicher Formen, Verfahren und Techniken der Schriftrezeption steht Paulus in einer Reihe mit weiteren frühjüdischen Exegeten, die in ihren Texten gekonnt die autoritativen Schriften Israels aufnehmen und verarbeiten. Paulus greift auf die Schriften Israels zurück, um anhand von ihnen seine Christuserfahrung zu deuten und das Evangelium Gottes zu verkündigen. Er tut dies mittels eines Tableaus von zeitgenössisch gängigen Formen und Verfahren der Schriftrezeption und ganz im Kontext frühjüdischer Konventionen.[23] Die in Kapitel acht dieser Arbeit vorgenommene phänomenologische Kontextualisierung der Methodik des paulinischen Schriftgebrauchs hat somit das Profil von Paulus als einem hochgebildeten Schriftausleger geschärft und zu einem besseren und tieferen Verständnis von Paulus innerhalb des Frühjudentums beigetragen.

9.2 *Desiderate*

Die vorliegende Studie hat dazu beigetragen, die Erforschung des paulinischen Schriftgebrauchs ein wichtiges Stück voranzutreiben. Doch trotz der in dieser Studie erzielten Forschungsergebnisse und „despite the consistent return by scholars to the topic of Paul and his use of the Jewish Scriptures, we appear to be far from having exhausted the topic."[24] An die Erträge und die Ergebnisse dieser Arbeit anschließend sollen daher zum Abschluss dieser Untersuchung einige weiterführende Fragestellungen und Forschungsdesiderate benannt werden:

1. Ein Desiderat der Forschung besteht nun in der Anwendung des in dieser Studie entworfenen Analyseinstrumentariums auf weitere Paulustexte. Dies umfasst einerseits Texte, in denen bereits oberflächlich ein intensiver Schriftgebrauch, z. B. durch eine Vielzahl direkter Schriftzitate, wahrnehmbar ist (z. B. Röm 9–11). Doch die gebotenen Analyseperspektiven eignen

mehr erlernt werden. Und auch wenn manche der jüdischen Auslegungsmethoden ihrerseits Regeln der allgemeinen hellenistischen Rhetorik entsprechen, so weist doch ihre dezidierte Anwendung auf die Schriften Israels unter der Voraussetzung, dass sich in ihnen der Wille Gottes für Israel und die Völker zeigt, auf einen dezidiert jüdischen Kontext." FREY, Paulus als Pharisäer und Antiochener, 111.

23 Siehe hierzu ähnlich FREY, Paulus als Pharisäer und Antiochener, 112: Die Schriften Israels bieten von Beginn an „die Grundlage des paulinischen Denkens, dessen tiefgreifende Modifikation durch die Christusbegegnung ihn gleichermaßen wieder auf die Schrift zurückweisen musste, so dass er nun aus ihr und in Auseinandersetzung mit seinen früheren Positionen die neue Sichtweise auf der Grundlage der Christusoffenbarung begründen und entwickeln musste. Darin zeigt sich die bleibende Prägung der jüdischen und näherhin pharisäischen Prägung des Paulus auch als Apostel Jesu Christi."

24 PORTER/LAND, Introduction to Paul and Scripture, 2019., 1.

sich andererseits ebenso für die Analyse des paulinischen Schriftgebrauchs in solchen Texten, in denen vornehmlich oder ausschließlich indirekte Schriftbezüge begegnen (z. B. 1Kor 10 o. Phil 2).

2. Ein weiteres Desiderat der Forschung besteht in der Anwendung des hier vorgelegten Analyseschemas und seiner einzelnen Analyseperspektiven auf neutestamentliche Texte außerhalb des Corpus Paulinum. Die Anwendung des dargestellten Instrumentariums ist gleichermaßen übertragbar auf die Brief- sowie auf die Evangelienliteratur des Neuen Testaments. Und auch über das Neue Testament hinaus kann das hier gebotene Vorgehen angewandt werden, z. B. mit Blick auf die Texte der Kirchenväter.
3. Es handelt sich darüber hinaus keineswegs um ein gänzlich abgeschlossenes methodologisches Setting, das in dieser Arbeit präsentiert wurde, sondern das entwickelte Instrumentarium und seine Analyseperspektiven sowie deren Beschreibungsschemata sind offen für die Hinzufügung und Ergänzung weiterer Aspekte. Insbesondere ist das Potenzial, das literaturwissenschaftliche Ansätze für die Erschließung und Erweiterung einer Methodologie zur Analyse der Formen und Verfahren des paulinischen bzw. neutestamentlichen Schriftgebrauchs zu bieten haben, mit den in dieser Arbeit vorgenommenen Reflexionen noch längst nicht ausgeschöpft. Eine weiterführende, interdisziplinäre Aufgabe der Forschung besteht folglich darin, zukünftig weitere literaturwissenschaftliche Analyseinstrumentarien und Beschreibungsschemata auf ihren Nutzen und ihre Übertragbarkeit zu prüfen und sie für die zukünftige Erforschung der Methodik des paulinischen bzw. neutestamentlichen Schriftgebrauchs fruchtbar zu machen.
4. Eine weiterführende Aufgabe der Forschung besteht zudem in der Aus- und Erweiterung der in dieser Arbeit vorgenommenen *phänomenologischen Kontextualisierung* der Methodik des paulinischen Schriftgebrauchs im Horizont frühjüdischer Formen und Verfahren der Schriftrezeption auf weitere Formen und Verfahren der Schriftauslegung im Frühjudentum, im frühen Christentum sowie aus der rabbinischen Zeit. Das Ziel sollte stets sein, hierdurch sukzessive ein immer konturenreicheres Bild von Paulus als Schriftausleger im Frühjudentum zu erhalten. Eine Möglichkeit dies zu erreichen, bietet nicht zuletzt auch die Konzentration auf eine begrenzte Auswahl von Vergleichstexten, z. B. einzelne (frühjüdische, frühchristliche, rabbinische) Werke oder Autoren und deren Texte oder Textkorpora.

10. Epilog – Hermeneutische Impulse des paulinischen Schriftgebrauchs

Im Hintergrund der Auseinandersetzung mit dem paulinischen Schriftgebrauch sowie hinter der Bemühung um ein tieferes Verständnis der Methodik seiner Schriftrezeption steht unumgänglicher Weise die Frage, „ob bzw. wie die Schriftverwendung des Paulus für heutige Bibellektüre leitend sein kann.“[1] In diesem Epilog wird deshalb ein kurzer Ausblick auf die Frage nach der aktuellen hermeneutischen Relevanz und den hermeneutischen Impulsen des paulinischen Schriftgebrauchs geworfen.[2] Aus der Fülle an möglichen Anknüpfungspunkten, die es diesbezüglich zu diskutieren gäbe, werden im Folgenden vier Aspekte herausgegriffen, anhand derer exemplarisch angedeutet werden soll, worin hermeneutische Impulse des paulinischen Schriftgebrauchs für den gegenwärtigen Umgang mit der Schrift in Exegese, Theologie und kirchlicher Praxis bestehen können.

a) Die Bibel als Gespräch Gottes

Die Ergebnisse dieser Arbeit haben unterstrichen, dass der paulinische Schriftgebrauch „invokes the pragmatic presupposition of authority and applicability.“[3] Diese Autorität und Anwendbarkeit der Schriften Israels resultieren für Paulus maßgeblich aus der hermeneutischen Grundüberzeugung, dass in ihnen und durch sie Gott spricht. Nicht nur in den Schriften Israels selbst, sondern

---

1 Markus Öhler/Florian Wilk, Einführung, in: Dies. (Hg.), Paulinische Schriftrezeption. Grundlagen – Ausprägungen – Wirkungen – Wertungen (FRLANT 268), Göttingen, Bristol, CT, U.S.A. 2017., 7f.

2 „Die Frage nach der aktuellen hermeneutischen Relevanz der paulinischen Schriftrezeption kann nicht allein auf der Ebene deskriptiver Analyseprozeduren abgehandelt werden. Sie fordert in mehrfacher Hinsicht dazu auf, Stellung zu beziehen und zu bewerten. Sie impliziert eine normative Voraussetzung, nämlich diejenige, dass die paulinische Schriftrezeption Relevanz für die gegenwärtige Verstehenssituation hat. Sie erweist sich in dieser Setzung als theologische oder zumindest geistesgeschichtliche Positionierung gegenüber den überlieferten Paulusbriefen und der gegenwärtigen Wissensproduktion. Sie werden nicht nur als interessante religionsgeschichtliche, althistorische Quellen wertgeschätzt, sondern ihnen wird ein Beitrag zur Hermeneutik der Gegenwart zugebilligt.“ Stefan Alkier, Positionierung – Transpositionierung – Dialogizität. Zur aktuellen hermeneutischen Relevanz der paulinischen Schriftrezeption, in: Florian Wilk/Markus Öhler (Hg.), Paulinische Schriftrezeption. Grundlagen – Ausprägungen – Wirkungen – Wertungen (FRLANT 268), Göttingen, Bristol, CT, U.S.A. 2017, 275.

3 Andrew H. Wakefield, Where to Live. The Hermeneutical Significance of Paul's Citations from Scripture in Galatians 3:1–14 (AcBib 14), Atlanta 2003, 171.

ebenso in ihrer Rezeption durch Paulus wird für die Rezipierenden nach paulinischem Dafürhalten die Stimme Gottes hörbar. Paulus versteht die Schriften Israels „als ein lebendiges Wort mit der fortwirkenden Fähigkeit zu sprechen. [...] Es ist genau diese Fähigkeit der Schrift, direkt zum Leser sprechen zu können, die die andauernde Freiheit und Flexibilität der paulinischen intertextuellen Interpretation garantiert."[4] Ebenso ist es diese ‚Fähigkeit der Schrift', die die intertextuelle Schriftauslegung des Paulus autorisiert. Die Schriften Israels sind dem paulinischen Verständnis nach „stets Werkzeug der Rede Gottes."[5] Als solche liest, interpretiert und verwendet Paulus sie. Aufgrund seiner Überzeugung, dass in den Schriften Israels „stets Gott spricht, hängen alle Schrifttexte zusammen und können zueinander in Beziehung gesetzt werden. Sie bilden gleichsam einen einzigen *Sprech-Text Gottes*."[6] Anschluss nehmend an diese Beobachtungen zur paulinischer Schrifthermeneutik ergeben sich mindestens die folgenden beiden Impulse für ein gegenwärtiges Schriftverständnis.[7]

1) Da der *Sprech-Text Gottes* von Grunde auf intertextuell und dialogisch konstituiert ist, können die biblischen Schriften gewissermaßen als ein *Gespräch Gottes* verstanden werden. Dies gilt in doppelter Hinsicht: Einerseits sind die biblischen Schriften ein Gespräch Gottes mit sich[8] resp. mit den Menschen (*Genitivus subjectivus/auctoris*). Und andererseits sind sie ein Gespräch des Menschen mit und von Gott (*Genitivus objectivus*). Die biblischen Texte bilden in ihrer kanoni-

---

4 HAYS, Schriftverständnis und Intertextualität bei Paulus, 62f. Diese hermeneutische Grundüberzeugung verbindet Paulus eng mit vielen Formen und Verfahren frühjüdischer Schriftauslegung. Denn auch diese sind vielfach geprägt von der „conviction that God's Word is living, active, and penetrating (Heb 4:12–13)." HERBERT W. BATEMAN, Second Temple Exegetical Practices. Extra-Biblical Examples of Exegesis Compared with Those in the Book of Hebrews, in: SWjT 53 (2010), 54. Paulus differenziert in seiner Schriftrezeption nicht „zwischen Gottes Rede und der ‚Schrift'. Auch die Schrift im engeren Sinn, d. h. die Mosetora, sowie die Prophetenbücher und das Psalmenbuch, sind für ihn stets lebendiges Wort Gottes." ODA WISCHMEYER, Paulus als Hermeneut der ΓΡΑΦΗ, in: Jan C. Gertz/Markus Witte (Hg.), Hermeneutik des Alten Testaments (VWGTh 47), Leipzig 2017, 82.

5 WISCHMEYER, Paulus als Hermeneut der ΓΡΑΦΗ, 82.

6 Ebd. Hervorhebung MC.

7 Vgl. zum Folgenden auch die Ausführungen bei MALTE CRAMER/PETER WICK, Das Biblische Gespräch. Hermeneutische Reflexionen einer dialogischen Bibeldidaktik, in: Esther Brünenberg-Bußwolder/Christian Münch/Marcus Sigismund/Robert Vorholt/Alexander Weihs (Hg.), Neues Testament im Dialog. Festschrift für Thomas Söding zum 65. Geburtstag, Freiburg im Breisgau 2021, 34ff.

8 Vgl. hierzu CHRISTOPH SCHWÖBEL, Sola Scriptura – Schriftprinzip und Schriftgebrauch, in: Ulrich Heckel/Jürgen Kampmann/Volker Leppin/Christoph Schwöbel (Hg.), Luther heute. Ausstrahlungen der Wittenberger Reformation (UTB 4792), Tübingen 2017, 18, der diesbezüglich vom „ewigen Gespräch der Trinität" spricht. Siehe hierzu auch CHRISTOPH SCHWÖBEL, Gott als Gespräch. Überlegungen zu einer ontologischen Theologie kommunikativer Beziehungen, in: Ders. (Hg.), Gott im Gespräch. Theologische Studien zur Gegenwartsdeutung, Tübingen 2011.

schen Gestalt und in ihrem Gebrauch als Schrift folglich einen Konversationsraum,[9] der maßgeblich durch Gottes Führungsstimme geprägt ist.[10] In diesen Konversationsraum begibt sich als eine weitere Stimme Paulus mit seiner Schriftrezeption hinein und auch diejenigen, die ihn rezipieren, werden wiederum durch die Lektüre der paulinischen Briefe mit hineingenommen in das Gespräch Gottes.[11] In ebendiesen Konversationsraum, den die Schrift bildet, tritt folglich auch ein, wer *heute* die Bibel liest und interpretiert. Eine gegenwärtige Auseinandersetzung mit der Bibel bzw. ein gegenwärtiges „Gespräch *mit* der Schrift versucht insofern an die Gespräche anzuknüpfen, die sich *in* der Schrift finden."[12]

2) Die intertextuelle, im Gespräch mit den biblischen Schriften vollzogene Interpretation, wie sie auch Paulus in seinen Briefen vornimmt, erweist sich als adäquate Form der Schriftauslegung.[13] Denn sie selbst ist bereits in der intertextuellen Schreibweise der Bibel angelegt.[14] Überdies lässt die intertextuelle

---

9 Zur Differenzierung von Bibel, Schrift und Wort Gottes vgl. INGOLF U. DALFERTH, Wirkendes Wort. Bibel, Schrift und Evangelium im Leben der Kirche und im Denken der Theologie, Leipzig 2018, 381ff.

10 Mit STEFAN ALKIER, Hermeneutik und Methodik im Zeichen von Sola Scriptura heute. Ein Weg aus der Krise historisch-kritischer Exegese und Theologie, in: Peter Wick/Malte Cramer (Hg.), Allein die Schrift? Neue Perspektiven auf eine Hermeneutik für Kirche und Gesellschaft, Stuttgart 2019, 111, lässt sich sagen, dass der Kanon auf diese Weise als „als intertextuelle Lektüreanweisung begriffen [wird], die das Zusammenlesen jedes einzelnen Buches der Bibel mit allen anderen Büchern in alle Richtungen eröffnet."

11 Die paulinischen Briefe stehen deshalb nicht „losgelöst von den übrigen Schriften der Bibel, sondern in einer interpretativen Kontinuität." CAROLIN ZIETHE/FREDERIKE VAN OORSCHOT/KINGA ZELLER, Schrift und Christus. Teil III: Thesen und Kommentare, in: Friedrich-Emanuel Focken/Frederike van Oorschot (Hg.), Schriftbindung evangelischer Theologie. Theorieelemente aus interdisziplinären Gesprächen (ThLZ.F 37), Leipzig 2020, 136.

12 SCHWÖBEL, Sola Scriptura – Schriftprinzip und Schriftgebrauch, 24. Weiter formuliert er SCHWÖBEL, Sola Scriptura – Schriftprinzip und Schriftgebrauch im Anschluss an seine Ausführungen zu Luthers Schriftverständnis – der seinerseits wiederum maßgeblich an die Schrifthermeneutik des Paulus angeknüpft hat, wie Schwöbel ebd. herausstellt: „Die Bibel in dieser Weise als *Konversationsraum* zu verstehen, die durch ihren Gebrauch als Schrift in unterschiedlichen Kontexten des Gottesdienstes, der Predigt, der Unterweisung und der akademischen Disputation ins Gespräch gebracht wird, deckt in der Schrift einen den Lesenden und Hörenden ins Gespräch ziehenden Duktus auf, der sich deutlich unterscheidet von dem Gebrauch der Bibel als Geschichtsbuch, Lehrbuch oder Rechtsbuch."

13 Selbstverständlich gilt es, den paulinischen Schriftgebrauch dort zu kritisieren, wo er keine dialogische, sondern eine monologische Struktur aufweist. Vgl. hierzu ALKIER, Positionierung – Transpositionierung – Dialogizität, 289ff.

14 Siehe hierzu WALTER BÜHRER/Meyer zu Hörste-Bührer, Raphaela J./CAROLIN ZIETHE, Pluralität und Einheit der Schrift. Teil III: Thesen und Kommentare, in: Friedrich-Emanuel Focken/Frederike van Oorschot (Hg.), Schriftbindung evangelischer Theologie. Theorieelemente aus interdisziplinären Gesprächen (ThLZ.F 37), Leipzig 2020, 95.: „Die Dynamik ‚innerbiblischer Schriftauslegung' [stellt] ein Einheit stiftendes Moment durch Vernetzungen der Texte untereinander dar."

Schriftauslegung „die Polyphonie ihrer Schriften wahrnehmbar werden. Die diversen Stimmen der Schrift können sich gegenseitig verstärken, ergänzen oder widersprechen."[15] In analoger Weise gilt dies wiederum für die Gespräche mit der und über die Schrift, die sich an die Gespräche in der Schrift anschließen. Das Paradigma einer intertextuellen Schriftlektüre kann auf diese Weise impulsgebenden Charakter besitzen für den gegenwärtigen Umgang mit der Schrift in seinen unterschiedlichen Lebenskontexten (z. B. Gemeinde, Schule, Universität) und fordert auf zu einem stärker dialogischen Schriftgebrauch.

b) *Christuserfahrung und Schriftlektüre*

Der paulinische Schriftgebrauch ist ein eindrucksvolles Zeugnis für das *zirkuläre Wechselverhältnis* von Christuserfahrung einerseits und Schriftlektüre andererseits.[16] Dieser Prozess der Schriftbindung paulinischer Theologie kann auch für eine gegenwärtige Schrifthermeneutik leitend sein.[17] Zum einen ist Paulus in seinem Glaubensleben zutiefst geprägt durch seine persönliche Begegnung mit dem auferstandenen Christus sowie durch zahlreiche weitere Glaubenserfahrungen.[18] Ebenso haben die Christusgläubigen in den paulinischen Gemeinden

---

15 ALKIER, Hermeneutik und Methodik, 109. Vgl. hierzu auch ALKIER, Positionierung – Transpositionierung – Dialogizität, 294. Ähnlich GERD THEIßEN, Polyphone Hermeneutik – ein Nachklang der Bibelauslegung aus vielen Jahrhunderten, in: Ders. (Hg.), Polyphones Verstehen. Entwürfe zur Bibelhermeneutik (BVB 23), Berlin 2014, 21: „Auch die Bibel ist ein polyphones Kunstwerk. In ihr finden wir vielfältige Stimmen, die z. T. einander widersprechen. Dennoch klingen sie zusammen. Manche Stimmen werden korrigiert, einige weitergeschrieben, andere zusammen mit ihrem Gegenteil tradiert. Das Ganze ergibt eine strukturierte Pluralität."

16 Vgl. ZIETHE/OORSCHOT/ZELLER, Schrift und Christus, 141.

17 Vgl. zum Begriff der *Schriftbindung* ausführlich FRIEDRICH-EMANUEL FOCKEN/FREDERIKE VAN OORSCHOT (Hg.), Schriftbindung evangelischer Theologie. Theorieelemente aus interdisziplinären Gesprächen (ThLZ.F 37), Leipzig 2020. Siehe darin zur Begriffsdefinition insbesondere TORBEN STAMER/CLARISSA BREU/FREDERIKE VAN OORSCHOT, Schriftbindung. Teil III: Thesen und Kommentare, in: Friedrich-Emanuel Focken/Frederike van Oorschot (Hg.), Schriftbindung evangelischer Theologie. Theorieelemente aus interdisziplinären Gesprächen (ThLZ.F 37), Leipzig 2020. Sie verstehen Schriftbindung als einen „prozesshaften und in mehrfacher Hinsicht relationalen Bezug der Theologie auf die Schrift: Sie konstituiert sich in den Relationen zumindest zwischen Schrift, Rezipierenden und Rezeptionsgemeinschaft." Und weiter: Der Begriff Schriftbindung „beschreibt auf einer phänomenologischen Ebene zunächst, dass Theologie (und Kirche) sich auf die Schrift beziehen – in unterschiedlichen Formen und mit unterschiedlichen historischen und dogmatischen Gründen, jedoch so, dass dieses Sich-in-Beziehung-Setzen nicht kontingent ist. Schriftbindung erfasst die Beziehung der Theologie zur Schrift als eine Bindung, in der die Theologie bleibend auf die Schrift verwiesen ist." STAMER/BREU/OORSCHOT, Schriftbindung, 78.

18 Vgl. u. a. das paulinische Selbstzeugnis über seine Berufung zum Völkerapostel in Gal 1,16f. oder Röm 1,1 sowie den lukanischen Bericht zum sog. Damaskuserlebnis in

vielfach und auf verschiedene Weise Glaubenserfahrungen gesammelt, in denen sie das Wirken Gottes unmittelbar gespürt oder retrospektiv entdeckt haben.[19] Zum anderen bindet Paulus sowohl seine eigenen als auch die Glaubenserfahrungen der Christusgläubigen in seinen Gemeinden zurück an die Schrift. Paulus betont mehrfach, dass ihm das Evangelium unmittelbar durch Christus offenbart und er durch Christus selbst zum Dienst am Evangelium berufen wurde. Mit dieser Christuserfahrung tritt Paulus wiederum heran an die Schrift, denn diese ist „sein exklusiver Referenztext für *das* Thema und *die* Aufgabe, die seine Existenz bestimmen: das Evangelium von Jesus Christus und die Verkündigung dieses Evangeliums (Röm 1,1–7)."[20]

Paulus stützt sich in seinem Glauben und seiner Verkündigung folglich nicht allein auf seine Glaubenserfahrungen, sondern er setzt diese in Relation zu den Worten der Schrift. Auf diese Weise entsteht bei Paulus „ein hermeneutischer Zirkel zwischen Jesus Christus und den Schriften."[21] Einerseits tritt erst im Licht der Christuserfahrung und des Bekenntnisses zu Jesus Christus „zutage, welche Bedeutung die Worte der Schrift für die Christusgläubigen haben; andererseits macht erst die neu gedeutete Schrift diverse Aspekte und Konsequenzen des Christusbekenntnisses verständlich."[22] Christuserfahrung und Schriftlektüre stehen somit in einem wechselseitigen Verhältnis zueinander. Paulus nutzt die Schrift, um seine persönliche Christuserfahrung zu deuten und sein Christusbekenntnis zu legitimieren und *vice versa* nutzt Paulus „die Schrift als Zeugnis und Interpretament des Evangeliums, sodass sich Christusbekenntnis und Schriftauslegung wechselseitig erhellen."[23]

Apg 9,1-19; 22,3-21; 26,4-23 oder die zahlreichen weiteren Berichte der Apg über die Gotteserfahrungen des Paulus, z. B. dessen Erwählung und Aussendung durch den Heiligen Geist (Apg 13,2ff.), Zeichen und Wunder, die Gott durch seine Hände vollbringt (Apg 14,3) oder die Errettung aus Seenot (Apg 27) uvm. Zu denken ist darüber hinaus an die Glaubenserfahrungen, von denen Paulus selbst in seinen Briefen Zeugnis gibt, z. B. den Beistand des Geistes Jesu Chisti während der Gefangenschaft (Phil 1,19) oder den Trost Gottes in Zeiten der Bedrängnis (2Kor 1,3ff.) uvm.

19 Man denke z. B. an die Geistesgaben, die den Christusgläubigen in Korinth zuteilwurden (1Kor 12) oder an den Geistempfang der Christusgläubigen in Galatien (Gal 3,1-5), auf den sich Paulus in seiner Argumentation in Gal 3,6-14 bezieht uvw.

20 WISCHMEYER, Paulus als Hermeneut der ΓΡΑΦΗ, 82. Hierzu FRANCES M. YOUNG, Ways of Reading Scripture. Collected Papers (WUNT 369), Tübingen 2018, 261: „Paul is illuminated by the observation that he has ‚lived in the Bible' to the point where the Bible has formed his whole outlook on how the world is and what his place in it might be. Those who idly suppose that scripture is important only when Paul uses it in argument in Galatians and Romans have a superficial view of the situation."

21 ZIETHE/OORSCHOT/ZELLER, Schrift und Christus, 140.

22 FLORIAN WILK, Schriftbezüge im Werk des Paulus, in: Friedrich W. Horn (Hg.), Paulus Handbuch, Tübingen 2013, 487.

23 FLORIAN WILK, Bezüge auf „die Schriften" in den Korintherbriefen, in: Florian Wilk/Markus Öhler (Hg.), Paulinische Schriftrezeption. Grundlagen – Ausprägungen – Wirkungen – Wertungen (FRLANT 268), Göttingen, Bristol, CT, U.S.A. 2017, 155f. Siehe hierzu auch WILK,

Mit Blick auf die beiden aneinander gebundenen und sich gegenseitig erhellenden Größen *Christus* und *Schrift* resp. die beiden Vollzüge von *Christuserfahrung* einerseits und *Schriftlektüre* andererseits sollte von einer hermeneutischen Hierarchisierung in Form von Vor- oder Unterordnung abgesehen werden.[24] Denn anhand der paulinischen Schriftrezeption wird bereits vor Augen geführt, „dass ein hermeneutisches aufeinander-bezogen-Sein von Schrift und Christus nicht nur ein späteres Konstrukt der theologischen Wissenschaft darstellt, das möglicherweise in Ansätzen schon in den neutestamentlichen Schriften angelegt ist, sondern bereits die neutestamentlichen Texte selbst wie ein roter Faden durchzieht."[25] Infolgedessen lassen sich das zirkuläre Wechselverhältnis und die wechselseitige Zuordnung von Christuserfahrung und Schrift als dynamischer und relationaler Prozess begreifen, „der seine Legitimierung aus der urchristlichen Praxis selbst zieht"[26]– für die hier exemplarisch der paulinischen Schriftgebrauch steht – und der auch für eine gegenwärtige Schrifthermeneutik leitend sein kann.[27]

c) *Zur Relevanz des Alten Testaments für Kirche und Theologie*

Die schrifthermeneutischen Diskussionen der vergangenen Jahre wurden wesentlich geprägt durch die Kontroverse um die Relevanz und den Stellenwert des Alten Testaments für Kirche und Theologie.[28] In Relation zu den beiden vorangegangenen Aspekten a) und b) vermag der Blick auf den Schriftgebrauch des

---

Schriftbezüge im Werk des Paulus, 490: „Die Schrift ist daher nach Paulus insgesamt als Zeugnis und Interpretament der in Christus sich vollziehenden Begegnung zwischen Gott und Mensch zu verstehen. So verstanden bildet sie die Voraussetzung und das zentrale Medium der Entwicklung seiner Theologie – und sorgt somit dafür, dass diese der Einbindung des Christusgeschehens in die Erwählungs- und Verheißungsgeschichte Israels entspricht." Vgl. hierzu auch die erste These bei ZIETHE/OORSCHOT/ZELLER, Schrift und Christus, 123. Gerade in diesem sinnpotenzierenden Wechselverhältnis von Christuserfahrung und Schriftlektüre „besteht eine Analogie zur Intertextualitätstheorie, die ebenfalls die Bezüge und gegenseitigen Durchdringungen zwischen Texten und die damit einhergehende Sinnkomplexion herausstellt." ZIETHE/OORSCHOT/ZELLER, Schrift und Christus, 143.

24 Vgl. ZIETHE/OORSCHOT/ZELLER, Schrift und Christus, 141.

25 Ebd.

26 A. a. O., 142.

27 Vgl. zum Thema auch MALTE CRAMER, Die Präzedenz der Schrift. Zur Positionierung der biblischen Schriften in Theologie und Kirche, in: Peter Wick/Malte Cramer (Hg.), Allein die Schrift? Neue Perspektiven auf eine Hermeneutik für Kirche und Gesellschaft, Stuttgart 2019, hier 21f.

28 Zu den umfänglichen Diskussionen um die Thesen des Berliner Systematikers Notger Slenczka siehe u. a. NOTGER SLENCZKA, Die Kirche und das Alte Testament, in: Elisabeth Gräb-Schmidt/Reiner Preul (Hg.), Das Alte Testament in der Theologie (MThSt 119), Leipzig 2013; ANDREAS FELDTKELLER, Vom Reichtum der ganzen Bibel. Die Zusammengehörigkeit von Altem und Neuem Testament aus der Perspektive

Paulus mindestens die folgende Assoziation hinsichtlich der Frage nach Bedeutung und Gewicht des Alten Testaments für den christlichen Glauben zu erzeugen:

Die Schriften Israels bilden Paulus zufolge den exklusiven Referenztext[29], den primären Intertext[30], den Resonanz-[31], Klang-[32] resp. Wahrheitsraum[33] für das Evangelium Gottes (Röm 1,1f.). Als Sprech-Text-Gottes bieten sie die sprachliche und hermeneutische Voraussetzung, unter der Paulus das Evangelium Jesu Christi deutet und verkündigt.[34] In analoger Weise bilden die Schriften Israels in ihrer Gestalt als Altes Testament der zweiteiligen, christlichen Bibel auch heute noch den wesentlichen Sprach- und Verstehenszusammenhang der Offenbarung Jesu Christi. Dem oben skizzierten Verständnis eines zirkulären Wechselverhältnisses von Christus(erfahrung) und Schrift(lektüre) entsprechend, ist die christliche Kirche „immer neu auf die Relektüre der Schriften des Ersten Testamentes angewiesen, wenn sie erkunden, entdecken und verstehen will, wer Christus ist, was die Christusbotschaft bedeutet und wie sie hinweist auf Gottes

---

Interkultureller Theologie, in: ThLZ 140 (2015); FRIEDHELM HARTENSTEIN, Zur Bedeutung des Alten Testaments für die evangelische Kirche. Eine Auseinandersetzung mit den Thesen von Notger Slenczka, in: ThLZ 140 (2015); LUDGER SCHWIENHORST-SCHÖNBERGER, Die Rückkehr Marcions, in: Communio 44 (2015); ALEXANDER DEEG, Die Kirche und das Alte Testament oder: Die Hebräische Bibel zwischen Lust, Last und Leidenschaft, in: EvTh 77 (2017); JAN DOCHHORN, Die Kirche und das Alte Testament. Ein Debattenbeitrag mit Fokus auf dem Corpus Paulinum, in: ZNT 20 (2017); BERND OBERDORFER, Das Alte Testament in christlicher Perspektive. Überlegungen aus Anlass der Thesen Notger Slenczkas, in: EvTh 77 (2017); NOTGER SLENCZKA, Vom Alten Testament und vom Neuen. Beiträge zur Neuvermessung ihres Verhältnisses, Leipzig 2017; sowie die Beiträge in JAN C. GERTZ/MARKUS WITTE (Hg.), Hermeneutik des Alten Testaments Theologie (VWGTh 47), Leipzig 2017.

29 Vgl. WISCHMEYER, Paulus als Hermeneut der ΓΡΑΦΗ, 82.

30 Vgl. FRIEDRICH-EMANUEL FOCKEN/CLARISSA BREU/TORBEN STAMER, Normativität. Teil III: Thesen und Kommentare, in: Friedrich-Emanuel Focken/Frederike van Oorschot (Hg.), Schriftbindung evangelischer Theologie. Theorieelemente aus interdisziplinären Gesprächen (ThLZ.F 37), Leipzig 2020, 190.

31 Vgl. ALKIER, Positionierung – Transpositionierung – Dialogizität, 283.

32 Vgl. JÜRGEN EBACH, Das Alte Testament als Klangraum des evangelischen Gottesdienstes, Gütersloh 2016.

33 Vgl. FRANK CRÜSEMANN, Das Alte Testament als Wahrheitsraum des Neuen. Die neue Sicht der christlichen Bibel, Gütersloh 2011. Ebenso ULRICH LUZ, Theologische Hermeneutik des Neuen Testaments, Neukirchen-Vluyn 2014, 414ff.

34 „Das Evangelium ist zwar Verkündigung des neuen Bundes (2 Kor 3,6) und schafft eine neue Existenz (2 Kor 5,17; Gal 6,15), es ist aber nicht in dem Sinn neu, dass es aus dem Nichts käme, sondern es kommt von dem Gott, der immer war und der zu Israel gesprochen hat. [...] Die Schrift garantiert die Verankerung der Verkündigung des Paulus in Gottes Reden zu und seinem Handeln an Israel. Die Verkündigung des Paulus erfolgt in Übereinstimmung mit der Schrift als dem Medium, in dem Gottes Wort an Israels aufgehoben ist." WISCHMEYER, Paulus als Hermeneut der ΓΡΑΦΗ, 82f.

Handeln in Vergangenheit, Gegenwart und Zukunft."[35] Überdies bieten die Schriften Israels die maßgebliche Verstehensgrundlage, die Enzyklopädie der paulinischen Briefe selbst bzw. aller neutestamentlichen Schriften, wodurch ihnen nicht nur eine grundlegende theologische und hermeneutische, sondern zugleich eine epistemische Relevanz zukommt.[36]

d) *Biblische Exegese im Zeichen methodischer Mehrdimensionalität*

Der paulinische Schriftgebrauch erschöpft sich nicht in der Anwendung einer einzelnen Methode.[37] Die Methodik des paulinischen Schriftgebrauchs ist vielmehr geprägt durch Diversität. Die exemplarischen Analysen dieser Studie haben deutlich gemacht, dass Paulus eine große Vielfalt an Zugangsformen erkennen lässt, wenn er die Schriften Israels rezipiert und in seinen Texten verarbeitet (vgl. Kap. 5–7). Ebenso vielfältig gestaltet sich die paulinische Rezeption und kreative Verwendung gängiger zeitgenössischer Formen und Verfahren der Schriftauslegung (vgl. Kap. 8).[38] Der paulinische Schriftgebrauch kann infolgedessen als Plädoyer für eine multimethodische Zugangsweise im Umgang mit der Schrift verstanden werden, die auch für heutige Bibelauslegung impulsgebenden sein kann resp. bekräftigenden Charakter für die gegenwärtigen Entwicklungen innerhalb der biblischen Exegese besitzt.

Nachdem wissenschaftliche Bibelauslegung lange Zeit gleichzusetzen war mit dem Diktum einer historisch-kritischen Exegese hat sich in den vergangenen Jahrzehnten ein Wandel in den Bibelwissenschaften vollzogen, der sich bis heute fortsetzt:[39] Der klassische, diachrone Methodenkanon historisch-kritischer Exegese wurde sukzessive ergänzt und durch synchrone Analyseverfahren aus den Sprach- und Literaturwissenschaften sowie durch rezeptionsorientierte

---

35 DEEG, Die Kirche und das Alte Testament, 140.

36 Vgl. HERMANN SPIECKERMANN, Die Verbindlichkeit des Alten Testaments. Unzeitgemäße Betrachtungen zu einem ungeliebten Thema, in: Ders. (Hg.), Gottes Liebe zu Israel. Studien zur Theologie des Alten Testaments (FAT 33), Tübingen 2001, 193. Vgl. auch LUZ, Theologische Hermeneutik des Neuen Testaments, 414.

37 Auch wenn diese Ansicht in der Paulusforschung teilweise vertreten wurde, z. B. mit Blick auf die paulinische Verwendung der Typologese als leitende Methode seiner Schriftauslegung (vgl. Kap. 2).

38 „In seinen Briefen greift er in kreativer Weise auf diese hermeneutischen Techniken zurück und instrumentalisiert sie in unterschiedlichen Argumentationskontexten sowohl zur Explikation seiner jeweiligen theologischen Position als auch zu deren paränetisch-ekklesiologischer Entfaltung." MICHAEL TILLY, Paulus und die antike jüdische Schriftauslegung, in: KD 63 (2017), 180.

39 Vgl. hierzu auch MALTE CRAMER/ALENA HÖFER, Bibelhermeneutik und Exegese in interkultureller Perspektive. Zur Ausgangslage eines interdisziplinären Gesprächs zwischen interkultureller Theologie und Bibelwissenschaft, in: Dies. (Hg.), Schriftauslegung im Plural. Interkulturelle und kontextuelle Schriftauslegung, Stuttgart 2023, hier 10–13.

Methoden und Ansätze der Bibelauslegung erweitert.[40] Hinzu kommen weitere, von den Sozialwissenschaften inspirierte exegetische Ansätze, z. B. Formen der interaktionalen oder der kreativ-darstellenden Bibelauslegung sowie Formen der der interkulturellen Schriftauslegung.[41] Dieser Wandel hat weggeführt von einer methodischen Engführung, die ausschließlich an einem historischen Verstehen der Texte interessiert ist, hin zu einer methodischen und hermeneutischen Mehrdimensionalität, die ebenfalls das textuelle, das sachliche, das rezeptionsästhetische, das wirkungsgeschichtliche, das performative Verstehen u. w. in den Blick zu nehmen vermag.[42] Diese methodische Mehrdimensionalität ermöglicht die Offenlegung einer Vielzahl an Deutungs- und Interpretationsebenen, die der Heterogenität und Sinnpluralität biblischer Texte angemessener ist als monolithische Denk- und Analysestrukturen.[43] Von der paulinischen Schriftrezeption ausgehend, ist die exegetische Methodenpluralität daher als gewinnbringende Entwicklung in der Exegese zu betrachten. Sie ist einerseits

---

40 Ablesen lässt sich diese Entwicklung u. a. anhand von exegetischen Methodenbüchern. Während die Methodenlehre von WILHELM EGGER, Methodenlehre zum Neuen Testament. Einführung in linguistische und historisch-kritische Methoden, Freiburg im Breisgau 1987, damals als erstes deutschsprachiges Lehrbuch in eine Auswahl linguistischer und literaturwissenschaftlicher Methoden der Textauslegung einführte (vgl. auch die Weiterführung der Methodenlehre bei WILHELM EGGER/PETER WICK, Methodenlehre zum Neuen Testament, Freiburg [6]2011), nehmen neuere Methodenbücher ganz selbstverständlich synchrone Analysemethoden in ihr Repertoire auf (vgl. z. B. MARTIN EBNER/BERNHARD HEININGER, Exegese des Neuen Testaments. Ein Arbeitsbuch für Lehre und Praxis (UTB 2677), Paderborn [4]2018) oder wenden sich fast ausschließlich synchronen Analyseverfahren zu (vgl. z. B. SÖNKE FINNERN/JAN RÜGGEMEIER, Methoden der neutestamentlichen Exegese. Ein Lehr- und Arbeitsbuch (UTB 4212), Tübingen 2016; HELMUT UTZSCHNEIDER/STEFAN A. NITSCHE, Arbeitsbuch literaturwissenschaftliche Bibelauslegung. Eine Methodenlehre zur Exegese des Alten Testaments, Gütersloh [4]2014).

41 Zum Thema der interkulturellen Bibelhermeneutik vgl. u. a. MALTE CRAMER/ALENA HÖFER (Hg.), Schriftauslegung im Plural. Interkulturelle und kontextuelle Schriftauslegung, Stuttgart 2023.

42 Die grundlegende Bedeutung eines historischen Verstehens darf hierdurch keinesfalls geschmälert werden, denn das historische Verstehen ist und bleibt „ein spezifischer wissenschaftlicher Verstehenszugang [...] dessen Berechtigung und Erfolg im Umgang mit Texten der Vergangenheit hermeneutisch fundamental und von bleibender Bedeutung ist." ODA WISCHMEYER, Hermeneutik des Neuen Testaments. Ein Lehrbuch (NET 8), Tübingen/Basel 2004, 58. Auch das grundlegende Verdienst einer historisch-kritischen Hermeneutik, „auf den Eigensinn alt- und neutestamentlicher Schriften in ihrer je eigenen chronotopisch bestimmten Produktionssituation hingewiesen zu haben und den Exegeten als Anwalt des Eigensinns der jeweiligen Einzeltexte emphatisch zu stilisieren", gilt es daher ausdrücklich hervorzuheben. ALKIER, Positionierung – Transpositionierung – Dialogizität, 289.

43 Ähnlich MANFRED OEMING, Biblische Hermeneutik. Eine Einführung, Darmstadt [4]2013, 177: „Bibelexegese kann und darf nicht eindimensional sein, sie muß sich vielmehr öffnen für die faktisch gegebene Fülle der Interpretationskategorien! [...] Durch die Vielfalt der Zugangsweisen wir der verborgene Reichtum des Wortes Gottes neu gehoben."

den Texten selbst angemessener und spiegelt in Ansätzen wieder, was z. B. Paulus in seiner von Diversität und Pluralität geprägten Schriftrezeption vorlebt. Und andererseits ist sie ein notwendiges Instrument hinsichtlich der gegenwärtigen Verwendung biblischer Texte in ihren jeweiligen Kontexten.

Literatur

Die Abkürzungen erfolgen nach:

Schwertner, Siegfried M., Internationales Abkürzungsverzeichnis für Theologie und Grenzgebiete. Zeitschriften, Serien, Lexika, Quellenwerke mit bibliographischen Angaben, 3., überarbeitete und erweiterte Auflage, Berlin/Boston 2014.

Hilfsmittel

Wörterbücher und Lexika

Bauer, Walter, Griechisch-deutsches Wörterbuch zu den Schriften des Neuen Testaments und der übrigen urchristlichen Literatur, Berlin/New York ^{5}1971.

Der Neue Pauly. Enzyklopädie der Antike, hg. v. H. Cancik, Stuttgart 1996ff.

Exegetisches Wörterbuch zum Neuen Testament, hg. v. H. Balz u. G. Schneider, Stuttgart u. a. ^{2}1992.

Gesenius, Wilhelm, Hebräisches und Aramäisches Wärterbuch über das Alte Testament, bearb. u. hg. v. H. Donner, Heidelberg u. a. ^{18}2013.

Griechisch-Deutsches Schul- und Handwörterbuch von W. Gemoll u. K. Vretska, München ^{10}2010.

Lampe, Geoffrey W. H., A Patristic Greek Lexicon, Oxford 1961.

Liddel, Henry G./Scott, Robert, A Greek-English Lexicon, Revised and Augmented throughout by Sir H. S. Jones, Oxford 1968.

Reallexikon für Antike und Christentum, Sachwörterbuch zur Auseinandersetzung des Christentums mit der antiken Welt, hg. v. T. Klauser u. a., Stuttgart 1950ff.

Religion in Geschichte und Gegenwart. Handwörterbuch für Theologie und Religionswissenschaft, vierte, völlig neu bearb. Aufl., hg. v. H.-D. Betz u. a., Tübingen 1998–2007.

Theologische Realenzyklopädie, hg. v. G. Müller u. a., Berlin/New York 1976ff.

Theologisches Wörterbuch zum Neuen Testament, hg. v. G. Kittel, Stuttgart u. a. 1933–1979.

Philologische Hilfsmittel

Blass, Friedrich/Debrunner, Albert, Grammatik des neutestamentlichen Griechisch, bearb. v. F. Rehkopf, Göttingen ^{18}2001.

Bornemann, Eduard/Risch, Ernst, Griechische Grammatik, Frankfurt a. M. ^{2}1986.

Ernst, Alexander B., Kurze Grammatik des Biblischen Hebräisch, 6. unveränderte Neuauflage, Göttingen 2022.

Gesenius, Wilhelm, Hebräische Grammatik nach E. Rödiger, völlig umgearbeitet u. hg. v. E. Kautzsch, Leipzig ^{28}1909.

Siebenthal, Heinrich von, Griechische Grammatik zum Neuen Testament. Neubearbeitung und Erweiterung der Grammatik Hoffmann/von Siebenthal, Gießen 2011.

Konkordanzen und elektronische Hilfsmittel

Bible Works 10. Software for Biblical Exegesis and Research, Norfolk 2016.
Hardmeier, Christof u. a. (Hg.), Stuttgarter Elektronische Studienbibel (SESB 3.0), Stuttgart 2009.
Schmoller, Alfred, Handkonkordanz zum griechischen Neuen Testament. Nach dem Text des Nestle-Aland Novum Testamentum Graece (28. Auflage) und des Greek New Testament (5. Auflage), überarbeitet von B. von Tschischwitz im Institut für Neutestamentliche Textforschung Münster/Westfalen, Stuttgart [9]2014.
Thesaurus Linguae Graecae, A Digital Library of Greek Literature, The TLG Project, University of California Irvine.
Vollständige Konkordanz zum griechischen Neuen Testament. Unter Zugrundelegung aller modernen kritischen Textausgaben und des Textus receptus, hg. v. K. Aland in Zusammenarbeit mit Harald Riesenfeld u. a., Göttingen 1975–1983.

Quellen

Biblische Textausgaben und Übersetzungen

Biblia Hebraica Stuttgartensia, hg. v. K. Elliger u. W. Rudolph, Stuttgart 1997.
Arbeitsübersetzung des Neuen Testaments, hg. v. G. Lüdemann u. F. Schleritt, Göttingen 2008.
Bibel in gerechter Sprache, hg. v. U. Bail u. a., Gütersloh 2006.
Das Neue Testament, übers. u. kom. v. U. Wilckens, Köln/Zürich [3]1971.
Das Neue Testament und frühchristliche Schriften, übers. u. kom. v. K. Berger u. C. Nord, Frankfurt a. M./Leipzig 2005.
Die Bibel nach der Übersetzung Martin Luthers, Lutherbibel, rev. 2017. Mit Apokryphen, hg. v. der Evangelischen Kirche in Deutschland, Stuttgart 2016.
Die Heilige Schrift. Aus dem Grundtext übersetzt. Revidierte Elberfelder Bibel, hg. im Auftrag des Bundes Evangelisch-Freikirchlicher Gemeinden, Wuppertal 1985 .
Die Heilige Schrift, Einheitsübersetzung, hg. im Auftrag der Bischöfe Deutschlands, Österreichs, der Schweiz, der Bischöfe von Luxenburg, von Lüttich und von Bozen-Brixen, Stuttgart 1980.
Die Septuaginta Deutsch, hg. v. W. Kraus u. M. Karrer, Stuttgart 2007.
Münchner Neues Testament, Studienübersetzung, hg. v. J. Hainz, Düsseldorf [8]2007.
Novum Testamentum Graece, hg. v. B. und K. Aland u. a., 28. rev. Aufl. hg. v. Institut für Neutestamentliche Textforschung, Münster/Westfalen, unter der Leitung von H. Strutwolf, Stuttgart 2012.
Septuaginta, Vetus Testamentum Graece iuxta LXX interpretes, ed. A. Rahlfs, Stuttgart 2006.
Zürcher Bibel 2007, hg. v. Kirchenrat der Evangelisch-reformierten Landeskirche des Kantons Zürich, Zürich [2]2008.

Qumran

Die Texte aus Qumran, Hebräisch u. deutsch, hg. v. E. Lohse, Darmstadt 1964.
Die Qumran-Essener, Die Texte vom Toten Meer, hg. u. übers. v. J. Maier, München 1995f.
The Dead Sea Scrolls. Hebrew, Aramaic, and Greek Texts with English Translations., hg. v. J. H. Charlesworth u. a., Tübingen 1994–2011.
The Dead Sea Scrolls Reader, hg. v. D. W. Parry/E. Tov, Leiden 2004f.

Flavius Josephus

A Complete Concordance to Flavius Josephus, hg. v. K. H. Rengstorf, Leiden 1973–1983.
Flavius Josephus, Opera edidit et apparato critic instruxit Benedictus Niese, Berlin 1885–1895.
----, Contra Apionem, Buch I. Einleitung, Text, Textkritischer Apparat, Übersetzung und Kommentar v. D. Labow (BWANT 167), Stuttgart 2005.
----, De Bello Iudaico, Der jüdische Krieg, griechisch-deutsche Ausgabe, mit einer Einleitung sowie Anmerkungen versehen von O. Michel u. O. Bauernfeind, Darmstadt 1959–1969.
----, Jüdische Altertümer, übersetzt und mit Einleitung und Anmerkungen versehen von H. Clementz, hg. v. M. Tilly, Wiesbaden 2004.
----, Über die Ursprünglichkeit des Judentums, Contra Apionem, hg. v. F. Siegert, Göttingen 2008.
----, Aus meinem Leben (Vita), hg. v. F. Siegert u. a., Tübingen 22011.

Philo von Alexandrien

Philo von Alexandrien, Die Werke in deutscher Übersetzung, hg. v. L. Cohen, Berlin ^{2}1962ff.
----, Opera quae supersunt, Editio Major hg. v. L. Cohn u. P. Wendland, Berlin 1896–1915, Ndr. 1963.
The Works of Philo, Greek Text With Morphology (Logos Bible Software), Bellingham, Washington 2000–2006.

Rabbinische Texte

Bereschit Rabba, mit kritischem Apparat und Kommentar, hg. v. J. Theodor u. C. Albeck, Berlin 1912–1936.
Der Babylonische Talmud, neu übertragen durch L. Goldschmidt, Frankfurt a. M. 1996.
Die Mischna, Textkritische Ausgabe mit deutscher Übersetzung und Kommentar, hg. v. M. Krupp, Jerusalem 2002ff.
Mechilta, Ein tannaitischer Midrasch zu Exodus, hg. v. J. Winter u. A. Wünsche, Leipzig 1909.
Mekhilta de-Rabbi Jischma'el, Ein früher Midrasch zum Buch Exodus, aus dem Hebräischen übersetzt und herausgegeben von G. Stemberger, Berlin 2010.
Midrasch Tanhuma B, R. Tanhuma über die Tora, genannt Midrasch Jelammedenu, Judaica et Christiana 5/6, Bern 1980/82.

Sekundärliteratur

ABASCIANO, BRIAN J., Paul's Use of the Old Testament in Romans 9:1–9. An Intertextual and Theological Exegesis (LNTS 301), London/New York 2005.

––––, Paul's Use of the Old Testament in Romans 9.10–18. An Intertextual and Theological Exegesis (LNTS 317), London 2011.

ACZEL, RICHARD, Intertextualität und Intertextualitätstheorien, in: Ansgar Nünning (Hg.), Metzler Lexikon Literatur- und Kulturtheorie. Ansätze – Personen – Grundbegriffe, Stuttgart/Weimar [5]2013, 349–351.

ADAMS, SEAN A./EHORN, SETH M. (Hg.), Composite Citations in Antiquity. Volume One: Jewish, Graeco-Roman, and Early Christian Uses (LNTS 525), London 2016.

––––, What is Composite Citation? An Introduction, in: Dies. (Hg.), Composite Citations in Antiquity. Volume One: Jewish, Graeco-Roman, and Early Christian Uses (LNTS 525), London 2016, 1–16.

–––– (Hg.), Composite Citations in Antiquity. Volume Two: New Testament Uses (LNTS 593), London 2018.

AHARON SHEMESH, Biblical Exegesis and Interpretations from Qumran to the Rabbis, in: Matthias Henze (Hg.), A Companion to Biblical Interpretation in Early Judaism, Grand Rapids, MI 2012, 467–489.

AICHELE, GEORGE, Sign, Text, Scripture. Semiotics and the Bible (Interventions 1), Sheffield 1997.

––––, The Control of Biblical Meaning. Canon as Semiotic Mechanism, Harrisburg 2001.

AICHELE, GEORGE/PHILLIPS, GARY A. (Hg.), Intertextuality in the Bible (Semeia 69/70), Atlanta 1995.

ALETTI, JEAN-NOËL, Romans 4 and Genesis 17. The Importance of the Gezerah Shawah, in: Ders. (Hg.), New Approaches for Interpreting the Letters of Saint Paul. Collected Essays Rhetoric, Soteriology, Christology and Ecclesiology (SubBi 43), Roma 2012, 37–60.

ALEXANDER, PHILIP S., Retelling the Old Testament, in: Donald A. Carson/Hugh Godfrey Maturin Williamson (Hg.), It is Written: Scripture Citing Scripture. Essays in Honour of Barnabas Lindars, Cambridge 1988, 99–121.

ALKIER, STEFAN, Intertextualität – Annäherungen an ein texttheoretisches Paradigma, in: Dieter Sänger (Hg.), Heiligkeit und Herrschaft. Intertextuelle Studien zu Heiligkeitsvorstellungen und zu Psalm 110 (BThSt 55), Neukirchen-Vluyn 2003, 1–26.

––––, Intertextualität, in: Kurt Erlemann (Hg.), Neues Testament und antike Kultur, Neukirchen-Vluyn [2]2004, 60–65.

––––, Paulus erzählt. Narrativität, Intertextualität und Rezeptionsästhetik, in: ZPT 63 (2011), 38–47.

––––, Konzeptionen, Beobachtungen und Überlegungen zur intertextuellen Schreibweise des Matthäusevangelium, in: ZNT 36 (2015), 33–44.

––––, Intertextuality. New Testament, in: Christine Helmer (Hg.), Integrity – Jesuit Order (EBR 13), Berlin/Boston 2016, 128–150.

––––, Intertextuallity Based on Categorial Semiotics, in: Steve Moyise/Brisio J. Oropeza (Hg.), Exploring Intertextuality. Diverse Strategies for the New Testament Use of Texts, Eugene, OR 2016, 128–150.

––––, Forschungsgeschichtliche Bemerkungen zur Frage nach dem historischen Quellenwert der Apostelgeschichte des Lukas, in: Stefan Alkier/Michael Rydryck (Hg.), Paulus – das Kapital eines Reisenden. Die Apostelgeschichte als sozialhistorische Quelle (SBS 241), Stuttgart 2017, 8–36.

----, Positionierung – Transpositionierung – Dialogizität. Zur aktuellen hermeneutischen Relevanz der paulinischen Schriftrezeption, in: Florian Wilk/Markus Öhler (Hg.), Paulinische Schriftrezeption. Grundlagen – Ausprägungen – Wirkungen – Wertungen (FRLANT 268), Göttingen/Bristol, CT, U.S.A. 2017, 275–296.

----, Hermeneutik und Methodik im Zeichen von Sola Scriptura heute, in: Peter Wick/Malte Cramer (Hg.), Allein die Schrift? Neue Perspektiven auf eine Hermeneutik für Kirche und Gesellschaft, Stuttgart 2019, 93–111.

ALKIER, STEFAN/HAYS, RICHARD B. (Hg.), Die Bibel im Dialog der Schriften. Konzepte intertextueller Bibellektüre (NET 10), Tübingen 2005.

ALKIER, STEFAN/HAYS, RICHARD B./HERZER, JENS, Kanon und Intertextualität (Kleine Schriften des Fachbereichs Evangelische Theologie der Goethe-Universität Frankfurt, Main 1), Frankfurt am Main 2010.

ALLEN, DAVID M., Introduction. The Study of the Use of the Old Testament in the New, in: JSNT 38 (2015), 3–16.

----, The Use of Criteria. The State of the Question, in: David M. Allen/Steve Smith (Hg.), Methodology in the Use of the Old Testament in the New. Context and Criteria (LNTS 579), 2019, 129–141.

ALLEN, DAVID M./SMITH, STEVE, Introduction, in: Dies. (Hg.), Methodology in the Use of the Old Testament in the New. Context and Criteria (LNTS 579), 2019, 1–7.

---- (Hg.), Methodology in the Use of the Old Testament in the New. Context and Criteria (LNTS 579), 2019.

ALLEN, GARRICK V., Composite Citations in Jewish Pseudepigraphic Works. Re-presenting Legal Traditions in the Second Temple Period, in: Sean A. Adams/Seth M. Ehorn (Hg.), Composite Citations in Antiquity. Volume One: Jewish, Graeco-Roman, and Early Christian Uses (LNTS 525), London 2016, 141–157.

ANDERSON, ROGER DEAN, Ancient Rhetorical Theory and Paul (CBET 18), Leuven 1999.

ARCHER, GLEASON L./CHIRICHIGNO, GREGORY, Old Testament Quotations in the New Testament, Chicago 1983.

AVEMARIE, FRIEDRICH, Schriftgebrauch in der haggadischen Exegese der Amoräer. Am Beispiel der Peticha WaR 27,3, in: Martin Hengel/Hermut Löhr (Hg.), Schriftauslegung im antiken Judentum und im Urchristentum (WUNT 73), Tübingen 1994, 133–152.

----, Interpreting Scripture Through Scripture. Exegesis Based On Lexematic Association In The Dead Sea Scrolls And The Pauline Epistles, in: Florentino García Martínez (Hg.), Echoes from the Caves. Qumran and the New Testament (StTDJ 85), Leiden/Boston 2009, 83–102.

----, Das Paulusbild der Apostelgeschichte. Ein notorisches exegetisches Problem und wie wir damit umgehen können, in: ZPT 63 (2011), 47–55.

----, Gab es eine vorrabbinische Gezera Schawa? Schriftauslegung durch lexematische Assoziation in Qumran, bei Paulus und in der frühen rabbinischen Literatur, in: Friedrich Avemarie/Jörg Frey (Hg.), Neues Testament und frührabbinisches Judentum. Gesammelte Aufsätze (WUNT 316), Tübingen 2013, 347–391.

BACHER, WILHELM, Die Proömien der alten Jüdischen Homilie, Leipzig 1913.

----, Die exegetische Terminologie der jüdischen Traditionsliteratur. Die bibelexegetische Terminologie der Tannaiten (1), Hildesheim 1965.

BACHMANN, MICHAEL, Zur Argumentation von Galater 3.10–12, in: NTS 53 (2007), 524–544.

----, Die Paulusforschung. „The New Perspective on Paul“ und „The New View of Paul“, in: Friedrich Wilhelm Horn (Hg.), Paulus Handbuch, Tübingen 2013, 30–38.

BACHTIN, MICHAIL, Literatur und Karneval. Zur Romantheorie und Lachkultur, hg. v. Alexander KAEMPFE, München 1969.

----, Die Ästhetik des Wortes, hg. v. Rainer Georg GRÜBEL, Frankfurt am Main 1979.

BAIL, ULRIKE, Gegen das Schweigen. Eine intertextuelle Studie zu den Klagepsalmen Ps 6 und Ps 55 und der Erzählvorgang von der Vergewaltigung, Gütersloh 1998.

BAKHOS, CAROL, Method(ological) Matters in the Study of Midrash, in: Dies. (Hg.), Current Trends in the Study of Midrash (JSJ.S 106), Leiden 2006, 161–187.

BARCLAY, JOHN M. G., Jews in the Mediterranean Diaspora. From Alexander to Trajan, (323 BCE - 117 CE), Edinburgh 1996.

BAROM, LORI/OROPEZA, BRISIO J., Midrash, in: Brisio J. Oropeza/Steve Moyise (Hg.), Exploring Intertextuality. Diverse Strategies for New Testament Interpretation of Texts, Eugene, OR 2016, 63–80.

BARRETT, CHARLES KINGSLEY, The Interpretation of the Old Testament in the New, in: Peter Runham Ackroyd/Christopher Francis Evans (Hg.), The Cambridge History of the Bible. Volume 1: From the Beginnings to Jerome, Cambridge 1970, 377–411.

BARTHES, ROLAND, Der Tod des Autors, in: Fotis Jannidis (Hg.), Texte zur Theorie der Autorschaft (RUB 18058), Stuttgart 2009, 185–193.

BARTON, JOHN, Oracles of God. Perceptions of Ancient Prophecy in Israel after the Exile, London 1986.

BATEMAN, HERBERT W., Second Temple Exegetical Practices. Extra-Biblical Examples of Exegesis Compared with Those in the Book of Hebrews, in: SWjT 53 (2010), 26–54.

BATES, MATTHEW W., Beyond Hays's Echoes of Scripture in the Letters of Paul. A Proposed Diachronic Intertextuality with Romans 10:16 as a Test Case, in: Christopher D. Stanley (Hg.), Paul and Scripture. Extending the Conversation, Atlanta 2012, 263–291.

----, The Hermeneutics of the Apostolic Proclamation. The Center of Paul's Method of Scriptural Interpretation, Waco, TX 2012.

BAUKS, MICHAELA, Intratextualität, Intertextualität und Rezeptionsgeschichte. Was tragen „transpositional techniques“ und „empirical evidences“ zur literarischen Genese der Urgeschichte aus?, in: Michaela Bauks/Ulrich Berges/Daniel Krochmalnik (Hg.), Neue Wege der Schriftauslegung (ATM 24), Münster 2019, 13–63.

BAUMERT, NORBERT, Der Weg des Trauens. Übersetzung und Auslegung des Briefes an die Galater und des Briefes an die Philipper, Würzburg 2009.

BEALE, GREGORY K., John's Use of the Old Testament in Revelation (JSNTS 166), Sheffield 1998.

---- (Hg.), Commentary on the New Testament Use of the Old Testament, Grand Rapids, MI 2007.

----, Handbook on the New Testament Use of the Old Testament. Exegesis and Interpretation, Grand Rapids, MI 2013.

BECKER, EVE-MARIE, Autobiographisches bei Paulus. Aspekte und Aufgaben, in: Dies. (Hg.), Biographie und Persönlichkeit des Paulus (WUNT 187), Tübingen 2005, 67–87.

BECKER, JÜRGEN, Paulus. Der Apostel der Völker, Tübingen 1989.

BECKER, JÜRGEN/LUZ, ULRICH, Die Briefe an die Galater, Epheser und Kolosser (NTD 8), Göttingen ^{18}1998.

BEETHAM, CHRISTOPHER A., Echoes of Scripture in the Letter of Paul to the Colossians (BiInS 96), Leiden/Boston 2008.

BEHRENS, ACHIM, Gen 15,6 und das Vorverständnis des Paulus, in: ZAW 109 (1997), 327–341.

BEKER, J. CHRISTIAAN, Echoes of Intertextuality. On the Role of Scripture in Paul's Theology, in: Craig A. Evans/James A. Sanders (Hg.), Paul and the Scriptures of Israel, Sheffield 1993, 64–69.

BELLEVILLE, LINDA L., Scripture and other Voices in Paul's Theology, in: Christopher D. Stanley (Hg.), Paul and Scripture. Extending the Conversation, Atlanta 2012, 233–261.

----, The Sinai-Μεσίτης Tradition in Galatians 3:19–20, in: Stanley E. Porter/Christopher D. Land (Hg.), Paul and Scripture (PAST 10), Leiden/Boston 2019, 325–334.

BELLI, FILIPPO, Argumentation and Use of Scripture in Romans 9–11 (AnBib 183), Rom 2010.

BEN-CHORIN, SCHALOM, Paulus. Der Völkerapostel aus jüdischer Sicht, München 1970.

BENDEMANN, REINHARD von, Die kritische Diastase von Wissen, Wollen und Handeln. Traditionsgeschichtliche Spurensuche eines hellenistischen Topos in Römer 7, in: ZNW 95 (2004), 35–63.

----, Die Religionsgeschichtliche Schule, in: Friedrich Wilhelm Horn (Hg.), Paulus Handbuch, Tübingen 2013, 19–23.

BENDIK, IVANA, Paulus in neuer Sicht? Eine kritische Einführung in die „New perspective on Paul" (JuChr 18), Stuttgart 2010.

BERDING, KENNETH/LUNDE, JONATHAN, Three Views on the New Testament Use of the Old Testament, Grand Rapids, MI 2009.

BERGER, KLAUS, Abraham in den paulinischen Hauptbriefen. Abrahamssohnschaft allein aus dem Glauben an Jesus Christus (Gal 3), in: MThZ 17 (1966), 47–89.

----, Theologiegeschichte des Urchristentums. Theologie des Neuen Testaments (UTB 8082), Tübingen [2]1995.

BERKLEY, TIMOTHY, From a Broken Covenant to Circumcision of the Heart. Pauline Intertextual Exegesis in Romans 2:17–29 (SBLDS 175), Atlanta 2000.

BERNSTEIN, MOSHE J., Introductory Formulas for Citation and Re-Citation of Biblical Verses in the Qumran Pesharim, in: DSD 1 (1994), 30–70.

----, Interpretation of Scriptures, in: Lawrence H. Schiffman/James C. VanderKam (Hg.), Encyclopedia of the Dead Sea Scrolls: 1, Oxford/New York 2000, 376–383.

----, ‚Rewritten Bible': A Generic Category which has Outlived Its Usefulness?, in: Textus 22 (2005), 169–196.

BERRIN, SHANI L., The Pesher Nahum Scroll from Qumran. An Exegetical Study of 4Q169 (StTDJ 53), Leiden/Boston 2004.

BETZ, HANS DIETER, Der Galaterbrief. Ein Kommentar zum Brief des Apostels Paulus an die Gemeinden in Galatien, München 1988.

BEUKEN, WIM, Does Trito-Isaiah Reject the Temple? An Intertextual Inquiry into Isa. 66.1-6, in: Sipke Draisma (Hg.), Intertextuality in Biblical Writings. Essays in Honour of Bas van Iersel, Kampen 1989, 53–66.

BLOMBERG, CRAIG L., The Centrality of Scripture in 2 Corinthians 8–9, in: Stanley E. Porter/Christopher D. Land (Hg.), Paul and Scripture (PAST 10), Leiden/Boston 2019, 303–322.

BLOOM, HAROLD, The Anxiety of Influence. A Theory of Poetry, New York NY 1973.

----, A Map of Misreading, New York NY 1975.

BOCCACCINI, GABRIELE, Middle Judaism. Jewish thought, 300 BCE to 200 CE, Minneapolis, MN 1991.

BOECKLER, ANNETTE M., Jüdische Schriftauslegung und das Neue Testament, in: BuK 74 (2019), 220–230.

BÖHL, EDUARD, Die alttestamentlichen Citate im Neuen Testament, Wien 1878.

BÖHM, CHRISTIANE, Die Rezeption der Psalmen in den Qumranschriften, bei Philo von Alexandrien und im Corpus Paulinum (WUNT 437), Tübingen 2017.

BONNEAU, NORMAND, The Logic of Paul's Argument on the Curse of the Law in Galatians 3:10–14, in: NT 39 (1997), 60–80.

BONSIRVEN, JOSEPH, Exégèse Rabbinique et Exégèse Paulinienne, Paris 1939.

BORMANN, LUKAS, Schriftgebrauch im Kolosser- und im Epheserbrief. Zur Praxis frühchristlicher Text- und Interpretationsgemeinschaft, in: Florian Wilk/Markus Öhler (Hg.), Paulinische Schriftrezeption. Grundlagen – Ausprägungen – Wirkungen – Wertungen (FRLANT 268), Göttingen/Bristol, CT, U.S.A. 2017, 217–234.

BORNKAMM, GÜNTHER, Der Römerbrief als Testament des Paulus, in: Ders. (Hg.), Geschichte und Glaube. Zweiter Teil, Gesammelte Aufsätze Band IV (BEvTh 53), Gütersloh 1971, 120–139.

BOYARIN, DANIEL, Intertextuality and the Reading of Midrash, Bloomington 1994.

BRAUN, HERBERT, Qumran und das Neue Testament. Ein Bericht über 10 Jahre Forschung (1950–1959), in: ThR 28 (1962), 97–234.

----, Qumran und das Neue Testament. Ein Bericht über 10 Jahre Forschung (1950–1959) (Fortsetzung), in: ThR 29 (1963), 142–176.

BREYTENBACH, CILLIERS, Paulus und Barnabas in der Provinz Galatien. Studien zu Apostelgeschichte 13f.; 16,6; 18,23 und den Adressaten des Galaterbriefes (AGJU 38), Leiden 1996.

BRODIE, THOMAS L./MACDONALD, DENNIS R./PORTER, STANLEY E. (Hg.), The Intertextuality of the Epistles. Explorations of Theory and Practice (NTM 16), Sheffield 2006.

BROER, INGO, Einleitung in das Neue Testament, Würzburg ^{4}2016.

BROICH, ULRICH, Bezugsfelder der Intertextualität. Zur Einzeltextreferenz, in: Ulrich Broich/Manfred Pfister (Hg.), Intertextualität. Formen, Funktionen, anglistische Fallstudien (Konzepte der Sprach- und Literaturwissenschaft 35), Tübingen 1985, 48–52.

----, Formen der Markierung von Intertextualität, in: Ulrich Broich/Manfred Pfister (Hg.), Intertextualität. Formen, Funktionen, anglistische Fallstudien (Konzepte der Sprach- und Literaturwissenschaft 35), Tübingen 1985, 31–47.

BROICH, ULRICH/PFISTER, MANFRED (Hg.), Intertextualität. Formen, Funktionen, anglistische Fallstudien (Konzepte der Sprach- und Literaturwissenschaft 35), Tübingen 1985.

BRONDOS, DAVID, The Cross and the Curse. Galatians 3.13 and Paul's Doctrine of Redemption, in: JSNT 81 (2001), 3–32.

BROOKE, GEORGE J., Exegesis at Qumran. 4QFlorilegium in its Jewish Context (JSOTS 29), Atlanta 1985.

----, The Scrolls and the Study of the New Testament, in: Robert A. Kugler/Eileen M. Schuller (Hg.), The Dead Sea Scrolls at Fifty. Proceedings of the 1997 Society of Biblical Literature Qumran Section Meetings (EJIL 15), Atlanta, GA 1999, 61–76.

----, Biblical Interpretation in the Qumran Scrolls and in the New Testament, in: Lawrence H. Schiffman/Emanuel Tov/James C. VanderKam (Hg.), The Dead Sea Scrolls Fifty Years after Their Discovery. Proceedings of the Jerusalems Congress, July 20–25, 1997, Jerusalem 2000, 60–73.

----, Genre Theory, Rewritten Bible and Pesher, in: DSD 17 (2010), 332–357.

----, Prophetic Interpretation in the Pesharim, in: Matthias Henze (Hg.), A Companion to Biblical Interpretation in Early Judaism, Grand Rapids, MI 2012, 235–254.

BROWN-DEVOST, BRONSON, The Compositional Development of Qumran Pesharim in Light of Mesopotamian Commentaries, in: JBL 135 (2016), 525–541.

BROWNLEE, WILLIAM H., Bible Interpretation among the Sectaries of the Dead Sea Scrolls, in: BA 14 (1951), 54–76.

----, The Midrash Pesher of Habakkuk. Text, Translation, Exposition (SBLMS 24), Missoula, MT 1979.

BÜHRER, WALTER/MEYER ZU HÖRSTE-BÜHRER, RAPHAELA J./ZIETHE, CAROLIN, Pluralität und Einheit der Schrift. Teil III: Thesen und Kommentare, in: Friedrich-Emanuel Focken/Frederike van Oorschot (Hg.), Schriftbindung evangelischer Theologie. Theorieelemente aus interdisziplinären Gesprächen (ThLZ.F 37), Leipzig 2020, 95–122.

BURNETT, DAVID A., „So Shall Your Seed Be". Paul's Use of Genesis 15:5 in Romans 4:18 in Light of Early Jewish Deification Traditions, in: JSPL 5 (2015), 211–236.

BYRNE, BRENDAN, Romans, Collegeville, MN 2007.

CAMPBELL, DOUGLAS A., The Meaning of δικαιοσύνη Θεοῦ in Romans. An Intertextual Suggestion, in: Stanley E. Porter (Hg.), As it is Written. Studying Paul's Use of Scripture (SBLSymS 50), Atlanta Ga. 2008, 189–212.

CANEDAY, ARDEL, „Redeemed from the Curse of the Law". The Use of Deut 21:22–23 in Gal 3:13, in: TJ 10 (1989), 185–209.

CARR, DAVID M., The Many Uses of Intertextuality in Biblical Studies. Actual and Potential, in: Martti Nissinen (Hg.), Congress Volume Helsinki 2010 (VT.S 148), Leiden/Boston 2012, 505–535.

CARSON, DONALD A./WILLIAMSON, HUGH GODFREY MATURIN (Hg.), It is Written: Scripture Citing Scripture. Essays in Honour of Barnabas Lindars, Cambridge 1988.

CHIBICI-REVNEANU, NICOLE, Leben im Gesetz. Die paulinische Interpretation von Lev 18,5 (Gal 3:12; Röm 10:5), in: NT 50 (2008), 105–119.

CHILDS, BREVARD S., Biblical Theology in Crisis, Philadelphia, PA 1970.

----, Introduction to the Old Testament as Scripture, Philadelphia, PA 1979.

CIAMPA, ROY E., The Presence and Function of Scripture in Galatians 1 and 2 (WUNT 102), Tübingen 1998.

----, Scriptural Language and Ideas, in: Stanley E. Porter (Hg.), As it is Written. Studying Paul's Use of Scripture (SBLSymS 50), Atlanta Ga. 2008, 42–57.

----, Approaching Paul's Use of Scripture in Light of Translation Studies, in: Christopher D. Stanley (Hg.), Paul and Scripture. Extending the Conversation, Atlanta 2012, 293–318.

----, Composite Citations in 1–2 Corinthians and Galatians, in: Sean A. Adams/Seth M. Ehorn (Hg.), Composite Citations in Antiquity. Volume Two: New Testament Uses (LNTS 593), London 2018, 159–189.

CLARK, HERBERT/GERRIG, RICHARD, Quotations as Demonstrations, in: Language 66 (1990), 764–805.

CLASSEN, CARL JOACHIM, Kann die rhetorische Theorie helfen, das Neue Testament, vor allem die Briefe des Paulus, besser zu verstehen?, in: ZNW 100 (2009), 145–172.

CLEMEN, AUGUST, Der Gebrauch des Alten Testaments in den neutestamentlichen Schriften, Gütersloh 1895.

COHN-SHERBOK, DAN, Paul and Rabbinic Exegesis, in: SJT 35 (1982), 117–132.

COLLINS, C. JOHN, Galatians 3:16. What Kind of Exegete was Paul?, in: TynBull 54 (2003), 75–86.

COLLINS, JOHN J., Between Athens and Jerusalem. Jewish Identity in Hellenistic Diaspora, Grand Rapids, MI ^{2}2000.

----, Early Judaism in Modern Scolarship, in: Ders. (Hg.), The Eerdmans Dictionary of Early Judaism, Grand Rapids, MI 2010, 1–23.

COOK, JOHN GRANGER, Raised on the Third Day According to the Scriptures. Hosea 6:2 in Jewish Tradition, in: Stanley E. Porter/Christopher D. Land (Hg.), Paul and Scripture (PAST 10), Leiden/Boston 2019, 188–211.

COUTSOUMPOS, PANAYOTIS, Paul's View of Ἀδιάφορα in 1 Corinthians 8–10, in: Stanley E. Porter/Christopher D. Land (Hg.), Paul and Scripture (PAST 10), Leiden/Boston 2019, 173–187.

CRAMER, MALTE, Die Präzedenz der Schrift. Zur Positionierung der biblischen Schriften in Theologie und Kirche, in: Peter Wick/Malte Cramer, Allein die Schrift? Neue Perspektiven auf eine Hermeneutik für Kirche und Gesellschaft, Stuttgart 2019, 9–23.

CRAMER, MALTE/WICK, PETER, Das Biblische Gespräch. Hermeneutische Reflexionen einer dialogischen Bibeldidaktik, in: Esther Brünenberg-Bußwolder u. a. (Hg.), Neues Testament im Dialog. Festschrift für Thomas Söding zum 65. Geburtstag, Freiburg im Breisgau 2021, 332–348.

CRAMER, MALTE/HÖFER, ALENA, (Hg.), Schriftauslegung im Plural. Interkulturelle und kontextuelle Schriftauslegung, Stuttgart 2023.

---- Bibelhermeneutik und Exegese in interkultureller Perspektive. Zur Ausgangslage eines interdisziplinären Gesprächs zwischen interkultureller Theologie und Bibelwissenschaft, in: Dies. (Hg.), Schriftauslegung im Plural. Interkulturelle und kontextuelle Schriftauslegung, Stuttgart 2023, 9–24.

CRANFORD, MICHAEL, Abraham in Romans 4. The Father of All Who Believe, in: NTS 41 (1995), 71–88.

CRÜSEMANN, FRANK, Das Alte Testament als Wahrheitsraum des Neuen. Die neue Sicht der christlichen Bibel, Gütersloh 2011.

DALFERTH, INGOLF U., Wirkendes Wort. Bibel, Schrift und Evangelium im Leben der Kirche und im Denken der Theologie, Leipzig 2018.

DAUBE, DAVID, Rabbinic Methods of Interpretation and Hellenistic Rhetoric, in: HUCA 22 (1949), 239–264.

DAVIES, WILLIAM DAVID, Paul and Rabbinic Judaism. Some Elements in Pauline Theology, London 1948.

DEEG, ALEXANDER, Die Kirche und das Alte Testament oder: Die Hebräische Bibel zwischen Lust, Last und Leidenschaft, in: EvTh 77 (2017), 132–145.

DEINES, ROLAND, Die Pharisäer. Ihr Verständnis im Spiegel der christlichen und jüdischen Forschung seit Wellhausen und Graetz (WUNT 101), Tübingen 1997.

DIECKMANN, DETLEF, Segen für Isaak. Eine rezeptionsästhetische Auslegung von Gen 26 und Kontexten (BZAW 329), Berlin 2003.

DIETRICH, WALTER, David. Der Herrscher mit der Harfe (BG 14), Leipzig ^{2}2006.

DIMANT, DEVORAH (Hg.), The Dead Sea Scrolls in Scholarly Perspective (StTDJ 99), Leiden 2012.

----, Introduction. Reworking of Scripture at Qumran, in: Ariel Feldman/Liora Goldman/Devorah Dimant (Hg.), Scripture and Interpretation, 2014, 1–11.

DIMATTEI, STEVEN, Biblical Narratives, in: Stanley E. Porter (Hg.), As it is Written. Studying Paul's Use of Scripture (SBLSymS 50), Atlanta Ga. 2008, 59–96.

DITTMAR, WILHELM, Vetus Testamentum in Novo. Die alttestamentlichen Parallelen des Neuen Testaments im Wortlaut der Urtexte der Septuaginta, Göttingen 1903.

DIVJAK, JOHANNES, Art. Zitat. III. Kirchengeschichtlich, in: Oda Wischmeyer (Hg.), Lexikon der Bibelhermeneutik. Begriffe – Methoden – Theorien – Konzepte, Berlin 2013, 691–692.

DOBSCHÜTZ, ERNST von, Zum paulinischen Schriftbeweis, in: ZNW 24 (1923), 306–307.

DOCHERTY, SUSAN E., The Use of the Old Testament in the New, in: ScripBull 34 (2004), 60–70.

----, The Use of the Old Testament in Hebrews. A Case Study in early Jewish Bible Interpretation (WUNT 260), Tübingen 2009.

----, ‚Do you Understand what you Are Reading?' (Acts 8.30). Current Trends and Future Perspectives in the Study of the Use of the Old Testament in the New, in: JSNT 38 (2015), 112–125.

----, New Testament Scriptural Interpretation in its Early Jewish Context, in: NT 57 (2015), 1–19.

----, Crossing Testamentary Borders. Methdological Insights for OT/NT Study from Contemporary Hebrew Bible Scholarship, in: David M. Allen/Steve Smith (Hg.), Methodology in the Use of the Old Testament in the New. Context and Criteria (LNTS 579), 2019, 11–22.

----, Exegetical Methods in the New Testament and „Rewritten Bible". A Comparative Analysis, in: Garrick V. Allen/John Anthony Dunne (Hg.), Ancient Readers and Their Scriptures. Engaging the Hebrew Bible in Early Judaism and Christianity (AGJU 107), Leiden/Boston 2019, 77–97.

DOCHHORN, JAN, Paulus und die polyglotte Schriftgelehrsamkeit seiner Zeit. Eine Studie zu den exegetischen Hintergründen von Röm 16,20a, in: ZNW 98 (2007), 189–212.

----, „Denn der Nichtigkeit ist die Schöpfung untergeordnet worden" (Röm 8,20). Eine kosmologische Aussage des Paulus und ihre exegetischen Hintergründe, in: Florian Wilk/Markus Öhler (Hg.), Paulinische Schriftrezeption. Grundlagen – Ausprägungen – Wirkungen – Wertungen (FRLANT 268), Göttingen/Bristol, CT, U.S.A. 2017, 57–80.

----, Die Kirche und das Alte Testament. Ein Debattenbeitrag mit Fokus auf dem Corpus Paulinum, in: ZNT 20 (2017), 59–76.

DODD, CHARLES HAROLD, According to the Scriptures. The Sub-Structure of New Testament Theology, London 1952.

DOERING, LUTZ, Die Rezeption jüdischer Schriften im Neuen Testament, in: JBTh 31 (2016), 105–133.

DOERING, LUTZ/WAUBKE, HANS-GÜNTHER/WILK, FLORIAN (Hg.), Judaistik und neutestamentliche Wissenschaft. Standorte – Grenzen – Beziehungen (FRLANT 226), Göttingen 2014.

DONFRIED, KARL P., Paul the Jew and the Dead Sea Scrolls, in: Armin Lange/Emanuel Tov/Matthias Weigold (Hg.), The Dead Sea Scrolls in Context. Integrating the Dead Sea Scrolls in the Study of Ancient Texts, Languages, and Cultures (VT.S 140), Leiden/Boston 2011, 721–733.

DRAISMA, SIPKE (Hg.), Intertextuality in Biblical Writings. Essays in Honour of Bas van Iersel, Kampen 1989.

DU TOIT, DAVID S., Christlicher Glaube als endzeitliche Variante des Glaubens Abrahams, in: Paul-Gerhard Klumbies/David S. Du Toit (Hg.), Paulus – Werk und Wirkung. Festschrift für Andreas Lindemann zum 70. Geburtstag, Tübingen 2013, 325–350.

DUGANDZIC, IVAN, Das „Ja" Gottes in Christus. Eine Studie zur Bedeutung des Alten Testaments für das Christusverständnis des Paulus (FzB 26), Würzburg 1977.

DUNN, JAMES D. G., The New Perspective on Paul, in: BJRL 65 (1983), 96–122.

----, Works of the Law and the Curse of the Law (Galatians 3.10–14), in: NTS 31 (1985), 523–542.

----, Romans 1–8 (WBC 38,1), Waco, TX 1988.

----, The New Perspective on Paul. Collected Essays (WUNT 185), Tübingen 2005.

EBACH, JÜRGEN, Das Alte Testament als Klangraum des evangelischen Gottesdienstes, Gütersloh 2016.

EBNER, MARTIN/HEININGER, BERNHARD, Exegese des Neuen Testaments. Ein Arbeitsbuch für Lehre und Praxis (UTB 2677), Paderborn [4]2018.

ECKEY, WILFRIED, Der Galaterbrief. Ein Kommentar, Neukirchen-Vluyn 2010.

ECKSTEIN, HANS-JOACHIM, Verheißung und Gesetz. Eine exegetische Untersuchung zu Galater 2,15–4,7 (WUNT 86), Tübingen 1996.

ECO, UMBERTO, Lector in Fabula. Die Mitarbeit in der Interpretation in erzählenden Texten, München 1987.

EGGER, WILHELM, Methodenlehre zum Neuen Testament. Einführung in linguistische und historisch-kritische Methoden, Freiburg im Breisgau 1987.

EGGER, WILHELM/WICK, PETER, Methodenlehre zum Neuen Testament, Freiburg [6]2011.

EHORN, SETH M., Composite Citations in Plutarch, in: Sean A. Adams/Seth M. Ehorn (Hg.), Composite Citations in Antiquity. Volume One: Jewish, Graeco-Roman, and Early Christian Uses (LNTS 525), London 2016, 35-56.

EHRENSPERGER, KATHY, Paul and the Authority of Scripture. A Feminist Perception, in: Stanley E. Porter (Hg.), As it is Written. Studying Paul's Use of Scripture (SBLSymS 50), Atlanta Ga. 2008, 291–320.

----, Die ‚Paul within Judaism'-Perspektive. Eine Übersicht, in: EvTh 80 (2020), 455–464.

----, Paulus und die Völker – Aspekte der „Paul within Judaism"-Perspektive, in: KuI 35 (2020), 118–131.

ELLIOTT, NEIL, „Blasphemed Among the Nations". Pursuing an Anti-Imperial „Intertextuality" in Romans, in: Stanley E. Porter (Hg.), As it is Written. Studying Paul's Use of Scripture (SBLSymS 50), Atlanta Ga. 2008, 213–233.

ELLIS, E. EARLE, Paul's Use of the Old Testament, Edinburgh 1957.

----, Midrash, Targum and New Testament Quotations, in: E. Earle Ellis/Max Wilcox (Hg.), Neotestamentica et Semitica. Studies in Honour of Matthew Black, Edinburgh 1969, 61–69.

----, How the New Testament Uses the Old, in: I. Howard Marshall (Hg.), New Testament Interpretation. Essays on Principles and Methods, Grand Rapids, MI 1977, 199–219.

----, Prophecy and Hermeneutic in Early Christianity. New Testament Essays, Grand Rapids, MI 1978.

----, The Old Testament in Early Christianity. Canon and Interpretation in the Light of Modern Research (WUNT 54), Tübingen 1991.

ENGBERG-PEDERSEN, TROELS (Hg.), Paul Beyond the Judaism/Hellenism Divide, Louisville, KY 2001.

EVANS, CRAIG A., The Function of the Old Testament in the New, in: Scot McKnight (Hg.), Introducing New Testament Interpretation (GNTE 1), Grand Rapids, MI 1989, 163–193.

----, Listening for Echoes of Interpreted Scripture, in: Craig A. Evans/James A. Sanders (Hg.), Paul and the Scriptures of Israel, Sheffield 1993, 47–51.

----, Why Did the New Testament Writers Appeal to the Old Testament?, in: JSNT 38 (2015), 36–48.

EVANS, CRAIG A./SANDERS, JAMES A. (Hg.), Paul and the Scriptures of Israel, Sheffield 1993.

EVANS, CRAIG A./ṬALMÔN, SHEMARYAHU (Hg.), The Quest for Context and Meaning. Studies in Biblical Intertextuality in Honor of James A. Sanders (BiInS 28), Leiden 1997.

EVANS, CRAIG A./ZACHARIAS, H. DANIEL (Hg.), Early Christian Literature and Intertextuality. Volume 1: Thematic Studies (LNTS 392), London 2009.

FABRY, HEINZ-JOSEF, Methoden der Schriftauslegung in den Qumranschriften, in: Georg Schöllgen (Hg.), Stimuli. Exegese und ihre Hermeneutik in Antike und Christentum. (Festschrift für Ernst Dassmann) (JbAC.E 23), Münster 1996, 18–33.

----, Die Handschriften vom Toten Meer und ihre Bedeutung für den Text der Hebräischen Bibel, in: Ulrich Dahmen/Hartmut Stegemann/Günter Stemberger (Hg.), Qumran – Bibelwissenschaften – Antike Judaistik. Ergebnisse, Berichte, Reflexionen aus Tagungen der Katholischen Akademie Schwerte (Einblicke 9), Paderborn 2006, 11–29.

----, Der Text und seine Geschichte, in: Christian Frevel (Hg.), Einleitung in das Alte Testament (KStTh 1,1), Stuttgart ^{9}2016, 37–66.

FAIRWEATHER, JANET, The Epistle to the Galatians and Classical Rhetoric. Parts 1 and 2, in: TynBull 45 (1994), 1–38.

FALK, DANIEL K., Parabiblical Texts. Strategies for Extending the Scriptures among the Dead Sea Scrolls (LSTS 63), London 2007.

FELDTKELLER, ANDREAS, Vom Reichtum der ganzen Bibel. Die Zusammengehörigkeit von Altem und Neuem Testament aus der Perspektive Interkultureller Theologie, in: ThLZ 140 (2015), 753–765.

FERNÁNDEZ, MIGUEL PÉREZ, Rabbinic Texts in the Exegesis Of The New Testament, in: RRJ 7 (2004), 95–120.

FINNERN, SÖNKE/RÜGGEMEIER, JAN, Methoden der neutestamentlichen Exegese. Ein Lehr- und Arbeitsbuch (UTB 4212), Tübingen 2016.

FISCHER, ALEXANDER ACHILLES/WÜRTHWEIN, ERNST, Der Text des Alten Testaments. Neubearbeitung der Einführung in die Biblia Hebraica von Ernst Würthwein, Stuttgart 2009.

FISK, BRUCE N., Do You not Remember? Scripture, Story and Exegesis in the Rewritten Bible of Pseudo-Philo (JSPES 37), Sheffield 2001.

----, Synagogue Influence and Scriptural Knowledge among the Christians of Rome, in: Stanley E. Porter (Hg.), As it is Written. Studying Paul's Use of Scripture (SBLSymS 50), Atlanta Ga. 2008, 157–185.

----, Paul among the Storytellers. Reading Romans 11 in the Context of Rewritten Bible, in: Christopher D. Stanley (Hg.), Paul and Scripture. Extending the Conversation, Atlanta 2012, 55–94.

FITZMYER, JOSEPH A., The Interpretation of Genesis 15:6. Abraham's Faith and Righteousness in a Qumran Text, in: Shalom M. Paul (Hg.), Emanuel. Studies in Hebrew Bible, Septuagint and Dead Sea Scrolls in Honor of Emanuel Tov (VT.S 94,1), Leiden 2003, 257–268.

----, Romans. A New Translation with Introduction and Commentary (AYB 33), New Haven 2008.

FLÜCHTER, SASCHA, Die Anrechnung des Glaubens zur Gerechtigkeit. Auf dem Weg zu einer sozialhistorisch orientierten Rezeptionsgeschichte von Gen 15,6 in der neutestamentlichen Literatur (TANZ 51), Tübingen 2010.

FOCKEN, FRIEDRICH-EMANUEL/BREU, CLARISSA/STAMER, TORBEN, Normativität. Teil III: Thesen und Kommentare, in: Friedrich-Emanuel Focken/Frederike van Oorschot (Hg.), Schriftbindung evangelischer Theologie. Theorieelemente aus interdisziplinären Gesprächen (ThLZ.F 37), Leipzig 2020, 190–225.

FOCKEN, FRIEDRICH-EMANUEL/OORSCHOT, FREDERIKE von (Hg.), Schriftbindung evangelischer Theologie. Theorieelemente aus interdisziplinären Gesprächen (ThLZ.F 37), Leipzig 2020.

FOWL, STEPHAN, The Use of Scripture in Philippians, in: Christopher D. Stanley (Hg.), Paul and Scripture. Extending the Conversation, Atlanta 2012, 163–184.

FRANKEMÖLLE, HUBERT, Frühjudentum und Urchristentum. Vorgeschichte – Verlauf – Auswirkungen (4. Jahrhundert v. Chr. bis 4. Jahrundert n.Chr.), Stuttgart 2006.

FREY, JÖRG, The Impact of the Dead Sea Scrolls on New Testament Interpretation. Proposals, Problems and Firther Perspectives, in: James H. Charlesworth (Hg.), The Bible and the Dead Sea scrolls. The Second Princeton Symposium on Judaism and Christian Origins, Waco, TX 2006, 408–419.

----, Critical Issues in the Investigation of the Scrolls and the New Testament, in: Timothy H. Lim (Hg.), The Oxford Handbook of the Dead Sea Scrolls, Oxford 2010, 517–545.

----, Paul's Jewish Identity, in: Jörg Frey/Daniel R. Schwartz/Stephanie Gripentrog (Hg.), Jewish Identity in the Greco-Roman World. Jüdische Identität in der griechisch-römischen Welt (AGJU 71), Leiden/Boston 2010, 285–321.

----, Das Judentum des Paulus, in: Oda Wischmeyer (Hg.), Paulus. Leben – Umwelt – Werk – Briefe (UTB 2767), Tübingen u. a. ²2012, 25–65.

----, Der vorchristliche Paulus. Paulus, ein Diasporajude aus Tarsus (Die religiöse Prägung: Weisheit, Apokalyptik, Schriftauslegung), in: Friedrich Wilhelm Horn (Hg.), Paulus Handbuch, Tübingen 2013, 59–66.

----, Der Jude Paulus und der Nomos, in: Jacob Thiessen (Hg.), Das antike Judentum und die Paulusexegese (BThSt 160), Neukirchen-Vluyn 2016, 47–93.

----, Paulus als Pharisäer und Antiochener. Biographische Grundlagen seiner Schriftrezeption, in: Florian Wilk/Markus Öhler (Hg.), Paulinische Schriftrezeption. Grundlagen – Ausprägungen – Wirkungen – Wertungen (FRLANT 268), Göttingen/Bristol, CT, U.S.A. 2017, 81–112.

----, Das Selbstverständnis des Paulus als Apostel, in: Jens Schröter/Simon Butticaz/Andreas Dettwiler (Hg.), Receptions of Paul in Early Christianity. The Person of Paul and His Writings through the Eyes of His Early Interpreters (BZNW 234), Berlin/Boston 2018, 115–142.

FREY, JÖRG/POPKES, ENNO EDZARD (Hg.), Jesus, Paulus und die Texte von Qumran (WUNT 390), Tübingen 2015.

FREYNE, SEÁN, Reading Hebrews and Revelation Intertextually, in: Sipke Draisma (Hg.), Intertextuality in Biblical Writings. Essays in Honour of Bas van Iersel, Kampen 1989, 83–94.

GARCÍA MARTÍNEZ, FLORENTINO (Hg.), Echoes from the Caves. Qumran and the New Testament (StTDJ 85), Leiden/Boston 2009.

GARLINGTON, DON B., Role Reversal and Paul's Use of Scripture in Galatians 3.10–13, in: JSNT 65 (1997), 85–121.

GASTON, LLOYD, Abraham and the Righteousness of God, in: HBT 2 (1980), 39–68.

GATHERCOLE, SIMON J., Where is Boasting? Early Jewish Soteriology and Paul's Response in Romans 1–5, Grand Rapids, MI 2002.

----, Deutsche Erwiderungen auf die „New Perspective". Eine anglophone Sicht, in: Jörg Frey/Stefan Alkier (Hg.), Die Theologie des Paulus in der Diskussion. Reflexionen im Anschluss an Michael Wolters Grundriss (BThSt 140), Neukirchen-Vluyn 2013, 115–153.

GENETTE, GÉRARD, Palimpsestes. La littérature au second degré (Collection „Poétique"), Paris 1982.

----, Palimpseste. Die Literatur auf zweiter Stufe, Frankfurt am Main 1993.

GERTZ, JAN CHRISTIAN/WITTE, MARKUS (Hg.), Hermeneutik des Alten Testaments (VWGTh) 47), Leipzig 2017.

GESUNDHEIT, SHIMON, Proto-Midrash in the Biblical Ancestor Narratives, in: Bib. 99 (2018), 471–483.

GILLMAYR-BUCHER, SUSANNE, Intertextualität, in: PZB 8 (1999), 5–20.

----, Art. Intertextualität, in: https://www.bibelwissenschaft.de/stichwort/21850/ (20. November 2019).

GIVEN, MARK D., Paul and Writing, in: Stanley E. Porter (Hg.), As it is Written. Studying Paul's Use of Scripture (SBLSymS 50), Atlanta Ga. 2008, 237–259.

GLADD, BENJAMIN L., Revealing the Mysterion. The Use of Mystery in Daniel and Second Temple Judaism with its Bearing on First Corinthians (BZNW 160), Berlin/New York 2008.

GOLDBERG, ARNOLD, Petiha und Hariza, in: JSTJ 10 (1979), 213–218.

GOPPELT, LEONHARD, Typos. Die typologische Deutung des Alten Testaments im Neuen, Gütersloh 1939.

----, Apokalyptik und Typologie bei Paulus, in: ThLZ 89 (1964), 321–433.

GOUGH, HENRY, The New Testament Quotations Collated with the Scriptures of the Old Testament, London 1855.

GREEN, WILLIAM SCOTT, Doing the Text's Work for It. Richard Hays on Paul's Use of Scripture, in: Craig A. Evans/James A. Sanders (Hg.), Paul and the Scriptures of Israel, Sheffield 1993, 58–63.

GREENSPOON, LEONARD, By the Letter? Word for Word? Scriptural Citation in Paul, in: Christopher D. Stanley (Hg.), Paul and Scripture. Extending the Conversation, Atlanta 2012, 9–24.

GROHMANN, MARIANNE, Aneignung der Schrift. Wege einer christlichen Rezeption jüdischer Hermeneutik, Neukirchen-Vluyn 2000.

GRÖZINGER, KARL-ERICH, Prediger gottseliger Diesseitszuversicht, in: FjB 5 (1977), 42–64.

GRUBER, MAYER, The Term Midrash in Tannaitic Literature, in: Rivka Ulmer (Hg.), Discussing Cultural Influences. Text, Context, and Non-Text in Rabbinic Judaism, Lanham, MD 2007, 41–58.

GRUEN, ERICH S., Diaspora. Jews amidst Greeks and Romans, Cambridge, MA 2004.

GUNKEL, HERMANN, Die Wirkungen des Heiligen Geistes nach der populären Anschauung der apostolischen Zeit und der Lehre des Apostels Paulus, Göttingen 1888.

HAACKER, KLAUS, Paulus. Der Werdegang eines Apostels (SBS 171), Stuttgart 1997.

----, Verdienste und Grenzen der „neuen Perspektive" der Paulus-Auslegung, in: Michael Bachmann/Johannes Woyke (Hg.), Lutherische und neue Paulusperspektive. Beiträge zu einem Schlüsselproblem der gegenwärtigen exegetischen Diskussion (WUNT 182), Tübingen 2005, 1–16.

----, Der Brief des Paulus an die Römer (ThHK 6), Leipzig [3]2006.

----, Paulus, der Apostel. Wie er wurde, was er war, Stuttgart [2]2009.

HALL, STUART G., Art. Typologie, in: TRE 34 (2002), 208–224.

HAN, PAUL, Swimming in the Sea of Scripture. Paul's Use of the Old Testament in 2 Corinthians 4.7–13.13 (LNTS 519), London/New York 2014.

HANSON, ANTHONY TYRRELL, Studies in Paul's Technique and Theology, London 1974.

HARDING, JAMES E., Paul and first-century Judaism. Contributions from the Qumran Scrolls, in: Theof 35 (2004), 141–172.

HARMON, MATTHEW S., She Must and Shall Go Free. Paul's Isaianic Gospel in Galatians (BZNW 168), Berlin/New York 2010.

HARNACK, ADOLF VON, Das Alte Testament in den Paulinischen Briefen und in den Paulinischen Gemeinden, in: SPAW.PH (1928), 124–141.

HARRIS, JOHN RENDEL, Testimonies I, Cambridge 1916.

----, Testimonies II, Cambridge 1920.

HARRIS, WILLIAM V., Ancient Literacy, Cambridge, MA 1989.

HARRISON, JAMES R., The Rhetoric of „Consolation" in 2 Corinthians 1:3–11/7:4–13 in the Context of the Jewish and Graeco-Roman Consolatory Literature, in: Stanley E. Porter/Christopher D. Land (Hg.), Paul and Scripture (PAST 10), Leiden/Boston 2019, 233–262.

HARTENSTEIN, FRIEDHELM, Zur Bedeutung des Alten Testaments für die evangelische Kirche. Eine Auseinandersetzung mit den Thesen von Notger Slenczka, in: ThLZ 140 (2015), 738–751.

HAYS, RICHARD B., Echoes of Scripture in the Letters of Paul, New Haven 1989.

----, Echoes of Scripture in the Letters of Paul. Abstract, in: Craig A. Evans/James A. Sanders (Hg.), Paul and the Scriptures of Israel, Sheffield 1993, 42–46.

----, On the Rebound. A Response to Critiques of Echoes of Scripture in the Letters of Pauls, in: Craig A. Evans/James A. Sanders (Hg.), Paul and the Scriptures of Israel, Sheffield 1993, 70–96.

----, The Role of Scripture in Paul's Ethics, in: Eugene H. Lovering (Hg.), Theology and Ethics in Paul and his Interpreters. Essays in Honor of Victor Paul Furnish, Nashville 1996, 30–47.

----, Schriftverständnis und Intertextualität bei Paulus, in: ZNT 14 (2004), 55–64.

----, The Conversion of the Imagination. Paul as Interpreter of Israel's Scripture, Grand Rapids, MI 2005.

----, The Use of the Old Testament by New Testament Writers, in: Joel B. Green (Hg.), Hearing the New Testament. Strategies for Interpretation, Grand Rapids, MI [2]2010, 222–238.

----, Echoes of Scripture in the Gospels, Waco, TX 2016.

----, Scripture Proclaimed the Gospel Beforehand. Apocalyptic Hermeneutics in Paul's Letter of Galatians, in: Florian Wilk/Markus Öhler (Hg.), Paulinische Schriftrezeption. Grundlagen – Ausprägungen – Wirkungen – Wertungen (FRLANT 268), Göttingen/Bristol, CT, U.S.A. 2017, 137–147.

HAYS, RICHARD B./ALKIER, STEFAN/HUIZENGA, LEROY A. (Hg.), Reading the Bible Intertextually, Waco, TX 2009.

HEBEL, UDO J., Romaninterpretation als Textarchäologie. Untersuchungen zur Intertextualität am Beispiel von F. Scott Fitzgeralds This side of paradise (Mainzer Studien zur Amerikanistik 23), Frankfurt am Main u. a. 1989.

HEIDLAND, HANS WOLFGANG, Die Anrechnung des Glaubens zur Gerechtigkeit (BWANT 4), Stuttgart 1936.

HEIL, JOHN PAUL, The Rhetorical Role of Scripture in 1 Corinthians (SBLit 15), Atlanta 2005.

HEILMANN, JAN, Lesen in Antike und frühem Christentum. Kulturgeschichtliche, philologische sowie kognitionswissenschaftliche Perspektiven und deren Bedeutung für die neutestamentliche Exegese (TANZ), Tübingen 2021.

HELBIG, JÖRG, Intertextualität und Markierung. Untersuchungen zur Systematik und Funktion der Signalisierung von Intertextualität (Beiträge zur neueren Literaturgeschichte Folge 3, 141), Heidelberg 1996.

HENGEL, MARTIN, Judentum und Hellenismus. Studien zu ihrer Begegnung unter besonderer Berücksichtigung Palästinas bis zur Mitte des 2. Jh.s v. Chr (WUNT 10), Tübingen [3]1988.

----, Der vorchristliche Paulus, in: Martin Hengel/Ulrich Heckel (Hg.), Paulus und das antike Judentum (WUNT 58), Tübingen 1991, 177–293.

---- (Hg.), Schriftauslegung im antiken Judentum und im Urchristentum (WUNT 73), Tübingen 1994.
----, The pre-Christian Paul, London 1996.
HENGEL, MARTIN/SCHWEMER, ANNA MARIA, Paulus zwischen Damaskus und Antiochien. Die unbekannten Jahre des Apostels (WUNT 108), Tübingen 1998.
HERMANN, MARKUS-LIBORIUS, Die „hermeneutische Stunde" des Hebräerbriefes. Schriftauslegung in Spannungsfeldern (HBS 72), Freiburg im Breisgau 2013.
HESS, KATJA, Rhetor, Philosoph, Geistträger. Die Bildungsthematik in der lukanischen Paulusdarstellung (FzB), Würzburg 2019.
HEZSER, CATHERINE, Jewish Literacy in Roman Palestine (TSAJ 81), Tübingen 2001.
HIEKE, THOMAS/NICKLAS, TOBIAS, „Die Worte der Prophetie dieses Buches". Offenbarung 22,6–21 als Schlussstein der christlichen Bibel Alten und Neuen Testaments gelesen, Neukirchen-Vluyn 2003.
HING, LAU CHI, The Use of Job 13:16 in Philippians 1:19: Direct Quotation or Allusion?, in: Stanley E. Porter/Christopher D. Land (Hg.), Paul and Scripture (PAST 10), Leiden/Boston 2019, 335–349.
HOEGEN-ROHLS, CHRISTINA, Zwischen Augenblickskorrespondenz und Ewigkeitstexten. Eine Einführung in die paulinische Epistolographie (BThSt 135), Neukirchen-Vluyn 2013.
HOFIUS, OTFRIED, Der Psalter als Zeuge des Evangeliums. Die Verwendung der Septuaginta-Psalmen in den ersten beiden Hauptteilen des Römerbriefes, in: Henning Graf Reventlow (Hg.), Theologische Probleme der Septuaginta und der hellenistischen Hermeneutik (VWGTh) 11), Gütersloh 1997, 72–90.
HOLLANDER, JOHN, The Figure of Echo. A Mode of Allusion in Milton and after, Berkeley 1981.
HOLMAN, CLARENCE HUGH/THRALL, WILLIAM FLINT, A Handbook to Literature, Indianapolis ^{4}1980.
HOLMÉN, TOM, Obedience in Covenant and in Christ. Paul's Theodicean Solution, in: Stanley E. Porter/Christopher D. Land (Hg.), Paul and Scripture (PAST 10), Leiden/Boston 2019, 93–118.
HOLTHUIS, SUSANNE, Intertextualität. Aspekte einer rezeptionsorientierten Konzeption (Stauffenburg Colloquium 28), Tübingen 1993.
HOLTZ, GUDRUN, Rabbinische Literatur und Neues Testament. Alte Schwierigkeiten und neue Möglichkeiten, in: ZNW 100 (2009), 173–198.
HONG, IN-GYU, Does Paul Misrepresent the Jewish Law? Law and Covenant in Gal. 3:1–14, in: NT 36 (1994), 164–182.
HORN, FRIEDRICH WILHELM, Die letzte Jerusalemreise des Paulus, in: Ders. (Hg.), Das Ende des Paulus, Berlin, Boston 2001, 15–36.
HÜBENTHAL, SANDRA, Transformation und Aktualisierung. Zur Rezeption von Sach 9–14 im Neuen Testament (SBB 57), Stuttgart 2006.
HÜBNER, HANS, Art. Galaterbrief, in: TRE 12 (1984), 5–14.
----, Koch, Dietrich-Alex: Die Schrift als Zeuge des Evangeliums, in: ThLZ 113 (1988), 349–352.
----, Intertextualität – die hermeneutische Strategie des Paulus? Zu einem neuen Versuch der theologischen Rezeption des Alten Testaments im Neuen, in: ThLZ 116 (1991), 881–897.
----, Vetus Testamentum in Novo. Band 2 – Corpus Paulinum, Göttingen 1997.
HÜHN, EUGEN, Die alttestamentlichen Citate und Reminiscenzen im Neuen Testamente, Tübingen 1900.
HUIZENGA, LEROY A., The New Isaac. Tradition and Intertextuality in the Gospel of Matthew, Leiden/Boston 2009.
----, The Old Testament in the New, Intertextuality and Allegory, in: JSNT 38 (2015), 17–35.
HULTGREN, ARLAND J., The Pastoral Epistles and the Scriptures of Israel, in: Stanley E. Porter/Christopher D. Land (Hg.), Paul and Scripture (PAST 10), Leiden/Boston 2019, 372–390.
HUNN, DEBBIE, Habakkuk 2.4b in its Context. How Far Off Was Paul?, in: JSOT 34 (2010), 219–239.

----, Galatians 3.10–12. Assumptions and Argumentation, in: JSNT 37 (2015), 253–266.

IBITA, MARICEL S., „Abraham believed God, and it was reckoned to him as Righteousness“. Paul's Usage of Gen 15,6 in Romans 4, in: Udo Schnelle (Hg.), The Letter to the Romans (BETL 226), Leuven/Paris/Walpole, MA 2009, 679–690.

INSTONE-BREWER, DAVID, Techniques and Assumptions in Jewish Exegesis before 70 CE (TSAJ 30), Tübingen 1992.

JASSEN, ALEX P., The Pesharim and the Rise of Commentary in Early Jewish Scriptural Interpretation, in: DSD 19 (2012), 363–398.

JEREMIAS, JOACHIM, Paulus als Hillelit, in: E. Earle Ellis/Max Wilcox (Hg.), Neotestamentica et Semitica. Studies in Honour of Matthew Black, Edinburgh 1969, 88–94.

JERVELL, JACOB, Der Brief nach Jerusalem. Über Veranlassung und Adresse des Römerbriefes, in: StTh 25 (1971), 61–73.

JEWETT, ROBERT, Romans. A Commentary, Minneapolis, MN 2006.

JIPP, JOSHUA W., Rereading the Story of Abraham, Isaac, and ‚Us' in Romans 4, in: JSNT 32 (2010), 217–242.

JOHNSON, E. ELIZABETH, Paul's Reliance on Scripture in 1 Thessalonians, in: Christopher D. Stanley (Hg.), Paul and Scripture. Extending the Conversation, Atlanta 2012, 143–162.

JOHNSON, FRANKLIN, The Quotations of the New Testament from the Old, London 1896.

KAISER, WALTER C., The Uses of the Old Testament in the New, Chicago ^{2}1986.

KANAGARAJ, JEY J., The Centrality of Jewish Scripture in Paul's Theology. Romans 3 as a Case in Point, in: Stanley E. Porter/Christopher D. Land (Hg.), Paul and Scripture (PAST 10), Leiden/Boston 2019, 119–149.

KAUTZSCH, EMIL F., De Veteris Testamenti locis a Paulo Apostolo allegatis, Leipzig 1869.

KEEFER, ARTHUR, The Meaning and Place of Old Testament Context in OT/NT Methodology, in: David M. Allen/Steve Smith (Hg.), Methodology in the Use of the Old Testament in the New. Context and Criteria (LNTS 579), 2019, 73–85.

KEESMAAT, SYLVIA C., Paul and his Story. (Re)Interpreting the Exodus Tradition (JSNTS 181), Sheffield 1999.

KETTUNEN, MARKKU, Der Abfassungszweck des Römerbriefes (AASF 18), Helsinki 1979.

KIM, MITCHELL, Respect for Context and Authorial Intention. Setting the Epistemological Bar, in: Christopher D. Stanley (Hg.), Paul and Scripture. Extending the Conversation, Atlanta 2012, 115–129.

KLAUCK, HANS-JOSEF, Hausgemeinde und Hauskirche im frühen Christentum (SBS 103), Stuttgart 1981.

KLEIN, GÜNTER, Der Abfassungszweck des Römerbriefes, in: Ders. (Hg.), Rekonstruktion und Interpretation. Gesammelte Aufsätze zum Neuen Testament (BEvTh 50), München 1969, 129–144.

KNOWLES, MICHAEL, Jeremiah in Matthew's Gospel. The Rejected Prophet Motif in Matthean Redaction (JSNTS 68), Sheffield 1993.

KOBEL, ESTHER, Paulus als interkultureller Vermittler. Eine Studie zur kulturellen Positionierung des Apostels der Völker (SCCB 1), Leiden u. a. 2019.

KOCH, DIETRICH-ALEX, Die Schrift als Zeuge des Evangeliums. Untersuchungen zur Verwendung und zum Verständnis der Schrift bei Paulus (BHTh 69), Tübingen 1986.

KÖCKERT, MATTHIAS, Abrahams Glaube in Röm 4 und im vorpaulinischen Judentum, in: Cilliers Breytenbach (Hg.), Der Römerbrief als Vermächtnis an die Kirche. Rezeptionsgeschichten aus zwei Jahrtausenden, Neukirchen-Vluyn 2012, 15–48.

KOEPP, WILHELM, Die Abraham-Midraschim-Kette des Galaterbriefes als das vorpaulinische heidenchristliche Urtheologumenon, in: WZ(R) 2 (1953), 181–187.

KOET, BART J., Paul, a Light for the Gentiles. Paul as Interpreter of Scripture in Galatians 1:13–16 and in the Acts of the Apostles, in: Florian Wilk/Markus Öhler (Hg.), Paulinische

Schriftrezeption. Grundlagen – Ausprägungen – Wirkungen – Wertungen (FRLANT 268), Göttingen/Bristol, CT, U.S.A. 2017, 249–274.

KONRADT, MATTHIAS, „Die aus Glauben, diese sind Kinder Abrahams“ (Gal 3,7). Erwägungen zum galatischen Konflikt im Lochte frühjüdischer Abrahamtraditionen, in: Gabriella Gelardini (Hg.), Kontexte der Schrift. Band I: Text, Ethik, Judentum und Christentum, Gesellschaft. (Ekkehard W. Stegemann zum 60. Geburtstag), Stuttgart/Berlin/Köln 2005, 25–48.

KOSKENNIEMI, ERKKI/LINDQUIST, PEKKA, Rewritten Bible, Rewritten Stories, in: Antti Laato/Jacques van Ruiten (Hg.), Rewritten Bible Reconsidered. Proceedings of the Conference in Karkku, Finland, August 24–26 2006 (Studies in Rewritten Bible 1), Winona Lake 2008, 11–39.

KOWALSKI, BEATE, Die Rezeption des Propheten Ezechiel in der Offenbarung des Johannes (SBB 52), Stuttgart 2004.

----, Selective Versus Contextual Allusions. Reconsidering Technical Terms of Intertextuality, in: David M. Allen/Steve Smith (Hg.), Methodology in the Use of the Old Testament in the New. Context and Criteria (LNTS 579), 2019, 86–102.

KRAUS, HANS-JOACHIM, Psalmen 1–59 (BKAT XV/1), Neukirchen-Vluyn [6]1989.

KRAUSE, JOACHIM J., Citations, Allusions, and Marking Them in the Hebrew Bible. A Theoretical Introduction with Some Examples, in: BibInt 30 (2022), 1–17.

KREMENDAHL, DIETER, Die Botschaft der Form. Zum Verhältnis von antiker Epistolographie und Rhetorik im Galaterbrief (NTOA 46), Freiburg, Schweiz/Göttingen 2000.

KREUZER, SIEGFRIED, New Testament Quotations and the Textual History of the Septuagint, in: Jesper Høgenhaven/Jesper Tang Nielsen/Heike Omerzu (Hg.), Rewriting and Reception in and of the Bible (WUNT 396), Tübingen 2018, 65–82.

KREUZER, SIEGFRIED/KARRER, MARTIN/KRAUS, WOLFGANG (Hg.), Einleitung in die Septuaginta (LXX.H / herausgegeben von Martin Karrer, Wolfgang Kraus und Siegfried Kreuzer ; Band 1), Gütersloh 2016.

KRISTEVA, JULIA, Bakhtine, le mot, le dialogue et le roman, in: Critique 23 (1967), 438–465.

----, Bachtin, das Wort, der Dialog und der Roman, in: Jens Ihwe (Hg.), Literaturwissenschaft und Linguistik. Ergebnisse und Perspektiven. (Band 3: Zur linguistischen Basis der Literaturwissenschaft), Frankfurt am Main 1972, 345–375.

----, La révolution du language poétique, Paris 1974.

----, Die Revolution der poetischen Sprache (ES 949), Frankfurt 1978.

KRUSE, COLIN G., Paul's Use of Scripture in Romans, in: Stanley E. Porter/Christopher D. Land (Hg.), Paul and Scripture (PAST 10), Leiden/Boston 2019, 77–92.

KUGEL, JAMES L., Two Introductions to Midrash, in: Geoffrey H. Hartman/Sanford Budick (Hg.), Midrash and Literature, New Haven 1986, 77–103.

----, The Beginnings of Biblical Interpretation, in: Matthias Henze (Hg.), A Companion to Biblical Interpretation in Early Judaism, Grand Rapids, MI 2012, 3–23.

KUGEL, JAMES L./GREER, ROWAN A., Early Biblical Interpretation (LEC 3), Philadelphia, PA 1986.

KUHN, HEINZ-WOLFGANG, Die Bedeutung der Qumrantexte für das Verständnis des Ersten Thessalonicherbriefes. Vorstellung des Münchener Projekts: Qumran und das Neue Testament – The Impact of the Qumran Scrolls on the Understanding of Paul's First Letter to the Thessalonians, in: Julio C. Trebolle Barrera (Hg.), The Madrid Qumran Congress. Proceedings of the International Congress on the Dead Sea Scrolls, Madrid, 18–21 March, 1991 (StTDJ 11), Madrid/Leiden 1992, 339–353.

----, The Impact of the Qumran Scrolls on the Understanding of Paul, in: Devorah Dimant (Hg.), The Dead Sea Scrolls. Forty Years of Research (StTDJ 10), Leiden 1992, 327–339.

----, Die drei wichtigsten Qumranparallelen zum Galaterbrief. Unbekannte Wege der Tradition, in: Rüdiger Bartelmus/Bartelmus-Krüger-Utzschneider (Hg.), Konsequente Traditionsgeschichte. Festschrift für Klaus Baltzer zum 65. Geburtstag (OBO 126), Freiburg, Schweiz/Göttingen 1993, 227–254.

----, Die Bedeutung der Qumrantexte für das Verständnis des Galaterbriefes. Aus dem Münchener Projekt: Qumran und das Neue Testament, in: George J. Brooke/F. Garcia Martínez (Hg.), New Qumran Texts and Studies. Proceedings of the First Meeting of the International Qrganization for Qumran Studies, Paris 1992 (StTDJ 15), Leiden u. a. 1994, 169–221.

----, A Legal Issue in 1 Corinthians 5 and in Qumran, in: Moshe J. Bernstein/F. Garcia Martínez/J. Kampen (Hg.), Legal Texts and Legal Issues. Proceedings of the Second Meeting of the International Organization for Qumran Studies, Cambridge 1995. (FS Joseph M. Baumgarten) (StTDJ 23), Leiden u. a. 1997, 489–499.

----, Qumran und Paulus. Unter traditionsgeschichtlichem Aspekt ausgewählte Parallelen, in: Ulrich B. Müller/Ulrich Mell (Hg.), Das Urchristentum in seiner literarischen Geschichte. Festschrift für Jürgen Becker zum 65. Geburtstag (BZNW 100), Berlin, Boston 1999, 227–246.

----, The Qumran Meal and the Lord's Supper in Paul in the Context of the Graeco-Roman World, in: Alf Christophersen u. a. (Hg.), Paul, Luke and the Graeco-Roman World. Essays in Honour of Alexander J. M. Wedderburn (LNTS 217), London 2003, 221–248.

----, „Gemeinde Gottes" in den Qumrantexten und bei Paulus unter Berücksichtigung des Toraverständnisses, in: Dieter Sänger (Hg.), Das Gesetz im frühen Judentum und im Neuen Testament. Festschrift für Christoph Burchard zum 75. Geburtstag (NTOA 57), Göttingen 2006, 153–169.

----, The Impact of Selected Qumran Texts on the Understanding of Pauline Theology, in: James H. Charlesworth (Hg.), The Bible and the Dead Sea scrolls. The Second Princeton Symposium on Judaism and Christian Origins, Waco, TX 2006, 153–185.

----, Zum 2. Korintherbrief. Drei wichtige Parallelen zur Qumrangemeinde (Gemeinde Gottes, neuer Bund und Neuschöpfung), in: ZNW 120 (2019), 42–83.

KUJANPÄÄ, KATJA, The Rhetorical Functions of Scriptural Quotations in Romans. Paul's Argumentation by Quotations (NT.S 172), Leiden/Boston 2019.

KURIAKOS, LUKE, Ancient Jewish Exegesis, in: ITS 39 (2002), 126–149.

LACHMANN, RENATE (Hg.), Dialogizität (Theorie und Geschichte der Literatur und der schönen Künste Reihe A, Hermeneutik, Semiotik, Rhetorik 1), München 1982.

----, Ebenen des Intertextualitätsbegriffs, in: Karlheinz Stierle/Rainer Warning (Hg.), Das Gespräch (PuH 11), München 1984, 133–138.

LAMPE, PETER, Die stadtrömischen Christen in den ersten beiden Jahrhunderten. Untersuchungen zur Sozialgeschichte (WUNT 18), Tübingen ²1989.

LAND, CHRISTOPHER D., It's Not Like Moses Veiled So That the Israelites Didn't Stare. A Hypothesis Regarding Paul's Understanding of Exodus 34, in: Stanley E. Porter/Christopher D. Land (Hg.), Paul and Scripture (PAST 10), Leiden/Boston 2019, 263–302.

LANG, MARKUS, Nützlich in den richtigen Händen. Schriftrezeption in den Pastoralbriefen, in: Florian Wilk/Markus Öhler (Hg.), Paulinische Schriftrezeption. Grundlagen – Ausprägungen – Wirkungen – Wertungen (FRLANT 268), Göttingen/Bristol, CT, U.S.A. 2017, 235–247.

LANGE, ARMIN, From Literature to Scripture. The Unity and Plurality of the Hebrew Scriptures in Light of the Qumran Library, in: Christine Helmer/Christof Landmesser (Hg.), One Scripture or Many? Canon from Biblical, Theological and Philosophical Perspectives, Oxford 2004, 51–107.

LANGE, ARMIN/WEIGOLD, MATTHIAS, Biblical Quotations and Allusions in Second Temple Jewish Literature (JAJSup 5), Göttingen 2011.

LANGER, GERHARD, Midrasch (UTB 4675), Tübingen 2016.

LANZINGER, DANIEL, Ein „unerträgliches philologisches Possenspiel"? Paulinische Schriftverwendung im Kontext antiker Allegorese (NTOA/StUNT) 112), Göttingen 2016.

LATEGAN, BERNARD, Intertextuality and Social Transformation. Some Implications of the Family Concept in New Testament Texts, in: Sipke Draisma (Hg.), Intertextuality in Biblical Writings. Essays in Honour of Bas van Iersel, Kampen 1989, 105–116.

LEE, YONGBOM, Paul, Scribe of Old and New. Intertextual Insights for the Jesus-Paul Debate (LNTS 512), London 2015.

LENHARD, DORIS, Die Rabbinische Homilie. Ein formanalytischer Index (FJS 10), Frankfurt am Main 1998.

LENTZ JR., JOHN C., Luke's Portrait of Paul (MSSNTS 77), Cambridge 1993.

LEVINSON, JOSHUA, Literary Approaches to Midrash, in: Carol Bakhos (Hg.), Current Trends in the Study of Midrash (JSJ.S 106), Leiden 2006, 189–226.

LIEBERMANN, SAUL, Hellenism in Jewish Palestine, New York 1950.

LIETZMANN, HANS, An die Galater (HNT 10), Tübingen ^{4}1971.

LIM, TIMOTHY H., Holy Scripture in the Qumran Commentaries and Pauline Letters, Oxford 1997.

----, Biblical Quotations in the Pesharim and the Text of the Bible – Methodological Considerations, in: Edward D. Herbert (Hg.), The Hebrew Bible and the Judaean Desert Discoveries, 2002, 71–79.

----, Pesharim, London 2002.

----, Studying the Qumran Scrolls and Paul in Their Historical Context, in: James R. Davila (Hg.), The Dead Sea Scrolls as Background to Postbiblical Judaism and Early Christianity (StTDJ 46), Leiden 2003, 135–156.

----, Qumran Scholarship and the Study of the Old Testament in the New Testament, in: JSNT 38 (2015), 68–80.

----, Pesher, in: Eric M. Orlin u. a. (Hg.), The Routledge Encyclopedia of Ancient Mediterranean Religions, New York/London 2016.

LINCICUM, DAVID, Paul and the Temple Scroll. Reflections on a Shared Engagement with Deuteronomy, in: Craig A. Evans/H. Daniel Zacharias (Hg.), ‚What does the Scripture Say?'. Studies in the Function of Scripture in Early Judaism and Christianity (SSEJC 17), London u. a. 2012, 51–69.

----, Genesis in Paul, in: Maarten J. J. Menken/Steve Moyise (Hg.), Genesis in the New Testament (LNTS 466), London 2013, 99–116.

----, Intertextuality, Effective History, and Memory. Conceptualizing Paul's Use of Scripture, in: Florian Wilk/Markus Öhler (Hg.), Paulinische Schriftrezeption. Grundlagen – Ausprägungen – Wirkungen – Wertungen (FRLANT 268), Göttingen/Bristol, CT, U.S.A. 2017, 9–22.

LINDARS, BARNABAS, New Testament Apologetic. The Doctrinal Significance of the Old Testament Quotations, London 1961.

LITWAK, KENNETH D., Echoes of Scripture? A Critical Survey of Recent Works on Paul's Use of the Old Testament, in: CR.BS 6 (1998), 260–288.

LOHSE, EDUARD, Summa Evangelii – zu Veranlassung und Thematik des Römerbriefes, in: NAWG.PH (1993), 89–119.

----, Paulus. Eine Biographie, München 1996.

----, Der Brief an die Römer (KEK 4), Göttingen 2003.

LONGENECKER, RICHARD N., Biblical Exegesis in the Apostolic Period, Grand Rapids, MI 1974.

----, Galatians (WBC 41), Grand Rapids, MI 1990.

LÜHRMANN, DIETER, Der Brief an die Galater (ZBK.NT 7), Zürich ^{2}1988.

LUST, JOHAN L., Quotation Formulae and Canon in Qumran, in: Arie van der Kooij/Karel van der Toorn/Joannes Augustinus Maria Snoek (Hg.), Canonization and Decanonization (SHR 82), Leiden 1998, 67–77.

LUZ, ULRICH, Das Geschichtsverständnis des Paulus (BEvTh 49), München 1968.

----, Zum Aufbau von Röm 1–8, in: ThZ 25 (1969), 161–181.
----, Theologische Hermeneutik des Neuen Testaments, Neukirchen-Vluyn 2014.
MACHIELA, DANIEL A., The Qumran Pesharim as Biblical Commentaries. Historical Context and Lines of Development, in: DSD 19 (2012), 363–398.
MAIER, JOHANN, Zwischen den Testamenten. Geschichte und Religion in der Zeit des zweiten Tempels (NEB.ATE 3), Würzburg 1990.
----, Early Jewish Biblical Interpretation in the Qumran Literature, in: Magne Saebø (Hg.), Hebrew Bible / Old Testament. The History of Its Interpretation. (From the Beginnings to the Middle Ages (until 1300)), Göttingen 1996, 108–129.
MALLEN, PETER, The Reading and Transformation of Isaiah in Luke-Acts (LNTS 367), New York, NY 2008.
MARSHALL, I. HOWARD, An Assessment of Recent Developments, in: Donald A. Carson/Hugh Godfrey Maturin Williamson (Hg.), It is Written: Scripture Citing Scripture. Essays in Honour of Barnabas Lindars, Cambridge 1988, 1–21.
MARTÍNEZ, F. GARCIA, Galatians 3:10–14 in the Light of Qumran, in: Jean-Sébastien Rey (Hg.), The Dead Sea Scrolls and Pauline Literature (StTDJ 102), Leiden/Boston 2014, 51-67.
MASCHMEIER, JENS-CHRISTIAN, Rechtfertigung bei Paulus. Eine Kritik alter und neuer Paulusperspektiven (BWANT 189), Stuttgart 2010.
MASON, STEVE/KRAFT, ROBERT A., Scripture and Canon in the Commoly Called Apokrypha and Pseudepigrapha and in the Writings of Josephus, in: Magne Saebø (Hg.), Hebrew Bible / Old Testament. The History of Its Interpretation. (From the Beginnings to the Middle Ages (until 1300)), Göttingen 1996, 199–235.
MAYER, GÜNTER, Art. Midrasch, in: TRE 22 (1992), 734–744.
MCFARLAND, ORREY, Whose Abraham, Which Promise? Genesis 15.6 in Philo's De Virtutibus and Romans 4, in: JSNT 35 (2012), 107–129.
MCNAMARA, MARTIN, Targum and New Testament. Collected Essays (WUNT 279), Tübingen 2012.
MENKEN, MAARTEN J. J./MOYISE, STEVE (Hg.), The Psalms in the New Testament, London 2004.
----, Isaiah in the New Testament, London 2005.
---- (Hg.), Deuteronomy in the New Testament (LNTS 358), London 2008.
---- (Hg.), The Minor Prophets in the New Testament (LNTS 377), London 2009.
---- (Hg.), Genesis in the New Testament (LNTS 466), London 2013.
MERZ, ANNETTE, Die fiktive Selbstauslegung des Paulus. Intertextuelle Studien zur Intention und Rezeption der Pastoralbriefe (NTOA / StUNT 52), Göttingen 2004.
METSO, SARIANNA, Biblical Quotations in the Community Rule, in: Edward D. Herbert/Emanuel Tov (Hg.), The Bible as Book. The Hebrew Bible and the Judean Desert Discoveries, London 2002, 81-92.
METZENTHIN, CHRISTIAN, Abraham in der Damaskusschrift und im Galaterbrief, in: BN 134 (2007), 79–103.
----, Jüdische Schriftgelehrsamkeit bei Paulus, in: Jörg Frey/Enno Edzard Popkes (Hg.), Jesus, Paulus und die Texte von Qumran (WUNT 390), Tübingen 2015, 163–183.
MEYER, HERMANN, Das Zitat in der Erzählkunst. Zur Geschichte und Poetik des europäischen Romans, Stuttgart ^{2}1960.
MICHEL, OTTO, Paulus und seine Bibel, Gütersloh 1929.
MIELZINER, MOSES, Introduction to the Talmud, New York ^{4}1968.
MILLARD, ALAN RAPLH, Reading and Writing in the Time of Jesus (BiSe 69), Sheffield 2001.
MONNET, HENRI, Les Citations de l'ancien testament dans les épitres de St Paul, Lusanne 1874.
MOO, DOUGLAS J., The Epistle to the Romans (NICNT), Grand Rapids, MI 2009.
MOOR, JOHANNES C. de, Intertextuality in Ugarit and Israel, Leiden u. a. 1998.
MOORE, GEORGE FOOTE, Judaism in the First Centuries of the Christian Era. The Age of the Tannaim, Volume I, Cambridge, MA 1927.

MORTENSEN, JACOB P. B., Paul Among The Gentiles. A ‚Radical' Reading of Romans (NET 28), Tübingen 2018.

MOSIS, RUDOLF, „Glauben" und „Gerechtigkeit" – zu Gen 15,6, in: Manfred Görg, Die Väter Israels. Beiträge zur Theologie der Patriarchenüberlieferungen im Alten Testament. (Festschrift für Josef Scharbert zum 70. Geburtstag), Stuttgart 1989, 225–257.

MOYISE, STEVE, Old Testament in the New Testament, Essays in Honour of J.L. North (LNTS 189), London 2000.

----, Intertextualität und historische Zugänge zum Schriftgebrauch im Neuen Testament, in: Stefan Alkier/Richard B. Hays (Hg.), Die Bibel im Dialog der Schriften. Konzepte intertextueller Bibellektüre (NET 10), Tübingen 2005, 23–34.

----, Evoking Scripture. Seeing the Old Testament in the New, London 2008.

----, Quotations, in: Stanley E. Porter (Hg.), As it is Written. Studying Paul's Use of Scripture (SBLSymS 50), Atlanta Ga. 2008, 15–28.

----, Scripture in the New Testament. Literary and Theological Perspectives, in: Neotest. 42 (2008), 305–326.

----, How Does Paul Read Scripture?, in: Craig A. Evans/H. Daniel Zacharias (Hg.), Early Christian Literature and Intertextuality. Volume 1: Thematic Studies (LNTS 392), London 2009, 184–196.

----, Paul and Scripture. Studying the New Testament Use of the Old Testament, Grand Rapids, MI 2010.

----, Does Paul Respect the Context of His Quotations?, in: Christopher D. Stanley (Hg.), Paul and Scripture. Extending the Conversation, Atlanta 2012, 97–114.

----, Latency and Respect for Context. A Response to Mitchell Kim, in: Christopher D. Stanley (Hg.), Paul and Scripture. Extending the Conversation, Atlanta 2012, 131–139.

----, The Later New Testament Writings and Scripture. The Old Testament in Acts, Hebrews, the Catholic Epistles and Revelation, Grand Rapids, MI 2012.

----, The Old Testament in the New. An Introduction, London [2]2015.

----, Concluding Reflection, in: David M. Allen/Steve Smith (Hg.), Methodology in the Use of the Old Testament in the New. Context and Criteria (LNTS 579), 2019, 178–186.

MOYISE, STEVE/OROPEZA, BRISIO J. (Hg.), Exploring Intertextuality. Diverse Strategies for the New Testament Use of Texts, Eugene, OR 2016.

MÜLLER, KARLHEINZ, Neutestamentliche Wissenschaft und Judaistik, in: Lutz Doering/Hans-Günther Waubke/Florian Wilk (Hg.), Judaistik und neutestamentliche Wissenschaft. Standorte – Grenzen – Beziehungen (FRLANT 226), Göttingen 2014, 33–60.

MURAOKA, TAKAMITSU, Justification by Faith. Paul and Qumran, in: Bib. 99 (2018), 281–284.

MUßNER, FRANZ, Der Galaterbrief (HThKNT 9), Freiburg im Breisgau [5]1988.

NEUBRAND, MARIA, Abraham – Vater von Juden und Nichtjuden. Eine exegetische Studie zu Röm 4 (FzB 85), Würzburg 1997.

NEUSNER, JACOB, From Judaism to Judaisms. My Approach to the History of Judaism, in: Ders. (Hg.), Ancient Judaism. Debates and Disputes (BJSt 64), Atlanta, GA 1984, 181–221.

----, Rabbinic Literature & the New Testament. What We Cannot Show, We Do Not Know, Valley Forge, PA 1994.

NEUSNER, JACOB/THOMA, CLEMENS, Die Pharisäer vor und nach der Tempelzerstörung des Jahres 70 n. Chr., in: Simon Lauer (Hg.), Tempelkult und Tempelzerstörung (70 n. Chr.). Festschrift für Clemens Thoma zum 60. Geburtstag (JudChr 15), Bern/Wien u. a. 1995, 189–230.

NEWTON, MICHAEL, The Concept of Purity at Qumran and in the Letters of Paul (SNTSMS 53), Cambridge 1985.

NICKLAS, TOBIAS, Jews and Christians? Second Century „Christian" Perspectives on the „Parting of the Ways", Tübingen 2014.

NICOLE, ROGER, The New Testament Use of the Old Testament, in: Carl F. H. Henry (Hg.), Revelation and the Bible, Grand Rapids 1958.

NIEBUHR, KARL-WILHELM, Heidenapostel aus Israel. Die jüdische Identität des Paulus nach ihrer Darstellung in seinen Briefen (WUNT 62), Tübingen 1992.

----, Der Galaterbrief. Kampf um das Evangelium, in: Ders. (Hg.), Grundinformation Neues Testament. Eine bibelkundlich-theologische Einführung (UTB 2108), Göttingen [3]2008, 238–247.

----, Der vorchristliche Paulus. Paulus, ein Diasporajude aus Tarsus (Name, Herkunft, Familie), in: Friedrich Wilhelm Horn (Hg.), Paulus Handbuch, Tübingen 2013, 49–55.

NIELSEN, KIRSTEN, Intertextuality and Hebrew Bible, in: André Lemaire/Magne Sæbø (Hg.), Congress Volume Oslo 1998 (VT.S 80), Leiden/Boston 2000, 17–31.

NITZAN, BILHAH, The Habakkuk Commentary. A Scroll from the Wilderness of Judea (1QpHab), Jerusalem 1986.

----, Approaches to Biblical Exegesis in Qumran Literature, in: Shalom M. Paul (Hg.), Emanuel. Studies in Hebrew Bible, Septuagint and Dead Sea Scrolls in Honor of Emanuel Tov (VT.S 94,1), Leiden 2003, 347–365.

NORTON, JONATHAN D. H., Composite Quotations in the Damascus Document, in: Sean A. Adams/Seth M. Ehorn (Hg.), Composite Citations in Antiquity. Volume One: Jewish, Graeco-Roman, and Early Christian Uses (LNTS 525), London 2016, 92–118.

O'CONNOR, MURPHY J. (Hg.), Paul and Qumran. Studies in New Testament Exegesis, Chicago 1968.

OBERDORFER, BERND, Das Alte Testament in christlicher Perspektive. Überlegungen aus Anlass der Thesen Notger Slenczkas, in: EvTh 77 (2017), 88–100.

OEGEMA, GERBERN S., The Reception of 1 and 2 Maccabees in the Letters of Paul, in: Stanley E. Porter/Christopher D. Land (Hg.), Paul and Scripture (PAST 10), Leiden/Boston 2019, 59–74.

OEMING, MANFRED, Ist Genesis 15,6 ein Beleg für die Anrechnung des Glaubens zur Gerechtigkeit?, in: ZAW 95 (1983), 182–197.

----, Der Glaube Abrahams. Zur Rezeptionsgeschichte von Gen 15,6 in der Zeit des zweiten Tempels, in: ZAW 110 (1998), 16–33.

----, Biblische Hermeneutik. Eine Einführung, Darmstadt [4]2013.

OEPKE, ALBRECHT, Probleme der vorchristlichen Zeit des Paulus, in: Ulrich Luck/Karl-Heinrich Rengstorf (Hg.), Das Paulusbild in der neueren deutschen Forschung (WdF 24), Darmstadt [2]1969.

ÖHLER, MARKUS, Wasser in der Wüste. Ex 17 und Num 20f. in den Texten von Qumran und bei Paulus, in: Hermann Lichtenberger (Hg.), Biblical Figures in Deuterocanonical and Cognate Literature (DCLS 2008), Berlin 2009, 413–437.

----, Bausteine aus frühchristlicher Theologie, in: Friedrich Wilhelm Horn (Hg.), Paulus Handbuch, Tübingen 2013, 497–504.

----, Rezeption des Alten Testaments im 1.Thessalonicherbrief und im Philipperbrief?, in: Florian Wilk/Markus Öhler (Hg.), Paulinische Schriftrezeption. Grundlagen – Ausprägungen – Wirkungen – Wertungen (FRLANT 268), Göttingen/Bristol, CT, U.S.A. 2017, 113–135.

----, Geschichte des frühen Christentums (UTB 4737), Göttingen 2018.

----, Reception of the Old Testament in 1 Thessalonians and in Philippians?, in: Stanley E. Porter/Christopher D. Land (Hg.), Paul and Scripture (PAST 10), Leiden/Boston 2019, 350–371.

ÖHLER, MARKUS/WILK, FLORIAN, Einführung, in: Dies. (Hg.), Paulinische Schriftrezeption. Grundlagen – Ausprägungen – Wirkungen – Wertungen (FRLANT 268), Göttingen/Bristol, CT, U.S.A. 2017, 1–8.

OLIVER, ISAAC W., The „Historical Paul" and the Paul of Acts. Which Is More Jewish?, in: Gabriele Boccaccini/Carlos A. Segovia/Cameron J. Doody (Hg.), Paul the Jew. Rereading the Apostle as a Figure of Second Temple Judaism, Minneapolis, MN 2016, 51–80.

OMERZU, HEIKE, Der vorchristliche Paulus. Paulus, ein Diasporajude aus Tarsus (Tarsisches und römisches Bürgerrecht), in: Friedrich Wilhelm Horn (Hg.), Paulus Handbuch, Tübingen 2013, 55–58.

OROPEZA, BRISIO J./MOYISE, STEVE (Hg.), Exploring Intertextuality. Diverse Strategies for New Testament Interpretation of Texts, Eugene, OR 2016.

OROSZ, MADOLNA, Intertextualität in der Textanalyse, Wien 1987.

OSTEN-SACKEN, PETER von der, Der Brief an die Gemeinden in Galatien (ThKNT 9), Stuttgart 2019.

OSTMEYER, KARL-HEINRICH, Typologie und Typos: Analyse eines schwierigen Verhältnisses, in: NTS 46 (2000), 112–131.

PARSONS, MIKAEL C., The Critical Use of the Rabbinic Literature in New Testament Studies, in: PRSt 12 (1985), 85–102.

PATTE, DANIEL, Early Jewish Hermeneutic in Palestine (SBLDS 22), Missoula, MT 1975.

PETERSEN, ANDERS KLOSTERGAARD, Rewritten Bible As A Borderline Phenomenon. Genre, Textual Strategy, Or Canonical Anachronism?, in: Anthony Hilhorst/Emile Puech/Eibert Tigchelaar (Hg.), Flores Florentino: Dead Sea Scrolls and Other Early Jewish Studies in Honour of Florentino Garcia Martinez (JSJ.S 122), Leiden u. a. 2007, 285–306.

––––, Paul the Jew Was also Paul the Hellenist, in: Gabriele Boccaccini/Carlos A. Segovia/Cameron J. Doody (Hg.), Paul the Jew. Rereading the Apostle as a Figure of Second Temple Judaism, Minneapolis, MN 2016, 273–299.

PFISTER, MANFRED, Bezugsfelder der Intertextualität. Zur Systemreferenz, in: Ulrich Broich/Manfred Pfister (Hg.), Intertextualität. Formen, Funktionen, anglistische Fallstudien (Konzepte der Sprach- und Literaturwissenschaft 35), Tübingen 1985, 52–58.

––––, Konzepte der Intertextualität, in: Ulrich Broich/Manfred Pfister (Hg.), Intertextualität. Formen, Funktionen, anglistische Fallstudien (Konzepte der Sprach- und Literaturwissenschaft 35), Tübingen 1985, 1–30.

PFLEIDERER, OTTO, Der Paulinismus, Berlin 1873.

PITTS, ANDREW W., Paul in Tarsus. Historical Pactors in Assessing Paul's Early Education, in: Stanley E. Porter/Bryan Dyer (Hg.), Paul and ancient Rhetoric. Theory and Practice in the Hellenistic Context, Grand Rapids, MI 2016, 43–67.

PLAG, CHRISTOPH, Paulus und die Gezera schawa. Zur Übernahme rabbinischer Auslegungskunst, in: Jud 50 (1994), 135–140.

POMYKALA, KENNETH E., Images of David in Early Judaism, in: Craig A. Evans (Hg.), Of Scribes and Sages. Early Jewish Interpretation and Transmission of Scripture. (Volume 1: Versions and Traditions) (LSTS 50), London 2004, 33–46.

POPKES, ENNO EDZARD, Essenisch-qumranische und paulinische Psalmen-Rezeption. Ein Beitrag zur frühjdischen Schrifthermeneutik, in: Jörg Frey/Enno Edzard Popkes (Hg.), Jesus, Paulus und die Texte von Qumran (WUNT 390), Tübingen 2015, 231–250.

PORTER, STANLEY E., The Use of the Old Testament in the New Testament. A Brief Comment on Method and Terminology, in: Craig A. Evans/James A. Sanders (Hg.), Early Christian Interpretation of the Scriptures of Israel. Investigations and Proposals (LNTS 148), London 1997, 79–96.

––––, Further Comments on the Use of the Old Testament in the New Testament, in: Thomas L. Brodie/Dennis R. MacDonald/Stanley E. Porter (Hg.), The Intertextuality of the Epistles. Explorations of Theory and Practice (NTM 16), Sheffield 2006, 98–110.

––––, Allusions and Echoes, in: Ders. (Hg.), As it is Written. Studying Paul's Use of Scripture (SBLSymS 50), Atlanta Ga. 2008, 29–40.

–––– (Hg.), As it is Written. Studying Paul's Use of Scripture (SBLSymS 50), Atlanta Ga. 2008.

––––, Paul and His Bible. His Education and Acces to the Scriptures of Israel, in: Ders. (Hg.), As it is Written. Studying Paul's Use of Scripture (SBLSymS 50), Atlanta Ga. 2008, 97–124.

----, The Portrait of Paul in Acts, in: Stephen Westerholm (Hg.), The Blackwell Companion to Paul, Chichester, West Sussex/Malden 2011, 124–138.

----, The Letter to the Romans. A Linguistic and Litterary Commentary (NTM 37), Sheffield 2015.

----, Ancient Literate Culture and Popular Rhetorical Knowledge, in: Stanley E. Porter/Bryan Dyer (Hg.), Paul and ancient Rhetoric. Theory and Practice in the Hellenistic Context, Grand Rapids, MI 2016, 96–115.

----, Pauline Techniques of Interweaving Scripture into His Letters, in: Florian Wilk/Markus Öhler (Hg.), Paulinische Schriftrezeption. Grundlagen – Ausprägungen – Wirkungen – Wertungen (FRLANT 268), Göttingen/Bristol, CT, U.S.A. 2017, 23–55.

----, Paul and His Use of Scripture. Further Considerations, in: Stanley E. Porter/Christopher D. Land (Hg.), Paul and Scripture (PAST 10), Leiden/Boston 2019, 7–30.

PORTER, STANLEY E./DYER, BRYAN (Hg.), Paul and ancient Rhetoric. Theory and Practice in the Hellenistic Context, Grand Rapids, MI 2016.

PORTER, STANLEY E./LAND, CHRISTOPHER D., Introduction to Paul and Scripture, in: Dies. (Hg.), Paul and Scripture (PAST 10), Leiden/Boston 2019, 1–4.

---- (Hg.), Paul and Scripture (PAST 10), Leiden/Boston 2019.

PORTER, STANLEY E./PITTS, ANDREW W., Paul's Bible, His Education and His Access to the Scriptures of Israel, in: JGRChJ 5 (2008), 9–41.

PORTON, GARY, Midrash: Palestinian Jews and the Hebrew Bible in the Greco-Roman Period, in: Wolfgang Haase (Hg.), Religion (Judentum: Allgemeines; Palästinisches Judentum) (ANRW 19/1), Berlin, Boston 1979, 103–138.

PUNT, JEREMY, Paul and Postcolonial Hermeneutics. Marginality and/in Early Biblical Interpretation, in: Stanley E. Porter (Hg.), As it is Written. Studying Paul's Use of Scripture (SBLSymS 50), Atlanta Ga. 2008, 261–290.

----, Identity, Memory, and Scriptural Warrant. Arguiung Paul's Case, in: Christopher D. Stanley (Hg.), Paul and Scripture. Extending the Conversation, Atlanta 2012, 25–53.

RAD, GERHARD von, Die Anrechnung des Glaubens zur Gerechtigkeit, in: ThLZ 76 (1951), 129–132.

RÄISÄNEN, HEIKKI, Paul's and Qumran'Judaism, in: Alan Alvery-Peck/Jacob Neusner/Bruce D. Chilton (Hg.), Judaism in Late Antiquity 5. The Judaism of Qumran: A Systemic Reading of the Dead Sea Scrolls, Leiden u. a. 2000, 171–200.

RAMELLI, ILARIA, Paul on Apokatastasis. 1 Corinthians 15:24–28 and the Use of Scripture, in: Stanley E. Porter/Christopher D. Land (Hg.), Paul and Scripture (PAST 10), Leiden/Boston 2019, 212–232.

REICHERT, ANGELIKA, Der Römerbrief als Gratwanderung. Eine Untersuchung zur Abfassungsproblematik (FRLANT 194), Göttingen 2001.

REINBOLD, WOLFGANG, Gal 3,6–14 und das Problem der Erfüllbarkeit des Gesetzes bei Paulus, in: ZNW 91 (2000), 91–106.

REISER, MARIUS, Hat Paulus Heiden bekehrt?, in: BZ 39 (1995), 76–91.

REY, JEAN-SÉBASTIEN (Hg.), The Dead Sea Scrolls and Pauline Literature (StTDJ 102), Leiden/Boston 2014.

RIESNER, RAINER, Die Frühzeit des Apostels Paulus. Studien zur Chronologie, Missionsstrategie und Theologie (WUNT 71), Tübingen 1994.

ROEPE, GEORG REINHARD, De locis veteris testamenti in novo testamento allegatis, Halle 1827.

ROLOFF, JÜRGEN, Die Paulus-Darstellung des Lukas. Ihre geschichtlichen Voraussetzungen und ihr theologisches Ziel, in: Ders., Exegetische Verantwortung in der Kirche. Aufsätze, hg. von Martin Karrer, Göttingen 1990, 255–278.

ROSENBLATT, MARIE-ELOISE, Paul the Accused. His Portrait in the Acts of the Apostles (Zacchaeus Studies: New Testament), Collegeville, MN 1995.

ROTZOLL, DIRK U., Gen 15,6 – Ein Beleg für den Glauben als Werkgerechtigkeit, in: ZAW 106 (1994), 21–27.
ROYSE, JAMES R., Composite Quotations in Philo of Alexandria, in: Sean A. Adams/Seth M. Ehorn (Hg.), Composite Citations in Antiquity. Volume One: Jewish, Graeco-Roman, and Early Christian Uses (LNTS 525), London 2016, 74–91.
RYSKOVA, MIREIA, Abrahamic Tradition in the Epistle to the Galatians, in: Theol. 3 (2013), 115–133.
SALDARINI, ANTHONY J., „Form Criticism" of Rabbinic Literature, in: JBL 96 (1977), 257–274.
----, Comparing the Traditions. New Testament and Rabbinic Literature, in: BBR 7 (1997), 195–204.
SAMELY, ALEXANDER, Rabbinic Interpretation of Scripture in the Mishnah, Oxford 2002.
SAMPLEY, J. PAUL (Hg.), Paul and Rhetoric, New York u. a. 2010.
SANDERS, ED PARISH, Paul and Palestinian Judaism. A Comparison of Patterns of Religion, London 1977.
----, Paul, the law, and the Jewish people, Philadelphia, PA 1983.
----, Paulus und das palästinische Judentum. Ein Vergleich zweier Religionsstrukturen (StUNT 17), Göttingen 1985.
SANDERS, JAMES A., Habakkuk in Qumran, Paul and the Old Testament, in: Craig A. Evans/James A. Sanders (Hg.), Paul and the Scriptures of Israel, Sheffield 1993, 98–117.
----, Paul and Theological History, in: Craig A. Evans/James A. Sanders (Hg.), Paul and the Scriptures of Israel, Sheffield 1993, 52–57.
SÄNGER, DIETER (Hg.), Heiligkeit und Herrschaft. Intertextuelle Studien zu Heiligkeitsvorstellungen und zu Psalm 110 (BThSt 55), Neukirchen-Vluyn 2003.
---- (Hg.), Gottessohn und Menschensohn. Exegetische Studien zu zwei Paradigmen biblischer Intertextualität (BThSt 67), Neukirchen-Vluyn 2004.
----, Die Adresse des Galaterbriefes. Neue (?) Überlegungen zu einem alten Problem, in: Michael Bachmann/Bernd Kollmann (Hg.), Umstrittener Galaterbrief. Studien zur Situierung und Theologie des Paulus-Schreibens (BThSt 106), Neukirchen-Vluyn 2010, 1–56.
----, Intertextualität. II. Neutestamentlich, in: Oda Wischmeyer (Hg.), Lexikon der Bibelhermeneutik. Begriffe – Methoden – Theorien – Konzepte, Berlin 2013, 301–302.
----, Ἰουδαϊσμός – ἰουδαΐζειν – ἰουδαϊκῶς. Sprachliche und semantische Überlegungen im Blick auf Gal 1,13 f. und 2,14, in: ZNW 108 (2017), 150–185.
SASSE, SYLVIA, Michail Bachtin zur Einführung, Hamburg 2010.
SATLOW, MICHAEL L., Paul's Scriptures, in: Ders. (Hg.), Strength to strength. Essays in Appreciation of Shaye J. D. Cohen (BJS), Providence 2018, 257–273.
SCHÄFER, PETER, Die Peticha – ein Proömium?, in: Kairos 12 (1970), 216–219.
----, Der vorrabinische Pharisäismus, in: Martin Hengel/Ulrich Heckel (Hg.), Paulus und das antike Judentum (WUNT 58), Tübingen 1991, 125–175.
SCHALLER, BERNDT, Paul Billerbecks „Kommentar zum Neuen Testament aus Talmud und Midrasch", in: Lutz Doering/Hans-Günther Waubke/Florian Wilk (Hg.), Judaistik und neutestamentliche Wissenschaft. Standorte – Grenzen – Beziehungen (FRLANT 226), Göttingen 2014, 61–84.
SCHENK, KENNETH, Old Testament Context. Insights from Philo, in: David M. Allen/Steve Smith (Hg.), Methodology in the Use of the Old Testament in the New. Context and Criteria (LNTS 579), 2019, 103–114.
SCHLIER, HEINRICH, Der Brief an die Galater (KEK 7), Göttingen [6]1989.
SCHLIESSER, BENJAMIN, Abraham's Faith in Romans 4. Paul's Concept of Faith in Light of the History of Reception of Genesis 15:6, Tübingen 2012.
SCHMELLER, THOMAS, Paulus und die „Diatribe". Eine vergleichende Stilinterpretation (NTA 19), Münster 1987.

SCHMID, WOLF/STEMPEL, WOLF-DIETER (Hg.), Dialog der Texte. Hamburger Kolloquium zur Intertextualität, Wien 1983.

SCHMIDT, JOHANN M., Art. Frühjudentum, in: TRE 11 (1983), 688–689.

SCHMITHALS, WALTER, Der Römerbrief als historisches Problem (StNT 9), Gütersloh 1975.

----, Der Römerbrief. Ein Kommentar, Gütersloh 1988.

SCHMITZ, THOMAS, Intertextualität. VI. Altphilologisch, in: Oda Wischmeyer (Hg.), Lexikon der Bibelhermeneutik. Begriffe – Methoden – Theorien – Konzepte, Berlin 2013, 304–305.

SCHNEIDER, MICHAEL, Gottes Gegenwart in der Schrift. Intertextuelle Lektüren zur Geschichte Gottes in 1 Kor (NET 17), Tübingen/Basel 2011.

----, Art. Intertextualität (NT), in: https://www.bibelwissenschaft.de/stichwort/50046/ (20. November 2019).

SCHNELLE, UDO, Paulus. Leben und Denken (GLB), Berlin 2003.

----, Paulus. Leben und Denken (GLB), Berlin u. a. ²2014.

----, Theologie des Neuen Testaments (UTB 2917), Göttingen/Stuttgart ³2016.

----, Einleitung in das Neue Testament (UTB 1830), Göttingen ⁹2017.

----, Über Judentum und Hellenismus hinaus. Die paulinische Theologie als neues Wissenssystem, in: ZNW 111 (2020), 124–155.

SCHOEPS, HANS-JOACHIM, Paulus als rabbinischer Exeget, in: Ders. (Hg.), Aus frühchristlicher Zeit, Tübingen 1950, 221–238.

----, Paulus. Die Theologie des Apostels im Lichte der jüdischen Religionsgeschichte (WUNT 12), Tübingen 1959.

SCHOLTISSEK, KLAUS, „Die unauflösbare Schrift“ (Joh 10,35). Zur Auslegung und Theologie der Schrift Israels im Johannesevangelium, in: Thomas Söding (Hg.), Das Johannesevangelium – Mitte oder Rand des Kanons? Neue Standortbestimmungen (QD 203), Freiburg im Breisgau/Wien u. a. 2003, 146–177.

SCHOTTROFF, WILLY, Der altisrealische Fluchspruch (WMANT 30), Neukirchen-Vluyn 1969.

SCHRÖDER, BERND, Die „väterlichen Gesetze“. Flavius Josephus als Vermittler von Halachah an Griechen und Römer (TSAJ 53), Tübingen 1996.

SCHRÖTER, JENS, Die Paulusdarstellung der Apostelgeschichte, in: Friedrich Wilhelm Horn (Hg.), Paulus Handbuch, Tübingen 2013, 542–551.

SCHULTE-MIDDELICH, BERND, Funktionen intertextueller Textkonstitution, in: Ulrich Broich/Manfred Pfister (Hg.), Intertextualität. Formen, Funktionen, anglistische Fallstudien (Konzepte der Sprach- und Literaturwissenschaft 35), Tübingen 1985, 197–242.

SCHWIENHORST-SCHÖNBERGER, LUDGER, Die Rückkehr Marcions 44 (2015), 286–302.

SCHWÖBEL, CHRISTOPH, Gott als Gespräch. Überlegungen zu einer ontologischen Theologie kommunikativer Beziehungen, in: Ders. (Hg.), Gott im Gespräch. Theologische Studien zur Gegenwartsdeutung, Tübingen 2011, 451–478.

----, Sola Scriptura – Schriftprinzip und Schriftgebrauch, in: Ulrich Heckel u. a. (Hg.), Luther heute. Ausstrahlungen der Wittenberger Reformation (UTB 4792), Tübingen 2017, 1–27.

SCOTT, JAMES M., ‚For as Many as are of Works of the Law are under a Curse‘ (Galatians 3.10), in: Craig A. Evans/James A. Sanders (Hg.), Paul and the Scriptures of Israel, Sheffield 1993, 187–221.

SCOTT, MATTHEW, The Hermeneutics of Christological Psalmody in Paul. An intertextual Enquiry (SNTSMS 158), New York, NY 2014.

SEIFRID, MARK A., Romans, in: Gregory K. Beale (Hg.), Commentary on the New Testament Use of the Old Testament, Grand Rapids, MI 2007, 607–694.

----, Answered Lament. Paul's Gospel, Israel, and the Scriptures in Romans, in: Florian Wilk/Markus Öhler (Hg.), Paulinische Schriftrezeption. Grundlagen – Ausprägungen – Wirkungen – Wertungen (FRLANT 268), Göttingen/Bristol, CT, U.S.A. 2017, 175–215.

SEILER, STEFAN, Intertextualität. I. Alttestamentlich, in: Oda Wischmeyer (Hg.), Lexikon der Bibelhermeneutik. Begriffe – Methoden – Theorien – Konzepte, Berlin 2013, 300–301.

----, Text-Beziehungen. Zur intertextuellen Interpretation alttestamentlicher Texte am Beispiel ausgewählter Psalmen (BWANT 202), Stuttgart 2013.

SELLIN, GERHARD, Die Allegorese und die Anfänge der Schriftauslegung, in: Henning Graf Reventlow (Hg.), Theologische Probleme der Septuaginta und der hellenistischen Hermeneutik (VWGTh) 11), Gütersloh 1997, 91–138.

----, Allegorese, Typologie, Midrasch, in: Kurt Erlemann (Hg.), Neues Testament und antike Kultur, Neukirchen-Vluyn [2]2004, 68–71.

SEYBOLD, KLAUS, David als Psalmsänger in der Bibel. Entstehung einer Symbolfigur, in: Walter Dietrich/Hubert Herkommer (Hg.), König David – biblische Schlüsselfigur und europäische Leitgestalt. 19. Kolloquium (2000) der Schweizerischen Akademie der Geistes- und Sozialwissenschaften, Freiburg, Schweiz/Stuttgart 2003, 145–163.

SHINAN, AVIGDOR/ZAKOVITCH, YAIR, Midrash on Scripture and Midrash within Scripture, in: Sarah Japhet (Hg.), Studies in the Bible (Scripta Hierosolymitana 31), Jerusalem 1986, 257–277.

SHIRES, HENRY M., Finding the Old Testament in the New, Philadelphia, PA 1974.

SIEGERT, FOLKER, Argumentation bei Paulus gezeigt an Röm 9–11 (WUNT 34), Tübingen 1985.

SILBERMAN, LOU H., Paul's Midrash. Reflections on Romans 4, in: John T. Carroll/Charles H. Cosgrove/E. Elizabeth Johnson (Hg.), Faith and History. Essays in Honor of Paul W. Meyer, Atlanta 1990, 99–104.

SILVA, MOISES, Galatians, in: Gregory K. Beale (Hg.), Commentary on the New Testament Use of the Old Testament, Grand Rapids, MI 2007, 785–812.

SLENCZKA, NOTGER, Die Kirche und das Alte Testament, in: Elisabeth Gräb-Schmidt/Reiner Preul (Hg.), Das Alte Testament in der Theologie (MThSt 119), Leipzig 2013, 83–119.

----, Vom Alten Testament und vom Neuen. Beiträge zur Neuvermessung ihres Verhältnisses, Leipzig 2017.

SMITH, D. MOODY, The Use of the Old Testamant in the New, in: William Franklin Stinespring/James M. Efird (Hg.), The Use of the Old Testament in the New and other Essays. Studies in Honor of William Franklin Stinespring, Durham, NC 1972, 3–65.

----, The Pauline Literature, in: Donald A. Carson/Hugh Godfrey Maturin Williamson (Hg.), It is Written: Scripture Citing Scripture. Essays in Honour of Barnabas Lindars, Cambridge 1988, 265–291.

SMITH, STEVE, The Use of Criteria. A Proposal from Relevance Theory, in: David M. Allen/Steve Smith (Hg.), Methodology in the Use of the Old Testament in the New. Context and Criteria (LNTS 579), 2019, 142–154.

SNODGRASS, KLYNE, The Use of the Old Testament in the New, in: David Alan Black/David S. Dockery (Hg.), Interpreting the New Testament. Essays on Methods and Issues, Nashville, TN 2001, 209–229.

SÖDING, THOMAS, Glaube, der durch Liebe wirkt. Rechtfertigung und Ethik im Galaterbrief, in: Michael Bachmann/Bernd Kollmann (Hg.), Umstrittener Galaterbrief. Studien zur Situierung und Theologie des Paulus-Schreibens (BThSt 106), Neukirchen-Vluyn 2010, 164–206.

SPAWN, KEVIN L., „As it is written" and other Citation Formulae in the Old Testament. Their Use, Development, Syntax, and Significance (BZAW 311), Berlin u. a. 2002.

STAMER, TORBEN/BREU, CLARISSA/OORSCHOT, FREDERIKE von, Teil III: Thesen und Kommentare. A Schriftbindung, in: Friedrich-Emanuel Focken/Frederike von Oorschot (Hg.), Schriftbindung evangelischer Theologie. Theorieelemente aus interdisziplinären Gesprächen (ThLZ.F 37), Leipzig 2020, 71–95.

STANLEY, CHRISTOPHER D., ‚Under a Curse'. A Fresh Reading of Galatians 3.10–14, in: NTS 36 (1990), 481–511.

----, Paul and the Language of Scripture. Citation Technique in the Pauline Epistles and Contemporary Literature (SNTSMS 74), Cambridge 1992.
----, Rhetoric of Quotations. An Essay on Method, in: Craig A. Evans/James A. Sanders (Hg.), Early Christian Interpretation of the Scriptures of Israel. Investigations and Proposals (LNTS 148), London 1997, 44–58.
----, The Social Environment of ‚Free' Biblical Quotations in the New Testament, in: Craig A. Evans/James A. Sanders (Hg.), Early Christian Interpretation of the Scriptures of Israel. Investigations and Proposals (LNTS 148), London 1997, 18–27.
----, Biblical Quotations as Rhetorical Devices in Paul's Letter to the Galatians, in: SBLPap 37 (1998), 700–730.
----, Pearls Before Swine. Did Paul's Audience Understand His Biblical Quotations?, in: NT 41 (1999), 124–144.
----, Arguing with Scripture. The Rhetoric of Quotations in the Letters of Paul, New York, NY 2004.
----, Paul and Scripture. Charting the Course, in: Stanley E. Porter (Hg.), As it is Written. Studying Paul's Use of Scripture (SBLSymS 50), Atlanta Ga. 2008, 3–12.
----, Paul's „Use" of Scripture. Why the Audience Matters, in: Stanley E. Porter (Hg.), As it is Written. Studying Paul's Use of Scripture (SBLSymS 50), Atlanta Ga. 2008, 125–155.
----, Introduction, in: Ders. (Hg.), Paul and Scripture. Extending the Conversation, Atlanta 2012, 1–6.
---- (Hg.), Paul and Scripture. Extending the Conversation, Atlanta 2012.
----, What We Learned – and What We Didn't, in: Ders. (Hg.), Paul and Scripture. Extending the Conversation, Atlanta 2012, 321–330.
----, Composite Citations. Retrospect and Prospect, in: Sean A. Adams/Seth M. Ehorn (Hg.), Composite Citations in Antiquity. Volume One: Jewish, Graeco-Roman, and Early Christian Uses (LNTS 525), London 2016, 203–209.
----, Rhetoric of Quotations, in: Brisio J. Oropeza/Steve Moyise (Hg.), Exploring Intertextuality. Diverse Strategies for New Testament Interpretation of Texts, Eugene, OR 2016, 42–62.
STARK, J. DAVID, Sacred Texts and Paradigmatic Revolutions. The Hermeneutical Worlds of the Qumran Sectarian Manuscripts and the Letter to the Romans, London 2014.
STEGEMANN, EKKEHARD W., Der Jude Paulus und seine antijüdische Auslegung, in: Rolf Rendtorff/Ekkehard W. Stegemann (Hg.), Auschwitz – Krise der christlichen Theologie. Eine Vortragsreihe (ACJD 10), München 1980, 117–139.
----, Zur ‚apokalyptischen' Konstruktion einer kollektiven Identität bei Paulus, in: Ders., Der Römerbrief. Brennpunkte der Rezeption, hg. von Christina Tuor und Peter Wick, Zürich 2012, 89–120.
----, Zwischen Juden und Heiden, aber ‚mehr' als Juden und Heiden?, in: Ders., Der Römerbrief. Brennpunkte der Rezeption, hg. von Christina Tuor und Peter Wick, Zürich 2012, 73–92.
STEGEMANN, WOLFGANG, War der Apostel Paulus ein römischer Bürger?, in: ZNW 78 (1987), 200–229.
----, Hat der Apostel eine rabbinische Ausbildung in Jerusalem erhalten?, in: KuI 29 (2014), 119–132.
STEINS, GEORG, Die „Bindung Isaaks" im Kanon (Gen 22). Grundlagen und Programme einer kanonisch-intertextuellen Lektüre, Freiburg 1999.
STEMBERGER, GÜNTER, Geschichte der jüdischen Literatur. Eine Einführung, München 1977.
----, Midrasch. Vom Umgang der Rabbinen mit der Bibel, Einführung – Texte – Erläuterungen, München 1989.
----, Pharisäer, Sadduzäer, Essener (SBS 144), Stuttgart 1991.

----, Grundzüge rabbinischer Hermeneutik, in: Georg Schöllgen (Hg.), Stimuli. Exegese und ihre Hermeneutik in Antike und Christentum. (Festschrift für Ernst Dassmann) (JbAC.E 23), Münster 1996, 34–42.

----, Hermeneutik der Jüdischen Bibel, in: Christoph Dohmen/Günter Stemberger (Hg.), Hermeneutik der Jüdischen Bibel und des Alten Testaments (KStTh 1,2), Stuttgart 1996, 23–74.

----, Was There a „Mainstream Judaism" in the Late Second Temple Period?, in: RRJ 4 (2001), 189–208.

----, The Derashah in Rabbinic Times, in: Alexander Deeg/Walter Homolka/Heinz-Günther Schöttler (Hg.), Preaching in Judaism and Christianity (SJ 41), Berlin 2008, 7–21.

----, The pre-Christian Paul, in: Ders. (Hg.), Judaica Minora. Teil 1: Biblische Traditionen im rabbinischen Judentum (TSAJ 133), Tübingen 2010, 411–423.

----, Einleitung in Talmud und Midrasch, München [9]2011.

----, Judaistik und neutestamentliche Wissenschaft, in: Lutz Doering/Hans-Günther Waubke/Florian Wilk (Hg.), Judaistik und neutestamentliche Wissenschaft. Standorte – Grenzen – Beziehungen (FRLANT 226), Göttingen 2014, 15–31.

STENDAHL, KRISTER, The School of St. Matthew (ASNU 20), Kopenhagen 1954.

----, Paul among Jews and Gentiles, Philadelphia, PA 1976.

----, Der Jude Paulus und wir Heiden. Anfragen an das abendländische Christentum (KT 36), München 1978.

STERNBERG, MEIR, Proteus in Quotation-Lad. Mimesis and the Form of Reported Discourse, in: Poetics Today 3 (1982), 107–156.

STIPP, HERMANN-JOSEF, Die Erkennbarkeit intentionaler innerbiblischer Intertextualität am Beispiel von Jeremia 26 und 36, in: Joachim J. Krause/Kristin Weingart (Hg.), Exegetik des Alten Testaments. Bausteine für eine Theorie der Exegese (FAT 127), Tübingen 2021, 127–160.

STÖKL BEN EZRA, DANIEL, Qumran. Die Texte vom Toten Meer und das antike Judentum (UTB 4681), Tübingen 2016.

STRACK, HERMANN L./BILLERBECK, PAUL, Kommentar zum Neuen Testament aus Talmud und Midrasch. Dritter Band. Die Briefe des Neuen Testaments und die Offenbarung Johannis, München 1926.

STRECKER, CHRISTIAN, Paulus aus einer neuen Perspektive. Der Paradigmenwechsel in der jüngeren Paulusforschung, in: KuI 11 (1996), 3–18.

STRECKER, GEORG, Theologie des Neuen Testaments, Berlin 1995.

STRECKER, GEORG/NOLTING, TORSTEN, Der vorchristliche Paulus. Überlegungen zum biographischen Kontext biblischer Überlieferung – zugleich eine Antwort an Martin Hengel, in: Tord Fornberg (Hg.), Texts and Contexts. Biblical Texts in Their Textual and Situational Contexts. (Essays in Honor of Lars Hartman), Oslo 1995, 713–741.

STUHLMACHER, PETER, Der Abfassungszweck des Römerbriefes, in: ZNW 77 (1986), 180–193.

----, Der Brief an die Römer (NTD 6), Göttingen [2]1998.

SUMNEY, JERRY L., Writing „in the Image" of Scripture. The Form and Function of References to Scripture in Colossians, in: Christopher D. Stanley (Hg.), Paul and Scripture. Extending the Conversation, Atlanta 2012, 185–230.

SUNDBERG JR., ALBERT C., On Testimonies, in: NT 3 (1959), 268–281.

TEGTMEYER, HENNING, Der Begriff Intertextualität und seine Fassungen. Eine Kritik der Intertextualitätskonzepte Julia Kristevas und Susanne Holthuis, in: Josef Klein/Ulla Fix (Hg.), Textbeziehungen. Linguistische und literaturwissenschaftliche Beiträge zur Intertextualität, Tübingen 1997, 49–81.

TERNÈS, ANABEL, Forschungsüberblick, in: Dies. (Hg.), Intertextualität, Wiesbaden 2016, 17–19.

----, Theorien von Intertextualität, in: Dies. (Hg.), Intertextualität, Wiesbaden 2016, 11–16.

TEUGELS, LIEVE M., Bible and Midrash. The Story of „The Wooing of Rebekah" (Gen. 24) (CBET 35), Leuven 2004.

THACKEREY, HENRY, St. John. The Relation of St Paul to Contemporary Jewish Thought, London 1900.

THEIẞEN, GERD, Die Entstehung des Neuen Testaments als literaturgeschichtliches Problem (SPHKHAW 40), Heidelberg ²2011.

----, Polyphone Hermeneutik – ein Nachklang der Bibelauslegung aus vielen Jahrhunderten, in: Ders. (Hg.), Polyphones Verstehen. Entwürfe zur Bibelhermeneutik (BVB 23), Berlin 2014, 21–64.

THEIẞEN, GERD/GEMÜNDEN, PETRA von, Der Römerbrief. Rechenschaft eines Reformators, Göttingen 2016.

THEOBALD, MICHAEL, Der Römerbrief (EdF 294), Darmstadt 2000.

----, Römerbrief (SKK 6,1), Stuttgart ³2002.

----, „Verflucht ist jeder der am Holz hängt". Die Deutung des Todes Jesu nach Gal 3,6–14, in: BuK 64 (2009), 158–165.

----, Der Galaterbrief, in: Martin Ebner/Stefan Schreiber (Hg.), Einleitung in das Neue Testament (KStTh 6), Stuttgart ³2019, 349.367.

THOLUCK, AUGUST, Das Alte Testament im Neuen Testament. Ueber die Citate Alten Testaments im Neuen Testament und Ueber den Opfer- und Priesterbegriff im Alten und im Neuen Testemente, Gotha 1836.

THYEN, HARTWIG, Vom Tode zum Leben. Intertextualität in der Erzählung von der Auferweckung des Lazarus (Joh 11,1–12,19), in: DBAT 27 (1991), 138–158.

----, Johannes und die Synoptiker, in: Ders. (Hg.), Studien zum Corpus Iohanneum (WUNT 214), Tübingen 2007, 155–181.

TILBORG, SJEF VAN, Matthew 27.3–10: An Intertextual Reading, in: Sipke Draisma (Hg.), Intertextuality in Biblical Writings. Essays in Honour of Bas van Iersel, Kampen 1989, 159-174.

TILLY, MICHAEL, Allegorisch lesen?, in: ZNT 17 (2014), 41–45.

----, Paulus und die antike jüdische Schriftauslegung, in: KD 63 (2017), 157–181.

TIWALD, MARKUS, Hebräer von Hebräern. Paulus auf dem Hintergrund frühjüdischer Argumentation und biblischer Interpretation (HBS 52), Freiburg im Breisgau 2008.

----, Das Frühjudentum und die Anfänge des Christentums. Ein Studienbuch (BWANT 208), Stuttgart 2016.

TOBIN, THOMAS H., What Shall We Say that Abraham Found? The Controversy behind Romans 4, in: HTR 88 (1995), 437–452.

TOMSON, PETER J., Paul and the Jewish law. Halakha in the Letters of the Apostle to the Gentiles (CRINT 1), Assen u. a. 1990.

TOOMAN, WILLIAM A., Scriptural Reuse in Ancient Jewish Literature. Comments an Reflections on the State of the Art, in: David M. Allen/Steve Smith (Hg.), Methodology in the Use of the Old Testament in the New. Context and Criteria (LNTS 579), 2019, 23–39.

TOY, CRAWFORD HOWELL, Quotations in the New Testament, New York 1884.

TURPIE, DAVID M., The Old Testament in the New, London 1868.

ULMER, RIVKA, The Boundaries of the Rabbinic Genre Midrash, in: Coll(A) 38 (2006), 59–73.

ULONSKA, HERBERT, Paulus und das Alte Testament, Brackwede 1964.

ULRICH, EUGENE, „Pre-Scripture", Scripture (Rewritten), and „Rewritten Scripture". The Borders of Scripture, in: Ders. (Hg.), The Dead Sea Scrolls and the Developmental Composition of the Bible (VT.S 169), Leiden u. a. 2015, 201–213.

UNNIK, WILLEM C. VAN, Tarsus or Jerusalem. The City of Paul's Youth, London 1962.

UTZSCHNEIDER, HELMUT/NITSCHE, STEFAN ARK, Arbeitsbuch literaturwissenschaftliche Bibelauslegung. Eine Methodenlehre zur Exegese des Alten Testaments, Gütersloh ⁴2014.

VEGGE, TOR, Paulus und das antike Schulwesen. Schule und Bildung des Paulus (BZNW 134), Berlin/New York 2006.

----, Der vorchristliche Paulus. Paulus, ein Diasporajude aus Tarsus (Die kulturelle Prägung: Sprache, Erziehung, Bildung), in: Friedrich Wilhelm Horn (Hg.), Paulus Handbuch, Tübingen 2013, 66–72.

VERMÈS, GÉZA, Bible and Midrash. Early Old Testament Exegesis, in: Peter Runham Ackroyd/Christopher Francis Evans (Hg.), The Cambridge History of the Bible. Volume 1: From the Beginnings to Jerome, Cambridge 1970, 199–231.

----, The Impact of the Dead Sea Scrolls on the Study of the New Testament, in: JJS 27 (1976), 107–116.

----, Scripture and Tradition in Judaism. Haggadic Studies (StPB 4), Leiden ^{2}1983.

----, The Story of the Scrolls. The Miraculous Discovery and True Significance of the Dead Sea Scrolls, London 2010.

VIELHAUER, PHILIPP, Paulus und das Alte Testament, in: Luise Abramowski/J. F. Gerhard Goeters (Hg.), Studien zur Geschichte und Theologie der Reformation. Festschrift für Ernst Bizer, Neukirchen-Vluyn 1969, 33–62.

----, Geschichte der urchristlichen Literatur. Einleitung in das Neue Testament, die Apokryphen und die Apostolischen Väter (GLB), Berlin ^{4}1985.

VISOTZKY, BURTON, The Misnomers ‚Petihah' and ‚Homiletic Midrash' as Description for Leviticus Rabbah and Pesikta De-Rav Kahana, in: JSQ 18 (2011), 19–31.

VISSCHER, GERHARD H., Romans 4 and the New Perspective on Paul. Faith Embraces the Promise (SBLit 122), New York, NY 2009.

VOELZ, JAMES, Multiple Signs and Double Texts. Elements of Intertextuality, in: Sipke Draisma (Hg.), Intertextuality in Biblical Writings. Essays in Honour of Bas van Iersel, Kampen 1989, 27–34.

VOLLMER, HANS A., Die alttestamentlichen Citate bei Paulus, Freiburg im Breisgau 1895.

VORSTER, WILLEM, Intertextuality and Redaktionsgeschichte, in: Sipke Draisma (Hg.), Intertextuality in Biblical Writings. Essays in Honour of Bas van Iersel, Kampen 1989, 15–26.

VOUGA, FRANÇOIS, An die Galater (HNT 10), Tübingen 1998.

WAGNER, J. ROSS, Heralds of the Good News. Isaiah and Paul „in Concert" in the Letter to the Romans (NT.S 101), Leiden 2002.

----, Paul and Scripture, in: Stephen Westerholm (Hg.), The Blackwell Companion to Paul, Chichester, West Sussex/Malden 2011, 154–171.

----, Epilogue, in: Florian Wilk/Markus Öhler (Hg.), Paulinische Schriftrezeption. Grundlagen – Ausprägungen – Wirkungen – Wertungen (FRLANT 268), Göttingen/Bristol, CT, U.S.A. 2017, 297–305.

WAKEFIELD, ANDREW HOLLIS, Where to Live. The Hermeneutical Significance of Paul's Citations from Scripture in Galatians 3:1–14 (AcBib 14), Atlanta 2003.

WALDOW, STEPHANIE, Intertextualität. VII. Literaturwissenschaftlich, in: Oda Wischmeyer (Hg.), Lexikon der Bibelhermeneutik. Begriffe – Methoden – Theorien – Konzepte, Berlin 2013, 305.

WANKE, GUNTER, Die Entstehung des Alten Testaments als Kanon, in: TRE 6 (1980), 1–8.

WANSBROUGH, HENRY, Jewish Methods of Exegesis in the New Testament, in: SNTU 25 (2000), 219–244.

WATSON, FRANCIS, Paul and the Hermeneutics of Faith, London 2004.

WEDDERBURN, ALEXANDER J. M., The Reasons for Romans, Edinburgh 1988.

WEINGART, KRISTIN, Erkennst du auch, was du liest? Zur Markierung von Zitaten im Alten Testament, in: Raik Heckl (Hg.), Methodik im Diskurs. Neue Perspektiven für die Alttestamentliche Exegese (BThSt 156), Neukirchen-Vluyn 2015, 143–170.

WENGST, KLAUS, „Freut euch, ihr Völker, mit Gottes Volk!". Israel und die Völker als Thema des Paulus – ein Gang durch den Römerbrief, Stuttgart 2008.

WEREN, WIM, Psalm 2 in Luke-Acts: An Intertextual Study, in: Sipke Draisma (Hg.), Intertextuality in Biblical Writings. Essays in Honour of Bas van Iersel, Kampen 1989, 189–204.

WESTERMANN, CLAUS, Genesis 12–36 (BKAT 2), Neukirchen-Vluyn [2]1989.

WICK, PETER, Bibelkunde des Neuen Testaments, Stuttgart 2004.

----, Paulus (UTB 2858), Göttingen 2006.

----, Antikes Judentum, in: Lukas Bormann (Hg.), Neues Testament. Zentrale Themen, Neukirchen-Vluyn 2014, 5–26.

WILCKENS, ULRICH, Über Abfassungszweck und Aufbau des Römerbriefes, in: Ders. (Hg.), Rechtfertigung als Freiheit. Paulusstudien, Neukirchen-Vluyn 1974, 110–170.

----, Der Brief an die Römer (EKK 6), Neukirchen-Vluyn [2]2014.

WILCOX, MAX, On Investigating the Use of the Old Testament in the New Testament, in: Ernest Best/Robert MchLachlan Wilson (Hg.), Text and Interpretation, Cambridge 1979, 231–243.

WILK, FLORIAN, Die Bedeutung des Jesajabuches für Paulus (FRLANT 179), Göttingen 1998.

----, Paulus als Nutzer, Interpret und Leser des Jesajabuches, in: Stefan Alkier/Richard B. Hays (Hg.), Die Bibel im Dialog der Schriften. Konzepte intertextueller Bibellektüre (NET 10), Tübingen 2005, 93–116.

----, Wagner, J. Ross: Heralds of the Good News. Isaiah and Paul „In Concert" in the Letter to the Romans, in: ThLZ 130 (2005), 49–51.

----, Gottes Wort und Gottes Verheißungen. Zur Eigenart der Schriftverwendung in 2Kor 6,14–7,1, in: Martin Karrer/Wolfgang Kraus (Hg.), Die Septuaginta – Texte, Kontexte, Lebenswelten (WUNT 219), Tübingen 2008, 673–696.

----, Schriftbezüge im Werk des Paulus, in: Friedrich Wilhelm Horn (Hg.), Paulus Handbuch, Tübingen 2013, 479–490.

----, „Die Schriften" bei Markus und Paulus, in: Oda Wischmeyer (Hg.), Paul and Mark. Comparative Essays Part I: Two Authors at the Beginning of Christianity (BZNW 198), Berlin, Boston 2014, 189–220.

----, Die synoptischen Evangelien des Neuen Testaments als Quellen für die Geschichte der Pharisäer, in: Lutz Doering/Hans-Günther Waubke/Florian Wilk (Hg.), Judaistik und neutestamentliche Wissenschaft. Standorte – Grenzen – Beziehungen (FRLANT 226), Göttingen 2014, 85–107.

----, Alles neu!? Schriftgebrauch und Christusglaube im Neuen Testament, in: Peter Gemeinhardt (Hg.), Zwischen Exegese und religiöser Praxis. Heilige Texte von der Spätantike bis zum klassischen Islam, Tübingen 2016, 31–60.

----, Bezüge auf „die Schriften" in den Korintherbriefen, in: Florian Wilk/Markus Öhler (Hg.), Paulinische Schriftrezeption. Grundlagen – Ausprägungen – Wirkungen – Wertungen (FRLANT 268), Göttingen/Bristol, CT, U.S.A. 2017, 149–173.

----, Schriftauslegung als Bildungsvorgang im ersten Korintherbrief des Paulus – untersucht ausgehend von 1Kor 4,6, in: Ders. (Hg.), Scriptural Interpretation at the Interface Between Education and Religion. In Memory of Hans Conzelmann, Boston 2018, 88–111.

----, Durch Schriftkenntnis zur Vollkommenheit: Zur Funktion des vielgestaltigen Schriftgebrauchs in 1Kor 2,6–16 und 14,20–25, in: ZNW 110 (2019), 21–41.

WILK, FLORIAN/ÖHLER, MARKUS (Hg.), Paulinische Schriftrezeption. Grundlagen – Ausprägungen – Wirkungen – Wertungen (FRLANT 268), Göttingen/Bristol, CT, U.S.A. 2017.

WILLIAMS, H. H. DRAKE, From the Perspective of the Writer or the Perspective of the Reader. Coming to Grips with a Starting Point for Analyzing the Use of Scripture in 1 Corinthians, in: Stanley E. Porter/Christopher D. Land (Hg.), Paul and Scripture (PAST 10), Leiden/Boston 2019, 153–172.

WILLIAMSON JR., ROBERT, Pesher: A Cognitive Model of Genre, in: DSD 17 (2010), 307–331.

WINDFUHR, WALTER, Der Apostel Paulus als Haggadist, in: ZNW 26 (1926), 327–330.
WINDISCH, HANS, Paulus und das Judentum, Stuttgart 1935.
WISCHMEYER, ODA, Hermeneutik des Neuen Testaments. Ein Lehrbuch (NET 8), Tübingen/Basel 2004.
----, Wie kommt Abraham in den Galaterbrief? Überlegungen zu Gal 3,6–29, in: Michael Bachmann/Bernd Kollmann (Hg.), Umstrittener Galaterbrief. Studien zur Situierung und Theologie des Paulus-Schreibens (BThSt 106), Neukirchen-Vluyn 2010, 119–163.
----, Paulus als Hermeneut der ΓΡΑΦΗ, in: Jan Christian Gertz/Markus Witte (Hg.), Hermeneutik des Alten Testaments (VWGTh) 47), Leipzig 2017, 71–94.
WISHART, RYDER A., Paul's Use of Νόμος. Torah, Law, or Custom?, in: Stanley E. Porter/Christopher D. Land (Hg.), Paul and Scripture (PAST 10), Leiden/Boston 2019, 31–58.
WITHERINGTON, BEN, Paul's Letter to the Romans. A socio-rhetorical Commentary, Grand Rapids, MI 2004.
----, Isaiah Old and New. Exegesis, Intertextuality, and Hermeneutics, Minneapolis, MN 2017.
----, Psalms Old and New. Exegesis, Intertextuality, and Hermeneutics, Minneapolis, MN 2017.
WITULSKI, THOMAS, Die Adressaten des Galaterbriefes. Untersuchungen zur Gemeinde von Antiochia ad Pisidiam (FRLANT 193), Göttingen 2000.
----, Die Gestalt des Abraham als Beleg für die soteriologische Dysfunktionalität des νόμος. Erwägungen zu Struktur und Argumentation von Gal 3,6–14, in: SNTU 39 (2014), 159–205.
WOLDE, ELLEN von, Trendy Intertextuality?, in: Sipke Draisma (Hg.), Intertextuality in Biblical Writings. Essays in Honour of Bas van Iersel, Kampen 1989, 43–49.
WOLTER, MICHAEL, Eine neue paulinische Perspektive, in: ZNT 14 (2004), 2–9.
----, Paulus. Ein Grundriss seiner Theologie, Neukirchen-Vluyn 2011.
----, Röm 1–8 (EKK 6,1), Neukirchen-Vluyn 2014.
WORTHINGTON, JONATHAN, Creatio ex Nihilo and Romans 4.17 in Context, in: NTS 62 (2016), 49–59.
WREDE, WILLIAM, Über Aufgabe und Methode sogenannter neutestamentlicher Theologie, Göttingen 1897.
----, Paulus, Halle 1904.
WRIGHT, NICHOLAS THOMAS, Paul and the Patriarch. The Role of Abraham in Romans 4, in: JSNT 35 (2013), 207–241.
----, Rechtfertigung. Gottes Plan und Sicht des Paulus, hg. v. Barbara HALLENSLEBEN (StOeFr 63), Münster 2015.
WUELLNER, WILHELM, Der vorchristliche Paulus und die Rhetorik, in: Simon Lauer (Hg.), Tempelkult und Tempelzerstörung (70 n. Chr.). Festschrift für Clemens Thoma zum 60. Geburtstag (JudChr 15), Bern/Wien u. a. 1995, 133–165.
YOUNG, FRANCES M., Ways of Reading Scripture. Collected Papers (WUNT 369), Tübingen 2018.
YOUNG, NORMAN H., Who's Cursed – and Why? (Galatians 3:10–14), in: JBL 117 (1998), 79–92.
ZAHN, MOLLY MARIE, Rethinking Rewritten Scripture. Composition and Exegesis in the 4QReworked Pentateuch Manuscripts (StTDJ 95), Leiden/Boston 2011.
ZELLER, DIETER, Der Brief an die Römer (RNT 6), Regensburg 1985.
ZEVIT, ZIONY (Hg.), Subtle Citation, Allusion, and Translation in the Hebrew Bible, Sheffield, Bristol 2017.
ZIETHE, CAROLIN, Auf seinen Namen werden die Völker hoffen. Die matthäische Rezeption der Schriften Israels zur Begründung des universalen Heils (BZNW 233), 2018.
ZIETHE, CAROLIN/OORSCHOT, FREDERIKE VAN/ZELLER, KINGA, Schrift und Christus. Teil III: Thesen und Kommentare, in: Friedrich-Emanuel Focken/Frederike van Oorschot (Hg.), Schriftbindung evangelischer Theologie. Theorieelemente aus interdisziplinären Gesprächen (ThLZ.F 37), Leipzig 2020, 123–154.

ZIMMERMANN, CHRISTIANE, Gott und seine Söhne. Das Gottesbild des Galaterbriefs (WMANT 135), Neukirchen-Vluyn 2013.

ZSENGELLÉR, JÓZSEF (Hg.), Rewritten Bible after fifty Years: Texts, Terms, or Techniques? A Last Dialogue with Geza Vermes (JSJ.S 166), Leiden u. a. 2014.

Bibelstellenregister

1. Korinther